2022 吴忠年鉴

WUZHONG NIANJIAN

吴忠市委党史和地方志研究室 编

黄河出版传媒集团
宁夏人民出版社

图书在版编目（CIP）数据

吴忠年鉴．2022 / 吴忠市委党史和地方志研究室编
．-- 银川：宁夏人民出版社，2023.4
ISBN 978-7-227-07815-9

Ⅰ．①吴… Ⅱ．①吴… Ⅲ．①吴忠 -2022- 年鉴
Ⅳ．① Z524.33

中国国家版本馆 CIP 数据核字（2023）第 097894 号

吴忠年鉴 2022 吴忠市委党史和地方志研究室 编

责任编辑 白 雪
责任校对 陈 浪
封面设计 沈家菡
责任印制 宋 华

黄河出版传媒集团 宁夏人民出版社 出版发行

出 版 人 薛文斌
地 址 宁夏银川市北京东路 139 号出版大厦（750001）
网 址 http://www.yrpubm.com
网上书店 http://www.hh-book.com
电子信箱 nxrmcbs@126.com
邮购电话 0951-5052104 5052106
经 销 全国新华书店
印刷装订 宁夏银报智能印刷科技有限公司
印刷委托书号 （宁）0026269

开本 880 mm × 1230 mm 1/16
印张 21.75
字数 680 千字
版次 2023 年 6 月第 1 版
印次 2023 年 6 月第 1 次印刷
书号 ISBN 978-7-227-07815-9
定价 298.00 元

吴忠市地方志编纂委员会

《吴忠年鉴》编辑部

《吴忠年鉴2022》撰稿人员

丁　帆　丁　涛　丁文博　丁叶婷　丁伏斌　丁学宝　丁彦梅　丁瑞民
马　芳　马　岚　马　蓉　马　燕　马　静　马力彬　马少明　马长利
马文赫　马丹凤　马凤萍　马玉龙　马玉林　马玉贵　马立涛　马永刚
马永盛　马永霞　马成武　马向军　马宏明　马宏萍　马学林　马绍宇
马春艳　马春梅　马虹芳　马洪林　马桂芳　马晓琴　马晓婷　马银凤
马鸿林　马瑞安　马耀兵　王　芳　王　晓　王　辉　王　晶　王　燕
王生忠　王迎春　王念平　王学军　王俊成　王锦岗　水红亮　牛金云
牛学玲　毛　英　毛瑞清　仇萧然　石雪勇　史占军　乔　婧　乔才山
刘　涛　刘　毅　刘飞林　刘天宝　刘立琴　刘军强　苏俊礼　苏晓伟
杜　欣　杜希玲　杜金鑫　李　彦　李　哲　李　渊　李　想　李　霞
李　曜　李忠祥　李建军　李鸿志　李繁荣　杨　俊　杨　磊　杨　鑫
杨文秀　杨文静　杨占新　杨佳甜　杨国斌　杨宝园　杨俊峰　杨振华
杨紫轩　吴　中　吴　红　邱苗宇　闫　伟　闫　松　何　花　何　晓
何立强　何坤平　何建兵　何献军　何艳珍　何淑琦　何裴鸿　余金灵
冶永齐　汪　茂　张　卓　张　银　张秀琴　张艳宁　张福莲　张德龙
张碧君　陈　辉　陈　毅　陈瑞龙　陈越君　邵金梅　范　琪　罗廷峰
金小兵　周　芬　周　健　周　彬　周保宁　周紫娟　周慷慨　黑慧娟
赵玉才　南　平　姜国权　顾　勇　郭万慧　彭　泽　彭晓勇　董文峥
谢静文　詹小波　蔡　平　燕　云　薛　飞　霍金星　魏建刚　胡佳新
吴建荣

编辑说明

一、《吴忠年鉴 2022》由中共吴忠市委员会、吴忠市人民政府主办，吴忠市委党史和地方志研究室编辑出版，是系统记述吴忠市经济建设、政治建设、文化建设、社会建设、生态文明建设的大型资料性工具书和政府公报性年刊，以出版年号为卷次向国内外公开发行。

二、《吴忠年鉴 2022》以马克思列宁主义、毛泽东思想、邓小平理论、“三个代表”重要思想、科学发展观、习近平新时代中国特色社会主义思想为指导，旨在为各级党政机关及社会各界人士了解和研究吴忠提供参考，为推动吴忠经济社会建设提供服务，具有重要的“资政、存史、育人”功能。

三、《吴忠年鉴 2022》采用分类编辑法，分为类目、分目、条目三个层次，部分分目下设子分目。子分目标题左右加“·”，条目标题加【 】。大事记中相同的时间，第二次及以后出现用“△”符号代替。

四、《吴忠年鉴 2022》全面系统地记载了 2021 年吴忠市各行各业的基本情况和发展状况，设有特载、专辑、大事记、吴忠概览、党政群团、社会管理、法治建设、经济管理、农牧水利、工业和园区建设、财税金融、交通和邮电通信、商贸物流、城乡建设、卫生、自然资源与环境保护、教育与科技、文化旅游、县（市、区）概况、荣誉、附录等 21 个类目。

五、《吴忠年鉴 2022》收录的先进人物和先进集体以 2021 年度由吴忠市委、市政府及上级党委、政府部门表彰的先进人物和先进集体为主。

六、《吴忠年鉴 2022》所收录的资料由各县（市、区）、市直各部门及有关单位提供并经供稿单位审核，《吴忠年鉴》编辑部编辑，吴忠市委党史和地方志研究室审定。

七、《吴忠年鉴2022》所用统计资料由吴忠市统计局提供，正文中数据由各部门提供。因统计口径等原因，有关部门所用个别数据与统计资料中的数据不尽一致，引用时以《吴忠市2021年国民经济与社会发展统计公报》为准。

2021 年 11 月 28—30 日，中国共产党吴忠市第六次代表大会召开

2021 年 12 月 23—25 日，吴忠市第六届人民代表大会第一次会议召开

2021 年 12 月 22—25 日，中国人民政治协商会议第六届吴忠市委员会第一次会议召开

2021 年 11 月 30 日，中共吴忠市第六届纪律检查委员会第一次全体会议召开

2021 年 3 月 3 日，吴忠市举行重大项目集中开工暨汇伟包装塑料制品生产项目启动仪式

2021 年 12 月 27 日，市委书记徐耀（左一）、市长王学军（右一）陪同中央第四生态环境保护督察组调研环保工作

2021 年 3 月 15 日，庆华技改项目签约仪式在太阳山开发区举行

2021 年 5 月 12 日，吴忠市召开社会信用体系建设联席会议

2021 年 7 月 14 日，吴忠市召开庆祝中国共产党成立 100 周年理论研讨会

2021 年 9 月 29 日，吴忠市举办诚信兴商宣传月启动仪式

市区清宁河

市区明珠路与同心路交叉口

公园健身跑道

星河悦城小区

滨河城市——吴忠

盐池长城

盐池哈巴湖景区

青铜峡库区湿地自然保护区候鸟

同心县预旺镇

青铜峡库区湿地保护区

神华宁煤400万吨金凤煤矿及800万吨洗煤厂

吴忠仪表智能化生产车间

光伏发电

宁夏哈纳斯能源公司麻黄山风电

恒丰纺织车间

国家电投宁夏青铜峡能源铝业集团有限公司生产车间

利通区五里坡奶牛养殖基地现代化挤奶设备

红寺堡区柳泉乡农户采摘黄花菜

红寺堡区柳泉乡黄花菜晾晒

高效节水喷灌技术助推农业提质增效

无人机水稻植保作业

测控一体化闸门

青铜峡市酿酒葡萄产区

2021 年 5 月 31 日，利通区爱卫办开展第 34 个“世界无烟日”宣传活动

2021 年 4 月 12 日，吴忠市税务局组织美团外卖骑手开展“税收政策加餐服务”宣传活动

国家电网吴忠供电公司员工为业主安装电动车充电桩并指导操作

青铜峡市社区爱心超市

2021年10月11日，吴忠市总工会在红寺堡区开展家政服务（育婴员）培训班

2021 年 12 月 3 日，吴忠市人民检察院举行宪法宣誓仪式

吴忠市消防救援支队花马池站消防员对交通事故开展抢险救援

自治区交通运输综合执法监督局吴忠分局干警全力保障道路交通安全

2021 年 3 月 5 日，吴忠市中级人民法院召开全市法院队伍教育整顿动员部署会议

2021 年 2 月 9 日，吴忠市公安系统举行反恐武装拉练

2021 年 6 月，吴忠市教育局举办“童心向党、快乐成长”——庆“六一”百米长卷现场绘画活动

2021 年 5 月 27 日，吴忠市教育系统举行庆祝中国共产党成立 100 周年暨庆“六一”儿童节文艺会演活动

“互联网 + 教育”助力吴忠教育发展

吴忠中学举办书法进校园活动

2021 年 4 月 19 日，全区职业院校技能大赛在宁夏民族职业技术学院开幕

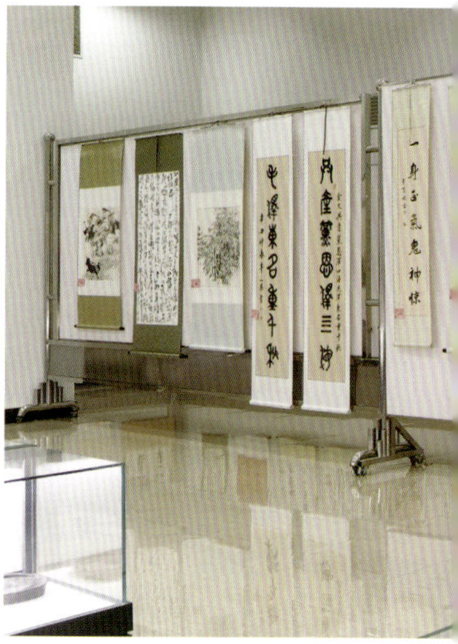

2021 年 2 月 26 日，吴忠市文化旅游体育广电局在市图书馆四楼开展“我们的节日——元宵节”灯谜竞猜活动

书香盐池　经典诵读

2021年5月18日，吴忠市文联举办书画展

2021年3月26日，吴忠文明大讲堂以“唤醒城市记忆、讲述吴忠故事”为主题，邀请文化名人讲述吴忠故事

2021年2月2日，吴忠市举办“共圆百年梦、启航新征程”——2021年吴忠市春节联欢晚会

2021年7月9日，自治区党委宣传部联合吴忠市人民政府等单位在吴忠市举办“永远跟党走、幸福生活舞起来”全区广场舞大赛

2021 年 5 月 7 日，吴忠市优质特色产品亮相首届中国国际消费品博览会

2021 年 7 月 11 日，吴忠市举行绿色食品产业推介招商会签约仪式

2021 年 6 月 10 日，宁夏黄河流域非遗美食大赛在吴忠开赛

2021 年 5 月 1 日，吴忠市举办消费促进月启动仪式

游客在红寺堡区柳泉乡永新村一家民宿体验推磨项目

游客雨中漫步于青铜峡市大坝镇韦桥村巷

目　录

CONTENTS

◇ 党政群团

◇ 社会管理

◇ 法治建设

◇ 经济管理

◇ 工业和园区建设

◇ 财税金融

◇ 交通和邮电通信

◇荣　誉

◇附　录

团结奋进　示范先行
为建设现代化美丽新吴忠而努力奋斗
——在中国共产党吴忠市第六次代表大会上的报告

（2021年11月28日）

吴忠市委书记　徐　耀

同志们：

现在，我代表中国共产党吴忠市第五届委员会作报告，请予审议。

中国共产党吴忠市第六次代表大会，是在奋进“十四五”、迈向新征程之际召开的一次重要会议。大会的主题是：以习近平新时代中国特色社会主义思想为指导，深入贯彻落实习近平总书记视察宁夏重要讲话精神，团结奋进、示范先行，在建设黄河流域生态保护和高质量发展先行区、创建铸牢中华民族共同体意识示范区中走在前、作表率，奋力建设现代化美丽新吴忠，为继续建设经济繁荣民族团结环境优美人民富裕的美丽新宁夏作出新的更大贡献。

过去五年工作回顾

过去五年，吴忠走过了极不平凡、极不寻常的奋斗历程。习近平总书记两次视察宁夏，特别是去年视察宁夏时首站来到吴忠，访农户、进社区、察民生，饱含了亲切关怀，满怀了殷切希望，寄予了深情嘱托，使全市各族干部群众深受鼓舞、倍感振奋。在党中央亲切关怀和自治区党委坚强领导下，市委团结带领全市广大党员干部和各族群众，坚定不移沿着习近平总书记指引的方向奋勇前进，干在实处、走在前列，经受住一场场大战大考，攻克了一个个难题难关，打赢了精准脱贫攻坚战，实现了全面建成小康社会目标。吴忠市连续八年获得全区效能目标考核优秀等次。

政治建设不断强化。坚持把党的政治建设摆在首位，坚决贯彻落实习近平新时代中国特色社会主义思想和习近平总书记视察宁夏重要讲话精神、最新指示批示精神，增强“四个意识”、坚定“四个自信”、做到“两个维护”，政治判断力、政治领悟力、政治执行力不断提高。扎实开展“两学一做”学习教育、“不忘初心、牢记使命”主题教育、党史学习教育，坚定不移听党话、感党恩、跟党走。中央、自治区党委巡视和各项督察反馈问题全面整改，党中央和自治区党委重大决策部署在吴忠落地见效。

经济实力稳步提升。全市地区生产总值年均增长7.4%，经济总量由全区五市第三跃居第二，一般公共预算收入年均增长2.3%，累计完成固定资产投资2358亿元，招商引资到位资金1552亿元。经济结构不断优化，规上工业增加值占全区的比重由2016年的15.6%提高到20.6%，“9+1”重点特色产业增势强劲，新增产值过亿元工业企业30家，万元GDP能耗累计下降13.3%。农业特色产业规模化、品牌化、融合化发展步伐加快，奶产业综合产值突破200亿元，滩羊、葡萄酒、肉牛等产业发展喜人、品牌优势显现。第三产业增加值占比5年提高12个百分点，“游在宁夏・吃在吴忠”影响力不断扩大。发展动能持续增强，新增国家级高新技术企业51家、自治区科技型中小企业275家。马玉山当选中国工程院院士。县域经济竞相发展，利通区经济总量达到全市30%以上，盐池县经济总量位列山区9县首位，红寺堡区、同心县经济总量实现翻番，青铜峡市经济走出困境、稳步向好。

脱贫攻坚全面胜利。聚焦“两不愁三保障”目标，尽锐出战、精准施策，举全市之力决战决胜脱贫攻坚。盐同红3个贫困县高标准脱贫摘帽，217个贫困村全部出列，18.9万贫困人口稳定脱贫，区域性整体贫困问题得到彻底解决，乡村振兴深入推进，“四大提升行动”全面启动，“共产党好、黄河水甜”成为广大干部群众的共同心声。

城乡面貌明显改善。城乡一体化发展步伐加快，全市城市建成区拓展到132平方公里，常住人口城镇化率提升至55.8%。“十纵十横”城市路网全面建成，高铁联通吴忠。市区东片区开发建设快速推进，市县一批重大设施建成运营，老旧小区改造成效明显，城乡生活垃圾分类治理、资源化利用水平不断提高。人居环境整治深入推进，建成美丽小城镇28个、美丽村庄208个。全国文明城市创建对城市面貌、市民素质、文明程度提升效果明显，吴忠吸引力、集聚力不断增强。

生态建设成效显著。累计完成营造林156万亩，森林覆盖率、草原综合植被盖度分别达到18%、54.5%，湿地保护率达到60%以上。环境空气质量达到国家二级标准，优良天数比例连续5年稳定在84%以上。黄河吴忠段水质稳定在地表水Ⅱ类，城市黑臭水体全面消除。农业面源污染综合治理深入推进，耕地保护工作连续六年获全区一等奖。创成全国绿化模范城市、全区首个国家生态文明建设示范市。

改革开放持续深化。重点领域和关键环节改革取得实质性进展，党政机构改革、国资国企改革、基层整合审批服务执法力量改革、权责体系清单化改革顺利推进，在全区率先推行工商注册制度便利化、市辖区综合执法、农村产权交易市场化服务改革，法官检察官员额制、生态文明体制等改革取得显著成效。主动融入“一带一路”，内陆开放型经济发展加快，仪表、机械、食品等产品出口20多个国家。营商环境持续优化，信用体系监测排名全区前列，累计减税降费146.7亿元。改革开放使吴忠焕发出勃勃生机。

民生福祉持续增进。城乡居民收入稳步提升，人均可支配收入年均分别增长7.5%、10.3%，财政支出80%以上投向民生。学前教育普及普惠发展，基础教育优质均衡发展，职业教育特色明显，新建中小学和幼儿园99所，新增基础教育学位3.2万个。健康吴忠扎实推进，医疗卫生体系不断完善，抗击新冠肺炎疫情取得重大成果，成功创建国家卫生城市。文化体育事业取得长足进步，创成第三批国家公共文化服务体系示范区，黄河金岸（吴忠）国际马拉松蝉联全国“金牌赛事”，高标准承办了自治区第十五届运动会，在全国第十一届残运会暨第八届特奥会上获得8金、7银、4铜的优异成绩。覆盖城乡的就业创业、社保医保、救助救济、养老服务等社会保障体系更加健全。公共服务总体满意度进一步提升，人民生活更加殷实，与全国全区同步实现全面小康社会目标。

民主法治扎实推进。人大监督、立法、代表等工作取得新进展、新成果，《吴忠市红色文化遗址保护条例》等5部地方性法规颁布实施。人民政协工作取得新成效、新经验，特约民主监督“136”工作模式在全区推广。爱国统一战线不断巩固发展。工会、共青团、妇联等群团组织作用得到更好发挥。党管武装工作有效落实，国防后备力量建设全面加强，军政军民团结持续巩固，荣获全国双拥模范城“四连冠”。法治吴忠、平安吴忠建设效果明显，吴忠市被命名为全国社会治安综合治理优秀市和首批“全国禁毒示范城市”，依法治市、执法监督、安全生产、应急管理等工作得到加强，扫黑除恶专项斗争取得明显成效并转入常态化，政法队伍教育整顿取得实效。全国市域社会治理现代化试点工作扎实推进，重点领域基层治理有效落实。“三化”等宗教领域突出问题治理成效明显，“五进”宗教活动场所做法在全国推广。防范化解重大风险机制更加完善，社会大局和谐稳定。

民族团结巩固提升。吴忠市及所辖5个县（市、区）成功创建为全国民族团结进步示范市、县（区），民族团结成为吴忠最亮丽的名片。马克思主义国家观历史观民族观文化观宗教观“百场万人”大宣讲、民族团结进步“十进”等宣传教育广泛深入，“五个认同”思想基础不断夯实，中华民族共同体意识不断铸牢。探索形成了“585”模式、“三个十”深化行动、“六化六个进一步”提升措施等创建机制，“社区邻居节”等特色活动持续开展，吴忠经验引领全区、示范全国。

党的建设全面加强。全面从严治党纵深推进，各级党组织创造力、凝聚力、战斗力明显增强。庆祝新中国成立70周年和建党100周年系列活动深入开展，全市上下爱党爱国爱社会主义热情和感恩奋进力量进一步激发。王兰花荣获“七一勋章”。意识形态工作责任制有效落实，意识形态领域向上向好态势持续巩固。农村基层党建“五个重点问题”有效解决，社区联合党委机制被评为全国基层党建优秀案例。领导班子和干部队伍建设不断加强，县、乡、村三级班子换届圆满完成，激励干部担当作为制度机制不断完善，重实干、重实绩、重基层的用人导向更加鲜明。中央八项规定及其实施细则精神深入落实，“四风”问题得到有效纠治，基层减负成效明显。监督执纪问责力度持续加大，高质量完成本届市委巡察全覆盖，不敢腐、不能腐、不想腐一体推进，政治生态持续向好。

同志们！奋斗充满艰辛，成绩来之不易。这是党中央亲切关怀和自治区党委坚强领导的结果，是历届市委领导班子开拓奋进、接续奋斗的结果，是全市各级党组织、广大党员干部和各族群众顽强拼搏、务实苦干的结果，是各民主党派、社会各界、驻吴部队、武警官兵、驻吴企业和单位关心支持、积极参与的结果。在此，我代表中共吴忠市第五届委员会向大家致以崇高的敬意和衷心的感谢！

回顾走过的历程，我们深切感受到，五年来取得的重大成就，得益于我们始终坚持以政治建设为统领，坚决贯彻落实习近平总书记视察宁夏重要讲话精神和党中央决策部署，坚决贯彻落实自治区党委部署要求，坚决把对吴忠的关心支持落到实处；得益于我们始终坚持完整、准确、全面贯彻新发展理念，扎实做好调转增融“四篇文章”，走出一条具有吴忠特色的高质量发展新路子；得益于我们始终坚持以人民为中心的发展思想，站稳人民立场，坚守为民情怀，紧紧依靠人民，不断造福人民；得益于我们始终坚持以铸牢中华民族共同体意识为主线，大力推进民族团结进步，共同团结奋斗、共同繁荣发展；得益于我们始终坚持干在实处、走在前列，各级党员干部务实进取、攻坚克难、奋勇争先；得益于我们始终坚持全面从严治党，充分发挥党的领导核心作用、基层党组织战斗堡垒作用和党员先锋模范作用，为吴忠事业发展提供了坚强保证。

今后五年的指导思想和奋斗目标

当前，我们正处在改革发展的关键时期，吴忠和全国全区一道，如期实现了全面建成小康社会第一个百年奋斗目标，踏上了全面建设社会主义现代化国家新征程。习近平总书记视察宁夏，赋予宁夏建设黄河流域生态保护和高质量发展先行区的时代重任，提出“继续建设经济繁荣民族团结环境优美人民富裕的美丽新宁夏”的宏伟目标，为宁夏发展指明了前进方向、提供了根本遵循。同时，自治区党委提出创建“铸牢中华民族共同体意识示范区”。吴忠是宁夏的区域人口大市、沿黄城市，在全区发展格局中处于重要地位。我们必须扛起政治责任，勇担时代使命，紧紧围绕建设先行区、创建示范区目标，把握大势大局，找准发展定位，团结奋进、示范先行，奋力建设现代化美丽新吴忠。

建设现代化美丽新吴忠，我们面临许多困难挑战，必须正视问题、迎难而上。从大环境看，世界百年未有之大变局进入加速演变期，新一轮科技革命和产业变革深入发展，全球新冠肺炎疫情仍在持续蔓延，国内疫情多发散发，经济恢复仍不稳固、不均衡，面临的风险矛盾交织叠加，发展的不稳定性不确定性明显增加。从周边看，我们与区域内位置相邻、产业相似、功能相近的城市竞争将更加激烈，不进则退、慢进也是退。从自身发展看，我们依然存在经济总量小、财政支撑能力弱、山川城乡差别大、产业发展层次低、能耗“双控”压力大、转型发展动能不强、自然生态脆弱、城乡居民收入不高、公共服务不够均衡、高层次人才缺乏等问题，同时也面临维护政治安全和防范化解重大风险的双重考验、巩固拓展脱贫攻坚成果和全面推进乡村振兴的双重任务、能源变革和高质量发展的双重挑战、民生欠账多和可用财力少的双重压力，总体发展水平同人民对美好生活的期盼、同高质量发展要求相比还有不小差距。面对前进道路上的困难挑战，我们要保持清醒头脑，增强忧患意识，坚持问题导向，在不断克服困难、应对挑战中夯实稳定的基础，增强发展的实力。

建设现代化美丽新吴忠，我们面临许多发展机遇，必须把握大势、抢夺先机。当前我国仍处于重要战略机遇期，党中央作出加快构建新发展格局、建立区域协调发展新机制、推进新一轮西部大开发等战略部署，国家更加重视支持革命老区、民族地区发展，给欠发达地区带来诸多政策利好、项目利好、投资利好。黄河流域生态保护和高质量发展上升为国家战略，中央及国家部委积极响应，关心关注宁夏，支持支援宁夏，黄河流域生态保护和高质量发展领导小组正在研究制定支持宁夏建设先行区的方案，国家发改委、财政部等11个部门相继出台专门的政策文件给予支持，帮助解决实际问题，自治区也配套出台政策，支持实施红寺堡区创建全国易地搬迁移民致富提升示范区、青铜峡抽水蓄能电站等重大项目，红寺堡区、同心县被确定为国家乡村振兴重点帮扶县，为建设现代化美丽新吴忠带来重大机遇。国家、自治区加快推进法治建设、民族团结、基层治理等决策部署，为今后发展提供了更加稳定的社会环境。我们要在新一轮高质量发展中抢占先机、赢得主动，努力把机遇转化为发展现实。

建设现代化美丽新吴忠，我们具备许多发展优势，必须坚定信心、乘势而上。“十三五”期间，我们全面打赢了脱贫攻坚战，实现了全面小康，为建设现代化美丽新吴忠奠定了坚实基础。我们有区位优势，吴忠处在宁夏沿黄经济带重要节点，随着银西高铁、京兰高铁、银太高铁、银百高速、乌玛高速等交通要道陆续建成运营，为吴忠融入国内交通网、实现大联通、大循环创造了良好条件。我们有产业优势，产业特色比较鲜明，初步形成了装备制造、绿色食品、新能源等优势产业集群，新兴工业、特色农业、现代服务业加快发展，奶产业等链条完整，园区发展态势良好。我们有资源优势，水利、矿产、油气、风光电等资源丰富，空间广阔，为新能源发展提供了条件，城市、县城区域发展有后发优势。我们有人文优势，吴忠民族团结、社会和谐，群众安居乐业，民营经济充满活力，休闲吴忠、美食吴忠有一定的影响力，全市上下干事创业氛围浓厚。我们要把优势转化为胜势，把潜力转化为动力，奋力建设现代化美丽新吴忠。

今后五年，是开启全面建设社会主义现代化国家新征程，向第二个百年奋斗目标进军的第一个五年，也是吴忠大有可为的历史机遇期，干事创业的发展黄金期，转型发展的关键期。今后五年工作的指导思想是：坚持以习近平新时代中国特色社会主义思想为指导，深入贯彻习近平总书记视察宁夏重要讲话精神，全面落实党中央和自治区党委各项决策部署，坚持以政治建设为统领，坚持以人民为中心，不断促进共同富裕，坚决守好“三条生命线”，持续做好调转增融“四篇文章”，走出一条高质量发展新路子，在建设黄河流域生态保护和高质量发展先行区、创建铸牢中华民族共同体意识示范区中团结奋进、示范先行，奋力建设现代化美丽新吴忠，为继续建设经济繁荣民族团结环境优美人民富裕的美丽新宁夏作出新的更大贡献！

今后五年，全市经济社会发展主要奋斗目标是：

——建设经济更加繁荣的新吴忠。经济实力跃上新台阶，地区生产总值总量达到千亿元，年均增速高于全国全区平均水平。转型升级取得新突破，新产业新业态新经济发展壮大，建成西部绿色食品基地、精密高端制造基地和文旅康养目的地。改革创新增添新动能，R&D 经费投入强度显著提升。开放型经济体制机制不断完善，新优势不断显现。协调发展取得新进展，县域经济实力整体增强，新型城镇化和乡村振兴取得明显成效。建设高质量的千亿吴忠。

——建设民族更加团结的新吴忠。“五个认同”达到新高度，中华民族共同体意识不断增强，休戚与共、荣辱与共、生死与共、命运与共的共同体理念深入人心。交往交流交融广度深度实现新拓展，各民族守望相助、手足情深的氛围更加浓厚。民族事务治理能力实现新提升，社会大局保持和谐稳定。铸牢中华民族共同体意识创造新经验，体制机制更加健全，民族工作走在全区全国前列。创建铸牢中华民族共同体意识示范市。

——建设环境更加优美的新吴忠。生态环境得到新改善，国土空间规划开发保护格局基本形成，森林覆盖率、草原综合植被盖度持续提高，“双碳”“双控”任务有效落实。污染防治攻坚战取得新成效，主要污染物排放总量持续下降，重污染天气基本消除，黄河干流吴忠过境断面水质保持在Ⅱ类及以上，土壤污染风险得到有效管控。美丽城乡建设实现新提升，人居环境持续改善。社会文明展现新风尚，社会主义核心价值观深入人心，精神文化生活日益丰富，生产生活方式更加绿色低碳，社会文明程度明显提高。创成全国文明城市。

——建设人民更加富裕的新吴忠。人民收入水平得到新提高，人均可支配收入年均增速高于全国全区平均水平，中等收入群体显著扩大，山川差距、城乡差距进一步缩小，共同富裕取得实质性进展。基础设施日趋完善，基本公共服务均等化水平不断提升，人民生活品质明显提高。社会事业取得新进步，就业更加充分、更有质量，教育卫生事业不断发展，多层次社会保障体系更加健全。基层治理得到新加强，法治吴忠、平安吴忠建设成效更加明显，获得感幸福感安全感成色更足、更可持续、更有保障，使吴忠市更加安居乐业、宜居宜业、聚人兴业。

实现上述目标，建设现代化美丽新吴忠，不是轻轻松松、敲锣打鼓就能实现的，我们必须坚持和加强党的全面领导，切实增强加快发展的紧迫感、责任感、使命感，勇毅前行、奋勇争先，走好新时代赶考路。

今后五年的主要任务

建设现代化美丽新吴忠，是我们的不懈追求，也是全市上下的共同心愿。我们要咬定目标、埋头苦干，团结奋进、示范先行，在建设先行区、创建示范区中体现吴忠担当、作出吴忠贡献，努力开创吴忠高质量发展新局面。

一、着力保持经济稳定增长，打牢现代化美丽新吴忠的实力根基

坚持稳中求进工作总基调，以推动高质量发展为主题，以深化供给侧结构性改革为主线，把发展经济的着力点放在实体经济上，大力推进制造强市、质量强市，努力打造转型发展先行市，走出一条具有吴忠特色的高质量发展新路子。

（一）大力推进“调转增融”。坚持把做好调转增融“四篇文章”作为推动吴忠经济高质量发展的主攻方向。加快调结构。聚焦新能源、新材料、绿色食品，持续推进重点产业区域化布局、标准化生产、品牌化经营，在建强龙头、扩大规模、提升效益上持续用力，推动经济发展实现量的合理增长和质的稳步提升。主动转方式。坚持高端化、绿色化、智能化、融合化发展方向，加快推进传统产业绿色化改造、资源循环化利用、企业清洁化生产，持续推进产业转型升级。持续增动能。加大创新资源投入，加快推进科技、业态、模式、管理创新，培育新增一批“专精特新”企业，持续深化改革开放，精准扩大有效投资，不断增强高质量发展动力和活力。积极促融合。统筹区域城乡发展，促进山川共济、区域协调、优势互补。推动产城融合，以产促城、以产兴城，做大做强城市经济，加快城市集约发展。推动产业融合，延伸产业链、提升价值链、融通供应链，实现一二三产前延后展、融合互促。推动城乡融合，促进城乡在规划布局、要素配置、产业发展、公共服务、生态保护等方面相互融合、一体发展。

（二）大力推进产业发展。聚焦“9+1”重点特

色产业，持续实施延链补链强链工程，推动产业布局区域化效益显现、产业基础高级化特征凸显、产业链现代化水平提升。抓产业必须抓项目，围绕重点特色产业，系统谋划、积极争取、精准招引、落地实施一批科技含量高、带动能力强的大项目好项目，为产业发展提供有力支撑。

推进工业提质扩量。突出优势产业锻长板，推动绿色食品、现代纺织、装备制造等优势产业集群化发展，形成一批龙头企业带动、骨干企业支撑、中小微企业配套的产业集群。突出传统产业补短板，加快实施“四大改造”，工业技改投资年均增长5%以上，推动能源化工、冶金、建材等传统产业现代化振兴。突出新兴产业强底板，抢抓产业数字化、数字产业化重大机遇，建设一批智能工厂、数字化车间，加快工业互联网标识解析二级节点普及应用，推进5G技术与智能制造深度融合，推动电子信息、新材料、清洁能源等新兴产业规模化发展。突出工业园区改造提升夯基础，推进园区“腾笼换鸟”，持续处置低效用地，积极引导产业关联企业和项目入园，推动金积、青铜峡工业园区升级为国家高新区，力争5个工业园区总产值突破千亿元。规上工业增加值年均增速保持在10%以上。

推进农业提档增效。深入实施乡村振兴战略，坚持质量兴农、绿色兴农、品牌强农，加快构建现代农业产业体系、生产体系、经营体系，提高农业质量效益和竞争力，建设黄河流域现代农业高质量发展示范区、国家绿色农业发展先行区。坚决扛牢粮食安全政治责任，落实最严格的耕地保护制度。优化农业区域布局和生产结构，加快奶业振兴行动，扩大优质饲草种植基地，推进利通区五里坡、吴忠国家农业科技园区、青铜峡牛首山三大奶牛养殖核心区建设，实施宁夏伊利四期扩建项目，打造400亿元奶产业聚集区。做大做强滩羊和肉牛、葡萄酒、黄花菜、枸杞等重点特色产业，构建农业全产业链。拓展农业多种功能，壮大乡村旅游、休闲康养、农村电商等新产业新业态。构建契约型、分红型、股权型连农带农利益联结机制，带动小农户增收发展。大力发展数字农业、智慧农业。农业总产值年均增长3.5%以上。

推进服务业提速升级。力促消费扩容提质，推动生产性服务业向专业化和价值链高端延伸、生活性服务业向高品质和多样化升级。加快全域旅游“一核三带”建设，黄河青铜峡大峡谷创成国家5A级旅游景区，创成全域旅游示范市，努力打造“旅游之城”。实施餐饮业发展质量提升、品牌培育、龙头带动、文化挖掘、人才培养“五大工程”，进一步提升“游在宁夏·吃在吴忠”及早茶文化影响力，打造“美食之城”。发展金融服务、研发设计、风光电设备运维等现代服务业，持续深化国家级电子商务示范城市创建，加快发展现代物流、会展博览、健康养老等产业，推动服务业发展提速、比重提高、水平提升。服务业增加值年均增长7%以上。

（三）大力推进改革创新。坚持以改革创新促发展，不断增强发展动能。持续推进农业农村、金融、国资国企等领域改革，加快事业单位改革。扎实开展“四权”改革，在节水增效、盘活增值、降污增益、植绿增绿方面蹚出新路子，推动改革取得突破性进展。完善优化营商环境相关政策措施，加快政府职能转变，努力打造效率高、成本低、服务好的一流投资环境。更加重视支持民营经济发展，激发各类市场主体活力。提升对外开放水平，积极主动融入新发展格局，用好中阿博览会等重大会议、河东机场、银西高铁等开放路径，深化与京津冀、黄河“几”字弯、陕甘蒙毗邻地区等交流合作，推动商品贸易、技术合作、文化旅游纵深发展。深入实施创新驱动发展战略，强化创新主体培育，支持吴忠仪表、北连生物等龙头企业承担国家重大科技项目，打造一批高新技术企业。实施产学研融通创新工程，支持企业与科研院所、高等院校联合开展技术攻关，建立自治区级以上科技创新平台50家。深入推进科技体制改革，健全完善财政科技投入稳定增长机制，营造崇尚创新的价值导向和社会氛围。

（四）大力推进区域协调发展。健全县域经济发展工作机制，完善科学合理的考核评价体系，推动县域优势互补、集群发展。利通区建成全区重要的制造业基地、优质农产品供应及加工基地，各项经济指标走在全区前列；红寺堡区建成全国易地搬迁移民致富提升示范区；青铜峡市在产业转型升级上取得突破，进入全区县域经济第一梯队；盐池县打造滩羊、清洁能源、新型材料等产业集群，综合实力稳居全区山区九县之首，争创西部百强县；同心县重点发展清洁能源、羊绒加工、绿色食品等特色产业，综合实力位居山区县前列。加快利青“一河两岸、双城一体”同城化发展步伐，推动资源要素集约集聚、产业发展协同互补、基础设施互联互通、公共服务共建共享、生态环保联保联治，促进黄河两岸商贸休闲、文旅一体相互融合，打造黄河金岸靓丽生态城市。加快盐同红一体化发展步伐，以太阳山县级中心城镇建设为重点，推动惠安堡高铁片区和太阳山能源化工新城建设，辐射带动周边整体发展，形成主体功能明显、发展优势互补、良性联动循环的区域发展格局。加快中心城镇集聚发展步伐，重点打造金积—峡口—青铜峡镇、太阳山—惠安堡—韦州—下马关镇等集中带，使其成为带动区域发展的新引擎。

发展决定吴忠未来，只要我们把战略机遇转化为现实发展优势，就一定能在推动高质量发展上创造新的辉煌，为不断满足人民群众美好生活需要奠定坚实的物质基础。

二、着力铸牢意识、坚持方向，奏响现代化美丽新吴忠的和谐强音

深入贯彻落实习近平总书记关于加强和改进民族工作的重要思想，坚持以铸牢中华民族共同体意识为主线，把握战略定位，担当使命任务，凝聚奋进力量，坚决守好促进民族团结生命线，努力创建铸牢中华民族共同体意识示范市。

（一）构筑中华民族共有精神家园。坚持用社会主义核心价值观教育和引领各族群众，大力弘扬以爱国主义为核心的民族精神和以改革创新为核心的时代精神，用共同理想信念凝心铸魂、赓续精神血脉，不断增强各族群众的精神力量。常态化开展“传承党的百年光辉史基因、铸牢中华民族共同体意识”主题教育活动，引导各族群众继续唱响“共产党好、黄河水甜”的主旋律，更加坚定自觉地听党话、感党恩、跟党走。大力传播现代理念和行为方式，深入实施文明创建、公民道德建设、时代新人培育等工程，不断提高各族群众道德水准、文明素养和科学文化素质，加强现代文明教育，积极引导各族群众移风易俗，倡导健康文明的思想观念、精神情趣、生活方式，营造各民族共同走向现代化的社会氛围，激励各族群众共同迈进全面建设现代化美丽新吴忠的新征程。

（二）不断增强中华文化认同。坚持社会主义先进文化前进方向，以社会主义核心价值观为引领，加大中华优秀传统文化、红色文化、先进文化浸润，坚定中华文化自信。牢牢把握正确舆论导向，推动媒体深度融合发展，唱响主旋律，弘扬正能量。深入实施创新理论铸魂、道德建设引领、文明创建深化工程，创成全国文明城市。拓展新时代文明实践中心建设，促进学雷锋志愿服务常态化标准化制度化，叫响“志愿之城”品牌。深入实施红色基因传承工程，利用好盐池革命历史纪念园、同心红军西征纪念馆等各类红色资源，广泛开展革命文化宣传教育。保护传承黄河文化，加快建设引黄古灌区世界灌溉工程遗址公园，打造以黄河大峡谷等景区为核心的黄河文化公园，加强引黄古灌渠、古村镇等水利文化、农耕文化遗产的挖掘保护传承利用，讲好“黄河故事”。完善文化产业规划和政策支撑，推动文化产业逐步发展壮大。持续巩固全国公共文化服务体系示范区创建成果，大力实施文化惠民工程，积极繁荣文艺精品创作，深化全民阅读，打造“文化吴忠”“书香吴忠”，提升文化软实力。

（三）提升民族团结进步创建水平。坚持和完善各民族共居共学、共建共享、共事共乐的社会环境条件，不人为设置民族区隔，相互尊重饮食习惯、风俗习惯，搭建“中华民族一家亲”系列实践载体，推动各民族广泛交往、全面交流、深度交融。巩固提升民族团结进步创建成果，持续深化“细胞工程”，创新“创建+”行动，深入开展民族团结进步“十进”活动，培育一批铸牢中华民族共同体意识示范点，建设一批主题教育基地，争创一批国家级、自治区级模范集体（示范单位），推进单体创建、整体建设走在全国前列。

（四）积极推进宗教中国化进程。全面贯彻党的宗教工作基本方针，坚持我国宗教中国化方向，引导和支持我国宗教以社会主义核心价值观为引领，积极引导宗教界人士和信教群众树立正确的国家观、历史观、民族观、文化观、宗教观，增强“五个认同”。继承和发扬我国宗教中国化优良传统，用中华优秀传统文化浸润我国宗教，推动宗教实现健康传承发展，不断与社会主义社会相适应。巩固宗教领域突出问题整治成果，推动宗教中国化不断深入。

（五）坚持依法治理民族宗教事务。不断增强各

族群众国家意识、公民意识、法治意识，严密防范和坚决打击各种渗透颠覆破坏、暴力恐怖、民族分裂、宗教极端活动，持续巩固民族团结、社会稳定的良好局面，坚决守好维护政治安全生命线。依法治理民族事务、宗教事务，规范管理宗教活动场所、宗教活动、宗教教职人员。严厉打击非法宗教活动，及时依法处置涉民族宗教的网络舆情，防止利用宗教干预世俗生活，保障各族群众的合法权益。不断加强基层宗教治理，努力建设基层宗教治理模范市。

民族团结是各族人民的生命线，我们要高举民族大团结旗帜，促进各民族像石榴籽一样紧紧抱在一起，让中华民族共同体意识深入人心、民族团结进步之花常开长盛。

三、着力加强生态环境保护，擦亮现代化美丽新吴忠的生态底色

深入践行习近平生态文明思想，牢固树立“绿水青山就是金山银山”的理念，扛牢维护西北乃至全国生态安全的政治责任，统筹推进“一河两山一湖”系统治理，持续建设美丽城乡，着力打造生态文明样板市，坚决守好改善生态环境生命线。

（一）守护黄河长久安澜。以黄河干流为主轴，突出黄河长治久安，实施河道控导、河道治沙、滩区治理、航运建设提升等项目，实现民生保障线、抢险交通线、文化展示线、生态旅游线有机统一。加快完善城市防洪工程体系，提标改造青铜峡、利通区河岸堤防，防洪标准达到百年一遇。对罗家湖、古城湾等河滩滩涂进行植被恢复，提标改造黄河湿地。实施贺兰山东麓、牛首山北麓防洪及病险水库除险加固工程，完善城市排涝工程，确保城市安全。

（二）保护修复生态系统。坚持保护优先、自然恢复为主、人工修复为辅，统筹推进水源涵养、水土保持、生态修复工程建设，提高生物多样性保护水平，增强生态系统的安全性、稳定性。严格落实“四禁”“四减”“四保”要求，筑牢生态安全屏障。统筹推进森林、草原、湿地、流域、农田、城市、沙漠“七大生态系统”建设，突出抓好罗山、牛首山等生态修复工程，加快创建罗山国家公园。持续开展哈巴湖、青铜峡库区等河湖湿地和草原生态修复治理，加快生态移民迁出区生态修复。科学开展大规模国土绿化行动，实现全市森林覆盖率、草原综合植被盖度、城市绿地率、人均公园绿地面积、生物多样性“五个提升”。实施城乡绿化美化、森林资源保护、林业产业提升工程，高标准建设京藏高速红寺堡段、银百高速盐池段、109 国道青铜峡段、慈善大道 4 条绿色廊道，重点实施贺兰山东麓、孙家滩、五里坡、盐同红移民迁出区四大片区造林绿化，每年新增造林 10 万亩，建设绿色城镇、绿色村庄、绿色河道、绿色公路、绿色铁路。

（三）深入打好污染防治攻坚战。以实现减污降碳、协同增效为总抓手，科学制定“双碳”时间表、路线图，严格落实能耗“双控”目标，建立健全绿色低碳、循环发展、安全高效的经济体系、能源体系和交通体系，梯次实现碳达峰、碳中和。以更高标准打好蓝天、碧水、净土保卫战，确保空气质量、地下水位、黄河吴忠过境断面水质、土壤环境质量“四个不降”。统筹推进“四尘同治”，强化工业污染综合治理，实施清洁能源替代工程，基本消除重污染天气，环境质量持续改善。统筹推进“五水共治”，巩固提升入黄排水沟、黑臭水体整治成果和饮用水安全保障水平，推动污水处理厂尾水人工湿地建设全覆盖，实现水污染防治向水生态保护高质量转变。统筹推进“六废联治”，深化“清废行动”，加强农业面源污染治理，强化重点区域、重点行业污染风险管控，危险废物安全处置率达到 100%，不断提高一般工业固体废物综合利用率，稳步推进“无废城市”建设。

（四）持续建设美丽城乡。统筹布局城市生态、生产、生活等功能空间，一体推进城市规划建设治理，塑造以市区为主体、县城为辅助的山川秀美、各具特色、宜居宜业的城市新貌。实施城市更新行动，持续完善水电气暖、通信交通等网络系统，增强城市承载能力。加快市区东片区开发建设，积极推进城市老旧小区、城中村改造，高品质建设“花园城市”“海绵城市”“韧性城市”“智慧城市”，让城市更智慧、更规范、更顺畅、更安全。实施美丽宜居乡村建设行动，科学推进乡村规划建设，高质量打造一批重点小城镇、美丽村庄、乡村振兴示范村。实施村庄基础设施改善工程，加快完善水电路气网，推进抗震宜居农房建设，健全运营管护长效机制。实施农村人居环境整治提升五年行动，因地制宜推进农村改厕、清洁供暖、生活垃圾处理和污

水治理，让群众住得更舒心、生活得更安心。

人若不负青山，青山定不负人。我们要把绿色作为吴忠最厚实、最亮丽的底色，走稳走实生态优先、绿色发展之路，让吴忠天更蓝、地更绿、水更净，让人民群众共享最普惠的绿色公共产品。

四、着力增进民生福祉，厚植现代化美丽新吴忠的幸福基础

牢记“江山就是人民，人民就是江山”，深入推进“四大提升行动”，不断提升人民群众的幸福指数，建设“幸福之城”，扎实推动共同富裕，奋力打造宜居宜业示范市。

（一）巩固脱贫攻坚成果。落实好百万移民致富提升行动，按照“四个不摘”要求，加强防止返贫动态监测和帮扶，牢牢守住不发生规模性返贫底线。持续发展壮大脱贫地区特色产业，继续加大政策、项目、资金支持力度，打造盐同红集中连片区巩固拓展脱贫攻坚成果同乡村振兴有效衔接的示范区域。抓好96个重点移民村整村提升，聚焦产业、就业、社会融入“三件事”，统筹推进“六项重点任务”，建成红寺堡区全国易地搬迁移民致富提升示范区。加大乡村振兴重点帮扶县、乡镇、村支持力度，深化闽宁对口协作，做好央企定点帮扶工作，确保移民群众增收致富更加稳定、更可持续。

（二）提升居民收入水平。落实好城乡居民收入提升行动，全面拓宽居民增收渠道，不断扩大中等收入群体，切实提高低收入群体收入。实施创业带动就业战略，做好重点群体创业就业服务，规范企业工资支付行为，健全科学的企业工资决定机制，开展技能培训、就业服务、创业扶持，让工作者有岗位、就业者有收入。落实机关事业单位工作人员基本工资正常调整机制和地区附加津贴制度，合理调控不同层级津贴水平。完善再分配调节机制，加强低收入家庭、生活困难群众住房、医疗、就业等基本生活救助，建立低保、特困人员供养标准自然增长机制，认真落实支农惠农政策，让老百姓的钱袋子鼓起来、生活富起来。

（三）提高教育卫生质量。落实好基础教育质量提升行动，实施教育优先发展战略，全面深化教育改革，积极推进“互联网+教育”示范区建设，加快思政课一体化建设，力促学前教育普及普惠、义务教育优质均衡、普高教育特色多样，优化职业教育类型定位，加快缩小教育校际、城乡、区域差距。落实好全民健康水平提升行动，全面推进健康吴忠建设，深化拓展“互联网+医疗健康”，强化基层公共卫生体系，织牢公共卫生防护网。深入开展爱国卫生运动，促进全民养成积极健康的生活方式。广泛开展全民健身运动，大力发展群众体育、竞技体育、体育产业，加快建设各类公共体育场馆，构建更高水平的健身公共服务体系。

（四）完善社会保障体系。坚持兜底线、织密网、建机制，稳步提高社会保险统筹层次，健全完善覆盖全民、统筹城乡、公平统一、可持续的多层次社会保障体系。建立低保标准动态调整机制，推进社会救助提标扩面，提升低收入群体生活水平。加快构建居家社区机构相协调、医养康养相结合的基本养老服务体系，打造“康养之城”。积极发展社会福利、社会慈善、红十字会等事业，维护妇女儿童合法权益，提升退役军人服务保障水平。落实国家优化生育政策，促进人口长期均衡发展。坚持房住不炒，加快建设保障性租赁住房，完善住房供应体系，保障群众住有所居。

人民对美好生活的向往就是我们的奋斗目标。我们要始终把人民摆在心中最高位置，做到发展为了人民、发展依靠人民、发展成果由人民共享，牢牢守住人民的心，赢得群众的拥护和支持。

五、着力推进治理体系治理能力现代化，凝聚建设现代化美丽新吴忠的磅礴力量

坚持党的领导、人民当家作主、依法治国有机统一，健全人民民主制度，发展全过程人民民主，纵深推进法治吴忠、平安吴忠建设，持续完善治理体系、提升治理能力，不断巩固团结和谐稳定的生动局面。

（一）扎实推进民主政治建设。严格落实地方党委工作条例，不断完善常委会议事规则和决策程序，落实好重大决策征求意见制度，提高科学决策、民主决策、依法决策水平。支持和保证人大及其常委会依法行使职权、开展工作，指导和督促“一府一委两院”自觉接受人大监督，完善人大监督制度，深入推进科学立法、民主立法、依法立法，支持和保证代表更好依法履职。充分发挥人民政协协商民

主重要渠道和专门协商机构作用，建强“有事好商量”特色平台，推动协商民主广泛多层制度化发展，提高人民政协政治协商、民主监督、参政议政水平，广泛凝聚共识。巩固发展爱国统一战线，发挥各民主党派、工商联、无党派人士的独特优势，做好民族、宗教、侨务、外事等工作，画出最大同心圆。强化工青妇、残联、科协、红十字会等群团组织桥梁纽带作用，把各自联系的群众紧紧凝聚在党的周围。加强国防动员和后备力量建设，深化全民国防教育，推进军民融合深度发展，持续做好双拥工作，努力实现全国双拥模范城“五连冠”。

（二）全面深入推进依法治市。深入学习贯彻习近平法治思想，完善党领导全面依法治市工作机制，统筹推进法治吴忠、法治政府、法治社会建设。深化执法司法责任体系改革，健全执法司法制约监督体系，完善公共法律服务体系，努力让人民群众在每一项法律制度、每一个执法决定、每一宗司法案件中都感受到公平正义。深入开展“八五”法治宣传教育，深化拓展“法律七进”活动，让办事依法、遇事找法、解决问题用法、化解矛盾靠法成为社会自觉。

（三）建设更高水平平安吴忠。贯彻落实总体国家安全观，坚决打好防范化解重大风险攻坚战，有效防控金融、地方债务、安全生产等各类风险，坚决守住不发生系统性、区域性风险的底线。严格落实意识形态工作责任制，实施维护意识形态安全托底工程，牢牢掌握意识形态工作的领导权、主导权、话语权。强化阵地建设和管理，加大“扫黄打非”力度，加强新闻出版行业监管，深化网络综合治理，净化网络空间环境。加强社会治安防控体系建设，深化平安细胞创建，防范打击电信网络诈骗等违法犯罪活动，常态化开展扫黑除恶斗争，继续开展禁毒斗争。完善城乡公共安全和防灾减灾应急响应体系，健全应急救援和应急物资保障机制，提高公共安全保障能力。

（四）全面提升基层治理效能。以全国市域社会治理现代化试点工作为抓手，一体推进乡村、社区、校园、宗教、企业、社团六大领域基层治理。健全完善党委领导、政府负责、社会协同、公共参与、法治保障的社会治理体系，持续推动社会治理和服务重心向基层下移，把更多资源下沉到基层。坚持和发展新时代“枫桥经验”，构建多元矛盾纠纷预防化解机制，深化访源诉源治理，巩固深化“红色物业”建设行动成果，完善网格化服务模式。创新治理手段、治理模式、治理理念，提高社会治理科学化、精细化、法治化、数字化、智能化水平。

（五）统筹疫情防控和经济社会发展。坚持常态化疫情防控和应急处置相结合，以防为先、以控为要、以保筑基，扎实做好“外防输入、内防反弹”，努力实现稳增长与防风险长期均衡。推进疾病预防控制体系建设，提高应对公共卫生突发事件的指挥调度、监测预警、预防控制、应急救治、物资保障能力，完善疫情防控应急响应机制和应对预案，一旦发生疫情，快速处置、精准管控，统筹抓好民生服务、生产供应、企业运行、社会稳定等工作，确保疫情防控和经济社会发展实现双胜利。

民主法治彰显公平正义，良法善治绘就美好生活。我们要坚持以民主凝聚人心力量，以法治护航改革发展，确保社会安定、人民安宁。

推动新时代全面从严治党纵深发展

党的十九届六中全会审议通过了《中共中央关于党的百年奋斗重大成就和历史经验的决议》，自治区党委十二届十四次全会对深刻领会、贯彻落实党的十九届六中全会精神进行了动员和部署。各级党组织和广大党员干部要从党的百年奋斗重大成就和历史经验中汲取力量，深刻领会党的十八大以来所取得的政治成果、理论成果、实践成果、制度成果，坚定信心、勇毅前行。更加坚决维护习近平同志党中央的核心、全党的核心地位，更加自觉坚持习近平新时代中国特色社会主义思想的指导地位，切实增强“四个意识”、坚定“四个自信”、做到“两个维护”，自觉做到“四个特别”，始终坚定政治信仰，筑牢政治忠诚，强化政治担当，提高政治能力，严守政治纪律，沿着党中央指引的方向奋勇前行，为建设现代化美丽新吴忠提供坚强保证。

（一）切实加强党的政治建设。把党的政治建设作为根本性建设，健全完善政治建设统领党的各方面建设的制度机制，提高政治判断力、政治领悟力、政治执行力。坚持和加强党的全面领导，充分发挥党总揽全局、协调各方的领导核心作用，使党的领导贯穿到全市工作的各方面全过程。持续强化政治监督，严肃党内政治生活，严明政治纪律和政治规矩，把贯彻落实习近平总书记视察宁夏重要讲话和重要指示批示精神等作为政治巡察、监督执纪、督查检查的首要内容，常态化开展“回头看”工作，确保习近平总书记重要讲话精神和党中央重大决策部署在吴忠不折不扣得到贯彻落实。

（二）坚持不懈强化理论武装。深入学习贯彻习近平新时代中国特色社会主义思想、习近平总书记“七一”重要讲话和视察宁夏重要讲话精神，进一步在学懂弄通做实上下功夫。深入学习宣传贯彻党的十九届六中全会精神，加大专题培训、媒体宣传、集中宣讲、理论阐释力度，深刻领会百年奋斗的伟大成就、伟大意义、伟大经验和实践要求，进一步增强历史自信，坚定历史自觉。巩固拓展党史学习教育成果，大力弘扬伟大建党精神，激励和鼓舞全市干部群众示范先行、争创一流，汇聚建设现代化美丽新吴忠的强大合力。

（三）建设高素质干部队伍。坚持新时代好干部标准，严格落实干部政治素质考察实施细则，建立健全干部素质培养、知事识人、选拔任用、从严管理、正向激励体系，着力打造“五个过硬”新时代干部队伍。坚持正确用人导向，注重选拔经受磨砺多、专业素养高、基层历练实、积极踏实干的优秀干部。坚持严管和厚爱结合、激励和约束并重，完善干部考核评价机制，旗帜鲜明为担当者担当、为负责者负责、为干事者撑腰，让担当进取、干事创业成为吴忠的鲜明特征。深入实施领导干部政治能力提升和专业能力提升工程，抓好换届后各级领导班子和领导干部教育培训，持续强化政治历练、思想淬炼、实践锻炼、专业训练，不断提升各级干部“七种能力”“八种本领”。用心用情用力做好老干部工作。坚持党管人才原则，继续实施“引才聚才”工程，探索建立重点领域人才举荐制，健全完善“引育留用”全链条机制，不断激发各类人才创新创造活力。

（四）推动基层党建全面过硬。认真贯彻新时代党的组织路线，以提升组织力为重点，突出政治功能，全面提升基层党建工作科学化水平。树立大抓基层的鲜明导向，从严落实市县乡村四级书记抓基层党建责任制，持续推进组织体系建设，努力构建上下贯通、执行有力的严密组织体系。持续深化拓展“六项行动”，巩固深化全国城市基层党建示范市创建成果，统筹推进农村、社区、机关、国企、学校、医院、非公经济和社会组织等领域党建工作提质增效，使基层党组织成为坚强战斗堡垒。加强党员教育管理监督，实施发展党员“源头工程”，使每一名党员都成为维护团结稳定、促进共同富裕的一面旗帜。

（五）持之以恒正风肃纪反腐。坚持态度不变、决心不减、尺度不松，加强党风廉政建设责任制落实，锲而不舍落实中央八项规定及其实施细则精神，完善作风建设长效机制，驰而不息纠治“四风”，整治侵害群众利益不正之风和腐败问题。充分发挥纪检监察机关专责监督作用，不断健全完善权力运行制约和监督体系，落实“一把手”和领导班子监督“20项措施”，强化政治督查、政治考察、政治巡察“三察（查）一体”，推进政治巡察任期内全覆盖。精准运用监督执纪“四种形态”，落实容错纠错机制，推动各类监督贯通融合。坚持惩治腐败高压态势，注重高压治“标”、制度治“本”、长效治“心”，一体推进不敢腐、不能腐、不想腐，着力营造风清气正的政治生态。

中国共产党领导是中国特色社会主义最本质的特征，是中国特色社会主义制度的最大优势。时代是出卷人，我们是答卷人，人民是阅卷人。我们一定要坚持和加强党的全面领导，带领全市各族人民创造更加美好的明天。

同志们，伟大事业催人奋进，美好未来召唤前行。让我们更加紧密地团结在以习近平同志为核心的党中央周围，在自治区党委的坚强领导下，以永不懈怠的精神状态和一往无前的奋斗姿态，奋力建设现代化美丽新吴忠，以优异成绩迎接党的二十大胜利召开，为继续建设经济繁荣民族团结环境优美人民富裕的美丽新宁夏作出新的更大贡献！

政府工作报告

——2021年12月23日在吴忠市第六届人民代表大会第一次会议上

吴忠市市长　王学军

各位代表：

现在，我代表市人民政府，向大会作政府工作报告，请予审议，并请市政协委员和其他列席人员提出意见。

过去五年工作回顾

市五届人大一次会议以来的五年，是吴忠市发展史上极不平凡、极不寻常的五年。习近平总书记两次视察宁夏，特别是去年视察宁夏时首站就到吴忠，为我们做好工作指明了前进方向，提供了根本遵循，全市各族人民备受鼓舞、牢记嘱托、感恩奋进。五年来，面对百年未有之大变局、经济下行之大挑战、脱贫攻坚之大决战、世纪疫情之大考验，市人民政府始终坚持以习近平新时代中国特色社会主义思想为指导，深入贯彻党的十九大和十九届二中、三中、四中、五中、六中全会精神，在自治区党委、政府和市委的坚强领导下，在市人大、政协的监督支持下，坚持稳中求进工作总基调，统筹推进稳增长、促改革、调结构、惠民生、防风险各项工作，经济社会发展取得新成绩。“十三五”规划圆满收官，全面建成小康社会，连续8年获得全区效能目标考核优秀等次，为建设现代化美丽新吴忠奠定了坚实基础。

这五年，我们始终坚持发展第一要务，综合实力明显提升。地区生产总值从2016年的412.5亿元增加到720亿元，年均增长7.4%，总量由全区五市第三跃居第二。人均地区生产总值51900元左右，是2016年的1.7倍。一般公共预算收入从32.6亿元增加到37.8亿元，年均增长2.3%。实施自治区级重点项目37个、市级重点项目675个，完成固定资产投资2358亿元。争取项目资金694亿元，招商引资到位资金1552亿元。

这五年，我们始终坚持创新驱动转型升级，经济结构不断优化。农业提质增效，粮食产量稳定在100万吨以上，实现“十八连丰”。新增奶牛10万头，存栏27.6万头，奶产业综合产值达到240亿元。新增酿酒葡萄4.9万亩、酒庄13家，年产优质葡萄酒2.8万吨。“盐池滩羊”区域品牌价值达88亿元，肉牛、枸杞、黄花菜等特色优势产业效益凸显，农业总产值年均增长4.3%。工业提质扩量，新增规模以上企业119家、产值过亿元工业企业30家，绿色食品、新型材料等4个产业和太阳山、金积、青铜峡工业园区产值均过百亿元，金积工业园区被评为国家级绿色园区和自治区级高新区，规模以上工业增加值占全区比重由2016年的15.6%提升到20.6%，年均增长10.3%。服务业提质升级，万达广场等商贸综合体建成运营，新增国家4A级旅游景区5个，五个县（市、区）全部列为全域旅游创建试点，成功举办“早茶文化节”，吴忠荣获“早茶文化地标城市”，“游在宁夏·吃在吴忠”金字招牌更加响亮，社会消费品零售总额由2016年的152亿元增加到186亿元，年均增长4%。创新驱动提质赋能，新增国家高新技术企业51家，R&D经费投入强度由 2016 年的 0.69% 提升到 1.27%，吴忠被确定为国家知识产权试点城市。三次产业结构由 2016 年的 12.5 ∶ 56.6 ∶ 30.9 优化为 13.2 ∶ 44.8 ∶ 42。

这五年，我们始终坚持生态优先绿色发展，环境质量显著改善。认真践行“绿水青山就是金山银山”的理念，坚决遏制“两高”项目盲目发展，淘汰落后产能 355 万吨，单位 GDP 能耗下降 21.3%。坚决打好蓝天、碧水、净土保卫战，环境空气质量达到国家二级标准；全面推行河湖长制，清水沟、南干沟等重点区控断面水质保持在Ⅳ类以上，黄河吴忠段出境断面水质稳定在Ⅱ类；土壤环境质量安全稳定，耕地保护目标考核连续 6 年获全区一等奖。大力实施生态修复工程，营造林 156 万亩，森林覆盖率、草原综合植被盖度分别达到 18%、54.5%。中央环保督察及“回头看”反馈问题全部整改，自治区环保督察反馈问题整改工作扎实推进。成功创建国家卫生城市和国家生态文明建设示范市。

这五年，我们始终坚持精准扶贫精准脱贫，脱贫攻坚全面胜利。盐同红 3 个贫困县高标准脱贫摘帽，217 个贫困村全部出列，18.9 万贫困人口稳定脱贫，区域性整体贫困问题得到彻底解决。整合资金 122.6 亿元，实施项目 1.8 万个，“两不愁三保障”全面实现，贫困村村集体收入均达到 5 万元以上，农村基础设施及公共服务水平显著提高。吴忠市 16 个集体、个人荣获全国脱贫攻坚奖，与全国、全区一道同步全面建成小康社会。红寺堡区创建全国易地搬迁移民致富提升示范区起步有力、开局良好。

这五年，我们始终坚持区域联动统筹推进，城乡面貌日新月异。投资 473 亿元，实施市区东片区综合开发等项目 793 个，市人民医院、黄河奥体中心等建成运营，城镇化率达到 55.8%，五年提升了 7.9 个百分点。新建保障性住房 2.9 万套，改造老旧小区 545 个，建设美丽小城镇 28 个、美丽村庄 208 个，全面推行卫生保洁城乡一体化市场运营模式，城市生活垃圾无害化处理率达到 99.8%。新建农村公路 1914 公里，全市人民翘首以盼的银川至西安、银川至中卫高铁建成通车，吴忠融入国家高铁网。全国文明城市、卫生城市等创建活动对城市面貌、市民素质、文明程度提升效果明显。

这五年，我们始终坚持深化改革、扩大开放，发展动能稳步增强。坚决落实中央和自治区全面深化改革决策部署，政府机构、国资国企等 231 项重点改革成效显著。“四权”改革稳步推进，落实水权交易 7742 万立方米，跨省域土地交易指标 8.6 万亩，核定排污权、可交易排污权 235 个单位，山林权抵押贷款 16.3 亿元。营商环境持续优化，清理拖欠民营企业中小企业账款 22.6 亿元，减税降费 146.7 亿元，市场主体突破 12 万户，信用体系监测进入全国前百名。开通中国（宁夏青铜峡）至哈萨克斯坦（阿拉木图）集装箱货运班列，仪表、纺织、食品等产品出口 20 多个国家，外贸进出口总额达到 3.5 亿元。

这五年，我们始终坚持综合治理法治保障，社会大局和谐稳定。民族团结巩固提升，吴忠市及 5 个县（市、区）均获全国民族团结进步示范市、示范县（区）殊荣。坚持我国宗教中国化方向，“五进”宗教活动场所做法在全区推广，宗教领域“三化”问题得到有效治理。全面落实基层治理“1+6”政策体系，全国市域社会治理现代化试点有序推进，基层治理能力不断提升。全区禁毒工作综合考核实现“十连冠”，荣获全国禁毒示范城市。扫黑除恶专项斗争战果显著，政法队伍教育整顿取得良好成效，成功创建全国社会治安综合治理优秀市。全国双拥模范城创建实现“四连冠”。有效防范金融信贷、政府债务、安全生产、食品药品等领域风险，牢牢守住了不发生系统性、区域性风险的底线。

这五年，我们始终坚持以人民为中心的发展思想，民生福祉持续增进。坚持每年 80% 以上财政支出用于保障改善民生，城乡居民人均可支配收入分别由 2016 年的 23351 元和 9938 元增长到 33340 元、16020 元，年均增长 7.5% 和 10.3%。新增城镇就业 7 万余人，转移农村劳动力就业 110 万人次。新建学校 99 所，五个县（市、区）全部通过国家义务教育均衡发展评估验收，实现普及高中阶段教育目标。四级医疗卫生服务体系不断完善，市、县、乡远程医疗服务实现全覆盖，村村建成标准化卫生室，基本医疗保险参保率稳定在 95% 以上。众志成城打赢新冠肺炎疫情防控的人民战争、总体战、阻击战，全市医疗防控救治、核酸检测等防控能力大幅提升，确保了人民群众生命安全和身体健康。高水平承办自治区第十五届运动会，宁夏黄河金岸（吴忠）国际马拉松赛蝉联全国“金牌赛事”，引黄古灌区入选世界灌溉工程遗产名录，吴忠荣获国家公共文化服务体系示范区。住房公积金、外事侨务、新闻出版、广播电视、文学艺术、统计调查、国防动员、人民防空、应急救援、红十字、地震、气象、慈善、档案、工会、青年、妇女儿童、老龄、残疾人等各项事业取得新成绩。

这五年，我们始终坚持依法行政廉洁从政，政府自身建设得到加强。扎实开展“两学一做”学习教育、“不忘初心、牢记使命”主题教育，切实增强“四个意识”、坚定“四个自信”、做到“两个维护”。圆满完成“七五”普法，颁布5部地方性法规和首部政府规章，荣获自治区法治政府建设示范市。自觉接受人大法律监督、政协民主监督，广泛听取民主党派、工商联、无党派人士意见，办理区市人大代表建议404件、政协委员提案1228件，办复率100%。严格落实中央八项规定及其实施细则精神，严格执行自治区加强作风建设八条禁令，持之以恒纠“四风”，政风、民风持续好转。牢固树立“过紧日子”的思想，“三公”经费年均下降1.6%。财政、审计监督进一步加强，群众身边腐败问题和不正之风得到有效整治。

各位代表，即将过去的2021年，我们走得很充实、很坚定，困难比预料得多，成效比预想得好。面对世纪疫情和百年变局交织的严峻形势，面对稳增长、促改革和调结构、促转型的双重压力，我们坚决落实自治区党委、政府和市委决策部署，统筹推进疫情防控和经济社会发展，坚持以建设黄河流域生态保护和高质量发展先行区为引领，以推进“九大重点产业”“十大工程项目”“四大提升行动”“四权”改革为重点，扎实做好“六稳”工作，全面落实“六保”任务，全市经济社会发展稳中向好，实现了“十四五”良好开局。政治建设不断强化，扎实开展党史学习教育，隆重庆祝中国共产党成立100周年，认真学习贯彻党的十九届六中全会精神，党的创新理论成果在吴忠落地生根。经济运行稳中有进，预计地区生产总值增长8%左右，固定资产投资增长5%，一般公共预算收入增长9.4%，社会消费品零售总额增长5%，居民消费价格涨幅控制在3%以内。发展质量持续提升，实施570个建设项目，完成固定资产投资391亿元，争取项目资金156亿元，招商引资到位资金391亿元；全面清理整顿“两高”项目，认真落实能耗总量、强度“双控”目标，单位GDP能耗预计下降2.5%。人民生活不断改善，深入实施“四大提升行动”，预计城乡居民人均可支配收入分别增长7%和10%，新建改建秦宁中学等学校22所，成功入选国家北方地区冬季清洁取暖项目试点城市、第二批国家文化和旅游消费试点城市，全面落实自治区能源保供“18条”，居民供水、供热、供气、供电得到有效保障，办理“我为群众办实事”事项1100多个。在全国第十一届残运会暨第八届特奥会上获得8金、7银、4铜优异成绩。王兰花被授予“七一勋章”、评为第八届全国道德模范，吴忠仪表董事长马玉山当选中国工程院院士，这是全市人民的荣誉和骄傲。

各位代表，事非经过不知难，回首过往五年奋斗之路，我们心潮澎湃、感慨万千。过去的五年，是吴忠发展质量效益最好、城乡面貌变化最大、改革创新成效最实、人民获得实惠最多的五年。这些成绩的取得，是习近平新时代中国特色社会主义思想科学指引的结果，是自治区党委、政府和市委坚强领导的结果，是人大、政协有力监督、大力支持的结果，是全市上下齐心协力、奋斗拼搏的结果。每个人都付出了艰辛努力，每个人都了不起。在此，我代表市人民政府，向奋战在全市各条战线的广大干部群众，向各位人大代表、政协委员、各民主党派、工商联、无党派人士、人民团体，向离退休老同志和社会各界人士，向驻吴部队、武警官兵、公安民警和消防救援队伍，向中央及区属驻吴单位，向关心支持吴忠发展的国家部委、自治区厅局、友好城市、政府顾问和外商、港商、台商致以崇高的敬意，表示衷心的感谢！

五年的奋斗实践，不仅为我们在新起点上实现高质量发展奠定了坚实基础，也为我们建设现代化美丽新吴忠积累了宝贵经验。做好吴忠的工作，办好吴忠的事情，核心的是，必须坚持党的领导。只有深学笃用习近平新时代中国特色社会主义思想，坚定不移把“两个确立”转化为坚决做到“两个维护”的思想自觉、政治自觉、行动自觉，时刻牢记习近平总书记视察宁夏时的殷切嘱托，把党的全面领导贯彻到政府工作各方面全过程，才能为吴忠事业发展提供坚强保证。最关键的是，必须坚持高质量发展。只有坚定不移立足新发展阶段、贯彻新发展理念、融入新发展格局，坚持不懈推动高质量发展，加快转变经济发展方式，促进产业转型升级，推动新旧动能转换，做好调转增融“四篇文章”，吴忠的发展才会大有希望、越来越好。最根本的是，必须坚持人民至上。只有心里始终装着人民，坚守为民情怀，一切为了群众，一切依靠群众，实现好维护好发展好最广大人民群众根本利益，才能擘画出新时代吴忠腾飞的最大同心圆。最有效的是，必须坚持改革创新。只有坚定不移向改革要动力、向创新要活力，革“观念”的命、吃“改革”的饭、走“创新”的路，才能为吴忠赢得更加广阔的发展空间。最重要的是，必须坚持团结一致向前进。只有全市上下同心同德、众志成城，市县乡村同向同行、共克时艰，各族群众共同团结奋斗、共同繁荣发展，才能更好汇聚起推动吴忠高质量发展的磅礴力量。

各位代表，船到中流浪更急，人到半山路更陡。越是形势向好，越需要我们保持清醒头脑，正确看待工作中的不足。发展不平衡不充分的问题依然是当前吴忠最大的短板，经济总量和规模还比较小，发展质量效益还不高，生态环境还比较脆弱，民生领域还有不少弱项，政府债务还比较沉重，干部的精神状态、工作作风和能力水平与新时代新发展新要求还有一定差距，等等。对此，我们将采取有力措施，认真加以解决，不负人民重托。

今后五年工作目标任务

各位代表，今后五年是开启全面建设社会主义现代化国家新征程、向第二个百年奋斗目标进军的重要五年，也是吴忠深入实施“十四五”规划、建设现代化美丽新吴忠的关键五年。世界百年未有之大变局加速演进，新冠肺炎疫情持续蔓延，外部环境更趋复杂严峻和不确定，但我国发展仍然处于重要战略机遇期，经济韧性强、长期向好的基本面不会改变。发展的机遇和挑战并存，我们既要正视困难，更要坚定信心，坚持稳中求进工作总基调，立足新发展阶段、贯彻新发展理念、融入新发展格局，抓住机遇，乘势而上，努力在新的“赶考之路”上交出更加优异的答卷。

市第六次党代会确立了建设“经济更加繁荣、民族更加团结、环境更加优美、人民更加富裕的新吴忠”的奋斗目标，吹响了“在建设黄河流域生态保护和高质量发展先行区、创建铸牢中华民族共同体意识示范区中团结奋进、示范先行，奋力建设现代化美丽新吴忠”的奋斗号角。面对时代赋予的千钧重任和人民寄予的殷切期盼，我们不能有丝毫自满和懈怠，必须以更宽广的视野、更高远的追求、更务实的作风，奋力推动全市经济社会高质量发展，全面开启建设现代化美丽新吴忠的新征程。

今后五年政府工作的总体要求：坚持以习近平新时代中国特色社会主义思想为指导，深入贯彻习近平总书记视察宁夏重要讲话精神，全面落实党中央和自治区党委、政府及市委的决策部署，坚持以政治建设为统领，坚持以人民为中心，不断促进共同富裕，坚决守好“三条生命线”，持续做好调转增融“四篇文章”，走出一条高质量发展新路子，在建设黄河流域生态保护和高质量发展先行区、创建铸牢中华民族共同体意识示范区中团结奋进、示范先行，奋力建设现代化美丽新吴忠，为继续建设经济繁荣民族团结环境优美人民富裕的美丽新宁夏作出新的更大贡献！

主要奋斗目标：经济更加繁荣，地区生产总值年均增长 6.5% 以上，总量突破千亿元，规模以上工业增加值年均增长 10%，服务业增加值年均增长 7%，产业转型、改革创新、区域协调发展取得新成效，打造转型发展先行市。民族更加团结，巩固提升民族团结进步创建成果，民族工作走在全区全国前列，创建铸牢中华民族共同体意识示范市，坚决守好促进民族团结生命线。环境更加优美，全面落实“双碳”“双控”目标，单位 GDP 能耗完成自治区下达目标任务，森林覆盖率提高到 20.4%，城乡人居环境持续改善，巩固国家卫生城市和国家生态文明建设示范市成果，坚决守好改善生态环境生命线，创成全国文明城市，打造生态文明样板市。人民更加富裕，持续提高城乡居民收入，人均可支配收入年均分别增长 7%、8% 左右，社会事业全面发展，基础设施不断完善，基本公共服务均等化水平稳步提升，基层治理富有成效，人民群众生活更有品质，扎实推进共同富裕，打造宜居宜业示范市。

实现上述目标，重点做好五个方面工作。

一、更加注重高质量发展，着力构建现代产业体系

围绕“9+1”重点特色产业，实施延链补链强链工程，系统谋划，积极争取，精准招商，落地实施一批科技含量高、带动能力强、能耗水平低、产业关联度强的好项目。加快建设三大奶牛养殖核心区，实施伊利四期扩建项目，建设一批规模奶牛养殖场，奶牛存栏达到45万头，打造400亿元奶产业高质量发展聚集区。做大做强滩羊和肉牛、葡萄酒、黄花菜、枸杞等特色优势产业，实施滩羊“种养+”一体化、鸽子山葡萄酒庄集群示范基地等一批种养加项目，稳定粮食种植面积和产量，农业总产值年均增长3.5%以上。培育壮大绿色食品、现代纺织、装备制造等优势产业，支持发展电子信息、新型材料、清洁能源等新兴产业，改造提升能源化工、冶金等传统产业，实施盐同红新能源一体化、中环高科环保铝合金电缆制造、盐池天然气开采勘探等一批大项目，推动金积、青铜峡工业园区升级为国家级高新区，5个工业园区总产值突破千亿元。大力发展生产性服务业，完善提升生活性服务业，实施餐饮业发展“五大工程”和“三大文化公园”重点项目，构建“一核三带”区域旅游布局，黄河大峡谷、盐州古城历史文化旅游区创成国家5A级旅游景区。深化“放管服”改革，加快“四权”改革，推进金融、国资国企、事业单位等领域改革。全面提高对外开放水平，促进商品贸易、技术合作、文化旅游纵深发展。统筹区域协调发展，推动利通区建设全区重要的制造业基地、优质农产品供应加工基地，红寺堡区建成全国易地搬迁移民致富提升示范区，青铜峡市进入全区县域经济第一梯队，盐池县争创西部百强县，同心县综合实力跃居山区县前列。

二、更加注重民族团结，着力铸牢中华民族共同体意识

深入贯彻习近平总书记关于加强和改进民族工作的重要思想，推动吴忠民族团结进步工作走在全国前列。常态化开展“传承党的百年光辉史基因、铸牢中华民族共同体意识”主题教育活动，不断增强各族群众“三个离不开”“五个认同”意识，构筑中华民族共有精神家园。持续开展民族团结进步宣传教育“十进”活动，拓展创新“创建+”模式，促进各民族广泛交往交流交融，增强中华文化认同，争创一批国家级、自治区级模范集体（示范单位），推动单体创建有突破、整体创建上台阶。全面贯彻党的宗教工作基本方针，坚持我国宗教中国化方向，积极引导宗教与社会主义社会相适应。依法治理宗教事务，健全宗教工作体制机制，提高宗教界自我管理水平，努力建设基层宗教治理模范市。

三、更加注重生态建设，着力打造天蓝水净地绿的美丽家园

牢记习近平总书记殷切嘱托，勇担时代重任使命，加快“五区”建设，争当黄河流域生态保护和高质量发展先行区建设排头兵。实施河道堤防、滩区治理、城市防洪等重点工程，提标改造青铜峡、利通区河岸堤防，城市段防洪标准达到百年一遇。持续开展罗山、哈巴湖、青铜峡库区等区域生态修复，筑牢黄河流域生态安全屏障。开展国土绿化行动，建设京藏高速红寺堡段等4条绿色廊道，实施盐同红移民迁出区等四大片区造林绿化，营造林130万亩，实现森林覆盖率、草原综合植被盖度、城市绿地率、人均公园绿地面积、生物多样性“五个提升”。深入实施“能耗双控五大行动”，坚决遏制“两高”项目盲目发展，全面完成能耗“双控”目标，助力实现碳达峰、碳中和。继续打好蓝天、碧水、净土保卫战，确保空气质量、地下水位、黄河吴忠过境断面水质、土壤环境质量“四个不降”。开展美丽宜居乡村建设行动，实施村庄基础设施改造，深化农村人居环境整治，打造一批重点小城镇、美丽村庄、乡村振兴示范村。

四、更加注重民生保障，着力改善人民生活品质

落实“四个不摘”要求，扎实推动巩固拓展脱贫攻坚成果同乡村振兴有效衔接，加大对重点帮扶县、乡镇、村的支持力度，坚决守住不发生规模性返贫底线。以产业振兴为重点，全面拓展城乡居民增收渠道，做好创业就业服务，城镇调查失业率控制在5.5%以内，居民人均可支配收入年均增速高于全国全区平均水平。大力发展“互联网+教育”，继续实施学前教育行动计划，推进义务教育标准化建设，扩大普通高中教育资源供给，提升职业教育产

教融合水平，宁夏民族职业技术学院建成自治区级“双高”院校，力促教育现代化进程位居全区前列。加快发展“互联网＋医疗健康”，强化基层公共卫生体系建设，不断提高全民健康水平。坚持常态化疫情防控，推进疾病预防控制体系建设，提高应对突发公共卫生事件能力。实施文化强市战略，丰富文化业态，振兴文化产业，增强文化自信，巩固提升全国公共文化服务体系示范区创建成果。深入推进全民参保计划，健全多层次社会保障体系。认真抓好国防动员和后备力量建设，常态组织全民国防教育，扎实推动军民融合深度发展，努力实现全国双拥模范城“连创连成”。

五、更加注重社会治理，着力提升治理能力和治理水平

持续完善基层治理体系，一体推进乡村、社区、校园、宗教、企业、社团六大领域基层治理，提高社会治理科学化、精细化、法治化、数字化、智能化水平，打造全国市域社会治理现代化试点城市。完善公共法律服务体系，开展“八五”法治宣传教育，拓展“法律七进”活动，创建全国法治政府建设示范市。坚持和发展新时代“枫桥经验”，打造全领域、全覆盖的基层信访矛盾化解工作新格局。加强社会治安防控体系建设，常态化开展扫黑除恶斗争。完善城乡公共安全和防灾减灾应急响应体系，提高公共安全保障能力。加强食品药品安全监管，创建国家食品安全示范城市。防范化解重大风险，有效防控金融、地方债务等领域风险，坚决守住不发生系统性、区域性风险的底线。

2022年主要工作

2022年，是党的二十大和自治区第十三次党代会的召开之年，是实施“十四五”规划的重要一年，也是落实市第六次党代会目标任务的起步之年。做好明年各项工作，意义重大、任务艰巨，必须坚持以习近平新时代中国特色社会主义思想为指导，全面贯彻习近平总书记视察宁夏重要讲话精神和中央、自治区党委经济工作会议精神，认真落实自治区党委、政府关于明年工作的各项部署要求，坚持稳字当头、稳中求进，完整、准确、全面贯彻新发展理念，加快构建新发展格局，持续深化改革创新，统筹疫情防控和经济社会发展，继续做好“六稳”“六保”工作，着力改善民生，努力保持经济运行在合理区间，保持社会大局和谐稳定。

全市经济社会发展的主要预期目标和约束性指标：地区生产总值增长7.5%，固定资产投资增长8%，一般公共预算收入增长5%，规模以上工业增加值增长10%，社会消费品零售总额增长7%，城乡居民人均可支配收入分别增长7%、9%，城镇调查失业率控制在5.5%以内，居民消费价格涨幅控制在3%以内。完成自治区下达的环境质量改善和能耗“双控”、主要污染物减排任务。

实现上述目标，重点做好八个方面工作。

一、全力保持经济稳定增长

聚焦重点产业、重大项目，千方百计争项目、促投资、抓招商、扩内需、激活力、稳预期，努力实现经济稳中向好、稳中有进。

突出抓好重点产业。集聚资源要素，全力以赴推动“9+1”重点特色产业高质量发展。现代枸杞产业重点实施高标准基地建设等项目，建设绿色优质丰产示范基地2个。葡萄酒产业重点实施青铜峡葡萄酒产业融合发展示范等项目，新增酿酒葡萄1.5万亩。奶产业、黄花菜产业重点实施鸽堂沟标准化奶牛养殖示范区牧场、黄花菜产业园等项目，启动新希望夏进倍增计划，新建续建奶牛养殖场10家，新增奶牛3万头。肉牛和滩羊产业重点实施利通区、红寺堡区肉牛养殖园区和盐池县滩羊养殖基地扩规提质等项目，新增肉牛3万头、滩羊10万只。电子信息产业重点实施众创空间等项目，新建5G基站500个，新增智能工厂3家。新型材料产业重点实施华梦含氯系列新型材料等项目，培育自治区重点企业5家。绿色食品产业重点实施汇伟食品塑料制品等项目，培育提升绿色食品品牌40个，粮食种植面积、产量稳定在300万亩、105万吨以上。清洁能源产业重点实施桃山330千伏输变电站、储能电站等项目，高水平建设新能源综合示范市。文化旅游、餐饮产业重点实施万达文旅小镇、牛家坊民俗文化村吴吃堡城等项目，适时举办“早茶文化节”，加快全域旅游示范市创建步伐，启动国家文化和旅游消费试点城市建设，旅游收入和游客人数均增长

10%以上。装备制造、现代纺织产业重点实施湖南湘投控股新能源装备制造产业园、丰泰永晟小提花家纺面料等项目，培育产值过10亿元装备制造企业2家以上、产值过亿元纺织服装企业6家以上。

精准扩大有效投资。坚持投量、投向、投效并重，全年实施项目491个，完成固定资产投资420亿元以上。突出抓好牛首山抽水蓄能电站、五凌电力储能产线等80个重点项目，开工建设晓鸣智慧农业现代产业示范园、晟荣电子信息新材料等279个产业项目，城市老旧小区改造、"互联网+城乡供水"等115个基础设施项目，农村污水治理、城市中水综合利用等55个生态保护项目，公共实训基地、同心中学分校等42个民生事业项目，促进固定资产投资持续快速增长。全年争取项目资金160亿元以上。

高效开展招商引资。紧盯京津冀、长三角、珠三角等产业转移重点地区，围绕重点产业补链强链延链，以新企业催生新动能。突出产业招商、集群招商、以商招商，组建招商小分队，提升招商精准度，力促更多的大项目、好项目落户吴忠。全面提升招商服务保障水平，不断提高项目落地率，确保招商引资到位资金320亿元以上。

二、全力推进产业转型升级

保持调结构、转方式、换动能的战略定力和历史耐心，持续深化供给侧结构性改革，推动质量变革、效率变革、动力变革。全年新增规模以上企业20家。

改造提升传统产业。加快结构改造，引导低端低效产能退出，推动"僵尸企业"出清，为绿色发展腾出空间。加快技术改造，实施青铜峡水泥节能环保绿色智能示范等重点技改项目25个，拉长产业链，推动电力、化工、冶金等传统产业提档升级。加快绿色改造，严格产业准入标准，加强"两高"行业管控，持续推进节能改造，创建绿色工厂2家，单位工业增加值能耗下降2%左右。加快智能改造，推动工业十大行业数字化转型，接入工业互联网标识解析二级节点企业突破400家，新增工业互联网应用示范项目4个、"专精特新"中小企业10家。

培育壮大新兴产业。大力支持新型材料、装备制造、绿色食品、清洁能源、电子信息等新兴产业做大做强。积极发展线上教学、体验式消费和"生鲜基地+直播带货+智慧物流"等新业态，力促电商交易额增长15%以上。大力推动种养业、制造业、服务业跨业融合，鼓励支持吴忠国家农业科技园区现代农业、西鸽酒庄等融入旅游，实现一二三产业联动发展。引导数字经济和实体经济深度融合，推动云计算和大数据在工业、农业、服务业领域深度应用，开发智慧交通、旅游、社区、制造等场景应用，打造场景应用企业3家。

优化升级工业园区。推行"管委会+公司"运营模式，提升园区创新发展能力。坚持以"亩均论英雄"导向，引导产业项目以"3+X"控制指标进行标准地出让。完善要素低成本化配置，实施金积核心区蒸汽管网二期、太阳山开发区集中供热供气等低成本化改造项目。加快推进固废规模化利用，加强"三废"和余热余压等循环再利用，促进园区绿色循环发展。推动金积工业园区创建成为国家级高新区，青铜峡工业园区创建成为自治区级高新区。

三、全力推动乡村全面振兴

坚持农业农村优先发展，巩固拓展脱贫攻坚成果同乡村振兴有效衔接，促进农业高质高效、农村宜居宜业、农民富裕富足。

巩固脱贫攻坚成果。严格落实"四个不摘"要求，常态化开展"四查四补"，健全完善防止返贫动态监测帮扶和农村低收入人口常态化帮扶机制，坚决守住不发生规模性返贫的底线。继续加大对盐同红3个乡村振兴重点帮扶县和重点村的支持力度，促进脱贫人口稳定增收。持续改善基础设施和公共服务，全面提升脱贫地区整体发展水平。

加快发展现代农业。聚焦奶产业、酿酒葡萄、滩羊、肉牛、黄花菜、枸杞、粮食等优势特色产业，紧盯市场抓龙头、规模发展扩基地、规范标准提品质、延链融合增效益，深入实施产业兴村强县行动，培育新增农业龙头企业10家，创建市级农民合作社示范社、家庭农场20家，逐步形成生产与加工、企业与农户相衔接、相配套的上下游产业格局，切实让产业成为乡村振兴的有力支撑、成为农民群众增收致富的源头活水。

厚植乡村文明新风。拓展新时代文明实践中心功能，深入开展"听党话、感党恩、跟党走"宣讲活动。加快乡村治理示范创建，推广积分制、道德评议会等做法，治理高价彩礼、铺张浪费等不良风气，推动形成文明乡风、良好家风、淳朴民风。加强农村人才队伍建设，打造一支懂农业、爱农村、爱农民的“三农”工作队伍。

四、全力提升城乡建管水平

坚持以城带乡、城乡一体，注重提升内涵、精细管理，加快常住人口城镇化进程，城镇化率达到56.8%。

提升城市建设品质。按照“适度控制城镇建设外延，突出完善功能、宜居宜业”的原则，加快市区东片区建设，实施主干道路建设绿化、市区第二热源输送管网建设等项目，改造老旧小区36个、老旧路面10万平方米、市政排水管网5条，争创全国城市更新示范城市。实施房地产项目60个，新增建筑面积103万平方米，建设保障性住房824套，市区建成区绿地率、人均公园绿地面积达到41.5%、22平方米。推进利青相向发展、融合发展，进一步加快同城化步伐。加强盐池、同心、红寺堡县城和高沙窝、下马关、大坝等重点集镇建设，突出在提升改造、产业兴城、美丽宜居上做文章、上水平。

提高城市管理水平。以创建全国文明城市为抓手，加快建设智慧城市，推动城市管理数字化、智能化、精细化、规范化。打造市区“六纵六横”绿波网络，城市道路路口智能信号系统覆盖率达到85%以上。采取错时停车、智能管理等举措解决停车难问题，新增泊位1000个以上。优化住宅小区物业管理，提高优质服务水平。规范农贸市场、临时摊位经营，开展垃圾分类处理，长效治脏治乱治污，切实抓好县城和重点集镇管理，不断提升群众满意度。完善社区功能，打造“15分钟便民生活圈”，让城市生活更美好。

加快美丽乡村建设。高水平编制市县两级国土空间规划，统筹布局路网、电网、气网、水网、绿网，打造各具特色的宜居乡村。深入开展农村人居环境整治和美丽乡村建设，支持白寺滩、韦桥等重点村发展乡村旅游、休闲农业、特色民宿，争取80%以上的行政村达到美丽村庄建设标准。推广整县（市、区）屋顶分布式光伏开发试点，实施北方地区冬季清洁取暖项目，新增清洁取暖面积740万平方米。改造农村户厕5000户，农村生活垃圾无害化处理率、污水处理率分别达到46.5%和32%。新建、改建农村公路100公里，支持同心县创建“四好农村路”示范县。持续开展电子商务进农村升级提档工程，畅通工业品下乡和农产品进城双向流通渠道。

五、全力加强生态环境保护

聚焦建设黄河流域生态保护和高质量发展先行区，抓源头治理，抓生态修复，抓污染防治，努力建设天蓝水净地绿的美丽家园。

加强污染综合治理。坚决打赢蓝天保卫战，强化多污染物协同控制和区域协同治理，实施金裕海储罐区油气回收等8个大气治理项目，优良天数比例、PM_{10}、$PM_{2.5}$及二氧化碳排放强度完成自治区下达任务。全力打好碧水保卫战，深入推进河湖长制，实施清宁河流域生态修复等工程，确保黄河过境水质Ⅱ类进Ⅱ类出，入黄排水沟水质稳定达到Ⅳ类及以上。扎实推进净土保卫战，实施金积工业园区固废医废处置等项目，工业危废和医疗废物安全处置率达到100%，农业面源污染治理取得突破性进展。编制完成降碳行动方案，实行能耗总量和强度“双控”，推广清洁生产和煤炭消费减量替代，实现减污降碳协同效应最大化。

强化生态系统修复。持续开展“一河两山一湖”系统治理，实施环罗山区域生态修复工程，积极争取罗山山水林田湖草综合治理项目进入国家盘子。加大国土绿化力度，营造林31万亩，森林覆盖率达到18.8%。实施吴忠黄河国家湿地保护修复等项目，湿地保护率达到61%以上。严格落实“四禁”“四减”“四保”要求，实施沙化土地治理等项目，完成草原修复10万亩，草原综合植被盖度达到54.7%。坚持最严格耕地保护制度，坚决遏制耕地“非农化”、防止“非粮化”，确保耕地保有量和永久基本农田保护面积不减少、质量不降低。

切实抓好问题整改。巩固中央环保督察及“回头看”反馈问题整改成效，全面完成自治区生态环保督察及专项督察反馈问题整改。认真做好中央第二轮生态环保督察反馈问题整改工作，健全完善长效机制，确保老问题不反弹、新问题不出现。

六、全力实施“四大提升行动”

坚持问题导向、目标导向、结果导向，紧盯关键环节和重点工作，不断增加民生发展成色，努力提高群众生活幸福指数。

深入实施移民致富提升行动。紧盯 96 个重点移民村，支持农民发展种养业，大力发展乡村旅游、电子商务等业态，多措并举释放经营性收入潜力。扩大农民转移就业渠道，鼓励更多农民走出家园、走进车间，从二三产业获利，千方百计提高工资性收入水平。结合“四权改革”，引导农民变股民，资产变资金，想方设法增加财产性收入比重。建立完善资金投入、定点帮扶、奖励激励机制，全力推动红寺堡区创建全国易地搬迁移民致富提升示范区。深化闽宁协作和中央定点帮扶，广泛凝聚社会帮扶合力，移民村基础设施、公共服务、环境面貌、社会治理水平稳步提升。

深入实施城乡居民收入提升行动。坚持以就业促增收，全力抓好高校毕业生、农民工、退役军人、残疾人、零就业家庭等重点群体就业，购买公益性岗位 1500 个，职业技能培训 1 万人次，城镇新增就业 1 万人，农村劳动力转移就业 19 万人次。坚持以创业带就业，发放创业担保贷款 2 亿元，培育创业实体 2200 个，带动就业 1.3 万人以上。动态调整低保、农村特困供养等标准，加大社会救助力度，逐步提高兜底保障水平。

深入实施基础教育质量提升行动。提升学前教育普及普惠水平，促进义务教育优质均衡发展，提高普通高中教育质量，学前教育毛入园及普惠性幼儿园在园幼儿占比达到 92%，九年义务教育巩固率达到 95.5%，高中阶段毛入学率达到 94%。深入推进职业教育产教融合、校企合作，支持宁夏民族职业技术学院建设宁夏奶产业学院。强化师资队伍建设，积极推动创新素养教育。落实“双减”和“五项管理”制度，切实减轻学生负担。全面提升薄弱学校和农村学校教育质量，实现优质教育资源共建共享，努力办好人民满意的教育。

深入实施全民健康水平提升行动。深化公立医院综合改革，推动市人民医院创建成为三甲医院。推进“互联网 + 医疗健康”，新建区域数据交互中心平台。持续提升重大突发公共卫生事件应对处置能力，慎终如始做好新冠肺炎疫情常态化防控工作。强化医保基金监管，实现高血压、糖尿病等 5 种门诊慢特病治疗跨省结算。落实“三孩”生育政策，促进人口长期均衡发展。广泛开展文化惠民和全民健身活动，做好第三批国家公共文化服务体系示范区复核工作，适时举办宁夏黄河金岸（吴忠）国际马拉松等体育赛事，争取在自治区第十六届运动会上取得好成绩。

七、全力深化改革创新

坚持统筹推进，扩大开放度，增强创新力，向深化改革要红利，向扩大开放要动力。

深入推进重点领域改革。深化“放管服”改革，总结推广市辖区综合执法改革经验，推进跨领域跨部门综合执法改革。加快“四权”改革，全面完成农业水价改革、工业企业用水权证发放，县（市、区）全部达到自治区节水型县（区）评价标准；建立农村集体经营性建设用地入市制度，放活土地二级市场交易，盘活城镇低效用地，促进“沉睡土地”资产高效利用；探索排污权抵押、租赁、融资，推动县（市、区）开展排污权回购；完善覆盖市县乡村四级林长管理体系，探索“以林换碳”新模式。深化国企改革三年行动，市属国有企业收入和净利润增速分别达到 7%、9% 以上。

持续优化营商环境。加快“数字政府”建设，加强跨地区、跨部门、跨层级业务协同和信息共享，打响“易办·吴优”政务服务品牌。深入落实减税降费惠企政策，积极争取落实减负惠企资金 2.5 亿元、降低企业用电成本 1.6 亿元以上。加快征信市场建设，完善守信激励和失信惩戒机制。大力发展普惠金融、科技金融和绿色金融，新增上市挂牌企业 5 家以上。依法平等保护民营企业和企业家权益，不断激发市场主体活力，着力构建亲清新型政商关系，促进民营经济健康发展。

大力实施创新驱动发展战略。健全财政创新投入稳定增长机制，引导企业加大研发投入，R&D 投入增加 1 亿元。实施自治区重点研发计划项目 10 个以上，新增国家高新技术企业 6 家、自治区科技型中小企业 20 家、自治区科技小巨人企业 7 家。深化东西部科技合作、院（校）地科技合作，新增科技创新平台 6 家以上。推动科技成果转化，提升吴忠技术市场“一站式”技术交易服务水平，登记科技成果 50 项。认真落实柔性引进人才、本土人才培养等政策措施，不断加强人才队伍建设，建成院士工作站、专家服务基地等人才平台 2 个以上。

不断提高对外开放水平。深化与京津冀、长三角、粤港澳大湾区、黄河“几”字弯、陕甘宁青蒙毗邻地区等区域交流合作，广泛拓展发展空间。借助中阿博览会、内陆开放型经济试验区等平台，积极参与自治区数字化贸易平台和跨境电子商务综合试验区建设，推动更多产品走向国际市场。鼓励企业主动参与“一带一路”经贸合作，进出口总额增长 10% 左右。

八、全力提升社会治理效能

坚持总体国家安全观，大力加强基层社会治理，推进共建共治共享，确保政治安全、社会安定、人民安宁。

做好民族宗教工作。坚持以铸牢中华民族共同体意识为主线，教育引导各民族人心归聚、精神相依，全力构筑各民族共有精神家园。加快构建互嵌式社会结构和社区环境，巩固提升民族团结进步创建成果，促进各民族交往交流交融。坚持我国宗教中国化方向，深入开展“五进”宗教场所等活动，引导宗教界听党话、感党恩、跟党走。依法治理民族事务、宗教事务，巩固发展民族团结、宗教和顺、社会稳定的大好局面。

增强基层治理能力。扎实开展全国市域社会治理现代化试点工作，全面提升六大领域治理水平，推动基层治理体系和治理能力现代化。坚持发展新时代“枫桥经验”，大力开展信访工作示范县和无访乡镇（街道）、村（社区）创建活动，下大力气化解一批重点信访积案，确保 95% 以上的矛盾纠纷化解在基层。推进“八五”法治宣传教育，建设“互联网 + 公共法律服务”平台，加快创建全国社会治安防控体系建设示范市。依法严厉打击突出违法犯罪，常态化开展扫黑除恶斗争。做好退役军人优抚安置，巩固提升全国双拥模范城创建成果。

防范化解重大风险。坚决遏制政府隐性债务增量，积极化解债务存量，实现债务规模和风险双下降。有效防范金融风险，不良贷款率控制在 3% 以内。着力捍卫国家政治安全，严密防范化解各类涉稳风险。巩固提升安全生产专项整治三年行动成果，持续开展城镇燃气等领域隐患排查整治，坚决遏制重特大事故发生。落实“四个最严”要求，推动国家食品安全示范城市和全域食品药品安全区“双创双建”。

全面加强政府自身建设

各位代表！立足新起点，迈向新征程，我们必须大力弘扬伟大建党精神，无愧今天的使命担当，不负明天的伟大梦想，坚持“三严三实”，始终与人民想在一起、干在一起，深入推进职能转变，全面提升履职水平，努力建设人民满意的服务型政府。

旗帜鲜明讲政治，始终做到绝对忠诚。坚决维护习近平同志党中央的核心、全党的核心地位，自觉坚持习近平新时代中国特色社会主义思想的指导地位，坚决捍卫“两个确立”、增强“四个意识”、坚定“四个自信”、做到“两个维护”，切实增强通观全局的政治判断力、对标看齐的政治领悟力、坚定自觉的政治执行力，做到党中央提倡的坚决响应、党中央决定的坚决照办、党中央禁止的坚决不做。严守政治纪律和政治规矩，不折不扣落实党中央和自治区党委、政府及市委各项决策部署，确保政府工作始终沿着正确方向前进。

心无旁骛抓落实，始终做到担当实干。保持与人民群众血肉联系，认真践行人民政府的职责使命，以拼搏奋进的姿态激情创业、以干成干好的实效履职尽责。不断加强政治历练、思想淬炼、实践锻炼、专业训练，着力提升“七种能力”“八种本领”，做到底数清楚、政策清楚、规律清楚，以有力的举措应对新挑战、以优秀的业绩展现新作为。大力弘扬大抓落实之风，发扬斗争精神，以实绩论英雄，坚决克服不愿斗争的“软骨病”、不敢斗争的“恐惧症”、不会斗争的“无能症”，以过硬的能力破解难题、以顽强的斗争开创新局。

依法行政提效能，始终做到规范运行。深入学习贯彻习近平法治思想，忠实履行宪法法律赋予的职责，全力创建全国法治政府建设示范市。依法推进行政决策，严格落实重大行政决策程序，让各项决策更合实际、更符民意。深化行政执法体制改革，完善行政执法程序，创新行政执法方式，确保公正文明执法。自觉接受人大法律监督、政协民主监督和社会舆论监督，广泛听取民主党派、工商联、无党派人士和人民团体意见建议。大力推进政务公开，主动回应社会关切，不断提升政府公信力。

持之以恒树形象，始终做到务实清廉。认真落实全面从严治党主体责任，深入推进政府系统党风廉政建设，严格履行“一岗双责”，做到守土有责、守土负责、守土尽责。强化正风肃纪，严格落实中央八项规定及其实施细则精神，严格执行自治区加强作风建设八条禁令，驰而不息纠“四风”，防止老问题复燃、新问题萌发。牢固树立“过紧日子”的思想，加强政府支出管理，坚决压减一般性和非刚性、非重点、非急需支出。坚持正确政绩观，敬畏历史、敬畏文化、敬畏生态、敬畏法纪，慎重决策、慎重用权。加强监督管理，严惩腐败行为，让为民务实清廉的新风正气充盈吴忠大地。

各位代表！奋斗成就梦想，实干创造未来。任何困难都不能动摇我们建设现代化美丽新吴忠的坚定信念，任何风险都不能撼动我们建设现代化美丽新吴忠的坚强意志，任何挑战都不能阻挡我们建设现代化美丽新吴忠的坚实步伐。让我们更加紧密地团结在以习近平同志为核心的党中央周围，以习近平新时代中国特色社会主义思想为指导，在自治区党委、政府和市委的坚强领导下，凝心聚力再出发，砥砺奋进新征程，加快建设现代化美丽新吴忠，为继续建设经济繁荣民族团结环境优美人民富裕的美丽新宁夏作出新的更大贡献，以优异成绩迎接党的二十大胜利召开！

党史学习教育

2021年，吴忠市委坚决贯彻党中央决策部署和自治区党委工作要求，组织全市530多名县处级以上领导干部、2775个党组织、6.1万多名党员，紧扣“学史明理、学史增信、学史崇德、学史力行”和“学党史、悟思想、办实事、开新局”的总要求，坚持以上率下、上下联动、整体推进，扎实开展党史学习教育。党史学习教育期间，各级党组织共举办各类培训班98期，开展集中学习197场次、交流研讨480场次、讲党课619场次。市、县组建72个宣讲团，精心打造34个特色宣讲品牌，分层分众开展“学党史、感党恩、跟党走”“让有信仰的人讲信仰”等主题宣讲活动6071场次。举办“讲好红色故事、传承红色基因”微宣讲大赛等活动，深入开展“传承党的百年光辉史基因、铸牢中华民族共同体意识”主题教育活动，举办“算好身边账、感恩共产党、共创新生活”等主题宣讲活动1560余场次。以实施“四大提升行动”为抓手，扎实开展“我为群众办实事”实践活动，确定市级重点民生项目66件，县（市、区）、市直各部门（单位）共确定办实事项目1094件。共新（改、扩）建学校、

2021年4月14日，吴忠市中级人民法院召开党史学习教育动员部署会

宁夏盐环定扬水管理处举办“追寻红色足迹　牢记初心使命”党史学习教育培训班

幼儿园46所，新增各类学位2.5万个。多方筹集资金3.46亿元，彻底解决了2.95万被征地农民养老保险历史遗留问题。紧扣习近平总书记视察宁夏提出的六项重点任务，把学习成效转化为推动工作的强大动力。围绕建设现代化美丽新吴忠奋斗目标，全力推动重点任务、重大项目落地见效。全市开工建设各类项目570个，完成投资391亿元。隆重庆祝中国共产党成立100周年。

以上率下，整体推进。吴忠市委把党史学习教育作为一项重大政治任务，成立了领导小组和工作机构，制定了总体实施方案和分项工作方案。市委常委会先后听取工作汇报4次，召开领导小组会议4次、巡回指导组工作会议6次，研究部署和协调推进各项工作。坚持以上率下，举办理论学习中心组学习会18次、专题研讨交流10次、辅导讲座8次，市领导带头讲党课32次，为各级党组织和广大党员干部作出了示范、树立了标杆。

分类指导，全面覆盖。聚焦党史学习教育重点对象、重点内容，紧紧抓住县处级以上党员领导干部这个“关键少数”，示范带动广大党员干部深入学习领会习近平总书记重要讲话精神，深入研读指定用书，学好用好辅导材料。举办各类培训班98期，培训党员干部1.3万余人次。针对不同领域、不同行业党员实际，分众分类开展党史学习教育，机关单位采取“周末大讲堂”“夜间课堂”等做法，克服工学矛盾。农村（社区）通过“农村大喇叭”“移动大讲堂”“板凳会”“大棚里的微党课”等方式，激发了基层党员干部学习热情。对流动党员、年老体弱党员等特殊对象，采取送学上门、结对帮学、微信推学等措施，确保广大党员应学尽学、不漏一人。

思想引领，守正创新。坚持不懈用习近平新时代中国特色社会主义思想凝心铸魂。市县组建72个宣讲团，精心打造34个特色宣讲品牌，采取讲故事等方式，开展“学党史、感党恩、跟党走”“让有信仰的人讲信仰”等主题宣讲活动6071场次，受众52.1万余人次。依托吴忠红色资源，因地制宜开辟“第二课堂”，就近就地开展红色教育，50多万党员干部在沉浸式学习中培根铸魂。突出青少年群体，举办“讲好红色故事、传承红色基因”微宣讲大赛等活动，参与师生26.6万人次。充分发挥以文化人、以文铸魂作用，大力开展创、排、播、演、展、观“六个一批”活动，推出《兰花芬芳》等优秀文艺作品60部，《高沙窝脱贫记》入选国家文旅诗会，举办“百年辉煌、艺心向党”书画摄影作品展等活动80余场次。强化宣传引导，在各级媒体刊发稿件4.8万多条，利用电子屏、宣传栏等阵地，悬挂（播放）各类宣传标语1.6万多条，教育引导广大党员干部群众知史爱党、知史爱国、知史爱社会主义，坚定听党话、感党恩、跟党走的信心决心。

凝聚共识，增进认同。深入开展“传承党的百年光辉史基因、铸牢中华民族共同体意识”主题教育活动，深入学习习近平总书记在中央民族工作、全国宗教工作会议上的重要讲话精神等，开展马克思主义“五观”百场万人大宣讲活动600余场次，受众人数5万多人次。举办“算好身边账、感恩共产党、共创新生活”等主题宣讲1560余场次，受众人数6万余人。开展了民族团结月、第17届社区“邻居节”“金秋丰收节”等活动，举办了民族团结微电影、“石榴籽”杯征文，打造金花园“石榴籽广场”、红寺堡三中等一批民族团结进步实践基地和校园试点。教育引导全市各族群众进一步树牢“三个离不开”“两个共同”的思想根基，增强“五个认同”，使中华民族共同体意识更加深入人心。

人民至上，为民办事。聚焦群众关切的急难愁盼问题，以实施“四大提升行动”为抓手，扎实开展“我为群众办实事”实践活动。通过线上征集、进村入户、走访座谈等方式，收集群众急难愁盼问题6300多个，确定市级重点民生项目66件，县（市、区）、市直各部门（单位）共确定办实事项目1094件。采取领导包抓、定期通报、跟踪督办、联审销号等措施，推进办实事项目落地见效。目前市级66件办实事项目已经全部办结，县区和部门办结1071件，办结率98%。聚焦“一老一小”等重点群众，下大力气破解疑难问题。解决3589套住房不动产首次登记问题，化解重复信访和信访积案270件。通过开展办实事实践活动，一批群众反映强烈的“老大难”“硬骨头”问题得到有效解决，党员干部受到了教育，人民群众得到了实惠，党群干群关系更加密切。

以学促干，奋楫笃行。把学习成效转化为推动工作的强大动力。全市开工建设各类项目570个，完成投资391亿元。实施招商引资项目272个，申报到位资金388.6亿元。前三季度，全市地区生产总值同比增长9.1%，一般公共预算收入增长8.4%，规上工业增加值同比增长8.3%，社会消费品零售总额同比增长7.7%，城乡居民可支配收入同比分别增长8.4%和11.8%，经济社会高质量发展迈出新步伐。在党史学习教育中，全市党员干部从百年党史中感悟思想伟力，激发奋斗精神，汲取奋进力量，涌现出一批先进基层党组织和先进典型。王兰花荣获“七一勋章”、“全国道德模范”称号，马玉山当选中国工程院院士，马学锋荣获“全国最美公务员”称号，丁建华获评“全国优秀党务工作者”，金花园社区党委获评“全国先进基层党组织”。

2022年1月17日，吴忠市召开全市党史学习教育总结会议

大事记

1月

1日 吴忠市在盛元广场举行2021年元旦升国旗仪式。沈左权、喜清江、孙瑛等市四套班子领导及干部群众参加升旗仪式。

4日 吴忠市市长、市应对新冠肺炎疫情工作指挥部指挥长喜清江主持召开指挥部第19次会议。会议传达学习中央、自治区有关会议文件精神，听取有关部门工作情况汇报，分析当前疫情防控形势，研究部署下一步工作。

5日 吴忠市委召开2021年第1次常委会会议暨应对新冠肺炎疫情工作领导小组第15次会议，传达学习习近平总书记在中央农村工作会议、中央政治局民主生活会、全国政协新年茶话会上的重要讲话精神等，与会同志围绕学习贯彻习近平总书记重要讲话精神，结合工作实际交流了心得体会。市委书记沈左权主持会议并讲话。

6日 吴忠市青铜峡市学锋林果专业合作社负责人黄学锋被国务院农民工工作领导小组授予“全国优秀农民工”荣誉称号，同心县人力资源和社会保障局被国务院农民工工作领导小组授予“全国农民工工作先进集体”荣誉称号。

8日 吴忠市获“全国无偿献血先进市”荣誉。

11日 吴忠市市长、市应对新冠肺炎疫情工作指挥部指挥长喜清江到乡镇卫生院、村卫生室、吴忠高铁站、万达广场及居民小区督导检查疫情防控工作。

12日 吴忠市委书记沈左权到盐池县惠安堡高铁站、惠安堡镇中心卫生院、韦州镇中心卫生院暗访督查疫情防控工作。

△ 吴忠市召开新冠肺炎疫情防控工作会议。会议传达学习国家、自治区、吴忠市应对新冠肺炎疫情工作相关会议精神及自治区党委书记陈润儿、市委书记沈左权同志有关批示精神。

13日 吴忠市委书记沈左权到利通区高闸镇益农草畜产业联合体、青铜峡市峡口镇牛首山北麓奶牛养殖核心区、伊利物流园调研全市奶产业发展和疫情防控措施落实情况。

15日 吴忠市委召开常委会会议。会议传达学习习近平总书记在省部级主要领导干部学习贯彻党的十九届五中全会精神专题研讨班开班式、中央政治局常务委员会会议、中央全面深化改革委员会第十七次会议上的重要讲话精神，以及对政法工作作出的重要指示、致全国人民警察的慰问。市委书记沈左权主持会议并讲话。

18日 吴忠市召开村(社区)“两委”换届工作调度会。会议传达学习全区村（社区）“两委”换届工作调度会精神，总结阶段性工作成效，分析研判换届形势，对进一步做好村（社区）“两委”换届工作进行再安排再部署。市委常委、组织部部长、市村（社区）“两委”换届工作领导小组副组长解峰出席会议并讲话。

20日 吴忠市市长、市应

对新冠肺炎疫情工作指挥部指挥长喜清江到青铜峡市邵岗镇大沟村、瞿靖镇督导检查疫情防控工作。

21日 吴忠市召开征兵和民兵调整改革工作会议。会议对2020年全市征兵和民兵调整改革工作进行总结，就2021年的工作任务进行安排部署。市委常委、常务副市长张学慧出席会议。

22日 吴忠市召开县（市、区）人武部党委第一书记党管武装述职会议。会议传达学习中央军委《2021年全军开训动员令》，中央军委军事训练会议精神和自治区党委、政府、宁夏军区《关于加强新时代党管武装工作的实施意见》，以及自治区党管武装述职会议精神。会上，各县（市、区）人武部党委第一书记作述职报告，表彰了党管武装工作先进单位和国防后备力量建设先进单位。市委书记、吴忠军分区党委第一书记沈左权出席会议并讲话。

△ 吴忠市市长、市应对新冠肺炎疫情工作指挥部指挥长喜清江主持召开指挥部第20次会议。会议传达学习中央、自治区有关会议文件精神，听取各县（市、区）、有关部门工作情况汇报，分析当前疫情防控形势，研究部署下一步工作。

24—26日 吴忠市政协召开五届第五次会议。会议审议批准了孙瑛主席代表政协第五届吴忠市委员会常务委员会所作的工作报告、陈克安副主席所作的关于提案工作情况的报告，审议通过了《吴忠市政协2021年协商计划》和《政协第五届吴忠市委员会第五次会议提案审查情况的报告》，会议补选政协第五届吴忠市委员会副主席及常务委员。会议期间，吴忠市委书记、市人大常委会主任沈左权，市委副书记、市长喜清江等领导同志出席会议，听取委员发言，参加分组讨论。

25—27日 吴忠市第五届人民代表大会第六次会议召开。会议选举谭兴玲、王永福、邓冀宁为吴忠市第五届人民代表大会常务委员会副主任，王海燕为吴忠市监察委员会主任，张炜为吴忠市人民检察院检察长，并报经自治区人民检察院检察长提请自治区人民代表大会常务委员会批准。吴忠市委书记、市人大常委会主任、大会执行主席沈左权主持会议。市长喜清江代表市人民政府向大会作政府工作报告。

2月

1日 “共圆百年梦、启航新征程”——2021年吴忠市春节联欢晚会在青铜峡市影剧院正式录制。受疫情影响，2021年春晚录制没有邀请观众现场观看。来自吴忠市各县（市、区）的18个节目依次登台表演。节目聚焦脱贫攻坚、抗击疫情、百姓幸福生活等内容。

4日 吴忠市委召开2020年度党（工）委书记抓基层党建述职评议考核会。自治区人大常委会副主任、市委书记沈左权主持会议并讲话。

△ 2021年吴忠市宣传部长会议以电视电话会议形式在市行政中心召开。会议传达学习全国、全区宣传部长会议和“扫黄打非”工作会议精神及市委主要领导对吴忠市宣传思想文化工作的批示精神，总结2020年亮点工作，安排部署2021年重点任务。

7日 吴忠市纪委五届六次全会召开。市委书记沈左权出席会议并讲话。市委常委、纪委书记、监委主任王海燕主持会议，并代表市纪委常委会作题为《扎实推进纪检监察工作高质量发展，为建设现代化美丽新吴忠提供坚强保障》工作报告。会议传达学习习近平总书记在十九届中央纪委五次全会上的重要讲话、十九届中央纪委五次全会精神和自治区纪委十二届五次全会精神，审议通过市纪委五届六次全会《工作报告》和《全体会议公报》。

10日 吴忠市委书记沈左权到吴忠汽车站、京藏高速青铜峡出口疫情防控卡点、青铜峡新百超市、宁夏金昱元化工有限公司调研检查疫情防控和安全生产工作，并向坚守在疫情防控一线的干部职工送上新春祝福。

20日 吴忠市委举办全市领导干部学习贯彻党的十九届五中全会精神专题学习班，深入学习党的十九届五中全会精神和习近平总书记重要讲话精神，以及中央、自治区、吴忠市等重要会议精神。各县（市、区）、市直各部门（单位）采取多种方式进行专题学习。市政协主席孙瑛等四套班子全体领导、市直各部门（单位）主要负责同志参加学习。市委常委、组织部部长解峰主持开班仪式并作动员讲话。

25日 吴忠市扶贫开发办公室主任蒋文军、盐池县惠安堡镇

2021 年 2 月 1 日，“共圆百年梦、启航新征程”——2021 年吴忠市春节联欢晚会录制现场

狼布掌村党支部书记杨锋、盐池县扶贫开发办公室村级发展互助资金管理中心干部郭状、同心县河西镇旱天岭村党总支书记丁建华、红寺堡区扶贫开发办公室主任吕振中、红寺堡区红寺堡镇镇长白占玉、利通区扶贫开发办公室副主任金晓萍、青铜峡市青铜峡镇武装部部长赵忠宏荣获全国脱贫攻坚先进个人，中共同心县下马关镇委员会、同心县扶贫开发办公室、红寺堡区住房城乡建设和交通局、中共利通区扁担沟镇委员会、中共青铜峡市邵岗镇委员会、吴忠市委组织部组织一科荣获全国脱贫攻坚先进集体。

26 日 吴忠市委召开农村工作会议。会议传达学习中央农村工作会议、全国巩固拓展脱贫攻坚成果同乡村振兴有效衔接工作会议精神和自治区党委农村工作会议精神。市委书记沈左权主持会议并讲话。

△ 吴忠市委召开政法工作会议。会议总结过去一年政法工作取得的成绩，分析面临形势，研究部署 2021 年全市政法工作。市委常委、政法委副书记兰德明出席会议并讲话，副市长、市委政法委副书记章中全主持会议。

28 日 吴忠市红寺堡区创建全国易地搬迁移民致富提升示范区滩羊产业生态智慧园区建设项目签约。

3月

2 日 吴忠市委书记沈左权到水发浩海红寺堡现代农业园、宁夏平头羊冷鲜肉有限责任公司、鹏胜时代广场、红寺堡区新能源集维中心等地调研全国易地搬迁移民致富提升示范区创建工作。

3 日 吴忠市 2021 年重大项目集中开工暨汇伟包装塑料制品生产项目启动仪式在金积工业园区举行。此次集中开工的 90 个重大项目，涵盖产业转型、基础设施、生态环保、社会民生等多个领域。市委书记沈左权出席并宣布项目开工。市政协主席孙瑛出席，市委常委、常务副市长张学慧致辞，副市长宋海燕主持启动仪式。

13—14 日 吴忠市重点打造的话剧《高沙窝脱贫记》通过文化和旅游部专家组的终评验收。

15 日 吴忠市召开会议传达贯彻全国两会精神。市委书记沈左权主持会议并讲话，强调全市上下要把学习好宣传好贯彻好这次全国两会精神作为一项重要政治任务，精心组织、周密部署，深入学习、全面贯彻，切实把思想和行动统一到习近平总书记重要讲话精神上来，把智慧和力量汇聚到全国两会确定的目标任务上来，提高政治站位、狠抓工作落实，推动两会精神在吴忠落地见效。市长喜清江出席会议。会议以视频会议形式召开。

△ 宁夏驻北京办党组书记朱云及中国儿童少年基金会“美好家园”公益项目组一行，到吴忠市对儿童青少年心理健康计划进行专题调研。

△ 2020年度全区公共机构能源资源消费统计数据会审会在吴忠市召开。

17日 吴忠市人民医院迁建项目（一期）门诊医技楼、住院楼工程入选中国建筑业协会公布的2020—2021年度第一批中国建设工程鲁班奖（国家优质工程）。这是吴忠市首次获得中国建筑行业工程质量的最高荣誉奖。

18日 吴忠市召开全域旅游创建暨文化旅游产业高质量发展推进会，安排全域旅游创建和文化旅游产业高质量发展工作，动员全市各级各部门和社会力量，加快构建现代文化产业体系，全力推动全域旅游示范市创建。

19日 吴忠市在南京举办宁夏贺兰山东麓吴忠葡萄酒产区葡萄酒推介品鉴会。

22日 吴忠市举办政法系统英雄模范事迹报告会。全国模范检察官、吴忠市人民检察院第四检察部主任张艳华，全国法院办案标兵、吴忠市中级人民法院民一庭庭长韩芬，自治区模范人民警察、宁夏60年公安工作突出贡献人物、吴忠市公安局红寺堡分局大河派出所所长丁建云，全国公安系统二级英模、青铜峡市公安局刑侦大队警务技术四级主任王志琴，宁夏首届公安楷模、全国禁毒先进个人、同心县公安局党委委员、副局长勉力义等五名宣讲人作报告。

△ 吴忠市人民政府与上海北连集团签订项目投资协议。

24日 吴忠国家农业科技园区举办基于相变蓄热与太阳能利用的高产日光温室成套技术引进集成与创新应用示范现场会。

26日 吴忠市召开生态环境保护工作会议，安排部署2021年工作。副市长戴培吉出席会议并讲话。

△ 吴忠市召开2021年“扫黄打非”工作领导小组会议，安排部署2021年“扫黄打非”工作。

27日 吴忠市15062名考生在吴忠考区参加2021年自治区公务员录用考试笔试。

29日 吉林大学文学院暨新闻与传播学院大学生实习实践基地签约授牌仪式在红寺堡区举行。

4月

2—3日 吴忠市春季义务植树活动在红寺堡区拉开帷幕。吴忠市四套班子领导与广大干部职工一同参加义务植树劳动。

6日 2021年全区学生田径锦标赛暨全国第十四届学生运动会选拔大赛在吴忠黄河奥林匹克体育中心举办。

6—7日 吴忠市委书记沈左权到市直有关部门、学校和盐池县，调研指导党史学习教育。

9日 吴忠市召开政法队伍教育整顿工作领导小组会议。市委书记、市政法队伍教育整顿工作领导小组组长沈左权主持会议并讲话。

12日 吴忠市召开政法队伍教育整顿推进会。会议深入学习贯彻习近平总书记关于加强政法队伍建设的重要指示和训词精神，全面贯彻落实全国第一批政法队伍教育整顿推进会和全区政法队伍教育整顿第二次推进会精神，紧扣党中央和自治区党委的部署要求，认真总结学习教育环节工作，研究部署查纠整改环节任务，推动政法队伍教育整顿扎实开展。市委书记、市政法队伍教育整顿领导小组组长沈左权出席会议并讲话。

14日 自治区党委书记、人大常委会主任陈润儿到吴忠市调研县乡领导班子换届、党史学习教育、政法队伍教育整顿、经济社会发展情况，并主持召开座谈会听取有关工作汇报。自治区领导赵永清、雷东生、沈凡、沈左权参加调研座谈。

△ 中央网信办社会局、自治区党委网信办主办的“脱贫攻坚巡礼——网络名人宁夏行”活动走进吴忠。来自区内外的30名网络名人、自媒体人士齐聚吴忠，感受脱贫攻坚成果。宁夏电视台播发《逛吃逛吃浪吴忠　网络名人探寻吴忠脱贫攻坚中的丰收成果》《看移民搬迁中的“宁夏样板” 品脱贫增收的“金果果”》等稿件。

15日 吴忠市召开新一轮创建全国文明城市动员部署会。

20日 2021年宁夏黄河流域非遗讲解大赛吴忠赛区初赛在吴忠市文化艺术馆正式开赛。

25日 吴忠市召开一季度经济运行调度会。市委书记沈左权主持会议并讲话。市长喜清江通报全市第一季度经济运行情况，安排部署下一阶段工作。吴忠市在职副厅级有关领导，各县（市、区）、工（农）业园区、市直有关部门（单位）主要负责人参加会议。

28 日 吴忠市委书记沈左权在市委党校以《学党史、悟思想，干在实处、走在前列》为题，从开展党史学习教育的重大意义、全面把握党的百年奋斗历程、从党史中汲取智慧和力量奋进“十四五”三个方面，为全市领导干部、政法干警讲了一堂党史学习教育专题党课。

29 日 吴忠市委召开常委会会议暨市委统一战线工作领导小组 2021 年第 1 次会议。会议传达学习习近平总书记考察调研广西时的重要讲话精神和中央定点扶贫单位座谈会、全区脱贫攻坚总结表彰会、实施百万移民致富提升行动会议、自治区建设黄河流域生态保护和高质量发展先行区第四次推进会精神，审议有关文件。市委书记、市委统一战线工作领导小组组长沈左权主持会议并讲话。

△ 吴忠市委党史学习教育领导小组办公室、中共吴忠市委宣传部、吴忠市文明办、共青团吴忠市委员会、吴忠市新闻传媒中心在吴忠市文化馆举办“学党史、强信念、传基因、育新人”纪念五四运动 102 周年青春诗会。

5月

7 日 吴忠市商务和投资促进局组织宁夏君星坊食品科技有限公司、宁夏盐池滩羊产业发展集团有限公司、宁夏宁杨食品有限公司等 7 家企业携带滩羊肉、葡萄酒、亚麻籽油、调味品及八宝茶等 60 多款产品参加在海南国际会展中心举办的首届中国国际消费品博览会。

△ 吴忠市被住房和城乡建设部列入全国城市体检样本城市。

8 日 吴忠市召开市委党的建设领导小组 2021 年第一次（扩大）会议。会议听取市直机关“让党中央放心、让人民群众满意”模范机关创建、全市村级集体经济发展工作情况汇报，各县（市、区）党委提交了“抓乡促村、整乡推进、整县提升”示范县乡创建情况书面汇报，审议 2020 年度党（工）委书记抓基层党建述职评议考核结果、模范机关创建达标单位及有关文件。市委书记、党的建设领导小组组长沈左权主持会议并讲话。

△ 吴忠市委网络安全和信息化委员会召开第三次会议，会议传达学习自治区党委网络安全和信息化委员会第三次会议精神，总结 2020 年网信工作，分析研判当前形势，研究部署 2021 年工作。市委书记、市委网络安全和信息化委员会主任沈左权主持会议并讲话。

△ 宁夏同心（中核）清洁能源产业园英利能源（中国）有限公司 2GW 高效光伏组件智能制造项目签约仪式在同心县举行。

9 日 “我要上全运”全国第十四届全运会群众组羽毛球吴忠市海选赛暨吴忠市“食名轩杯”羽毛球邀请赛，在吴忠市逸林羽毛球俱乐部开赛，全市 56 名羽毛球爱好者参加比赛。

△ 2021 年宁夏足球协会乙级联赛（利通区赛区）“我爱足球·紫悦府杯”足球联赛在吴忠市利通区青训中心正式开赛，来自利通区 8 支足球俱乐部的 160 名运动员参赛。

10 日 自治区党委副书记、自治区主席咸辉到吴忠市调研重点产业发展和黄河宁夏段保护治理工作。咸辉强调要深入贯彻习近平总书记重要指示精神，推进自治区党委确定的九个重点产业发展，守好改善生态环境生命线，努力建设黄河流域生态保护和高质量发展先行区。

△ 吴忠市召开黄河流域黄河文化传承彰显区建设暨国家黄河、长征、长城文化主题公园项目建设工作汇报会。

11 日 吴忠市商务和投资促进局组织宁夏雪泉乳业有限公司、宁夏伊众源食品有限公司、宁夏刘三朵八宝茶科技有限公司、宁夏盐池县春雪文化产业园有限公司等 7 家企业携带枸杞、酸奶、香肠、八宝茶、亚麻籽油及滩羊皮工艺品等 12 类 40 多款产品参加第五届丝绸之路国际博览会暨中国东西部合作与投资贸易洽谈会。

12 日 吴忠市领导沈左权、张学慧、兰德明分别前往利通区和青铜峡市，走访慰问吴忠市民族团结进步模范个人、回族群众等，向全市回族等少数民族群众致以节日的问候和美好的祝愿。

18 日 吴忠市市长、市应对新冠肺炎疫情工作指挥部指挥长喜清江主持召开指挥部第 21 次会议。会议传达学习中央、自治区有关会议文件精神，听取各县（市、区）、有关部门工作情况汇报，分析当前疫情防控形势，研究部署下一步工作。

△ 以“博物馆的未来：恢复与重塑”为主题的2021年“5·18”国际博物馆日系列活动启动仪式在吴忠市博物馆举行。

19—20日 全国人大常委会委员、社会建设委员会副主任委员邓凯率领调研组到吴忠市调研妇女权益保障情况。

20日 吴忠市召开安委会第二次全体（扩大）会议暨风险普查、防汛抗旱工作会议。会议通报全市1—5月安全生产和2020年防汛抗旱及2021年度汛准备工作情况，安排部署下一步工作。市长、市安委会主任喜清江出席会议并讲话。

21日 2021年全区第二批重大项目集中开工现场推进会在宁东能源化工基地宁夏百川新材料有限公司锂电池及锂电回收利用和储能电池二期项目建设现场举行。自治区党委书记、人大常委会主任陈润儿宣布开工，自治区党委副书记、自治区主席咸辉讲话。

24—25日 吴忠市召开全市农业农村工作观摩推进会。市长喜清江出席会议并讲话。

25日 自治区人大常委会副主任彭友东带领执法检查组一行对吴忠市贯彻实施《中华人民共和国固体废物污染环境防治法》情况进行执法检查。

△ 王兰花荣获“全国三八红旗手标兵”称号。

△ 吴忠市“永远跟党走”党史学习教育知识竞赛暨第二届“学习强国”达人挑战赛在市文化馆举办。

26日 国家粮食安全省长责任制考核抽查组到吴忠市金银滩镇兴民水利协会联合会、宁夏法福来食品科技有限公司、宁夏君星坊食品科技有限公司实地考核抽查。吴忠市市长喜清江陪同考核抽查。

27日 吴忠市市长喜清江调研红寺堡区创建全国易地搬迁移民致富提升示范区工作。

6月

1日 吴忠市乡村振兴局正式挂牌。市委常委、组织部部长解峰，副市长王天军出席挂牌仪式并揭牌。

△ 吴忠市举办“学党史、感党恩、跟党走”全民阅读主题演讲比赛。

3日 全国政协常委、社会和法制委员会副主任强卫一行对吴忠市“建立健全经常性社会心理服务和预警干预机制”工作进行专题调研。自治区政协党组书记、主席崔波，市委书记沈左权、市政协主席孙瑛陪同调研。

5日 吴忠市总工会被中华全国总工会通报表扬为全国城市困难职工脱困工作中作出重要贡献集体。

7日 第五届宁夏社会主义核心价值观主题微电影大赛颁奖典礼在吴忠市举行。34部微电影（微视频）获奖，吴忠市10部作品脱颖而出。本次大赛以“弘扬中国精神、传承革命传统”为主题。

△ 吴忠市12396名考生参加2021年度高考。

9日 吴忠市“我们的节日·端午节”系列活动暨利通区第十七届社区邻居节在金星镇金花园社区开幕。

10日 盐池县青山乡第二届香瓜节系列活动在青山乡营盘台村举行。

11日 吴忠市召开项目谋划储备及建设推进会。市委书记沈左权出席会议并讲话。市长喜清

2021年6月11日，吴忠市召开全市项目谋划储备及建设推进会

江主持会议。

12日 举办以“人民的非遗、人民共享”为主题的2021年文化和自然遗产日宁夏主会场活动。本次活动由自治区文化和旅游厅、吴忠市政府主办。活动采取线上线下相结合的方式，在光耀美食街、董府旅游区、大峡谷旅游区等旅游区组织开展20项文化旅游惠民活动。

12—13日 红寺堡区葡萄酒暨农特产品（杭州）推介会在浙江省杭州市举行。红寺堡区10余家葡萄酒庄向国内的游客推介优质葡萄酒。除美酒佳酿外，枸杞、黄花菜等红寺堡农特产品也登陆西湖岸边。活动还邀请红寺堡区农民作家马慧娟和“网络主播”王航弟、海小荣、徐玲等，为红寺堡葡萄酒直播带货，开展在线推介。

12—14日 吴忠市各大景区、景点广泛开展文明旅游志愿服务活动。

16日 吴忠市委书记沈左权在利通区调研生态环境保护工作。

17日 吴忠市市长喜清江到市粮油产品质量检验站、学校集中配餐企业等检查食品药品安全工作。

△ 吴忠市召开庆祝中国共产党成立100周年宣传工作专题会议，会议深入学习贯彻习近平总书记重要讲话精神和党中央部署要求，传达中宣部和自治区党委宣传部以及市委庆祝中国共产党成立100周年有关会议精神，对“七一”前后宣传工作进行再安排再部署。

18日 吴忠市委书记沈左权在利通区调研基础教育质量提升行动推进情况。

△ 吴忠市市长喜清江到黄河梅家湾险工段、青铜峡防汛物资储备仓库等地检查防汛工作。

21日 吴忠市统一战线各界人士庆祝中国共产党成立100周年座谈会召开。

22日 吴忠市在开源广场举行庆祝中国共产党成立100周年“颂歌献给党·全市劳动者之歌”合唱大赛。

23日 吴忠市委书记沈左权到太阳山开发区、盐池县调研重大项目建设及矿山治理情况。

29日 吴忠市举行优秀共产党员、优秀党务工作者和先进基层党组织表彰大会。市委书记沈左权为老党员代表颁发佩戴“光荣在党50年”纪念章。马维国等100名共产党员、王萍等30名党务工作者、利通区上桥镇党委等50个基层党组织，分别被授予“全市优秀共产党员”“全市优秀党务工作者”“全市先进基层党组织”称号。沈左权、孙瑛、王伟、解峰等市领导为受表彰的先进集体和优秀个人代表颁奖。

△ 吴忠市在吴忠影剧院举办以“颂歌献给党　奋进新征程”为主题的庆祝中国共产党成立100周年文艺晚会。

△ 吴忠市党史和文献展在市图书馆展出，169个单位5000余人观展。

7月

1日 吴忠市6.2万名党员干部通过电视、广播、网络等方式，收听收看庆祝中国共产党成立100周年大会现场直播。

△ 《吴忠党建党史》被宁夏社会科学界联合会评为2020年度自治区社会科学优秀普及读物。

△ 吴忠市直机关在开源广场举办庆祝中国共产党成立100周年专场文艺晚会——“百年辉煌照亮前行之路”。

2日 吴忠市委召开庆祝中国共产党成立100周年座谈会，深入学习贯彻习近平总书记在庆祝中国共产党成立100周年大会上的重要讲话精神。市委书记沈左权出席会议并讲话，市政协主席孙瑛出席，市委副书记王伟主持会议。

△ 吴忠市利通区金星镇热心小组党支部书记王兰花获得“七一勋章”。

△ 吴忠市住房和城乡建设局举办住建系统“礼赞百年奋斗路、砥砺奋进新征程”庆祝中国共产党成立100周年文艺演出。

3日 吴忠早茶标识出炉。

5日 吴忠市委书记沈左权调研督导红寺堡区易地搬迁移民致富提升示范区创建工作。

△ 吴忠市公证处办理吴忠市首例居住权合同公证。

△ 吴忠团市委在市图书馆举办2021大西北吴忠早茶美食文化节志愿服务培训班，100余名青年志愿者参加培训。

6日 自治区总工会到吴忠市讲党课做宣讲，开展“我为职工办实事”实践活动。

△ 吴忠市召开2021年国家卫生城市复审督查问题反馈会，通报吴忠市国家卫生城市复审工作存在的问题和全国文明城市第三方测评结果，安排部署下一步

工作。

△ 吴忠市城市管理系统在开源广场举办“奋斗百年路、启航新征程”庆祝中国共产党成立100周年专场文艺演出。

7日 银川市委副书记、市长赵旭辉带领银川市相关领导、各县（市、区）和市直各部门主要负责人组成的考察团到吴忠市考察观摩农村人居环境整治工作。

△ 吴忠市委书记沈左权在青铜峡市调研百万移民致富提升行动推进情况。

△ 吴忠市看守所荣立全国公安监管部门抗击疫情集体一等功。

9日 吴忠市举行庆祝中国共产党成立100周年——“永远跟党走、幸福生活舞起来”全区广场舞大赛颁奖暨集中展演活动。

10日 2021全国地域特色美食创意大赛在吴忠开幕。本次大赛由中国烹饪协会、吴忠市人民政府主办，中国烹饪协会民族餐饮旅游委员会、吴忠市商务和投资促进局、宁夏餐饮饭店协会、吴忠市餐饮饭店协会共同承办。

△ 2021大西北吴忠早茶美食文化节正式启幕。此次早茶美食文化节由中国烹饪协会、自治区商务厅、自治区文旅厅、市政府主办，以“吴忠早茶‘味’你而来”为主题，旨在进一步擦亮吴忠早茶文化城市新名片，持续提升“游在宁夏·吃在吴忠”美誉度和影响力。自治区人大常委会副主任、市委书记沈左权，自治区副主席赖蛟，中国烹饪协会会长傅龙成，市政协主席孙瑛等领导和嘉宾出席。

△ 吴忠市召开“传承黄河文化、弘扬时代精神”媒体融合创新研讨会。

△ 吴忠市文化馆举行第12届中国早餐产业发展论坛。

11日 吴忠市召开绿色食品产业推介招商会，推介吴忠的高端乳品、酿酒葡萄、优质肉牛滩羊等绿色食品产业，进一步加强与企业家的沟通联系。

12日 吴忠市学习贯彻习近平总书记“七一”重要讲话精神专题宣讲团动员备课会在利通区初心馆举行。全市习近平总书记“七一”重要讲话精神宣讲团成员、市委党史学习教育各巡回指导组组长、市直有关部门负责人、各县（市、区）党委宣传负责人、基层宣讲团骨干成员代表参加动员备课会。

△ 吴忠市举办各界妇女“传承奋斗精神、贡献巾帼力量”学习交流分享会。

13日 吴忠市2021年国家通用手语培训和国家通用盲文初级培训班正式开班。

14日 吴忠市召开庆祝中国共产党成立100周年理论研讨会，学习贯彻习近平总书记“七一”重要讲话精神。

△ 吴忠市委书记沈左权在基层联系点盐池县惠安堡镇狼布掌村，从充分认识习近平总书记“七一”重要讲话的重大意义、准确把握习近平总书记“七一”重要讲话的重点内容、坚决推动习近平总书记“七一”重要讲话精神落地落实三个方面，宣讲总书记“七一”重要讲话精神。

15日 吴忠市召开工业“四大改造”暨互联网应用推进会，会议贯彻落实自治区工业“四大改造”观摩推进会精神，努力推动全市工业“四大改造”和互联网应用走在全区前列。副市长宋海燕参加会议。

△ 吴忠市全面启动《中华人民共和国行政处罚法》宣传周活动。

16日 2021年度宁夏社保业务技能练兵比武预赛在吴忠市开赛，来自利通区、同心县、红寺堡区、盐池县、青铜峡市的5个代表队15名选手参加比赛。

△ 吴忠市“请党放心、强国有我”主题团日暨“党团队员手拉手、薪火相传话党史”新时代文明实践宣讲活动在利通区马莲渠乡杨渠村举行。

17日 盐池举办第四届吴忠黄花菜产业发展高峰论坛暨产销对接大会，来自全国黄花菜学术界、产业界的专家学者、企业家齐聚一堂，共商黄花菜产业新发展。

22日 吴忠市市长喜清江主持召开市人民政府第73次常务会议，听取上半年经济运行情况，分析研究调度下半年全市经济运行工作；审议通过《吴忠市推动全域旅游发展三年行动计划（2021—2023年）》（送审稿）、《吴忠市关于实施“三线一单”生态环境分区管控的意见（送审稿）》等。会议还审议了用水权、排污权、土地权、山林权“四权”改革实施方案等。

△ 吴忠市举办节约型机关创建暨公共机构生活垃圾分类培训会，来自各县（市、区）机关

事务部门代表、市直各单位相关人员参加培训。

△ 国网吴忠供电公司利通区供电公司选派骨干力量赶赴河南开展电力救援。

23日 吴忠市委全面深化改革委员会召开第十二次会议，传达学习中央全面深化改革委员会第十九次、第二十次会议精神，听取全市基层整合审批服务执法力量改革工作情况汇报，审议“四权”改革实施方案，安排部署下一步工作。市委书记、市委全面深化改革委员会主任沈左权主持会议并讲话。

△ 吴忠市团委在市图书馆一楼多功能厅举办吴忠市各界青年学习习近平总书记“七一”重要讲话精神暨大学生返家乡社会实践活动出征仪式。

△ 吴忠市委宣传部、市文明办、市妇联联合举办“传承红色家风、献礼百年华诞”暨“党的声音进万家”百村百场宣讲活动。

△ 吴忠市残联开展2021年“关注听力康复、播撒爱的希望”助听器适配活动，为利通区30名贫困听力障碍人士登记、测试、适配助听器。

24—25日 2021年吴忠市事业单位公开招聘工作人员面试考试，1442名考生参加面试。

26日 吴忠市委书记沈左权、市长喜清江等市领导分别走访慰问部队官兵和退役军人。

△ 吴忠市召开防汛抗旱工作专题会议。会议通报全市防汛抗旱救灾工作情况，安排部署下一步工作。

△ 吴忠市召开创城工作推进会，通报吴忠市创建全国文明城市第三方模拟测评情况，对持续深入推进全国文明城市创建工作进行再安排再部署。

27日 吴忠市召开市委党史学习教育领导小组办公室第三次（扩大）会议，深入学习贯彻习近平总书记“七一”重要讲话精神、习近平总书记在西藏考察重要讲话精神和习近平新时代中国特色社会主义思想研讨会暨党史学习教育高端论坛会议精神，总结回顾吴忠市党史学习教育推进落实情况，安排部署近期党史学习教育重点工作。

△ 吴忠市公安局刑侦支队反诈中心联合中国人民银行吴忠支行组成反诈宣讲团，为200名吴忠高铁干部职工讲授了一堂题为《反诈同心、你我同行，全民反诈、你我有责》的专题讲座。

△ 吴忠市司法局被司法部通报表彰为“2020年全国社区矫正机构先进集体”。

△ 吴忠市纪检监察系统在市行政中心召开“六查六看六提升”强化作风建设动员会。

△ 吴忠市公共法律服务体系建设第一次部门联席会议召开。会议深入学习贯彻习近平总书记关于深化公共法律服务体系建设的重要指示精神，学习贯彻中办、国办和自治区党委、政府关于加快推进公共法律服务体系建设的文件精神，审议通过《吴忠市公共法律服务体系建设联席会议制度》。

28日 吴忠市召开黄河流域生态保护和高质量发展先行区建设现场观摩推进会。市委书记沈左权、市长喜清江、市政协主席孙瑛带队到红寺堡区、太阳山开发区、同心县、盐池县进行现场观摩。

△ 吴忠市第三批重大项目集中开工推进会暨红寺堡区新能源装备制造示范基地项目启动仪式在红寺堡区举行。

△ 全区“铸盾宁防—2021”人防通信专业队应急通信保障技能比武竞赛在吴忠市举行。

△ 九三学社吴忠市第二次代表大会在吴忠红宝宾馆召开。会议听取并审议了九三学社吴忠市第四届委员会工作报告，大会选举产生了由一名委员组成的九三学社第五届委员会。同时在九三学社吴忠市第五届委员会第一次全体会议上，选举产生了第五届委员会领导班子，杨灵当选为主任委员，牛金云、贺明辉、梁静当选为副主任委员，任命何娟为秘书长。

△ 中国国民党革命委员会吴忠市第五次代表大会在红宝宾馆召开。会议听取并审议了民革吴忠市第四届委员会工作报告，大会选举产生了由11名委员组成的民革吴忠市第五届委员会，同时在民革吴忠市第五届委员会第一次全体会议上，选举产生了第五届委员会领导班子，杨红英当选为主任委员，贺怡、边卡、张琛当选为副主任委员，任命詹小波为秘书长。

△ 宁夏文史研究馆携手上海、湖南、江西文史研究馆和吴忠市委、市政府在吴忠市文化馆举办“翰墨丹青颂党恩——庆祝中国共产党成立100周年书画展”。

△ 2021全国青少年体育冬

夏令营宁夏吴忠站足球项目在利通区青训中心足球场开营。

28—30日 吴忠市黄河流域生态保护和高质量发展先行区建设现场观摩推进会暨上半年经济形势分析会召开。市委书记沈左权主持会议并讲话。市政协主席孙瑛、市委副书记王伟等四套班子领导出席。

29日 吴忠市委书记沈左权、市长喜清江、市政协主席孙瑛、市委副书记王伟带领观摩团，前往盐池县、利通区、吴忠国家农业科技园区、吴忠金积工业园区，对盐池县再生水资源综合利用暨城北生态文化旅游区项目、高铁生态公园项目、鸽堂沟标准化奶牛养殖示范区项目、宁夏北连生物科技有限公司食品添加剂生产项目等进行观摩。

△ 中国民主建国会吴忠市第四次代表大会在红宝宾馆召开。会议听取并审议了民建吴忠市第三届委员会工作报告，大会选举产生了由11名委员组成的民建吴忠市第四届委员会。同时在民建吴忠市第四届委员会第一次全体会议上，选举产生了第四届委员会领导班子，马春梅当选为主任委员，牛华平、何坤平、鲍菊艳当选为副主任委员，会议任命何坤平兼任市委会秘书长。

△ 中国农工民主党吴忠市第五次代表大会在红宝宾馆召开。大会听取了农工党吴忠市第四届委员会工作报告，回顾总结了过去五年的工作，提出今后五年的重点工作任务和目标。会议选举产生了由11名委员组成的农工党吴忠市第五届委员会，杨爱琴当选主任委员，强建新、尚自刚、马春梅当选为副主任委员。会议任命马春梅兼任市委会秘书长。

30日 自治区交通运输厅、应急管理厅和吴忠市人民政府主办的2021年全区公路交通阻断应急救援演练观摩会在乌玛高速青铜峡段举办。

△ 中华全国总工会社会联络部部长杨军日率全总社会联络部、中国工运研究所“工会联系引导社会组织促进职工技能提升”联合课题组，到吴忠市开展专题调研。

△ 中国民主同盟吴忠市第五次代表大会召开。会议听取并审议了民盟吴忠市第四届委员会工作报告，大会选举产生了由11名委员组成的民盟吴忠市第五届委员会。同时在民盟吴忠市第五届委员会第一次全体会议上，选举产生了第五届委员会领导班子，吴斌辛当选为主任委员，李渊、关秀林、杨莹为副主任委员，会议任命李渊兼任市委会秘书长。

△ 中国民主促进会吴忠市第五次代表大会召开。自治区教育厅副厅长、民进宁夏区委会副主任委员王春秀，市委常委、统战部部长兰德明到会祝贺并讲话。

△ 吴忠市召开政法队伍教育整顿总结会议。会议总结吴忠市政法队伍教育整顿成效经验，部署常治长效工作。市委书记、市政法队伍教育整顿领导小组组长沈左权出席会议并讲话。自治区政法队伍教育整顿第三驻点指导组组长刘彦宁作点评讲话。市委副书记王伟出席会议。会上，市委常委、政法委书记、市政法队伍教育整顿领导小组副组长兰德明通报了全市政法队伍教育整顿开展情况。

△ 吴忠市住建局、市人社局、市总工会和团市委共同主办的2021年吴忠市“宁夏中房·锦里杯”建筑工人技能大赛在吴忠中房·锦里项目工地拉开战幕，72家建筑企业参赛。

8月

1日 吴忠市委召开五届市委2021年第28次常委会会议暨应对新冠肺炎疫情工作领导小组第18次会议。会议传达学习了习近平总书记在西藏考察时、中央政治局第三十二次集体学习、中央政治局会议、党外人士座谈会上的重要讲话精神，以及对深入推进农村厕所改革作出的重要指示精神。听取了市应对新冠肺炎疫情工作指挥部关于做好当前疫情防控工作的汇报，研究部署下一步工作。市委书记、市委应对新冠肺炎疫情工作领导小组组长沈左权主持会议并讲话。

3日 吴忠市青铜峡市大坝镇韦桥村、吴忠市红寺堡区红寺堡镇弘德村拟入选第三批全国乡村旅游重点村名单。

5日 吴忠市青年讲师团在吴忠新经济产业发展中心开展学习习近平总书记“七一”重要讲话精神宣讲。

6日 吴忠市召开房地产市场调控、保障性租赁住房建设座谈会。会议传达学习中央、自治区近期房地产发展相关政策和有关重要会议精神，听取吴忠市房地产调控和租赁住房建设、土地市场调控、金融贷款等工作情况汇报。

10日 强家老醋文化养生园、牛家坊民俗文化旅游区拟被批准为国家3A级旅游景区。

△ 吴忠市秀琴奶牛养殖专业合作社、青铜峡市金土地农作物专业合作社、同心县乐香谷种植专业合作社等14家农民合作社被农业农村部、国家发展和改革委员会等8部委联合认定为国家农民合作社示范社。

11日 吴忠市启动15～17岁人群新冠病毒疫苗第一剂次接种，并继续开展18岁及以上人群新冠病毒疫苗接种。

△ 吴忠市召开市领导小组第一次扫黑除恶常态化暨重点行业领域整治推进会。市委常委、政法委书记、扫黑除恶斗争领导小组组长兰德明出席会议并讲话。副市长、公安局局长、扫黑除恶斗争领导小组副组长章中全主持会议。

16日 吴忠产区的葡萄酒获得比利时布鲁塞尔国际葡萄酒大奖赛2枚大金奖、16枚金奖、13枚银奖。其中，东方裕兴酒庄2015戈蕊红玉碗干红葡萄酒、维加妮酒庄2019兰山伯爵家族珍藏马瑟兰干红葡萄酒摘得大金奖。

△ 吴忠市委书记沈左权到青铜峡市调研百万移民致富提升行动推进情况并主持召开座谈会。

△ 吴忠市市长喜清江到吴忠市利通区青少年活动中心、利通区塑配小区改造项目现场、新村路秦渠桥头、新村街和胜利路路口附近包抓路段和鑫鲜农副产品市场调研文明城市创建工作。

17日 吴忠市扎实推进校外培训机构治理工作，在暑期开展联合检查、集中整治行动，截至17日已关停全部学科类校外培训机构。

18日 吴忠市领导干部学习习近平总书记“七一”重要讲话精神专题研讨班开班。自治区宣讲团成员、自治区党委统战部常务副部长陆军作专题辅导报告。市长喜清江、市政协主席孙瑛等参加。市委副书记王伟主持。

19日 吴忠市办理的一起关于“废旧汽车拆解工厂环境污染严重”环境信访案件被评为“全国优秀案例”。

20日 吴忠市在第五届中国—阿拉伯国家博览会上围绕农业特色优势产业，与上海、重庆等大中城市优质企业签约项目10个，签约金额达3.41亿元。

△ 吴忠市召开全市党史学习教育巡回指导工作会议。会议深入学习贯彻习近平总书记“七一”重要讲话精神和相关指示要求，了解和掌握近期工作开展情况，听取意见建议，分析存在问题，研究推进下一步工作。

23日 吴忠市委召开各民主党派市委会新一届领导班子成员集体座谈会暨廉政勤政谈话会。会议通报了全市各民主党派市级组织换届工作情况。市委书记沈左权出席会议并讲话，市委常委、统战部部长兰德明主持。民革市委会主委杨红英、民盟市委会主委吴斌辛、民建市委会主委马春梅作了交流发言。市领导解峰、王海燕参加会议。

26日 吴忠市首次采取网上直播摇号的方式招收幼儿园新生。

△ 全国人大常委会副委员长郝明金率全国人大常委会公证法执法检查组到吴忠市，对贯彻实施《中华人民共和国公证法》情况进行执法检查。

26—27日 吴忠市人大常委会组织部分人大常委会委员及人大代表组成检查组，对《吴忠市红色文化遗址保护条例》实施情况进行检查。

27日 吴忠市红寺堡区、同心县入选国家乡村振兴重点帮扶县名单。

29日 吴忠市新闻传媒中心报送的作品《点亮“微心愿” 争做“圆梦人”》，荣获2020年度中国城市党报媒体融合奖二等奖。

30日 吴忠市人大常委会组织部分人大常委会委员及人大代表组成视察组，对全市巩固脱贫攻坚成果衔接乡村振兴工作情况进行视察。市人大常委会副主任马伟、郭祥、马云峰、季文科、郝明、王永福参加视察。副市长王天军陪同视察。

31日 吴忠市委书记沈左权调研“四权”改革工作推进情况。

8月31—9月1日 吴忠市“学习先进典型 奋进伟大征程”先进事迹巡回报告会先后走进同心县、盐池县，来自县委各部委、县直各部门、各人民团体、直属事业单位、各乡镇的党员干部聆听报告。

9月

1日 吴忠市农技中心对接福建泉州市洋屿土壤科技有限公

司，探索通过生物和化学方式对盐渍化土壤进行改良，推进耕地综合利用。

3日 吴忠市各单位、部门、学校以及老革命老战士通过重温历史、国防教育、红色讲座等方式，开展中国人民抗日战争暨世界反法西斯战争胜利76周年纪念活动。

4日 盐池县人民政府申报并负责筹建的“盐池滩羊”国家地理标志产品保护示范区获国家知识产权局核准。

6日 吴忠市第五届人民代表大会常务委员会第三十四次会议通过并任命：王学军为吴忠市人民政府副市长（代理市长职务），马同松、李玉山、郑金国为吴忠市人民政府副市长。

7日 吴忠市慈善总会在市民政局举办2021年“99公益日”线上动员会，正式启动“99公益日”线上慈善募捐活动。

8日 吴忠市委召开五届市委2021年第34次常委会会议，传达学习习近平总书记在中央党校（国家行政学院）中青年干部培训班上的重要讲话精神，在2021年中国国际服务贸易交易会全球服务贸易峰会、第六届东方经济论坛全会开幕式上的致辞，致菌草援外20周年暨助力可持续发展国际合作论坛、第32届国际航空科学大会的贺信。市委书记沈左权主持会议并讲话。

△ 吴忠市委农村工作领导小组2021年第二次会议暨全市乡村振兴示范村观摩推进会在青铜峡市叶盛镇召开。

△ 吴忠市残联组织开展“助力圆梦启航·沐浴爱的阳光”残疾人假肢装配活动，为贫困残疾人免费适配假肢和矫形器。

9日 截至2021年9月9日，吴忠市新增酿酒葡萄种植基地2.5万亩，酿酒葡萄种植面积稳步提升，总面积达到27.1万亩。

9—10日 吴忠市人大常委会组织部分人大常委会委员及人大代表，对全市工业高质量发展情况进行视察。

10日 吴忠市代市长王学军在青铜峡市教育卫生小区、宏远小区及光明小区调研老旧小区改造工作。

△ 吴忠市在吴忠科技馆举行“坚持马克思主义唯物论和无神论、弘扬科学精神、践行强国有我”主题科普展暨2021年“百年再出发，迈向高水平科技自立自强”全国科普日吴忠主场活动启动仪式。

10—13日 吴忠市人民医院、市红十字会走进宁夏民族职业技术学院、吴忠市第五中学，开展“做学校社区的急救英雄”主题宣传活动，进一步传播应急救护知识，提高学生的应急救护技能。

13日 吴忠市在利通一小举行第24届全国推广普通话宣传周启动仪式，本届活动周主题为“普通话诵百年伟业，规范字写时代新篇”。

14日 吴忠市代市长王学军到利通区扁担沟镇利原村、五里坡奶牛生态养殖基地、利通区上桥镇牛家坊村、古城镇新华桥村、东塔寺乡白寺滩村、吴忠万达锦华星级酒店、利通区健康产业园调研特色产业和乡村振兴情况。

△ 全区青年干部专题读书班在青铜峡市正式开班。

15日 吴忠市举行人民防空警报统一试鸣暨人员疏散演练活动。

△ 吴忠市徐海侠的“侠客行”助力就业创业服务项目在第二届西部农民工返乡创业大赛总决赛上获得三等奖、同心县马兴国的“宁南瑞露”亚麻籽油项目获得优秀奖。

16日 吴忠市生态环境监测站4个类别25项59个因子顺利通过自治区市场监督管理厅检验检测机构资质认定扩项。

17日 吴忠国家农业科技园区与宁夏民族职业技术学院召开校企合作奶产业发展研讨会，来自园区的20余家奶牛养殖企业负责人参加研讨会。

△ 吴忠市召开法治政府建设工作推进会。会议深入学习贯彻习近平法治思想和中央全面依法治国工作会议精神，认真落实自治区党委全面依法治区工作会议和全区法治政府建设工作会议有关要求，部署全市法治政府建设重点工作任务，安排迎接中央依法治国办实地督察相关工作。代市长王学军出席会议并讲话。

△ 吴忠市召开市安委会2021年第三次全体（扩大）会议暨安全生产专项整治三年行动推进会，分析研判当前全市安全生产形势，总结经验，吸取教训，增补措施，压实责任，安排部署下一阶段重点工作。代市长王学军出席会议并讲话。市委常委、常务副市长张学慧主持会议。

17—19日 吴忠军分区在吴忠市民兵预备役训练基地组织开

展民兵教练员、专武干部和民兵比武竞赛。

18日 吴忠市代市长王学军先后到企业、道路交通检查站、高铁站和商场检查中秋、国庆“双节”期间安全生产工作。

△ 宁夏“5G+工业互联网”现场工作会在吴忠召开。工业和信息化部总工程师韩夏出席会议并讲话。

△ 吴忠市工程建设政府采购等重点领域突出问题专项治理工作领导小组第三次会议暨工作推进会在市行政中心召开。会议传达了自治区工程建设政府采购等重点领域突出问题专项治理工作领导小组第二次会议、自治区专治办第12次办公室主任会议和第29次常委会会议精神；书面通报了全市专项治理第二次专项抽查、专项督查情况及问题线索办理情况。市委常委、常务副市长张学慧出席会议并讲话，市委常委、纪委书记、监委主任王海燕主持会议。

22日 吴忠市“红色精神代代传”青少年硬笔书法比赛在市图书馆多功能报告厅举行。

△ 吴忠市人民政府与中国建设银行宁夏区分行举行金融服务奶业振兴战略合作协议签约仪式。代市长王学军、中国建设银行宁夏区分行行长王永平参加签约仪式。

△ 以“礼赞建党百年、畅游美丽乡村”为主题的第二届宁夏美丽乡村休闲旅游精品线路推介活动在吴忠市利通区启动。

23日 共青团吴忠市委员会被国家机关事务管理局、中共中央直属机关事务管理局、国家发展和改革委员会、财政部4部门联合授予节约型机关荣誉称号。

△ 吴忠市委书记沈左权到青铜峡市调研实施“四大提升行动”、全面促进乡村振兴情况。市领导邓冀宁、王天军参加调研。

△ 吴忠各地举办丰富多彩的活动庆祝农民丰收节。

24日 宁夏大学农学院教授吴心华、宁夏农科院研究员王世荣分别到中国（宁夏）奶业研究院、利通区东塔寺乡新接堡村，开展奶牛产业座谈交流会和蚯蚓生物秸秆反应堆技术生物技术讲座及现场指导。

△ 宁夏医学会、宁夏护理学会、吴忠市心理卫生协会专家在5县（市、区）开展急慢性疾病、中医康复理疗、医学护理、心理健康等现场义诊及技术指导活动。

25日 国家粮食和物资储备局党组成员、副局长梁彦一行到吴忠市，对粮食产业高质量发展情况进行实地调研。

26日 宁夏贺兰山东麓葡萄与葡萄酒联合会发布了2021年宁夏贺兰山东麓葡萄酒产区列级酒庄评定结果的公示，吴忠产区12家酒庄入列，其中，皇蔻、容园美、凯仕丽和罗兰玛歌酒庄晋级五级酒庄，西鸽、华昊、维加妮、东方裕兴、罗山和红寺堡酒庄晋级四级酒庄，汇达和贺兰芳华酒庄晋级三级酒庄。

△ 吴忠产区4款产品在首届中国（宁夏）国际葡萄酒文化旅游博览会上，从145个葡萄酒企业的620款产品中脱颖而出，获得大金奖。

27日 吴忠市委党校2021年秋季学期主体培训班开班，参加新进乡镇领导班子干部培训班、少数民族干部培训班和妇女干部培训班3个主体班的139名学员参加学习。

△ 吴忠市召开城镇居民收入提升行动推进会。会议通报了吴忠市上半年城镇居民收入提升行动进展情况，安排部署下一阶段工作。

△ 吴忠市第八届“弘扬工匠精神、保障交通安全”驾驶员技能大赛在吴忠交通投资开发有

2021年9月27日，中共吴忠市委党校（市行政学院）举办2021年秋季学期开学典礼

限公司城北场站举行，100多名司机参赛。

△ 自治区党委常委、政法委书记赖蛟到吴忠市青铜峡市人民法院瞿靖法庭、青铜峡市南苑社区，利通区金积镇社会治安综合治理中心、利通区民生街派出所、利通区人民检察院等基层单位调研便民诉讼服务、社区网格化治理、派出所改革和“精准巡防”、公益诉讼和未成年人保护等工作，并与吴忠市委政法委、各县（市、区）政法部门有关同志座谈。

27—28日 吴忠军分区召开全体党员大会，会议选举产生吴忠军分区第六届委员会和纪律检查委员会，市委书记沈左权当选为吴忠军分区党委第一书记，李敏当选为吴忠军分区党委书记，杨青林当选为吴忠军分区党委副书记。市委常委、吴忠军分区政委李敏作工作报告，吴忠军分区司令员杨青林主持会议。

28日 吴忠市委书记沈左权先后到西市场、市妇幼保健院、陕西师范大学吴忠市秦宁中学、第十中学、宁夏恒和纺织科技股份有限公司调研疫情防控和安全生产工作。

△ 吴忠市代市长王学军在吴忠市利通区扁担沟镇利原村和吴忠国家农业科技园区调研。

△ 吴忠市在开源广场举行反恐怖武装拉动演练，展示全警实战大练兵成果。

△ 吴忠市召开全域创建食品药品安全区暨校园食品安全专项整治工作会议。会议通报吴忠市全域创建食品药品安全区工作进展情况并提出工作要求。

△ 宁夏希望工程助力“四大提升行动”工作推进会在红寺堡区召开。会上印发了《宁夏希望工程工作评价指引》《宁夏希望工程青少年科技创新基金管理使用办法（试行）》，并对宁夏希望工程围绕“四大提升行动”实施的移民帮扶、助学育人、兴业助农、健康守护项目，以及提升宁夏青少年科技创新素养的科技创新项目进行安排部署，同时为大学新生代表发放了奖学金。

29日 吴忠市举办“学党史、感党恩、庆十一、祖国好”经典美文朗诵会。

△ 吴忠市代市长、市应对新冠肺炎疫情工作指挥部指挥长王学军主持召开指挥部第24次会议。会议传达学习中央、自治区有关会议文件精神，听取近期疫情防控和疫苗接种工作情况汇报，安排部署全市国庆期间及秋冬季疫情防控工作，议定有关事项。

△ 吴忠市召开文明校园创建工作现场观摩会。

30日 吴忠市在涝河桥烈士陵园举行烈士纪念日向人民英雄敬献花篮仪式，缅怀革命先烈。

10月

1—7日 吴忠市A级旅游景区、星级农家乐、星级旅游饭店、旅游新业态共接待游客315028人次，同比增长14.82%；营业收入1183.98万元，同比增长6.31%。

4日 中央广播电视总台播出六集大型融媒体特别节目《直播长城》第三集，将镜头聚焦吴忠，看长城内外的繁荣景象。

9日 吴忠市中小学思政课教师“四史”学习教育专题研修班开班。本次研修班以“赓续百年初心、践行育人使命”为主题，旨在通过专题讲座、现场教学、交流研讨等形式，推动全市中小学思政课教师深入研讨将“四史”教育融入思政课的路径方法，用好红色资源“鲜活教材”，增强思政课吸引力和感染力，提升思政课教师教学能力和水平。

△ 吴忠市红寺堡区人民检察院和吴忠市儿童福利院被评为全国农村留守儿童关爱保护和困境儿童保障工作先进集体。

△ 吴忠市“弘扬中国精神奋进伟大征程”暨“党的声音进万家”百村百场宣讲活动，同步在利通区、盐池县的40个村（社区）新时代文明实践中心（站点）、家庭教育指导中心或妇女之家集中启动。

11日 吴忠市利通区司法局高闸司法所被司法部评选为全国模范司法所，盐池县司法局花马池司法所所长李永斌、同心县司法局兴隆司法所所长黑珊被司法部评为全国司法所模范个人。

△ 吴忠市在开源广场举行了以“网络安全为人民，网络安全靠人民”为主题的网络安全宣传周启动仪式。

△ 吴忠市举办习近平法治思想专题辅导讲座，邀请宁夏法学会党组书记、常务副会长张廉作专题辅导。市政协主席孙瑛出席、副市长章中全主持讲座。

11—15日 由西藏自治区民委党组成员、副主任黄云素任组长的国家民委调研组，到吴忠市调研全国民族团结进步示范市创建工作并召开座谈会。代市长王学军主持座谈会并作表态发言。

12日 吴忠市委全面深化改革委员会召开第十三次会议，传达学习中央全面深化改革委员会第二十一次会议、自治区党委常委会会议暨全面深化改革委员会第十四次会议精神，听取全市“四权”改革工作、农村产权交易市场多元化服务改革试点工作情况汇报，审议有关改革文件，安排部署下一步工作，市委书记、市委全面深化改革委员会主任沈左权主持会议并讲话。代市长、市委全面深化改革委员会副主任王学军，市政协主席孙瑛，市委副书记王伟等出席会议。会议还审议了《吴忠市关于深化跨领域跨部门综合执法改革的实施方案》《吴忠市关于强化知识产权保护的若干措施》等文件。市委全面深化改革委员会全体委员参加会议。

△ 宁夏农村客货邮商融合发展工作推进会在吴忠市城北综合客运枢纽场站召开。

13日 吴忠市政务服务中心、市审批服务管理局开展政府开放日活动。邀请人大代表、政协委员、社区工作人员以及群众代表等，通过现场观摩、交流座谈的方式，加深对政务服务工作的了解。

△ 吴忠市民政局、胜利镇新华社区、宁夏浩恩养老服务有限公司在吴忠市敬老院共同举办“孝暖朝阳、爱在重阳”关爱老年人活动。

14日 2021年吴忠市第四届“新时代好少年”先进事迹发布仪式在市朝阳小学举行，顾航等来自全市各县（市、区）的20名优秀中小学生获评“新时代好少年”荣誉称号。副市长马同松出席发布仪式。

△ 吴忠市区72家机关事业单位和社会服务单位厕所全面对外开放。

△ 吴忠市参加第十一届全国残疾人运动会暨第八届特殊奥林匹克运动会跆拳道项目的运动健儿载誉归来。马飞飞获得银牌，马丽、吴帅获得铜牌，这是吴忠市残疾人体育发展史上首次在全国残运会上获得奖牌。

15日 吴忠市全市领导干部大会召开，会议宣布自治区党委关于吴忠市委主要领导职务任免的决定：沈左权不再担任中共吴忠市委书记、常委、委员职务，徐耀任中共吴忠市委委员、常委、书记。

△ 全国政法队伍教育整顿中央第四督导组组长支树平率队到吴忠市，对自治区第一批政法队伍教育整顿延伸深化工作进行督导调研，并重点听取举报线索核查和相关案件查处工作。中央第四督导组副组长樊绪银，区市领导赖蛟、沈左权、兰德明、解峰、王海燕、章中全等参加督导调研。

△ 吴忠市青铜峡先锋大青葡萄、甘城子苹果、同心圆枣、同心芦笋等4个产品被正式纳入2021年全国名特优新农产品名录并核发全国名特优新农产品证书。

16日 吴忠市586名考生在吴忠考区（宁夏民族职业技术学院）参加2021年国家统一法律职业资格考试。

18日 由宁夏文联、宁夏摄影家协会举办的“魅力新宁夏翰墨颂党恩——庆祝中国共产党成立100周年摄影作品展”宁夏第十届摄影艺术展在吴忠市开展。

19日 吴忠市利通区金星镇开元社区、青铜峡市裕民街道南苑社区被评为全国示范性老年友好型社区。

20日 吴忠市召开新冠肺炎疫情防控工作专题视频会议，对扎实做好下一步疫情防控工作进行再安排再部署。

21日 吴忠市委书记徐耀到利通区和青铜峡市督导疫情防控工作。

△ 吴忠市委书记、市委应对新冠肺炎疫情工作领导小组组长徐耀主持召开专题会议，安排部署疫情防控工作。

△ 吴忠市召开2021—2022年冬春季大气污染攻坚行动启动会，对冬春季大气污染攻坚行动进行安排部署。

22日 吴忠市召开疫情防控工作会议，对全市疫情防控工作进行再安排、再部署、再推进。市委书记徐耀主持会议并讲话。

24—28日 自治区人大常委会副主任沈左权到吴忠市利通区和青铜峡市的居民小区、乡镇农村、园区企业、执勤卡口和宗教场所，就贯彻落实自治区党委疫情防控部署要求，扎实开展疫情防控、组织大规模核酸检测等工作进行实地指导。

26日 吴忠市委书记徐耀主持召开全市疫情防控工作调度会。

27日 吴忠市总工会走访慰

问奋战在一线的抗疫工作人员。截至27日零时，吴忠市疾控中心共完成核酸检测工作标本数59894份。

28日 吴忠市召开疫情防控工作会议，对全市疫情防控工作进行再加压再部署再推动。市委书记徐耀主持会议并讲话。代市长王学军等市领导通过视频参加会议。

△ 吴忠市委书记徐耀到利通区和青铜峡市督导疫情防控工作。

29日 青铜峡市青铜峡镇余桥村、红寺堡区柳泉乡永新村、利通区东塔寺乡石佛寺村、利通区上桥镇牛家坊村入选农业农村部公示的2021年中国美丽休闲乡村名单及2010—2017年中国美丽休闲乡村监测合格名单。

△ 吴忠市委书记徐耀先后到利通区同心苑小区、泰和苑小区、新百大卖场富康店督导疫情防控工作。

△ 吴忠市青铜峡市陈袁滩镇袁滩村、吴忠市盐池县花马池镇四墩子村入选“第二批全国乡村治理示范村”。

30日 参加第十一届全国残疾人运动会暨第八届特殊奥林匹克运动会的宁夏代表团运动员中，吴忠市运动员共取得2枚金牌、3枚银牌、3枚铜牌的优异成绩。

△ 吴忠市利通区为宁夏医科大学、平罗县、红寺堡区、盐池县、同心县医务人员举办欢送仪式，衷心感谢他们对利通区大规模核酸检测工作的支持和帮助。

31日 晓鸣股份红寺堡智慧农业产业示范园父母代种业基地项目开工仪式在红寺堡区举行。该项目竣工达产后，将实现年存栏父母代蛋种鸡100万套，带动就业500余人，进一步促进农民增收致富，助力红寺堡区乡村振兴战略的实施。

11月

1日 吴忠市委书记徐耀先后到自治区疫情防控驻吴工作组办公地点、市应对新冠肺炎疫情指挥部和利通区应对新冠肺炎疫情指挥部、市疾控中心、市公安局督导疫情防控工作。

2日 吴忠市委书记徐耀先后到青铜峡市和利通区督导疫情防控和能源保供工作。

5日 吴忠市12所学校入选教育部公示的第三批全国中小学中华优秀传统文化传承学校认定结果名单。

△ 吴忠市委应对新冠肺炎疫情工作领导小组召开第20次会议，听取疫情防控工作情况汇报，对疫情防控工作再安排再部署。市委书记、市委应对新冠肺炎疫情工作领导小组组长徐耀主持会议并讲话。

△ 吴忠市利通区金星镇王兰花热心小组党支部书记王兰花荣耀当选全国道德模范，红寺堡区大河乡龙源村村民李耀梅、同心县河西镇旱天岭村党总支书记丁建华获全国道德模范提名奖。

6日 吴忠市委书记徐耀看望慰问第八届全国道德模范王兰花，向她表示祝贺。

△ 吴忠市委书记徐耀到市区部分小区、交通卡点、封闭管理单元楼，督导检查疫情防控工作。

△ 盐池县应急管理局党委书记、局长、四级调研员樊镇洪荣获“全国应急管理系统二级英雄模范”称号。

9日 吴忠市启动“119”线上宣传活动。

△ 吴忠市集中供热应急调峰备用热源项目正式运行。

10日 吴忠市代市长、市应对新冠肺炎疫情工作指挥部指挥长王学军主持召开市应对新冠肺炎疫情工作指挥部第26次会议。会议传达学习自治区有关会议和文件精神，听取吴忠市疫情防控工作汇报，安排部署下一步工作。

14日 吴忠市委书记徐耀主持召开市第六次党代会报告征求意见座谈会，就党代会报告（征求意见稿）征求离退休老干部、各民主党派负责人等的意见建议。市政协主席孙瑛参加所在组会议。

15日 红寺堡区突出重点全面推进乡村振兴的典型经验做法受到国务院通报表扬。

△ 盐池县入选农业农村部乡村产业发展司公布的全国农业全产业链典型县建设公示名单。

16日 吴忠市人大常委会视察组先后到利通区香缇美郡小区、申能吴忠热电厂、塑配小区、朝阳小区、光耀美食街等地集中视察市五届人大六次会议确定的代表建议办理情况。市人大常委会副主任马云峰、郝明及部分提案代表参加视察活动。

17日 吴忠光耀旅游休闲街区被认定为宁夏首批自治区级旅

游休闲街区。

18日 吴忠市文化馆、吴忠市红寺堡区文化馆、盐池县文化馆、青铜峡市文化馆拟命名为国家一级文化馆。

△ 中国共产党吴忠市直机关代表会议召开，选举产生市直机关出席吴忠市第六次党代会的代表。

19日 自治区党委常委、组织部部长石岱到吴忠市看望新当选的中国工程院院士马玉山，市委书记徐耀参加慰问。石岱一行还到吴忠仪表有限公司技术中心研发部调研。

22日 盐池县荣获交通运输部2021年“四好农村路”全国示范县称号。

△ 吴忠仪表有限责任公司党委书记、董事长马玉山当选中国工程院院士座谈会在红宝宾馆举行。市委书记徐耀出席并讲话，代市长王学军主持座谈会。

△ 吴忠市、同心县、利通区金星镇荣获国家民委“第九批全国民族团结进步示范区示范单位”称号。

23日 吴忠市委书记徐耀、代市长王学军调研城市东片区综合开发项目。

△ 吴忠市延安精神研究会召开换届工作会议。会议听取并审议市延安精神研究会第二届理事会工作报告和财务报告，表决通过《吴忠市延安精神研究会第三届会员代表大会选举办法（草案）》，选举产生了会长、常务副会长、副会长、秘书长、常务理事新一届延安精神研究会班子。刘占葆当选为新任会长。

△ 吴忠市召开固定资产投资、重大项目建设专题调度会。

24日 农业农村部发布《关于创建农业现代化示范区名单（第一批）公示公告》，全国共有100个地区入选农业现代化示范区，其中青铜峡市榜上有名。

△ 吴忠市看守所荣立全国公安监管部门抗击疫情集体一等功，也是全区监管系统唯一获此殊荣的单位。

26日 吴忠市非公有制经济发展服务中心举行挂牌仪式。副市长李玉山为市非公有制经济发展服务中心揭牌。

△ 吴忠市公安局太阳山分局民警李通在快手号“通通警官反诈骗”发布的作品《别人用刀砍你，你怎么正当防卫》在中央政法委新闻网站长安网发布的全国政法系统快手号10月排行榜中排行第一名，该作品播放量高达3700万人次，获赞量达194万，传播力指数达993.56。

28—30日 中国共产党吴忠市第六次代表大会在红宝宾馆召开。市委书记徐耀代表五届市委向大会作题为《团结奋进 示范先行 为建设现代化美丽新吴忠而努力奋斗》的报告。会议听取并通过了《关于中国共产党吴忠市第五届委员会报告的决议》《关于中国共产党吴忠市第五届纪律检查委员会工作报告的决议》。选举产生了中国共产党吴忠市第六届委员会委员47名、候补委员13名，中国共产党吴忠市第六届纪律检查委员会委员33名。徐耀、王学军、王伟、解峰、高建博、李敏、王海燕、潘建宁、龚雪飞、丁建成、陈宏当选为市委常委，徐耀当选为市委书记，王学军、王伟当选为市委副书记。

12月

1日 吴忠市委书记徐耀主持召开专题会议，听取吴忠军分区工作汇报。

1—2日 自治区人大常委会副主任杨玉经带领自治区调研组一行到吴忠市，就贯彻落实中央人大工作会议精神，加强和改进新时代人大工作进行调研。

2日 宁夏回族自治区吴忠市农业农村局种植业科科长马学锋被中央组织部、中央宣传部评为“最美公务员”。

△ 吴忠市创城办、市交通运输局联合在吴忠汽车站广场举行2021年“全国交通安全日”主题宣传活动。

3日 吴忠市召开“八五”普法动员部署暨2021年第一届国家机关“谁执法谁普法”履职报告评议会，会议深入学习贯彻党的十九届六中全会精神，总结吴忠市“七五”普法经验，全面部署全市“八五”普法工作。

△ 吴忠军分区党委第一书记任职宣布大会召开。自治区党委常委、宁夏军区司令员赵建宏出席会议并讲话。市委书记徐耀任吴忠军分区党委委员、常委、第一书记。市委常委、吴忠军分区政委李敏主持会议。

3—6日 吴忠市同心县荣获“喜迎十六运”2021年宁夏青少年乒乓球锦标赛甲组男子团体第一名，利通区分别荣获乙组女子团体第三名、甲组女子团体第四名、乙组男子团体第四名。同心的马锦伟、马一恩分别获得甲组男子单打第三名和第八名，利通区的彭景旸荣获甲组男子单打第五名。利通区的王欣瑞、刘力分别获得甲组女子单打第三名、乙组男子单打第七名，利通区的李林同志被评为优秀教练员。

4日 吴忠市红寺堡区侠客行残疾人综合服务中心理事长徐海侠拟被推荐为全国三八红旗手候选人。

6日 吴忠市工商业联合会（民间商会）第五次代表大会在吴忠红宝宾馆召开。会议听取审议了吴忠市工商业联合会（民间商会）第四届执行委员会工作报告，选举产生了吴忠市工商业联合会（民间商会）第五届执行委员会领导班子，审议通过了吴忠市工商业联合会（民间商会）第五次代表大会政治决议。边卡同志当选为吴忠市工商业联合会第五届执行委员会主席、民间商会会长。市人大常委会党组副书记、统战部部长、政法委书记兰德明代表市委、人大、政府、政协对吴忠市工商业联合会（民间商会）第五次代表大会的召开表示热烈祝贺。

8日 六届市委常委会召开2021年第2次会议，传达学习习近平总书记在全国宗教工作会议上的重要讲话精神、习近平总书记关于注重家庭家教家风建设论述，以及自治区党委常委会会议有关精神，研究贯彻意见。市委书记徐耀主持会议并讲话。

△ 吴忠市委应对新冠肺炎疫情工作领导小组召开第21次会议，传达学习全国新冠肺炎疫情防控工作电视电话会议精神、自治区党委应对新冠肺炎疫情工作领导小组第21次会议和全区疫情防控工作电视电话会议精神，听取全市当前疫情防控工作情况汇报，安排部署下一步工作。市委书记、市委应对新冠肺炎疫情工作领导小组组长徐耀主持会议并讲话。

△ 吴忠市红寺堡区红寺堡镇弘德村入选民政部公布的全国村级议事协商创新实验试点单位。

△ 吴忠市委全面深化改革委员会召开第14次会议，传达学习中央全面深化改革委员会第22次会议、自治区党委全面深化改革委员会第15次会议精神，审议有关改革文件，研究农村产权交易市场多元化服务改革试点总结评估事宜，安排部署下一步工作。市委书记、市委全面深化改革委员会主任徐耀主持会议并讲话。代市长、市委全面深化改革委员会副主任王学军，市委全面深化改革委员会全体委员参加会议。

9日 吴忠市委书记徐耀到利通区调研粮食安全工作。

△ 宁夏“好宁嫂”品牌、巾帼家政诚信平台推广暨巾帼家政职业经理人培训“五市行”活动启动仪式在吴忠启动，来自全区巾帼家政企业、机构负责人共100余人参加了启动仪式。市人大常委会副主任季文科应邀参加。

10日 吴忠市代市长王学军到盐池县督导中央环保督察转办问题整改工作。

△ 吴忠市巾帼家政服务进社区活动启动仪式在利通区金星镇金星花园广场举行。

12日 党史学习教育中央第十指导组副组长沈传宝一行，到吴忠市调研指导党史学习教育开展情况。市领导徐耀、王伟、高建博、丁建成等分别参加相关调研活动。

14日 吴忠市代市长、市应对新冠肺炎疫情工作指挥部指挥长王学军主持召开指挥部第27次会议。会议传达学习近期国务院、自治区有关会议文件精神，听取今冬明春疫情防控情况汇报，安排部署2022年元旦、春节期间疫情防控工作，研究有关事宜。

△ 吴忠市委书记徐耀到包抓重点移民村青铜峡市青铜峡镇同进村调研，并对党的十九届六中全会精神作了宣传解读。

16日 吴忠市委书记徐耀到利通区金银滩镇金川办牧草示范基地、五里坡奶牛生态养殖基地、宁夏沃野牧丰农牧股份有限公司、中国（宁夏）奶业研究院、宁夏汇伟包装科技有限公司、宁夏伊康元饲料加工有限公司、宁夏新希望夏进乳业有限公司调研吴忠市产业高质量发展情况。

17日 吴忠市出台《吴忠市推进全域科普工作的具体措施》，明确了全市推进全域科普工作的总体要求、重点任务、组织实施和工作要求。

20日 吴忠市领导干部改革攻坚能力提升专题培训班在市委党校正式开班，来自市直各部门、各县（区）的48名副处级领导干部参加本次培训。

22—24日 政协第六届吴忠市委员会第一次会议召开。市政协主席孙瑛代表政协第五届吴忠市委员会常务委员会向大会作政协第五届吴忠市委员会常务委员会工作报告，市政协副主席陈克安作政协第五届吴忠市委员会常务委员会关于提案工作情况的报告。王天军主持会议。市委书记徐耀，市委副书记、市长王学军，市政协主席孙瑛，以及市委、人大、政府的其他领导，政协副主席，吴忠军分区、市中级人民法院、市人民检察院、宁夏民族职业技术学院领导和市政协部分离任领导，应邀出席开幕大会并在主席台就座。自治区换届工作督导组到会指导督导。

23—25日 吴忠市第六届人民代表大会第一次会议召开。吴忠市市长王学军向大会作政府工作报告。大会审查了吴忠市2021年国民经济和社会发展计划执行情况与2022年国民经济和社会发展计划草案的报告、吴忠市2021年全市及市本级预算执行情况和2022年全市及市本级预算草案的报告，表决通过了选举办法。自治区换届工作督导组到会指导。

27日 中央第四生态环境保护督察组组长宋秀岩到吴忠市调研。

28日 吴忠市退役军人服务中心在由退役军人事务部、中央军委政治工作部组织开展的退役军人服务保障先进单位及个人评选表彰活动中荣获“退役军人服务保障先进单位”称号。

29日 吴忠市委常委会召开会议，专题听取中央生态环保督察盐池县相关情况的汇报，研究部署整改落实工作。市委书记徐耀主持会议并讲话。

△ 吴忠市召开市安委会第四次全体（扩大）会议暨冬春火灾防控工作。市长王学军出席会议并讲话。会议通报了2021年全市安全生产工作和安全生产专项整治三年行动开展情况和2021年全市消防工作情况。

30日 吴忠市委书记徐耀带队前往内蒙古伊利实业集团股份有限公司进行考察，并与伊利集团董事长、总裁潘刚进行座谈，就深化双方战略合作进行深入洽谈。

31日 吴忠市市长、市应对新冠肺炎疫情工作指挥部指挥长王学军主持召开指挥部第28次会议。会议传达学习自治区关于元旦、春节疫情防控有关会议文件精神，听取近期疫情防控情况汇报，对2022年元旦、春节期间疫情防控工作继续安排部署。

吴忠概览 〉〉〉

地理人文

【自然地理】 吴忠市位于宁夏中部，地处宁夏平原腹地，介于东经 105° 17′ ~ 107° 47′，北纬 36° 34′ ~ 38° 15′，总面积 2.14 万平方公里。北连银川市，西接中卫市，东部毗邻陕西省榆林市定边县，东北、西北分别与内蒙古自治区鄂尔多斯市鄂托克前旗和阿拉善盟阿拉善左旗相连，东南与甘肃省庆阳市环县接壤。吴忠市南部红寺堡区、盐池县、同心县是宁夏中部干旱带的核心地区，占全市总面积 80%。北部利通区、青铜峡市是引黄灌区的精华之地。市境北部为黄河冲积平原，市境东部属鄂尔多斯台地，东北接毛乌素沙地。市境南部为鄂尔多斯高原与黄土高原衔接地带，东南部为黄土丘陵，群山环绕，沟壑纵横。贺兰山纵亘于西部，牛首山卧于东南，形成由西南向东北自高向低呈阶梯状分布的特点，地貌形态为山地、低山丘陵、缓坡丘陵、洪积扇地带、黄河冲积平原。川区平均海拔 1200 米，山区 1300 ~ 1900 米。吴忠地处西北内陆，属中温带干旱半干旱气候区，具有明显的大陆性特征：四季分明，气候干燥，蒸发强烈，降水少，大气透明度好，云量少，日照充分，热量丰富，温差较大，无霜期短，风沙较多。年平均气温 9.3℃，极端最低气温 -28.5℃（1975 年 12 月 12 日），极端最高气温 38℃（1997 年 7 月 22 日）。生长期年均 210 天；无霜期年均 180.4 天，最长达 220 天，最短为 150 天。历年平均降水量 184.6 ~ 273.5 毫米。年均降水 46.5 天，最多达 56 天（2007 年），最少为 31 天（2005 年）。极端年最大降水量 322.1 毫米（1978 年），极端年最少降水量 64.8 毫米（2005 年）。降雨集中在 7—8 月，8 月最多。吴忠境内的罗山是宁夏三大天然林区之一。主要有石油、煤炭、矿石、天然气等 30 多种矿产资源，其中，石油储量 3700 万吨，天然气储量 8000 亿立方米，是陕甘宁油田的核心部分。煤炭储量 64.7 亿吨，石灰岩储量 49 亿吨，冶镁白云岩储量 23.69 亿吨。水电、火电资源丰富，总装机容量占全宁夏的 54%，是宁夏重要的能源基地。

【历史沿革】 吴忠历史源远流长，公元前 2.5 万年左右，先民就在这里繁衍生息。秦时于今盐池县境内首设昫衍县，大约辖原银南地区全境。秦始皇三十三年（前 214 年），境内设富平县，为宁夏平原最早设置的县。此后分置灵州、回乐等县郡。清置宁朔县，县治小坝堡；置平远县，县治下马关。民国二年（1913 年）成立盐池县，隶属朔方道。1936 年，成立盐池县苏维埃政府和陕甘宁省豫海县回民自治政府。1949 年 9 月，吴忠全境解放，成立吴忠堡市，由宁夏省直辖；11 月改为吴忠镇，归灵武县管辖。1950 年 10 月，吴忠镇改为吴忠市（县级市），由宁夏省直辖。1954 年 4 月，宁夏省河东回族自治区成立，辖金积、灵武、吴忠、同心4县市，并与吴忠市人民政府合署办公。9月，宁夏省建置撤销，河东回族自治区隶属甘肃省。1955年2月1日，河东回族自治区人民政府与吴忠市人民政府分署办公。1955年4月28日，河东回族自治区更名为吴忠回族自治州。1958年10月25日，宁夏回族自治区成立，自治州撤销，吴忠市直属宁夏回族自治区。1960年8月，设立青铜峡市。1963年撤销吴忠市、青铜峡市，设立吴忠县和青铜峡县。1972年设立银南地区，银南地区辖吴忠县、盐池县、青铜峡县、同心县等县。1983年，撤销吴忠县，恢复吴忠市（县级市）。1984年，撤销青铜峡县，恢复青铜峡市（县级市）。1998年5月，撤销银南地区，设立地级吴忠市，县级吴忠市改称利通区。吴忠市辖利通区、青铜峡市、灵武市、中卫县、中宁县、盐池县、同心县。1998年9月5日，成立县级红寺堡开发区。2002年10月，灵武市划归银川市代管。2003年12月，中卫县、中宁县划归新设立的地级中卫市。2009年10月，设红寺堡区。

【行政区划】　截至2021年，吴忠市辖利通区、红寺堡区、青铜峡市、盐池县、同心县5个县（市、区）。全市共有44个乡镇、2个街道、66个社区、504个村。其中，利通区辖8个镇、4个乡、21个社区、106个行政村、3个农场办，红寺堡区辖2个镇、3个乡、1个街道、65个行政村、8个社区，青铜峡市辖8个镇、2个场、1个街道、84个行政村、22个社区，盐池县辖4个镇、4个乡、1个街道、15个社区、102个行政村，同心县辖7个镇、4个乡、1个管委会、142个行政村、11个社区。

【人　口】　至2021年末，全市常住人口139.2万人，比上年末增加0.8万人，其中城镇常住人口78.9万人。全年出生人口1.7万人，出生率为12.25‰；死亡人口0.93万人，死亡率为6.7‰；自然增长人口0.77万人，自然增长率为5.55‰。常住人口城镇化率为56.68%，比上年增长0.91个百分点。据公安年报，年末全市户籍总人口143.7万人，其中，城镇人口48.8万人，户籍人口城

美丽富饶的利通区

镇化率 33.9%。2021 年出生人口 15001 人，出生率为 10.85‰，男孩出生 7740 人，女孩出生 7261 人，出生人口性别比为 106.6。

【气　候】　2021 年，吴忠市气温偏高，降水分布不均，总体偏少，日照时数偏少。全市年平均气温 10.7℃，较常年偏高 1.2℃，是 1961 年以来最暖的一年。全市各地平均气温 8.7℃～12.3℃，较常年偏高 0.9℃～1.6℃，其中利通区偏高 1.6℃。全市年平均降水量 239.6 毫米，较常年同期偏少 6.6%。各地降水量 162.8～379.2 毫米，除盐池县麻黄山偏多 11.8% 外，其他各地偏少 2.1%～24.9%。全市年平均日照时数 2653.1 小时，较常年同期偏少 285.8 小时，各地日照时数 2549.2～2882.6 小时，其中青铜峡最少，利通区最多。与常年相比，各地偏少 120.1～497.0 小时。2021 年全市共收集气象灾情 30 次，其中暴雨洪涝灾情 4 次、干旱灾情 4 次、大风灾情 13 次、冰雹灾情 4 次、沙尘暴灾情 2 次、冻害灾情 3 次。

【极端天气】　2021 年，全市气温前冬冷后冬旱，出现史上最暖 2 月。2021 年 1 月上旬，平均气温偏低，全市平均气温 -10.7℃，较常年同期偏低 4.6℃，为 1961 年以来第 5 低值，韦州、麻黄山最低气温打破当地最冷纪录，创 1961 年以来同期最冷天气，利通区、青铜峡、盐池接近 1961 年以来最低气温极值；1 月中下旬为一年中最冷的时候，而 2021 年却迅速回暖并持续偏高，1 月 11 日至 2 月 28 日，全市平均气温 0.2℃，创 1961 年以来同期新高，其中 2 月全市各地平均气温 1.2℃～3.8℃，较常年同期偏高 4.2℃～5.9℃，各地均为 1961 年以来第一高值，出现史上最暖 2 月。全市平均沙尘日数为 15 天，为近十年最多。“3·15”沙尘暴发生强度和影响范围为近 20 年之最，最小能见度为 216 米（利通区）；3 月 28 日再次遭遇沙尘暴天气过程，其范围和强度弱于“3·15”强沙尘暴过程，最低能见度为 718 米（利通区）。全市平均日较差仅为 10.5℃，较常年同期偏低 3.7℃，各地均创 1961 年以来新低。春季全市平均降水量 77.3 毫米，较常年同期偏多 83.2%，为 2003 年以来（仅次于 2016 年 79.9 毫米）第二多年。全市平均无降水日数 72.2 天，较常年同期偏多 17 天，创 1961 年以来新高，各地无降水日数 65～76 天，偏多 7.3～24.2 天，各地最长连续无降水量日数 9～30 天，青铜峡、利通区、盐池创新高。全市平均有效降水(日降水量≥5 毫米）日数 3.9 天，偏少 4.8 天，创 1961 年以来第 2 低值，各地为 2～5 天，各地偏少 3.1～5.8 天。1961 年以来，仅 2021 年出现全市各地连续三个月降水均偏少。夏季全市降水量和降水日数均明显偏少，加之气温偏高，各地出现严重气象干旱。7月初全市出现不同程度干旱；7 月中旬各地干旱逐步加重；8 月 14 日大部地区重旱，局地特旱。夏季高温过程持续时间长、强度强、范围大。2021 年夏季全市平均气温 23.5℃，较常年同期偏高 1.9℃，为 1961 年以来第 1 高值。平均高温日数（≥35℃）为 8.8 天，较常年同期偏多 6.6 天，其中利通区、盐池、麻黄山、同心高温日数均为 1961 年以来历史同期最多。7 月 8 日至 14 日，各地出现 2～7 天高温天气，特别是利通区高温日数达 7 天，持续时间为 1961 年以来历史第二长，仅次于 2013 年 7 月 7 日至 7 月 14 日高温天气过程。2021 年 9 月，气温偏高，为 1961 年以来同期第 2 高值；降水异常多，为第 11 多值，是 1961 年以来唯一气温偏高、降水偏多的年份，暖湿特点尤为突出，历史罕见。自 8 月 16 日进入多雨时段之后，降水异常多，8 月 16 日至 11 月 30 日，全市平均降水量 119.4 毫米，较常年同期偏多 33%。各地中雨日数 2～6 天，大部较同期偏多 0.1～3.5 天。9 月 3 日，盐池县、同心县部分乡镇出现暴雨，麻黄山站降水量 78.3 毫米，为当地秋季日降水量最大值。

【道路交通】　至 2021 年末，全市各种民用汽车保有量 31.39 万辆，私人汽车保有量 25.13 万辆；公共汽车运营车辆 537 辆，公交标准运营车辆 568 标台。

【水　利】　黄河干流流经吴忠 69 千米，全市有集水面积在 50 平方公里以上的山洪沟 42 条、水库 13 座。有 9 条水系（黄河、秦渠、清水沟、清宁河、南环水系、惠农渠、汉延渠、大清渠、罗家河），全长 57.9 公里，其中，城东水系 42.2 公里，湖泊 15 个；城西水系 15.7 公里，湖泊 17 个。

有耕地面积507.14万亩，灌溉面积260.25万亩，其中耕地有效灌溉面积219.9万亩，林草等有效灌溉面积40.35万亩。自流灌溉面积65万亩，扬水灌溉面积130万亩。

经济建设

【概　况】　2021年，吴忠市坚持稳中求进工作总基调，坚定践行新发展理念，持续巩固拓展疫情防控和经济社会发展成果，全面落实"六稳""六保"任务，扎实做好调转增融"四篇文章"，高质量发展迈出新步伐，先行区建设取得新成效，经济社会发展呈现稳中向好、稳中有进态势。2021年，全市实现地区生产总值762.47亿元，增长8.3%，其中第一产业实现增加值103.81亿元，增长6.2%；第二产业实现增加值374.98亿元，增长9.6%；第三产业实现增加值283.68亿元，增长7.4%。三次产业对经济增长的贡献率分别为10.0%、53.3%、36.7%，三次产业结构为13.6 ∶ 49.2 ∶ 37.2。按常住人口计算，全市人均地区生产总值54933元，比上年增长7.9%。固定资产投资增长8%。全市完成地方财政收入58.68亿元，比上年增长7.8%，其中一般公共预算收入37.47亿元，增长5.2%。全年完成地方财政支出246.97亿元，比上年下降6.0%，其中一般公共预算支出226.78亿元，下降2.6%。全市全体居民人均可支配收入22462.7元，比上年增长9.0%。按常住地分，城镇常住居民人均可支配收入33589.9元，增长7.8%，其中，人均工资性收入21913.1元，增长4.5%；人均经营净收入5311.9元，增长16.8%；人均财产净收入1145.9元，增长10%；人均转移净收入5219元，增长13.4%。农村居民人均可支配收入16138.7元，增长9.8%。居民消费价格同比上涨1.6%。

【工业经济】　截至2021年底，全市共有工业企业1800余家，其中规模以上工业企业346家，列入自治区60家工业龙头企业16家，年产值过50亿元、10亿元、1亿元企业数分别达2家、22家、125家。全市规上工业完成产值1130.8亿元，同比增长25.2%；完成增加值312.1亿元，同比增长7.1%。规上工业增加值占全区比重为20.4%，总量居全区五市第二；工业增加值占全市地区生产总值的42.2%。规上工业涵盖三大门类，增加值占比：制造业54.5%、采矿业22.2%、电力热力燃气及水的生产供应业23.3%。轻重工业比为14.3 ∶ 85.7。

【现代农业】　2021年，全市粮食播种面积304.03万亩，较2020年增加21.18万亩，增长7.5%；综合亩产331.6公斤，较2020年

表1　2021年1—12月吴忠主要经济指标完成情况

指　标	单　位	绝对值	同比增长（%）
一、地区生产总值	万元	7624669	8.3
第一产业	万元	1038077	6.2
第二产业	万元	3749800	9.6
第三产业	万元	2836792	7.4
二、规模以上工业增加值	万元	—	7.1
重工业	万元	—	7.0
轻工业	万元	—	7.7
三、固定资产投资	万元	—	8.0
四、社会消费品零售总额	万元	1823668	3.0
五、地方一般公共预算收入	万元	374710	5.2
一般公共预算支出	万元	2267812	-2.6
六、金融机构人民币存款余额	万元	8308104	4.4
住房存款	万元	5600229	6.3
金融机构人民币贷款余额	万元	7447437	11.2
七、城镇居民人均可支配收入	元	335901	7.8
八、农村居民人均可支配收入	元	16139	9.8

减少20.5公斤，下降5.8%。全市小麦播种面积29.15万亩，较2020年减少2.22万亩，下降7.1%；水稻播种面积10.15万亩，较2020年减少5.56万亩，下降35.4%；玉米播种面积165.32万亩，较2020年增加23.49万亩，增长16.6%；马铃薯播种面积17.77万亩，较2020年增加4.54万亩，增长34.3%。粮食总产量100.81万吨，较2020年增加1.23万吨，增长1.2%。2021年吴忠市牛存栏60.88万头，同比增加7.35万头，增长13.7%，其中：奶牛存栏29.19万头，同比增加1.90万头，增长7.0%；肉牛存栏31.69万头，同比增加5.45万头，增长20.8%。羊存栏305.68万只，同比增加34.3万只，增长12.6%；生猪存栏18.05万头，同比增加0.91万头，增长5.3%；家禽存栏392.79万只，同比增加57.01万只，增长17.0%。

【商贸物流】　截至2021年底，全市注册并正常运营的批发零售企业、个体工商户47177家，其中批发零售企业8615家、个体工商户38562家。全市注册并正常运营住宿餐饮企业、个体工商户9568家（餐饮8952家、住宿616家），其中住宿餐饮企业380家，个体工商户9188家。全市有各类市场76个，其中城市市场44个（专业市场28个、综合市场16个），农贸市场32个。全部市场占地520.12万平方米，建筑面积456.15万平方米，拥有摊位39686个，从业人员达8万余人。年交易额在5000万元至1亿元的市场有13个，过亿元的市场（商城）有6个（涝河桥、鑫鲜、铁市场、二手车等市场、青铜峡商城、同心商城）。全市有物流园区（中心）15个，其中综合服务型3个、生产服务型5个、货物枢纽型2个、商贸服务型5个。从事物流、运输、仓储、配送、快递、信息等物流相关企业共664家，其中物流运输企业481家、快递企业及分支机构71家、城乡配送企业26家、仓储服务企业15家，其他类71家。现有冷链物流企业46家，拥有冷库及保鲜库容积达到286126立方米，冷链车辆315辆，货物周转量130万吨以上。全市已建成狮城宁好、红寺堡区电子商务公共服务中心等集人才培训、电子商务运营、产品展示展销、快递物流、创新创业孵化等于一体的县级电子商务公共服务中心（孵化中心）6个，镇村级电商服务站397个。全市活跃网商共计15201家，带动就业4.8万余人，其中直接带动就业2.45万余人，间接带动就业2.35万人。据不完全统计，2021年实现网络销售农产品收入8.53亿元。截至2021年底，全市实现社会消费品零售总额182.4亿元，同比增长3%。

【旅游业】　截至2021年，吴忠市有世界灌溉工程遗产1处，全国重点文保单位8处，国家级非物质文化遗产3项。文化及相关产业经营单位572家，其中规模以上企业13家，国有文化企业4家。A级旅游景区23家（4A级6家、3A级9家、2A级8家），旅行社（分社、营业部）47家，各类住宿酒店宾馆538家，客房数1.46间，床位数2.68万个，星级酒店13家（其中四星级4家，三星级9家），星级乡村旅游点52家，旅游商品开发经营企业27家，特色旅游购物店13家，文化娱乐场所282家，文化旅游及相关行业从业人员近5万人。2021年，吴忠市居民人均文化娱乐消费支出为586.2元，增长18.9%，占消费支出比重3.1%；接待游客740.4万人次，实现旅游综合收入45.13亿元，同比分别增长45.88%和84.88%，其中A级旅游景区接待游客569.13万人次，营业收入达1.03亿元。

【邮政快递】　截至2021年12月，吴忠市共有邮政普遍服务网点53处，邮件处理（投递）场所5处，邮政车辆109辆，其中机动车46辆，电动三轮快递车60辆，新能源车辆3辆。快递企业共有快递品牌10个，法人快递企业28家，快递分支机构41家，快递末端网点101家。邮政业从业人员1171人，其中快递从业人员963人。快递车辆共有834辆，其中机动车193辆，新能源车辆5辆，电动三轮快递车636辆。全市497个行政村，邮快件直接投递覆盖461个村，快递进村直投率达到92.8%。共建成快递进村网点374个，占全市497个行政村的75.25%。2021年1—12月，吴忠市邮政行业累计业务收入2.26亿元，比上年同期增长17.85%，其中邮政企业累计业务收入7105.57万元，比上年同期下降6.02%；快递累计业务收入1.55亿元，比上年同期增长33.34%。

【招商引资】 2021年，吴忠市扎实开展“扩大有效投资年”行动，健全完善重大项目三级包抓、专班推进、定期调度工作机制，开工建设各类项目570个，完成投资391亿元，鸽堂沟标准化奶牛养殖示范区、桃山综合物流园等260个自治区重大项目和80个市级重点项目全部开工建设，投资总量位居全区第二。北连生物食品添加剂、汇伟食品级塑料包装等项目相继落地，全市实施招商引资项目273个，申报到位资金391亿元，超额完成年度任务。积极争取中央、自治区政策资金支持，上争项目1440个，批复资金156亿元。围绕“9+1”重点特色产业，新材料、新能源、新食品，绿能开发、绿氢生产、绿色发展和传统产业“四大改造”等领域，谋划储备各类建设项目796个，总投资1789.4亿元。第三产业投资增长20.5%，三产投资占比达到39%。全市教育、卫生领域投资分别增长73.5%、71%。

政治建设

【概　况】 2021年，吴忠市委坚持把政治建设摆在首位，坚决学习贯彻落实习近平新时代中国特色社会主义思想和习近平总书记视察宁夏重要讲话精神，增强“四个意识”、坚定“四个自信”、做到“两个维护”，政治判断力、政治领悟力、政治执行力不断提高。扎实开展“两学一做”学习教育、“不忘初心、牢记使命”主题教育、党史学习教育，坚定不移听党话、感党恩、跟党走。聚焦推动习近平总书记视察宁夏重要讲话精神落实落地，先后举办县处级干部进修班、中青年干部培训班等6个主体班，精心组织领导干部改革攻坚能力提升、巩固脱贫攻坚成果同乡村振兴有效衔接等专题培训，387名市管干部接受政治能力提升轮训。推行原文原著、集中培训、网络课程、“三同”锻炼相结合培训模式，推动85名领导干部上台授课，先后线下培训1285人、上级调训390人、网络施训7389人，市县党委表彰“两优一先”852个（人），王兰花荣获“七一勋章”，同心县丁建华、利通区金花园社区党委分别被评为全国优秀党务工作者、全国先进基层党组织。

【基层组织建设】 2021年，吴忠市持续深化“一抓两整”示范创建，区市县联动选派872人组成273支工作队，覆盖A、B、C类村248个，D类村159个，150名县乡领导“一村一案”包抓86个移民村党建提升，10个软弱涣散村全部销号，零星级村降至0.6%。建立村党组织领导、群众自治组织主导的群众评、评群众机制，持续壮大村集体经济，87个项目全部建成投用，对96个外租外包项目集中整改，创办集体经济合作组织1810个，10万元以上的村达79.7%。组织6100名机关党员迅速下沉值守，26支应急先锋队全力支援217个采样点完成34万人次核酸采样，在44个乡镇227个村、19个社区择优选拔215名优秀导师结对帮带401名乡村干部，打造“书记带徒弟工作室”“薪火课堂”等导师实践点109个。实施发展党员“源头工程”，入党申请人增加到5090名，培养入党积极分子3465名，新发展党员1920名。

【依法治市】 2021年，吴忠市制定《法治吴忠建设规划（2021—2025年）》《法治社会建设实施方案（2021—2025年）》等文件，组织召开市委全面依法治市委员会第三次会议和全市法治政府建设推进工作会议，将领导干部履行法治建设职责情况列入年度考核述职内容。制定《吴忠市人民政府2021年度重大行政决策事项目录》，确定重大决策事项16项，共审查重大行政决策2项，行政规范性文件4件，土地公告20件，行政措施18项，合同协议12件，出具法制审核意见书41份。对市直32个部门权力清单进行合法性审核，共审核增加事项1093项，取消事项475项。进一步加强行政执法工作，建立健全权责明确、行为规范、监督有效、保障有力的行政执法体制。全面提升依法行政能力水平，共筛查行政文件32万余件，确定行政规范性文件1604件、政策性文件2983件。全市共废止行政规范性文件577件，宣布失效362件；共废止政策性文件747件，宣布失效1358件，并向社会公布清理结果。持续深化“放管服”改革，推进减证便民，积极开展落实情况督察，确保取得实效。

【民族团结】 2021年，吴忠市及所辖5个县（市、区）成功创建为全国民族团结进步示范市、县（区），全市深入贯彻习近平总书记关于加强和改进民族工作的重要思想，常态化开展“传承党的百年光辉史基因、铸牢中华民族共同体意识”主题教育活动，不断增进各族群众“三个离不开”“五个认同”意识，持续开展民族团结进步宣传教育“十进”活动，拓展创新“创建+”模式。全面贯彻党的宗教工作基本方针，坚持我国宗教中国化方向，积极引导宗教与社会主义社会相适应。依法治理宗教事务，健全宗教工作体制机制，提高宗教界自我管理水平，努力建设基层宗教治理模范市。

【社会治理】　2021年，全面推动市域社会试点市工作任务落实。探索创新利通区推行“4431”工作法，实现“村民主村事、村事民做主”。红寺堡区“55124”村级治理模式，被农业农村部确定为20个乡村治理典型案例之一，“135”基层治理模式入选2020中国民生示范工程。青铜峡市建立“阳光学堂”，推动“党建+N”模式，峡口镇谭桥村推行“六个不出村”，实现23年零上访。盐池县探索出“三三五”社会治理的“盐池模式”，县、乡、村三级综治中心全覆盖，县级综治中心内设“四科室一平台”，建立“一中心两平台”，打造集发现问题、信息归集、流转交办、协调联动、研判预警、督促检查、考核评价等功能于一体社会治理平台。同心县开展“一室一品”和“枫桥式公安派出所”创建活动，激活基层治理神经末梢。印发“1+6”基层治理任务清单分工方案，对乡村、社区、宗教、校园、企业、社团“六大治理”任务进行细化。在全市497个行政村落实“四议两公开”等制度，大力推广“55124”村级事务治理模式，加强基层自治组织规范化建设，完善“社区党组织—网格党支部—楼栋党小组”组织体系，构建社区治理“一核多元”架构，将36个社区党组织改设为党委、9个改设为党总支，同步设立129个网格党支部、255个楼栋党小组。推行“一村一法律顾问”制度，大力实施农村“法律明白人”培育工程，累计培养“法律明白人”7万人、骨干2400名。

【精神文明建设】　2021年，吴忠市制定了《吴忠市创建全国文明城市工作规划（2021—2023年）》和年度工作方案，实行“四色”动态管理，推进文明城市共建共治共享。组织开展了“牢记总书记嘱托，深化‘志愿之城’创建”活动，率先出台《关于推进学雷锋志愿服务常态化标准化制度化的实施意见》，加强对志愿者动态管理，持续清理“僵尸”志愿者，志愿服务活动质量明显提升。出台《关于进一步推进移风易俗建设文明乡风的实施方案》，推选移风易俗先进集体27个。评选第三批吴忠市文明市民100人，推荐全国文明校园先进学校5所、自治区文明校园先进学校11所。全市注册志愿者人数30.5万人，占总人口的22.1%，培育志愿服务品牌36个。王兰花荣获全国“七一勋章”和全国道德模范，2人入选第八届全国道德模范提名奖，4人入选“中国好人榜”。发布吴忠市“新时代好少年”20名，1人入选全国“新时代好少年”候选名单。举办“树牢法治观念、守护生命安全”法制安全教育进社区进校园活动75场次。市文明办荣获全国未成年人思想道德建设工作先进单位。

社会建设

【教　育】　至2021年末，全市高等职业教育学校1所，招生2535人，在校生7179人，毕业生1545人；中等职业学校5所，招生3566人，在校生9606人，毕业生2958人；普通高中12所，招生11672人，在校生34057人，毕业生9953人；初级中学51所（其中普通初中36所，九年一贯制学校15所），招生21694人，在校生65769人，毕业生23901人；普通小学267所，招生23032人，在校生132354人，毕业生21723人；特殊教育学校3所，在校生453人；幼儿园277所，在园幼儿48063人。

【医　疗】　截至2021年底，全市有各级各类医疗卫生机构共计943个，其中医院44个，基层医疗卫生机构875个，专业公共卫生机构22个，其他卫生机构2个。医疗卫生机构实有床位6441张，编制床位6914张，其中医院实有床位5498张，公立医院实有床位3364张，乡镇卫生院实有床位733张。卫生技术人员共计9386人，其中执业（助理）医师3400人，注册护士4187人，公共卫生人员892人，全科医师219人。疾病预防控制中心5个，

机关干部下沉社区参与疫情防控

卫生技术人员177人，乡镇卫生院44个，卫生技术人员1294人；妇幼保健机构6个，卫生技术人员503人；卫生监督所5个，卫生技术人员98人。2021年全市常住人口139.2万人，每千人口卫生技术人员6.74人，每千人口编制床位数4.97张，每千人口实有床位数4.63张，每千人口执业（助理）医师2.44人，每千人口公共卫生人员0.64人，每千人口全科医师0.16人。

【社会保障】 2021年，全市企业职工、机关事业单位、城乡居民养老保险、工伤、失业保险参保人数分别达到23.62万人、5.04万人、66.70万人、18.40万人、12.26万人，参保率分别达到104%、103%、102%、105%、113%；市本级参保人数分别达到13.02万人、1.65万人、14.28万人、8.57万人、5.43万人，参保率分别达到106%、102%、101%、110%、130%。2005—2021年，全市企业退休人员养老金实现“十七连涨”，每年涨幅在5%左右，由最初人均月养老金930元增加到2021年的2346元，增长了近3倍；机关事业单位退休人员养老金实现“六连涨”，由最初人均月养老金3907元增加到2021年的5183元；城乡居民基础养老金“六连涨”，由制度实施期的55元增长到目前的210元，增长近4倍。2021年，城乡居民基础养老金标准由2020年的205元增加到210元。企业退休人员人均月调增养老金148元，机关事业单位退休人员人均月调增养老金183元。

【劳动就业】 2021年，全市城镇新增就业11982人，城镇失业人员再就业5952人，就业困难人员实现就业1324人，城镇登记失业率3.28%，远低于自治区4.5%控制目标。农村劳动力转移就业21.72万人，农村转移就业人员参加“铁杆庄稼保”16.55万人。开展企业职工培训、重点群体培训、创业能力培训、新型学徒制培训共计26081人，培育创业实体3550个，全民创业带动就业14689人，创业担保贷款发放4.53亿元。

【城乡一体化】 2021年，全市共实施城乡建设项目186个，累计完成投资56.01亿元。其中，市区实施建设项目29项，年度计划完成投资14.1亿元。金积镇、高沙窝镇、预旺镇及大河乡4个乡镇被列入2021年全区重点小城镇建设项目。利通区上桥镇牛家坊村等13个村庄（其中，利通区上桥镇牛家坊村、东塔寺白寺滩村、高闸镇李桥村，青铜峡市邵岗镇下桥村、邵岗镇沙湖村、叶盛镇五星村，红寺堡区红寺堡镇弘德村、柳泉乡永新村、新庄集乡杨柳村，盐池县花马池镇北塘新村、麻黄山乡李塬畔村，同心县王团镇北村、丁塘镇团结村）被列入美丽村庄建设项目。2021年重点镇实施项目92个，完成投资34.94亿元。美丽村庄实施项目90个，完成投资4.05亿元。全年完成房地产开发投资71.3亿元，比上年增长34.2%。其中，住宅投资56.7亿元，增长50.9%。商品房销售面积152.1万平方米，比上年增加77万平方米；商品住宅待售面积54.1万平方米，增加30.5万平方米。完成22.76万户农村房屋安全隐患排查整治，开工改造危房358户、抗震宜居农房3873户，实施棚户区改造160套，改造老旧街区、背街小巷15条8.5公里。绿化美化美丽村庄60个。创建全国文明村镇14个、自治区文明村镇38个。

文化建设

【概　况】　2021年，全市有市、县文化馆6个，图书馆6个，博物馆9个，美术馆、非遗展示馆各1个，市、县文化馆、图书馆覆盖率达100%。市文化馆、图书馆、青铜峡文化馆图书馆、盐池县文化馆、同心县图书馆等6个馆所达到部颁一级标准。全市建成乡镇（街道）综合文化站47个，“七个一”标准建成集党员教育、宣传文化、教育科技、体育健身、民政卫生为一体的村（社区）综合文化服务中心556个，基本实现村综合文化服务中心全覆盖，各功能室设施完善、文体活动设备齐全，培育农民文化大院127个，打造市级农民文化大院64个，全部实现免费开放。全市有基层乡村文化人才637人，其中乡镇77人，村560人，80%为兼职。指导培育民间文艺团队188个，招募注册文化志愿者2919名。年全市文化系统核发资金8876万元，人均文化资金投入62元，其中乡村基层文化经费1320万元。组织开展吴忠市庆祝建党100周年文化惠民送戏下乡、戏曲进校园、戏曲进乡村文化惠民演出301场次，“滨河百姓大舞台”等广场文化活动115场次。先后举办以“开启新征程、喜迎建党100周年”为主题的2021年“非遗迎新春、欢乐过大年”、春晚、猜灯谜等元旦春节文化惠民活动文化。

【图　书】　截至2021年12月，吴忠市图书馆总藏量1452644册，其中，纸质书刊562644册，电子文献89万册。连续6次被文化和旅游部评为国家一级图书馆，先后荣获全区“三下乡”先进集体、“巾帼文明岗”、吴忠市“先进基层党组织”等荣誉称号。

【旅　游】　截至2021年，吴忠市有世界灌溉工程遗产1处，全国重点文保单位8处，国家级非物质文化遗产3项。文化及相关产业经营单位572家，其中规模以上企业13家，国有文化企业4家。A级旅游景区23家（4A级6家、3A级9家、2A级8家），旅行社（分社、营业部）47家，各类住宿酒店宾馆538家，床位数2.68万个，星级酒店13家（其中四星级4家、三星级9家），星级乡村旅游点52家，旅游商品开发经营企业27家，特色旅游购物店13家，文化娱乐场所282家，文化旅游及相关行业从业人员近5万人。2021年，吴忠市居民人均文化娱乐消费支出586.2元，增速为18.9%，占消费支出的3.1%；接待游客740.4万人次，实现旅游综合收入45.13亿元，同比分别增长45.88%和84.88%，其中A级旅游景区接待游客569.13万人次，营业收入达1.03亿元。

生态文明建设

【概　况】　2021年，吴忠市认真践行“绿水青山就是金山银山”的理念，坚决遏制“两高”项目盲目发展，淘汰落后产能5.15万吨，减少能源消耗6.6万吨标准煤，单位GDP能耗下降21.3%。坚决打好蓝天、碧水、净土保卫战，完成黄河唐滩、古城湾、梅家湾险工段抢险维修。开工建设清水河洪泉沟综合治理工程、红寺堡红柳沟弘佛寺段防洪工程，东片区雨污分流管网、南片区排水管网等城市防洪排涝工程建成投运。扎实开展黄河“四乱”专项整治，27个黄河吴忠段河道清理问题全面整改。全市环境空气优良天数比例达到81.6%，环境空气质量达到国家二级标准，成功入选国家北方地区冬季清洁取暖项目试点城市。全面推行河湖长制，清水沟、南干沟等重点区控断面水质保持在Ⅳ类以上，黄河吴忠段出境断面水质稳定在Ⅱ类。清水沟成功推选入围全国美丽河湖优秀案例，建成苦水河等人工湿地3个，清水沟、南干沟等重点入黄排水沟水质稳定保持在四类及以上，黄河出境叶盛桥断面水质保持在二类及以上。全市危险废物安全处置率达到100%，土壤环境质量安全稳定，耕地保护目标考核连续6年获全区一等奖。大力实施生态修复工程，实施吴忠黄河国家湿地公园湿地保护与修复等项目，加大移民迁出区及罗山国家级自然保护区生态修复力度，完成营造林36.61万亩，退化草原修复10万亩，治理水土流失面积260平方公里，保护修复湿地10.22万亩，森林覆盖率、草原综合植被盖度分别达到18%、54.5%。2家矿山被评为国家级绿色矿山。市区城市建成区人均公园绿地面积21.82平方米，高于全国文明城市测评标准。成功创建国家卫生城市和国家生态文明建设示范市。

【环境质量】 2021年，吴忠市城市环境空气质量有效监测天数365天，按照《环境空气质量标准》评价，达标天数为300天，占比82.2%，其中，轻度污染(三级)44天，中度污染（四级）5天，重度污染（五级）4天，严重污染（六级）12天。根据中国环境监测总站通过的沙尘天气剔除结果，PM_{10}平均浓度为62微克/立方米；$PM_{2.5}$平均浓度为27微克/立方米；二氧化硫年平均浓度为12微克/立方米，同比下降14.3%；二氧化氮年平均浓度为21微克/立方米，同比下降19.2%；一氧化碳特定百分位数浓度为1.0毫克/立方米，同比下降9.1%；臭氧特定百分位数浓度为149微克/立方米，同比上升7.2%。黄河出境叶盛桥断面水质稳定保持Ⅱ类水质，南干沟、清水沟入黄水质达到Ⅳ类及以上水质，金积饮用水水源地地下水监控点位水质保持稳定，消除市辖区黑臭水体。

【造林绿化】 2021年，全市完成造林绿化36.61万亩，其中人工造林16.05万亩，未成林抚育提升及退化林改造17.53万亩，生态经济林3.03万亩，全市森林覆盖率达到18%。完成退化草原生态修复治理面积10万亩。全市草原综合植被盖度达到54.3%。

【节能减排】 2021年，规模以上工业能源消费总量651.2万吨标准煤，比上年增长4.6%。煤炭消费量增长8.3%，占能源消费总量的48.7%，比上年下降0.3个百分点。天然气消费增长16.2%，电力消费增长4.4%，水电、风电、太阳能发电等清洁能源消费量占能源消费总量的25.2%，上升0.8个百分点。全年规模以上工业原煤生产量971.1万吨，比上年增长49.0%；天然气产量2094万立方米，增长14.7%，累计发电量472.8亿千瓦时，增长11.8%。

组织机构及领导人

（2021年1—12月）

中共吴忠市委员会

书　记　沈左权（10月免）
　　　　徐　耀（10月任）
副书记　喜清江（回，8月免）
　　　　王学军（11月任）
　　　　王　伟（11月任）
　　　　王汉武（白，12月任）
常　委　解　峰
　　　　高建博
　　　　李　敏
　　　　王海燕
　　　　潘建宁（11月任）
　　　　丁建成（7月任）
　　　　陈　宏（8月任）
　　　　马洪海（回，4月免）
　　　　张学慧（11月免）
　　　　兰德明（回）
　　　　滑志敏（3月免）
　　　　童伟东（挂职）
　　　　龚雪飞（11月任）
秘书长　邓冀宁
副秘书长　蒋　波
　　　　马　昭（回）
　　　　马　勤
　　　　严兴刚（7月免）
　　　　刘新生（7月任）
　　　　彭　勇（5月任）
　　　　何仲双（5月任）

市委办公室

主　任　邓冀宁
副主任　马　勇（回）
　　　　何仲双（5月免）
　　　　彭　勇（5月免）

吴忠市人大常委会

主　任　沈左权（11月免）
副主任　马　伟（回，12月免）
　　　　郭　祥（12月免）
　　　　马云峰（12月免）
　　　　季文科（12月免）
　　　　郝　明（回，12月免）
　　　　谭兴玲（2月任，11月免）
　　　　王永福（2月任，12月免）
　　　　邓冀宁（2月任）
秘书长　王　金（12月免）
副秘书长　陈　晖

办公室

主　任　荀伏祥
副主任　杜少忠

法制工作委员会

主　任　代良云（7月免）
　　　　刘学芳（11月任）
副主任　胡思斌

财经工作委员会

主　任　康宏翔（回）
副主任　闫宗杰

教育科学文化卫生工作委员会

主　任　马　鑫（回）
副主任　徐海峰

民族宗教外事侨务工作委员会

主　任　金　国（回）
副主任　张丽琴（女）

代表联络与选举工作委员会

主　任　徐广堂
副主任　祁高平

农业与环境资源保护工作委员会

主　任　马晓雄（回）

副主任　徐新福

监察和司法工作委员会

主　任　何生俊（回）

吴忠市人民政府

市　长　喜清江（回，8月免）
　　王学军（12月任）

副市长　张学慧（12月免）
　　童伟东
　　徐　勇（8月免）
　　王天军（12月免）
　　宋海燕（女）
　　章中全
　　戴培吉（11月免）
　　潘建宁（12月任）
　　郑金国（9月任）

秘书长　马国锋（回）

副秘书长　梁　恒（1月免）
　　张炜宁
　　梁吉鸿
　　马成义（7月免）
　　吴文彪（6月免）
　　刘　洪
　　杨　贺（5月任，挂职）
　　马鹏飞（回，6月任）
　　柴　升（6月任）
　　施建晖（8月任）
　　罗　刚（11月任）

政府办公室

主　任　马国锋

副主任　马学海
　　马逢倡
　　罗　刚（11月免）

政协吴忠市委员会

党组书记、主席
　　孙　瑛（女，回，12月免）
　　王天军（12月任）

党组副书记
　　丁建成（回，12月任）

党组副书记、副主席
　　王永福（12月任）
　　陈克安（12月免）

副主席　王海宁（12月任）
　　李焕民（12月免）
　　杨春燕（女，回，12月任）
　　马　骞（回，12月免）
　　王　金（12月任）
　　杨少清（回，12月免）
　　马锐锋（回，12月任）
　　曹玉华（女，12月免）
　　杨玉洲（回，12月任）
　　何本源（回，12月免）
　　蒋耀强（12月任）
　　买晓燕（女，回，12月免）
　　孙亚东（1月任，12月免）

秘书长　马廷云（回，12月任）
　　孙亚东（12月免）

副秘书长　梁　恒
　　陆兴明（1月任，12月免）

办公室

主　任　周兆陟（7月免）
　　袁宗辉（回，7月任）

提案委员会

主　任　马福荣（回，11月免）
　　岳思宏（11月任）

副主任　白少麟（回）

经济委员会

主　任　马　宁（回，5月免）
　　杨玉琳（回，5月任）

副主任　张学良（回，5月免）

教科卫体委员会

主　任　王旭东（回，5月免）
　　周文荣（回，7月任）

社会和法制委员会

主　任　马　朝（回，12月免）
　　陆兴明（12月任）

副主任　马春梅（女，回，7月免）
　　贾永玲（女，7月任）

民族宗教和港澳台侨委员会

主　任　马向林（回）

副主任　杨金保（回）

文化和文史学习委员会

主　任　刘向阳

农业和农村委员会

专职副主任
　　杨玉琳（回5月免）
　　张学良（回，5月任）

中共吴忠市纪律检查委员会
吴忠市监察委员会

书　记　王海燕（女）

副书记　任海涛（7月免）
　　袁宗辉（回，7月免）
　　贺　江
　　王　钧（回，7月任）
　　孙佰柱（11月任）

纪委常委　汪　洋（9月任）
　　黄金兰（女，11月免）
　　姚宝通（回）
　　杨少军（回）
　　孙佰柱（11月免）
　　杨晓升（回，11月任）
　　曹家博

监察委员会

主　任　王海燕（女）

副主任　任海涛（7月免）
　　袁宗辉（回，7月免）
　　贺　江
　　王　钧（回，7月任）
　　孙佰柱（12月任）

委　员　黄金兰（女）

姚宝通（回）
杨少军（回）
杨晓升（回）

吴忠市中级人民法院

院　长　杨子楠
副院长　杨岩刚
陶夏平（女）
马　良（回）
叶建平（7月任）
政治部主任
李　炯
纪检组长　沈云霞（女）
审委会专职委员
项成文
魏　刚

吴忠市人民检察院

检察长　马国武（回，1月免）
张　炜（女，1月任）
副检察长　黄振宁
韩　震
陈国鸿（7月任）
纪检组组长
田培仁（12月免）
马克斌（12月任）
政治部主任
刘志立（9月免）
杜拥军（12月任）
检委会专职委员
张　晶

宁夏民族职业技术学院

党委书记　马维敏（回）
院　长　田振林（11免）
焦玉柱（11月任）
党委副书记
雍学华
副院长　张　力（回）
高建国（11月免）
李奇志
纪委书记　张　峰

市委工作部门

市委组织部

部　长　解　峰
副部长　马廷云（回，4月免）
杨　东（4月任）
高清仓（7月免）
马久麟（回）
毛笑非（9月任）
张　彬（9月任）
部务委员　刘新生（7月任）
毛笑非（9月任）
非公有制经济组织党工委
专职书记　杨　东（4月免）
马久麟（回，4月任）
专职副书记
艾　辉（7月免）

市委宣传部

部　长　高建博
副部长　赵永红（3月免）
李　宁（回，5月任）
施建晖（8月免）
杜　娟（女）
李　兵（7月任）
文明办主任
李　宁
市委讲师团团长
蔡绪林

市委统战部

部　长　兰德明（回，12月免）
丁建成（回，12月任）
副部长　赵志锋
马向东（回）
马光锋（回）
李天奇
王学海（回，7月免）
李　岩（7月任）

市委政法委

书　记　丁建成（回，12任）
副书记　兰德明（回，12月免）
赵永红（5月任）
马　利
杨国林（回，10月免）
贺永彪

市委政研室

主　任　蒋　波
副主任　杨学礼
柴　升（5月免）
赵玉国（回）
吴晓波（7月任）

市网络安全与信息化办公室

主　任　杨志贵（回）
副主任　王卫东
孙雪松

网络安全应急中心

主　任　吴天有

市委编办

主　任　金　荣（回）
副主任　张学才（回）
聂俊峰
陈晓鹏

市直机关工委

书　记　贾玉珍（女，11月免）
马长斌（回，11月任）
副书记　禹晓平（回，7月免）
王友成
龚　伟

市巡察办

主　任　汪　洋（5月免）
副主任　袁　宝（藏族）
巡察专员　吴雪君（女，6月免）
陈志良
马克斌（回，1月任）

市委老干部局

局　长　高清仓（7月免）
严兴刚（7月任）
副局长　马玉福（回）

丁志坚
离退休干部党工委专职副书记
王 争（回）
关心下一代工作委员会办公室
主 任 孙立涛

市政府工作部门

市发改委
主 任 王天珍
副主任 杨 涛（回）
马 坤（回，11月免）
王大鹏（4月任）

市教育局
党组书记 高明举（11月任）
局 长 王守军
副局长 蒯文普
张进存（11月免）
张 琛（女，回）
柳佳伟

市科技局
党组书记 贺永锋
局 长 沙 莉（女，回，12月免）
张 琛（女，回，2月任）
副局长 丁 辉（7月免）
马 迁（回，1月任）
尹 春

市工业和信息化局
局 长 马玉祥（回）
副局长 张克文
李建柱（1月免）
马国兴（回）
马 超（回，7月免）
马希明（7月任）

市公安局
局 长 章中全
政 委 李 亮
副局长 毕顺元（11月免）
王 义（回，11月任）
惠兴文
魏 升（9月任）
拜 杰
刑侦支队支队长
高利宁（11月免）
武耀兵（11月任）
政治部主任
官 雨（1月免）
边有帮（4月任）
交通管理局局长
魏 升（11月免）
马乐天（11月任）

市民政局
局 长 杨桂琴（女）
副局长 赵汝彦（6月免）
马 进（回）
张 坤
杨有凯（回，6月任）
社会组织综合党委书记
陶文明

市司法局
局 长 周少云（回）
副局长 刘学芳（女，11月免）
李东良
马 娟（女，回）
仲裁办主任
赫瑞霖

市财政局
局 长 拜 萍（女，7月免）
赵彦林（7月任）
副局长 马 莲（女，回）
张玉斌
马学斌（回）

市人力资源和社会保障局
局 长 王永福（4月免）
马廷云（回，4月任）
副局长 任立斌
丁建军（回）
马自军（回）
社会保险事业管理中心主任
李 煜
就业创业和人才服务中心主任
张少军（10月免）
刘晓军（回，10月任）

市自然资源局（草原局）
局 长 杨春燕（女，回，5月免）
刘亚凯（回，6月任）
副局长 张东旭
李 波（回）
马保江（回，11月免）
土地储备中心主任
王继军（回）
不动产确权登记中心主任
马梅花（女，回）

市生态环境局
局 长 杨晓明
副局长 严清宁
丁 俊（回，6月免）
杨 瑞（6月任）
马晓明（回）
生态环境保护综合执法支队支队长
马 彪

市住房和城乡建设局
局 长 侯永林（5月免）
宋 喜（5月任，9月免）
张宏志（11月任）
副局长 金岳普（回族）
宋玉珍（女）
张自立

市交通运输局
局 长 闫 浩
副局长 曹柯岩（7月免）
郭 辉（回，4月免）
马金鑫（回，6月任）
王文智
黄执荣
交通战备办公室主任
闫 浩
交通运输综合执法支队支队长
杨金保

市水务局

局　长　苏晓理（回）
副局长　张　敏
　　　　刘　强
　　　　马学海（回）

市农业农村局

局　长　马长贵（回，7月免）
　　　　陈雪松（7月任）
副局长　杨　军（回）
　　　　蒋习忠
　　　　吴学东

市商务和投资促进局

局　长　冯茂璋
副局长　戴生礼（11月免）
　　　　张　磊（回）
　　　　张永忠（回，6月免）
　　　　马勇军（回）
市投资促进服务中心
主　任　周文荣（回，8月免）
　　　　马瑞英（女，回，8月任）
副主任　白　仁

市文化旅游体育广电局

书　记　范　萍（女）
局　长　刘亚凯（回，5月免）
　　　　马丽红（女，回，5月任）
副局长　蒲建平
　　　　马玉磊（回，5月免）
　　　　李海龙
　　　　尚自刚（7月任）
文化市场综合执法队队长
　　　　刘振清（6月免）

市卫生健康委员会

主　任　马锐锋（回）
副主任　董　磊
　　　　马　涛（回）
　　　　何献东（回）
卫生监督所所长
　　　　陈志红
医改办专职副主任
　　　　马　涛（回）

市退役军人事务局

局　长　李汉林（7月免）
　　　　马晓贤（女，回，7月任）
副局长　马占江（回）
　　　　刘学琴（女）

市应急管理局

局　长　杭庆珍（3月免）
　　　　郭　辉（回，3月任）
副局长　朱宏斌
　　　　杨继东（回）
　　　　韩建明
　　　　杨　冕（6月免）
　　　　赵丽亭（女，6月任）

市审计局

局　长　马克林（回）
副局长　李　鹏
　　　　马志明（回）
　　　　孙培军
市经济责任审计工作联席会议办公室主任　蒲建芳（女）

市市场监督管理局

局　长　蒋耀强
副局长　杨学金（回）
　　　　尹训刚
　　　　马国兴（回）
　　　　李　伟

市国有资产监督管理委员会

主　任　王天珍（4月任）
副书记　岳克军
副主任　杨平和
　　　　张克宁（6月任）
　　　　张　旭（6月免）

市统计局

局　长　赖学荣
副局长　王风全（回）
　　　　杨玉平（回）
　　　　顾学军

市金融工作局

局　长　岳立平
副局长　金鹏剑（回，6月免）
　　　　慈小荣（女，5月免）
　　　　虎　岩（挂职）
　　　　马鲜军（回，7月任）

市乡村振兴局

（2021年6月市扶贫办更名为乡村振兴局）
局　长　蒋文军
副局长　浦彦卿（7月免）
　　　　范　钧（6月任）
　　　　马保江（回，11月任）
扶贫开发服务中心
主　任　马长斌（回，6月任，11月免）
副主任　杨文平（6月任）

市信访督办局

局　长　张炜宁
副局长　樊会民
　　　　丁晓军（回）
　　　　马文儒（回）
　　　　方晓敏（女，6月免，挂职）
　　　　张福莲（女，11月任，挂职）

市人民防空办公室

主　任　李　焜
副主任　杜利东（回）

市医保管理局

局　长　马海涛（回）
副局长　吴小玲（女，回）
　　　　吴风芳（女，回，9月免）
医疗保障服务中心主任
　　　　周宪珑

市住房公积金管理中心

主　任　岳思宏（9月免）
　　　　吴风芳（女，回，9月任）
副主任　王殿锁

市审批服务管理局

局　长　刘宗礼（回）
　　　　马晓波（回，7月任）
副局长　张　翔
　　　　杨志巍（回）
　　　　夏文华

市政务服务中心

主　任　卢占周（7月免）
　　　　马成义（回，7月任）
副主任　马惠群（女，回）
　　　　王玉成
　　　　李元生

市城市管理局

党组书记　马建忠（回，11月免）
　　　　兰　林（11月任）
局　长　杨玉洲（回）
副局长　兰　林（回，8月任，11月免）
　　　　武耀军
　　　　吴兴耀

市粮食和物资储备局

局　长　马晓波（回，7月免）
　　　　卢占周（7月任）
副局长　石少华（6月免）
　　　　康　峰（回，6月任）
　　　　姬　锐
　　　　蒋洪海

民主党派

民革吴忠市委会

主　委　杨红英（女，7月任）
副主委　贺　怡（女，7月任）
　　　　边　卡（7月任）
　　　　张　琛（女，回，7月任）

民盟吴忠市委会

主　委　李焕民（7月免）
　　　　吴斌辛（7月任）
副主委　张志军（7月免）
　　　　李　渊（7月任）
　　　　关秀林（女，7月任）
　　　　杨　莹（女，7月任）

民建吴忠市委会

主　委　杨松涛（7月免）
　　　　马春梅（女，回，7月任）
副主委　贾永玲（女，7月免）
　　　　牛华平（回，7月任）
　　　　鲍菊艳（7月任）
　　　　何坤平（回，7月任）

民进吴忠市委会

主　委　杨玉洲（回）
副主委　汪　晓（驻会）
　　　　刘　敏（7月免）
　　　　张福莲（女，7月任）

农工党吴忠市委会

主　委　杨爱琴（女，回，7月任）
副主委　强建新（7月任）
　　　　尚自刚（7月任）
　　　　马春梅（女，回，7月任）

九三学社吴忠市委会

主　委　买晓燕（女，回，免）
　　　　杨　灵（7月任）
副主委　王自成（7月免）
　　　　牛金云（7月任）
　　　　梁　静（女，7月任）
　　　　贺明辉（7月任）

群众团体

市总工会

主　席　陈克安
副主席　彭　健（回，4月免）
　　　　杭庆珍（女，4月任）
　　　　徐经生
　　　　杨爱萍（女，回）
　　　　姚建祥（挂职）
　　　　范学东（兼职）
　　　　米恩强（兼职）
经审会主任
　　　　丁立群（回，5月免）
　　　　曹柯岩（7月任）

共青团吴忠市委员会

书　记　马志峰（回，7月免）
　　　　张　媛（女，7月任）
副书记　周　静（女）

市妇女联合会

主　席　马晓红（女，回）
副主席　梁丽霞（女，12月免）
　　　　王丽琴（女，回，12月任）
　　　　王　洁（女）

市科学技术协会

主　席　范　萍（女）
副主席　田淑娟（女）
　　　　谢彦林

市文学艺术界联合会

主　席　马　娟（女，回）
副主席　雷金万
　　　　张月琴（女）

市工商业联合会

党组书记　马向东（回）
主　席　边　卡（2月任）
副主席　李　岩（7月免）
　　　　倪秉武（7月任）

市残疾人联合会

理事长　傅合春
副理事长　茹建军
　　　　马克忠（回）

市伊斯兰教协会

会　长　马　骞（回）
副会长　马建平（回）
　　　　马建余（回）

市红十字会

会　长　徐　勇
常务副会长
　　　　吴秀红（女）
秘书长　马春录

市委、市政府派出机构、直属事业单位

太阳山开发区

党工委书记
王天军
管委会主任
王海宁（4月免）
马千里（6月任）
党工委副书记
刘伟泽
管委会副主任
杨继山（回）
张怀力（5月任）
闫静秋（11月任）
刘军强（11月任）
杜志学（5月任，挂职）
纪工委书记
杨根枝（7月免）

吴忠金积工业园区

党工委书记
宋海燕（女，8月免）
李玉山（回，8月任）
党工委副书记、管委会主任
马学峰（回）
党工委副书记
马鹏飞（回，6月免）
金　淼（女，回，7月任）
党工委委员、纪工委书记
袁　波（8月免）
何凤奎（回，11月任）
党工委委员、管委会副主任
刘炳枢（回）
彭　刚（5月任）
马铁斌（回，8月任）
张　辉（5月任，挂职）
景　龙（11月任）
马长军（回，4月任，7免）

青铜峡工业园区

管委会主任
马　波（回，9月免）
马　坤（回，10月任）
党工委副书记
陆　杰
管委会副主任
施原晓
庞志文
邢佳语（女，5月任，挂职）
朱志刚（11月任）
康　凯（回，11月任）
纪工委书记
何凤奎（回，10月免）

吴忠国家农业科技园区（孙家滩管委会）

党工委书记
周　涛
主　任　杨彦炜（回）
副主任　马玉忠（回）
王晓明（8月免）
马　军（回）
刘天军（8月任）

市委党校

校　长　解　峰
副校长　杨存葆（回，11月免）
高建国（9月任）
高明举（11月免）
沙力斌（回）
谢　燕（女）

市档案馆

馆　长　周　耘（女，回，5月免）
马　昭（回，5月任）
副馆长　马学才（回）
方晓敏（女）

市委党史和地方志研究室

主　任　胡建东
副主任　徐建忠（12月免）

市新闻传媒中心

主　任（吴忠日报社社长、吴忠广播电视台台长）
魏建荣
副主任（总编辑、吴忠日报社副社长、吴忠广播电视台副台长）
周文杰（回）
副主任、副总编辑
郭占银
张　玮（女）
马林家（10月免）
马宏萍（女，回，10月任）

青铜峡库区湿地保护建设管理局

局　长　赵金峰（8月免）
马志峰（回，8月任）
副局长　马建明（回）
闫　磊
李辉民（回）

县（市、区）

·利通区·

中共利通区委员会

书　记　周　涛（8月免）
陈　宏（8月任）
副书记　李玉山（回，7月免）
宋　喜（11月任）
马　泰（7月任）
常　委　周忠德（回，11月免）
钱晓明
李　宁（回，5月免）
温丽娟（女）
兰　林（回，7月免）
马长军（回）
金　淼（女，回，7月免）
王贻宁（5月任）
马　迁（5月任）
赵彦林（7月免）

王学海（7月任）
郭志强（7月任）
宗立冬（7月免）
马铁斌（7月任）

利通区人大常委会

主　任　陈　宇（回，11月免）
赵金峰（11月任）
副主任　马金鹏（女，回，11月免）
陈　勇（11月任）
闵　波（11月免）
李　渊（11月任）
张志军（11月免）
张庆华（11月任）
郭建成（11月免）
马学军（11月任）

利通区人民政府

区　长　李玉山（回，7月免）
宋　喜（11月任）
副区长　赵彦林（7月免）
卓恺浩（挂职）
马　迁（5月任）
马长军（回）
杨晓娟（女，5月任）
杨有凯（回，5月免）
邵天平（7月任）
赵丽亭（女，5月免）
郭春晖（7月任）
官　雨

政协利通区委员会

主　席　赵　峰（11月免）
周忠德（11月任）
副主席　李娟清（女，11月免）
杨红梅（11月任）
何振贵（回，11月免）
马金良（11月任）
杨学武（回，11月免）
徐建军（11月任）

利通区纪委监委

纪委书记（监委主任）
郭志强

利通区人民法院

院　长　郭　勤

利通区人民检察院

检察长　郭生鹏

·红寺堡区·

中共红寺堡区委员会

书　记　丁建成（回，12月免）
副书记　王忠强（2月任）
宋　喜（4月免）
周永根（4月免，挂职）
杨文福（回，6月任）
常　委　李海龙（回，5月免）
陈雪松（7月免）
高长祯
赖有为（5月免，挂职）
马金鑫（回，5月免）
马青松（回）
苏达志（回，9月免）
张瑞峰
徐明勇（4月任）
张宏志（5月任，11月免）
慈小荣（女，5月任）
马杰君（回，5月任）
赵　军（7月任）

红寺堡区人大常委会

主　任　和永奎（10月免）
苏达志（回，10月任）
副主任　关保智
杨进才（回，10月免）
王葆青（女，7月免）
伍洪亮（回）
马锦花（女，回，7月任）
王　琳（10月任）

红寺堡区人民政府

区　长　王忠强（10月任）
副区长　张宏志（5月任，11月免）
赖有为（5月免，挂职）
尚自刚（7月免）
张致强（7月免）
王　亮（11月免，挂职）
杨　平（回）
谢二亮（6月任）
张保岐（6月免）
卢　山（7月任，挂职）
杨金花（女，回，7月任）
杨根枝（7月任）
徐明勇（10月任，兼）
赵薛刚（12月任，挂职）

政协红寺堡区委员会

主　席　蔺保飞（10月免）
张致强（10月任）
副主席　买廷东（回）
宋立忠（10月免）
杨金花（女，回，7月免）
浦彦卿（7月任）
马春梅（女，回，7月任）

红寺堡区纪委监委

纪委书记（监委主任）
张瑞峰

红寺堡区人民法院

院　长　刘建宁

红寺堡区人民检察院

检察长　叶建平（7月免）
杨洪霞（女，回，7月任）

·青铜峡市·

中共青铜峡市委员会

书　记　张自力
副书记　金永灵（回，2月免）
文学智（回，2月任）
王照陆（回）
常　委　张自力
金永灵（回，2月免）
文学智（回，2月任）

王照陆（回）
马晓贤（女,回,7月免）
杨文福（回，5月免）
张克宁（6月免）
苏　忠（回）
徐怀俊
杨天寿（9月免）
马　波（回，7月免）
梁维军（7月免）
吴文彪（5月任）
金鹏剑（回，5月任）
罗志成（5月任）
吴雪君（女，7月任）
胡兴成（7月任）
牛俊刚（7月任）

青铜峡市人大常委会

主　任　姬文泽（11月免）
丁　辉（11月任）
副主任　撒贵清（回，11月免）
宋建宁（11月免）
马淑玲（女，回，11月免）
李卫东（11月免）
王葆青（女，7月任）
汪　晓（7月任）
杨秀梅（女，11月任）
肖敬元（11月任）

青铜峡市人民政府

市　长　金永灵（回，2月免）
文学智（回，2月任）
副市长　代兴科（11月免）
尹保江（7月免）
张克宁（5月免）
贺　怡（女）
吴文彪（5月任）
马希明（回，7月免）
胡兴成（7月任）
马　超（回，7月任）
袁保峰（回，7月任）
王　成（11月任）

政协青铜峡市委员会

主　席　宋　丽（女）
副主席　李玉梅（女，回，11月免）
史　君（11月免）
袁　浩（11月免）
于建华（11月任）
马文俊（回，11月任）
关秀林（女，11月任）

青铜峡市纪委监委

纪委书记（监委主任）
马晓贤（女，回族，7月免）
吴雪君（女，7月任）
纪委副书记（监委副主任）
袁续兵
舒学忠（3月任）

青铜峡市人民法院

书记、院长
罗生明（7月免）
王宏强（7月任）

青铜峡市人民检察院

党组书记、检察长
高锦阔

·盐池县·

中国共产党盐池县委员会

书　记　龚雪飞（3月任）
滑志敏（3月免）
副书记　王海宁（4月任）
禹小平（7月任）
施选峰（9月免）
常　委　明智安
马学荣（回）
张　飞
刘永辉（4月任）
张　旭（回，5月任）
丁立群（回，5月任）
艾　辉（5月任）
王生彦（7月任）
邱永丰（7月任，挂职）
郑慧玲（女，7月任）
马丽红（女,回,5月免）
孙佰柱（5月免）
马瑞英（女,回,7月免）
尹益龙（9月免）
拜　杰（1月免）

盐池县人大常委会

主　任　吴　科
副主任　强永海（回，10月免）
蒋　刚（10月任）
曹　军（1月任）
陈有强（10月任）
温锦梅（女，10月任）
官秀敏（女，10月免）
刘宝清（10月免）

盐池县人民政府

县　长　龚雪飞（4月免）
王海宁（4月任）
副县长　刘永辉
李国强（回）
薛　双（1月任）
郑　参（5月任）
鲍菊艳（女，10月任）
李奉恒（5月免）
张　晨（11月免）
边　卡（1月免）

政协盐池县委员会

主　席　贺满文（10月免）
张　晨（10月任）
副主席　范海荣（女，11月任）
张立泽（10月任）
王振学（10月任）
吴斌辛（10月免）
蒋　刚（10月免）

盐池县纪委监委

纪委书记（监委主任）
孙佰柱（5月免）
丁立群（回，5月任）

盐池县人民法院

院　长　陈国鸿（8月免）

胡　超（8月任）

盐池县人民检察院

检察长　孙德荣

·同心县·

中共同心县委员会

书　记　马洪海（回，4月免）
王　伟（4月任，12月免）
王汉武（白族，12月任）

常　委　张　炜（4月免，挂职）
洪建群（7月免）
薄怀涛（7月免，挂职）
王　钧（回，7月免）
张　媛（女，7月免）
郑永璘（4月免，挂职）
马千里（回，6月免）
陈治明（7月免）
张宏志（5月免）
王新刚（回）
陈　华
王学华
马玉磊（回，5月任）
杨　冕（5月任）
王晓辉（6月任）
马　涛（回，7月任）
刘　艳（女，7月任）
年生杰（7月任）
王义伟（7月任，挂职）
谢长征（7月任，挂职）

同心县人大常委会

主　任　王自成（10月免）
洪建群（10月任）

副主任　周启诚（回，10月免）
陈宁雅（女，回，10月免）
杨　森（回，10月免）
倪秉武（10月免）
田梅音（女，10月任）
马宗新（回，10月任）
马立军（回，10月任）
郭吉龙（10月任）

同心县人民政府

县　长　丁　炜（4月免）
杨春燕（女，回，4月任）

副县长　马千里（回，6月免）
马玉磊（回，5月任）
郑永璘（4月免，挂职）
薄怀涛（7月免，挂职）
康　峰（回，5月免）
马俊文（回，10月免）
杨晓娟（女，5月免）
王义伟（7月任，挂职）
谢长征（7月任，挂职）
宋继忠
关景文（8月免）
袁　波（8月任）
王新海（回，5月任）
杨国林（回，10月任）

政协同心县委员会

主　席　马俊文（回，10月任）

副主席　田梅音（女，7月免）
王建云（10月任）
马宗新（回，10月免）
马成海（回，10月任）
徐莉芳（女，10月任）

同心县纪委监委

纪委书记（监委主任）
王　钧（回）

同心县人民法院

院　长　母连山（回，5月免）
孙玉梅（女，5月任）

同心县人民检察院

检察长　马万清（回）

区属驻吴单位（企业）

吴忠市气象局

局　长　张玉兰（女）

副局长　赵光星

纪检组组长
郝学琴（女）

副局长　杨海山（4月任）

吴忠市税务局

局　长　唐　睿

副局长　崔　健
谭仲昆
马　勇（回）

纪检组长　张西军（1月任）

总会计师　王　海

总经济师　李竹林

国家统计局吴忠调查队

队　长　陈生龙

副队长　马建华
杨培宏
陈志德（回）

吴忠市邮政管理局

局　长　王文智

副局长　武立军（满）

中国人民银行吴忠市中心支行

行　长　徐　涛（女，1月免）
强起宏（1月任）

副行长　赵　明
丁劲光（回）
龚建文

吴忠银保监分局

局　长　段志国

副局长　李清祥
张　森
温军民（10月任）
李　莉（女，10月任）

纪委书记　崔家畊

中国邮政吴忠分公司

总经理　许学兵

副总经理　杨永森
王有生（回）

中国电信吴忠分公司

总经理　李金荣

纪委书记　赵文锋

副总经理　哈建宁（回，11月免）
李庆林

薛光明（9月任）

中国移动吴忠分公司

总经理　安　红（女，12月免）

蒯　辉（12月任）

副总经理　杨　龙（3月免）

张雪松（2月免）

张黎军

马　宁

张　星（2月任）

纪检书记　尹文君（女，6月任）

中国联通吴忠分公司

总经理　孙永辉

副总经理　曹向明

杨　龙

赵佳琪（满）

王冰松（8月免）

马洪涛（4月免）

铁塔公司

总经理　闫永涛

副总经理　周保宁

吕学文

吴忠市烟草专卖局（公司）

局长、经理

张元锁

副局长　王　伟

副经理　高　明

纪检组长　方小兵

国网吴忠供电公司

总经理　张　强

副总经理　李学军（1月任）

张海滨（1月免）

梁海涛

康　志（1月免）

郭文东（1月任）

袁和刚（2月任）

王　杰（2月免）

总会计师　叶建东

纪委书记　丁良金

秦汉渠管理处

书　记　侯树增

处　长　王瑞斌（4月免）

周小生（5月任）

副处长　苏　林（回）

马忠明（回）

黄旭阳

纪委书记　訾跃华

盐环定扬水管理处

书　记　柳钧正

处　长　陶　东（4月免）

管文斌（4月任）

副处长　杨永春（5月免）

郝瑞甫（4月免）

郝晓明（回，5月免）

杨　存（5月任）

曹　君

纪委书记　宋卫世

吴忠市道路运输管理局

局　长　杨文锋

书　记　牟俊杰

副局长　周广楠

杨金保

宁夏公路管理局吴忠分局

局　长　孙顺义

副局长　柳长安

纪委书记　李文平

中盐宁夏盐业有限公司吴忠分公司

总经理　杨开本

书　记　胡建平

副总经理　张　勇

中国石油宁夏销售公司吴忠分公司

书　记　哈彦斌（回）

总经理　周立郡

宁夏广播电视网络有限公司吴忠分公司

总经理　王国平

金融机构

中国农业发展银行吴忠市分行

行　长　赵正宏

副行长　马玉红（女，回）

薛建勋

中国工商银行吴忠市支行

行　长　古银虎（回）

纪委书记　卢连生

副行长　田宁燕（女，8月免）

折　鹏

田　兴（4月任）

中国农业银行吴忠分行

行　长　崔　兴

纪委书记　马小红（女，回）

副行长　赵晓星

任　飞

中国银行吴忠市分行

行　长　罗立刚（4月任）

纪委书记　张荣辉

副行长　罗立刚（4月免）

胡　云（女）

刘美军（女，蒙古，2月免）

李秀娟（女，7月任）

中国建设银行吴忠分行

行　长　白根峰（4月免）

李　怡（4月任）

纪检组长　田　静（女）

副行长　王志新

李　伟

赵　静（女）

中国邮政储蓄银行吴忠市分行

行　长　蒯　晖（3月免）

王　昶（3月任）

副行长　吴海燕（女，8月免）

卢汉斌

马志福（回）

彭学礼（8月任）

宁夏银行吴忠分行

行　长　叶　木（3月免）

郭海龙（3月任）

副行长　李志先（9月免）

常会新（9月任）

纪检员　李　军（3月任）

吴忠农村商业银行

董事长、行长

　　宋　磊（6月任）

监事长　马洪涛（回）

纪委书记　董宁庆

副行长　马泽平（回，6月免）

　　蔡少斌

　　吴　青（6月任）

　　张　辉（6月任）

滨河村镇银行

行　长　王建国

监事长　伍　桐（女，11月任）

副行长　伍　桐（女，9月免）

　　李芳玲（女，1月任）

石嘴山银行股份有限公司吴忠分行

行　长　赵锦丰

副行长　杨　洁（女）

中国人民财产保险股份有限公司吴忠中心支公司

总经理　郭　启

中国人寿保险股份有限公司吴忠中心支公司

经　理　周学东

中国平安人寿保险公司吴忠中心支公司

经　理　聂彦声

中国平安财产保险公司吴忠中心支公司

经　理　常志杰

中国共产党吴忠市委员会

·综　述·

【概　况】　2021年，吴忠市委坚持以习近平新时代中国特色社会主义思想为指导，深入贯彻习近平总书记视察宁夏重要讲话精神，坚定不移落实党中央和自治区党委决策部署，坚持稳中求进工作总基调，统筹推进疫情防控和经济社会发展，坚决守好“三条生命线”，持续做好调转增融“四篇文章”，高质量发展迈出新步伐，先行区建设取得新成效，实现了“十四五”良好开局。全年地区生产总值增长8.3%，一般公共预算收入增长5.2%，城乡居民人均可支配收入分别增长7.8%、9.8%。

【政治建设】　2021年，吴忠市委坚持把政治建设摆在首位，深刻领悟“两个确立”的决定性意义，不断增强“四个意识”、坚定“四个自信”、做到“两个维护”。坚持常委会第一议题制度，对习近平总书记发表的重要讲话、作出的重要指示批示，及时传达学习，认真研究落实。坚持和加强党的全面领导，专题听取市人大常委会、政府、政协、中级人民法院、人民检察院党组和9个群团党组汇报，召开“深化作风建设”专题民主生活会，严格落实请示报告制度，党中央和自治区党委巡视、督察（查）反馈问题全部整改到位，党中央和自治区党委部署有效贯彻、政令畅通无阻。开展党史学习教育，庆祝建党100周年，进一步增强广大党员干部群众坚定不移听党话、矢志不渝跟党走的信心和决心。

【发展经济】　2021年，吴忠市委深化供给侧结构性改革，扎实做好调转增融“四篇文章”，推动农业提档增效、工业提质扩量、服务业提速升级。开工建设重点项目568个，完成投资317.9亿元。大力发展“9+1”重点特色产业，加快构建以清洁能源、装备制造等为主的产业体系，绿色食品、新型材料等4个板块产值突破百亿元，规上工业增加值增长7.1%左右。滩羊、酿酒葡萄、黄花菜等特色产业规模品质稳步提升，奶产业综合产值达到240亿元，农业增长6.2%。文化旅游产业融合发展，“游在宁夏·吃在吴忠”和“早茶文化”影响力不断扩大，电子商务、现代物流等现代服务业稳步发展，服务业增长7.4%。利青一体、盐同红集中连片区建设步伐加快，金积经济发达镇建设成效明显。加快推进乡村振兴，持续抓好乡村建设行动，建成美丽小城镇、美丽村庄示范点39个，自治区深入实施“四大提升行动”，全面促进乡村振兴现场会在吴忠市召开。强化改革创新增动能，“四权”改革稳步推进，落实水权交易7742万立方米，跨省域土地交易指标8.6万亩，山林权抵押贷款16.3亿元。基层整合审批执法服务力量等改革经验在全区推广。新增国家级高新技术企业11家、自治区“专精特新”

中小企业 30 家、示范企业 13 家。

【生态保护】 2021 年，吴忠市委深入推进“五区”建设，按照“四保”“四禁”“四减”要求，持续打好蓝天、碧水、净土保卫战，完成大气污染重点治理项目 24 个，环境空气质量优良天数比例达到 80.6%，成功入选国家北方地区冬季清洁取暖试点城市。严格落实河（湖）长制，城市黑臭水体全面消除，黄河干流吴忠段水质稳定保持Ⅱ类进Ⅱ类出。全市危险废物安全处置率达到 100%，土壤环境质量总体保持稳定。加大移民迁出区及罗山国家级自然保护区生态修复力度，近 10 万亩压砂作物全部退出修复，完成营造林 36.6 万亩，保护修复湿地 11 万亩，森林覆盖率达到 18%。持续推进传统产业“四大改造”，淘汰落后产能 5.15 万吨，减少能源消耗 6.6 万吨标准煤，清理整治“僵尸”企业、“散乱污”企业 12 家，2 家企业创建成为自治区级绿色工厂。

【民生事业】 2021 年，吴忠市实施百万移民致富提升行动，聚焦产业、就业、社会融入三件事，加快 96 个重点移民村和红寺堡示范区建设，因地制宜发展特色产业，移民群众增收致富更加稳定、更可持续。实施城乡居民收入提升行动，建成国家级创业孵化示范基地 1 家、自治区级 2 家，培育创业实体 3243 个，新增城镇就业 11961 人，农村劳动力转移就业 21.7 万人，实现劳务收入 33 亿元。实施基础教育质量提升行动，精准落实“双减”政策，全面清理整治学科类校外培训机构，新建幼儿园 14 所、中小学 12 所，改扩建 10 所，义务教育阶段基本消除“大班额”，“数字学校”“在线课堂”实现全覆盖。实施全民健康水平提升行动，建成 13 个医联体、医共体和区市县乡远程医疗服务体系，群众就近享受优质医疗服务更加便捷，顺利通过国家卫生城市复审。科学有序防控疫情，及时阻断疫情扩散蔓延，保护了人民群众生命安全。社会保障提标扩面，城乡居民养老保险参保率巩固在 90% 以上，基本医疗保险参保率达 95% 以上，累计发放低保、特困等补助资金 5 亿元，全国公共服务质量检测吴忠市位列西北地区监测城市第一。文化事业繁荣发展，长城国家文化公园等 10 个项目入选国家“十四五”时期文化保护传承利用工程项目储备库。培育了“兰花芬芳”等一批志愿服务品牌，王兰花被授予“七一勋章”，被评为第八届全国道德模范。

【社会治理】 2021 年，吴忠市委支持市人大及其常委会依法履行职责，《吴忠市关于促进奶产业高质量发展的决定》颁布实施。支持市政协及民主党派积极履行政治协商、民主监督、参政议政职能，提案清单式管理、特约民主监督等工作得到自治区肯定。深入开展民族团结进步创建工作，推动“三个离不开”“五个认同”深入人心、融入日常，中华民族共同体意识持续巩固，顺利通过全国民族团结进步示范市复验。宗教事务治理依法有序，全市宗教领域和顺稳定。扎实推进全国市域社会治理现代化试点，“1+6”基层治理政策体系全面落实。

【党的建设】 2021 年，吴忠市深入学习宣传贯彻党的十九届六中全会精神、习近平总书记“七一”重要讲话精神和视察宁夏重要讲话精神，推动学习走深走心走实，党的创新理论成果在吴忠落地生根。强化党对意识形态工作的领导，加强阵地建设和管理，牢牢掌握意识形态工作领导权、话语权、主动权。大力实施干部政治能力和专业能力提升工程，提拔的干部中三分之一以上来自基层一线，市县乡村换届圆满完成。深入开展“基层党建全面提升年”活动，农村软弱涣散党组织动态清零，模范机关创建不断深化，非公企业和社会组织党建“五强五促”行动持续深化，党建全面进步、全面过硬。全面夯实管党治党政治责任，深入推进工程建设、政府采购等重点领域突出问题和粮食购销领域腐败问题专项整治，全市共处置问题线索 1302 件、立案 274 件 327 人、处分 220 人，采取留置措施 10 人，巩固了反腐败斗争压倒性胜利，党风政风持续向好。

【市委全面深化改革委员会召开第 13 次会议】 2021 年 10 月 12 日，市委书记、市委全面深化改革委员会主任沈左权主持召开第 13 次会议。会议传达学习中央全面深化改革委员会第二十一次会议、自治区党委常委会会议暨全面深化改革委员会第十四次会议精神，听取全市“四权”改革工作、农村产权交易市场多元化服务改革试点工作情况汇报，审议《吴忠市关于深化跨领域跨部门综合执法改革的实施方案》《吴忠市关于强化知识产权保护的若干措施》等文件。市领导王学军、孙瑛、王伟等出席会议。

【五届市委 2021 年第 10 次常委会会议】 2021 年 3 月 18 日，市委书记沈左权主持召开第 10 次常委会会议。会议传达学习习近平总书记在全国脱贫攻坚总结表彰大会、中共中央政治局会议、中共中央政治局第二十八次集体学习、中央党校（国家行政学院）中青年干部培训班开班式、全国两会上的重要讲话精神等，审议《吴忠市关于巩固拓展脱贫攻坚成果同乡村振兴有效衔接的实施意见（送审稿）》。

·组织工作·

【党员队伍】 截至 2021 年末，吴忠市有党员 6.26 万人。其中，农村党员 2.58 万人，占 41.2%；城市社区党员 0.71 万人，占 11.4%。党政机关事业单位党员 1.72 万人，占 27.4%；国有企业党员 0.25 万人，占 4%；非公企业党员 0.44 万人，占 7.1%；社会组织党员 0.04 万人，占 0.62%；离退休党员 0.96 万人，占 15.3%。全市党员中，少数民族党员 2.38 万人，占 38%；女性党员 1.8 万人，占 28.7%；35 岁以下党员 1.24 万人，占 19.8%；60 岁以上党员 1.73 万人，占 27.7%；大学本科及以上学历党员 1.75 万人，占 28%；初中及以下学历党员 2.24 万人，占 35.7%。

【基层党组织建设】 截至 2021 年末，全市有基层党组织 2775 个，其中，党委 168 个、党总支 115 个、支部 2492 个。全市辖 44 个乡镇、497 个行政村中，三星级以上村 391 个，占 78.7%。其中，三星级村 255 个，占 51.3%；四星级村 107 个，占 21.5%；五星级村 29 个，占 5.8%。全市创建农村基层党建示范乡镇 30 个，占 71.4%（不含利通区金星镇、胜利镇 2 个纯辖社区镇），示范村 374 个，占 75%。全市 497 个行政村中，集体经济收入 5 万 ~ 10 万元的村有 13 个，占 2.6%；10 万 ~ 50 万元的村有 336 个，占 67.6%；50 万 ~ 100 万元的村有 91 个，占 18.3%；100 万元以上的村有 57 个，占 11.5%。全市 3 个街道 90 个社区中，五星级社区 37 个、四星级社区 27 个、三星级社区 24 个、二星级及以下社区 2 个。44 家市属国有企业中，设立党委的企业有 2 家，设立党总支的企业有 4 家，设党支部的企业有 34 个。501 所中小学校及幼儿园中，设立党总支的学校 39 所、党支部的学校 122 所，党的组织和党的工作实现全覆盖。宁夏民族职业技术学院成立党总支 4 个、党支部 11 个。全市纳入党建统计的非公企业 653 家，建立党组织 344 个，党组织覆盖率为 89.13%；社会组织 487 家，建立党组织 311 个，党组织覆盖率为 87.06%。选派党建工作指导员 96 名，覆盖未建立党组织的非公企业 71 家、社会组织 64 家，党的工作实现全覆盖。

【党员干部教育】 2021 年，全市组织系统聚焦推动习近平总书记视察宁夏重要讲话精神落实落地，先后举办县处级干部进修班、中青年干部培训班等 6 个主体班，精心组织领导干部改革攻坚能力提升、巩固拓展脱贫攻坚成果同乡村振兴有效衔接等专题培训，387 名市管干部接受政治能力提升轮训。推行原文原著、集中培训、网络课程、“三同”锻炼相结合培训模式，推动 85 名领导干部上台授课，先后线下培训 1285 人、上级调训 390 人、网络施训 7389 人，教育党员干部深学细悟“两个确立”、坚决践行“两个维护”。聚焦“学党史、悟思想、办实事、开新局”目标任务，围绕学习贯彻习近平总书记“七一”重要讲话和党的十九届六中全会精神等内容，推动县处级以上领导干部学习研讨、讲授党课 1296 场次，带动各级专题培训 1.3 万余人次。注重向基层延伸，各级党组织广泛开展“党课开讲啦”“农村大喇叭”“大棚里的微党课”等活动，组织红色体验教学 50 余万人次，分类举办主题宣讲 5600 场次，完成为民服务项目 1087 件。

【领导班子换届】 2021 年，市委组织部全覆盖开展政治素质考察和专项调研，组建专班深入县区摸清底数。坚持系统布局、稳妥推进，采取小批量、多批次方式任免干部 122 人，提拔干部中 48.6% 具有县区党政领导班子成员或乡镇党政正职经历，56 名作风过硬、能扛重活的干部进入县区领导班子，重基层、重实干的导向更加鲜明。坚持严肃纪律、严把关口，制定落实“十严禁”

纪律13条措施，换届风气督察组一线督导，抓实换届人选考察联审前置环节，将资格审核范围扩大到主要社会关系、征求意见扩大到22个部门（单位），各级开展谈心谈话、警示教育、签订承诺书3.8万余人次，切实以最严要求、最实作风保证了换届风清气正、顺利有序、圆满完成。

【年轻干部选育】 2021年，全市组织系统大力提拔使用优秀年轻干部，换届后393名“新鲜血液”进入乡镇领导班子，28名选调生得到提拔重用，乡镇班子成员中35岁以下干部占48.4%，全市“75后”、“80后”干部数量大幅提升。坚持把基层一线作为年轻干部实战历练“主战场”，接续选派110名干部联系服务企业、担任“项目管家”，统筹安排23名干部赴东部发达地区、到自治区厅局和市信访部门挂职，推动政法队伍交流轮岗116人。紧盯专业能力提升，督促市直单位编制业务手册，开展“双测双评”，推行“六种学习形式”，推动年轻干部迅速成为业务骨干、行家里手。全面落实激励担当作为15条意见，督促71个市直部门(单位)聚焦“十四五”规划目标、“9+1”重点产业等，梳理问题516个、任务502项、措施1058条，全面建立推动高质量发展担当作为计划。配套制定“双评议、双讲评、双报告”和“年初建账、年中查账、年底交账”机制，结合干部考察、专班督查推动任务落实。同时，出台激励退出领导岗位干部发挥作用6条措施，29名退出领导岗位干部在政治巡察、重大项目督查督办中贡献力量。

【干部监督管理】 2021年，全市组织系统紧抓政治监督、日常监督，将民主评议纳入选人用人专项检查，预审县区提拔干部1426人次，取消资格16人，扎实开展违规办理、持有因私出国（境）证件和身份证件专项整治，举办个人有关事项报告专题培训14场次，如实报告率94.57%。深入推进公务员队伍建设“三强一高”工程，以全国公务员平时考核联系点为基础，市县联抓、延伸打造36个示范点，先后在全国、全区公务员工作会议上作交流发言，市农业农村局马学峰被评为全国“最美公务员”。

【基层党建工作】 2021年，全市组织系统聚焦乡村振兴，持续深化“一抓两整”示范创建，区市县联动选派872人组成273支工作队，覆盖ABC类村248个、D类村159个，150名县乡领导“一村一案”包抓86个移民村党建提升，10个软弱涣散村全部销号，零星级村降至0.6%。建立村党组织领导、自治组织主导的群众评、评群众机制，广泛开展勤劳致富、美丽庭院、睦邻和谐、崇文重教、遵纪守法、移风易俗“六个先锋”示范引领行动，405个村评选先锋示范户1.8万余户，以党员带动群众，汇聚乡村振兴强大合力。构建社区“联合党委”平战转换机制，深入推进“红色物业”建设行动。制定机关党建与业务深度融合5条措施，22个单位被评为模范机关首批达标单位。持续深化“五强五促”行动，率先在快递行业实现党组织应建尽建，非公企业和社会组织党组织覆盖率分别较上年提高5%。持续深化国企“六化六提升”工程，创建“六有”标准化规范化党支部10个。统筹推进学校“对标争先”、公立医院党委领导下的校长负责制、离退休干部“一完善六强化”等工作机制，宁夏职业技术学院教育系教工党支部创建为首批全国党建工作样板支部。

【党员队伍建设】 2021年，市级组织部门对社区、国企、机关等单位示范培训19期1157人，分肉牛养殖、经营管理等四类培训村书记210人，带动县区累计培训10.5万人次。在44个乡镇、227个村、19个社区择优选拔215名优秀导师与401名乡村干部结对帮带，打造“书记带徒弟工作室”“薪火课堂”等导师实践点109个。实施发展党员“源头工程”，入党申请人增加到5090名，培养入党积极分子3465名，新发展党员1920名。稳步推进农村发展党员违规违纪问题排查，严格落实流动党员定期排查、专人联系、双重管理等机制，党员发展教育管理更严更实。

【人才队伍建设】 2021年，全市组织系统紧扣推动特色产业发展，靶向制订现代农业、企业经营管理等领域柔性引才计划76项，精心举办吴忠籍大学生返乡创业人才交流大会、青年创新创业大赛等活动，柔性引进中国农业大学李胜利等团队108个、专家教授477人，通过产品研发、项目合作等形式，推动解决黄花菜品研发、植物酶解等技术难题100余项。突出企业经营管理、专业技术等五大领域，细化农村实用、高技能等本土人才培养计划99项，选送参加“西部之光”“基层之星”等人才培养项目26人，通过定向委培、点单培训等方式培训各类人才5.2万余人次。鼓励引导人才向基层流动，深入推进基层编制保障和职称制度改革，分领域核定“双定向”职数1049个，开展重点移民村“百名专家基层行”“千名医生下基层”等活动，先后选派1680余名人才到基层支医支教支技。深入114家大型企业开展人才专题调研，摸清“卡脖子”技术难点和高层次人才需求。制订“人才＋重点产业”行动计划，56家企业申报自治区“专精特新”中小企业、技术中心、数字化车间等，划拨100万元支持实施“百万移民致富提升行动”。争取自治区级人才项目6个，实施市级项目33个，投入资金840万元。深化拓展“弘扬爱国奋斗精神、建功立业新时代”活动，大力推荐评选“吴忠英才”、享受政府特殊津贴人员等，吴忠仪表马玉山当选中国工程院院士。

【自身建设】 2021年，市委组织部坚持用党的创新理论武装头脑、推动工作，建立部务会会议重点学、理论学习中心组研讨学、支部“三会一课”系统学、青年理论小组拓展学、党员个人深入学、赴外培训延伸学的“六学联动”机制，开展专题读书班、集中学习研讨、辅导讲座等40余次，搭建“每月一课、讲堂练兵”“双月一考、测验练兵”“每季一评、文稿练兵”“每年一文、调研练兵”“每人一师、帮带练兵”的五项载体，举办“组工讲堂”8期，组织“双测双评”6次，评选五类优秀文稿85篇，部机关干部在《组织人事报》《宁夏党建研究》等刊物刊发文章34篇，在中央和自治区级媒体发表信息152篇，被中组部和自治区党委组织部评为优秀网评75篇。着眼高效运转，按照条块管理原则重新划分干部科室职责，探索完善以工作实绩为量化指标的平时考核方式，持续激发干部活力。组织一科被授予“全国脱贫攻坚先进集体”，部机关被评为“全区脱贫攻坚先进集体”、命名为市级模范机关达标单位，3名同志先后被评为全区“脱贫攻坚先进个人”“扫黑除恶先进个人”“优秀党务工作者”。

·宣传工作·

【概　况】 2021年，吴忠市宣传思想文化战线深入贯彻全国、全区宣传部长会议精神，围绕庆祝中国共产党成立100周年主题主线，自觉对标举旗帜、聚民心、育新人、兴文化、展形象的使命任务，聚焦十大工程，全面统筹推进党的创新理论新思想学习宣传、党史学习教育和全国文明城市创建，围绕“文化吴忠”，推动文化文艺高质量发展，各项工作取得新成效。

【主题宣传】 2021年，全市宣传思想文化战线始终把习近平新时代中国特色社会主义思想和习近平总书记视察宁夏重要讲话精神列为党委（党组）理论学习中心组学习第一议题和常设议题，不断丰富学习形式，持续推进习近平新时代中国特色社会主义思想“七进”和学校“三进”工作，深化“四千万”工程，组建市县乡宣讲队伍72支2043人，打造“兰花芬芳”“董毅说书”“东街大妈”等宣讲品牌34个、市级示范宣讲团队11个，围绕学习贯彻习近平总书记视察宁夏重要讲话精神、党史学习教育、铸牢中华民族共同体意识、学习贯彻党的十九届六中全会精神等主题，组织开展“共产党好，黄河水甜”“算好身边账、感恩共产党、共创新生活”“社会主义是干出来的”等基层宣讲5325场次，受众45.1万余人次。全年征集理论文章112篇。

【党史学习教育】 2021年，全市宣传思想文化战线紧扣“学党史、悟思想、办实事、开新局”主题主线强化组织领导，细化实施方案，扎实推动党史学习教育走深走实，取得实效。市县两级共开展专题学习168场次、交流研讨1900余人次、讲党课1300余场次。结合“四史”宣传教育，深入开展“永远跟党走”群众性主题宣传教育活动，举办“学习先进典型、奋进伟大征程”、“讲百年党史·讲红色故事”巡讲报告会、“童心向党”、“粽情高歌感党恩·牢记嘱托共奋进”社区邻居节等活动，引导社会各界听党话、感党恩、跟党走。坚持以学促干，扎实推动“9+1”重点特色产业、10项行动、十大工程落实落地。认真开展“我为群众办实事”实践活动，市级确定“七个一批”办实事项目66件已全部办结，各地各部门确定办实事1094项，办结1021项。

【建党百年庆祝活动】 2021年，市委宣传部组织策划了“奋斗百年路 启航新征程”“共产党好、黄河水甜”等系列宣传活动，邀请中央、自治区主流媒体开展采风活动23次，在区级以上主流媒体（含网站、客户端）刊发稿件2985篇，推出《党史上的今天》《吴忠红色故事》等融媒体产品382件，新媒体累计转载相关新闻和信息3.8万余篇。持续推进“纪录小康工程”，《盐同红纪事》等专题纪录片在全区引起强烈反响。叫响“黄河明珠、美丽吴忠”“吴忠有‘忠’、一见‘忠’情”等4个外宣品牌，在新华网、光明网、宁夏日报客户端等推出《黑眼湾》《小明读城记之志愿吴忠》等系列融媒体产品123个。举办首届“传承黄河文化、弘扬时代精神”媒体融合创新研讨会，全国150余名专家学者和媒体记者建言献策，助力高质量发展。新华社《吴忠市一场“早茶”爱上一座城》等一批优秀稿件被广泛传播。先后举办“颂歌献给党、奋进新征程”庆祝中国共产党成立100周年文艺晚会、“圆梦百年·奋进吴忠”文艺作品展等活动，创作报告文学《绝不屈服——追忆中共宁夏工委书记、革命烈士崔景岳》等一批文艺作品，文旅部“百年百部”创作计划重点扶持作品话剧《高沙窝脱贫记》在全区巡演421场次，营造了“党的盛典、人民的节日”浓厚氛围。

【文明城市创建】 2021年，制定印发《吴忠市创建全国文明城市工作规划（2021—2023年）》，推进文明城市共建共治共享。印发《关于进一步推进移风易俗建设文明乡风的实施方案》，推选移风易俗先进集体27，评选第三批吴忠市“文明市民”100人，推荐全国文明校园先进学校5所、自治区文明校园先进学校11所。组织开展“牢记总书记嘱托，深化‘志愿之城’创建”活动，率先出台《关于推进学雷锋志愿服务常态化标准化制度化的实施意见》，加强对志愿者动态管理。截至2021年末，全市注册志愿者人数30.5万人，占总人口的22.1%，培育志愿服务品牌36个。大力弘扬时代文明新风，加大先进典型选树力度，年内王兰花荣获“七一勋章”和全国道德模范称号，2人入选第八届全国道德模范提名奖，4人入选“中国好人榜”。加强未成年人思想道德建设，先后组织开展了“扣好人生第一粒扣子”、网上祭英烈等主题实践活动。举办“树牢法治观念、守护生命安全”法制安全教育进社区进校园活动75场次。市文明办荣获全国未成年人思想道德建设工作先进单位称号。

【文化吴忠建设】 2021年，全市宣传思想文化战线持续推进文化惠民工程，开展“非遗迎新春、欢乐过大年”“送戏下乡”等文化惠民演出589场次。贯彻《自治区非物质文化遗产保护条例》，宁夏手抓羊肉制作技艺等16个项目入选国家和自治区非物质文化遗产代表性项目名录。大力推进文化产业发展，围绕黄河文化传承彰显区建设，积极推进黄河、长城、长征三大国家文化公园建设，落地国家三大文化公园项目20个。成功举办了2021大西北吴忠早茶美食文化节、乡村休闲赏花节等系列活动，进一步擦亮“游在宁夏、吃在吴忠”品牌。全年接待游客416.5万人次，收入25.23亿元，同比分别增长62.14%和134.48%。

【文艺精品创作】 2021年，吴忠市文化系统围绕庆祝建党100周年，精心创排文艺作品，话剧《兰花芬芳》、秦腔《焚香记》、实景剧《盐州胡璇》等多部文艺作品获得自治区重点舞台艺术发展推广项目扶持。圆满承办“弘扬中国精神、传承革命传统”暨全区第五届社会主义核心价值观主题微电影(微视频)展评颁奖典礼，先后有10部作品获奖。吴忠市新闻出版局荣获全国新闻出版广播影视系统先进集体称号称号。

【疫情防控宣传】 2021年，全市宣传部门在市级媒体统一开设“统筹推进常态化疫情防控和经济社会发展”“坚决打赢疫情防控阻击战歼灭战”等专题专栏，及时发布全国全区最新疫情防控动态信息，在《吴忠日报》连续推出《疫情尚未结束 切莫放松警惕》吴忠政评11期，教育引导广大群众树牢疫情防控意识。先后召开新闻发布会2次，累计报道新冠肺炎疫情相关稿件3221篇。在市级媒体开设“法在身边”版面，就群众关心的法律法规等问题开展宣传，引导广大群众依法支持配合防疫工作。立足常态化疫情防控，充分发挥抖音、快手、微信公众号等新媒体传播快、覆盖广的优势，利用120余个“乡村大喇叭”、180余辆流动宣传车、460余个城镇居民小区和商业网点等音频播放点，加强针对性疫情防控知识宣传，引导群众落实好戴口罩、勤洗手、少聚集等日常防控措施，形成人人有责、人人担责、人人尽责的群防群控局面。共制作转载新媒体稿件（含短视频）1451条，“直播吴忠”抖音、快手累计浏览量4940余万次。加强精神文明教育，发布“疫情防控、文明同行”、寒衣节文明祭祀等倡议书，发动全市2.8万名志愿者参与到疫情防控一线，发布“弘扬中国精神、讲好战‘疫’故事”微宣讲短视频20期、文艺作品300余件，凝聚强大抗疫力量。

·统战工作·

【概　况】　2021年，吴忠市统战系统坚持以习近平新时代中国特色社会主义思想为指导，全面学习贯彻中央、自治区和市委重要会议精神，以“品牌建设年”为载体，以“圆梦路上·同心同行”主题实践活动为总抓手，守正创新、干在实处、走在前列，奋力推动统战工作开新篇、布新局、出新彩。

【政治建设】　2021年，市委统战部立足新发展阶段面临的形势任务和历史使命，推进统战工作创新发展，市委先后召开8次常委会会议、1次领导小组会议，传达学习汪洋、尤权同志来宁调研讲话、全国全区统战工作会议精神，研究部署统战工作，把统一战线工作落实情况纳入市委年度督查检查计划，推动各级党委（党组）落实《吴忠市推动统战工作“三带头”“四纳入”工作措施》。修订完善市委统战工作领导小组工作规则、小组办公室工作细则，制定成员单位职责清单，不断夯实巩固和完善大统战工作格局制度基础。

【宣传教育工作】　2021年，市委统战部以庆祝中国共产党成立100周年为主线，开展形式多样的教育实践活动，制定《吴忠市加强新时代统一战线成员思想政治引领广泛凝聚共识的工作措施》，巩固新时代统一战线共同思想基础。先后组织开展党史学习教育、党的十九届五中全会精神专题学习，围绕《中国共产党统一战线工作条例》、“传承党的百年光辉史基因、铸牢中华民族共同体意识”等主题研讨12次。强化统战成员教育，在各民主党派、无党派人士、党外知识分子、新的社会阶层人士、非公有制经济人士、宗教界人士持续深化“不忘合作初心、继续携手前进”等主题教育实践活动，指导统战成员开展好中共党史学习教育，组织新媒体人士和新的社会阶层人士举办“凝聚新力量·筑梦新时代”“同心助力成长·共话企业发展”等主题沙龙2期，教育引导广大统战成员学党史、知党情、感党恩、跟党走。强化宣讲教育，在全市开展马克思主义“五观”大宣讲活动，受众人数5.31万人次。结合“传承党的百年光辉史基因铸牢中华民族共同体意识”主题教育活动，开展铸牢中华民族共同体意识宣讲活动，班子成员先后深入机关单位和服务领域开展宣讲辅导30余场次，全市共宣讲202场次。抓好中小学铸牢中华民族共同体意识教育试点工作，全市各中小学开展“开学第一课”1200余场次，受众学生50余万人次。强化理论研究，全年形成理论研究成果28篇、实践创新成果10篇。抓好重点宣传，先后在新华社、《中国民族报》等央媒以及自治区、吴忠市各级各类媒体刊登反映统一战线工作的新闻稿件120余篇（次）。编印《吴忠市民族团结进步工作蓝皮书》2辑。开展“石榴籽”杯民族团结征文评选和微视频评选活动、“铸牢中华民族共同体意识”线上知识竞答活动，参与人数超过2万人次。

【党派工作】　2021年，市委统战部紧盯各民主党派市级组织换届等重大节点，着重在加强党派成员政治引领、引导高质量建言献策和助推党派加强自身建设上下功夫，汇聚同行力量。持续强化参政党建设，指导各民主党派市委会理论学习中心组制订联合学习计划，开展集中学习、专题辅导和政策解读10余场次。积极主动协助各民主党派扎实开展学习教育，印发《支持各民主党派开展中共党史学习教育的实施方案》，教育引导广大成员做到学史明理、学史增信、学史崇德、学史力行。推进精品课题调研，组织调研活动20余次，形成调研报告33篇，反映社情民意信息30件，完成重点调研课题报告8篇。推进金牌建议培育，印发《吴忠市2021年政党协商计划》《提案办理协商办法》等文件，畅通资政建言渠道，自治区两会期间全市各民主党派共提交提案176篇（集体提案69件，个人提案107件），集体提案100%立案，7篇被列为重点提案。支持党派加强组织建设，6个民主党派市委会顺利完成政治交接，7个基层组织成功创建为“星级组织”“示范支部”“活力支部”。落实党外代表人士安排使用政策要求，5个县（市、区）人大、政府、政协领导班子中配备党外干部13人。

【民族工作】 2021年，市委统战部坚持以铸牢中华民族共同体意识为主线，适应新阶段、新理念、新格局的要求，创新工作举措，促进全市平等团结互助和谐的民族关系。在吴忠市利通区乃光湖广场建设铸牢中华民族共同体意识主题教育基地。顺利完成国家民委调研组专题调研全市创建全国民族团结进步示范市复验迎检工作，相关做法和经验得到国家民委调研组充分肯定。深入开展“民族团结进步月”活动，开展中央民族工作会议精神学习宣传贯彻活动等20余项活动，进一步提升“民族团结进步月”活动的影响力和感染力。全面推进民族事务依法治理，制定印发《吴忠市依法治理民族事务促进民族团结的实施意见》，推动全市民族依法治理民族事务职责更加清晰、治理体系更加健全、治理能力明显提升，确保民族事务治理始终在法治轨道上运行。

【宗教工作】 2021年，市委统战部始终坚持我国宗教中国化方向，着眼提高基层宗教治理体系和治理能力、守好维护政治安全生命线，确保全市宗教领域和顺平静、社会和谐稳定。制定出台《关于建设基层宗教治理模范市守好维护政治安全生命线的实施意见》，推动完善基层宗教治理体系、提高治理能力，着力构筑维护政治安全铜墙铁壁。围绕“学党史跟党走”主题教育活动，组织260余名宗教界人士参加“坚持我国宗教中国化方向、践行社会主义核心价值观”演讲比赛、专题讲座等活动，引导宗教界人士始终与党同心同向同行。率先在全区推行宗教活动场所统一建档、统一编号、统一挂牌，规范宗教活动场所名称命名及管理，全市943座依法登记场所圆满完成挂牌工作。

【党外知识分子等工作】 2021年，市委统战部坚持守正创新，注重思路理念转变，统筹推进党外知识分子、民营经济、新的社会阶层人士等各领域工作，不断扩大统战工作影响力。健全全市党外知识分子工作平台，实现了5个县（市、区）和高校知联会全覆盖。健全完善民营经济代表人士新老接续机制，启动吴忠市年轻一代民营企业家“青蓝接力”教育培养计划，开展“送政策进民企”“党史知识进民企”“法律三进”等活动。加强后备人才储备，分类建立完善民主党派代表人士、无党派人士、党外知识分子、新的社会阶层代表人士、非公有制经济代表人士数据库和后备人才库，建立吴忠籍在外民营企业家暨经营管理人才信息库。开展“民营经济人士之家”党建品牌创建活动，在利通区新华社区、青铜峡市侨联、青铜峡市黄河楼社区各建设“侨胞之家”1个。

【自身建设】 2021年，市委统战部以打铁必须自身硬的思想自觉和行动自觉，持续强化自身建设。加强统战机关政治建设，全面落实全面从严治党主体责任和“三会一课”、谈心谈话等制度，深入实施“三强九严”工程，修订完善机关党建工作制度，持续推进“五联系五带头两提升”党建活动品牌，推进机关星级服务型党组织提档升级，部机关党支部成功创建为四星级党支部，部机关创建为“让党中央放心、让人民群众满意”模范机关达标单位。建立党员干部教育新机制，全年召开党员大会4次、支委会12次、党小组学习会议24次，开展主题党日活动12次。

·政策研究·

【概　况】 2021年，市委政研室学习贯彻落实习近平新时代中国特色社会主义思想，围绕自治区党委十二届十一次、十二次、十三次、十四次全会部署要求和市委、市政府中心工作，靠前谋划、主动作为，认真履行改革办、财经办职能，积极发挥参谋辅政、建言献策、调查研究等职责，各项工作有序推进。

【重要文稿起草】 2021年，市委政研室坚持把打造全市文稿服务的标杆作为工作目标，围绕贯彻落实习近平总书记视察宁夏重要讲话精神，中央、自治区重大战略决策部署，起草完成《市委常委会2021年工作要点》《吴忠市2021年全面深化改革工作要点》《中共吴忠市委关于2021年工作情况的报告》等市委工作安排和总结；全程参与中共吴忠市第六次党代会筹备工作，高质量完成《徐耀同志在中共吴忠市第六次党代会上的报告》等重要文稿的写作；牵头制定《吴忠市重点特色产业高质量发展实施方案》《黄河流域生态保护和高质量发展先行区“五个区”建设专项方案》等事关全局的重要政策意见；撰写《争当建设先行区“排头兵” 努力建设现代化美丽新吴忠》《激发奋进力量 努力示范先行》及早茶美食文化节开幕式上的致辞等市委主要领导专访、讲话、理论文章等10余篇，充分发挥了以文辅政作用。

【重大课题调研】 2021年，市委政研室坚持把调查研究作为谋事创业基本功，聚焦经济社会发展重点难点问题开展调研，深入开展调查研究，形成《关于赴三门峡等地考察学习黄河流域生态保护和高质量发展及财经工作情况的报告》《好日子还在后头：红寺堡群众的搬迁致富路》等12篇高质量调研报告，编发《调研与决策》12期，《“项目管家”按下高质量发展快进键》《让幸福在老百姓家门口升级》等文章被市委领导多次批示肯定，《擦亮“吴忠早茶文化”城市新名片》等调研成果被学习强国宁夏平台、宁夏新闻网等媒体采用刊登，为科学决策、民主决策提供了重要参考，有效发挥了服务决策作用。

【深化改革】 2021年，市委政研室着力加强统筹协调、督查督办、改革考核、信息报送、亮点打造、评估问效等工作。重点围绕中央、自治区改革试点和全市重点改革任务制定实施方案，召开4次全面深化改革委员会会议，谋划改革方案，压实工作责任，明确改革时间表、任务书、路线图，市委领导领衔督办，建立督查台账，扎实推进深改任务全面完成。按照自治区安排，将土地权、山林权、用水权、排污权“四权”改革作为建设黄河流域生态保护和高质量发展先行区的突破口，纳入当年重点改革任务，确保改革和发展深度融合、高效联动。年内对各责任单位改革落实情况进行3次督查，下发督查通报2期、工作提醒8期，有效推动了改革任务落实。2021年全市须配合自治区有关厅局完成的166项重点改革任务和市委确定的26项重点改革任务全部完成。

【财经服务】 2021年，市委政研室围绕推动全市经济高质量发展和“十四五”规划重点任务落实，谋划提出2021年财经领域10项重点工作。全面落实党中央重大决策和自治区部署要求，深入开展黄河流域生态保护和高质量发展、数字经济等重点课题调研，形成4篇高质量调研报告，组织协调自治区党委政研室来吴忠市调研文化旅游产业、绿色食品工业工作，发挥了服务市委经济发展决策职能。

【《吴忠工作研究》】 2021年，市委政研室坚持党刊姓党，在提高办刊质量、提高办刊效率、打造精品党刊上下功夫。先后围绕庆祝中国共产党成立100周年、“奋进‘十四五’ 启航新征程”、争当建设黄河流域生态保护和高质量发展先行区排头兵等主题打造专刊，开辟了“美丽新吴忠、奋进‘十四五’”专题访谈、“学习贯彻党的十九届五中全会精神”、“学思践悟”等栏目。共编辑发行《吴忠工作研究》11期，撰写评论员文章11篇，编辑文稿250余篇，为各级干部理论学习、经验交流和对外宣传吴忠提供有效平台。

【队伍建设】 2021年，市委政研室扎实做好模范机关创建工作，荣获吴忠市模范机关创建工作达标单位、吴忠市先进党组织等荣誉称号。坚持把纪律和规矩挺在前面，严格落实主体责任落实责任规定。筹备召开政研室2021年度全面从严治党工作会议，起草完成《政研室2021年度党风廉政建设工作要点》《作风建设情况报告》《市委政研室政治生态建设自查报告》等文稿，明确领导班子全面从严治党主体责任、一把手第一责任和班子成员“一岗双责”责任，细化工作措施63项。修订完善《政研室室务会制度》和《政研室党员效能考核及积分制管理办法》等制度，坚持用制度管人管事。结合模范机关建设，每月开展模范科室评比，树立争先创优的良好氛围，使党员干部争先意识、责任意识、担当意识进一步提高。

·机构编制·

【深化机构改革】 2021年，市委编办全面完成基层整合审批服务执法力量改革，整合乡镇（街道）组织、纪检、宣传、统战、武装、工青妇等职能，组建党建工作办公室，强化乡镇（街道）党（工）委统筹协调职能。优化乡镇机构设置，将县级部门派驻的国土资源所等机构及其人员编制下放，乡镇设置党政机构5个、事业单位4个；街道设置党政机构4个、事业单位3个，统一规范乡镇“五办四中心”职能职责，构建简约高效的乡镇（街道）管理体制。高标准建设乡镇（街道）民生服务中心和村（社区）便民服务站点，梳理规范乡镇（街道）政务服务事项123项，建立“前台综合受理、后台分类审批、统一窗口出件”工作机制，方便企业和群众办事。将县级629名行政事业编制调整为乡镇人员编制，整合民政等部门10类条线辅助人员交由乡镇（街道）统筹管理。依法赋予乡镇（街道）行政职权83项，组建乡镇综合行政执法办公室，实现基层一支队伍管执法。按照“农村50户左右、社区100～300户”的标准，建立乡、村、居民小区三级网格管理体系，推行多网合一。建立县乡“属地管理”事项主体责任和配合责任清单及乡镇(街道)职责准入制度。全市44个乡镇、3个街道共185个事业单位负责人按副科级配备，拓宽事业干部晋升渠道。

【经济发达镇行政管理体制改革】 2021年，市委编办围绕建设“宁夏产城融合示范镇”目标，推动经济发达镇行政管理体制改革，建立经济发达镇产城融合发展工作推进机制，经济发达镇建设的工作重心由理顺体制机制全面转入产城融合发展阶段。制定了《市直部门包抓经济发达镇产城融合2021年重点任务清单》《经济发达镇产城融合2021年重点建设项目清单》。结合推进基层整合审批服务执法力量改革，进一步优化金积镇党政机构和事业单位设置，完善镇与园区管理体制，金积镇党委书记兼任金积工业园区管委会副主任。

【综合执法改革】 2021年，市委编办持续深化市辖区综合执法改革。明确市综合执法监督局统筹全市跨领域跨部门综合执法和6个领域综合行政执法工作，市辖区综合执法局派驻乡镇（街道）综合执法队与乡镇（街道）综合执法办公室实行“两个机构、两个清单、一支队伍”执法体制。对照自治区《跨领域跨部门综合执法事项指导目录》，调整市辖区综合执法局执法事项清单。年内，在同心县开展跨领域跨部门综合执法改革试点，并根据市委实施意见，指导同心县制定改革实施方案，有序推进工作。完善综合执法运行机制，合理划分原业务主管部门与综合执法部门间职责权限，厘清职责边界，逐项细化并制定综合执法事项职责边界清单，强化执法协作配合，健全行政执法与刑事司法衔接机制。

【机构编制配置优化】 2021年，市委编办围绕巩固拓展脱贫攻坚成果同乡村振兴有效衔接的体制机制问题，调整设立市乡村振兴局。根据《中华人民共和国防震减灾法》和《宁夏回族自治区防震减灾条例》有关规定，将市科学技术局（市地震局）承担的利通区防震减灾职责下划给利通区人民政府，在利通区应急管理局加挂利通区地震局牌子。根据自治区有关厅局的职责调整情况，及时研究调整市粮食和物资储备局、医疗保障局及市医保服务中心主要职责。

【事业单位改革】 2021年，市委编办持续精简压缩“大口、大块、大条”部门事业编制规模，收回市档案馆、市不动产确权登记中心等单位事业空编34个。给市教育局、司法局、市人防指挥信息保障中心、吴忠市利通区第二十小学、朝阳小学适度增核编制。给新组建的高铁片区3所学校调剂编制79名；对市本级15所学校在校生和教职工编制配备情况进行调研摸底，争取到自治区教职工周转池编制230名，从各县（市、区）连人带编划转教职工39名。积极破解严控机构编制与保障发展之间的矛盾，研究设立了市电子政务服务中心、吴忠市太阳山开发区生态环境保护综合执法大队，将市戒毒康复中心更名为吴忠市网络信息安全技术服务中心，给市发改委、教育局、司法局、审计局增核领导职数，强化相关领域职责，优化机构编制资源配置。调整市残联内设机构名称，批复设立利通区残联；给红寺堡区、青铜峡市和盐池县红十字会各增核1名专职副监事长（副科级）领导职数。通过“减上补下”，给利通区、红寺堡区乡镇（街道）调剂18名事业编制，进一步充实基层一线工作力量。

【机构编制管理】 2021年，市委编办深入学习《“三定”规定制定和实施办法》《机构编制监督检查工作办法》等配套法规制度，扎实开展机构编制专项检查，对市委政法委等6个部门（单位）开展机构编制工作专项巡察，对五届市委第一至七轮巡察的33个部门（单位）党管机构编制情况、职能职责落实情况和机构编制执行情况开展监督检查，对62个党政部门（单位）机关后勤服务事业编制人员履行岗位职责情况进行摸底，建立在岗人员编制情况统计台账。按期完成第二次机构编制核查，通过与组织、财政、人社等相关部门数据比对，全面核清全市机构编制数量、结构分布和实际配置情况。对市发改委、教育局等31个市政府部门行政职权进行调整，增加行政职权1078项，减少行政职权473项，变更行政职权要素1009项。调整后，市本级政府部门行政职权3242项。

·机关党建·

【概　况】 2021年，市直机关工委坚持以习近平新时代中国特色社会主义思想为指导，持续推进机关党建“三强九严”工程，深入开展党史学习教育，以“基层党建全面提升年”为统揽，建设让党中央放心、让人民群众满意的模范机关。

【模范机关创建】 2021年，开办“模范机关创建书记谈大家说”专题节目。召开市直机关党代表会议，选举产生出席市第六次党代会代表69名。扎实开展党史学习教育，广泛开展“传承党的百年光辉史基因、铸牢中华民族共同体意识”主题教育，基层党组织书记讲党课870余场次，开展“四个重温”430余场次。举办庆祝建党100周年“九个一”系列活动，评选精品党课、优秀演讲作品24部，“学习强国”达人30名。

【疫情防控】 2021年，市直机关工委组织5000余名机关党员干部组建党员先锋队284支，下沉一线同心战“疫”，759人组建26支应急先锋队，支援217个社区采样点完成34万人次核酸检测。

【党建与业务工作】 2021年，市直机关工委培树深化“党旗下的民生服务队”等47个党建品牌，编印《百年辉煌照亮前行之路》画册。建立青年理论学习小组171个，编印《机关党员干部应知应会知识手册》，考测1200余场次，举办青年素质提升大讲堂2期、科级干部专题培训班2期、发展对象培训班2期，发展党员256人。建立党组织书记抓党建“四个清单”，约谈提醒市委巡察发现“两张皮”问题突出的8家单位党组织书记。

【基层党建】 2021年，落实党支部建设“6个规范25个标准”评价体系，建立党委（党组）班子成员党支部联系点211个，100个“智慧党建”基层站点全部投入使用。培育打造机关五星级党组织19个、四星级党组织96个，三星级及以上党组织达68%，打造市直机关党建示范点22个，选树表彰区市、市直机关“两优一先”104个（名），为299名老党员颁发“光荣在党50年”纪念章。建立市直机关82名党务干部信息库，评选年度优秀党务干部38名。先后在六盘山干部学院、盐池县委党校培训党组织书记和党务干部2期184人。出台机关党组织、在职党员“双报到双服务”工作管理办法，5000余名在职党员、干部参与社区和包抓路段环境整治等志愿服务活动2.4万人次。考评验收42个市直文明单位。慰问市直机关生活困难党员、职工等418名，送去慰问金41万余元。

·巡察工作·

【概　况】 2021年，吴忠市委巡察办认真贯彻落实中央、自治区党委关于巡视巡察部署要求，全面贯彻巡视工作方针，与时俱进深化政治巡察，聚焦政治监督重点，在强化组织领导、提升巡察质量、压实整改责任、夯实工作基础等方面持续用力，稳步有序推动巡察工作高质量发展。

【落实主体责任】 2021年，吴忠市委将巡察工作纳入市委常委会2021年工作要点，市委常委会4次研究巡视巡察工作，组织召开市委巡察工作领导小组会议3次，安排部署巡察工作。及时把学习贯彻党的十九届五中全会精神、推动“十四五”规划部署落实、党内法规的学习贯彻执行等列入巡察监督重点内容强化靶向施策。把持续推动巡察专项检查和指导督导反馈问题整改作为市委巡察工作规范化建设的重要抓手，对标对表自治区有关制度，对13项制度、30余项具体条款进行补充更新完善，进一步细化工作流程，强化对巡察干部的内部监督管理，提升制度执行力。及时了解掌握县（市、区）党委巡察工作全面情况，指导督导县（市、区）高质量完成全覆盖任务，为本届市县党委巡察工作收好官、下届市县党委巡察工作开好局奠定基础。

【政治巡察】 2021年，五届市委启动第十一轮巡察工作，派出3个巡察组，采取“一托二”模式对市委政法委等6家单位，综合运用“12+N”种巡察方式，发出立行立改通知书6份。巡察期间，市委第一巡察组与自治区党委第二巡视组围绕巡视巡察政法系统开展上下联动5次。圆满完成五届市委对76家市直部门（单位）的巡察全覆盖任务。年内，结合工程建设政府采购领域突出问题专项治理工作，组建2个巡察组，对市教育局党组、市生态环境局党组、市水务局党组等6家单位开展巡察“回头看”。重点围绕问题整改、责任落实、成果运用和工程建设政府采购领域突出问题专项治理工作进展等方面，开展巡察监督。

【涉粮问题专项巡察】 2021年，市委巡察办按照自治区涉粮问题专项巡视巡察工作统一安排部署，授权专项交叉巡察组，紧扣粮食系统职能职责，对吴忠市粮食和物资储备局及吴忠市益谷粮食购销公司和所属粮库，各县（市、区）落实粮食安全主体责任情况开展专项巡察。深入了解被巡察党组织贯彻落实党中央关于粮食安全决策部署情况，发现粮食收购、销售、储存等环节存在问题，查找粮食购销领域的腐败问题和不正之风。

【巡察整改工作】 2021年，市委巡察办狠抓巡察整改落实，促进监督、整改、治理一体推进。市委巡察工作领导小组会议先后听取第十轮、第十一轮被巡察单位巡察整改情况汇报。分批次对五届市委第九轮、第十轮巡察反馈的247个问题整改落实情况进行集中督查，推动问题真改、实改、改彻底。坚持把巡察整改工作的成效体现在推动工作发展的成效上，把巡察整改与年度考核、党风廉政建设和反腐败工作责任制检查等工作有机结合。

【自身建设】 2021年，市委巡察办坚持以党建促巡察，紧密联系巡察工作实际，打造“利剑铸魂·巡察先锋”党建品牌。加强市县巡察干部队伍建设，市县两级巡察机构通过招录、选调等方式补充建强专职巡察干部队伍。按照“模块化配备、动态化管理”要求，动态调整新提拔处级领导、优秀科级后备干部及时入库。年内，通过组内推荐、巡察办集体讨论等推荐表彰年度优秀巡察干部14名。落实《吴忠市委巡察组作风纪律后评估办法（试行）》，加强抽调人员管理监督，确保巡察工作规范有序开展。持续提升巡察工作信息化建设水平，根据工作需要，为巡察组增加配备12台手提电脑、6台台式电脑及信访手机、碎纸机等必备办公设备。

·老干部工作·

【概　况】 截至2021年末，吴忠市有离退休干部14128名，其中离休干部110名、退休干部14018名。市委老干部局管理市区离退休干部3645人，有离休干部46名，有退休厅级干部50名、退休处级干部428名、退休科级及以下干部3121人。2021年，市委老干部局将市老年大学（老干部服务中心）、关工委、延安精神研究会、老科协、老年体协、老年书画协会、老年太极拳协会、老年门球协会、老年文史学会、棋牌协会及乒乓球协会11个涉老组织和社团全部整合在老干部局院内办公。成立了市离退休干部工作领导小组，理顺了离退休干部党支部的审批，规范了离退休干部党员党组织关系接转，建立了日常工作检查考核和评价制度。

【党建工作】 2021年，全市有离退休干部党组织154个，其中市直机关建立33个，实现了组织和工作有效覆盖。在老党员异地

2021 年 6 月，市委老干部局举行“光荣在党 50 年”纪念章颁发仪式

居住相对集中的海南、银川建立了“地缘型”党支部，在涉老协会、学习活动场地、社团组织中建立了 9 个“业缘型、趣缘型”党支部，覆盖党员人数 300 余名。年内，在全市开展“离退休干部党支部示范点”创建活动，市检察院、市农业农村局、市教育局等单位的 30 个“离退休干部党支部党建示范点”，做到了“样板可示范、模式可复制、经验可推广、相互可激励”。开展了区、市、县三级示范点结对共建工作，实现了互促共进的预期效果。按照全面从严治党的要求，从完善和落实制度入手，先后完善党支部“三会一课”纪实管理、支部书记每季度工作例会等 16 项制度。每个支部选配了 1 ~ 2 名在职党员担任支部副书记或委员，全面落实支部书记和支部委员的工作补贴。印发了《吴忠市直部门（单位）离退休干部服务管理实施办法》，明确落实离退休干部“两项待遇”的经费开支标准和保障渠道。

【退休干部服务】 2021 年，机关干部职工每两人一组，结对联系 5 ~ 6 名因重病而行动不便的空巢老干部，帮助协调解决实际困难，为独居和生活不能自理的离休干部购买家政服务。以定点医院和老干部居住地的医疗点为依托，每年开展两次上门巡诊服务。每年安排 10 万元专项帮扶资金，对符合帮扶对象的离退休干部（遗孀）视困难程度实施一次性救助。社区党组织利用社区资源为离退休老干部提供就近学习、就近参加活动、就近养老服务、就近发挥作用的“四就近”服务工作，鼓励老干部走出家门，共享社区多种贴心服务，每年组织市区离退休干部开展两次参观考察活动。年内，市委老干部局重点对市区 45 名离休干部、478 名退休厅处级干部、76 名遗孀的家庭地址、联系方式等基本信息进行核实，为开展离退休干部数据量化分析、精准服务、科学决策提供了有力支撑。

【搭建活动平台】 2021 年，市委老干部局开设了 12 个各具特色的教学班，先后成立了 8 个老年大学教学点，新增学员 900 余名，统一教学管理和师资配备，学员达到 1350 人。先后组织老年大学学员参加社区“邻居节”、端午节、“庆七一”、“庆祝新中国成立 72 周年”等主题文艺演出、诗歌朗诵等活动；组织老年艺术团参加“庆祝新中国成立 72 周年”文艺演出。开展“赓续红色精神·展现银龄风采”庆祝中国共产党成立 100 周年文艺演出等活动。全市建立离退休干部志愿者服务队 17 支、志愿服务站 2 个，志愿者人数近 1000 人。市关工委组织“五老人员”开展“传承红色基因、争做时代新人”主题教育活动，开展“学党史、感党恩、听党话、跟党走”主题教育宣讲、科普宣传、文明城市创建志愿服务等活动 14 次，让离退休干部在关心下一代、志愿服务、构建和谐社会等方面发挥积极作用。

· 市委党校 ·

【概　况】 2021 年，吴忠市委党校（行政学院）聚焦党史学习教育、庆祝中国共产党成立 100 周年，以习近平新时代中国特色社会主义思想为指导，深入贯彻落实习近平总书记关于党校办学治校的系列指示精神和《中国共产党党校（行政学院）工作条例》，在履行干部培训、思想引领、理论建设、决策咨询职责使命中凝心聚力积极作为，全面完成了年初确定的各项任务目标。

【干部教育】 2021 年，市委党校（行政学院）始终坚持正确办学方向，以学习贯彻习近平新时代中国特色社会主义思想为中心内容和首要任务，突出理论教育和党性教育主业主课地位，党史学习教育课程比例在党性教育单元由40%提高到60%。年内，紧扣中央和区、市党委关于干部教育培训新部署新要求，共举办各类培训班57期，其中主体班11期，县处级干部习近平新时代中国特色社会主义思想进修班、吴忠市领导干部政治能力提升专题班等专题培训班12期，联合委托办班34期。大力推行研究式教学，综合运用讲授式和案例式、模拟式、体验式等互动式教学方法。打造吴忠特色课程，利用全市干部教育培训现场教学基地，深入打造《“学史崇德、感恩奋进”——走进盐池革命老区党性教育现场教学》《学党史、守初心、担使命——初心馆现场访谈式教学》等高质量现场教学课程。加大案例教学力度，重点开发了《提高领导干部与媒体沟通的能力和技巧》等研讨教学课程，《乡村建设行动之路径探析》《提高领导干部舆论领导能力》等互动教学课。引入团队学习法，增强教学实践性、课程针对性，提升教学吸引力、感染力，达到互助互学促成长。坚持实施“理论学习+实践历练”培训模式，组织春季主体班中青班和新任科级干部班100余名学员到张家塬乡汪家塬村开展“三同”实践锻炼，赴贵州省遵义市开展党性教育延伸培训，教育引导学员从伟大长征精神中汲取力量。

【教学科研】　2021年，市委党校（行政学院）紧密结合党史学习教育，聚焦习近平新时代中国特色社会主义思想等内容，组织教师进行新专题开发。按照“建章立制、强化过程，教后反思、不断改进”的集体备课模式，采取集中和分散的方式对22个新专题进行了试讲、点评、修改等3个环节的打磨，在备课过程中，严把“党校姓党”的原则关，严把主体班教学质量“第一道关”，真正做到“课堂无杂音，讲课有纪律”，切实提高新专题开发质量和水平。顺利完成《以文化振兴推动乡村全面振兴的实践探索——利通区牛家坊文化建设》《吴忠革命史》2门本土案例课程开发任务。组织教师积极撰写理论文章。2021年在公开刊物发表理论文章15篇，其中《宁夏日报》1篇、《吴忠日报》8篇、《乡村振兴》1篇、《吴忠党史党建》5篇。参加“庆祝中国共产党成立100周年”“庆祝中国共产党成立100周年与弘扬延安精神”等理论征文投稿30篇，获奖12篇，并分获优秀组织奖。2021年，共确定校级重点调研课题6项，目前各项课题均已结项；申报自治区党校协作课题“黄河流域吴忠段生态环境保护研究”已顺利结项，三项协作课题正有序推进。《吴忠市全力打造民族团结进步模范市的探索与实践》《物业服务的“难题”与“出路”》调研报告分别得到市委常委兰德明、副市长张学慧的批示。选派骨干教师参加市直机关“党课开讲啦”、吴忠市“‘讲好红色故事，传承红色基因’第四届基层理论微宣讲”大赛，均荣获一等奖。抽调骨干教师、年轻教师和离退休教师组成宣讲队伍，开展党史学习教育、“传承党的百年光辉史基因、铸牢中华民族共同体意识”主题教育、“七一”重要讲话等宣讲活动共158场次，受众13606人次。

【队伍建设】　2021年，市委党校（行政学院）修订完善《校（院）务委员会议事规则》《科研工作管理办法（试行）》等9项内部管理制度，规范了工作流程，切实抓好校风建设，不断强化校（院）内部管理。加大后勤保障投入，新改造1间百人教室，新购置净水器和热水机，全面维护电教设施，实施教学办公楼防水维修改造工程，为广大教职工和参训学员营造良好学习工作生活环境。严格落实固定资产管理制度，开展固定资产的清理、登记、造册、报备工作。市委党校（行政学院）成功创建省部级“节约型机关”。组织教师参加决策咨询、智库培训等各类培训20人次，累计培训70天；参加乡村振兴基层骨干教师培训班等网络培训班。举办吴忠市党校系统骨干教师与行政管理人员综合能力提升培训班赴厦门素质提升培训班和全市党校、行政学院（校）系统第三届精品课大赛，加强对基层党校业务指导，进一步提升全市党校系统教学质量和水平。严格执行入学教育、学员签到、请销假、结业考核等制度，围绕日常出勤、上课听讲、研讨交流等培训环节，健全完善教育培训、学员管理考核评价办法，实行“班主任跟班主管+学员自主管理”双管理机制，不断强化学员管理，进一步严肃学风。培训期间，穿插布置党性分析材料、心得体会、调研报告、知识测试，检验学员的学习成效和对所学知识的实际运用能力，促使学员真正做到学有所获、学有所思、学以致用。培训结束后，综合每个学员主体班培训期间出勤、听课情况、作业撰写情况、考试结果进行评先选优。通过紧张正规的学习生活，强化学员党性意识、党员意识、党风意识和纪律意识，养成崇尚学习、勤奋学习的风气。

吴忠市人民代表大会

·综　述·

【概　况】　2021年，市第五届人大常委会坚持把学思践悟习近平新时代中国特色社会主义思想作为首要政治任务，深入领会习近平总书记关于坚持和完善人民代表大会制度的重要思想、视察宁夏重要讲话精神，始终把党的领导贯穿人大工作全过程和各方面，紧紧围绕市委重大部署和改革发展稳定大局，统筹推进人大立法、监督、代表等各项工作，以高度的政治自觉和强烈的责任担当，坚守为民情怀，依法履行职责，为推动全市全面建成小康社会、经济社会高质量发展和民主法治建设作出了积极贡献。

【行使决定权任免权】　坚持抓重点议大事，围绕经济社会发展根本性、长远性事项，充分调研论证，科学民主决策，就修订"十三五"规划纲要、加快融入银川都市圈、调整财政预算、加强公益诉讼等作出决议决定，确保通过法定程序体现市委要求和人民意愿。坚持党管干部和依法任免相统一，完善法律知识考试、宪法宣誓等制度，按照市委部署，精心组织、有序推进人大代表选举工作，为加强基层政权建设、保障人民当家作主奠定了坚实基础。

【"三查（察）"活动】　2021年，市人大常委会组成以部分市人大常委会委员和市人大代表为成员的视察组，先后对全市未成年人思想道德建设情况、全市关于巩固脱贫攻坚成果情况、全市扫黑除恶斗争开展情况、全市全域旅游工作开展情况和全市工业高质量发展情况、全市老旧小区改造工作进行视察。市人大常委会副主任马伟、季文科、郭祥、马云峰、周庆辉先后带领部分市人大常委会委员和市人大代表，对市中级人民法院、市人民检察院、市粮食和物资储备局、市交通运输局、市审批服务管理局、市住房和城乡建设局、市国资委、市信访局、市科学技术局、市医疗保障局、市扶贫开发办公室工作、市公安局、市卫生健康委员会等部门的工作情况和全市奶产业高质量发展情况、全市"互联网＋医疗健康"情况、全市"七五"普法工作开展情况、全市深化民族团结进步创建工作等进行调查，并在疫情防控期间，分别对全市工业企业复工复产情况、全市商贸流通业运行情况、全市春季农业生产情况进行了调查。

·重要会议·

【吴忠市第五届人民代表大会第五次会议】　1月7—9日召开。会议听取和审议了市人大常委会、市人民政府、市中级人民法院、市人民检察院工作报告。审查和批准吴忠市2019年国民经济和社会发展计划执行情况与2020年国民经济和社会发展计划草案的报告，批准2020年吴忠市国民经济和社会发展计划；审查和批准吴忠市2019年全市及市本级预算执行情况和2020年全市及市本级预算草案的报告，批准2020年吴忠市本级预算；大会选举补选了马廷云、马志峰、赵永红、荀伏祥、贾玉珍为吴忠市人大常委会委员，选举杨子楠为吴忠市中级人民法院院长。

【吴忠市第六届人民代表大会第一次会议】　12月23—25日召开。会议应到代表297名，实到257名，会议由大会执行主席徐耀主持。会议听取和审议了市人民政府代理市长王学军所作的政府工作报告，听取和审议市第五届人大常委会副主任马伟所作的市人大常委会工作报告，听取和审议市中级人民法院工作报告和市人民检察院工作报告，审查和批准《吴忠市2021年国民经济和社会发展计划执行情况与2022年国民经济和社会发展计划（草案）的报告》，审查和批准2022年吴忠市国民经济和社会发展计划。审查和批准《吴忠市2021年全市及市本级预算执行情况和2022年全市及市本级预算（草案）的报告》，2022年吴忠市本级预算。会议选举产生吴忠市第六届人民代表大会常务委员会主任、副主任、秘书长、委员，第六届吴忠市人民政府市长、副市长，吴忠市监察委员会主任；选举产生市中级人民法院院长、市人民检察院检察长。

【市五届人大常委会第 24 次会议】

3 月 24 日，市人大常委会主任沈左权主持召开。会议听取和审议并表决通过了市人民政府关于新冠肺炎疫情防控工作情况的报告、全市开展春季农业生产情况的报告、全市工业企业复工复产情况的报告、全市商贸流通业运行情况的报告。听取和审议并表决通过了市人大常委会关于批准吴忠市本级 2020 年预算调整方案的决议（草案）。表决通过了市人大常委会关于罢免蒋元德自治区第十二届人民代表大会代表职务的决议（草案），表决通过了关于接受马玉龙辞去副市长职务请求的决定（草案）。会议还通过了有关人事任免议案。

【市五届人大常委会第 25 次会议】

5 月 28 日，市人大常委会主任沈左权主持召开。会议听取和审议并表决通过了市人民政府关于全市未成年人思想道德建设情况的报告、市中级人民法院关于刑事审判工作情况的报告。会议对市住房和城乡建设局、交通运输局、国资委、审批服务管理局、粮食和物资储备局的工作情况进行了评议。表决通过了关于接受周庆辉辞去吴忠市第五届人大常委会副主任职务请求的决定（草案）。会议还通过了有关人事任免议案。会后举行了新任职人员宪法宣誓仪式。

【市五届人大常委会第 26 次会议】

7 月 27 日，市人大常委会主任沈左权主持召开。会议审议了市人民政府提请审议的《吴忠市村庄规划条例（草案）》，听取和审议市人大常委会执法检查组关于检查《城市市容和环境卫生管理条例》等条例实施情况的报告，听取和审议并表决通过了市人民政府关于全市“互联网 + 医疗健康”实施情况的报告、关于全市奶产业高质量发展情况的报告听取和审议了市人民检察院关于批捕工作开展情况的报告。会议对市卫生健康委员会、市信访局、市城市管理局的工作情况进行了评议。表决通过了吴忠市人民代表大会常务委员会关于内务司法工作委员会更名为监察和司法工作委员会的决定（草案），表决通过了关于接受苏慧娟、张志刚辞去市人民政府副市长职务请求的决定（草案）。会议还通过了有关人事任免议案。会后举行了新任职人员宪法宣誓仪式。

【市五届人大常委会第 27 次会议】

9 月 28 日，市人大常委会主任沈左权主持召开。会议听取和审议并表决通过了《吴忠市村庄规划条例（草案）》，听取和审议并表决通过了关于吴忠市 2020 年上半年国民经济和社会发展计划执行情况的报告、2019 年市本级决算（草案）和 2020 年上半年全市及市本级预算执行情况的报告、2019 年度市本级预算执行及其他财政收支情况的审计工作报告。听取和审议并表决通过了市人民政府关于全市全域旅游工作开展情况的报告、巩固拓展脱贫攻坚成果情况的报告、扫黑除恶斗争开展情况的报告、“七五”普法工作开展情况的报告、深化民族团结进步创建工作情况的报告。表决通过了关于 2019 年吴忠市本级决算的决议（草案）。表决通过了关于接受买霞辞去吴忠市第五届人大常委会副主任职务请求的决定（草案）。会议还通过了有关人事任免议案。会后举行了新任职人员宪法宣誓仪式。

【市五届人大常委会第 28 次会议】

11 月 25 日，市人大常委会主任沈左权主持召开。会议听取和审议市人民政府关于 2019 年度国有资产管理情况的综合报告，听取和审议市人民政府关于市本级 2019 年度国有自然资源资产管理情况的专项报告，听取和审议市人民政府关于全市老旧小区改造工作情况的报告，听取和审议市人民政府关于市五届人大五次会议代表建议办理情况的报告，听取和审议市人民政府关于全市环境状况和年度环境保护目标完成情况的报告，听取和审议市人民政府关于全市工业高质量发展情况的报告，听取和审议吴忠市本级 2020 年预算调整方案的议案。会议对市科学技术局、市公安局、市生态环境局、市扶贫开发办公室、市医疗保障局的工作情况进行了评议。审议通过了市人大常委会人事任免办法（草案）、关于对“一府一委两院”专项工作报告实行票决制办法（草案）、工作评议办法（草案）、市人大常委会关于调整吴忠市第五届人民代表大会常务委员会代表资格审查委员会组成人员的决定（草案）、关于加强检察机关公益诉讼工作的决定（草案）。审议通过了关于接受马银静辞去市人大常委会副主任职务请求的决定（草案）、关于接受李元凤辞去市监察委员会主任职务请求的决定（草案）。审议通过了关于接受马鑫、叶自力、罗刚辞去自治区第十二届人民代表大会代表职务请求的决定（草案），补选吴忠市出席自治区十二届人民代表大会代表。会议还通过了有关人事任免议案。

【市五届人大常委会第 29 次会议】

12 月 30 日，市人大常委会副主任马伟主持召开。会议听取市人民代表大会法制委员会关于市五届人大五次会议主席团交付审议的代表议案办理情况的报告，听取、审议并表决关于 2019 年吴忠市本级预算执行和其他财政收支审计查出问题整改落实情况的报告，听取和审议吴忠市本级 2020 年预算调整方案的议案，审议表决关于召开吴忠市第五届人民代表大会第六次会议的决定（草案）。

【市五届人大常委会主任会议】

2021 年，市五届人大常委会先后召开 16 次主任会议（第 43 次至 58 次），会议先后传达学习了中央、自治区有关会议精神。讨论了关于计划报告、预算报告的审查结果报告（草案），讨论了关于政府工作报告、计划报告、预算报告、人大常委会及法检两院工作报告的决议（草案）。讨论通过关于调查新冠疫情防控及复工复产情况的实施方案，关于调查市中级人民法院刑事审判工作情况的方案，关于视察全市未成年人思想道德建设情况的方案，关于对市住房和城乡建设局、交通运输局、国有资产监督管理委员会、审批服务管理局、粮食和物资储备局工作情况进行评议的方案，关于调查全市“互联网 + 医疗健康”实施情况的方案，关于调查全市奶产业高质量发展情况的方案，关于调查市人民检察院批捕工作开展情况的方案，关于对市卫生健康委员会、信访局和城市管理局工作情况进行评议的方案，关于检查《城市市容和环境卫生管理条例》实施情况的方案，关于视察全域旅游工作开展情况的方案，关于视察巩固拓展脱贫攻坚成果情况的方案，关于视察扫黑除恶斗争开展情况的方案，关于调查“七五”普法工作开展情况的方案，关于调查深化民族团结进步创建工作情况的方案，关于视察全市工业高质量发展情况的方案，关于对市科学技术局、公安局、生态环境局、扶贫开发办公室和医疗保障局工作评议的方案，关于调查市本级 2019 年度国有自然资源资产管理情况的方案，关于视察市五届人大五次会议代表建议办理情况的方案，关于视察全市老旧小区改造工作情况的方案；讨论了关于新冠疫情防控期间全市春季农业生产情况的调查报告，关于新冠疫情防控期间全市工业企业复工复产情况的调查报告，关于新冠疫情防控期间全市商贸流通业运行情况的调查报告，关于市中级人民法院刑事审判工作情况的调查报告，关于检查《城市市容和环境卫生管理条例》实施情况的报告，关于全市“互联网 + 医疗健康”实施情况的调查报告，关于全市奶产业高质量发展情况的调查报告，关于市人民检察院批捕工作开展情况的调查报告，关于全市“七五”普法工作开展情况的调查报告，关于全市深化民族团结进步创建工作情况的调查报告；讨论了关于对市住房和城乡建设局、市交通运输局、市国有资产监督管理委员会、市审批服务管理局、市粮食和物资储备局工作情况的调查报告及评议意见（草案），关于对市卫生健康委员会、市信访局、市城市管理局工作评议的调查报告及评议意见（草案）。会议还讨论了有关人事任免等。

吴忠市人民政府

· 重要会议 ·

【市政府第 66 次常务会议】 1 月 7 日，市长喜清江主持召开。会议听取全市 2021 年项目建设情况汇报，研究申报列入自治区重点项目、市级重点项目暨市级领导包抓重大项目清单，审定《吴忠市人民政府规章制定程序规定（草案）》《2021 年度吴忠市基本医疗保险基金总额预算实施方案（送审稿）》。会议还研究了其他事项。

【市政府第 67 次常务会议】 2 月 3 日，市长喜清江主持召开。会议传达学习自治区两会精神，中央、自治区党委农村工作会议精神和全国、全区审计工作会议精神，研究贯彻落实意见。会议还听取了吴忠市行政规范性文件和其他政策性文件全面集中清理工作汇报，审定拟废止、失效、修改文件目录。审议通过了《关于全面推进乡村振兴加快农业农村现代化的实施方案（送审稿）》《吴忠市企业破产专项基金及管理暂行办法（送审稿）》。会议还研究了其他事项。

【市政府第68次常务会议】 3月17日，市长喜清江主持召开。会议审定《吴忠市关于巩固拓展脱贫攻坚成果同乡村振兴有效衔接的实施意见》《吴忠市贯彻落实自治区生态环境保护督察反馈意见整改方案》《吴忠市国企改革三年行动实施方案（2020—2022）》，传达学习自治区《关于改革完善社会救助制度的实施意见》和《关于推进城镇老旧小区改造工作的实施意见》，研究贯彻意见。会议还研究了其他事项。

【市政府第69次常务会议】 4月23日，市长喜清江主持召开。会议传达学习全区当前经济形势分析通报会精神，听取全市一季度经济运行、安全生产情况汇报，研究部署下一步工作，审定《关于落实自治区人民政府办公厅〈关于深化商事制度改革进一步为企业松绑减负激发企业活力的实施意见〉的通知（送审稿）》。会议还研究了其他事项。

【市政府第70次常务会议】 4月30日，市长喜清江主持召开。会议传达贯彻中央定点帮扶单位座谈会、全区脱贫攻坚总结表彰大会、实施百万移民致富提升行动工作会议精神，自治区建设黄河流域生态保护和高质量发展先行区第四次推进会精神和陈润儿书记调研吴忠市工作时对城镇老旧小区改造讲话要求，研究部署落实措施。会议还安排部署了“五一”节日期间疫情防控、安全生产、应急值班、清廉过节等工作。

【市政府第71次常务会议】 6月1日，市长喜清江主持召开。会议听取全市巩固拓展脱贫攻坚成果同乡村振兴有效衔接工作汇报，审定《2021宁夏吴忠早茶文化旅游节实施方案》《关于深入开展爱国卫生运动的实施方案》。会议还研究了其他事项。

【市政府第72次常务会议】 6月18日，市长喜清江主持召开。会议传达学习习近平总书记对湖北十堰市燃气爆炸事故作出的重要指示、李克强总理批示精神以及全国、全区安全生产电视电话会议精神，听取了全市安全生产工作汇报，审定《吴忠市人民政府2021年度重大行政决策事项目录（送审稿）》；研究部署就业创业、食品药品安全等工作。会议还研究了其他事项。

【市政府第73次常务会议】 7月22日，市长喜清江主持召开。会议听取上半年经济运行情况，分析研究调度下半年全市经济运行工作；审议通过《吴忠市推动全域旅游发展三年行动计划（2021—2023年）》（送审稿）、《吴忠市关于实施“三线一单”生态环境分区管控的意见（送审稿）》等。会议还审议了用水权、排污权、土地权、山林权“四权”改革实施方案等。

【市政府第74次常务会议】 9月9日，代市长王学军主持召开。会议听取有关部门关于国务院第八次大督查来吴督查和自治区生态环境保护专项督查反馈问题整改情况汇报，审议了《关于在全市公民中开展第八个五年法治宣传教育的实施方案（2021—2025年）》（送审稿）、《吴忠市关于强化知识产权保护的若干措施（送审稿）》、《吴忠市成品油零售经营体系“十四五”发展规划（2021—2025年）》（送审稿）等。

【市政府第75次常务会议】 11月12日，代市长王学军主持以视频形式召开。会议听取了当前经济运行、疫情防控、能源保供、能耗“双控”、生态环保督察问题整改、明年项目储备等情况汇报，研究部署下一步工作。会上还研究了全市未成年人思想道德建设工作等事项。

【市政府第76次常务会议】 12月1日，代市长王学军主持召开。会议传达学习《自治区人民政府办公厅关于进一步严肃财经纪律全面加强楼堂馆所建设管理的通知》，听取全市安全生产、人大议案建议和政协提案办理、粮食安全省长责任制落实情况汇报。会议还审议《吴忠市深化“证照分离”改革、进一步激发市场主体发展活力实施方案（送审稿）》《吴忠市全面推进林长制实施方案（送审稿）》等。

【市政府第 77 次常务会议】 12 月 14 日，代市长王学军主持召开。会议研究了政府工作报告、国民经济和社会发展计划草案报告、财政预算草案报告的送审稿，传达学习了《中华人民共和国行政处罚法》，听取全市食品药品安全、信访等工作汇报。会议还审议通过了《2022 年春节走访慰问实施方案（送审稿）》。

·人大代表议案、政协委员提案办理·

【概　况】 2021 年，吴忠市共承办自治区人大建议 7 件（主办 2 件、协办 5 件），自治区政协提案 19 件（均为协办）全部办复；承办市五届人大六次会议议案建议 80 件，办复率 100%；承办市政协五届五次会议提案 158 件，办复率 100%。

【自治区人大建议办理】 2021 年，关于建设气象防灾减灾科普基地的建议已完成。市气象局自筹部分资金对现有办公场所和设施进行了改造完善，已具备科普基地功能。建设气温、风速、降水等要素齐全的自动气象观测站，组织社区居民、中小学生参观，宣传普及气象科学及防灾减灾知识。关于加强智慧城市建设的建议已完成。依托吴忠市城市数据运营中心资源，争取到工信部宁夏工业互联网标识解析二级节点（综合型应用服务平台）项目。目前平台接入企业 290 家，完成标识注册量 260 万个，标识解析量 70 万次。同时和审批服务等部门合作，建设政务应用管理模式，实现跨行业、跨部门、跨领域数据共享和资源融合。

【市人大议案办理】 2021 年，吴忠市政府系统承办的“关于制定促进奶产业高质量发展法规性决定的议案”，于 7 月 27 日经市五届人大常委会第 33 次会议通过《关于促进奶产业高质量发展的决定》，并正式发布实施。

【重点建议】 2021 年，10 件重点建议办理完成 8 件。如关于建设应急热源项目的建议（建设完成 300 兆瓦电锅炉应急调峰热源项目，增加市区供热面积 400 万平方米），已投入使用。关于加强城市停车场建设和管理的建议。通过合理设置路内停车泊位和潮汐车位、建设朝阳小区立体停车楼、实施迎宾北街绿化带改造项目等，新增车位 1980 个，鼓励市区管辖无人值守停车场 2427 个停车泊位在国家法定节假日免费开放，开发智慧停车小程序，提供提车位查找、预约功能，市区停车难问题得到有效缓解。受条件所限，关于进一步规范物业管理的建议，关于增加利通区第八小学学生体育活动场地的建议，经市人大常委会、市政府分管领导多次现场调研，确定将金塔二区居民小库房所在地作为八小活动场地，面积 2110 平方米，正在进行谈判拆迁。

【其他建议】 2021 年，吴忠市政府系统承办其他建议 69 件，已解决或基本解决 55 件。“关于对红寺堡区红柳沟城区段进行综合治理的建议”“关于加强生态环境监测力量的建议”等 7 个建议正在解决或列入计划逐步解决；“关于将新区居民小区逐步纳入集中供暖网的建议”“关于解决邵岗镇甘城子地区农民土地房屋办证问题的建议”等 7 个建议因客观条件限制，暂时难以解决。

【政协提案】 2021 年，市政府共承办市政协五届五次会议提案 158 件，办复率 100%。其中，已经解决或基本解决 149 件；正在解决或列入计划逐步解决 7 件；受现行政策和财力、物力限制，暂时无法解决 2 件（关于修订医疗救助办法的建议、关于解决老干部局院内暖气管道改造问题的建议），承办单位已向委员作了详细解释说明。“关于加强吴忠市餐饮行业高质量发展、打响‘游在宁夏·吃在吴忠’的建议”“关于加大吴忠市农业品牌建设力度的建议”“关于提高吴忠市‘互联网 + 医疗健康’运行时效的建议”等提案办理成效明显，得到了委员的普遍认可。成功举办 2021 大西北吴忠早茶美食文化节，中国烹饪协会授予吴忠市“早茶文化地标城市”牌匾，“游在宁夏·吃在吴忠”品牌效应、文化效应不断提升。“盐池滩羊”成功创建国家级农产品地理标志示范样板，“盐池黄花菜”成功入选第一批全国名特优新农产品名录，全市品牌农产品的市场辐射不断扩大。开展远程检验、远程会诊、远程培训教学等医疗服务8.13万次，完成人工智能辅助诊疗系统部署应用全覆盖，有效提升了基层医疗机构诊断准确率。

·为民办实事·

【概　况】　2021年，吴忠市人民政府围绕群众反映的教育、就业、收入、社保、医疗、养老、居住、环境等方面的突出问题和难事，梳理出31项为群众办理的实事。各责任单位牢固树立以人民为中心的发展思想，用心用情用力做好"我为群众办实事"实践活动事项任务，不断增强人民群众的获得感、幸福感、安全感，用人民群众的满意度检验党史学习教育的成效。

【"四大提升行动"】　2021年，吴忠市大力创建红寺堡区全国易地搬迁移民致富提升示范区，全面落实盐同红集中连片区巩固拓展脱贫攻坚成果同乡村振兴有效衔接39条措施，全力抓好产业就业帮扶等6项重点工作，移民群众生产生活条件整体提升。安置困难人员公益性岗位4511人，城镇新增就业1.19万人，农村劳动力转移就业21.72万人，实现劳务收入33.02亿元。加快推进基础教育优质均衡发展，新（改、扩）建高中学校5所，新增学位1800个；中小学22所，新增学位1.2万个；新增幼儿园19所，增加学位1.15万个。救助困难大学生5077人。着力提升全民健康水平，组建医联体（医共体）23对，乡镇卫生院及村卫生室标准化率超过85%，累计接种新冠病毒疫苗218万剂次。积极回应群众关切，开展"让幸福在老百姓家门口升级"办实事主题活动，全市改造老旧小区79个，惠及群众9212户，建设抗震宜居房3873户。切实保障群众用水安全，实施了城乡东线供水工程和26个"千吨万人"农村水源地规范化建设项目。改善群众生产生活环境，推进"一村一年一事"项目504件，新建农村卫生厕所1.05万户。新建续建市政道路35公里、农村公路91公里，开通运营公交一体化农村线路13条，通过新建停车场和设立"潮汐车位"新增停车泊位2121个，群众出行难问题得到进一步解决。

【基层社会治理】　2021年，吴忠市持续深化平安吴忠建设，全面落实基层社会治理"1+6"政策措施，157项重点任务一体化推进。全域创建食品药品安全区，全市406所学校（幼儿园）被纳入"互联网+明厨亮灶"智慧监管系统，70%的零售药店被纳入"阳光药店"信息管理系统。加强和规范物业管理，在234个老旧小区推行"红色物业"，为161个"三无小区"配齐基本物业服务。加强和规范各类培训机构，关停学科类校外培训机构169家，规范整顿社会各类培训机构30多家。开展校区、政区、社区和商圈、站圈、医圈"三区三圈"交通整治，电动三轮等车辆非法载客、非法运营问题和公路客车、校车等八类车辆隐患排查清理，切实保障群众生命财产安全。着力在优化便民服务上下功夫，全面推进"一窗受理，集成服务"便民措施，设置15个"一窗受理"窗口，推出102件办证开店经营等"一件事一次办"事项，做到一次告知、一表申请、一次办好。设立"无人警局"12个（新增6个），实行户政、出入境、车驾管等10余项公安政务服务自助办理，全面推行18类车驾管业务一证（身份证）即办业务。开通政务服务、公积金服务、门诊费用结算跨省通办业务，打通异地办事堵点难点，有效解决群众办事"多地跑""折返跑"等问题

【解决历史遗留问题】　2021年，吴忠市政府着力解决民生领域历史遗留问题。多方筹集资金3.46亿元，累计拨付近10亿元，彻底解决了2.95万被征地农民养老保险财政补贴历史遗留问题。加大重复信访和信访积案化解力度，通过建立包案化解机制和研判会诊、交办督促、跟进推动等制度机制，有效化解了中央和自治区信联办交办的270件重复信访和信访积案。积极推动住宅楼建设遗留问题化解，湖苑名邸完成初验，七号公馆正在组织竣工验收，东吴明珠项目规划调整已通过，正向社会公示。有效解决塞尚明都二期、金韵名邸三期、开元世家等住宅楼不动产首次登记遗留问题，为3589套房屋进行了不动产首次登记。

·行政审批服务·

【概　况】　2021年，吴忠市审批服务管理局坚持以深化"放管服"改革、优化营商环境为统揽，充分发挥全市优化营商环境、行

政审批制度改革、工程建设项目审批制度改革领导小组3个办公室职能职责，扎实推进工程建设项目审批制度、“一窗受理、集成服务”、“不见面、马上办”等重点领域改革，不断创新审批服务管理方式，持续深化“放管服”改革，优化营商环境，全面从严管党治党，为推进高质量发展提供有力支撑。

【营商环境优化】 2021年，吴忠市在全区率先出台了吴忠市优化营商环境若干措施（简称25条），根据自治区“1+16”行动计划和实施意见，结合吴忠市实际，连续两年制定了持续优化营商环境若干措施任务清单。年底前，吴忠市25条措施64项任务全部落实；自治区“1+16”行动计划和实施意见，累计梳理制定的370条具体措施，已完成361项，完成率达97.6%。认真贯彻落实党中央“六稳”“六保”政策措施和自治区稳增长24条、财政政策21条、促进中小微企业18条、吴忠市复工复产11条、食品工业10条、稳岗就业10条、招商引资、减税降费以及信贷政策。

【简政放权】 2021年，吴忠市根据国务院、自治区取消、调整、下放的审批许可事项，结合机构改革，对市直29个部门230项行政职权进行调整，取消16项，调整1项，划转行政职权203项，变更行政职权要素98项。突出抓好工程建设项目审批制度改革，采取“减、放、并、转、调”5种措施，进一步梳理审批事项，共取消6项、合并35项、转变管理方式8项、调整审批时序14项、告知承诺12项。制定项目征询服务、联合图审、并联审批等20多项制度措施，推进投资项目“容缺后补”“告知承诺”“区域评”“标准地试点”等创新措施，项目审批时限压减至115个工作日以内，减幅达117.4%。突出抓好盐同红集中连片贫困地区政务服务体制改革，坚持以“互联网+政务服务”为支撑，推进政务信息资源跨部门、跨层级、跨区域协同共享，促进各部门协同联动。目前，太阳山政务服务中心共设置盐同红三县（区）综合代办、太阳山综合窗口以及公安分局、市场监管分局等12个服务窗口，将市级赋予的18项权限全部纳入开发区政务服务范围，完成24小时自助办税大厅建设，初步打造“线上线下融合”的综合代办服务平台。突出抓好经济发达镇改革行政职权下划，下放给利通区金积镇行政职权56项、公共服务事项3项，赋予金积工业园区经济管理权限职权10项。

【行政审批制度改革】 2021年，吴忠市结合防疫健康码的推行，全面推广“我的宁夏”政务APP。深入推行“掌上政务”服务模式，实现微信平台预审、预约取号、网络预审，90%的政务服务事项实现不见面办理。牵头打造“易办·吴优”政务服务平台并上线运行，“我要开餐厅”等100件“一件事一次办”事项实现“只跑一次、只进一窗、一次办好”，真正让企业、群众办事无忧。统筹推进“证照分离”、“互联网+不动产”、企业简易注销登记制度改革，实现了公共场所卫生许可等行政审批事项“先发证、后审批”，注销、查封、异地登记即时办结。率先在全区启动试运行“互联网+监管”系统，分部门、分县（市、区）抓好系统人员的培训和行政审批、行政处罚等数据的录入，初步实现了与国家、自治区“互联网+监管”平台联通和行政监管体系线上运行、数字化管理。集中组织46个部门推进政务服务“四级四同”事项梳理，高标准录入1275项政务服务事项，不断提高企业和群众办事便利度，为顺利对接全国一体化在线服务平台、实现“一网通办、全国漫游”夯实了基础。

【窗口服务】 2021年，吴忠市政务服务开展“窗口无否决权”行动，对不属于本部门事项的，不设路障设路标；对不符合申请条件的，不打回票打清单；对法律法规不明确的，不给否决给路径；对特殊需求事项的，提供预约代办和帮办。推行“好差评”服务，设置办事窗口评价器，接受群众监督。设置简事快办窗口，无须叫号排队，实现即来即办。完善“掌上政务”，推行办事预约取号、前置材料网上预审，办件质量网上评议，解决多次跑、排长队等问题。设置24小时综合自助服务区，为群众提供涉及出入境、户政、税务、社保等8项便民服务事项，打造“24小时不下班”政务大厅。实行政务服务与12345热线联动，为群众提供24小时全天候服务。推行延时服务、预约服务、上门服务、代办服务、非工作日服务，满足企业、群众多样化办事需求。增设引导台，增加引导员，提供引导、咨询等帮助，避免“盲目跑”“多头问”。

【自身建设】 2021年，市审批服务局全面落实党建工作责任制，认真落实党组书记主体责任和班子成员“一岗双责”，健全完善“三会一课”、民主评议等制度，通过重温入党誓词、警示教育等方式丰富主题党日活动内容。制定推进“三强九严”工程开展机关党建质量提升年活动方案，梳理党建“四个清单”，在责任落实、担当作为和支部建设等方面均得到整改落实。强化讲廉政党课、看廉政警示片、观廉政展览等廉政教育，突出抓好形式主义、官僚主义突出问题自查和违反中央八项规定精神突出问题专项治理“回头看”，以及领导干部利用名贵特产特殊资源谋取私利等专项整治活动，认真落实述责述廉、提醒约谈等机制。

·政务服务·

【概　况】 2021年，市政务服务中心受理政务服务办件量60.3万件，其中，线上办件量为22.3万件。公共资源交易进场480个项目、940个标段，交易总额38.3650亿元，其中电子标551个标段，交易额30.8156亿元；不见面开标380个标段，交易额21.97805亿元；远程异地评标主场项目157个标段，交易额12.27978亿元。12345热线共受理群众各类诉求218649件，办结率99.78%，回访满意率96.26%，受理量同比增长68.18%。

【拓宽服务领域】 2021年，全市高标准建设市县政务中心6个、乡镇（街道）民生中心48个、村（社区）民生服务代办点594个，实现市、县、乡、村四级网络全覆盖，乡镇123项、村48项政务服务事项全科办理。指导太阳山政务服务中心开展跨区域服务试点，梳理行政审批事项506项，其中可不见面办理426项，设立项目审批和固定资产投资跨部门综合服务窗口，实现综合代办、跨区域服务。健全完善《吴忠市政务服务行业规范》《窗口人员物品摆放规范》《窗口人员仪容仪表规范》和“首问责任制度”“一次告知制度”等规章制度14项，严格制度落实，窗口人员责任纪律意识明显增强，服务更加标准规范。协调供水、供电、供气、供暖、移动、电信、联通、广电公司等9个企事业单位27项服务事项全部进驻大厅，实现一站式办理。引进金融机构4家，设立网点1个、自助设备4台，金融服务更加便捷。引进印章刻制公司2家、餐饮企业1家，企业开办、生活服务更加便企利民。

【便民服务】 2021年，市政务大厅进驻窗口单位52个、工作人员152人。民生服务、营商服务、项目审批、一窗受理、社会事务、不动产登记、公安服务、公共服务、12345便民服务等9个功能区，共承接“四级四同”事项1214项，事项进驻率89.3%，比上年提高14.1个百分点，占应进未进事项97.7%，可不见面办理事项997项，不见面率73.4%。年内，大力推行“线上办”“掌上办”“自助办”，在大厅开设自助服务区，购置自助一体机等自助设备40多台、电脑16台，引导群众通过宁夏政务服务网、“电子税务局”、“我的宁夏”政务APP或手机端办理业务，实现“数据跑路”替代“群众跑腿”。“掌上办”服务事项1400余项，可查询政务服务事项3500余项，掌上登录群众达37万多人，占辖区总人口的89.5%以上，市级大厅共办理各类审批服务事项60万件，其中网上办理22.3万件（“掌上办”事项4.1万件，自助终端办件3.9万件），网办率37.2%，比上年提高15个百分点。在全区率先实行“一窗受理、集成服务”，整合不动产登记、房产交易、税务3个窗口，积极推行“一站式办理”，办理时限由15个工作日压缩至3个工作日。设置投资项目并联审批集中统一收件窗口，投资项目审核备案、建设许可、施工许可、竣工验收全流程审批时限控制在115个工作日之内。设置“一窗受理”窗口15个，建设“易办·吴优”一窗受理平台，实现“一站办成事”“一窗办多事”。自运行以来，共梳理“一件事一次办”事项102项，受理1402件，办结1402件，变过去最长5个工作日办完的事项为即办件、最长8个工作日办完的事项为2个工作日、最长24个工作日办完的事项为8个工作日，办件时限分别缩短80%、75%和67%。全力推进“跨省通办”，设置“跨省通办”综窗1个、分窗3个，采取设立专员代收代办、线上传递、邮寄送达等方式，与浙江宁波、陕西榆林等6省14市签订“跨省通办”协议，可承接跨省通办事项132项。针对老、幼、病、残、孕、军等特殊群体，变“排队办理”为“绿色通道”，增设特色办事窗口6个，实行优先办理和引导、上门、延时服务。

【服务环境优化】 2021年，市政府服务中心加强服务环境标准化建设，配齐信息化终端设备，配备电脑170台、高拍仪等电子化办公设备150台套等，购置电子测温门、空气净化机32台，开展“文明窗口”“创新窗口”“示范窗口”“服务之星”评选活动。组织引导企业、群众事后参与评价，变“部门评判”为“群众评价”。建立“差评”办件反馈、整改、监督和复核等全流程工作机制，重点监测“差”评比较集中的部门和工作人员，督促限期整改，做到“件件有回应，事事有着落”。健全完善投诉处理机制，公示投诉电话，设置投诉信箱，畅通12345政务热线投诉、现场投诉、吴忠市政务服务门户网站微博微信投诉等渠道，及时汇总反馈群众反映的意见和建议，督促责任窗口单位限期整改，做到及时、快捷、有效处置。修改完善《政务服务大厅窗口考核细则》，将月报办件、“好差评”评价结果、督查结果纳入月度、季度、年终效能考核内容，倒逼窗口工作人员转变作风，提升服务能力。

【交易服务】 2021年，全市共推送项目6830个标段，其中工程建设项目3799个标段、政府采购项目3031个标段。7月1日，全面开启远程异地评标。年内，共征集到市级重点项目58个、县（区）级重点项目151个。积极做好项目招投标进场服务，统筹安排项目场地，全力确保重点建设项目及时进场交易。优化项目进场手续，工程建设项目在线推送审核后的项目招标信息表及委托代理协议即可预约场地；政府采购项目只需上传进场交易申请表和系统推进的采购计划单即可预约场地。严把项目进场交易、人员进入、内部管理、资料存储、疫情防控关口，确保公开公平公正阳光透明交易。

【电子化交易】 2021年，市公共资源交易中心全力推进工程建设项目电子化招投标。房建、市政、交通类施工、监理、设计项目，水利施工项目全部推行电子化招投标，并于11月9日起全面启动“不见面”开标。大力推进政府采购电子化招投标。9月1日起全面启动政府采购项目电子化招投标，实现信息数据“共享化”、文件资料“无纸化”、环节流程“标准化”。全力配合全区各交易中心开展远程异地评标。截至10月底，远程异地评标副场提供机位339个。

【诚信体系建设】 2021年，市公共资源交易中心健全完善《评审专家抽取管理制度》《开标区管理制度》等8项制度。对4家招标代理机构和3名评标专家进行扣分处理，并进行公示。联合印发《关于在公共资源交易领域的招投标活动中建立对失信执行人联合惩戒机制的实施意见》的通知，加强对失信人员的联合惩戒，进一步推动公共资源交易活动规范、高效、公平、透明。

【12345（51890）热线平台】

2021年，市政府服务中心不断提升服务质量和服务效率，及时统计每月诉求事项办理情况，共印发《吴忠市12345（51890）便民服务热线诉求事项办理情况的通报》9期、《吴忠市12345（51890）便民服务中心工作运行情况》10期。每周定期整理群众关注度高的咨询信息和公共事务诉求，编辑成“民声桥”和“典型案例”，共整理汇总“典型案例”30期、“民声桥”栏目30期，进一步提高热线的办理质量和效率，搭建起政府与群众的“连心桥”。为打造全方位、全时段、高效率、高质量的“12345”政府公共服务热线，12345政务服务热线平台制定并经市政府审核印发了《吴忠市人民政府办公室关于优化政务服务便民热线的实施方案》，目前5189000热线已向群众公示销号，12318、12319、12385、12350四条热线的归并优化整合正在有序进行中。

【自身建设】 2021年，扎实开展党史学习教育，坚持把学习教育与开展“我为群众办实事”实践活动相结合，聚焦企业群众办事的难点、堵点、痛点，持续优化服务环境。强化落实“三强九严”工程，抓实党员教育管理规范，严格落实“三会一课”、主题党日、党费收缴等制度。深化“服务吴优”党建品牌创建。聚焦党员队伍强素质，累计培训中心及窗口工作人员1000余人次；

开展“三亮三比四评”活动，评选“文明窗口”“创新窗口”“示范窗口”54个，“服务之星”144人次。严格履行政治主体责任，扎实开展巡察整改工作。建立市政务服务中心全面从严治党“三个清单”，规范干部选拔任用程序，严把政治关、廉洁关、道德关。新提拔任用副科级干部1名、职级晋升干部3名。

中国人民政治协商会议吴忠市委员会

·重要会议·

【政协吴忠市第六届委员会第一次会议】 12月22—24日召开，会议审议批准孙瑛代表政协第五届吴忠市委员会常务委员会所作的工作报告，审议批准陈克安代表政协第五届吴忠市委员会常务委员会所作的提案工作情况的报告。审议通过关于市政协六届一次会议提案审查情况的报告和吴忠市政协2022年协商计划，选举产生政协第六届吴忠市委员会主席、副主席、秘书长和常务委员。听取并讨论王学军所作的政府工作报告，讨论市中级人民法院和市人民检察院工作报告。

【政协吴忠市第五届常委会第19次会议】 1月4日，市政主席孙瑛主持召开。会议审议通过《中国人民政治协商会议第五届吴忠市委员会第五次会议选举办法（草案）》《关于召开政协第五届吴忠市委员会第五次会议的决定（草案）》，审议有关人事事项。

【政协吴忠市第五届常委会第20次会议】 1月26日，市政协主席孙瑛主持召开。会议听取各组讨论情况的汇报，审议市政协五届五次会议决议（草案），审议市政协五届五次会议提案审查情况的报告（草案），审定市政协五届五次会议选举办法（草案），审议补选政协第五届吴忠市委员会副主席、常务委员候选人名单（草案），审定市政协五届五次会议选举大会总监票人、监票人名单（草案）。

【政协吴忠市第五届常委会第21次会议】 4月28日，市政协主席孙瑛主持召开。会议审议《关于加强和促进人民政协凝聚共识工作的实施意见（审议稿）》，审议《关于强化政协委员责任担当的实施意见（审议稿）》，围绕促进全面依法治市工作水平提升开展专题议政。

【政协吴忠市第五届常委会第22次会议】 9月16日，市政协主席孙瑛主持召开。会议书面通报全市上半年经济运行情况，审议通过有关人事事项，审议《中国人民政治协商会议吴忠市委员会协商工作规则（审议稿）》，听取市人民政府关于盐同红集中连片区巩固拓展脱贫攻坚成果同乡村振兴有效衔接工作情况的通报，围绕盐同红集中连片区巩固拓展脱贫攻坚成果同乡村振兴有效衔接开展协商议政。

【政协吴忠市第五届常委会第23次会议】 12月17日，市政协主席孙瑛主持召开。会议书面通报关于市政协五届五次会议委员提案办理情况，审议通过有关人事事项，审议通过撤销政协委员资格有关事宜，协商决定政协第六届吴忠市委员会委员名单和界别设置，审议通过《五届市政协常委会工作报告（审议稿）》，审议通过《五届市政协常委会关于提案工作情况的报告（审议稿）》，审议通过市政协六届一次会议议程相关材料，审议通过《关于召开政协第六届吴忠市委员会第一次会议的决定（草案）》。

【主席会议】 2021年，五届市政协共召开8次主席会议（47次至54次），先后审议了《吴忠市政协委员按界别联系社会组织试点工作的实施方案（审议稿）》《关于吴忠市政协领导联系指导县（市、区）政协工作分工的通知（审议稿）》《吴忠市政协关于强化政协委员责任担当的实施意见（审议稿）》《关于加强和促进人民政协凝聚共识工作的实施意见（审议稿）》《关于全面依法治市情况的调研报告（审议稿）》《关于坚持宗教中国化方向培养符合新时代要求的宗教教职人员队伍的协商报告（审议稿）》《关于推进体教融合进一步提高青少年素质工作开展情况的协商报告（审议稿）》《关于餐饮服务业高质量发展的协商报告（审议稿）》；审议《关于奶产业高质量发展情况的协商报告（审议稿）》《关于推动盐同红集中连片区巩固拓展脱贫攻坚成果同乡村振兴有效衔接的调研报告（审议稿）》《关于加快工业转型升级，促进工业高质量发展的调研报告（审议稿）》《关于吴忠市保护传承发展黄河文化情况的视察报告（审议稿）》《中国人民政治协商会议吴忠市委员会协商工作规则（审议稿）》，以及市政协会议决议（草案）和提案审查情况的报告（草案），审议通过有关人事事项。

· 专门委员会 ·

【提案委员会】 2021年，市政协提案委员会发挥提案在协商民主中的重要作用。修订完善《提案审查实施细则》，深入推进清单式管理，利用“互联网＋政协”综合信息服务系统，实现提案提交、审查、交办、答复、评价“一站式”网络服务。采取“1+N”（重点提案＋同类提案）方式，遴选重点提案11件，市级领导领衔督办提案19件，发挥提案协商办理示范带动作用。对市人社局、市自然资源局等5个部门承办市政协五届五次会议提案开展集中协商督办。广泛征集群众普遍关心的热点难点问题的提案线索，并将重点提案办理情况进行公示，接受社会公众的参与和监督。完善界别活动机制，加强同提案委员会委员的联系沟通，为委员知情明政、参政议政搭建平台。做好政协领导到“5+1”联系点、包抓企业、信访化解单位调研工作。

【经济委员会】 2021年，市政协经济委员会聚焦“游在宁夏·吃在吴忠”、工业转型升级开展等议题，组织委员开展了形式多样的协商调研活动，形成高质量协商报告2篇。通过“有事好商量”协商形式，协调解决了五里坡奶牛生态养殖园区双石路限行问题，通过为民办实事画出同心圆，以实际行动守护人民群众的获得感、幸福感、安全感。按照市疫情防控指挥部要求和政协党组部署，协助共建社区完成3轮居民核酸检测任务。不断激发“委员之家”作用，深化“委员之家”界别工作室活动，促进了功能型党支部和委员界别工作的有机融合。做好领导活动服务保障，协助分管领导做好“5+1”基层联系点制度、信访案件化解、重大项目包抓推进等工作要求，及时协调解决企业涉案涉诉问题和项目建设中存在的困难，为全市经济社会发展作出应有贡献。

【教科卫体委员会】 2021年，市政协教科卫体委员会围绕“推进体教融合，进一步提高青少年素质工作开展情况”进行调研，并经市政协五届第50次主席会议审议通过，形成了《关于推进体教融合、进一步提高青少年素质工作开展情况的协商报告》。借助在市人民医院设立医药卫生界别委员工作室，面向界别群众收集社情民意、开展学习、宣讲和履职活动，影响带动界别群众统一思想，凝聚共识。完成对界别提案和市委列办的重点提案《关于对吴忠市继续创建全国文明城市工作的建议》等提案的督办落实。加强同教科卫体委员及相关部门的联系沟通，深入教育、科技、卫生、体育等部门开展2022年协商议题选题调研，为来年开展好协商调研活动打好基础。

【社会和法制委员会】 2021年，市政协社会和法制委员会加强和改进民主监督工作，围绕科学立法、严格执法、公正司法、全民守法、法治保障，对全市依法治市情况进行深入调研，市政协常委会对全面依法治市专题议政，助力全面依法治市全面健康发展。完善特约民主监督小组“136”工作模式，持续推进特约民主监督工作。2021年，共协商办理39个监督议题，涌现出了10个优秀典型案例。探索联系市律师事务所、王兰花热心服务小组、春蕾天使爱心会3个社会组织，明确2234工作模式，既上情下达又下情上传，更大范围凝聚共识。开展“有事好商量”，针对利通区扁担沟镇双吉沟村林枫生态园道路存在旅游旺季交通隐患的问题，积极搭建协商议事平台，与交通运输局开展面对面协商，及时研究解决办法、促使问题得到快速解决，受到群众一致好评。

【民族宗教和港澳台侨委员会】

2021年，市政协民族宗教和港澳台侨委员会坚持以铸牢中华民族共同体意识为根本方向，强化政治引领，持续开展专委会功能型党支部工作，对如何发挥党组织功能作用进行专题研究，共召开3次支部委员会议。积极开展委员小组活动，召集小组委员参加民宗委组织的由统战部领导主讲的全市宗教工作专题辅导，利用微信群在委员中宣传政协相关工作和委员履职要求等，为委员知情明政服务。做好区内外来吴调研或考察活动的接待工作，先后接待自治区政协、广西政协等来吴考察学习活动4次。开展政协民主监督工作，按照市政协党组安排，对市科技局、教育局、卫健委、文旅体育广电局等单位开展了民主监督工作。

【文化文史和学习委员会】 2021年，市政协文化文史和学习委员会整理完善吴忠市政协志资料，搜集整理吴忠市政协成立以来及吴忠回族自治州政协、银南地区政协联络处的资料。完成《宁夏政协志》吴忠市政协资料的编辑上报工作；按照吴忠史志办的要求，完成了《吴忠市志》政协篇的编辑上报任务。收集编印市政协2020年鉴资料，并交付排版印刷。协助自治区政协对新中国成立以来的移民工作进行调研、考察，帮助收集有关实物和文字资料。7月中旬，组织部分委员对吴忠市黄河文化保护传承发展情况进行监督性视察，在分析研究的基础上提交了视察报告，发挥委员建言献策、凝聚共识的作用。加强与委员的联系，注重凝聚委员共识。加强功能型党支部建设，召开文史委全体委员会议，在委员中开展党史学习教育，征求委员的意见建议，及时将委员思想凝聚到党中央决策部署上来，在党史学习教育中努力展现政协委员的新样子。

【农业和农村委员会】 2021年，市政协农业和农村委员会围绕全面深化改革、经济转型升级、统筹抓好疫情防控和经济发展、做好“六稳”工作、落实“六保”任务等事关全局性、关键性问题和人民群众普遍关心的热点、难点问题，深入调查研究，积极建言献策。重点聚焦奶产业高质量发展、巩固拓展盐同红集中连片区脱贫攻坚成果同乡村振兴有效衔接等议题，形成高质量协商报告2篇。设立农业界别委员工作室，制定界别委员工作室制度。开展政协农业界别委员按界别联系社会组织试点工作，制定印发了《吴忠市政协农业和农村委员会委员联系奶牛养殖业协会试点工作方案》《吴忠市政协农业和农村委员会委员联系富硒农产品协会试点工作方案》，切实帮助协会解决实际问题。通过“有事好商量”协商形式，召开了“心系旱塬百姓、解决实际困难、促进农民增收”协商座谈会，解决同心县豫旺镇贺家塬村老百姓笤帚扫帚库存积压难题，为旱区群众实现增收13.8万元，确保群众收入稳定增长。开展提案督办和社情民意信息收集，向自治区政协和市委上报社情民意信息5条。加强服务接待与对外交流工作，完成10批次120多人次的考察学习接待任务。

中共吴忠市纪律检查委员会 吴忠市监察委员会

·重要会议·

【市纪委五届六次全体会议】

2月7日召开，全会以习近平新时代中国特色社会主义思想为指导，全面贯彻十九届中央纪委五次全会和自治区纪委十二届五次全会精神，总结2020年纪检监察工作，部署2021年任务。全会审议通过了王海燕同志代表市纪委常委会所作的《扎实推进纪检监察工作高质量发展，为建设现代化美丽新吴忠提供坚强保障》工作报告。自治区人大常委会副主任、市委书记、市人大常委会主任沈左权出席全会并讲话。

【市纪委五届七次全体会议】

11月19日召开。会议听取了五届市纪委向市第六次党代会工作报告起草情况的说明，审议并通过了工作报告，同意将报告提请五届市委第十四次全体会议审议。全会由市纪律检查委员会常务委员会主持。市委常委、纪委书记、监委主任王海燕讲话。

【市纪委六届一次全体会议】

11月30日召开。会议讨论通过了《中国共产党吴忠市第六届纪律检查委员会第一次全体会议选举办法》，选举产生了吴忠市第六届市纪委常委、书记、副书记。王海燕当选为市纪委书记，贺江、王钧、孙佰柱当选为市纪委副书记。

·监督执纪·

【政治监督】 2021年，吴忠市纪委监委围绕18个重点调研课题，班子成员带队深入一线开展调研，及时发现纪检监察工作存在的问题，有针对性增补措施、完善思路。聚焦贯彻落实习近平总书记视察宁夏重要讲话精神，围绕党中央重大决策部署以及守好“三条生命线”、“十四五”规划、推进“十大特色产业”等重大任务精准监督、做实监督，督促各级各部门扛起责任、抓好落实。制定《关于发挥职能作用监督保障巩固拓展脱贫攻坚成果同乡村振兴有效衔接的实施方案》，对巩固“两不愁三保障”成果、强化易地搬迁移民后续扶持等政策落实情况开展专项监督检查6次，督促整改问题78个。开展黄河流域生态保护和高质量发展先行区建设专项监督检查，制定专项工作方案，成立6个监督检查组，发现并督促相关部门整改问题20个。跟进监督巡视巡察、环保督察反馈问题整改，自治区党委巡视反馈6个方面19个具体问题全部整改完成。

【反腐败斗争】 2021年，全市纪检监察机关共受理信访举报4602件，处置问题线索1279件，立案323件394人，给予党纪政务处分345人（其中处级17人，科级83人）。运用“四种形态”教育帮助和处理党员干部1815人次，其中第一、第二、第三、第四种形态占比分别为80.6%、14.3%、1.9%、3.2%。建立市反洗钱工作协作机制，开展联席会议和信息互通工作。与市委组织部、市公安局配合开展违规办理、持有因私出国（境）证件和身份证件专项整治，完成对各部门（单位）、各县（市、区）3万余人的排查工作，共排查出2033人持有因私出国（境）证件，并督促进行认真核查。深化以案促改、以案促建、以案促治，严格落实违纪违法典型案件“三会两书两报告”工作办法，督促发案单位召开警示教育大会16场，专题民主生活会、组织生活会7场，发送纪检监察建议书106份，相关单位完善机制、堵塞漏洞，实现查处一案、警示一片、治理一域的社会效果。强化廉政教育，常态化开展“廉政警示教育周”活动，拍摄制作《甘于被“围猎”的政法干警》《“市政硕鼠”的不归路》《作茧自缚的“一霸手”》等警示教育片，以案明纪、以案释法。对新任职139名领导干部集体廉政谈话，开展党规党纪应知应会知识测试，警示新任职领导干部廉洁用权、廉洁履职。组织市县600余名35岁以下科级干部开展专题辅导、廉政谈话、座谈交流，引导青年干部“扣紧从政第一粒扣子”。

【作风建设】 2021年市纪委监委扎实开展违规吃喝隐形变异问题专项整治，围绕违规吃喝8个方面问题深入检视，全市各级领导干部就严格执行中央八项规定精神和自治区“八条禁令”作出承诺。开展公车私用、私车公养问题专项清查整治，共自查管理制度运行不规范等问题49个，清退资金15932.27元。针对全市10余名党员干部因酒驾或妨碍社会公共管理秩序而违纪违法问题，印发通报并开展酒驾醉驾专题警示教育。围绕坚决制止餐饮浪费等，对24个市直部门（单位）、108个县直部门（单位）、乡镇（街道）、村（社区）开展专项监督检查，反馈问题200余个，移交问题线索5件，诫勉谈话2人，采取批评教育、提醒谈话、书面检查等方式处理4人。年内，全市共查处违反中央八项规定精神15起，给予党纪政务处分14人，点名道姓通报曝光5起。围绕铸牢中华民族共同体意识工作中的作风问题等10个方面开展专项监督检查，发现并当场反馈41个问题，责令有关部门限期整改，推动形成求真务实、真抓实干的鲜明导向。全市共查处形式主义、官僚主义问题3起，给予党纪政务处分3人。

【巡察工作】 2021年，市纪委监委组织开展五届市委第十一轮巡察工作，采取“一拖二”模式对市委政法委、市退役军人事务局等6家单位开展常规巡察，突出“三个聚焦”监督重点，结合被巡察单位职能责任统筹运用“12+N”监督方式，发现问题59个，圆满完成五届市委对市直部门（单位）的巡察全覆盖任务。统筹协调相关职能部门，分批次对五届市委第九轮至第十一轮24家被巡察单位反馈问题整改落实情况进行督查督办，确保巡察整改不走样、不落空。积极探索巡察监督与纪检监察监督“五项机制”，初步构建起监督整改闭环，促进监督、整改、治理一体推进。结合工程建设、政府采购领域突出问题专项治理，对市建设局、交通运输局等6家单位开展巡察“回头看”，重点监督问题整改、责任落实、成果运用和工程建设政府采购领域突出问题专项治理工作进展等方面，督促被巡察单位履职尽责。

【“两个责任”】 2021年，市纪委监委协助市委制定《2021年吴忠市全面从严治党、党风廉政建设和反腐败工作主要任务分工方案》并监督落实，健全“三个清单”，综合运用谈心谈话、明察暗访、受理信访举报等方式，督促各级党组织和班子成员，认真履行主体责任和“一岗双责”，报请或者会同党委（党组）召开党风廉政建设专题会议65次，全市共问责落实“两个责任”不力党员干部29人。认真落实《中共中央关于加强对“一把手”和领导班子监督的意见》和自治区党委《实施办法》，做实做细近距离、常态化监督，通过线索处置、谈心谈话等方式对“一把手”和领导班子实行监督，给予“一把手”党纪政务处分10人。抓早抓小，主动约谈领导班子成员、重点岗位人员70人次，针对监督对象在思想、工作、作风等方面的苗头性、倾向性问题以及轻微违纪问题进行谈话提醒107人次。出台《吴忠市纪检监察机关党纪政务处分决定宣布工作办法（试行）》，开展对全市纪检监察机关处分决定执行专项检查，检查出5类39个问题，就22人违规领取政府效能奖、平时考核奖等问题，督促退回奖金189017元，纠正年度考核不合规2人。为15名受到失实检举控告的干部澄清正名，对273名受处分干部开展回访教育，激励干部担当作为，保护干事创业积极性。

【维护群众利益】 2021年，市纪委监委建立“我为群众办实事”实践活动任务清单，聚焦教育医疗、养老社保、住房保障等重点领域开展集中整治，通过制定一个整治方案、排查一批问题线索、解决一批突出问题、查处一批典型案件、公布一批整治成果的“五个一”措施，切实为群众办实事解难题，共开展专项监督检查12次，查处群众身边腐败和不正之风问题85起，处理159人，其中给予党纪政务处分40人。创新开展村（社区）“提级监督”试点，由市县两级纪委监委班子成员包抓全市35个人口多、资金相对富集的村（社区），建立专项督查工作台账、试点工作纪实、村（社区）“三资”动态监督工作台账，动态更新监督任务清单，开展专项监督检查43次，共发现基层制度漏洞、小微权力运行不规范等54项问题并及时反馈整改，着力破解基层监督难题。以惩治司法腐败为靶心，班子成员“包案”，对全市纪检监察机关办理的问题线索认真调度、核查，对办结的问题线索和案件视情提级复核、交叉复核，助推全市政法队伍教育整顿工作深入开展。全市纪检监察机关办结政法干警问题线索266件，立案56件67人，采取留置措施2人，给予党纪政务处分52人，移送司法机关1人，采取批评教育、诫勉谈话等方式处理131人。

【专项治理】 2021年，坚持“查改建”一体实施，督促各部门（单位）、各县（市、区）严格落实全面自查、重点检查、专项抽查、现场督查措施，健全完善“一标准一台账一报告”问题整改工作机制，狠抓建章立制，做到发现问题立查立改、即知即改、边改边建，实现“当下治”和“长久立”有机结合。全市共梳理2017年至2020年限额以上工程建设政府采购项目3867个，排查出存在问题项目2300个、涉及5635个问题，整改完成5259个，整改率93.33%，新建修订内控制度413项，推动全市营商环境持续向好。加大执纪执法力度，健全完善市纪委监委、市公安局与各行政监督部门问题和线索移送移交及会商研判等制度机制，确保高效处置。全市共受理工程建设政府采购领域问题和线索264件，立案115件，其中纪检监察机关处置问题线索105件，立案15件，给予党纪政务处分15人，移送检察机关3人；公安机关立案49件，抓获犯罪嫌疑人45人；行政监管部门立案51件，作出行政处罚51件，形成有力震慑。收集相关法律法规及典型案例，编制3期《专项治理学习教育读本》并印发600余册，为抓好专项治理提供学习和政策参考，此项工作得到了自治区专治办的充分肯定。制定印发吴忠市《关于开展全市粮食购销领域腐败问题专项整治工作实施方案》，成立专项整治工作协调小组，深入推进专项整治工作。聚焦主体责任和监管责任落实、仓储管理、资产管理、经费收支等重点环节，严格排查问题线索，推动市县两级自查问题20个，集中监督检查发现问题10个，督促严肃整改。市委主要负责同志在市专项整治工作协调小组《全区粮食购销领域腐败问题专项整治工作会议精神传达提纲及全市工作进展情况报告》上批示，对专项治理工作给予肯定。

【扫黑除恶】 2021年，市纪委监委常态化推动“打伞破网”，紧盯重点黑恶案件，建立健全市纪委监委班子成员联点包案、专案督导等工作机制，采取专项工作汇报、督导调研等方式，确保案件查深查透查到位。对马某某等5起涉黑涉恶案件开展“一案三查”，共立案37人，给予党纪政务处分17人，诫勉谈话、批评教育等方式处理45人，其中查处“保护伞”16人，处理10人（其中给予党纪政务处分7人，诫勉谈话3人）。

【体制改革】　2021年，市纪委监委建立“监督检查室+审查调查室+派驻（出）机构+县（市、区）纪委监委”协作区监督模式，对全市各县(市、区)、各部门(单位）划区监督，统筹调配监督力量，共开展协作41次，联合开展监督检查30次，发现问题196个，形成报告16篇，初核28件，立案7件。强化与巡察机构日常协作，常态化监督巡察发现问题整改。加强对机关纪委指导，制定《关于加强市直部门机关纪委建设的指导意见》《市直部门（单位）机关纪委监督执纪工作办法及文书规范（试行）》，为规范机关纪委履行职责提供制度支持。指导派驻机构创新监督方式，监督检查室分别联系各派驻机构，推动有形覆盖和有效覆盖相统一。充分发挥派驻机构“贴身”优势，各派驻机构列席党委（党组）会、部务会、室务会265次，提出意见建议81条，参加监督单位民主生活会或组织生活会238次，处置问题线索277件。扎实开展“案件质量提升年”活动，实施监督执纪执法“两督一评”，制定《吴忠市纪委监委审理人才库管理办法》，召开审理巡回研讨会，开展精品案件评选、职务犯罪案件“庭审观摩”“三书对照”活动，通过评查、观摩等提升案件质量。制定《吴忠市纪委监委涉案财物管理办法（试行）》，规范涉案财物查封扣押措施，定期核对涉案财物，规范涉案财物管理。

【自身建设】　2021年，市纪委监委扎实开展党史学习教育，积极参加共建社区疫情防控，通过青年纪检监察干部座谈会、“清风吴忠”讲堂、“五项能手之星”评比等活动，促进队伍思想政治素质和执纪执法能力“双提升”，市纪委监委被评为全区“七五”普法先进集体。在全市纪检监察系统开展“六查六看六提升”强化作风建设。市县乡全体纪检监察干部分层建立问题清单和整改台账，共制定措施1997条。强化内部监督，杜绝跑风漏气、失泄密等问题发生。加强纪检监察干部监督情况统计分析。严防“灯下黑”，全市处置纪检监察干部问题线索17件，办结17件，谈话提醒4人，作出书面检查6人。

民主党派

·中国国民党革命委员会吴忠市委员会·

【概　况】　2021年，民革吴忠市委会有党员166名、2个基层组织（利通区总支、青铜峡市委会）、7个基层支部、1个小组，党员以法律、农牧、医疗卫生等界别为主。

【政治建设】　2021年，民革吴忠市委会先后召开主委会、全委（扩大）会议，组织学习全国两会精神和习近平总书记“七一”重要讲话精神。聚焦庆祝中国共产党建党100周年，民革吴忠市委会及各基层组织通过线上线下相融合、走出去请进来相结合的方式，组织开展“学党史，办实事”系列活动，将学习“四史”与多党合作史、民革党史相贯通，并迅速围绕习近平总书记“七一”重要讲话精神掀起了学习热潮，累计征集主题征文、热议讨论、心得体会等10余篇。在吴忠市统战系统庆祝建党100周年座谈会上，以《坚守合作初心　继续砥砺前行》为题进行交流发言。在吴忠市统战系统学习习近平总书记“七一”重要讲话精神座谈会上以《一心向党　砥砺奋进》为题进行交流发言。

【建言资政】　2021年，民革吴忠市委会与民革宁夏区委会、吴忠市政协农业和农村委员会联合，聚焦吴忠市奶产业高质量发展，深入青铜峡市、利通区奶牛养殖企业开展调研，形成高质量的调研报告呈报市委。在吴忠市政协五届五次会议上，市委会集体提案立案9件，党员委员个人提案立案25件。民革吴忠市委会针对目前吴忠市奶产业发展面临的基础设施仍需完善、饲草料供需矛盾突出、专业技术人才紧缺队伍老龄化严重等问题，作了题为《关于吴忠市奶产业高质量发展的建议》的大会口头发言，詹小波作了《关于规范吴忠市家政服务业的几点建议》的即席发言，得到参会市委、市政府领导的共鸣和肯定。民革吴忠市委会提交的《关于加快推进吴忠市学前教育事业健康发展的建议》《关于规范基层行政执法的建议》《关于加快吴忠市黄河流域生态保护与治理的建议》《关于促进吴忠市制造业发展的建议》《关于大力加强普法工作 提升乡村治理法治化水平的建议》等8篇材料被列为大会书面发言，发言材料的质量和数量位列党派团体之首。《关于多措并举推动吴忠市农产品加工业高质量发展的建议》《关于促进物业管理行业健康发展的建议》《关于推进吴忠市巩固拓展脱贫攻坚成果同乡村振兴有效衔接的几点建议》《关于加强农村环境综合整治推进美丽宜居村庄建设的建议》等4件提案被确定为市政协重点督办提案。社情民意和宣传信息质量稳步提升。向民革宁夏区委会报送社情民意61条，向吴忠市政协报送社情民意62条，其中《交警清拖车辆应及时告知车主的建议》被自治区政协采用，《医疗机构污水排放监管的建议》《关于强化学校美育工作提升青少年综合素养的建议》等12篇社情民意被民革宁夏区委会采用。《关于莫让盲盒文具影响学生成长》等15条社情民意被吴忠市政协采用。撰写简报信息39篇，《宁夏民革》采用25篇，宁夏民革微信公众号采用36条。杨红英主委撰写的《不忘合作初心 继续携手前进》，入选民革中央“百年中国梦 风雨同舟情”征文作品。

【担当作为】 2021年，民革吴忠市委会及基层组织弘扬民革党内互助的优良传统，分别慰问退休民革老领导、老党员。民革吴忠市委会赴社会服务基地——红寺堡区新庄集乡沙草墩村小学，开展“扬帆起航”图书捐赠活动，共为红寺堡区3所小学、盐池县10所小学捐赠少儿课外图书共计201包，价值10余万元。青铜峡卫生支部主委、青铜峡市人民医院主治医师张勇，到邵岗卫生院做新冠疫苗接种医疗保障工作。利通区总支文教卫生支部联合利通区板桥乡文萃社区，在社区卫生服务站开展了庆祝“三八”妇女节义诊健康宣传活动。民革吴忠市委会组织文教卫生支部党员，在沙草墩村开展义诊活动，涉及内科、牙科、妇科等，免费测量血压、血糖、心电图等，向村民介绍有关饮食卫生、养生保健、老年病治疗等方面的知识，为村上50余人进行义诊，并发放了宣传材料100余份。党员马力娟结合该系统开展的“学党史、悟思想、办实事、开新局——医保服务质量提升年”活动，先后在利通区、青铜峡市、同心县进行医保政策宣讲系列活动。

【法律宣传】 2021年，青铜峡市民革委会法律支部在邵岗镇连湖社区免费开展“法律明白人”知识培训，党员薛磊参与了由青铜峡市4家律所组成律师团“送法进商会”暨民企“法治体检”活动。青铜峡市委会社会支部副主委、大坝司法所所长张静走进大坝电厂社区，开展普法宣传活动。民革利通总支社会法制支部联合文教卫生支部、农牧科技支部并邀请吴忠市司法局及4家律师事务所到阳光娇子社区为居民讲解民法典，开展法律咨询宣传活动。

·中国民主同盟吴忠市委员会·

【概　况】 2021年，民盟吴忠市委会深入学习贯彻落实中共十九大和十九届四中、五中、六中全会精神，习近平总书记系列重要讲话精神及视察宁夏重要讲话精神，民盟中央十二届四中全会精神，自治区党委和吴忠市委全会精神，围绕提升“五种能力”、践行“四新三好”要求，团结带领全体盟员，紧紧围绕地方经济社会发展大局，在参政议政、建言献策、服务大局上履职尽责，在发挥优势、担当使命、服务群众上彰显特色。巩固主题教育活动成果，以“政治坚定、组织坚实、履职有力、作风优良、制度健全”为自身建设目标，努力加强自身建设，认真履行参政党职能，扎实做好换届工作。

【组织建设】 2021年，民盟吴忠市委会以推进新老交替、加强组织建设为目标，圆满完成了青铜峡市委会、利通区总支、吴忠回中支部、学院支部、盐池县支部及市直支部的换届工作，基层组织领导班子的年龄、文化和专业结构得到进一步改善。民盟吴忠市第五届委员会领导班子职数和委员人数与上届规模持平，由11人组成，其中主委1名、副主委3名、秘书长1名、委员7名。为充分体现民盟的教育界特色，在市委会班子中安排了1名教育界别领导班子成员、35岁以下后备干部1人，保持合理的年龄、民族、知识、专业和性别结构。2021年，有4名盟员被选进县区班子成员。

【社情民意】 2021年，民盟吴忠市委会共向民盟宁夏区委会提交社情民意信息20多件，向市政协提交社情民意信息8件，其中，“加快布局‘互联网＋充电桩’”被区政协采用。4月，组织盟员参加民盟宁夏区委会举办的“反映社情民意信息员综合能力提升培训班”进行专题培训学习。5月17日，联合市委统战部在贵州省遵义市委党校举办全市党外代表人士“重温光辉历史、发扬光荣传统、坚定合作初心、提升履职水平”主题教育培训班。开展“金点子”征集活动。组织盟员开展“我为黄河流域生态保护和高质量发展先行区建设建一言献一策”社情民意征集活动，提高盟员参与率。加强信息宣传工作。编发《吴忠盟讯》30期，多篇信息在民盟中央、自治区网站、《宁夏盟讯》、宁夏民盟微信公众号刊发。

【参政议政】 2021年，民盟吴忠市委会积极履行参政议政、建言献策职责，积极参加市委、市政府、市政协召开的座谈会、通报会、征求意见会及其他会议，就经济建设、社会发展和其他重大问题，提出许多建设性意见。成立调研组，针对盐同红集中连片区乡村教育情况，以乡村幼儿园、小学、初中为调研对象，以师资、教学、硬件设施、乡村学校营养餐计划落实、学生入学、心理咨询工作为调研内容，采用听汇报、实地走访、座谈交流的调研方式，先后到盐池县、同心县、红寺堡区部分乡村学校，深入了解了乡村教育现状，就乡村教育如何实现高质量发展开展调研，形成调研报告。注重发挥担任人大代表、政协委员盟员的作用，利用地方两会平台，发出民盟的声音，发表民盟的见解，提高民盟的声誉。为了充分调动盟员参政议政的积极性，民盟吴忠市委会每年召开提案工作专题会议，通报全市重点工作、重大项目和重要民生工程，为盟员提供提案线索，对盟员撰写的提案进行讨论完善后提交。向市政协提交大会发言材料5件、集体提案10件、委员个人提案28件，3件提案被市政协确定为重点提案。向民盟宁夏区委会上报提案34件。社情民意“加快布局‘互联网＋充电桩’”得到自治区领导批示。

【社会服务】 2021年，民盟吴忠市委会开展社会服务活动。在“六一”国际儿童节之际，民盟吴忠市委会、民盟利通区总支为燕宝小学捐赠价值5000元的体育用品；民盟青铜峡市委会向青铜峡市三中捐赠价值3000元的图书，充实学校的图书室，支持学校开展“阅读强智”工程，为打造书香校园，健康校园献上一份爱心；民盟盐池支部组织盟员到青山乡小学社会服务基地，与学校共同举办“童心向党 致敬百年路 礼赞新征程”主题教育活动，庆祝“六一”儿童节。疫情防控期间，民盟吴忠市委会及时号召盟员在思想上行动上与党委、政府保持一致，充分利用QQ群、微信群，及时推送倡议书、防疫知识、盟员在防疫一线的先进事迹、各类疫情防控等作品，加强宣传引导。共撰写宣传信息13篇，2篇文章分别在《宁夏统一战线》《华兴时报》刊发。发挥民盟主界别优势，全力以赴为孩子们准备好每一节网课。搭建起网络教学“云课堂”，开展线上教学、课业指导，保障疫情防控期间“停课不停教、停课不停学”。做好巩固拓展脱贫攻坚成果同乡村振兴有效衔接。按照市委对扶贫和乡村振兴工作的要求，不定期到红寺堡镇新集村入户，了解被帮扶3户建档立卡贫困户的生产生活情况，及时将各种帮扶优惠政策宣传到户。

【自身建设】 2021年，民盟吴忠市委会以开展党史学习教育为契机，紧紧围绕学懂弄通做实党的创新理论，坚持学习中共党史与学习新中国史、改革开放史、社会主义发展史、多党合作史、民盟盟史和统一战线史相贯通，以学史明理、学史增信、学史崇德、学史力行为目标，积极开展“十个一”活动，先后举办了庆祝中国共产党建党100周年、中国民主同盟建盟80周年座谈会，开展了庆祝民盟成立80周年摄影展、“我与民盟”征文等活动，组织盟员积极参加自治区党委统战部、民盟宁夏区委会、市委统战部庆祝建党100周年活动，共报送文艺节目1件、书画作品6件、摄影作品12件，征集文章3篇。

·中国民主建国会吴忠市委员会·

【概　况】 2021年，民建吴忠

市委会有会员138人，下辖利通区总支和市直工委，有7个支部、1个小组。

【思想建设】　2021年，民建吴忠市委会组织会员积极参加市委统战部开展的党史学习教育、统战理论方针政策等专题学习和红色革命传统教育等系列活动，会员宋鸣的《水调歌头游泳》荣获书法作品类一等奖，民建会员青年歌手马晓燕出版《跟党走》经典歌曲专辑。扎实开展“读书月”活动，民建吴忠市委会《搭建“民建之家”凝聚助力脱贫攻坚合力》获得2020年度全区统战工作实践创新成果获奖篇目，《重大突发公共卫生事件中宗教事务管理探析》获得2020年度全区统战理论政策研究创新成果三等奖，民建吴忠市委会在2020年度各民主党派市委会效能目标管理考核中被评为二等奖。

【组织建设】　2021年，不断拓展支部活动内容，先后开展了民建基层支部和中共基层支部结对共建活动，年内顺利完成换届工作，全年共发展4名入会积极分子，为民建吴忠市委会的整体素质提高储备人才。年内，先后选派14名会员参加2021年新任科级干部培训班、第二期民建中央新生代企业家民建优良传统传承培训班、民建宁夏区委会举办的党史会史学习教育培训班等。按照《自治区党委统战部关于转发各民主党派中央关于建立健全领导班子民主生活会制度的通知》和《民建吴忠市委会领导班子民主生活会实施方案》要求，市委会召开2021年度民主生活会。同时，在县区换届中，马春梅主委当选为吴忠市红寺堡区政协副主席，鲍菊艳副主委当选为盐池县副县长，马瑞被利通区委任命为利通区统计局局长。

【议政建言】　2021年，参加自治区政协会议的委员共向大会提交提案2件，均被立案。在五届六次人代会上提交大会议案3件。在市政协五届五次会议上向大会提交提案30件、立案30件，占提案审查委员会收到提案立案的11%。何坤平委员代表民建吴忠市委会就《关于加强黄河吴忠过境段生态保护的建议》作了大会发言，陈斌代表民建界别委员就《关于规范住宅小区停车位配建标准　切实解决停车难问题的建议》作了大会即席发言。本次政协会议提案被列为本年度重点提案有11个，民建界别有5个，其中，民建吴忠市委会提交的《关于创新社区治理、提高社会治理水平的建议》被列为市委书记沈左权督办的一号重点提案，陈斌委员提交的《关于加大吴忠市农业品牌建设力度的建议》被列为市长喜清江督办的2号重点提案，陈斌委员提交的《关于培育新型职业农民，巩固拓展脱贫攻坚成果方面的建议》被列为市政协副主席李焕民督办的5号重点提案，江爱玲委员提交的《关于推进吴忠市黄河文化旅游带建设的建议》被列为市政协副主席马骞督办的6号重点提案，陈斌委员《关于推进吴忠市现代纺织业发展的建议》和民进市委会并案被列为市政协副主席孙亚东督办的11号重点提案。2021年，完成《关于罗山生态环境保护调查研究的报告》和《关于红寺堡区产业转型情况的调研报告》2个专题调研。《关于加强黄河吴忠过境段生态保护的建议》获沈左权书记批示，并在《吴忠工作研究》刊登。民建吴忠市委会共向民建宁夏区委会、市政协编发社情民意信息24期，部分被自治区政协、民建宁夏区委会和市政协采用。

2021年6月，民建吴忠市委会组织开展优化营商环境调研

【社会服务】 2021年，会员围绕乡村振兴、疫情防控等工作继续办好青铜峡市e万孤残儿童资助项目，争取中华思源工程在吴忠市第二中学开设1个“思源·佑华教育移民班”。会员牛华平、高美兰、魏冬捐款6000元支援河南省防汛救灾工作；盐池会员小组副主委刘铠源捐赠7500元；入会积极分子赵鹏宏捐赠7500元，看望慰问透析患者；司法教育支部主委杜建霞创办“吴忠文明大讲堂”，被市委宣传部评为2021年“优秀宣讲品牌”；主持人杜建霞荣获2021年“优秀宣讲员”称号。助力坚决打赢疫情防控阻击战，食明轩饭店应防疫办和机关食堂请求又派出6名厨师会同食堂工作人员帮厨为防疫隔离人员每天烹制快餐6000份左右，民建之家、牛华平、陈斌、马建兴、张汉勇、赵瞻等共计捐款捐物价值55.5万元，充分体现了民建和工商联经济界别高度的责任与担当。

·中国民主促进会吴忠市委员会·

【概　况】 2021年，民进吴忠市委会坚持以习近平新时代中国特色社会主义思想为指导，将巩固“不忘合作初心，继续携手前进”主题教育成果和开展党史学习教育相结合，深入开展庆祝中国共产党成立100周年活动，认真学习党的十九届六中全会精神，以反映社情民意信息主题年为抓手，团结带领广大会员，提高政治站位，加强自身建设，积极履职尽责。民进吴忠市委会获得民进中央民主监督脱贫攻坚先进集体和民进全国反映社情民意信息工作先进集体称号。

【思想政治建设】 2021年，民进吴忠市委会扎实开展党史学习教育，持续深入学习习近平新时代中国特色社会主义思想，筑牢“不忘合作初心，继续携手前进”的思想根基。组织会员参加民进宁夏区委会举办的思想政治能力提升培训班和市委统战部举办的党外代表人士能力提升培训班。共选派35名会员外出参加专题培训学习，促进会员深入系统学习习近平新时代中国特色社会主义思想和中共十九大精神。选派会员参加各民主党派庆祝中国共产党成立100周年演讲比赛；组织会员参加区、市统战系统书画展，选送书画摄影作品7件。开展“我与民进”征文活动，征集会员文章14篇。注重“统战话语”“民进中央”“宁夏民进”微信公众号的宣传引导阵地作用，编写工作简报28期，有17篇分别在民进中央和宁夏民进网站刊发，全方位、多渠道宣传吴忠民进。

【参政议政】 2021年，吴忠市两会期间，民进吴忠市委会向大会提交集体提案10件、委员提案10件，提交大会发言4篇。其中《保护传承弘扬黄河文化　推动黄河文化传承彰显区建设》的大会发言进行现场交流，《大力发展集体经济　助推乡村产业兴旺》《抓调控　稳预期　推进全市房地产高质量发展》《关于推进吴忠市城乡融合发展的几点建议》等3篇大会发言作为书面发言材料进行交流。《关于加强吴忠市食品安全监管的建议》和《关于推进吴忠毛纺织产业园发展的建议》获选重点提案，由市领导牵头督办。向自治区政协提交提案10件，其中《关于大力推进家校合作共育全面助力教育发展》《关于改进中南部地区农村义务教育段学校学生营养早餐》2件提案被自治区政协评为优秀提案，获得通报表扬。年内，向市政协上报社情民意信息13条，向民进宁夏区委会上报25条，被民进中央评为“反映社情民意信息先进集体”。按照自治区政协专题协商会议的安排，市委会承担“我区数字化推动奶产业高质量发展”调研课题，形成《关于加快产业数字化建设，助力奶产业高质量发展的建议》调研报告并提交民进宁夏区委会。调研报告转化为提案被区、市政协立案，同时被《吴忠工作研究》采用。围绕市委下达的重点调研课题任务，前往同心县、盐池县、红寺堡区进行实地调研，认真形成调研报告。

【自身建设】 2021年，民进吴忠市委会进一步优化班子结构，选举产生了民进吴忠市第五届委员会委员11名（11名委员平均年龄46岁，其中女性6人，占54%；大学学历9名，占81.8%，研究生学历2人，占18.2%；教育界别3名，占27.3%）、主任委员1名、副主任委员3名。积极开展市、县两级班子换届工作。集中抓新会员入会教育，开展新会员集体谈心谈话活动，组织新会员入会仪式，建立新老会员结对帮助制度，开展会史专题辅导。

【社会服务】 2021年，民进吴忠市委会开展辛丑年“春联万家·奋进新征程”活动，组织书画界会员书写春联，向利通区高闸镇、红寺堡弘德村和叶盛地三村群众送春联400副、“福”字200张。持续开展“同心彩虹、支教助农”品牌活动。9月，民进吴忠市委会带着爱心人士捐赠的100余双秋季鞋到红寺堡社会服务基地。12月，民进吴忠市委会联合民进宁夏区委会和民进宁夏回族自治区人民医院支部到利通区扁担沟镇渔光湖村开展送医送药义诊活动，让老百姓在家门口享受到三甲医院的优质医疗服务，共接待群众120人次，免费发放了价值7000余元的常用药品。会员企业宁夏永进健康产业公司采用托管的方式，免费为建档立卡贫困户提供优质幼鸡苗、建设养殖围栏，签订协议回收枸杞鸡，保证建档立卡贫困户的收益，该事迹获民进中央表彰，总经理李娟获得“民进全国社会服务暨脱贫攻坚工作先进个人”称号。积极投身疫情防控，共有20余名会员参与核酸检测、隔离区域防控、社区志愿服务等。

·中国农工民主党吴忠市委员会·

【概　况】 农工党吴忠市委会有党员145人，其中博士1人、研究生3人、本科67人。下辖1个总支4个支部、1个党小组。2021年，农工党吴忠市委会坚持以习近平新时代中国特色社会主义思想为指导，着力加强思想、组织、制度和领导班子建设，围绕市委、市政府决策部署和中心工作，在凝聚共识和建言资政上双向发力，圆满完成各项工作任务。农工党吴忠市委会分别获得农工党中央“脱贫攻坚工作先进集体”、农工党宁夏区委会“先进集体”荣誉称号。

【思想政治建设】 2021年，农工党吴忠市委会扎实开展中共党史学习教育，认真学习习近平总书记重要讲话精神、全国两会、农工党中央、自治区及吴忠市重要会议精神。农工党吴忠市委会主要领导代表各民主党派、无党派、工商联在全市庆祝中国共产党成立100周年座谈会的发言《风雨同舟荣辱与共　谱写多党合作事业新篇章》，在《吴忠研究》全文刊登。组织党员赴盐池县革命烈士纪念馆开展“缅怀革命先烈、追寻红色记忆”中共党史学习教育现场教学活动；号召党员立足本职，以学中共党史为契机为群众办实事。积极开展“中国农工民主党与中国共产党肝胆相照、荣辱与共——庆祝中国共产党成立100周年”理论征文活动，其中7篇在农工党宁夏区委会网站刊登。组织党员参加“风雨同舟、携手前进”书画摄影作品征集活动，魏龙祥、马荣摄影作品《丰收》《无影灯下的绿衣人》分获全市统战系统书画摄影作品评比三等奖和优秀奖。农工党吴忠市委会通过开展文艺会演、演讲比赛、理论征文等系列庆祝活动，教育引导广大农工党员坚定不移传承和弘扬农工党爱国、革命、担当、奉献的优良传统，坚定不移接受中国共产党的领导。持续为党员订阅农工党中央期刊《前进论坛》，为“党员之家”订阅《人民日报》《人民政协报》等报刊，为党员学习宣传提供条件。依托农工党中央和农工党宁夏区委会网站、微信公众号、期刊等宣传平台，加大对履职成果和先进典型的宣传力度。

【参政议政】 2021年，农工党吴忠市委会围绕党委政府重视、社会关注、百姓关心的热点和难点问题，扎实开展调研工作。完成市委点题重要调研课题“吴忠市推进市域社会治理现代化情况”的调研，联合农工党宁夏区委会对吴忠市、畜禽粪污资源化利用情况、县域医共体建设情况进行调研。完成《加强民族政策实施效能评估，铸牢中华民族共同体意识的思考及建议》《关于吴忠市促进农业节水增效，推动现代农业高质量发展的调研报告》等7篇调研报告，调研报告《关于挖掘吴忠黄河文化遗产资源，推进黄河文化旅游带建设的思考》在《宁夏统一战线》刊登，《推进市域治理现代化的研究与思考》获全市统战理论成果评比一等奖。向农工党宁夏区委会提交的《推进我区服务业高质量发展》等4篇大会发言被自治区政协十一届四次会议书面发言采用；3件提案被自治区政协立案；提案“加强品牌建设提升葡萄酒产业区域竞争力”被自治区政协评为优秀提案。向吴忠市政协五届五次会议上提交集体并案10件，其中《推进吴忠市巩固拓展脱贫攻坚成果同乡村振兴有效衔接的建议》《推进吴忠黄河文化旅游带建设的建议》等被列为重点督办提案；提交大会发言5篇，《促进吴忠市巩固拓展脱贫攻坚成果同乡村振兴有效衔接》作大会口头发言；《加快推进吴忠市“互联网+医疗健康”发展的建议》等4篇作大会书面发言；向农工党宁夏区委会和吴忠市政协提交社情民意信息20余条，将新建和改造高速公路中间隔离带使用可移动隔离墩、保障群众温暖过冬面临的困难问题及对策等多条建议被区、市两级政协采用。受聘担任特约监察员、特邀监督员的农工党员，认真履职尽责，参加有关监督、检查、评议工作，具体监督聘请单位贯彻执行法律法规和政策措施、履行工作职责、完成重点任务、窗口服务工作质量和办事效率等情况。深入基层，倾听民声，积极参与党风、政风、行风评议和视察活动，提出建设性意见，受到了各单位的好评。

【社会服务】 2021年，农工党吴忠市委会依托“爱心启航”医疗志愿服务项目，开展社会服务活动。志愿服务队的医疗专家围绕心肺复苏及气道梗塞急救、中老年人健康、弘扬抗疫精神等方面，分专题为老年大学300名学员开展3场健康知识讲座。志愿服务队走进吴忠市康乐养老服务中心，为养老中心全体护理人员开展心肺复苏实践操作培训，为50多名老人开展健康知识讲座及义诊活动；为盐池县王乐井乡80多名群众开展慢性病管理专题讲座。“中国环境与健康宣传周”期间，组织党员分别走进红寺堡区红寺堡镇创业社区、利通区金积镇丁家湾子村，为200多名群众就如何预防和控制高血压、白内障的治疗和预防、慢性鼻窦炎的治疗和预防等内容举办健康知识讲座，并为群众进行健康义诊。依托服务基地，联合农工党宁夏区委会在红寺堡区开展大型义诊活动。活动共接诊门诊患者287人次，开展手术示教8台次，开展疑难病历讨论2场次；举办“创伤急救相关知识”等4个专题讲座，开展科室内讲座4场次，共计培训红寺堡区医护人员236人次。活动使得广大移民群众在家门口就能享受到专家的优质医疗服务，同时进一步提升了红寺堡区人民医院医务人员的理论水平和业务技能，为促进红寺堡区人民医院学科发展起到重要的推动作用。市委会争取到农工党中央和中国初级卫生保健基金会的全自动核酸提取仪紧急捐赠项目，向吴忠市捐赠了13台全自动核酸提取仪，共计价值130万元；捐赠了价值8000元的消毒液。以实际行动为疫情防控工作作出积极贡献，彰显了农工党的责任与担当。

【组织建设】 2021年，根据《中国农工民主党章程》和《农工党宁夏区委会关于做好地市级组织、区直工委、中卫市总支换届工作的意见》要求，市委会积极请示区委会、主动与市委统战部多次沟通协商，为市委会增加了1名副主委、2名委员职数，将市委会规模扩大为班子成员1正、3副、11名委员。换届后，五届市委会11名委员平均年龄44.5岁，研究生学历3人，高级职称4人。新一届班子结构更加优化。依托“党员之家”建设，支持基层组织开展创优活动，增强了广大党员的身份意识和责任意识，增强了基层组织凝聚力和向心力，促进了党员学习及组织活动质量的提升。利通区总支、医院支部被农工党宁夏区委会授予“先进基层组织”荣誉称号。

【自身建设】 2021年，农工党吴忠市委会认真贯彻落实《各民主党派中央关于加强内部监督工作座谈会纪要》精神，筹备成立农工党吴忠市监督委员会，组织党员学习《中华人民共和国监察法》《中国农工民主党纪律处分办法（试行）》等法规条例，参加区委会、市委统战部廉政警示教育活动，常态化开展廉洁风险预警提示活动，提高广大党员的廉洁自律意识。主委杨爱琴代表农工党在全区党外人士廉政建设座谈会上作交流发言。严格政治标准、质量标准，聚集主体界别，把好党员发展入口关，全年从医药卫生界发展4名新党员，从其他界别发展了1名党员；提升代表人士队伍质量，推荐1名党员到乡镇挂职锻炼，协调推荐5名党员为新一届市人大代表、13名党员为政协委员，3名党员当选市政协常委；1名党员当选吴忠市政府副市长，1名当选盐池县人大常委会副主任，代表人士规模创历史新高。组织党员50余人次参加各级各类培训，有效提升党员素质能力。鼓励并支持党员立足本职建功立业，为农工党增光添彩，党员常海强被评为“宁夏好医生”。

·九三学社吴忠市委员会·

【概　况】　2021年，九三学社吴忠市委员会带领全体社员，以习近平新时代中国特色社会主义思想为指导，紧扣市委、市政府中心工作，不断加强自身建设，积极发挥参政党作用，经过一年努力，在思想政治、参政议政、组织建设等方面取得了一定成绩。

【思想政治建设】　2021年，九三学社吴忠市委员会以庆祝中国共产党成立100周年为主线，以开展中共党史学习教育为抓手，深入学习中共党史、新中国史、改革开放史、社会主义发展史和多党合作史，学习习近平总书记"七一"重要讲话精神，准确把握精神实质，做到学史明理、学史增信、学史崇德、学史力行。深入持续学习九三学社宣言、社章社史、先贤事迹，贯彻九三学社中央及九三学社宁夏区委会关于组织建设相关文件，着力提升班子成员的政治判断力、政治领悟力和政治执行力。认真学习九三学社中央及九三学社宁夏区委会理论政策研究成果，完成《关于新时代民主党派思想政治建设的思索》《论新时期多党合作一致性与多样性的和谐共存》2篇思想理论文章，为加强自身建设夯实思想基础。

【参政议政】　2021年，九三学社吴忠市委员会贯彻新发展理念，紧扣市委、市政府中心工作和重大决策部署，定期列席市委常委会会议、政府常务会，聚焦奶产业、科技创新、社区治理、停车难等重点热点问题，重大决策事项提出意见建议。2021年自治区两会期间，提交大会发言4篇、集体提案10件、个人提案9件。其中《牢记嘱托抢抓机遇　促进吴忠葡萄酒产业高质量发展》在大会作口头发言，《夯基础补短板强弱项　以科技创新助力全市经济社会高质量发展》《稳中求进推进吴忠奶产业高质量发展》作书面交流。聚焦文旅融合、优势特色产业、巩固拓展脱贫攻坚成果同乡村振兴有效衔接、住房保障等重点内容开展调研，形成了《吴忠市黄河文化和旅游融合发展调研报告》《关于我区"互联网+农业发展"现状调研报告》《红寺堡脱贫移民区典型经验总结》《关于我区公共租赁住房发展现状及有关问题的调研报告》等4篇调研报告，并将调研成果转化为提案建议，提交市政协六届一次会议。

【自身建设】　2021年，九三学社吴忠市委员会圆满完成换届工作，成立了监督委员会。按照九三学社中央机关规范化建设要求，对照制度建设、发文处理、运转规范、档案管理、用语规范和机关能力建设等检查指标务，修订完善了九三学社市委会《全委会议工作规则》《主委会议工作规则》《主委办公会议工作规则》等12项制度，市委会机关规范化建设工作获九三学社宁夏区委会表彰，专职副主委牛金云被授予市级组织机关规范化建设工作先进个人。组织社员参加全市统战系统庆祝建党100周年文艺演出、书法美术摄影展，春节期间对退休社员进行慰问；三八妇女节、重阳节等传统节日，组织社员开展插花、心理健康讲座和座谈等活动，年内编发工作信息30期。

【社会服务】　2021年，九三学社吴忠市委员会全力助力疫情防控工作，医卫支社社员在医疗救护、基础预防等岗位上积极发挥作用，机关支社20余名社员下沉社区一线开展志愿服务。联合社员企业向吴忠市新区医院、青铜峡市人民医院、大坝卫生院、小坝卫生院等基层卫生部门捐赠价值3万元的抗疫物资。联合吴忠中学、青铜峡高级中学在红寺堡一中开展了同课异构教研活动。联合吴忠市农业农村局，针对红寺堡区红阳村、同心县韦一村农户提出的肉牛、肉羊养殖过程中育肥慢、抗病能力差、饲草料单一等问题，邀请利通区养殖场技术指导丁林军为农户答疑解惑。在古城镇怡园社区和玉静果蔬专业合作社挂牌成立了九三学社吴忠科普服务基地，同时组建科普志愿服务队。在怡园社区围绕家庭教育、医疗健康、文化艺术等方面，开展"建设美好家庭 弘扬优良家风""北宋时期的经济社会"等线上活动，在玉静果蔬专业合作社开展果树栽培技术指导2次。

群众团体

·吴忠市总工会·

【概　况】　吴忠市总工会下辖3个区、2个县、3个开发区（工业园区）总工会，有工会基层组织1958个（联合工会58个），基层工会涵盖单位4664个，会员16.43万人。2021年，吴忠市总工会深入学习贯彻习近平总书记视察宁夏重要讲话精神，紧紧围绕市委、市政府中心工作，扎实开展党史学习教育，成功创建模范机关达标单位。推荐评选市级以上劳模83人，举办全市职工合唱大赛、演讲比赛等50余场，开展滩羊产业、葡萄采摘等劳动和技能竞赛33场次，救助困难职工子女110人。新建工会组织132家，发展工会会员9936人。持续推进“三强九严”工程，成功创建“模范机关”达标单位和“五星级党组织”。

【党史学习教育】 2021年，市总工会贯彻落实中央、自治区党委和市委部署要求，紧紧围绕学史明理、学史增信、学史崇德、学史力行的目标要求，多措并举，扎实推进学党史、悟思想、办实事、开新局各项工作，开展党史集中学习27次、专题研讨交流8次，撰写体会和交流材料112篇。举办喜迎中国共产党成立100周年“劳动者之歌”合唱大赛。聚焦服务职工，在高效务实中办实事解难题，围绕全市“9+1”重点产业，开展滩羊产业、葡萄采摘等劳动和技能竞赛33场次，参与企业职工3863人次。紧紧围绕“维护职工合法权益、增进职工福祉、改善职工生活品质”主题，紧扣“十四五”规划、区市“重点特色产业发展”等决策部署，积极探索工会业务调研课题，多篇调研文章在《中国工运》《宁夏工运》等刊物发表。

【“劳动者之声”宣讲品牌】 2021年，市总工会围绕党史学习教育，结合劳模实际，面向基层工会干部、企业职工，深入基层一线开展“菜单式”、面对面、互动式宣讲活动。针对职工多样化需求，开展全方位、多角度宣讲活动近30场次，在大力弘扬劳模精神、劳动精神、工匠精神中唱响新时代“好声音”。围绕党的十九届六中全会精神、铸牢中华民族共同体意识等主题开展宣讲活动。

2021年8月27日，吴忠市总工会举行“金秋助学”助学金发放仪式

【“新就业形态劳动者”入会专项行动】 2021年，市总工会在宁夏吉送通城乡物流配送有限公司举办“新就业形态劳动者入会集中行动”启动仪式，货车司机、快递员、外卖配送员等100名新就业形态劳动者代表参加了启动仪式。全市各级工会组织以此次启动仪式为契机，进一步加大工作力度，通过启动“入会快捷键”、畅通“建会直通车”、织密“工会组织网”、建设“职工新家园”等措施，把新就业形态劳动者吸引到工会中来，团结带领他们为全市经济高质量发展建功立业。截至2021年底，全市召开新就业形态劳动者集中入会专项行动5场次，将货车司机、快递员、外卖配送员等2000多名新就业形态劳动者吸纳到工会组织中，并为748名货车司机、快递员、网约送餐员进行了免费健康体检。全市企业建会率和新就业形态劳动者入会率显著提升，新建工会132家，发展会员9936人。

【厂务公开】 2021年，市总工会推动企事业单位厂务公开民主管理建制扩面、提质增效。截至2021年底，吴忠市有建制（建立厂务公开职代会制度）企业812家（国有及控股企业57家，集体企业7家，非公企业748家，百人以上非公企业105家），建制事业单位288家。57家建会国有及控股企业和7家建会集体企业厂务公开和职代会建制率均达

2021 年 9 月 18 日，吴忠市总工会在吴忠市金属物流园吉送通公司启动新就业形态劳动者入会集中行动

100%；748 家非公企业建立厂务公开制度和职工(代表)大会制度，建制率均达 90%；105 家百人以上非公企业厂务公开和职代会建制率均达 95%；288 家事业单位建立厂务公开和职工（代表）大会制度建制率达 100%。国有及控股企业厂务公开民主管理制度规范化建设率超过 80%，非公企业厂务公开民主管理制度规范化建设率超过 70%。全市已建立职工董事制度的公司制企业 22 家，已建立职工监事的公司制企业 30 家。开展创建厂务公开民主管理示范单位活动，推荐申报全国厂务公开民主管理先进单位和示范单位 3 家、自治区厂务公开民主管理示范单位 9 家。

【爱心托管班】 2021 年，市总工会针对部分双职工家庭子女下午放学后没时间接、无人照看等问题，将推进校内课后服务纳入为民办实事，通过项目化方式培树示范点。推荐申报的吴忠市利通街第一小学、吴忠市朝阳小学被评为“自治区级工会爱心托管班”。命名吴忠市盛元小学“四点半课堂”等 5 个课后服务班为“吴忠市级工会爱心托管班”。全市共开办工会爱心托管班 17 个，开设班级 31 个，服务学生 1027 人。

【工会普惠商城】 2021 年，市总工会联合吴忠中小微企业创业投资有限公司打造工会普惠商城，面向全市广大职工开展普惠优惠活动。工会普惠商城上架 1000 余种商品，工会会员在工会普惠商城可享受八折优惠，部分产品享受七五折优惠。春节前夕，工会普惠商城开展普惠大礼包活动，普惠礼包以市场价的八折给予会员优惠，同时，按普惠礼包金额 10% 发放优惠券，此优惠券可以在普惠商城消费。

【全国“五一劳动奖”推荐评选】

2021 年，推荐吴忠仪表有限责任公司参评全国五一劳动奖，推荐宁夏汇达阳光生态酒庄有限责任公司生产部为全国工人先锋号。发挥劳模示范引领作用，新建吴忠市劳模创新工作室 10 家。李海洋劳模创新工作室、刘惠银劳模创新工作被命名为 2021 年自治区劳模和技能人才创新工作室。开展“劳模聚服务活动”30 场次，直接或间接服务职工群众 3800 人次。

2021 年 6 月 4 日，吴忠市总工会组织劳模郭自立深入恒丰纺织公司开展“学党史、争先进、永远跟党走、奋进新征程”巡回宣讲活动

【自身建设】 2021年，吴忠市总工会严格组织制度，推进“三强九严”，落实“三会一课”、组织生活会、民主评议党员等制度，推进政治机关建设。以“党建6+”为抓手，扎实开展“基层党建全面提升年”行动，教育引导党员干部始终把对党忠诚作为首要政治原则、政治本色、政治品质，用“党员积分制”推动形成创先争优的良好氛围。认真落实在职党员和退休党员“一对一”联系机制，加强对退休党员的关心关怀，强化“双报到双服务”，激发党员发挥先锋模范作用，持续推进党支部标准化规范化建设，巩固模范机关创建成果。2021年4月，被市直机关工委评为“五星级党组织”。

·中国共产主义青年团吴忠市委员会·

【概　况】 2021年，共青团吴忠市委全面落实自治区团委和市委工作部署，自觉承担党的助手和后备军职责，强化思想引领，围绕发展大局，提高服务能力，锐意改革创新，坚持从严治团，团结带领广大团员青年在建设先行区、创建示范区中贡献吴忠青年力量。

【青少年党史学习教育】 2021年，团市委面向机关、基层、社会三大领域青少年，紧扣四方面学习内容，实施好四项行动，引导全市126个团（工）委、2420个团（总）支部开展党史学习教育，做到100%全覆盖，以点串线、以线成面，引导团员青年厚植爱党、爱国、爱社会主义的情感。围绕讲党的科学理论、讲“四史”和团史、讲国情区情市情形势政策、讲青春榜样故事四大中心内容，培育“青年讲师团”“红领巾讲师团”“黄河少年”“风华”“繁星”等一批青少年宣讲品牌，举办习近平总书记“七一”重要讲话精神、党的十九届六中全会精神、“传承党的百年光辉史基因、铸牢中华民族共同体意识”等主题宣讲120场次，受众1.3万余人。“强国吴忠青年说”等5个青年宣讲品牌获评吴忠市2021年优秀宣讲品牌。开展“传承红色基因”红色研学、红色地标寻访、红色文创、争当红色小小讲解员、“兰花精神传承”、“我和党旗团旗合影”、五四青春诗会等活动170余场次，参与6万余人次，让广大青少年在实践活动中了解党的历史、增进爱党之情。发挥“向上向善好青年”等示范作用，运用讲、看、唱、创等灵活学习载体，发布“黄河少年说”等短视频60余期，不断增强学习教育吸引力和感召力，引导广大青年传承红色基因、赓续红色血脉。

【青年志愿服务活动】 2021年，团市委常态化开展文明城市创建、“爱在社区”等志愿服务，针对春运、2021大西北早茶美食文化节招募、培训志愿者400余名。扶持“黄河护卫队”等5个社会组织和“保护母亲河·争当河小青”等5个志愿服务项目，开展“保护母亲河”研学游、净滩行动等活动78场次，充分展现吴忠市青年志愿者风采。构建“人员分配、物资捐赠、心理互助”3个闭环工作机制，招募青年志愿者3005名，成立61支青年志愿者突击队、青年文明号服务队，在285个防疫站点开展志愿服务，募集14.5万元防疫物资并组建“爱心车队”，开通心理援助志愿服务热线，招募43名专家提供心理慰藉和情绪疏导184人次，让团旗在疫情防控一线始终高高飘扬。

【助力产业发展】 2021年，团市委围绕吴忠市“9+1”重点特色产业，搭建伊利牧场、西鸽酒庄、宁夏聚义祥养殖专业合作社、红寺堡区鹏翔养殖场等青年创业就业基地4个，培育打造吴忠农业科技园区“大槐树”、红寺堡区“宁百鲜农牧”、青铜峡市“宁夏甘麓酒庄”、同心县“韦州镇万头肉牛养殖”等特色青创农场12个，命名了聚焦废旧资源循环利用和滩羊养殖技术提升青年创新工作室2个，建立青年突击队10个，吸引返乡创业青年20余名，培育青年人才229名，带动2万余名群众发展滩羊、肉牛、奶产业、枸杞、葡萄酒、新能源、黄花菜等重点特色产业。“红杞来——移民区枸杞产业致富的奔跑者”项目获第八届“创青春”全国总决赛银奖和自治区大赛金奖。

【助力乡村振兴】 2021年，团市委搭建“塞上e家”等青年创新创业孵化园5个，依托“青”字号农场、就业基地、创新工作室等，组织青年投身农村产业发展，带动农户稳定增收，助力巩固拓展脱贫攻坚成果同乡村振兴有效衔接，常态化动员吴忠籍大学生“返家乡”“三下乡”，发动

2008名青年学子和专业人才下乡开展“七彩假期·情暖童心”爱心暑托、“艺·绘”文化墙彩绘等实践活动200余场次，开展乡村振兴主题团日活动60余场次，切实壮大乡村振兴“青动能”。选树王雪枫为“全国乡村振兴青年先锋”。

【希望工程】 2021年，吴忠市实施“兴教助学·奋进项目”“易地扶贫搬迁安置社区服务示范项目”“吴忠青少年航空航模科普进校园”“‘目浴阳光、点亮瞳心’预防近视健康公益项目”“富德生命人寿‘小海豚’计划”等61个项目，募集希望工程物资价值614万元，精准帮扶2386名青少年，实现“希望工程”项目从单一助学向教育、卫生、科技、文化、农业等各领域延伸拓展。

【青少年服务】 2021年，建立“青年之家”142个，开展活动820场次，全国地级市排名第32位。聚焦新兴领域青年，打造小蜜蜂驿站5个，新联系青年社会组织30家、青年社会组织骨干90名、新兴领域青年70名，推荐5名社会领域青年当选新一届市人大代表、政协委员，营造了关心支持新兴领域青年发展的良好环境。以政府购买服务方式推进“12355青春护航”“青春志愿行”“青春爱恋”“青创青说”等活动品牌长久长效常态化开展，切实服务助学帮扶、毕业求职、就业创业、婚恋交友、社会融入、权益维护等青年现实需求，打造服务青年发展全链条工作体系。2021年，吴忠市12355青少年服务平台获评“全国青少年维权岗”称号。

【基层团队组织建设】 2021年，团市委坚持基层导向、资源下沉，举办全市团干部、中学（中职）团干部和少先队辅导员业务能力素质提升培训班，开展“微团课”“微队课”评选，制发《吴忠共青团应知应会手册》300余份，多措并举提升团队干部能力素养，切实将团干部理论和业务学习抓在经常、融入日常，着力锻造一支对党忠诚、能力过硬、作风优良、勇于干事、堪当榜样的骨干队伍。进一步延伸团的工作手臂，加强和改进新时代党建带团建工作，着力巩固传统领域、拓展新兴领域阵地，分别新建市直机关团工委和国有企业团工委，将25个机关、企业团支部和171个青年理论学习小组纳入共青团组织体系。突出学校共青团和少先队组织基础性战略性源头性地位，出台校外少工委规范化建设等工作指引6个，创建“少先队名师工作室”10个、“吴忠市红领巾示范校”10个，中学中职学校团校建设率达到100%。“红领巾奖章”争章工作普遍开展，颁发二星章883枚、三星章170枚，少先队队员荣誉感进一步加强。

·吴忠市妇女联合会·

【概　况】 2021年，吴忠市妇联以习近平新时代中国特色社会主义思想为指导，紧紧围绕党史学习教育主线，创新实施妇女思想教育推进年、妇联组织能力提升年、妇女儿童发展规划年三项行动，坚持问题导向，把握深化改革重点内容，广争项目增活力，善用社会组织延手臂，做活节庆宣传聚合力，引导广大妇女做伟大事业的建设者、做文明风尚的倡导者、做敢于追梦的奋斗者，推动践行社会主义核心价值观在基层落细落实。

【思政政治建设】 2021年，吴忠市妇联在实施妇女思想教育推进年行动中深化党史学习教育，开展“传承党的光辉史基因、铸牢中华民族共同体意识”“我为妇女群众办实事”主题教育实践活动，在各县（市、区）及市直机关巡讲8场次，参与妇女干部群众2000余人次。举办各界妇女“传承奋斗精神、贡献巾帼力量”学习交流分享会，邀请“七一勋章”获得者王兰花、全国先进基层党组织金花园社区党委书记分享获奖体会。扎实开展妇女典型示范培树宣传活动，成功推树王兰花为全国三八红旗手标兵，推树石培红、吉芬、丁秀琴等优秀女性为全国三八红旗手。及时开展“送荣誉下基层”活动，先后为全国家庭教育工作者雷广华等8名巾帼先进典型上门送荣誉。

【巾帼创业创新行动】 2021年，吴忠市妇联立足服务妇女，在推进高质量发展中助力巾帼岗位建功。发放农村妇女创业担保贷款1.8亿元，为宁夏恒丰纺织科技有限公司63名外省籍职工留宁女职工送上棉被、洗护用品、面点礼品等价值3万余元春节慰问物资，探索“互联网+”创业服务模式，承办宁夏“好宁嫂”品牌、巾帼家政诚信平台推广暨巾帼家政职业经理人培训启动活动，投入5万元，采取购买服务方式，在全市开展“家政服务进社区”活动。组织基层妇联开设“巾帼直播间”，支持妇女群众利用互联网创业创新。

【巾帼家庭文明建设行动】 2021年，吴忠市妇联深化家庭文明建设，持续实施宁夏青少年财商项目、儿童幸福家园项目，为34所儿童幸福家园补充儿童绘本及游戏活动器材。依托启心社会公益服务中心举办100场“温暖送给她·爱润万家”好家庭好家教好家风讲座及亲子阅读活动。借助宁夏财商项目，对100名家庭教育志愿者进行青少年职业生涯规划培训。开展“百幅全家福献礼建党100周年”最美全家福征集评选展示活动，在“吴忠女性”分4期展示家庭和睦幸福合影，为参与家庭赠送全家福相框；举办“传承红色家风、献礼百年华诞”暨“党的声音进万家”百村百场宣讲活动，指导一批具有代表性的家庭开展“家庭政治生日”“庆祝建党100周年聚会”等活动，在全市范围营造了感恩党的丰功伟绩、传播家庭正能量、共同唱响“没有共产党就没有新中国”的浓厚氛围，活动在《宁夏日报》客户端报道。层层开展“最美庭院”创建工作，培育市级“最美庭院”150户。

【妇女儿童发展规划】 2021年，吴忠市妇联成功举办“吴忠市妇女儿童事业十年发展成就展”。以图片和实物形式，在市文化馆启动并开展了为期4个月的成就展，全方位多角度展示2011—2020年吴忠市妇女儿童事业发展取得的显著成果，活动被《宁夏日报》客户端、吴忠电视台宣传报道。以网络直播和微信公众号编发图文，在《吴忠日报》开设“巾帼建功新时代　砥砺奋进谱新篇——吴忠市妇女儿童事业十年发展成就综述”专版和“十年十人”人物专栏，对“两规划”实施十年取得的成就进行广泛宣传，营造全社会关心关注妇女儿童事业的良好氛围。充分发挥妇儿工委办公室指挥棒作用，指导成员单位做好“两规划”终期评估迎验工作。“两规划”工作得到评估组专家的充分肯定。全面启动新一轮“两规划”的编制工作。吴忠市妇联被推荐为全国实施妇女儿童纲要先进集体。

【巾帼维权行动】 2021年，吴忠市妇联采取“互联网+维权”模式，线上发布女律师进社区维权法律咨询活动公告，线下组织6名女律师到3个社区免费开展妇女维权法律咨询服务活动，在各县（市、区）举办“和谐婚姻大讲堂”2场，受益妇女近200名。畅通吴忠市妇女儿童维权服务中心、12338妇女维权热线、妇女儿童维权工作站的服务，认真接待、处理妇女群众来电来信来访案件，信访案件处理率100%。5月19日至20日，全国人大常委会调研组对吴忠市实施《中华人民共和国妇女权益保障法》情况进行调研并给予高度评价。

【巾帼关爱行动】 2021年，吴忠市妇联争取自治区妇联“两癌”患者及特殊困难妇女关爱服务项目资金39.2万元，在利通区、青铜峡市、盐池县、同心县对130名“两癌”患者及特殊困难妇女进行救助。推广“爱妮保”保险，动员3.3万名妇女参保，获得理赔121人，理赔资金387万元。春节期间走访慰问困难妇女儿童及基层妇联干部100余人。举办“温暖送给她·巾帼健康行”暨“健康礼遇巾帼先进”健康体验活动，邀请全国三八红旗手、援鄂医护人员以及市直机关妇委会主任、团体会员单位负责人30余人参加体验，为女性先进典型和市直机关妇女工作者送上母亲节特殊礼物。

【基层妇联换届】 2021年，吴忠市妇联持续深化改革，在基层组织建设年中提升服务妇女群众能力。围绕基层妇联组织换届工作，全面提升妇联组织力，全方位深化妇联改革。扎实推进村（社区）“两委”换届妇女参选及妇联组织同步换届。新一届村“两委”成员中女性1091人，占30.92%；女村委会主任38人，占7.6%。新当选社区“两委”委员847名，女性653人，占77%；女主任61人，占67.78%。全面完成48个乡镇（街道）、587个行政村（社区）妇联换届，选举产生基层妇联执委10073人，配备专职副主席490人、兼职副主席925人，选举产生634名基层妇联主席，村（社区）妇联主席全部享受财政核发任职补贴，乡镇妇联主席进入乡镇党政班子。

【妇联队伍建设】 2021年，市妇联争取自治区妇联农村妇女工作者“双培双带”项目资金75万元，支持15名村妇联主席发展产业；争取自治区妇联“提升基层妇女参政议政能力和妇联组织力”项目资金10万元，在五县（市、区）择优确定10个村（社区）妇联实施“2+X”组织力基层项目。加大基层妇联干部能力素质培训力度，市县妇联对乡村两级执委培训83期7929人次。安排90家单位开展了完善女性人才信息摸底登记工作，分阶段分类别对各县（市、区）四套班子女领导、党政正职女领导、妇联干部、科级女干部、优秀女性人才等9类女性人才信息进行摸底登记，建立女性人才信息库，及时更新信息库数据。

【自身建设】 2021年，市妇联认真落实妇联机关党建任务、问题、责任、成绩“四个清单”制度，压紧压实党建工作责任、意识形态责任；落实担当作为计划“双评议、双讲评、双报告”制度，严格公务员日常考核，推进模范机关创建和党组织星级创建上台阶。组织机关全体党员“双报到”，为居住地社区和共建社区40多名儿童送上节日礼物。持续纠治形式主义、官僚主义，大力倡导严深细实工作作风，发扬孺子牛、拓荒牛、老黄牛精神，更好担负起新时代妇联使命，推动妇女儿童事业再上新台阶。

·吴忠市工商业联合会·

【概　况】 2021年，吴忠市工商联以习近平新时代中国特色社会主义思想为指导，坚持围绕中心服务大局，以服务民营经济为主线，牢牢把握“两个健康”主题，充分发挥桥梁、纽带和助手作用，凝心聚力，锐意进取，为实现吴忠市经济高质量发展作出了积极贡献。

【思想政治建设】 2021年，市工商联以学思践悟习近平新时代中国特色社会主义思想为主线，将党史学习教育作为全年首要政治任务，组织全体党员干部读原著、学原文、悟原理，全面推动落实“我为群众办实事”实践活动，积极开展铸牢中华民族共同体意识主题教育活动，围绕“传承党的百年光辉史基因、铸牢中华民族共同体意识”进行专题研讨交流，开展“传承红色基因、促进民族团结、着力培养和铸牢中华民族共同体意识”专题党课。结合党史学习教育，持续开展理想信念主题教育实践活动，实施企业经营管理人才素质提升行动，联合福建企业家协会开展缅怀革命先烈主题党日活动，联合自治区工商联等部门在四川大学、重庆大学、六盘山革命教育基地等地举办红色教育、企业创新发展、企业家素质提升等各类培训班，引导民营经济人士坚定理想信念，使民营企业家做到思想上有感悟、政治上有升华、行动上有方向，提振了发展信心，增强了发展动力。举办机关干部学习贯彻党的十九届五中全会精神和党史学习教育专题培训班，组织全体干部边学习、边交流，谈感悟、谈体会，推动党的十九届五中全会精神和“四史”宣传教育落地生根、开花结果。采取定期督促等措施，切实提高全体干部职工利用宁夏干部教育培训网络平台和“学习强国”APP学习平台进行每日学习的意识，巩固学习成果。

【参政议政】 2021年，市工商联发挥好工商联参谋助手作用，针对当前民营经济领域热点问题，开展走访调研，形成了《关于加快吴忠市食品产业高质量发展的调研》等调研报告3篇。围绕奶产业发展、中小企业科技创业、打造法治化营商环境等议题，积极引导民营经济人士积极建言献策，自治区两会期间提交大会发言1篇、人大议案建议17件、政协提案23件，其中5件建议提案被列为市领导重点督办建议和提案。联合市农业农村局、乡村振兴局、农商行等部门，积极参与“万企兴万村”行动，围绕乡村产业、人才、文化、生态、组织全面振兴，开展“百企帮百村”巩固拓展、“回报家乡”专项行动、深化东西部协作等系列活动，助力全市178个行政村脱贫攻坚成果稳定巩固。引导吴忠市企联、茂鑫通等商协会和企业积极履行社会责任，向河南省新乡市捐赠价值10.9万元的防汛救灾物资及生活用品。年内组织多家加工企业开展“互观互学互促”等活动。邀请天九共享、百金惠、绿之韵等企业来吴考察，就土壤改良、牧草种植和枸杞、葡萄酒等吴忠优质农产品销售等多个项目达成合作协议。成立吴忠市食品产业联盟专家咨询委员会，与四川大学、江南大学、天津科技大学等高校和院所建立战略合作伙伴关系。

【服务企业】 2021年，市工商联认真做好融资服务工作，与吴忠农村商业银行、中国工商银行吴忠支行等多家金融机构达成战略合作，建立银联企三方互动机制，建立会员企业融资信息库，针对不同企业做好“一对一”精准服务，推出复工贷、餐饮贷等特色金融产品，举办银企对接会、融资培训班4场次，进一步拓宽了民营企业融资渠道。配合自治区开展2021宁夏百强民营企业评选发布活动，共组织动员宁鲁石化等全市43家知名民营企业参加评选申报活动。组织开展“学党史·送政策·进民企”活动，邀请自治区人社厅、科技厅等部门专家，就援企稳岗、参与科技创新和乡村振兴战略，实现高质量发展的惠企政策进行了深入解读，帮助企业家懂政策、得实惠。联合市税务局开展助力小微企业发展“春雨润苗”专项行动，加大政策宣传，简化办税流程，增强服务体验，在春风化雨中激发市场主体活力。围绕做好“六稳”“六保”工作，走访企业53家，倾听企业呼声，反映企业诉求，协调解决企业税收减免、招工用工等问题11件。利通工商联微信平台、微信群及时向企业推送各类惠企政策、涉企法律法规150多条，切实增强企业的政策获得感。持续开展法律“三进”活动，联合司法局、律师协会，组建律师服务团，开展民营企业“法治体检”、“尊法守法·携手筑梦”普法宣传、检察开放日、民营企业刑事案件挂案清理等活动，引导企业依法经营、依法管理、依法维权。建立“百所联百会”机制，成立吴忠市“百所联百会”法律服务工作站，全市工商联系统37家商协会与29家律师事务所精准匹配，共同做好民营企业法律咨询、普法宣传、权益维护、纠纷调解等工作，合力打造法治化营商环境。发挥三方协调机制作用，扎实推进“和谐同行”企业培育共同行动，深入企业协调化解劳资纠纷10多起，促进企业劳动关系和谐。

【组织建设】 2021年，市工商联圆满完成换届工作，选举产生了新一届工商联领导班子，担任兼职班子成员的民营经济人士共17名，积极与各县（市、区）党委沟通，督促、指导各地工商联按时完成换届选举工作。加快“五好”县级工商联建设，完善领导包联和联席会议制度，青铜峡市、盐池县、同心县工商联再次创建成全国“五好”县级工商联；利用换届时机，利通区、红寺堡区工商联完成“一个设立五个有”标准化建设，工商联组织建设质量和水平逐步提升。与河南省漯河市、焦作市等6家工商联缔结为友好工商联，合作交流的“朋友圈”进一步扩大。深化“四好”商会创建活动，加强工商联所属商（协）会规范化建设，依规清理僵尸商（协）会1家，成立吴忠市江苏企业家商会，福建企业家协会荣获全国“四好”商会称号。全面开展“民营经济人士之家”党建品牌创建活动，在山东商会全力打造以发展靠家、遇事找家、共同建家、终身护家为主要内容的“民营经济人士之家”党建工作品牌，推进商协会党组织标准化建设，提升商协会党组织的党建工作水平。出台《关于进一步发挥工商联兼职副主席和民间商会兼职副会长作用的实施办法》，进一步调动企业家副主席（副会长）参与工商联工作的积极性和主动性，切实增强工商联工作凝聚力、执行力和影响力。结合市县工商联换届，扩大选人视野，优化队伍结构，建立了全市民营经济代表人士数据库和人才库，同时，积极推荐180多名优秀民营经济人士担任市县人大代表和政协委员和吴忠工商联执常委，培养壮大了坚定不移跟党走、一心一意谋发展的民营经济代表人士人才队伍。

·吴忠市残疾人联合会·

【概　况】 截至2021年底，吴忠市共有持证残疾人50362人，其中，视力残疾6301人，听力残疾4050人，言语残疾1043人，肢体残疾28027人，智力残疾4748人，精神残疾3428人，多重残疾2765人；一、二级重度残疾21213人，三、四级智力和精神残疾2246人。2021年，吴忠市残联在市委、市政府的坚强领导下，统筹推进党史学习教育、常态化疫情防控和残疾人事业发展，攻坚克难、砥砺前行，全市残疾人事业发展取得新成效。

【社会保障】 2021年，市残联落实“两项补贴”提标扩面，发放“两项补贴”6730多万元。元旦、春节期间，为3087户贫困残疾人发放慰问金301万元，及时把党和政府的温暖送到残疾人心坎上。促进脱贫攻坚政策与惠残政策相互叠加，争取项目资金、闽宁协作资金1007万元，持续实施“阳光助残小康计划”，扶持920户残疾人家庭发展特色种植养殖业，累计建成残疾人扶贫基地23个，辐射带动3070户残疾人家庭增收，残疾人发展能力进一步增强。为1407户困难残疾人家庭实施无障碍改造，为920名残疾人提供居家托养服务，为实现“兜好底、保基本”目标任务提供了有力支撑。

【康复服务】 2021年，全市投入资金2137万元，为579名残疾儿童实施机构康复救助，为87名7～14岁残疾儿童开展“送康送教上门”服务，为2794名残疾人适配辅助器具，为180名残疾人适配助听器，为肢体残疾人装配假肢102例，残疾人辅助器具适配率达到98.28%。持续推进精准康复服务行动，将残疾人康复纳入基层公共卫生服务范围，为3.4万名残疾人实施家庭医生签约服务，为3300人次精神病患者实施免费服药，住院救助44人。新建社区康复站23个、辅助器具免费借用服务站点14个，为适宜人群提供便捷暖心的辅具服务。

【残疾人就业】 2021年，吴忠市加大残疾人就业保障金征收力度，征收残保金1007.4万元，安置残疾职工487人。开展政策宣传、就业援助、技能提升等残疾人就业“八项行动”，安置843名残疾人就业。举办“2021年春风行动暨就业援助月”残疾人线上专场招聘会10场次，新增就业115人。开展残疾人职业技能培训720人、农村技术培训1436人，对高校残疾毕业生采取“一人一策”就业帮扶，提供实习就业岗位166个，高校残疾人毕业生就业率达到95.3%。推进盲人按摩机构规范化、品牌化建设，打造区级规范化盲人医疗按摩机构2所，给予资金扶持10万元。协调人社部门安置公益性岗位残疾人就业213名。新增辅助性就业机构6所，安置残疾人55人。联合教育部门做好入学残疾儿童少年教学安置“一人一案”，为156名中考残疾考生提供盲文试卷、佩戴助听器等便利服务，为95名残疾大学生发放扶残助学资金32.9万元。开展残疾青壮年文盲扫盲行动，举办国家通用手语和通用盲文培训班2期，培训学员148人，让残疾人更好地融入社会。

【组联维权】 2021年，吴忠市印发《关于加强和改进村（社区）残疾人协会的通知》，健全完善以县（市、区）残联为主导、乡镇（街道）残联为骨干、村（社区）残疾人协会为基础的三级残疾人组织网络。帮助利通区争取成立了残联机构，推进全市50个乡镇（街道）全部建立残联组织，588个村（社区）建立残疾人协会，覆盖率达100%，建成了横向到边、纵向到底的组织构架，打通了服务残疾人“最后一公里”。盐池县残联基层组织建设经验做法在第六次全国残疾人事业工作会议上作了交流发言，盐池县残工委获“全国残疾人工作先进单位”。联合市法院、检察院、公安、民政等部门建立残疾人法律救助工作协调机制，充分发挥残疾人法律援助站作用，为残疾人提供高效优质的法律援助服务。实现残疾人证、按比例安排残疾人就业年审“跨省通办”，为241名重度困难残疾人提供上门办证服务，让“数据多跑路、让群众少跑腿”，切实增强残疾人的获得感、幸福感。

【残疾人体育事业】 2021年，吴忠市大力发展残疾人体育事业，扶持建成残疾人体育训练基地1个，选拔集训残疾人运动员，在全国第十一届残疾人运动会暨第八届特殊奥林匹克运动会上，吴忠市残疾人运动员获得8金、7银、4铜的优异成绩，实现了吴忠市奥运奖牌“零”的突破。以爱耳日、全国助残日、残疾预防日等重大节点为契机，举办系列宣传活动10场次、助残文艺会演5场次。围绕献礼中国共产党成立100周年，组织开展“小康路上、奋斗有我”残疾人文化艺术作品展，展出残疾人作品100余幅。

【扶残助残】 2021年，市残联联合吴忠市义工联合会、王兰花慈善爱心志愿服务小组、残疾人集中就业企业、爱心企业开展形式多样的志愿助残“阳光行动”。义工联合会免费为市残疾人康复中心在训儿童理发，爱心企业开展“温暖童心，共享童话”关爱残疾儿童活动，为残疾儿童捐赠学习用品。开展走访慰问活动，向市残疾人康复和就业服务中心、市儿童福利院等机构捐赠11.3万元的慰问品。指导青铜峡市残联率先在全区开展邻里关爱志愿助残服务，为22户居民发放邻里照护资金9.24万元，探索建立了长效化助残志愿服务机制。

【队伍建设】 2021年，组织召开吴忠市残联第四届主席团第二次全体会议暨2021年全市残疾人工作会议，总结2020年工作，研究部署2021年残疾人工作，凝聚共识、协同发力，共推残疾人事业高质量发展。扎实推进党史学习教育走深走实，紧紧围绕残疾人工作短板弱项和群众的急难愁盼问题，积极开展“我为群众办实事”实践活动，组织实施的残疾人家庭无障碍改造、假肢装配等6件民生实事全部超预期完成，以实际行动践行初心使命，干部作风明显转变、服务残疾人能力水平显著提升。

·吴忠市文学艺术界联合会·

【思想政治建设】 2021年，市文联抓牢抓实党史学习教育，结合干部集中学习、“三会一课”、支部主题党日，在党员干部中开展了为退休党员“送学”、清明祭英烈、观看红色影片等活动；在文联公众号开辟“党史百年”“传承红色基因，唱响红色经典”百首红色歌曲展播，连载本土作家张志乾红色小说《罗山脚下的枪声》，推介吴忠市艺术家创作的红色主题音乐作品《漫个花儿给党听》、快板《没有共产党就没有新中国》、美术作品《红旗漫卷六盘山》等。组织文艺工作者深入新时代文明实践站（所）开展文艺志愿服务活动百余场，开展优秀传统文化进校园5场，借助重点戏剧编排，培养戏剧表演新人20余人，开展文艺采风3场，创建文艺创作基地1个，为社区群众申请轮椅1台，推进党史学习教育向深里走、向实里走、向心里走。

【文艺创作】 2021年，市文联围绕学习贯彻习近平总书记视察宁夏重要讲话精神，深入挖掘王兰花及热心服务小组志愿服务故事，编排话剧《兰花芬芳》，年内在利通区、青铜峡、红寺堡、同心等县巡演57场。围绕乡村振兴、最美吴忠等主题，举办了吴忠市“决胜全面小康，决战脱贫攻坚”美术书法摄影剪纸展，“百年辉煌·最美吴忠”摄影作品展等4场文艺作品展。3月中旬，启动“圆梦百年·奋进吴忠”书法美术摄影民间文艺作品展，征集作品2000余件，组织专家初选优秀作品420幅，评选获奖作品85件，在市美术馆进行展览。总投资25万元举办“百年辉煌、艺心向党”暨“走进吴忠、寻找最美”摄影作品展，吸引区内外专业团队、摄影名家及爱好者380人参赛，征集作品6046幅，经过5轮评选选出入展作品210幅。4月22日，在市文化馆举办开幕式，代表了吴忠市摄影界最高艺术水准。以百年党史为脉络，精选《南湖的船》《没有共产党就没有新中国》《党啊，亲爱的妈妈》《兰花芬芳》等不同时期红色歌曲17首，进行重新编曲、制作，由吴忠市优秀青年歌手马晓燕演唱并公开出版发行。聚焦利通区、盐池县乡村振兴的生动实践，青铜峡市沿黄经济发展，红寺堡区移民生活，同心县厚重的红色历史等，组织作家协会、戏剧家协会、书法家协会、美术家协会、摄影家协会、民间文艺家协会、志愿者协会等200余名会员深入基层，采取书法笔会、文艺采风、培训辅导、剪纸、文艺演出等形式，举办“翰墨书香话中秋”书法笔会，创作文艺作品500余件，参与基层文艺爱好者2000余人，表达“共产党好、黄河水甜”的感恩情怀。集结各县（市、区）民间文艺专家组成编审团队，搜集整理黄河吴忠段130个经典故事，汇成“民间故事”“地名故事”“革命故事”“故事中的故事”4个篇章。组织作家蹲点采访五县（市、区）40位脱贫致富典型人物，以纪实、报告文学的笔触，深入挖掘宣传脱贫攻坚典型人物事迹，编辑创作新时代文明实践系列丛书《小康吴忠》。以“吴忠早茶‘味’你而来”为主题，邀请48位区内文艺名家来吴，对吴忠市早茶文化及特色产业、早茶产品创新、早茶美食企业及早茶品鉴等进行采风，集中创作书画作品100余幅，在2021大西北吴忠早茶美食文化节期间展出，为推介美食旅游营造良好氛围。以“艺”抗疫，共克时艰，创作了书法作品《与党同心　齐心抗疫》、民间剪纸作品《吴忠加油、吴忠必胜》、摄影作品《全员核酸》、音乐作品《爱到春暖花开》、美术作品《众志成城共克时艰，同舟共济抗击疫情》等1100余件。纪实文学《寒夜的街道，有清香扑鼻》《冯雪萍与她心中的“超万人社区”》《抗疫一线的文艺力量》，以及MV《党的旗帜高高飘扬》、歌曲《爱的天使》、快板《吴忠加油》等300余件作品，在《光明日报》、学习强国宁夏平台、《宁夏日报》客户端、宁夏机关党建微平台、宁夏文联公众号、微吴忠、听见吴忠等媒体推送，累计点击量超过5万次。

【文化惠民】 2021年，市文联开展文艺“轻骑兵”基层行活动，在利通区幼儿园的“文艺进万家、健康你我他”新时代文明实践志愿服务中，书画家现场创作春联、“福”字、国画作品，民间非遗传承人为幼师及孩子讲授花儿、剪纸、刺绣技艺。持续打造“吴忠市文明大讲堂”宣讲品牌，邀请杨森翔、侯凤章、包作军等吴忠市文化名家进行主讲，先后讲授“唤醒城市记忆、讲述吴忠故事”“讲好红色故事、传承红色基因、培育时代新人”“传承中华优秀传统文化、铸牢中华民族共同体意识”“兵眼看吴忠，奋进新征程”、“七一勋章”获得者王兰花事迹“沐浴书香、品读兰花”等内容11期。协调市传媒中心在吴忠公共频道同步直播“学党史、传精神、跟党走”——中国文艺志愿者在行动特别节目。组建小分队深入太阳山镇周新村、利通区胜利镇上桥社区、金星镇金塔社区、古城镇开元社区，举办“我们的节日·清明节”诗歌朗诵会、“金秋夕阳红、浓浓家国情”重阳节联谊活动等，现场为基层群众讲党史故事、送文艺演出、教学红歌及鲜花扦插技艺等，用艺术的形式忆党史、颂党恩、践使命，丰富群众文化生活。吴忠市文联志愿服务队入选2020年度全国学雷锋志愿服务“四个100”先进典型宣传推选，并被自治区党委宣传部、文明办等17家单位评为2020年度全区学雷锋志愿服务先进典型。

【队伍建设】 2021年，市文联密切联系基层和创作一线文艺工作者、“文艺两新”组织，加强文艺界行业自律和行风建设。5月，组织40位文艺工作者深入青铜峡鸟岛、青铜古镇、西鸽酒庄、瞿靖镇党史学习教育中心等地采风。开展“红心向党庆百年、妙笔丹青绘吴忠”主题文艺采风看稿活动，组织自治区美协专家组成员、市美术家协会会员进行采风看稿。按照《吴忠市优秀文化文艺作品奖励扶持办法》，对第十二届全国少数民族文学骏马奖获得者马占祥、入围者马慧娟分别给予10万元、5万元的奖励。在《吴忠文学》第一期、第二期，分别精选青铜峡作家创作的短篇小说《秘密的庭院》，散文《黄河滩》《穿越峡谷抒豪情》等13篇黄河主题文学作品，报告文学《马海德在同心》、小说《马背上的红星》、散文《父亲给红军带路》等9篇红色主题文学作品，集结刊发青铜峡作家作品、建党100周年红色历史文学作品小辑。散文《杯中窥人》获三苏文学“东坡杯”诗文大赛金奖，散文《水韵青铜峡》获中国水利文学艺术学会“黄河文化”主题作品征文一等奖，散文《一碗拉面里的乡愁》获第二届“化泉春杯”全国散文佳作奖，小小说《兔家》荣获2020“善德武陵”杯·全国微小说精品奖二等奖，剪纸作品《长城脚下的冬奥会》荣获全国第八届剪纸大赛二等奖，《宁夏人民的幸福河》荣获“美丽新宁夏 翰墨颂党恩书法美术摄影民间工艺作品展”一等奖，秦腔小戏《背上妈妈奔小康》荣获宁夏第三届“小品小戏”剧本评选活动一等奖，美术作品《大国工匠》在庆祝建党100周年“六盘山杯”全国书画大赛上荣获二等奖。书法家马学礼被授予“中国隶书八大家宗师”荣誉称号，包作军、龙加全等6名文艺家被中国作协、中国舞协等文艺家协会吸收为会员。

·吴忠市科学技术协会·

【概 况】 2021年，吴忠市科学技术协会学习贯彻习近平新时代中国特色社会主义思想，紧紧围绕市委、市政府中心工作，切实履行“四服务一加强”工作职责，团结带领广大科技工作者，在深化科协系统改革、推进创新驱动发展、提升全民科学素质、促进乡村振兴和加强自身建设等方面取得显著成绩，为吴忠市打造黄河流域生态保护和高质量发展先行区作出积极贡献，得到社会各界充分肯定。

【科技工作者服务】 2021年，市科协制定了《关于开展庆祝第五个“全国科技工作者日”系列活动方案》，于6月3日，联合市委宣传部、市科协共同在开源广场举办了“众心向党 自立自强”庆祝第五个“全国科技工作者日”

暨“百名科技工作者助力乡村振兴”启动仪式。年内先后开展了农业技术培训、“红色百年路，科普万里行”科普大篷车巡展等12项活动。推荐朱耀龙、李小娟、郭永婷等21名青年科技人才参加第六批“宁夏青年科技人才托举工程”评选，其中8人入选。充分利用《吴忠日报》和“科普吴忠”微信公众号等媒体广泛宣传科技工作者参加疫情防控的感人事迹5起。

【服务创新驱动】 2021年，市科协向自治区企业创新服务中心报送6家企业项目申报书，宁夏吴忠市好运电焊机有限公司科协申报技术人才培养、吴忠德悦纺织科技有限公司技术创新活动被立项。打造宁夏智源农业装备有限公司企业科协为企业科协示范点。依据自治区科协“江苏、福建院士专家宁夏行”活动，对接3名江苏院士专家到2家企业和1家医院服务。9月28日，在宁夏塞外香食品有限公司召开了吴忠市“黑小麦产业发展”研讨会，邀请宁夏农林科学院农作物研究所、宁夏科协、宁夏医科大学食品与卫生学等单位专家参会，为提升黑小麦产业化发展提供了新思路。

【全民科学素质】 2021年，市科协编制完成《全民科学素质行动纲要实施方案（2021—2025年）》，制定吴忠市推进全域科普工作的具体措施，全面推进全域科普工作各项任务和措施落到实处，组织开展“全国科普日”主题活动，助力乡村振兴，组织发动群众广泛参与宁夏公民科学素质网络知识竞赛，激发群众参与科普的兴趣。大力推动科技志愿服务工作，发挥“三长”职务优势和联系优势，密切科协组织与教育系统、卫生系统、农业系统科技工作者常态化联系，带动各领域资源向基层一线倾斜。组织科技志愿者入户宣讲党的方针政策法规及农业科技、卫生健康等方面科普知识。年内开展各类志愿服务活动200余场次，参与科技志愿者300余人次，通过中国科协“科技志愿服务”信息平台上报各类科技志愿服务活动信息150余条。

【吴忠市第七届青少年机器人竞赛】 2021年5月25日，吴忠市第七届青少年机器人竞赛在吴忠中学文体馆开赛，来自五县（市、区）各学校的233支代表队600余名学生参赛。竞赛共设VEX机器人工程挑战赛、机器人综合技能比赛、机器人创意比赛、WRO常规赛、MakeX挑战赛、机器人普及赛、虚拟机器人比赛、机甲大师青少年挑战赛、超级轨道赛、FLL机器人工程挑战赛10个大项，推荐各项目组别优秀队伍共54支晋级参加5月28—30日在中卫市举办的2021年中国青少年机器人（宁夏赛区）竞赛。吴忠市共有27所学校54支代表队晋级区赛，最终获得一等奖5个（分别是吴忠中学、吴忠高级中学、吴忠市第二中学、青铜峡市第一中学、同心县豫海初级中学）、二等奖8个、三等奖19个，共获奖36项。

【吴忠市青少年创意编程与智能设计大赛】 2021年5月26日上午，吴忠市青少年创意编程与智能设计大赛在吴忠高级中学开赛，来自五县（市、区）学校的517支代表队1034余名学生参赛。竞赛共设创意编程项目、智能设计项目、特色创客项目3个大项，推荐各项目组别优秀队伍共110支晋级参加6月初在银川市举办的第四届宁夏青少年创意编程与智能设计大赛。吴忠市代表队共获各类奖项82项，其中一等奖10个、二等奖26个、三等奖28个、优秀奖5个、优秀辅导教师10名、优秀学校2个，市科协获评优秀组织单位。

【吴忠市第八届中小学校科普剧竞赛】 2021年6—7月，市科协联合市文明办、教育局举办吴忠市第八届中小学校科普剧竞赛活动，截至7月底共收到来自全市各县（市、区）的25件微剧本、9件科普剧。其中，吴忠市利通区开元小学《一“稻”相承》获得全区科普剧竞赛科学表演项目三等奖，吴忠市第五中学《八十二难之大战新冠精》获得全区科普剧竞赛微剧本项目二等奖，同心县第一小学《身边的清洁能源》、吴忠市第五中学《垃圾分家啦》、同心县石狮管委会惠安小学《流泪的石像》获得全区科普剧竞赛微剧本项目三等奖。

【科普信息化建设】 2021年，市科协加大“互联网+科普”工作力度，打造“科普e站+科普中国APP+科技志愿服务平台+科普吴忠微信公众号”科普宣传新矩阵。推广使用“科普中国”APP，注册科普信息员 2.5 万余人，注册人数达到吴忠市总人口的 1.84%，超额完成 1.5% 的目标任务，位居全区第一名，传播量达 709 万余次，居全区第二名。组织开展吴忠市农民科学素质网络知识有奖竞答活动，约 3 万人次参与答题，进一步拓宽了科普宣传渠道，形成了普及科学知识、提倡科学方法、宣传科学思想、弘扬科学精神的强大阵容，全面提升全市公民科学素质。

【科技助力乡村振兴】 2021 年 9 月，市科协组织开展以“践行科技为民 助推乡村振兴”为主题的科技专家助力乡村振兴吴忠市集中服务活动，邀请农林院士、专家、医学专家、航空航天专家分别就枸杞、中草药、黑小麦等产业发展，急慢性疾病、中医康复理疗等内容以及空天科技创新教育开展技术指导和研讨交流。结合五县(市、区)特色优势产业，组织“三长”有针对性地举办秋冬季黄花菜种植管理技术、滩羊饲养管理等培训班，通过科普讲座、现场培训、手把手教学等方式，助力吴忠市产业发展。

【基层科普行动】 2021 年，市科协按照自治区科协《宁夏科协关于组织实施 2021 年基层科普行动计划的通知》精神，组织实施“基层科普行动计划”。经自治区科协择优评选，吴忠市利通区玉静果品协会、盐池县马铃薯种植协会等 3 个农村专业技术协会，吴忠市红寺堡区科协 、青铜峡市科协等 4 支乡村科普信息化队伍，吴忠市科协、同心县科协等 4 个科普大篷车巡展活动队伍，吴忠中学 1 个青少年科技教育活动实施单位、吴忠市利通区金星镇材机社区、吴忠市红寺堡区新庄集乡杨柳村等 5 个科普示范社区享受到补助奖励，争取到补助资金 85 万元。

【科普大篷车巡展】 2021 年，市科协开展“红色百年路、科普万里行”——科普大篷车庆祝建党 100 周年联合行动，将爱国主义教育和科普活动相结合。将每周四设立为科普大篷车宣传日，并结合春节、国庆节等重要时间节点以及疫情防控工作，不定期开展科普宣传活动。全年科普大篷车累计开展活动 62 场次，行驶里程 11200 公里，观众人数高达 8 万人次，服务满意度达 85%。活动范围覆盖全市，20 个乡镇 40 多个社区（村）、20 多所中小学，全年展出展板 600 多块、挂图 200 多幅，先后开展技术培训 50 多场次、技术咨询 40 多次，累计发放科普资料 3 万份（册），受益群众、学生 3 万多人次，深受群众的欢迎和好评。

【吴忠市第二届科普摄影大赛】

2021 年 10 月，市科协围绕“聚焦光辉历程、记录科学活动、传播科学知识、赞扬志愿服务”4 个主题，举办吴忠市第二届科普摄影大赛，共收集参赛作品 1101 幅 / 组，经评审会评审、网络投票，评选出一、二、三等奖 12 名，优秀奖、入围奖 88 名，吴忠市科协获得中国科协第十届科普摄影大赛“全国优秀组织单位”荣誉称号。利通区科协、盐池县科协获得吴忠市优秀组织单位称号，优秀获奖作品在吴忠科技馆进行了展出。

【流动科技馆走进乡村学校少年宫巡展】 2021 年，为丰富乡村中小学校科技教育内容，拓展课外科技教育形式，市科协开展“科技之火点燃梦想——流动科技馆走进乡村学校少年宫”巡展活动。通过展示 VR 虚拟技术、AI 人工智能、无人机演示等集科学性、趣味性、知识性、互动性于一体的最新科技展品，让同学们在游戏中学科学，亲身感受前沿科技的魅力和震撼。活动覆盖全市五县（市、区）的 30 所乡村学校少年宫，受益师生达 2.8 万余人。

【吴忠科技馆建设】 2021 年，为丰富全市青少年科普文化生活，结合庆祝中国共产党成立 100 周年、中华民族传统节日和科学节、地震日等节日，市科协先后开展了“从小学党史、永远跟党走”“端午节里学科学”“缅怀革命先烈、弘扬抗战精神”“为祖国庆华诞”“扬帆起航、逐梦九天”“地震科普日讲座”等 20 场科学嘉年华系列活动，观展群众达 2 万余人次。

【“塑料狂想曲”主题展】 2021 年 7 月 1 日至 8 月 30 日，吴忠科技馆引进“塑料狂想曲”主题展。展览从塑料的发展历史、工艺分类、物质生活、精神生活、环境未来等多方面诠释塑料的含义，共设有“塑本追源”“塑说家族”等 6 个展区，观展群众达 2.8 万人次，通过观展使群众了解和认识塑料，知晓塑料的发展历程和对世界工业发展产生的重大影响，进一步提升群众对环境保护重要性的认知。

·吴忠市红十字会·

【政治建设】 2021年，吴忠市红十字会深入学习宣传贯彻习近平新时代中国特色社会主义思想、党的十九大和十九届历次全会精神、习近平总书记视察宁夏重要讲话精神，不断筑牢增强“四个意识”、坚定“四个自信”、做到“两个维护”的思想根基。严格落实党建、党风廉政建设、意识形态、党内法规执行责任制，持续推动全面从严治党向纵深发展。深入开展党史学习教育，切实提高党员干部的政治判断力、政治领悟力、政治执行力，建立并完成“我为群众办实事”实践活动任务清单市级1项、自行确定4项。

【公益宣传】 2021年，市红十字会在医院、学校、社区、广场等人员密集场所组织开展“5·8”博爱周、“5·12”全国防灾减灾日、“6·14”世界献血日、世界急救日等主题宣传活动，广泛传播红十字人道理念。通过红十字会微信公众号、微信群、户外电子屏、公交车车载视频、公交站台及主流媒体等渠道宣传报道“三救三献”知识，《人民日报》1次，《宁夏日报》5次，《吴忠日报》和吴忠新闻网19次。

【人道救助】 2021年，市红十字会依法依规接收疫情防控捐赠款物808.19万元（其中市本级446.46万元）、河南“7·20”水灾救济款110万余元、捐资助学1500万元，按照“快拨快发、专款专用、物走账清、公开透明”原则及时发放并在相关媒体进行公示。疫情防控捐赠邀请市审计局全程监督。开展博爱送万家活动慰问困难群众833户2528人12.22万元，救助困难群众和大学生70人6.45万元，慰问18名造血干细胞捐献者1.8万元；为5名白血病、7名先心病患儿申报“天使计划”救助资金36万元；为正丰社区和市儿童福利院捐赠图书490本价值1万余元；募集到购买AED资金6万余元。

【救护培训】 2021年，开展应急救护培训“五进”（进机关、进企业、进学校、进社区、进农村）活动，培训救护员8492人，普及性培训1.2万余人，位列五市第一；获得第六次全区应急救护视频大赛优秀组织奖；为吴忠市早茶文化节培训志愿者200名。

【紧急救援】 修订完善市红十字会自然灾害应急预案，成立吴忠市红十字会赈济救援队，广泛开展群众性的防灾减灾知识宣传普及。市红十字会赈济救援队在区内开展救援3次，在社区开展防灾减灾演练1次。

【无偿献血和造血干细胞捐献】 2021年，市红十字会挂牌成立吴忠市首个“三献工作站”，累计无偿献血6253人，献血量达2.3吨。采集有效血样327人份加入中华骨髓库，成功捐献造血干细胞2例，累计捐献造血干细胞18例。遗体及人体器官捐献：注册登记捐献志愿者741人，累计登记3362人。

【体制改革】 2021年，市红十字会理顺县级红十字管理体制，5个县（市、区）红十字会机构已全部独立为正科级事业单位，列入群团序列，由党委分管、政府联系，领导班子全部配备到位。市红十字会召开第四次全市会员代表大会，选举产生了第四届理事会理事、常务理事和会长、常务副会长、副会长；第四届监事会监事、监事长、副监事长，构建了红十字会理事会决策、执委会执行、监事会监督的新型管理结构。目前红寺堡区、利通区红十字会已召开第一次会员代表大会，其他县（市、区）红十字会正在积极筹备召开会员代表大会。根据自治区红十字会《关于进一步加强红十字会基层组织建设的意见》，按照“同级党组织批准、报上级红十字会备案、接受双重指导”的要求，在乡镇、社区、学校、企业、医院等部门（单位）成立红十字会基层组织66个，发展团体会员135个、成人会员364人、青少年会员460人，成立红十字志愿服务队10支，注册志愿者168人，逐步构建起以党组织为主体、红十字会基层组织为补充的组织体系，为推进红十字会工作向基层延伸和助力乡村振兴提供了强有力的组织支撑。

【红十字志愿者】 2021年，市红十字会举办了“2021年红十字志愿者能力提升培训班”，为6类8支红十字志愿服务队、造血干细胞捐献者、医疗机构医护人员进行了救护培训。市红十字会应急救护培训志愿服务队开展培训244期；启心心理救援志愿服务队面向公众开展公益讲座1500多场，受众人数达16万人，尤其在新冠疫情心理慰藉和情绪疏导中发挥了积极作用；春蕾天使志愿服务队救助困难群众500余人，发放救助资金23万元、物资价值13.2万元；疫情防控期间“红十字马甲”遍布社区，积极助力疫情防控。

人力资源和社会保障

·综　述·

【概　况】　2021年，吴忠市人力资源和社会保障系统紧紧围绕市委、市政府决策部署，牢牢把握建设黄河流域生态保护和高质量发展先行区重大历史机遇，牢记人民利益高于一切，全力稳就业、保居民就业，统筹推进社会保障制度改革、人才人事体制机制创新、和谐劳动关系构建等工作，深化系统行风建设，圆满完成了各项目标任务。2021年，全市城镇新增就业11982人，失业人员实现再就业5952人，就业困难人员实现就业1324人，城镇登记失业率3.28%，组织城乡劳动力就业技能培训31336人，农村劳动力转移就业21.72万人，农村劳动力转移就业实现劳务收入34.11亿元，2021年离校未就业高校毕业生就业率达到96.3%；培育创业实体3550个，创业带动就业14689人。全市企业职工、机关事业单位、城乡居民养老保险、工伤、失业保险参保人数分别达到23.62万人、5.04万人、66.70万人、18.40万人、12.26万人。

【就业创业保障】　2021年全市人力资源和社会保障系统发挥线上线下公共就业服务平台扩就业，开展就业援助月、“迎新春送温暖、稳岗留工”专项行动、“春风行动”、民营企业招聘周、金秋招聘月等线上线下招聘活动，组织各类招聘会55场、线上招聘及直播送岗活动35场、线下“入村进企”精准对接专场招聘会20场，为城乡劳动者提供岗位信息54727条，参会人员31468人（现场），达成就业意向4937人；举办全市人力资源服务竞赛，选拔4名选手参加宁夏赛区决赛，取得全区第二名的好成绩，并获得优秀组织奖。组织2名选手参加第二届西部农民工返乡创业大赛，获得三等奖1个、优秀奖1个。围绕吴忠市“9+1”重点特色产业，举办宁夏乡村振兴职业技能大赛吴忠市选拔赛暨吴忠市红寺堡区品酒师技能大赛，评选一、二、三等奖各6名，充分营造尊重技能人才氛围，有力助推红寺堡区创建全国易地搬迁移民脱贫致富提升示范区。落实“创业培训＋担保贷款＋创新服务”帮扶机制带就业，发放创业担保贷款4.53亿元，建成自治区级创业孵化示范基地2家、国家级创业孵化示范基地1家。实施就业援助专项行动稳就业，完善劳务输出“点对点”服务保障机制，促进高校毕业生就业，公益性岗位安置3282人，城乡困难人员就业质量稳步提升。打造劳务品牌促进城乡劳动者创业就业，“吴忠厨师”劳务品牌被国家评为特色劳务品牌。市人社局被自治区就业工作领导小组表彰为自治区就业创业工作先进集体。

【社会保险】　2021年，吴忠市持续推进社会保险参保扩面，突出中小微企业、尘肺病重点行业和农民工等重点群体，紧盯快递业、外卖送餐业等新业态群体，不断扩大参保成果。落实好退休人员基本养老金、城乡居民基础养老金最低标准调整发放工作，城乡居民基础养老金涨至210元/月。持续落实阶段性降低工伤保险费率政策，为4628家参保单位企业降低失业、工伤保险费11848.8万元。全力推进“社保帮扶贷”，累计发放“社保帮扶贷”560万元，解决627名困难职工参保缴费难题。

【劳动保障】 2021年，吴忠市深化劳动保障监察综合执法体制改革，优化职能职责，强化人员力量配备，提高执法效能。组织开展“百场普法进工地”主题活动，举办《条例》专题培训班2期，培训2021年新建、续建工程项目负责人及劳资专管员550余人次。大力开展源头治理，开展根治欠薪夏季、冬季攻坚专项行动，实现项目工地检查全覆盖，市区建设工程项目实名制管理、专用账户管理、总包代发工资、按月足额支付工资四项制度落实率超过98%以上。农民工工资保证金和劳动维权现场公示两项制度落实率达到100%，建设工程领域欠薪案件多发高发态势得到有效遏制。不断拓宽劳动者维权渠道，简化投诉流程，消除维权门槛。2021年，共受理各类劳动维权投诉举报案件656件，涉及3332人3928.79万元，法定期限内结案率100%；办理市人民政府、信访局、12333、12345等各类信访转办督办件170件，按期答复率100%；移送公安机关涉嫌拒不支付劳动报酬犯罪案2件，公安机关立案2件；核查“国务院欠薪线索网络平台”线索1170条，办结1157条，办结率98.8%，未发生一起因拖欠工资引发的群体性和越级上访事件。市劳动保障监察执法局被国务院根治拖欠农民工工资工作领导小组表彰为全国根治拖欠农民工工资工作先进集体。

【城镇居民收入提升行动】 2021年，吴忠市成立全市城镇居民收入提升行动工作专班，制定《吴忠市城镇居民收入提升行动实施方案》，下发《吴忠市城镇居民收入提升工作成员单位会议工作规则》《吴忠市城镇居民收入提升工作成员单位工作职责》，建立领导包抓机制、定期调度机制和部门联席会议制度，政府分管领导先后3次主持召开全市人社系统重点工作推进会、调度会，压紧压实各方责任。制定《城镇居民收入提升行动工作考核细则》，充分发挥考核导向作用，确保各项任务落实落细落到位。全市城镇居民人均可支配收入33589.9元，同比增长7.8%，位居全区第二。

【人才引进】 2021年，吴忠市贯彻中央人才工作会议精神，做好新时代全市人才工作，全方位培养、引进、用好人才。开展事业单位自主公开招聘，不断拓宽引才渠道。加强优秀人才选拔培养，推荐申报2021年享受自治区政府特殊津贴23人、自治区青年拔尖人才人选15人、全国专业技术人才先进集体和个人各1个，人才培养工作深入推进。举办2021年农业、卫生系列专业技术人员继续教育培训班，培养卫生系列、农业系列168人。建成1家自治区级人才小高地、2个自治区级专家服务基地，建立7个市级专业技术人员继续教育基地，人才工作载体更加丰富。开展第三届“吴忠英才”、吴忠市优秀人才暨第五届享受市政府特殊津贴人员评选工作，及时申报核拨人才生活补贴及住房保障等优厚待遇，有力激发人才创新创造活力。

【人社服务】 2021年，市人力资源和社会保障局持续推进“放管服”改革，不断优化营商环境。围绕人社服务事项“打包办”“提速办”“简便办”，召开“人社快办行动”专题推进会，成立3个业务推进专班，设立3个打包办综合窗口，实现了“一站办成事”“一窗办多事”。加强事项清单梳理、流程整合优化、业务关联融合、人员统一调配，打通业务壁垒，将27项政务服务事项打包为3个“一件事”，共减少申请材料36件。引进农村商业银行柜台，实现社会保障卡申领、启用、银行账户激活等全套业务一窗办理。推进人社服务“好差评”，实现一事一评，进一步完善了督导考评机制。

【工业园区薪酬制度改革】 2021年，市人力资源和社会保障局联合四部门印发《关于吴忠太阳山开发区等单位人事薪酬制度改革相关方案的批复》，督促太阳山开发区、金积工业园区管委会落实5个人事薪酬制度改革方案，激发园区人员工作活力。

【企事业单位薪酬制度改革】

2021年，吴忠市落实事业单位自主公开招聘政策，共招聘272人，促进人才向基层流动。扎实开展国有企业负责人薪酬制度和工资决定机制改革，市属7家国有企业工资总额预算方案已报市国资委备案并执行。加快推进媒体深度融合发展，赋予传媒集团绩效工资更大的自主权，允许根据绩效考核办法，实行多劳多得、优绩优酬、奖优罚劣。

【技能人员职业资格制度改革】

2021年，市人力资源和社会保障局以开展职业技能提升行动质量年活动为契机，大力推行社会化职业技能等级认定，制定印发《关于积极推进职业技能等级认定工作的通知》，对评价机构提出考场设施到位、安全设施到位、考前准备到位、考中督导到位、考后发证到位的“五个到位”要求，职业技能等级认定规范化、标准化建设得到新提升，“以考促培”“以考促学”的职业技能培训机制逐步形成。2021年，共组织职业技能认定6126人次、职业技能评价11285人次、职业技能鉴定2963人次、专项能力考核2196人次。

【队伍建设】　2021年，全市人力资源和社会保障系统紧抓党史学习教育，组织党员干部参观初心馆、烈士陵园等红色教育基地，开展“党旗在基层一线高高飘扬”主题党日、“我和群众心连心，我为群众办实事”等活动，推动学习教育“实”起来。围绕工作作风、服务群众、担当作为、业务能力等方面，全面排查整改干部队伍作风建设问题。深入落实中央八项规定精神，坚持在重大节假日前开展经常性警示教育，引导干部职工筑牢清正廉洁的底色，保持好共产党人先进性和纯洁性的本色。持续推进为基层减负，规范开展督查检查调研事项，防止无端增加基层和服务对象负担。

·社会保险管理·

【概　况】　2021年，全市企业职工、机关事业单位、城乡居民养老保险、工伤、失业保险参保人数分别达到23.62万人、5.04万人、66.70万人、18.40万人、12.26万人，参保率分别达到104%、103%、102%、105%、113%；市本级参保人数分别达到13.02万人、1.65万人、14.28万人、8.57万人、5.43万人，参保率分别达到106%、102%、101%、110%、130%，均超额完成目标任务。被征地农民养老保险参保率100%，新开工建设项目工伤保险参保率达到98%，工伤医疗费区内异地就医即时结算率达到100%。为参加城乡居民养老保险的低保、特困、重度残疾等困难群体代缴保费率达到100%；60周岁以上贫困人员享受城乡居民养老保险待遇达到100%。

【全民参保计划】　2021年，市社保中心针对受疫情、经济下行和就业环境等影响，短期部分外贸企业和中小微企业出现经营困难、用工减少的状况，重点以参保登记“回头看”、宣传服务“送上门”、参保缴费“不用跑”等措施积极推进全民参保登记成果转化，加强对各个群体参保动态监测分析，引导鼓励个体工商户、自主创业人员、灵活就业人员、新业态人员积极参保缴费，全年新增参保人员1.02万人。继续完善落实参加城乡居民养老保险的低保、特困、重度残疾、致贫返贫人员等困难群体政府代缴保费政策。健全防止返贫监测帮扶机制，持续推进动态清零，推动社保扶贫与乡村振兴有效衔接，全年特殊人员代缴率达到100%。

【社保体系完善】　2021年，吴忠市持续深入推进多层次多样化社会保险体系建设，建立全面统筹的社保制度。落实企业职工基本养老保险基金省级统收统支制度，规范统一企业职工基本养老保险经办流程和养老保险个人账户管理，为养老保险全国统筹做好充分准备。推进企业职工养老保险制度改革，跟进自治区部署，落实渐进式延迟法定年龄退休政策，加快发展多层次、多支柱养老保险体系，更好满足人民群众多样化需求。落实职工基本养老保险退休人员丧葬抚恤金改革制度，做好政策解读和贯彻落实。完善机关事业单位养老保险制度，健全机关事业单位“中人”退休待遇计算、补（扣）发工作机制，对2019年以来的544名“中人”退休人员重新计算了待遇，并及时进行了待遇补发。完善工伤医疗服务和就医管理制度，工伤医疗费区内异地就医即时结算率达到100%。与宁夏康复假肢矫形器有限公司、银川悦康伤残人康复服务中心签订工伤康复和辅助器具结算协议，有效解决了工伤职工垫资压力大、报销跑路多的问题。

【落实惠民政策】 2021年，全市企业退休人员养老金实现“十七连涨”，机关事业单位退休人员养老金实现“六连涨”，城乡居民基础养老金7次提标达到210元。社保扶贫与乡村振兴战略有效衔接，困难群体代缴保费率达到100%。60周岁以上困难人员享受城乡居民养老保险待遇达到100%；完善工伤保险医疗服务和就医管理制度，工伤医疗费区内异地就医实行联网结算管理。持续落实阶段性降低失业保险、工伤保险费率政策至2022年4月30日。2021年为2282家参保企业降低失业、工伤保险费4801.2万元。继续完善“社保搭桥、银行主办、个人自愿、商保参与”的“社保帮扶贷”工作机制，深入解决个体工商户、灵活就业人员因企业改制、下岗失业、因病返贫等被迫中断城镇职工养老保险缴费的“揪心事”，有力提高城镇职工参加养老保险的积极性，进一步扩大了城镇职工养老保险参保覆盖面。2021年，通过政策宣传、入户摸底、跟踪督导，共向627名困难职工发放“社保帮扶贷”560万元。

【推进数字化社保】 2021年，吴忠市将参加职工养老保险的灵活就业人员由线下核定缴费变为线上，开启“秒办”新模式。2021年，共有41537灵活就业人员在线上完成核定缴费。开启企业办理社保业务“网上申报”模式全面推进参保单位经办人员足不出户，即可实现从电子劳动合同签订到三方协议扣缴社保费的全程电子化社保经办服务。2021年全区人社一体化系统上线后，已有2782家企业在新系统上实行了网上申报，申报率达到79.15%。2021年，各类领取待遇退休人员通过“我的宁夏”政务App和政务云认证58148人，认证率达到93%。全面推进社保卡发放管理工作。2021年，新发放社保卡社保功能激活率达到100%，电子社保卡签发量已达到实体社保卡持卡人数的61.89%，跃居全区前三。9项社保业务职能全部交由乡镇民生服务中心经办。

【社保基金管理】 2021年，根据自治区人社厅《关于社会保险基金管理风险专项整治工作方案的通知》《关于开展社会保险基金管理风险排查工作的通知》《关于开展工伤保险重复领取待遇疑点数据核查等工作的通知》等文件，市社保中心印发吴忠市社会保险基金管理风险排查工作的通知，进一步完善了工作管理制度，重新修订了《吴忠市社保中心制度汇编》。全面排查自治区推送的疑点数据。对所有疑点数据进行了查证，属于因工作疏漏、系统设置错误、乡镇违规操作、误报死亡数据、重复冒领等方面的问题已进行了整改。

【“社保帮扶贷”】 2021年，吴忠市继续完善“社保搭桥、银行主办、个人自愿、商保参与”的“社保帮扶贷”工作机制，全年共向620户困难职工发放“社保帮扶贷”527万元。为全区解决困难群众断保问题，起到引领示范和借鉴作用。

·就业创业·

【概　况】 2021年，全市城镇新增就业11982人，完成目标任务1.1万人的109%；城镇失业人员再就业5952人，完成目标任务5250人的113%；就业困难人员实现就业1324人，完成目标任务1000人的132%；城镇登记失业率3.28%，远低于自治区4.5%控制目标；农村劳动力转移就业21.72万人，完成目标任务19.2万人的113%；实现工资性收入34.1亿元，完成目标任务20.1亿元的170%；农村转移就业人员参加“铁杆庄稼保”16.55万人，完成目标任务15.36万人的108%；开展企业职工培训、重点群体培训、创业能力培训、新型学徒制培训共计26081人，完成培训任务23150人的113%；培育创业实体3550个，完成目标任务2200个的161%；全民创业带动就业14689人，完成目标任务13000人的113%；创业担保贷款发放4.53亿元，完成目标任务2亿元的227%；青年见习291人，完成目标任务200人的145%。

【四项培训】 2021年，全市人力资源部门组织企业职工、重点群体、创业能力、企业新型学徒制等四项培训31882人，助力劳动者更高质量就业；为161家企业发放以工代训补贴387.5万元。举办吴忠市乡村振兴职业技能大赛，取得自治区比赛团体第三名的成绩，4名选手被自治区选拔参加全国比赛，1名选手获得优秀选手奖。

【直播带岗】 2021年，市人力资源和社会保障局充分利用吴忠人力资源产业园微视频、抖音、快手等直播平台，创新开展“直播送岗位、送政策”。组织“春风行动”等各类网络和现场招聘会55场，提供岗位信息5.47万条，达成就业意向4937人。促进21.72万名农村劳动力实现转移就业，获得劳务收入34.11亿元。全市城镇新增就业11982人，城镇登记失业率3.28%。11月14日，吴忠市“齐心抗疫，暖心送岗——2021年高校毕业生网络招聘”直播间里人气高涨，气氛热烈，参与招聘的大学生们纷纷在公屏上留言，与主播和招聘企业进行互动，了解岗位需求，咨询应聘条件，原计划90分钟的直播活动延长至4个小时才结束。经统计，本次网络直播招聘邀请伊利乳业等13家企业做客直播间，线上同步发布86家企业、2523个招聘岗位，共有6789人参与直播，收获点赞8.1万次，受到参与企业和大学生的高度好评。

【补贴政策落实】 2021年，吴忠市落实失业保险政策，为4336人发放各项失业保险待遇4429.11万元，为11880人发放失业补助金4552.62万元，为1118家企业发放稳岗返还1005.77万元，为761人发放职业技能提升补贴103.8万元。落实毕业生就业创业补贴政策，为1112名毕业生发放各类创业补贴288.71万元，为20家吸纳毕业生就业的中小微企业发放社保补贴53.42万元。

医疗保障

【概　况】 2021年，吴忠市医疗保障局坚持把基本医疗保险参保扩面作为全局业务工作的基础和前提，不断探索建立因病易致贫易返贫人口动态监测机制，切实守住不发生大规模因病致贫返贫工作底线。年内，全市基本医疗保险参保缴费人数达到137.07万人，完成目标任务的102.66%，排名位于5个地级市第二；2021年，全市城乡居民基本医疗保险参保缴费人数达118.21万人。

【医疗保障体制改革】 2021年，吴忠市深入推进医疗保险支付方式改革，扎实推进按疾病诊断相关分组（CHS-DRG）付费改革试点，有效控制医疗费用不合理增长，切实降低参保群众医疗费用负担。持续推进医疗保障标准化信息化建设，开展医疗保障信息业务编码贯标工作，并通过国家医保局验收。持续推动医保电子凭证应用推广，全市整体激活率位于自治区5个地级市第三名，有关成绩得到自治区医保局通报表扬。

【医疗基金监管】 2021年，市医保局贯彻《医疗保障基金使用监督管理条例》，不断加强医保基金监管力度，持续开展全市定点医疗机构全覆盖检查和银川三甲医院现场检查工作，规范医疗机构从业秩序。全面推进医保基金市地级统收统支工作，确保了市级统筹工作运行顺畅。2021年4月，全区医保基金监管集中宣传月启动仪式在吴忠市举行。

【医保经办服务】 2021年，市医保局持续实施药品（医用耗材）集中带量采购工作，相继完成第一至第六批和中成药国家组织药品与骨科耗材集中带量采购工作，药品和耗材价格平均降幅达50%。试点开展优化比价关系试点工作，促进医疗机构可持续发展，缓解医保基金压力。加快推进医疗机构门诊费用跨省直接结算，有效解决群众在跨省异地就医结算中的急难愁盼问题，群众对医保工作的满意度不断提高。

民政工作

【社会救助】 2021年，吴忠市民政局制定下发《吴忠市巩固拓展社会救助兜底脱贫成果同乡村振兴有效衔接工作方案》，召开了全市巩固拓展脱贫兜底成果“回头看”工作推进会，开展了2轮社会救助工作督导调研，全面推进安全发展示范城市创建。对照《吴忠市创建自治区级安全发展示范城市重点任务责任清单》，全年累计对因病因灾因意外事故等导致生活困难的4117户8471人纳入低保救助范围，织密织牢了民生兜底保障网。截至2021年12月底，全市共有各类救助对象113169人，其中城乡低保对象69861户101576人（城市

7910户12746人，农村61951户88830人），高龄老人9714人（城市1979人，农村7735人），特困供养1879人（集中467人，分散1412人）。全年累计发放各项救助补助资金6.14亿元，其中支出城乡低保50049万元、高龄津贴4219万元、特困供养1878万元，完成困难群众临时救助3.65万人次，累计支出临时救助资金5277万元。城乡低保月人均补差分别达504元和341元。

【城乡低保】 2021年，全市民政部门不定期开展脱贫不稳定人口、边缘易致贫人口以及困难群众摸底排查，完成对全市13414名未在兜底保障范围内的重点残疾人、重病患者以及扶贫监测“三类”对象等重点人群摸底排查，年内已累计将因病因灾因意外事故等导致生活困难的4502户7924名困难群众纳入低保救助范围。1—11月累计发放各项救助补助资金5.06亿元。累计清退家庭经济状况好转等不再符合城乡低保救助条件的低保对象6266户10696人，其中农村低保5231户7725人、城市低保1485户2871人。市政府连续8年将特困群众生活救助列入为民办实事项目，市本级财政预算3750万元，累计救助14772名因灾因病因残特困群众和9077户困难残疾户。分别拨付同心县、红寺堡区因旱情导致群众生活困难救助资金200万元、180万元；临近元旦、春节，市本级拟安排800万元，“两节”期间对近6000名群众进行慰问、救助。

【养老服务】 截至2021年，全市共建成养老服务机构43所、城市社区日间照料中心46所、农村老饭桌122所、农村幸福院154所，共有养老床位6891张，每千名老人拥有床位数超35张以上。2021年，吴忠市探索实施政府购买居家养老服务试点项目，将1400名60周岁以经济困难上失能、半失能老年人纳入项目实施范围，组织实施中心敬老院排水改造维修、室外环境整治及室内适老化改造项目，对市敬老院进行功能提升改造。吴忠市康乐养老服务中心、颐嘉祥老年公寓等13个养老机构实现公建民营。增强困难老年人托底服务能力，推动居家及社区养老服务发展。加强养老服务人才建设，对全市养老机构从业人员进行摸底调查，委托宁夏民族职业技术学院培训养老护理员60名。积极探索建立与吴忠市经济社会发展水平相适应的养老服务模式，全面完成康复护理综合楼项目建设并通过项目竣工验收。对特困供养养老机构进行适老化维修改造，对居室、室内外水暖电、院内道路进行维修改造，对院内环境进行绿化整治，提升了特困供养养老服务质量和水平。

【孤残救助】 2021年，市民政部门对社会散居孤儿和35名机构内孤弃儿童及事实无人抚养儿童，分别按照每人每月937元、1249元、531元的标准全面落实养育津贴，截至11月全市共发放孤儿津贴1229.27万元。对全市年满18周岁在读14名高校学生给予每人每季度2500元的助学金，全年共拨付资金14万元；实施亲子关系、心理辅导等服务项目4个。全面落实残疾人“两项补贴”。困难残疾生活补助由100元/月提高到110元/月，重度残疾人护理补贴由80元/月提高到120元/月，截至三季度末，全市共计发放“两项补贴”5396.39万元。

【社会组织管理】 截至2021年12月，吴忠市共有社会组织928家、社会团体672家、民办非企业单位256家，其中全市性社会组织177家、社会团体128家、民办非企业单位49家。引导社会组织广泛开展党史学习教育，举办习近平总书记“七一”重要讲话、党的十九届六中全会精神等专题培训，将党的建设和社会主义核心价值观纳入章程，组织培训社会组织党组织书记、党务工作者等400余人，开展王兰花等先进典型宣讲48场次，3000余名党员干部群众参与。加大社会组织监督管理，开展打击整治非法社会组织、行业协会商会“乱收费”整治、“僵尸型”社会组织清理等专项行动，联合执法12次，注销“僵尸型”社会组织16家，督促指导22家行业协会商会减免降低收费139.75万元，惠及企业285家。出台行动计划，加大培育发展社区社会组织力度。市县两级全部建成社会组织孵化基地，48个乡镇（街道）社会工作服务站全部挂牌运行。

【志愿服务】 2021年，吴忠市大力推广应用全国志愿服务信息系统，召开创城公益行动组推进会议，印发《关于进一步规范志愿服务活动项目发布工作的通知》等文件，对志愿服务项目发布、时长记录等方面进行了规范；落实《吴忠市志愿服务嘉许与回馈制度》要求，发布第一批四星、五星级志愿者名单。对市直各志愿服务站点“六有一落实”暨新增视力障碍、听力障碍志愿服务项目落实情况进行现场指导，指出存在问题，紧盯整改落实。2021 年 10 月 18 日疫情发生以来，广大志愿者积极响应市委、市政府号召，投入到疫情防控一线，提供专业医护、便民服务、秩序维护、心理疏导等服务，为抗击疫情作出了重大贡献。利通区金星镇兰花热心小组慈善协会荣获全国先进社会组织称号，王兰花同志于 2021 年 6 月 29 日被授予“七一勋章”。

【社区治理】 2021 年，吴忠市召开“全市社区社团推进会”及“学习习近平总书记‘七一’重要讲话精神推动社区社团治理工作”会议。落实“六增六提”措施，完善新增社区设施功能，“一室八中心”功能设施覆盖率达 98.88%，落实社区工作者三岗十八级薪酬待遇，开展社区“万能章治理专项行动”。推行增警力“1+X+N”工作模式，全市行政事业单位与社区签订“一书三单”，市直 15 家单位 15 类 62 项服务事项进社区，开展大联动活动。聚焦“百姓百件事”，开展“问需于民大走访”“新时代新社区新生活”“基层民主协商月”活动，采取板凳会、议事亭等形式组织解决群众急难愁盼。全市 18 条社区治理典型经验入选自治区“社区治理百佳品牌”，对社区治理典型经验进行每条 1 万元的资金补助。2021 年，新评定五星级和谐社区 4 个，给予每个社区 3 万元以奖代补资金。利通区社区“143 民主治理”被确定为全区首批城市社区治理试验区。实施“福彩圆梦孤儿助学”项目，资助全市在读大学生孤儿 14 名，资助金额 13.5 万元。利通区金花园社区张丽萍被评为全国“最美城乡社区工作者”。

【基层政权建设】 2021 年，吴忠市全面推行村民代表会议制度“55124”模式，加大督导检查力度，村监会在事前、事中、事后全程参与监督，凡是村级财务支出、误工补贴、集体资产处置、扶贫救助等重大事项，全部纳入村民代表议事决策范畴，并严格按照“提出议案→民主议定→公布告知→组织实施→监督管理”程序进行民主决策；推进移风易俗工作，全市 497 个村、90 个社区完成了村规民约、居民公约修订，盐池县把婚俗改革变成教育引导、全民参与的过程，2021 年盐池县被确定为第二批全国婚俗改革实验区。指导建立红白理事会，对红白理事会成员进行培训，进一步提升红白理事会成员履职能力。印制发放《移风易俗引领婚丧改革新风尚》宣传册。2021 年，同心县近万人在线签订移风易俗承诺书。

【社会事务管理】 2021 年，吴忠市累计发放孤儿养育津贴 1481.36 万元。制定并印发《吴忠市关于对婚姻登记严重失信当事人开展联合惩戒的实施方案》，督促县（市、区）依法开展婚姻登记，2021 年全市办理结婚登记 8945 对、离婚登记 1781 对。指导发放残疾人“两项补贴”，困难残疾人生活补贴 110 元 / 月，重度残疾人护理补贴 120 元 / 月，2021 年全市共计发放“两项补贴”6720.32 万元，救助 60.39 万人次，切实保障了困难群众基本生活。

【慈善事业】 2021 年，在腾讯公益平台设计实施“骄子助学”和“书香阅读包”两个项目，共募集善款 55 万余元，参与筹款人数达到了 41412 人次。与吴忠市人民医院合作开展“生命之光”血液透析项目，对 67 名进行血液透析治疗的吴忠市户籍贫困患者每人补助 4000 元助医救助金，共计 26.8 万元。开展“光明行动”——白内障患者康复手术，在利通区各乡镇筛查 554 名群众，101 人进行手术治疗，补助手术治疗费用 5.02 万元。疫情期间，慈善总会主动倡议，号召爱心企业、社会组织全面履行责任担当，捐款捐物，共接收捐款捐物 13 笔，物资种类有帐篷、折叠床、折叠椅、棉大衣等总计价值 115 万余元，及时发放到社区、乡镇、交通、公安、医院重点防疫行业、各单位疫情防控点，以及青铜峡市、利通区应急指挥部，为有效应对疫情提供坚强保障。2021 年，临时救助 9 人共计 3.3 万元。

【殡葬管理】 2021 年，市民政

局围绕殡葬价格秩序、公益性安葬设施建设经营等开展专项整治，着力解决殡葬业价格秩序混乱、殡葬服务违法违规牟利等突出问题，不断提升殡葬服务管理水平。以政府文件形式下发《关于做好2021年清明节祭扫工作的通知》，加强殡仪服务机构疫情防控，暂停举办集中祭扫仪式，实行错时错峰祭扫，切实保障群众生命安全。联合文明办在《吴忠日报》刊发“文明祭祀”倡议书、寒衣节倡议书，倡导绿色文明低碳祭扫，全力营造文明祭祀的新风尚。组织开展公墓年检，加强殡仪馆监管，不断规范殡葬服务管理。

【地名管理】　2021年，吴忠市印发《关于进一步落实清理整治不规范地名工作的通知》，全市确定不规范地名清单27条已全部完成标准化处理，标准化处理率达100%。联合市住建局及市政建设管理中心对拟命名6条道路进行了实地踏勘，多渠道征求意见，形成地名命名方案送审稿提请市政府审定。依法核准地名命名、更名事项，累计办理住宅区（建筑物）命（更）名申报审批事项近40件。为企（事）业单位或个人办理地名地址及门牌编码变更事项10余件。开展红色地名征集活动，结合建党100周年，在各县区开展红色地名征集活动，共推选上报民政厅红色地名17个，整理文字资料17篇、照片资料146张、微视频15个。探索开展地名文化进社区活动，制定下发《关于进一步加强地名文化进社区活动的通知》，深入市辖利通区材机、富平、秦渠、金花园4个社区进行实地调研，以试点先行，积极探索地名文化进社区、进机关活动。

【区划管理】　2021年，市民政局依法开展行政区域界线联检，扎实开展（灵武利通线、红寺堡盐池线、盐池同心线、青铜峡中宁线、灵武红寺堡线5条）县级界线联检工作，检查县界总长度约249.06公里；组织开展3条县界界桩更换埋设工作，更换新型界桩25个，圆满完成2021年度第四轮县级界线联检任务。指导红寺堡区做好乡镇行政区划变更申报工作，协调、指导红寺堡区开展部分乡镇行政区划变更申报工作，组织完成区划调整专家评审论证、社会风险评估、公众意见征求等工作，完成红寺堡区部分乡镇行政区划变更工作推进情况专题报告。在全市开展市、县、区政府驻地和乡镇政府驻地迁移信息核查，完成党政机关信息86条、事业单位信息123条。

退役军人事务管理

【概　况】　2021年，吴忠市退役军人事务局深入贯彻落实习近平总书记关于退役军人工作重要论述和视察宁夏重要讲话精神，认真贯彻落实中央、自治区、市委和市政府关于退役军人工作的决策部署，以党史学习教育为统领，以学习贯彻落实《退役军人保障法》为抓手，聚焦服务经济社会发展、服务国防和军队现代化建设，深入开展“法律政策落实年”“老兵永远跟党走”等系列主题活动，在军地合力、退役安置、就业创业、服务保障等重点任务落实上突出特色、创建品牌，各项工作扎实有效。

【思想政治建设】　2021年，始终把党的政治建设摆在首位，严格落实全面从严治党主体责任。深入开展党史学习教育，开展了“老兵永远跟党走”讲党史、唱红歌、传基因、赛成效、展风采等“十个一”系列活动，面向驻地部队和退役军人开展了“兵眼看吴忠”作品征集活动，扎实推进“我为群众办实事”实践活动20余项。推行“党建+”模式，将业务难点作为党建创新点，推动党建与业务双促双融，聚力擦亮“退役军人之家”党建品牌，积极创建“四星级”党组织，倾力打造模范机关。健康机关创建工作在自治区全民健康水平提升行动现场推进会上作了交流发言。

【基层基础建设】　2021年，全面建成四级服务中心（站）627个（市县乡村分别有1个、5个、50个、571个），打造了同心县豫海镇1个全国百家红色退役军人服务站和利通区上桥镇、同心县预旺镇、盐池县惠安堡镇3个全区十家红色精品型退役军人服务站，以及53个全国示范型、15个标杆型退役军人服务中心（站）。全市退役军人建立“一人一档”数字化档案。全市共有团以上驻地部队12个，其中利通区5个、青铜峡市4个，红寺堡区、盐池县、同心县各1个；吴忠市蝉联全国双拥模范城四连冠，青铜峡市第七次获得“全国双拥模范城”称号。2022年，市本级双拥工作经费由105万元提高至150万元。乡级服务站站长原则上由乡镇党委委员、武装部部长兼任，村级服务站站长由村（社区）书记兼任，站长平均年龄由之前的48岁降到现在的37岁。市退役军人服务中心被评为“全国服务保障先进单位”，军休所党支部书记张志强被评为“全国先进军休干部”，吴忠市拍摄的双拥主题作品《妈妈》荣获全国三等奖，现役军人家属李春雪荣获“2021年度陆军好军嫂标兵”称号。

【退役军人责任担当】 2021年，退役军人充分发挥先锋模范作用，积极投入经济社会建设各个领域。转业干部、退役军人深受机关、事业单位和基层的重用，全市村（社区）“两委”中有221名“兵委员”、55名“兵支书”，“兵支书”占“兵委员”的24.9%。成立“老兵宣讲团”，老兵们以自己的亲身经历讲好红色革命故事、弘扬优良传统，开展宣讲100余场（次），受众2万余人次，得到了学校、机关企事业单位及党校干部培训主体班次的充分肯定，“老兵宣讲团”被吴忠市委宣传部评为“2021年优秀宣讲品牌”。组建“橄榄绿”“红五星”等退役军人志愿服务队58个，在新冠肺炎疫情防控中退役军人积极主动融入社区，先后涌现出25名优秀退役军人的典型事迹，被区、市、县电视、报纸、网络等媒体报道，我局拍摄的两组照片被媒体刊登使用10余次。

【优待帮扶工作】 2021年，吴忠市组织市直机关干部、学生为戍边官兵制作贺卡、手抄报、慰问信5000余份，寄送慰问大礼包1500余份；寄送驻吴部队派往边防的部队慰问物资30.4万元，慰问家属297人31.2万元。结合吴忠市实际，积极主动协调中石化公司、吴忠市新区医院等单位为退役军人及其他优抚对象提供优惠、减免费用，协调TCL公司为困难退役军人等服务对象捐赠家用电器价值3万余元，发放惠民补贴280余万元。在全区率先完成1157名退役士兵社保接续工作，“属地受理、分级办理”的“吴忠模式”在全区推广。现役军人子女入学和随军家属工作调动应保尽保。全市接收1名军休人员、安置14名退役士兵，自治区首次按40%核定占事业编制退役军人8名，安排到国有企业6名；市本级接收军队转业干部7名，全部安排在行政机关。吴忠市利通区现役军人丁涛在部队荣获二等功。

【就业创业工作】 2021年，市退役军人事务局搭建优质就业创业平台，培育打造1家自治区级退役军人创业孵化基地。组织专家评审出盐池县《滩羊生态养殖的现代化之路》等4个项目参加全国退役军人创业创新大赛宁夏赛区比赛。常态化多渠道发布岗位招聘信息，多方式开展职业技能培训，多样化提供就业指导服务，提高退役军人就业能力和质量。举办线上线下招聘会27场，提供就业岗位8148个，新增就业384人。投入38万元开展职业技能培训190人次；投入76万元开展自主就业退役士兵适应性培训298人次。走访联系退役军人创办企业，宣传税收贷款优惠政策，实现退役军人就业创业减税157万元。宁夏众源保安服务有限公司荣登“2021年度全国退役军人就业合作企业光荣榜”。

乡村振兴

【概　况】 2021年5月，根据自治区党委办公厅、自治区民政府办公厅《关于调整全区扶贫工作机构设置的通知》，吴忠市对市扶贫工作机构设置进行调整，不再保留吴忠市扶贫开发领导小组，将其职能并入市委农村工作领导小组；将吴忠市扶贫开发办公室重组为吴忠市乡村振兴局，为政府工作部门，规格为正处级，由吴忠市农业农村局统一领导和管理，主要职责是巩固拓展脱贫攻坚成果、统筹推进实施乡村振兴战略有关具体工作，不再保留吴忠市扶贫开发办公室；原吴忠市扶贫开发服务中心同步更名为吴忠市乡村振兴服务中心，机构规格、隶属关系、人员编制、领导职数、内设机构暂保持不变。2021年，吴忠市全面贯彻落实中央、自治区关于巩固拓展脱贫攻坚成果同乡村振兴有效衔接的决策部署，严格落实“四个不摘”要求，紧紧围绕巩固拓展脱贫攻坚成果、防止返贫致贫、加强移民后续帮扶等重点工作，制定印发了《关于全面推进乡村振兴加快农业农村现代化的实施方案》《关于巩固拓展脱贫攻坚成果同乡村振兴有效衔接的实施意见》和“四大提升行动”专项工作方案等一系列政策性文件，完善了有效衔接政策框架体系。完成了市、县两级乡村振兴机构组建挂牌。推动巩固拓展脱贫攻坚成果同乡村振兴拓展政策、责任、工作落实，为巩固有效衔接脱贫攻坚成果、推动乡村振兴奠定政策和制度基础。7月，吴忠市乡村振兴局正式挂牌。

【防止返贫动态监测帮扶】

2021年，吴忠市健全完善防止返贫动态监测帮扶和“四查四补”常态化机制，明确监测标准和监测范围，建立市、县两级联席会议制度，依托防止返贫信息系统，加强卫生、教育、住建、民政等行业部门的数据比对和动态监测，全面筛查因疫、因病、因学、因自然灾害和重大突发公共事件等导致的有返贫致贫风险的监测预警对象，及时反馈县乡村三级入户核查，织密行业部门横向协同监测、县乡村纵向精准筛查的防贫网。按照自治区统一部署，组织乡村干部、驻村工作队员、网格员、帮扶责任人等1.7万名干部，紧盯农村低保人口、特困人员、易返贫致贫人口和突发严重困难人口等“四类重点对象”及农村人口“两不愁三保障”情况，面向全市所有农村人口，开展防止返贫动态监测“大排查”3次，共识别脱贫不稳定户、边缘易致贫户、突发严重困难户“三类人员”531户2035人，目前已消除风险76户249人，正在监测帮扶455户1786人。推广盐池县“红黄绿”动态监测预警和网格化管理做法，对识别出的监测预警对象按风险等级标注不同颜色，根据因病、因学、因灾、因残等致贫原因，制定“一户一策”帮扶方案，落实健康、教育、社会保障等精准帮扶措施，对有劳动能力、有就业意愿的监测对象采取技能培训、安排公益性岗位、推荐到就业帮扶车间就业等措施，确保及时消除返贫致贫风险，实现早发现、早帮扶和应纳尽纳，坚决守住不发生规模性返贫的底线。

【移民致富提升行动】 2021年，吴忠市组织开展移民基础数据核查，对全市移民搬迁情况进行全面摸底排查，准确掌握移民底数。经排查，全市共有移民村197个（其中纯移民村90个），安置移民12.45万户55.77万人，占全区移民总数的45.3%。扎实推进移民致富提升行动，制定任务清单，建立领导包抓机制，对96个1000人以上的重点移民村实行“1领导+1部门+1方案”的工作落实机制，稳步推进“9+1”专项提升重点任务落实。各县（市、区）制定移民致富提升行动“一村一策”工作方案，加大资金和项目倾斜支持力度，有序推进移民村产业发展、就业帮扶、社会融入、基础建设、环境整治、权益保障6项重点工作。制订《吴忠市支持红寺堡区建设全国易地搬迁移民致富提升示范区2021年工作计划》，统筹29个部门，有序推进32项工作任务落实，市政府通过召开专题调度会、成立督导指导组帮助协调解决问题，市财政筹资1000万元支持红寺堡区示范区建设。红寺堡区抢抓机遇，成立示范区创建工作领导小组和10个专项工作组，实行领导包抓、挂图作战、定期调度等“六大推进机制”，围绕10项示范工程，加快重点项目建设，深入整治人居环境，统筹推进示范区创建各项工作取得了明显成效。自治区“四大提升行动”推进会在红寺堡区召开。红寺堡区突出重点全面推进乡村振兴经验做法获国务院第八次大督查通报表扬。

【巩固拓展脱贫攻坚成果】 2021年，吴忠市统筹整合有效衔接资金27.8亿元，实施有效衔接项目1820个，截至11月20日，项目完工率、资金支付率分别达到95.3%、89.7%。围绕脱贫群众稳定增收，调整完善产业扶持政策，积极应对旱情影响，推动“9+1”重点特色产业和乡村旅游、休闲康养等新兴产业发展壮大，全市奶牛、肉牛、肉羊存栏同比增长14.8%、14.5%和7.4%，黄花菜、酿酒葡萄、枸杞种植面积分别稳定在16万亩、27.6万亩、10.9万亩，利通区、青铜峡市乡村休闲旅游线路纳入文化和旅游部、发改委“体验脱贫成效·助力乡村振兴”300条线路之中。前三季度，实现农林牧渔业总产值131.9亿元，同比增长6.6%，农村居民人均可支配收入11321.3元，同比增长11.8%。组织脱贫人口和监测对象外出务工67435人，完成全年目标任务的101%。全市78个就业帮扶车间吸纳农村劳动力就业6950人，其中脱贫人口和监测对象3426人。持续落实小额信贷政策，脱贫人口新增小额信贷28978户14.05亿元，贷款余额3.34万户15.89亿元，贷款覆盖率64%。调整优化“扶贫保”政策，建立“防贫保”新机制，将脱贫户和监测对象全部纳入保障范围，理赔1170笔494.7万元。开展扶贫资产登记管理，共核查登记扶贫资产18388个110.23亿元，已确权移交110.13亿元。深化闽宁协作和央企帮扶，加强沟通对接和交流互访，落实帮扶资金2.41亿元，实施项目132个，引进来吴投资闽籍企业30家，3个闽宁产业园建设持续加快。完成2020年国家脱贫攻坚成效考核反馈的11个方面共性问题整改并长期坚持。全力做好自治区和国家巩固拓展脱贫攻坚成果后评估反馈问题整改工作。

【乡村建设行动】 2021年，吴忠市完成“多规合一”实用性村庄规划编制43个。制定美丽宜居乡村建设工程提升方案，建成乡村振兴示范村30个，扎实推进4个重点镇和13个美丽宜居村庄建设。深入推进农村人居环境整治提升五年行动，新建农村卫生厕所1.05万座，实施农村生活污水治理项目18个，打造农村垃圾分类治理示范村庄51个，绿化美化美丽村庄60个。建成抗震宜居农房4108户。改建农村公路170公里。持续巩固提升农村饮水安全水平，吴忠市东线和清水河供水工程实现通水，全市农村自来水普及率达到98%以上。深入推进基础教育质量提升、全民健康水平提升行动，加大城镇优秀教师、医生、专业技术人员轮岗交流力度，全面提升乡村公共服务水平。积极探索党建引领、多方参与、共建共有、共治共享的乡村善治模式，扎实开展农村党建“抓乡促村、整乡推进、整县提升”示范创建活动，深入实施“三大三强”行动和“两个带头人”工程，全面完成村“两委”换届工作，全市村党支部书记、村委会主任“一肩挑”309个，较上届提高35.1%。举办全市村党组织书记乡村振兴示范培训班，持续推进村党组织带头人队伍建设。加强社会主义核心价值观宣传教育，建成新时代文明实践中心及站所491个，实现行政村“一约一会”、公共文化活动中心全覆盖，组建民间文艺团队187支，配备乡村文化协管员672人，开展“三下乡”演出1390场次，创建全国文明村镇14个、自治区文明村镇38个。常态长效整治农村大操大办、高额彩礼、厚葬薄养等不良习俗。推广红寺堡区“55124”村级治理模式和利通区“4431”工作法，实现“村民主村事、村事民做主”。504件“一村一年一事”全部完成。87个村集体经济项目完成80个，正在实施7个。

信访工作

【概 况】 2021年，全市信访系统坚持以习近平新时代中国特色社会主义思想为指导，深入学习贯彻习近平总书记关于加强和改进新时代人民信访工作重要思想，认真贯彻落实自治区和市委、市政府关于信访工作的部署要求，对照中央信联办“1345”工作路线图，以做好建党100周年信访安全保障工作为主线，以集中治理重复信访、化解信访积案专项工作为抓手，把维护社会和谐稳定作为第一责任，把化解社会矛盾纠纷维护群众合法权益作为第一目标，切实履行“为民解难、为党分忧”的政治责任，为全市“十四五”期间经济社会发展和争当建设黄河流域生态保护和高质量发展先行区排头兵发挥积极作用。

接待信访群众代表

2021 年 5 月 31 日，市信访局组织党员干部到帮扶户家中走访慰问

【接待登记受理】 2021年，市、县两级信访部门共接待、登记、受理群众来访、来信、网上投诉1566批2697人，同比（1669批3343人）批次下降6.1%、人次下降19.3%。到自治区上访43批61人。到北京越级上访45批49人。到京重点地区涉访1人。信访事项及时受理率、按期办结率、群众满意率分别为100%、98.78%、94.96%，整体工作呈现"一平稳、三提高、三下降"（信访形势平稳有序；信访事项及时受理率、按期答复率、群众满意率有所提高；进京访、重复访、集体访总量持续下降）的良好态势。

【矛盾纠纷排查化解】 2021年，全市信访部门坚持和发展新时代"枫桥经验"，全面推进市、县、乡、村四级社会矛盾调处化解中心建设，构建以市级矛盾化解调处中心为龙头，县级矛盾纠纷调处化解中心为骨干、乡镇综治矛调中心为支点的"一站式接收、一揽子调处、全链条解决"市域信访矛盾纠纷化解体系，切实强化基层源头治理。全市47个乡镇（街道）信访工作联席会议机制全覆盖，基层"网格化"矛盾排查发挥作用明显，真正做到把矛盾化解在早、化解在小、化解在基层。全年累计排查化解各类信访矛盾764件。

【信访事项办理】 2021年，市信访局及时办结政法队伍教育整顿期间自治区转交信访案件148件，人民网地方领导留言板投诉51件。疫情期间，接听群众电话投诉咨询2176人次，坚持"当即接收、当时流转、当日办理"的原则，快速处理网上信访问题尤其是涉疫信访问题156件，群众满意率达98%。市级领导提级督办、直面化解，有效化解瑞锦名邸、香缇小镇等17个居民小区6132套房屋住户办理不动产证难问题，及时化解清宁福居拖欠项目工程款和宋新庄煤矿拖欠工资问题，有力维护了社会大局稳定。对符合复查程序的29件信访事项，全部按照规定受理，认真规范开展复查复核，规范出具复查（复核）意见书。

【专项工作】 2021年，全市信访部门集中治理重复信访、化解信访积案专项工作成效显现，结合党史学习教育、"我为群众办事实"实践活动，把专项治理工作作为实践活动的重要任务和重要载体，市委办下发了《关于市级领导同志联系包抓县（市、区）重点信访事项工作的通知》，明确了34名市级领导包抓36件重点信访事项，确保专项工作攻坚行动扎实有效开展。市信访工作联席会议加强统筹调度，召集人定期听取工作汇报，研究解决重大事项问题。市信访局领导班子建立督导专员"点对点"督导工作机制，全程跟踪，督责任落实、督工作进度、督化解质量。通过领导包案、带案下访、约访接访等切实有效的措施，中央、自治区信联办交办的270件重复信访和信访积案全部办结。

【信访安全保障】 2021年，全市信访部门坚持把重要节点、重大活动期间信访维稳保障工作作为重要政治任务，在全国两会、建党100周年庆典、国务院督察组来宁督察、市第六次党代会、市县两会、乡村换届、大西北早茶美食节等重要节点期间，及时启动纵向到底、横向到边的协同预警和重点人员"三色"管理稳控机制，严格落实属地管理责任和源头维稳措施，确保重点人员吸附在当地，全市在敏感节点未发生进京越级访或个人极端事件，圆满完成信访安全保障任务。庆祝建党100周年期间，市、县和部门167名处级以上领导主动接访下访，共接待来访群众213批次，有效化解信访矛盾纠纷，确保了“七一”前夕全市未发生进京赴银访，建党100周年信访维稳工作得到自治区领导的充分肯定。

【协同预警处置】 2021年，全市信访部门在重大敏感节点和疫情防控的关键时期，健全完善超前预警、快速响应、联动处置工作机制，加强涉众、涉疫等信访信息通报预警，加强苗头性、倾向性信访问题预判预防，坚决防止发生规模性群访和涉访个人极端行为。信访部门与政法、网信、公安、人社、退役军人事务等部门双向推送信访预警信息158条，全部第一时间跟踪调查研判，做到处置在早、化解在小，共有效处置稳控网上煽动串访、扬言越级上访17批169人。

【基础建设】 2021年，市信访局于3月搬迁至原宣传文化中心办公。根据自治区党委、政府《关于进一步加强和改进新时代信访工作的意见》和《宁夏信访工作地方标准》，积极争取市财政资金支持，投入94.6万元，打造建成了接访、处访、办访综合一体、功能齐全的规范化、标准化“人民满意信访窗口”，建立吴忠市社会矛盾纠纷调处化解中心，开创了吴忠市信访工作标准化、规范化阵地建设的先河。

政法与综合治理

【概　况】　2021年，全市政法系统坚持以习近平新时代中国特色社会主义思想为指导，深入学习贯彻落实习近平法治思想、习近平总书记视察宁夏重要讲话精神，扎实推进平安吴忠、法治吴忠建设和政法队伍教育整顿，积极履行维护国家安全、社会大局稳定、促进社会公平正义、保障人民安居乐业的主要任务。截至10月，全市法院共受理各类案件44000余件，其中刑事案件1600余件、民商事案件26700余件、行政案件430余件、执行案件15463件；全市检察机关共批捕各类犯罪嫌疑人819人，起诉1293人。践行“少捕慎诉慎押”检察司法理念，依法不批捕277人、不起诉437人，不起诉率全区排名第一。立刑事案件4963起，破案2514起，破案率全区最高。未发生较大及以上安全事故、50人以上群体性事件、涉枪涉爆致人死亡案件，全市社会大局持续和谐稳定。

【维护社会治安】　2021年，全市政法系统严厉打击各类违法犯罪，推进落实可防性命案深度调查机制，现发命案6起全破。扎实开展精准巡防工作，着力“降发案、多破案、打现行”，抓获犯罪嫌疑人1971人，“八类”案件100%侦破，命案连续8年全破。全面打击电信网络违法犯罪，电信诈骗立案1313起，破案437起，破案率33.3%，破案率全区最高，抓获犯罪嫌疑人318人，破案数、抓获数同比上升93.3%、174%。预警止付涉案账户6850个资金2亿余元，冻结涉案账户886个资金2983.5万元。持续深化“两打两控”“净边”专项行动，强化“大收戒”和缉毒执法，查获吸毒人员93人，收戒吸毒人员36人，批捕犯罪嫌疑人54人，缉毒执法三项指标均位列全区第一。成功创建全国禁毒示范城市。全面开展“枫桥式”司法所、人民调解组织，人民调解员培育创建活动。建成4个县级、34个乡镇级一站式矛盾纠纷调解中心，探索建立人调与公调、诉调、访调等联调机制，方便群众就近化解矛盾纠纷。组织开展“两节”、两会、庆祝建党100周年期间维稳安保矛盾纠纷排查调处专项行动。今年以来，共排查矛盾纠纷3641件，成功调处3582件，调解成功率98.3%。

【市域社会治理】　2021年，全市政法系统对标创建工作三大体系157项验收指标，实行项目化管理、清单式推进，确定69个特色项目，建立“十一个一”推进工作机制，强化“书记抓、抓书记”工作模式，全面推动市域社会治理现代化试点市工作任务落实。吴忠市“志愿助力社会治理”工作经验被中央政法委采用。探索创新利通区推行“4431”工作法，实现“村民主村事、村事民做主”；建立“三官一顾问”矛盾纠纷集中调处联席会议工作机制，切实为老百姓解决了一批烦心事、揪心事、操心事。红寺堡区“55124”村级治理模式被农业农村部确定为20个乡村治理典型案例之一，“135”基层治理模式入选2020中国民生示范工程。青铜峡市建立“阳光学堂”，推动“党建+N”模式，凝聚基层社会治理合力；峡口镇谭桥村推行“六个不出村”，实现23年零上访。盐池县探索出“三三五”社会治理“盐池模式”，县乡村三级综治中心全覆盖，县级综治中心内设“四科室一平台”，建立“一中心两平台”，打造集发现问题、信息归集、流转交办、协调联动、研判预警、督促检查、考核评价等功能于一体的社会治理平台。同心县开展“一室一品”和“枫桥式公安派出所”创建活动，激活基层治理“神经末梢”；建立“司法所+法律顾问+法律服务队员”工作模式，破解了全县律师资源不足和律师服务难的困境。重基层治理，强衔接融合，印发了“1+6”基层治理任务清单分工方案，对乡村、社区、宗教、校园、企业、社团“六大治理”任务进行了细化。在全市497个行政村落实“四议两公开”等制度，大力推广“55124”村级事务治理模式，加强基层自治组织规范化建设，完善“社区党组织—网格党支部—楼栋党小组”组织体系，构建社区治理“一核多元”架构，将36个社区党组织改设为党委、9个改设为党总支，同步设立129个网格党支部、255个楼栋党小组。推行“一村一法律顾问”制度，大力实施农村“法律明白人”培育工程，累计培养“法律明白人”7万人、骨干2400名。

【法治建设】 2021年，全市政法系统全力实施法治教育、公正司法、规范执法、素质提升“四大工程”，着力提升执法司法能力。广泛开展法治思想教育。把学习宣传贯彻习近平法治思想作为一项重要政治任务，扎实开展习近平法治思想大学习大培训大宣讲大实践活动，开展各类宣讲100余场次。大力开展“八五”普法宣传，制定《2021年全市普法依法治理工作要点》，开展国家机关落实“谁执法谁普法”普法责任制履职报告评议活动，紧紧围绕“关键少数”学法、“重点人群”普法、“人民群众”用法等方面。持续推进“农村法律明白人”培育工程，组织相关培训130余场次。开展“美好生活，民法典相伴”主题宣传活动、民法典“千场巡回宣讲”活动600余场次，受益干部群众10余万人次。全面推进依法治市进程。编制《法治吴忠建设规划（2021—2025）》《吴忠法治社会建设实施方案（2021—2025）》，明确了法治吴忠建设的时间表、路线图、任务书。制定《吴忠市人民政府规章制定程序规定》，依法向社会公布。深入推进落实行政执法三项制度，强化行政执法规范化建设。实施了“执法司法规范化建设提升年”行动，开展了“法官优秀庭审裁判文书评比”“检察官优秀公诉意见评比”“公安干警实战化训练”系列活动，完善了执法司法标准，健全了相互协作配合、强化监督制约等机制，推动了执法司法理念更加正确、执法司法行为更加规范、相互配合制约更加到位，干警综合素质明显提升，群众的司法获得感显著增强。

【政法领域改革】 2021年，全市政法系统推进“两个一站式”建设，建立以系统智能识别为主、人工识别为辅的分案机制，实现“简案快审、繁案精审”工作目标。健全审判权力运行机制，强化司法权力监督。完成数据中心升级改造及远程视频提讯室的信息化基础建设，不断完善检察官业绩评价机制，率先在全区检察机关运用检察官业绩考评信息化系统，推动检察官更加履职尽责，努力把案件办到极致、办到最好。出台《吴忠市检察机关检察人员履职责任认定和追究办法（试行）》，对责任制追究作出明确规定，使“谁办案谁负责、谁决定谁负责”真正落到实处。深化警务运行机制改革。大力实施改革和加强派出所工作，增设、迁建派出所4个，建成警务室522个（覆盖率85%），46名派出所所长549名社区民辅警全部“进班子”，“三个全覆盖”领跑全区。深入推进“互联网+公安政务服务”工作，平台实名注册率、网上办件量全区第一。全面落实公安政务服务事项“365天×24小时”受理办理制度，非工作日办理便民业务1.01万件。

【政法队伍建设】 2021年，全市政法系统坚持把党史学习教育和政法队伍教育整顿有机结合起来，一体推进。坚持常态化学习强思想。注重把思想武装贯穿于教育整顿全过程，先后举办政法干警培训班93期、政治轮训班

46期，选树了5名政法战线英模，在全市巡回演讲34场次，开展各级各类警示教育150余场次，实现“五项教育”全覆盖。干警思想受洗礼。坚持全覆盖线索排查，强化“自查从宽，被查从严”政策宣传，先后召开6次推进会、4次督办会，定期研判调度，全力攻坚案件线索。全市主动说明问题346人，作出处理339人。纪检监察机关立案17件22人。第二批教育整顿开展以来，共收到案件线索204条，核结121条，核结率为59.3%，核结率、核实率均全区最高。坚持精准化发力促整改，建立了“一项顽瘴痼疾，一位领导负责，一套方案指导，一个专班推进，一抓整改到底”的工作机制，全链条发力，全系统整治，核实认定的1115条顽疾全部完成整改。坚持高质量创新建机制。坚持把建章立制与“我为群众办实事”实践活动有机结合起来，立足标本兼治，注重建章立制，围绕司法监督、正风肃纪、能力提升等方面建立了517项制度机制，不断扎紧制度“篱笆”，织密权力“笼子”，堵塞监督“漏洞”。深入开展“我为群众办实事”实践活动，建立干警联系群众机制，打通服务群众“最后一公里”，牵头开展政法系统窗口单位服务质效提升专项行动，服务质效大幅提升。先后3次开展群众满意度调查，群众满意度从92%上升到98%。

【扫黑除恶】 2021年，全市政法系统严格落实中央常态化开展扫黑除恶斗争的决策部署，及时调整专项斗争领导小组及其办公室，优化人员结构，强化综合保障，确保工作不断、力度不减、思想不松、标准不降。紧密结合2021年六大行业领域专项整治工作，制定《专项整治工作措施》，指导重点行业、领域监管部门坚持打击和防范并重、治标和治本同步，严格落实源头治理和行业监管责任，坚持边打边建边治，集中全力攻坚，始终保持高压态势，最大限度挤压黑恶势力滋生空间。全年，全市新打掉新增涉黑涉恶团伙5个，抓获犯罪嫌疑人58人，破案191起，查封、冻结、扣押涉案资产2.9亿余元。涉黑涉恶腐败和“保护伞”案件立案7件，给予党纪政务处分1人。

【政法宣传】 2021年，全市政法系统紧紧围绕党的舆论引导和宣传思想工作的总体要求，始终坚持团结、稳定、鼓劲、和谐、正面宣传为主的方针，注重把握重点、突出主题，多渠道、多角度、深层次开展政法宣传工作，为进一步提升政法队伍形象和推动政法工作提供了坚强舆论支持，营造了浓厚的共建共享平安氛围，在中央、自治区级传统媒体和新媒体刊发各类宣传稿件2000余篇。打造30米政法工作宣传文化长廊，营造听党话、跟党走的浓厚氛围。在《宁夏法治报》《吴忠日报》等主流媒体开设“平安吴忠”专栏，全景展示全市政法工作。拍摄制作铁路护路“不忘初心”快闪，被学习强国采用，引起强烈反响。探索打造了“政法风采、吴忠故事”宣传品牌，在全市政法系统掀起学理论、学方法、学榜样热潮。第一期推出后，阅读量超过3.5万人次，收到了良好的社会效果。吴忠市“以志愿之治激发群众活力”工作经验，被中央政法委采用推广。

公　安

【概　况】 2021年，全市公安机关在市委、市政府和自治区公安厅的坚强领导下，坚持以习近平新时代中国特色社会主义思想为指导，忠实践行习近平总书记重要训词精神，以“三个狠抓、四场硬仗、五大工程”为抓手，全力以赴战疫情、防风险、保安全、护稳定、促发展，全警在建党百年安保维稳、推动平安吴忠建设、新冠疫情防控等大战大考中，经受了多重考验，展现了过硬作风，打赢了多场硬仗，为全市经济社会发展作出了重要贡献。吴忠市公安局利通区分局板桥派出所三级警长张美霞、青铜峡市公安局刑侦大队警务技术一级主管王志琴被公安部授予二级英模。

【政治建警】 2021年，全市公安机关深入开展党史学习教育，激发了全警知史爱党、知史爱国的坚定信念。推出“我为群众办实事”实践活动举措67项和便民利企举措39项，“团圆”行动、“平安顾问”得到上级督导组高度肯定，“微服务+寻人寻亲”成为全国公安机关5个特殊公共服务项目之一，分别成功找回失踪30年、14年的人员各1人，帮助2个家庭实现了团圆梦。扎实推进公安队伍教育整顿，抓好“三个环节”，突出“四项任务”，融合推进“五项教育”，436件问题线索高效核结，977件突出问题全部整改销号，掀起了一场刀刃向内的自我革命，推动全市公安机关政治生态进一步优化、执法公信力进一步提升。延伸开展公安队伍作风建设“三大活动”和辅警队伍教育整顿，全市公安队伍能力素质进一步增强、纪律作风进一步好转。强化警容风纪、队列训练、正规化管理，在“创城”迎检、百日攻坚行动、执法勤务等工作中，展现了良好的精神面貌。持续激发干部队伍活力，交流轮岗领导干部34人，提拔使用年轻干部17人。大力选树先进典型，全市4个集体64名个人先后受到公安部、公安厅表彰奖励。市局荣获全国“扫黄打非”先进集体，利通区分局荣获全国扫黑除恶先进集体，市看守所荣立全国公安监管部门抗击疫情集体一等功，王志琴、张美霞被公安部授予“全国公安系统二级英雄模范”。全市辅警队伍被区厅记三等功3人、嘉奖4人。

【公安改革】 2021年，全市公安机关大力推进改革和加强派出所工作，市委、市政府出台《关于改革和加强新时代吴忠公安派出所工作的实施方案》，在全区率先将改革和加强派出所工作纳入党委、政府专项督导内容，推动“派出所改革一号工程”上升为党政工程。持续深化基层治理，扎实推进“平安细胞”建设，推动纳入平安建设考核，全市489个小区、1157个单位、242个村居实现刑事案件“零发生”。全市587个村（社区）建成警务室542个，覆盖率92.3%，在全区率先实现“三个全覆盖”。派出所所长和社区民警“进班子”稳步推进，基本实现了“应尽必进、应进全进”。社区警力配备力度不断加大，全市522个村（社区）达到了最低警力配备要求。稳步推进“天网”“地网”工程建设，建成视频云解析平台，数据赋能打击破案、疫情防控效能进一步凸显。大力推进执法监督管理机制和执法责任体系改革，工作经验被宁夏政法工作专刊刊发，超期受立案“零发生”，执法安全事故连续6年“零发生”。深化公安“放管服”改革，深入推进“互联网+公安政务服务”工作，平台实名注册率、网上办件量全区第一。全面落实公安政务服务事项“365天×24小时”受理办理制度，新增自助一体服务机6台，非工作日办理便民业务1.01万件，工作经验得到自治区公安厅领导的批示肯定，并在全区通报。吴忠市政务服务中心户政窗口、利通区民生街派出所、盐池县车管所被评为全区首批公安政务服务示范点。

【平安吴忠建设】 2021年，全市公安机关常态化开展扫黑除恶斗争，打掉涉黑涉恶团伙7个，利通区分局荣获全国扫黑除恶先进集体。严厉打击暴力犯罪，侦破命案7起，现行命案连续9年保持全破。成功侦破同心县抢劫杀人等命案积案3起，抓获命案逃犯2名，同心县命案积案历史性清零。严打突出违法犯罪，破获各类刑事案件3565起，破案率55.3%，全区最高。破获电信网络诈骗案件921起，破案率48.6%，全区最高。侦破涉枪刑事案件7起。深化常态打击整治，扎实开展“断链”行动，查处黄赌案件467起，成功侦破盐池县特大地下流动赌博案。市公安局荣获全国“扫黄打非”先进集体称号。强力推进毒品问题综合治理，吴忠市荣获“全国禁毒示范城市”荣誉称号。

【服务发展大局】 2021年，全力维护社会安定，全年共受理各类治安案件11434起，查处违法人员9666人；排查化解各类矛盾纠纷2万余起，起底摸排重点人员1209人，排查稳控重点群体10个，依法打击处理缠访闹访人员8人，实现了建党百年安保维稳“六个严防发生、三个确保”的目标。全力护航先行区建设，破获“食药环”领域违法犯罪案件63起，化解涉众型经济犯罪风险隐患8起，清理“空壳企业”1093家，成功破获“8·25”特大虚开增值税发票案，破获串通招投标案件28起，有力维护了经济金融秩序。靠前站位，全面承担疫情防控大数据研判预警、入吴通道查验、社会面管理等职责任务，累计核查数据552.6万条，排查涉疫重点人员9.74万人，核实吴忠籍出入境人员3881人，打击非法入境人员189人，为全市疫情防控工作提供了硬核支撑。全市44个疫情检查站点24小时开展检查检疫，有力确保了“三个不发生”。坚决打赢了“10·18”突发疫情遭遇战、阻击战、歼灭战，有效应对多轮次国内局部疫情冲击，有力巩固了全市疫情防控成果。防疫大数据专班“六全”工作法受到公安厅、市委主要领导肯定。

检　察

【概　况】　2021年，全市检察机关全面落实习近平总书记视察宁夏重要讲话精神，积极践行习近平法治思想，不断增强服务保障全市经济社会高质量发展的政治自觉、法治自觉、检察自觉，各项检察工作在稳进中落实、在落实中提升，实现新发展。全市检察机关共有12个集体、64名个人受到市级以上表彰奖励。在自治区人民检察院对5个市级院业务考核中，市人民检察院居全区第二。市人民检察院获评全市首批“让党中央放心、让人民群众满意”模范机关、全区“七五”普法先进集体，在全市首届国家机关“谁执法谁普法”履职评议中获得第一名，第三检察部荣获“全区扫黑除恶专项斗争先进集体”，第四党支部被评为“全区先进基层党组织”。

【服务保障大局】　2021年，全市检察机关紧紧围绕建设黄河流域生态保护和高质量发展先行区，建立陕甘宁三省区八市检察机关“保护母亲河、服务黄河流域高质量发展”司法协作机制，共护黄河安澜。开展“携手清‘四乱’、保护母亲河”“联手治乱象、合力护资源”等专项监督，督促恢复被损毁耕地12.3万亩及国有林地、草原128.6万亩，清理非法占用河道44.9公里，保护被污染土壤7.48万亩，督促关停和整治违法排放废气等空气污染企业9家。坚持把“恢复性”司法理念贯穿检察工作全过程，实行“刑罚打击+警示教育+生态修复”三位一体模式，督促犯罪嫌疑人、被告人和相关单位恢复耕地2万亩、补植复绿树木6840余棵，以“检察蓝”守护“生态绿”。

【服务乡村振兴战略】　2021年，市检察院率先在全区出台《“乡村振兴检察行”专项活动实施意见》，在全市检察机关部署开展“乡村振兴检察行”专项活动。聚焦产业兴旺，联合公安、市场监管等部门对农资产品领域进行专项检查。依法办理李某某生产、销售不符合安全标准食品案等一批危害“三农”犯罪的案件。与市自然资源局联合制定《关

2021年12月17日，吴忠市人民检察院组织召开第三届陕甘宁三省区八市“保护母亲河、服务黄河流域高质量发展”公益诉讼工作交流会

于建立自然资源行政执法与行政检察衔接工作机制的意见》，坚决打击农村乱占耕地行为。聚焦生态宜居，发出诉前检察建议35件，督促清除违法堆放生活垃圾3.6万吨，拆除违建1.6万平方米，督促乡镇建成覆膜残膜回收站23家，回收残膜1728吨，服务打造山清水秀美丽宜居乡村。聚焦平安建设，持续防范和整治“村霸”，铲除了农村黑恶势力及其滋生土壤，净化了基层政治生态。聚焦治理有效，发出涉及纠正违法、再审和公益诉讼等类型检察建议283件，为基层治理提供法治“天气预报”。聚焦生活富裕，从严惩处侵犯农民工及农业从业人员合法人身权利、财产权利的犯罪，批准逮捕6件8人，支持妇女、儿童、孤寡老人等特殊群体向法院起诉42件，向生活困难的当事人发放司法救助金126.7万元。开展“协助解决农民工讨薪”专项检察活动，帮助农民工追回欠薪25万元，让检察温情可感可触可信。在专项活动取得初步成效的基础上，主动邀请市人民政府相关领导和市委政法委、乡村振兴局、自然资源局、农业农村局、生态环境局等单位召开推进会，共商进一步服务保障乡村振兴战略实施的新措施。服务保障乡村振兴战略实施的经验被最高人民检察院在全国转发。

【护航民营经济发展】　2021年，全市检察机关坚持依法保障企业权益与促进守法合规经营并重，认真落实《充分履行检察职能服务“六稳”“六保”实施意见》《充分发挥检察职能依法保障和促进民营经济健康发展的意见》，全面护航民营企业健康发展。与工商联建立常态化联络机制，深入走访企业问急问需，为企业发展送上“法治大礼包”，提供贴心司法服务。坚持“可捕可不捕的不捕，可诉可不诉的不诉”，对犯罪情节轻微不起诉10人，适用认罪认罚从宽制度12人，清理纠正18起涉民营企业“挂案”案件，监督撤案5人，努力营造市场化法治化的营商环境，确保民营企业家专心创业、放心投资、安心经营。

【维护社会和谐稳定】　2021年，全市检察机关牢固树立总体国家安全观，全面履行批捕、起诉等检察职能，共依法批捕各类犯罪嫌疑人656人、起诉1689人。严厉打击危害国家政治安全犯罪，深入推进扫黑除恶常态化，突出惩治重点，起诉故意杀人、抢劫、绑架等严重暴力犯罪163人，“两抢一盗”等多发性侵财犯罪309人，涉毒品犯罪29人。依法打击“校园贷”“套路贷”和电信网络诈骗等新型犯罪，批捕105人，起诉304人，为人民群众“钱袋子”安全扎紧司法“篱笆”。全面贯彻宽严相济刑事政策，坚持“少捕慎诉慎押”，注重办案的政治效果、社会效果和法律效果，依法不批捕347人、不起诉546人，最大限度促进社会和谐。严格落实认罪认罚从宽制度，对1829名犯罪嫌疑人、被告人依法适用认罪认罚从宽制度，适用率85.79%，有效惩治教育罪犯，提升司法效能。

【参与基层社会治理】　2021年，全市检察机关积极践行新时代“枫桥经验”，着力打造“塞上枫桥”检察品牌，创新推出“1+5+N”检察服务模式，受理群众来信来访1135件，7日内程序性回复、3个月办理过程或结果答复率均为100%。坚持以能动司法促诉源治理，落实检察长接待制、首访首办责任制，做好律师代理涉法涉诉案件、检调对接工作，以情同此理和“如我在诉”，解开群众的“法结”和“心结”，妥善化解11件重复信访积案。率先在全区以检察听证方式审查案件，公开听证各类案件350件，让人民群众在法治建设实践中有实实在在的获得感。积极优化“案－件比”，减轻当事人诉累，“案－件比”从上年的1∶1.46下降至1∶1.21。结合办案提出社会治理类检察建议324件，为基层治理提供法治“天气预报”。

【未成年人司法保护】　2021年，全市检察机关坚持“捕诉监防教”一体化机制，构建未成年人权益保护体系。依法批捕侵害未成年人犯罪85人、起诉112人。对轻微犯罪未成年人不批捕65人、不起诉103人、附条件不起诉52人。持续抓好“一号检察建议”贯彻落实，检察官兼任全市中小学法治副校长，实现“法治进校园”宣讲全覆盖。聘任“七一勋章”获得者王兰花为未成年人公益诉讼观察员，构建吴忠市“小白杨护未联盟”。“小白杨工作室”品牌获得自治区新闻出版局版权保护，并升级为宁夏检察机关唯一的未成年人检察品牌，被自治区人民检察院在全区推广使用。

【刑事检察】 2021年，全市检察机关坚持"在办案中监督、在监督中办案"，监督侦查机关立案50件、撤案126件，纠正漏捕30人、纠正漏诉18人；提出刑事抗诉17件。开展羁押必要性审查工作，建议办案单位对37名捕后在押人员变更强制措施。推进对监狱、看守所、社区矫正机构巡回检察工作，监督纠正减刑、假释、暂予监外执行不当29人，判处实刑未交付执行刑罚27人，社区矫正脱管漏管11人。监督纠正监管活动违法违规案件22件，财产刑执行案件17件。依法履行司法工作人员"14类罪名"职务犯罪侦查职能，立案侦查5件9人。

【民事检察】 2021年，全市检察机关以案结事了人和为目标，以精准监督为指引，着力构建多元化民事监督新格局。受理审查民事诉讼监督案件524件。对生效民事裁判、调解书提出抗诉和再审检察建议15件，法院裁定再审6件、改判5件。对民事审判和执行活动提出检察建议229件，法院采纳率为94.32%。开展虚假诉讼专项监督活动，依法纠正"假官司"，提出抗诉和再审检察建议10件。

【行政检察】 2021年，全市检察机关秉持融入式监督理念，切实发挥好行政检察"一手托两家"职能作用，着力做实行政检察监督。受理行政检察监督案件83件，其中生效行政裁判监督案件13件，行政审判程序和执行活动监督44件。加强行政非诉执行专项监督，提出检察建议24件。办理"行政争议实质性化解"案件18件。

【公益诉讼】 2021年，全市检察机关积极推进公益诉讼检察，立案行政公益诉讼案件396件，发出诉前检察建议317件，全部被行政机关采纳。在食品药品安全、环境污染防治、特殊群体利益保护等领域，开展"四个最严""两品一械""公益诉讼守护美好生活""无障碍环境建设"等监督活动，全面落实"四号检察建议"，确保人民群众"头顶上""舌尖上""脚底下"的安全。认真落实"七号检察建议"，调研形成《关于寄递毒品犯罪有关情况的报告》，与市公安局、市邮政管理局联合印发《关于严厉打击和预防寄递毒品犯罪活动的实施办法》，以"检察蓝"守护"邮政绿"，做法被自治区人民检察院在全区推广。

【队伍建设】 2021年，全市检察机关以政治建设为统领，深入学习贯彻落实习近平新时代中国特色社会主义思想，全面落实习近平总书记视察宁夏重要讲话精神，严格落实《中国共产党政法工作条例》，将党的绝对领导贯穿检察工作全过程、各方面。扎实推进党史学习教育，做到学党史、悟思想、办实事、开新局，不断筑牢信仰之基、补足精神之钙、把稳思想之舵。认真落实新时代党的建设总要求，全面加强机关党的建设，不断提升党支部标准化规范化建设水平。认真落实中央八项规定精神、自治区党委"八条禁令"和党风廉政建设"两个责任"。严管厚爱与激励约束并重，强化廉政风险防控，常态化开展警示教育、检务督察和案件评查，严明纪律作风。严格落实防止干预司法"三个规定"，实行月报告制度，如实填报插手或过问案件等事项。扎实开展政法队伍教育整顿，以动真碰硬的魄力、刮骨疗毒的勇气、猛药去疴的决心整治顽瘴痼疾，两级法院共整治顽瘴痼疾355条，建立健全228项制度机制，司法规范化水平、检察队伍形象和司法公信力明显提升。全市检察机关政法队伍教育整顿工作得到中央督导组充分肯定。深入推进"业务大学习、岗位大练兵、素质大提升"活动，举办青年"检察沙龙""检察论坛"，开展技能比武、业务竞赛、法律文书评比，加强理论性、案例式和实战化培训，努力打造"学习型检察院、放心型检察官"。1名干警被评为"全区政法英模"，7名干警被评为"全区先进典型"。

审　判

【概　况】 2021年，全市法院主动践行习近平法治思想，坚决落实中央、自治区和上级法院决策部署，对标"七大提升行动""十项重点工作"要求，认真开展党史学习教育和政法队伍教育整顿，圆满完成各项工作任务，共受理各类案件49066件（含旧存），同比上升13.12%，审（执）结39690件，结案率

80.89%。其中市中院受理2759件，审（执）结2073件，结案率75.14%。市中级人民法院4个集体和32名个人获得市级以上荣誉表彰。配合市人大常委会圆满完成对本院的评议工作，被评议为“满意单位”。

【刑事案件审理】 2021年，全市法院严厉打击暴力犯罪、危害食品药品安全、电信诈骗等群众反映强烈的犯罪。年内共审结刑事案件1553件，判处罪犯1391人，结案率88.09%。审结故意杀人、抢劫等严重暴力犯罪137件；审结职务犯罪10件。持续推进扫黑除恶斗争常态化，受理涉黑涉恶案件5件86人，审结涉黑涉恶案件3件53人。在全区扫黑除恶专项斗争总结表彰大会上，市中院代表全区法院系统作经验交流，中院刑一庭被评为全区扫黑除恶专项斗争先进集体。开展全市法院“反诈人民战争”专项行动，共审理电信网络诈骗犯罪案件20件，坚决遏制电信网络诈骗犯罪多发高发态势。开展“远离电信网络诈骗，共建平安和谐吴忠”防范电信网络诈骗主题教育公众开放日活动，积极进行反诈宣传。积极推进刑辩律师全覆盖，强化人权司法保障。截至2021年底，共为135名未委托辩护人的被告人或上诉人指派律师，积极发挥律师在刑事案件审理中的辩护作用。

【民商事案件审理】 2021年，全市法院共审结民商事案件24259件，其中审结交通事故、医疗事故等人身损害赔偿纠纷案件712件。深入开展“百日结万案”专项活动，紧盯全年审判执行工作任务，出台《吴忠中院关于人民法院进一步为“一带一路”建设提供司法服务和保障的意见》，全力服务保障黄河流域生态保护和高质量发展先行区建设。探索破产案件审判工作新模式，高质量审结宁夏德福胜粮油公司破产重组案，开创了吴忠地区破产企业“零震荡”的先例。建立知识产权保护联络工作机制，妥善化解中国音像著作权集体管理协会诉辖区KTV侵犯著作权纠纷案等知识产权案件87件。以“协调+指导”模式推进行政案件“诉源治理”，在立案前化解和分流行政争议。继续推广行政机关负责人“三出”制度，营造“面对面”纠纷化解平等和谐氛围，推动行政争议实质性化解。年内共化解行政争议380件。全市法院共执结案件13309件，执行到位金额15.68亿元。在全市法院开展涉金融案件专项执行活动。年内，执

2021年4月1日，吴忠市召开全市检察机关政法队伍教育整顿第一次推进会

结涉金融案件1143件，执行到位金额4.18亿元，有效执结了一批“骨头案”。狠抓“执行不作为、乱作为”顽疾整治工作，在全市法院范围内开展为期半年的做“让党放心、让人民满意”的执行员活动，有效提升执行干警素质能力。

【市域社会治理】 2021年，市中级人民法院积极推进诉源治理与多元解纷机制建设，召开全市法院市域治理现代化任务推进会，印发《2021年吴忠市法院市域社会治理现代化试点工作任务书》，以更好司法作为助力市域治理。举办全市法院市域社会治理专题研讨会，就乡村治理、纠纷化解等重要内容统一思想、加强统筹协调，形成齐抓共管局面。持续推动化解纠纷的“前台引领”作用向“后台推动”，促使更多纠纷通过非诉讼渠道解决，防范化解各类矛盾风险。完成与25个网格对接工作，实现辖区“网格法官”全覆盖。全市法院以调解方式结案9169件，民事案件调撤率达57.96%。

【深化司法体制改革】 2021年，市中级人民法院推进“两个一站式”建设，按照本院《关于全面推进“分调裁审”机制改革的实施办法》工作要求，建立以系统智能识别为主、人工识别为辅的分案机制，努力实现“简案快审、繁案精审”工作目标。积极发挥院庭长办案示范引领作用，院庭长带头办理刑事大案。年内院庭长担任承办人审结案件18322件，占结案总数的45.36%。健全审判权力运行机制，制定完善《吴忠市中级人民法院法官审判权力和责任清单》《吴忠市中级人民法院关于进一步加强院庭长对“四类案件”实施监督的办法》《吴忠市中级人民法院审判委员会工作规则》等，强化司法权力监督。加强智慧法院建设，完成数据中心升级改造及远程视频提讯室的信息化基础建设，实现人民法院信息化4.0建设目标。自8月20日至11月30日共审执结各类案件13072件，占全部结案数的34.8%，实现了年底前稳步去存量、提质效的目标任务。

【队伍建设】 2021年，市中级人民法院坚持把学习贯彻习近平新时代中国特色社会主义思想作为党组会第一议题，结合党史学习教育，深入开展政治轮训，始终保持学习教育力度不减、热度不降。把学深悟透新思想作为根本任务，始终在思想上政治上行动上同以习近平同志为核心的党中央保持高度一致。先后举办庆祝建党100周年系列活动、红色家书诵读比赛、瞻仰红色圣地、重温入党誓词等。扎实开展“我为群众办实事”实践活动，广泛开展诉讼服务、法律咨询、普法宣传等活动，全力提升法院干警服务人民群众的能力素质。在全国法院第四届“百场优秀庭审”“百篇优秀裁判文书”评选中，马嫒1篇裁判文书成功入选；韩芬被选树为自治区百名政法先进典型。开办“学思践、知信行”夜学大讲堂8期，积极打造中院特色亮点品牌，受到上级领导高度关注与肯定。

【教育整顿】 2021年，市中级人民法院对标对表中央和区市党委关于抓好学习教育总要求，院党组先后召开专题会议8次、领导小组会5次、动员部署会3次、工作推进会8次，及时研究重大问题、协调重要环节、督办重点问题线索，确保中央和区市党委以及上级法院部署要求落实到位。聚焦顽瘴痼疾专项整治，制定了14个工作方案，成立14个核查整治专班，细化30个整治项目和67项整治措施，开展涉黑涉恶案件倒查、重点案件交叉评查、涉法涉诉信访案件清查、智能化数据排查，全面评查5类15822件重点案件，核查问题线索252件，制定《常态化落实“三个规定”等重大事项记录报告制度的实施细则》等29项制度，形成用制度管权、按制度办事、靠制度管人的有效机制，确保教育整顿长效常治。中院队伍教育整顿工作受到中央第四督导组充分肯定。

司法行政

【概　况】 2021以来，市司法局在市委、市政府的正确领导下，全面贯彻落实习近平新时代中国特色社会主义思想，党的十九大及十九届二中、三中、四中、五中全会精神，深入学习贯彻习近平法治思想，按照全年总体工作思路，以深入开展党史学习教育和政法队伍教育整顿为主线，全面履行“一个统筹、四大职能”，确保了中央、自治区、市各项部署任务扎实有效推进。吴忠市获评为全区法治政府建设示范市。

【依法治市】 2021年，吴忠市制定《法治吴忠建设规划（2021—2025年）》《法治社会建设实施方案（2021—2025年）》等文件，明确中长期法治建设规划，组织召开市委全面依法治市委员会第三次会议和全市法治政府建设推进工作会议，压紧压实党政主要负责人履行推进法治建设第一责任人职责。年内开展行政执法案卷评查工作，共抽查60多个单位行政执法案卷200多份。开展法治政府建设督察工作，围绕学习宣传习近平法治思想、重大行政决策、行政执法三项制度等方面，成立专项督察组对5个县（市、区）和37个部门（单位）的法治政府建设工作情况进行实地督察。将习近平法治思想列入各级党委（党组）中心组年度学习计划，营造浓厚宣传舆论氛围，引导领导干部学法用法，不断提升运用法治思维和法治方式解决问题的能力。

【法治政府建设】 2021年，吴忠市人民政府修订《吴忠市人民政府规章制定程序规定》，按程序向社会公布，并向国务院、自治区人大、自治区人民政府、市人大进行备案。制定《吴忠市人民政府2021年度重大行政决策事项目录》，确定重大决策事项16项。全年共审查重大行政决策2项、行政规范性文件4件、土地公告20件、行政措施18项、合同协议12件，出具法制审核意见书41份。对市直32个部门权力清单进行合法性审核，共审核增加事项1093项，取消事项475项；对利通区、红寺堡区、同心县、盐池县的基层整合审批服务执法力量实施方案进行合法性审核。深入推进落实行政执法“三项制度”，强化行政执法规范化建设。印发《关于进一步加强和规范行政执法工作的通知》，进一步加强行政执法工作，建立健全权责明确、行为规范、监督有效、保障有力的行政执法体制。开展行政执法人员轮训，围绕新修订的行政处罚法、行政执法三项制度、行政执法案卷制作等内容，开展了系列宣传周活动，采取“请进来”的方式对市直机关行政执法人员近760人进行轮训，增强了行政执法人员依法履职意识，规范了行政执法行为，全面提升了依法行政能力水平。组织全市近500人参加行政执法证件申领考试，为考试通过人员办理行政执法证件。开展全市行政规范性文件及政策性文件全面集中清理工作，共筛查行政文件总数32万余件，共确定行政规范性文件1604件、政策性文件2983件，全市共废止行政规范性文件577件，宣布失效362件；共废止政策性文件747件，宣布失效1358件，并向社会公布清理结果。扎实做好行政复议、行政应诉工作，2021年以来，收到行政复议案件24件，受理22件，办结9件，均在法定期限内办结，市政府诉讼案件出庭6次，行政机关负责人出庭应诉率100%。持续深化“放管服”改革，推进减证便民，印发《吴忠市人民政府办公室关于印发吴忠市全面推行证明事项告知承诺制工作实施方案的通知》，从实施范围、重点领域、方法步骤等方面，明确了推行证明事项告知承诺制的相关要求，积极开展落实情况督察，确保取得实效，切实增强企业和群众获得感。

【普法宣传】 2021年，吴忠市印发《吴忠市国家机关落实“谁执法谁普法”普法责任制履职报告评议活动的实施方案》，建立了履职报告评议制度，进一步明确了国家机关落实普法责任制的11项工作责任，细化了五大项25个具体评估指标，为各部门单位落实普法工作提供了遵循。年内，市直80多个部门（单位）完成2021年落实普法责任制“四清单一办法”修订工作并进行备案。出台《关于在全市公民中开展第八个五年法治宣传教育的实施方案（2021—2025年）》，深入推进民法典宣传实施。在吴忠市广播电视台分别开设“法治视界”民法典访谈节目、“民法典 微访谈”广播节目，邀请检察官、资深律师以案说法，累计播出16期。利用“吴忠法治”微信公众号开展民法典等有奖答题活动4次，开设“以案普法”专栏，发布涉民法典典型案例100余个，增强了民法典宣传的感染力和传播力。组织市直30多个部门200余名国家工作人员现场旁听法庭庭审活动，提升法治教育效果。印发《关于开展市级“民主法治示范村（社区）”创建活动的通知》，制定了创建标准和考核细则，为基层依法治理活动开展提供了重要依据。

【"法律明白人"培养】 2021年，市司法局印发《关于进一步加强农村"法律明白人"培养深入推动法治乡村建设的通知》，全面推进了农村"法律明白人"培养。全年各县（市、区）开展农村"法律明白人"培训150余场次，培训6000余人次。组织"法律明白人"及骨干开展线上法律知识测试，参与2万余人次。组织编印《"法律明白人"学习工作手册》，3200余名"法律明白人"骨干人手一册，方便日常学法。

【矛盾纠纷化解】 2021年，全市司法行政部门认真履行维护安全稳定第一责任，全面开展"枫桥式"司法所、人民调解组织、人民调解员培育创建活动。建成4个县级、34个乡镇级一站式矛盾纠纷调解中心，探索建立人调与公调、诉调、访调等联调机制，方便群众就近化解矛盾纠纷。先后制定下发了《关于开展矛盾纠纷"大排查、大调解"专项活动实施方案》《关于庆祝建党100周年安保维稳暨矛盾纠纷排查化解专项行动实施方案》等文件，组织开展了"两节"、两会、庆祝建党100周年期间维稳安保矛盾纠纷排查调处专项行动。2021年共排查矛盾纠纷3641件，成功调处3582件，调解成功率98.3%。

【社区矫正】 2021年，全市司法行政部门深入开展社区矫正"执法规范年"活动，坚持每月召开全市社区矫正安全隐患预警研判会议，及时发现、研判、防范社区矫正安全风险隐患，全面掌握社区矫正安全形势。年内在册社区矫正对象662名，未发生影响社会安全稳定事件和重大恶性再犯罪案件。组织召开市社区矫正委员会第一次会议，印发《吴忠市社区矫正委员会工作规则》《吴忠市社区矫正委员会成员单位工作职责》，形成了齐抓共管工作合力。与市检察院建立协调联动工作机制，对基层48个司法所全覆盖开展常态化联合检查2次，及时发现并协调解决社区矫正工作中存在的问题。

【司法行政体制改革】 2021年，全市司法行政部门认真贯彻落实《吴忠市贯彻落实〈全区全面深化改革重点任务和举措落实情况督查调研通报〉整改台账》，局党委把推动司法体制改革走深走实、确保通报问题得到有效整改作为年度重点工作任务，强化组织领导，细化工作措施，层层压实责任，各项整改任务有序推进，对明确的10项改革内容研究制定了24项具体整改措施，整改成效明显。

【公共法律服务】 2021年，全市司法行政部门严格落实《吴忠市关于加快推进公共法律服务体系建设的实施意见》，深化全市公共法律服务实体平台、热线平台、网络平台建设和融合发展，创新开展"互联网+法律服务"模式，在全区率先组织召开了市级公共法律服务体系建设推进会，率先建成了"吴忠法宝"公共法律服务平台，办理在线业务30余件，将公共法律服务送到群众身边。截至12月底，已覆盖7个公共法律服务中心（含市级）和各个乡镇、各个村（社区）。降低法律援助门槛，扩大法律援助范围，应援尽援。开辟农民工、残疾人、老年人、未成年人、妇女维权"绿色通道"，简化审批流程，优先提供法律服务。全年共解答群众法律咨询13550余人次，办理法律援助案件2344件，为群众挽回经济损失1000余万元。深入推进"减证便民"工作，对申请法律援助困难群体需提交的经济困难证明材料采取书面承诺，实现群众"承诺"、我们"办理"。为企业开展法治体检50余场次，审查合同60余份。全面推行公证事项证明清单制度，公开"最多跑一次"清单，落实公证"一次性告知制度"，促进公证服务提速提质，开辟军人军属等特殊群体公证业务"绿色通道"，采取"快速受理、适时办理、及时出证"等工作模式，全市公证机构办理各类公证事项5583件。吴忠仲裁委员会发挥"专家断案、一裁终局、便捷高效"的独特优势，2021年共受理仲裁案件62件。

【队伍建设】 2021年，全市司法行政部门始终坚持党对司法行政工作的绝对领导，把党的政治建设摆在首位，全面落实政治责任。对标对表新时代党的建设总要求，建立党组织书记抓党建"四个清单"、全面从严治党"三个清单"和意识形态责任制"三个清单"，倒逼责任落实。牢牢把握律师、公证、社区矫正等各领域意识形态工作领导权和主导权，旗帜鲜明发声亮剑，确保党的各项方针政策和决策部署在司法行政系统落到实处。全面加强机关党的建设，严格执行“三会一课”“党员分类积分管理”等制度，不断巩固机关党支部建设标准化成果，打造“法治为民党旗红”和“党建引领、暖心公证”等党建品牌，推进“塞上枫桥 + 人民调解四张网”、“互联网 +”便民公共法律服务平台、全区法治政府建设示范市等工作品牌创建，实现了党建与业务的“双轮驱动”。加强党对律师工作的全面领导，强化律师队伍思想政治建设，推动党建工作和律所发展同频共振。年内树立了社会组织党建示范点 2 个、五星级党组织 1 个、四星级党组织 3 个。以党史学习教育为牵引，严格落实党委中心组学习和干部理论学习制度，推动学习贯彻走深走心走实。深入开展政法队伍教育整顿，紧抓“五项教育”，狠抓自查自纠、组织查处、专项整治，推动全市司法行政队伍教育整顿深入开展。深化“我为群众办实事”实践活动，聚焦解决群众急难愁盼问题，推出智慧法律服务便民利民、公共法律援助应援尽援、法律顾问助力乡村振兴、法治宣传体检助企惠企、减证便民提升公证质效、矛盾调处优化基层基础、基层治理强化法治意识和爱心停车服务助校便民等 8 项举措，真正以为民便民的实际行动，充分展现了司法行政队伍的新气象、新面貌。

消　防

【概　况】　2021 年，吴忠市消防救援支队紧紧围绕“改革、创新、发展、稳定”主线，始终坚持以习近平新时代中国特色社会主义思想为指导，深入学习宣贯习近平总书记训词精神，强化履职担当，加快转型升级，凝心聚力抓班子、带队伍，抓工作、推改革，抓安全、保落实，有效维护了改革转制特殊时期消防形势和队伍安全“双稳定”。支队 6 个集体、168 名个人获各级各类表彰，其中 12 人荣立个人三等功，1 名干部被自治区党委授予“优秀党务工作者”称号，3 人被评为首届“宁夏最美消防员”。

【火灾隐患整治】　2021 年，吴忠市消防救援支队紧盯全市 463 家重点单位消防管理工作，督促落实风险隐患“自知、自查、自改”和公示承诺制度。制定《吴忠市消防事业发展“十四五”规划》《城市消防专项规划》，推动全市 20 个城镇启动消防专项规划修编工作；推进城市消防大数据管理，辖区火灾高危单位、人员密集场所接入物联网“智慧消防”监控系统达到 143 家，有效增强了社会面火灾防控能力。以三年专项整治为主线，开展商业综合体、扶贫安置点等 9 类专项整治，提出整改建议 900 余条。对 46 个高层住宅配电设施进行查办，对 13 家消防技术服务机构实施处罚并纳入“信用中国”数据库。抓住创建全国文明城市有利契机，推动新增泊车位 2.2 万个，施划消防车通道标识 495 处，安装智能集中充电设施 850 余处，清理“飞线充电”电动车 310 辆。对全市 41 家危化品企业逐一约谈，督促整改问题隐患 167 处。修订完善“一厂一策”41 份，对 129 个易地扶贫搬迁安置点、91 个扶贫项目生产车间和 32 个革命文物建筑开展调研，整改火灾隐患 76 处。2021 年，共检查单位 10357 家，整改隐患 6438 处，查封 69 家，“三停”47 家，挂牌督办 6 家，保持了全市消防安全形势持续平稳。

【消防宣传】　2021 年，吴忠市消防救援支队制定《消防“五进”工作办法》，联合开展“携手参与除火患、建设美丽新宁夏”主题志愿宣传，建成青铜峡地三村消防科普教育基地、盐池曹泥洼村消防科普教育基地。策划开展“119 宣传月”等各类主题宣传活动，开展消防宣传“五进”活动 260 余次，发放宣传资料 8 万份，在各级媒体刊发稿件 800 余条，张贴挂图海报 2 万张，受益群众 14 万人次。在中央电视台刊播新闻 20 条，特别是中央台新闻联播首次宣传支队工作，实现了建队以来“零”的突破。

【实战演练】　2021 年，吴忠市消防救援支队按照“一专多能、多能一体、智能结合”总思路，提出“六练”机制，探索固化“徒手 + 器械 + 文化”训练法，创新提出“两线”作战法，总结规范“五步教学法”，聚合聚能向实战实训发力。落实主官带训、全员普训，引进职业体能训练方法推行体能示教，体能达标率明显提升。通过“诸葛亮会”、“沙盘推演”、课题攻关等，研判问题、补齐短板。选派 33 名业务骨干参加冰面、水域、绳索、地震、林草等专业培训，举办“战训夜

吴忠市消防救援支队化工场灭火救援演练

校”30期，典型战例研讨、桌面推演25次，各岗位比武竞赛10次，练兵备战能力显著提升，勇夺首届全区消防职业技能大赛团体第一名，4名消防救援人员代表总队参加全国职业技能大赛，“兵王”任天歌打进全国前九，取得宁夏消防历史最好成绩。

【专业救援】 2021年，吴忠市消防救援支队按照“边建设边拉动、边完善边实战”的原则，打造“高、低、大、化”等专业救援队伍6支，开展随机拉动30余次、“六熟悉”1300余次，制作灭火救援预案400余份，完成12家大型综合体建筑消防设施测试。深化课题攻关研究和科技创新高质量发展，与吴忠仪表等3家企业签订战略合作协议；连续3年开展“火焰蓝”健身达人秀、小革新、小发明、小创造等活动，展示了“吴忠消防智慧”，提供了“吴忠消防经验”。圆满完成消防救援局、消防总队跨区域地震救援、化工灾害事故等实战演练20次，成功处置了“2·10”青铜峡冰窟救人、“3·12”盐池恒汇鲁丰闪爆事故、“12·14”青铜峡天然气槽车泄漏，队伍应对多灾种实战能力全面提升。

【调度保障】 2021年，吴忠市消防救援支队修订《加强指挥中心建设意见》《值班值守工作规定》，高标准完成指挥中心升级改造。针对“一长三慢”问题，推动指挥部“四化”建设，即实体化运转、战斗化准备、快速化反应、专业化指挥，接警调派时间平均缩短60秒，出动时间整体缩短2分钟。加强通信保障分队建设，选派5名骨干参加全国培训，培养国家认证飞手14人，调拨通信装备20余件套，协调卫星通信车1辆。按照“小战自保、大战联保”思路，强化运输、物资、通信、生活等联勤保障，在各类跨区域实战中得到很好的检验。

经济管理

计划与发展

【概　况】　2021年，吴忠市发展和改革委员会紧紧围绕党中央和自治区党委、政府及市委各项决策部署，坚持稳中求进工作总基调，坚定践行新发展理念，持续巩固拓展疫情防控和经济社会发展成果，全面落实“六稳”“六保”任务，扎实做好调转增融“四篇文章”，高质量发展迈出新步伐，先行区建设取得新成效，经济社会发展呈现稳中向好、稳中有进态势。全市实现地区生产总值762.3亿元，增长8.3%，固定资产投资增长8%，一般公共预算收入增长5.2%，社会消费品零售总额增长3%，城乡居民人均可支配收入分别增长7.8%、9.8%，城镇调查失业率控制在5.5%以内，居民消费价格涨幅控制在3%以内。

【先行区建设】　2021年，吴忠市深入贯彻习近平总书记视察宁夏重要讲话精神，全面落实自治区党委、政府决策部署，自觉站位全局、融入大局、抢占先机，立足争当黄河流域生态保护和高质量发展先行区建设排头兵，奋力推进“五区”建设，编制完成《吴忠市国民经济和社会发展第十四个五年规划和二〇三五年远景目标纲要》，出台《吴忠市推进黄河流域生态保护和高质量发展先行区建设5个专项实施方案》等文件，成立领导小组，统筹推进39项重点任务和580个确定实施项目建设。稳步推进“四权”改革，实施水权交易1591.8万立方米；农村二轮土地承包地确权435.13万亩，确权率达到96.13%；全市林权抵押8.31万亩，抵押贷款余额12.7亿元；完成重点管理排污单位确权工作，排污权交易46吨。全面落实“四大提升行动”，红寺堡区乡村振兴经验做法被国务院第八次大督查通报表扬，盐池县被评为“四好农村路”全国示范县。

【产业结构调整】　2021年，吴忠市三次产业增加值分别增长6.2%、9.6%和7.4%。现代农业稳健发展。奶产业、葡萄酒、滩羊和肉牛等重点特色产业产值占农业总产值比重达90%以上。粮食总产量稳定在100万吨以上。新建规模化奶牛养殖场30家，奶牛存栏27.6万头，生鲜乳产量120万吨，增长14.3%，产值突破240亿元。新建葡萄酒酒庄5家，年产优质葡萄酒2.88万吨。培育新增肉牛、滩羊模式家庭牧场193个，全年新增肉牛4万头、滩羊23万只，“盐池滩羊”区域品牌价值达到88亿元。黄花菜区域公用品牌优势持续发挥，产值达10.78亿元。工业经济平稳向好。战略性新兴产业占规上工业产值比重提升至12.2%，新材料、绿色食品等4个产业产值突破百亿元。湘投新能源装备制造产业园开工建设，新增可再生能源装机规模150万千瓦，红寺堡区、盐池县被纳入全国整县（市、区）屋顶分布式光伏开发试点。新增“专精特新”中小企业30家、规上企业13家、对标工作标杆奖企业5家，规上企业对标备案率达100%。全年规上工业增加值增长7.1%。第三产业快速发展。牛家坊民俗文化村特色商贸等3个自治区级现代服务业集聚区考核评估居全区前列。入选自治区工业主辅分离试点地市。城乡客运一体化建设和客货邮商融合发展经验在全区推广。成功举办2021大西北吴忠早茶美食文化节，荣获“早茶文化地标城市”称号。盐池革命历史纪念园成功创建为国家4A级旅游景区，利通区、青铜峡市乡村休闲游线路纳入文旅部、国家发改委“体验脱贫成就·助力乡村振兴”300条线路之中，弘德村、韦桥村成功申报全国乡村旅游重点村。全年接待游客720万人次，综合收入44亿元，同比分别增长41.85%、80.25%。

2021年10月，市发改委对重要民生商品和防疫物资市场价格进行巡视检测

【“一带一路”建设】 2021年，吴忠仪表、红山河等20家企业通过中国（宁夏青铜峡）—哈萨克斯坦（阿拉木图）集装箱货运班列成功进入伊朗、阿联酋、巴基斯坦、埃及等国，新设分销点24个，实现外贸进出口总值3.5亿元。宁夏润德生物等11家特色产品生产龙头企业参加中阿博览会线上线下展示展览活动，落实签约成果57个，计划投资238.5亿元。

【项目建设】 2021年，吴忠市先后组织4批次、260个重大项目集中开工，建立进展缓慢项目问题、措施、责任“三个清单”，跟踪督促解决落实，全力加快项目建设。全年570个计划实施项目开工建设，完成投资385亿元，260个自治区重大项目、17个自治区重点建设项目和80个市级重点项目全部开工建设，均超额完成年度投资目标，投资完成率分别达到102%、110%和105%。在重大项目有力拉动下，全市2021年固定资产投资增长8%，高于全区6个百分点，在全区重大项目考核中排名全区第二。三次产业投资占比分别由2020年的9∶58∶33调整为8∶54∶38，二产投资增长8.6%，三产增长15%，投资质效稳步提升。

【社会信用体系建设】 2021年，吴忠市坚持把加强社会信用体系建设作为推进社会治理体系和治理能力现代化的重要内容来推进落实，以制度保障、平台建设、信用监管、信用应用、诚信宣传为着力点，扎实推进各项工作取得实效，城市信用监测排名连续2个月位居全国地级市第84名，位列全区地级市第一名。吴忠市公共信用信息服务平台及“信用中国”（宁夏·吴忠）门户网站代表全区参赛，荣获全国2021年度特色平台网站奖，全市信用信息归集数量达到310万条，统一社会信用代码重错码率低于万分之一，帮助283家企业获得信用贷款47.3亿元。制定印发《2021年吴忠市社会信用体系建设工作要点及任务分工》《吴忠市社会信用体系建设绩效考核办法》等各类信用文件41份。进一步优化完善"信用吴忠"网站平台建设，新增政府履约、信用承诺、信用应用3个模块。全市信用信息归集数量由177万条上升到310万条，归集各类信用承诺11.6万份。全市共评选A级纳税人"红名单"1214户。大力推广全国"信易贷"平台和吴忠市"信易贷"平台，组织1005户企业、27家金融机构入驻全国"信易贷"平台，发放贷款1.79亿元。引导5187家企业注册吴忠市"信易贷"账户，促成283家企业成功贷款47.3亿元。注重建立信用修复机制，帮助264家企业修复信用，消除企业不良社会影响。以"弘扬诚信文化、建设信用吴忠"为主题，联合市委宣传部、市教育局等63个单位在开源广场开展"6·14"信用记录关爱日宣传活动，五县（市、区）同步纵深开展。

【物价监管】 2021年，根据疫情防控常态化要求，吴忠市针对食品、成品油、居民服务等100多种重要商品及服务价格进行日监测、日统计、日报告。建立跨部门联席会商机制，采取积极措施保持价格稳定。2020—2021年共发布蔬菜价格信息400余条，报送监测信息100余篇。按照定调价的要求，开展重点行业、重要商品和服务价格的成本监审工作。居民消费价格总水平上涨1.7%，控制在年初确定的目标之内，高于全区0.3个百分点。

【经济体制改革】 2021年，吴忠市积极推行"管委会+公司"运营模式，太阳山开发区率先成立正阳投资发展有限公司，带动全市各工业园区相继成立、引进企业9家，有效提升园区投融资、项目建设、基础设施建设运营管理等方面服务能力。太阳山开发区、金积工业园区完成竞聘上岗，人事薪酬制度改革落地见效。通过市属国企董事交叉任职、外聘中介机构专业人士担任外部董事等方式，全面实现外部董事占多数改革目标。下放精简国资监管事项22项，清理调整企业低效无效资产，资产产权不清晰等问题得到解决，国资监管效能进一步提升。坚持以信息化推进财政治理现代化，有效利用预算管理一体化系统，规范统一预算管理业务流程、管理要素和控制规则。持续完善项目库管理，构建定额标准体系，预算编制精准度和科学化水平显著提高。

【清洁能源产业】 2021年，吴忠市坚持走绿色、低碳、可持续的发展道路，将清洁能源产业确定为全市重点特色产业，制定《清洁能源产业一体化配套发展年度工作要点》，明确水电开发、推广清洁供暖等13项重点任务和年度发展目标。加大重点项目建设推进调度力度，成立青铜峡抽水蓄能电站工作专班，各项前期手续加快办理。红寺堡区、盐池县百万千瓦级平价光伏基地加快推进，太阳山等存量风场老旧机组改造提升加快实施，盐池县、红寺堡区成功入选国家整县（市、区）屋顶分布式光伏开发试点，成功举行了红寺堡新能源装备制造示范园项目启动仪式、"宁电入湘"湘投控股产业园项目签约仪式，"十四五"协议总投资达到112亿元。截至2021年底，吴忠市电力装机规模2037.2万千瓦，占全区电力装机规模的35.6%；新能源建成并网1517.2万千瓦，占全区清洁能源电力装机规模的53%，全市清洁能源及相关制造业企业达到84家。

金融服务

【概　况】 吴忠市金融工作局是市政府组成部门，主要承担的工作是加强与地方金融监管部门、中央（区外）驻吴银行、证券（期货）、保险等金融机构及其上级部门的联系协调工作。根据自治区地方金融监督管理局职责分工，对辖区内小额贷款公司、融资担保公司、典当行实施属地监管；推动企业在境内外上市、挂牌和债券、股权融资；协调推进金融综合改革、创新与发展，推动金融机构结合经济社会发展需要进行机制创新、产品创新和服务创新；推进全市金融生态环境和金融信用体系建设，组织做好对金融机构、金融产品创新服务和金融生态环境建设评价等工作，拟定现代金融知识、融资工具、金融风险防范的宣传和培训规划并组织实施；指导县（市、区）开展防范和处置金融风险，加快金融改革发展，推动金融服务实体经济等工作。

【服务实体经济】 2021年，吴忠市开展政银企专场对接会8次，服务企业89家，实现融资13.5亿元。年内梳理汇总80个重点项目、7家国家“小巨人”企业、33家“专精特新”中小企业融资需求情况，将信息推介给金融机构，按季度跟进对接成果，建立跟踪台账，不定期召开银行机构调度会，持续问效信贷支持进程。引导金融机构提高小微企业信用贷款、无还本续贷发放比例，加大首贷支持。1月末，小微企业信用贷款余额15.91亿元，同比增长42.04%。地方法人机构累计办理延期普惠小微贷款12.84亿元。拓展首贷户351户，金额16.7亿元。截至2021年末，全市上市公司2家，新三板挂牌公司7家。东吴农化、金昱元化工均进入自治区主板上市后备库企业，力促西鸽酒庄启动上市计划。同心县、青铜峡市协调德泽农牧、顺宝现代在宁夏股权托管交易中心发券3500万元。全市上市挂牌企业融资额达38.8亿元。

【金融服务改革创新】 2021年，吴忠市金融工作局推动26家银行机构入驻全国“信易贷”平台，授信金额1.7亿元。推广“黄河e贷”、小微移动平台等智能产品。持续推进《关于金融支持红寺堡区创建全国易地搬迁移民致富提升示范区政策措施》的实施，聚焦红寺堡区优势特色产业和美丽乡村建设需求，鼓励金融机构在信贷资源配置、产品和服务创新等方面给予倾斜，开展“一机构一乡一业”结对帮扶活动。充分利用吴忠农商行、宁夏银行信贷产品特色优势，对接市退役军人事务局、团委、妇联，支持退役军人、青年大学生、妇女创业，建立乡村振兴服务站等金融支持政策，引导金融机构不断创新信贷产品，加快审批流程，开辟信贷审批、线上服务“绿色通道”，解决特殊群体就业创业中遇到的资金短缺等问题。

【风险防范】 2021年，吴忠市金融工作局督促金融机构落实不良贷款“双控”计划，对全市贷款余额和不良贷款“双规模”较大的企业进行摸排。保持打击非法集资高压态势，降低非法集资案发率，提升陈案积案化解率。巩固扫黑除恶专项斗争成果，完善长效监管制度，从源头上杜绝金融乱象发生。严把市场准入关，严厉打击无牌照经营、超范围经营、非法集资等非法金融活动，持续开展“现金贷”“套路贷”及互联网金融风险专项整治工作。积极履行对地方金融组织的属地监管职责，推动小贷、担保、典当等地方金融组织规范有序经营。加强对市民金融知识的普及和风险警示教育，不断提高市民的风险识别和防范能力。围绕“深入基层、贴近群众、以案释法”的原则做好非法金融活动专项整治宣传活动。重点推进银行业机构加强对涉嫌非法集资可疑资金的实时监测预警。

审计工作

【概　况】 2021年，吴忠市审计局不断深入贯彻落实国家重大政策措施跟踪审计、预算执行、政府投资、民生、经济责任、自然资源资产等各领域审计，努力构建集中统一、全面覆盖、权威高效的审计监督体系，在服务决策、风险防范、廉政建设、民生保障等重大政策措施落实方面发挥了重要作用。全年实施审计项目39个，审计查出主要问题金额4.36亿元，移送处理事项12件。

【政策跟踪审计】 2021年，吴忠市审计局开展贯彻落实国家重大政策措施情况跟踪审计，对市人力资源和社会保障局、市政务服务中心、市财政局、市教育局等部门2020年度基本养老保险基金、医疗保险基金的筹集管理使用情况、深化“放管服”改革情况、“互联网+教育”行动计划目标任务完成情况等进行了重点审计。针对发现的被征地农民财政补助未及时到位、部分机关事业单位拖欠养老保险费、死亡人员违规领取养老待遇、清理保证金不到位、直达资金未及时分配、“互联网+教育行动计划”保障措施落实不到位等问题，提出审计建议，督促有关部门严格执行相关政策，确保各项政策资金按时拨付和规范管理使用。

【预算执行审计】 2021年，吴忠市审计局开展了2020年度市本级财政预算执行审计，对市卫生健康委员会、市工业和信息化局等5个部门（单位）预算执行情况进行了审计。通过审计促进绩效管理质量提升，提高预算管理水平，确保财政资金见成效。吴忠市第五届人大常委会第三十三次会议审议并全票通过了《关于吴忠市 2020 年度市本级预算执行和其他财政收支情况的审计工作报告》。

【专项审计】 2021 年，吴忠市审计局加强重大建设项目跟踪审计，紧紧围绕政府投资的重点项目、重点工程，开展了市教育局实施的“互联网＋教育”项目、市住建局吴忠市棚户区改造配套市政基础设施项目、网络安全和信息化建设专项资金等审计项目，重点关注项目审批、工程招投标、投资控制、工程质量、投资绩效等方面存在的问题，针对审计发现的问题，督促被审计单位及时整改，切实规范政府投资建设行为，提高投资效率。

【经济责任审计】 2021 年，吴忠市审计局认真贯彻落实《党政主要领导干部和国有企事业单位主要领导人员经济责任审计规定》及实施细则，开展领导干部经济责任审计项目 10 个，发现财务管理不规范、项目未按照初步设计批复建设、部分工程未按合同期限完工、资产权属不明晰等问题，促使有关部门单位加强整改。对市生态环境局领导干部任期自然资源资产进行了审计，针对审计发现的问题提出意见和建议，督促整改落实，促进自然资源资产节约集约利用和生态环境安全。

【民生项目和资金审计】 2021 年，吴忠市审计局开展易地扶贫搬迁后续扶持政策和资金审计，审计发现技能培训不精准、岗补贴资金发放不到位不规范、部分产业项目带动效益不佳、部分搬迁群众产业扶持收入可持续性不足等问题。通过审计，有效促进有关部门和地方政府更好落实乡村振兴各项政策，安全有效使用财政涉农资金，建设好社会主义现代化新农村。开展吴忠市区、青铜峡市、同心县 2020 年养老保险和医疗保险基金审计，发现重点人群未参保、重复参加养老保险、违规支付医疗机构不合规费用等重要问题，针对审计发现的问题，依法依规提出审计建议，限期整改落实，有效促进社会保险基金安全高效运行，推动民生改善与经济发展良性循环，维护社会公平正义。

【审计整改】 2021 年，吴忠市审计局坚持审计整改市领导督办制度，压实审计查出问题的整改主体责任，重点梳理 2018 年以来各级各类审计发现的问题，对照问题清单下发整改督办函，对整改落实情况进行逐项督办，力促审计查出问题整改到位。

【自身建设】 2021 年，吴忠市审计局坚持以党的政治建设为统领，认真落实新时代党的建设要求和管党治党政治责任，将全面从严治党及党风廉政建设与审计业务工作同谋划、同部署、同推进、同考核。落实党建工作重点任务，实施“三强九严”工程，促进机关党建与审计业务深度融合，推动党组织全面进步、全面过硬。深入贯彻落实中央八项规定及其实施细则精神和自治区关于作风建设“八条禁令”，严守审计“四严禁”工作要求和审计“八不准”工作纪律，建立审计现场督查和廉政回访制度，加强纪律约束，做到廉洁审计。加强对党忠诚教育和理想信念教育，巩固拓展党史学习教育成果，深入开展“巩固审计质量提升年”和模范机关创建活动，强化责任担当，持之以恒纠“四风”、树新风，弘扬伟大建党精神，强化担当作为，努力锻造高素质专业化审计干部队伍。

统计工作

【概　况】 2021 年，市统计局紧紧围绕市委、市政府中心工作和统计重点工作，强举措、抓落实，着力提高数据质量，优化统计服务水平，为全市“十四五”开好局、起好步提供优质统计服务。

【统计信息工作】 2021 年，吴忠市统计局坚持月度、季度经济形势分析制度，深入分析全市经济运行态势，及时提供真实准确完整的统计信息。年内共撰写各类统计分析报告 59 篇、监测快报 9 篇、专报 2 篇、简明统计信息等 174 余篇。编发《吴忠市主要经济指标月报》《吴忠市 2020 年国民经济和社会发展统计公报》《2020 年吴忠市经济发展月报合订本》《2020 年吴忠市经济要情手册》等。完成吴忠市第七次全国人口普查数据审核、评估和分析等工作，多方式对外发布吴忠市第七次全国人口普查公报。多篇分析报告在国家、自治区局内网及吴忠市人民政府官网、吴忠日报微信公众号等媒体上刊登。

【经济运行监测】 2021年，吴忠市统计局围绕工业、投资和服务业等指标完成情况的实时监测，开展了工业、固定资产投资、服务业核查工作。完成单位名录库建设及妇儿“两纲”监测等工作。起草《关于进一步加强“四上”企业培育和申报工作的通知》，并通过吴忠市人民政府办公室向各县（市、区）人民政府、工（农）业园区及各有关部门发文，要求各单位按照职责分工抓好“四上”企业入库工作。精心组织开展2020年度和2021年季度基本单位名录库维护工作。完成“一套表”调查单位核查工作。

【重大普查工作】 2021年，吴忠市统计局完成吴忠市第七次全国人口普查数据审核、评估和分析等工作，并通过吴忠市人民政府门户网站、市统计局微信公众号、官方微博、《吴忠日报》、吴忠市融媒体以及吴忠市电视台（新闻稿）等多方式对外发布吴忠市第七次全国人口普查公报。全面组织开展全市人口抽样调查工作，针对全市2021年人口变动抽样调查核查确认建筑物75865个、住房单元133025个的巨大工作任务，高标准、严要求，精心组织推进变动调查工作。

【统计法治建设】 2021年，吴忠市统计局组织在开源广场和同心县文化广场开展统计法律法规集中宣传活动，为群众提供统计法律法规咨询服务。在《吴忠日报》开设“统计法知识问答”专栏，每月定期宣传统计法律法规。编印《吴忠市统计违纪违法案例选编》。结合“双随机、一公开”执法检查，在7月下旬至9月初，抽取5个县（市、区）74家企业和8个乡镇，开展统计执法检查工作，对3家企业责令整改，对2家企业立案调查给予警告。加大工业、服务业等统计专业重点指标数据专项核查工作。对新入库企业以及投资项目严格审核把关。制发《关于贯彻落实国家统计督察反馈意见整改问题“回头看”工作方案》，对国家统计督察反馈意见整改问题“回头看”工作再落实。督促各县（市、区）在政府门户网站设立公布了统计违法行为举报电话，切实防范和惩治领导干部违规干预统计工作。组织召开全市统计系统贯彻落实市长碰头会通报统计问题整改会议，进一步压实全市防范和惩治统计造假、弄虚作假工作基础。

【队伍建设】 2021年，吴忠市统计局围绕“学党史、悟思想、办实事、开新局”总要求，将党史学习教育作为重大政治任务，深入学习领会习近平总书记“七一”重要讲话和视察宁夏重要讲话精神等，持续在学懂弄通做实上下功夫。扎实推进“三强九严”工程，积极推行党员“积分制”管理，严格落实《吴忠市统计局关于建立统计业务培训班讲座审查制度的通知》要求，规范统计业务培训班讲座审查。加强月度和季度统计分析、专报等资料和印制宣传品内容审核工作。加强网络意识形态防控工作。强化安全防护措施，确保涉密信息不上网，严格执行“三级审查机制”，严把统计信息发布关。认真推进民族团结进步创建、干部下基层、社区共建、创城、公务员道德建设等工作。

社会调查与监测

【概　况】 2021年，国家统计局吴忠调查队坚持以习近平新时代中国特色社会主义思想为指导，全面落实全国及全区统计工作会议精神及工作部署，扎实开展党史学习教育，不断深化党对统计调查工作的全面领导，坚持依法统计、依法治统，稳步推进统计现代化改革重点项目，着力转作风、务实效、抓落实、促发展，进一步夯实“稳”的底蕴、积蓄“进”的动力，深耕吴忠市统计调查事业迈向高质量发展。

【常规调查】 2021年，吴忠调查队价格调查积极推进大数据在CPI工作中的应用，利用大型商超联网终端实现消费价格数据的直接获取，进一步优化调查流程，提高数据真实可信度。住户调查电子记账率达98%，探索使用住户调查平台问卷系统面向外出农民工直接采集数据，同时积极探索STATA等数据分析软件优化数据审核。劳动力调查积极运用“传统＋新媒体”宣传形式，通过发放调查礼品、在社区悬挂宣传展板、发送宣传短信、在公交车投放电子广告等方式，实现劳动力调查面对面、点对点、流动性、沉浸式宣传，进一步扩大调查工作知晓度，提升居民配合度。

【重大调查统筹协调】 2021年，吴忠调查队精心组织，高质量完成了吴忠市创建全国文明城市第三方测评、盐池县创建文明城市第三方测评工作和2021年移风易俗及乡风文明建设专项调查，常态化参与志愿服务活动，为文明共建、文明共享贡献力量。

【统计服务】 2021年，吴忠调查队发挥调查队职能优势、纵横贯通网点优势、统计分析专业优势，当好经济发展的"晴雨表"，做好地方决策的"智囊团"，充分挖掘调查数据资料，积极开展专题调研，分析研判经济走势，及时反映社会热点难点，全年共完调查信息分析202篇，撰写各类专题调研66篇，被总队内网采用159篇、国家局内网采用15篇、《中国信息报》采用10篇、市县两办刊物采用13篇，《盐池县麻黄存在"滞销"现象及农民期盼解决的问题》一文被自治区党委书记陈润儿批示，多篇分析信息被政府《要情专报》采用，受邀为市人社部门就收入问题开展授课2次。

【统计法治建设】 2021年，吴忠调查队切实履行依法统计、依法治统职责，持续深入学习贯彻《中华人民共和国统计法》《中华人民共和国统计法实施条例》《关于深化统计管理体制改革提高统计数据真实性的意见》《统计违纪违法责任人处分处理建议办法》《防范和惩治统计造假、弄虚作假督察工作规定》和《防范和惩治统计造假弄虚作假重要文件选编》等重要统计法律法规文件精神。落实执法监督，对11家企业开展统计执法检查，切实统计执法监督职责。全年结合统计法、民法典、保密法、宪法日、统计开放日、疫情防控等共编发微信宣传文章44期，组织开展线上法治知识测试10余次。积极利用专业培训会、基层调研向调查户及基层统计人员发放统计法宣传彩页，利用统计开放日、宪法宣传日等宣传活动向市民讲解统计法，发放宣传资料，当好法治宣传的带头人、执行人，营造法治宣传进社区、进企业、进乡镇的浓厚氛围。

【队伍建设】 2021年，吴忠调查队围绕"学党史、悟思想、办实事、开新局"总要求，将党史学习教育作为重大政治任务，扎实推进"三强九严"工程和"基层党建全面提升年"活动，严格按照"三会一课"制度要求，创新党员干部讲党课活动形式，制定《国家统计局吴忠调查队党史学习教育实施方案》，抓落实、抓实效，推动党史学习教育走深走实、入脑入心，"我为群众办实事"实践活动落地见效，切实发挥统计调查作用，真正做到抓热点、办实事、解难题。进一步深化"党建引领、数据求真"党建品牌创建，党员干部下乡入户调查中主动佩戴党员徽章，亮明身份，以严的党员标准、实的工作作风，扎实开展统计调查工作。疫情防控期间，通过QQ、微信、电话等方式有效打造调查数据网，以网络为媒介，精准传递调查数据。年内先后启动两次内设机构人事晋升活动，共选拔任用正科级领导干部3名、副科级领导干部3名、一级主任科员2名、三级主任科员1名。抽选2名县级调查队优秀干部到吴忠调查队协助工作，选派3名干部到总队、县级调查队挂职锻炼，1名干部驻村帮扶，"见贤思齐"的人才交流模式蔚然成风，队伍结构进一步优化。发挥党员先锋模范作用，积极与共建社区对接，梯次建设进一步加强，队伍成长活力进一步释放。

市场监督管理

【概　况】 2021年，吴忠市市场监督管理局紧紧围绕市委、市政府决策部署和自治区市场监管厅工作要求，紧紧围绕黄河流域生态保护和高质量发展先行区建设，立足"大市场、大质量、大监管"，统筹推进疫情防控和市场监管，持续推进商事制度改革，坚守"三大安全"底线，深入开展质量强市工作，不断加大知识产权促进运用保护力度，有效提升市场监管治理能力和治理效能，各项工作取得明显成效。

【商事制度改革】 2021年，市政府印发《关于落实自治区人民政府办公厅〈关于深化商事制度改革进一步为企业松绑减负激发企业活力的实施意见〉的通知》《吴忠市深化"证照分离"改革进一步激发市场主体发展活力实施方案》，扎实推进"证照分离"改革，开展住所与经营场所分离登记模式试点工作，推行"一址多照"、"一照多址"、集群注册等便利化措施，优化企业开办线下服务，实行“审核合一、一窗通办，首办负责、一办到底”登记，将企业开办时间压缩在1个工作日，全年新登记各类经营主体16398户，总量达到12.1万户。

【企业信用监管】 2021年，吴忠市市场监督管理局全面实施市场监管领域部门联合“双随机、一公开”监管，健全完善“一单两库”，共抽查企业7306家次，抽查信息全部予以公示，接受社会监督。扎实推进企业年报工作，年报率95%。加强诚信宣传教育，增强诚实守信意识，完善守信激励和失信惩戒机制，营造诚信社会浓厚氛围。

【维护市场秩序】 2021年，吴忠市市场监督管理局督促各级各部门有效落实公平竞争审查制度，共审查行政规范性文件119件、政策性文件351件，对涉嫌违反公平竞争政策的7件行政规范性文件提出修改意见。开展清理规范供水供电供气供热企业收费行为和转供电价格检查，加强重大节日期间人民生活必需品和防疫物资价格监管，共办理价格及反不正当违法案件13件，罚款17.4万元，没收违法所得1.8万元。强化市场乱点乱象突出问题整治，加大综合治理力度，持续开展“双打”、虚假广告、网络市场等重点领域整治，共查办各类违法案件302起。

【食品药品安全监管】 2021年，吴忠市市场监督管理局加强进口冷链食品追溯管理，督促指导541家食品生产经营单位注册使用“宁夏进口冷链食品追溯系统”，认真落实进口冷链食品管理“三专、四证、四不”工作要求，排查冷冻冷藏经营单位10656家次。累计采集农贸市场、超市、外卖配送单位、学校食堂工作人员核酸检测样品13040份，结果均为阴性。围绕食品药品安全突出问题，组织开展农村假冒伪劣食品、长江流域非法捕捞渔获物、食盐砖茶、旅游景区、疫苗、特殊药品等专项整治及“餐饮安全你我同查”活动、餐饮质量安全提升行动，全力保障2021大西北吴忠早茶美食文化节顺利举办。累计检查食品生产经营单位295615家次，查处食品安全违法案件152起，罚没款80.38万元，取缔“黑窝点”、无证照经营等2家，抽检食用农产品及“四品一械”9899批次，餐饮单位“明厨亮灶”覆盖率99.13%，406家学校（幼儿园）食堂全部纳入智慧监管系统，“阳光药店”建设比例达到60%。

【特种设备安全监察】 2021年，吴忠市市场监督管理局组织开展气瓶安全三年整治行动，针对区域性、行业性特种设备安全隐患，协调市安办以发放预警通知书方式告知行业主管部门及时消除安全隐患。共检查特种设备生产经营使用单位1120家次，抽查特种设备3722台，下发特种设备安全监察指令书254份，立案查处特种设备领域违法案件29起，罚款109.73万元，处理涉特种设备投诉举报69起，召开企业约谈会议7次。

【工业产品质量监管】 2021年，吴忠市市场监督管理局加强工业产品质量安全监管，重点强化儿童用品、一次性餐具、装饰材料、小家电等与群众生活密切相关的消费品监管和定向抽查，共抽检各类样品603批次，合格589批次，合格率97.68%。

【标准化建设】 2021年，吴忠市获批第三批自治区级服务业标准化试点单位5家、综合（区域）服务业标准化试点项目单位1家，指导吴忠市餐饮饭店协会制定和发布吴忠早茶团体标准8项，为全市服务业标准的制定和行为的规范奠定了基础。开展“计量惠民生，诚信促和谐”工程，共免费检定计量器具24677台（件）。

【知识产权保护】 截至2021年，全市注册商标量9648件，每万人有效发明专利拥有量3.36件。吴忠市市场监督管理局有效发挥国家知识产权局商标局商标业务吴忠受理窗口优势，指导企业、个体户积极申请商标注册，规范使用商标，持续开展“铁拳”“蓝天”执法行动，加大专利促进运用保护力度，立案查处知识产权领域案件37起。

【消费者权益维护】 2021年，吴忠市市场监督管理局深入开展“放心消费在吴忠”创建活动，利用12345便民服务热线、12315投诉举报平台，畅通消费者维权渠道，推动消费维权便利化。依托已建立的各级“12315消费维权服务站”，引导商场、超市、专业市场和一般规模经营者推行经营者首问制和赔偿先付工作制度，提高消费纠纷处理效率，推动消费者权益保护社会共治。共处理各类投诉举报3846件，为消费者挽回经济损失550万余元。

【自身建设】 2021年，吴忠市市场监督管理局深入学习贯彻习近平新时代中国特色社会主义思想，扎实开展“我为群众办实事”实践活动，切实把为民服务落实到监管工作中、体现在具体行动上。深入实施“三强九严”工程，利通区分局、市局办公室等11个单位（科室）被授予“吴忠市市场监督管理局创建‘让党中央放心、让人民群众满意’模范单位（科室）达标单位”称号。严格落实中央八项规定精神，开展工程建设政府采购领域、群众身边腐败和不正之风以及违规吃喝隐形变异问题专项整治，进一步树立市场监管部门良好形象，营造风清气正的政治生态。

国有资产监督管理

·综　述·

【概　况】 2021年，吴忠市国资委认真落实市委、市政府决策部署，按照深改委工作要求，聚焦完善中国特色现代企业制度、推进国有资本结构调整、健全市场化经营机制、夯实国资监管基础等方面持续深化改革，全面加强国有企业党的建设。成功承办工信部在宁夏召开的“5G+工业互联网”现场工作会，截至12月底，吴忠市国企改革任务总体完成率达92.3%，提前完成国家、自治区要求70%的改革任务，整体完成率位居全区五市第一，完成各项改革任务，整体工作有序推进，改革成效逐步显现。

【国企改革】 2021年，市国资委根据市委《吴忠市国企改革三年行动实施方案（2020—2022年）》，制定《市国资委国企改革三年行动实施方案任务分工》，明确6个重点领域、34项重点改革任务。编制完成市属国有资本总体和各企业的“十四五”发展规划。针对市属国企部分资产产权不清晰、无效资产占比高等情况，对企业资产进行了全面清查，印发《进一步优化国有资产清理调整低效无效资产的实施方案》，全面推进清理调整低效无效资产工作。推进党政机关和事业单位经营性国有资产集中统一监管，启动吴忠市手工业联社清产核资，接收相关资产，纳入统一监管。做强做实投融资平台，为应急热源、高铁片区学校、停车场、污水处理等民生项目争取资金及融资10亿元，国有资本服务发展能力进一步提升。引导企业发挥创新主体作用，农投公司投资500多万元与西北农林科技大学合作开展高产奶牛良种繁育合作项目研发；大数据公司与中国信息通信研究院联合成立宁夏工业互联网标识解析——关键技术研究推广联合实验室，投入100多万元加大软件研发，取得2项实用新型专利和18项软件著作权，被评为全区科技型中小企业。完成全市国有企业退休人员社会化管理工作，各县（市、区）8546名国企退休人员、1196份人事档案和1338名退休党员的组织关系全部移交完成。

【现代企业制度建立】 2021年，市属国有企业一级公司全部实现党委（总支、支部）书记兼任董事长，4家一级企业实现董事长、总经理分设，董事会应建尽建实现全覆盖，建立健全董事会向出资人报告工作制度。各企业党组织制定前置研究讨论重大经营管理事项清单和权责清单，全面完成国有企业公司制改革，市属国企一级和二级公司全面完成公司章程修订。印发《吴忠市属国有企业开展对标一流管理提升行动实施方案》，市属国企制定“对标提升工作清单”，通过开展央企、地方企业改革典型经验专题学习讨论，组织国企主要负责人赴外地考察学习、专题培训等方式，对标区内外一流企业、行业先进企业找差距、补短板、强弱项。结合市属国资国企实际，修订完善《吴忠市属国有企业外部董事选聘和考核管理办法（试行）》，通过市属国企董事交叉任职、外聘中介机构专业人士担任外部董事等方式，实现外部董事占多数的目标。制定《吴忠市属国有企业推行经理层成员任期制和契约化管理工作方案》，全面在市属国企实行经理层任期管理和契约化管理。

【国企市场化经营】 2021年，坚持以市场化改革为导向，通过与央企、区属国企合作积极拓展新业务，城投公司与宁国运公司合作开发建设城市东片区学校等项目，与国网宁夏公司开展充电桩业务合作。市场化运作建设运营应急热源、中水利用、停车场等项目，逐步从政府投融资、建设主体向“城市基础设施和公共服务运营主体”转变。国运公司积极拓展金融服务、人力资源派遣等业务。农投公司5G智慧示范牧场投入运营，沃野牧丰公司成功在“新三板”挂牌，股票在股转系统挂牌公开转让。交投公司围绕“我为群众办实事”实践活动，开通吴忠至银川旅游直通车，筹资800万元回购利通区乡村民营公交车，购置新能源公交车19辆，开通利通区乡村公交4条主线、9条支线。文旅投公司以黄河大峡谷、董府景区为依托，加大宣传力度，开发研学游、黄河谣等旅游业态，积极承接同心县旅游资源运营管理。担保公司争取担保体系建设资金910万元，简化担保服务流程，为2873户企业及个人担保贷款4.96亿元。出台了《吴忠市属国有企业工资总额管理办法》，进一步深化企业内部分配制度改革。

【混合所有制改革】 2021年，吴忠市坚持“三因三宜三不”原则，积极稳妥深化混合所有制改革，进一步规范市属国有参股企业管理，制定规范参股企业党建、经营管理、财务监管等方面工作措施。支持国有企业与民营企业合作发展，城投公司占股49%。引入中环寰慧公司运营市区集中供热项目；占股49%；引入博天环境公司建设水环境治理项目，占股32%；引入中国华冶科工集团等建设城市地下管廊项目，有效解决吴忠市基础建设项目资金不足的问题。交投公司与动感飞扬公司合作开展车体广告等业务，提高营业收入，反哺公交亏损。农投公司与乌拉圭大使馆签订进口奶牛合作协议，与民营企业合资成立吴忠农投越海进出口有限公司，投资1600万元在山东寿光新建进口奶牛隔离牧场。与宁国投公司合资成立吴忠农村产权交易中心，在全区率先获得农村产权交易资质。

【国有资产监管】 2021年，市国资委制定《吴忠市国资委以管资本为主推进职能转变工作方案》，突出监管重点，下放和精简了国资监管事项22项，进一步增强监管的针对性、有效性和科学性。充分发挥考核的导向和激励约束作用，按照“业绩升薪酬升、业绩降薪酬降”的原则，修订完善《吴忠市属国企负责人年度经营业绩考核实施方案（试行）》《吴忠市属国企负责人薪酬管理办法（试行）》，“一企一策”设置考核指标，使绩效考核更加符合企业实际，更加科学客观。制定《吴忠市国资委监管企业加强资产负债约束实施方案》，完成市属国有企业现有债务梳理汇总，起草《吴忠市属国有企业债务情况报告》，重点解决市属国有企业债务化解问题，并做好清理工作。

【国企党建】 2021年，吴忠市实施市属国有企业“思想政治引领工程”，着力推进习近平新时代中国特色社会主义思想进企业、进车间、进班组（网点），使党员职工不断增强“四个意识”、坚定“四个自信”、做到“两个维护”。按照组织健全、制度完善、运行规范、活动经常、作用突出等要求，制定国企党支部规范化建设标准，创建国企“六有”（有场所、有标识、有设施、有资料、有制度、有载体）标准化示范党支部10个。推进国企党建工作与生产经营深度融合，以高质量党建引领企业高质量发展。重新修订企业章程党建部分内容。制订国有企业领导人员2021年度担当作为计划，将国资国企党的建设、改革发展形成69项重点工作和项目全部分解到岗、责任落实到每一名领导干部身上，形成月分析、季调度、半年考核、年底交账的工作机制，推动干部担当作为。进一步压紧压实工作任务和责任，抓好统筹协调、督促指导推进，确保做到件件有落实、件件有实效。

·市属国有企业·

【吴忠文化旅游产业投资有限公司】

2021年，公司举办全国政协书画室“黄河流域生态文明建设”采风调研、创建5A景区北京座谈会及各类活动10余场，成功申报第三批自治区级服务业标准化试点项目，全面推进5A创建工作走深走实，所属各景区累计接待游客102.69万人次，同比增长59%；实现营业收入2953万元，同比增长46.84%，超额完成市国资委下达的2021年全年目标任务。紧扣“十里长峡·黄河之魂”“黄河楼”“百年董府”三大品牌建设，举办各类活动50余场，吸引游客25万人次，紧紧围绕“我们的节日”推出丰富多彩、趣味性强的传统文化活动。筹办“4·28”百家媒体旅行社采风踩线、“5·19”中国旅游日开幕式、宁夏全区广场舞大赛决赛、2021年文化和自然遗产日宁夏主会场等主题活动。与宁夏国旅等区内外近100家旅行社签订送客协议，与湖南天趣娱游等10余家旅行社签署推广协议，建立长效合作机制；与贺兰山国家森林公园等区内A级旅游景区进行广告置换，与君乐早茶、玉祥楼早茶等首批早茶示范店达成合作，发放“2021大西北吴忠早茶美食文化节”“一见‘忠’情、‘味’你而来”景区门票代金券5万张，建立良性互动关系，实现游客引流效应，叫响“游在宁夏·吃在吴忠”旅游品牌。

【吴忠国有资本运营有限公司】

截至2021年末，公司资产总额16.47亿元，同比增长11.7%；营业收入1.04亿元，比上年增加1108万元，同比增长11.8%；向市政府申请筹集农发行棚改项目贷款利息1708.1万元。2021年国运公司国企改革三年行动完成改革任务举措33项，总体完成率达到91.66%。国运公司及权属各公司全部制定了党组织前置研究讨论重大经营管理事项清单，实现了全覆盖，占比100%。公司董事会设7名董事，现有外部董事4名。制定完善相关制度，打破“铁饭碗”“终身制”，促进人员有序流动，实现优胜劣汰，实行全员绩效考核，严格执行工资总额预算管理制度，充分发挥薪酬管理和绩效考核作用。利通区康养项目已完成可研报告的编制工作，燃气公司与国资经营公司共同出资成立宁夏瑞源达检测技术公司，开展车载气瓶、低温绝热气瓶检验检测及安全阀、压力表校验等业务。已取得项目备案证，并完成车间改造、设备安装调试工作。燃气公司城镇液化气配套设施改扩建项目土建施工即将结束，储罐及压力管道安装已完成。保安公司智能现金自主缴款终端服务项目，对全区中石化35个网点、国家电网265个网点智能自助收款终端设备进行了安装、调试和投放使用，300台设备安装任务已全部完成。

【吴忠现代农业扶贫开发投资有限公司】 截至2021年末，公司资产总额为7.09亿元，同比下降6.46%；净资产总额为7500万元，同比下降41.27%；2021年，营业收入2.1亿元，首次突破2亿元，同比增长40.58%；净利润460万元，同比下降56.84%；上缴税费178万元；国有资产保值增值率为103.4%。公司引入社会资本，参股成立吴忠农投越海进出口有限公司。与北京牧华源国际贸易有限公司共同出资成立越海牧歌（山东）养殖有限公司，投资1600万元在山东寿光建设占地250亩的隔离场，在五里坡奶牛生态养殖园区四期建设优质后备奶牛繁育基地，项目总投资1亿元，占地378亩，存栏规模5000头，5月投产运营。年初，公司授权融和环境公司管理储备土地开发利用业务后，全年总计开发利用土地2100亩，实现营收170万元，同比增长126%。

【吴忠开源扶贫融资担保有限公司】

2021年，吴忠开源扶贫融资担保有限公司按照吴忠市国企改革三年行动方案要求和市国资委安排部署，公司具体列明的31条改革任务举措中，已完成29条，整体任务完成比达到93.55%，完善中国特色现代企业制度，健全市场化经营机制。累计担保贷款53.2亿元，减免担保费2000万元，惠及小微企业、“三农”经营主体21000户，全面有序推进担保贷款“增量、扩面、降本、保质”。连续2次被宁夏回族自治区金融工作局评为宁夏Ⅰ级担保机构，在市财政牵头组织开展首次政府性融资担保、再担保机构绩效评价中评为“优”，荣获2021年度“市直机关文明单位”荣誉称号。12月末，资产总额3.68亿元，负债总额6532.88万元（其中未到期责任准备金和担保赔偿准备金5970.12万元），所有者权益总额2.76亿元。全年累计实现营业收入483万元，实现净利润122万元，同比增长87.68%。争取风险补偿金、疫情补助、妇联奖励、担保体系建设资金1820.93万元。

【吴忠市城乡建设投资开发有限公司】 截至2021年12月末，公司资产总额为78.97亿元，净资产为46.19亿元，实现营业收入13010万元，同比增长13.5%，实现净利润903万元，同比增长17.6%，上缴税费1681万元。国有资本保值增值率为100.77%，资产负债率为41.5%。紧盯以优化资产结构、融入生态修复和环境保护项目、拓展民生服务、助力城市基础设施建设、拓宽融资渠道、推动改革创新发展“六大板块”为内容的战略定位，按照《吴忠市人民政府办公室〈关于进一步优化国有资本清理调整低效无效资产的实施方案〉的通知》精神，制定实施《城投公司低效无效资产清理调整工作方案》，对低效无效资产进行了清理调整。截至2021年底，共清理无效资产35.32亿元，清理完成81.3%。完成供热剩余资产、应收账款的清查及办公楼、服务大厅等部分资产的租赁工作。将市政停车场、老旧小区停车场、医废改扩建等项目形成的资产进行了移交划转。根据市政府专题会议决定，完成吴忠市路捷千人养老公寓项目的成本审计及资产移交工作，完成博昌公司的清算注销工作。2021年，实施生态保护、城市基础设施建设、民生服务领域项目等共计13项，总投资154443.92万元。其中实施续建项目9项，实施新建项目1项、代建项目3项。全年完成高铁片区3所学校、市人民医院、吴忠市公安局等9家单位再生水管网接入，再生水回用率20%，再生水使用量增加361万立方米，同比增长11.75%。完成2000个泊位线施划任务，管辖经营性泊位已增至4153个；深化三项制度改革，健全业绩决定薪酬分配的机制，制定并严格执行《工资总额管理制度》，完善城投公司薪酬管理办法，按照“效益增、工资增，效益降，工资降”的原则，优化职工薪酬结构，推动薪酬分配向作出突出贡献的人才和一线关键苦脏险累岗位倾斜，全体干部职工工资调增比例6%～8%，工资增长部分全部纳入绩效工资，

【吴忠中小微企业创业投资有限公司】　2021年，在全区探索农副食品加工业、装备制造业、葡萄酒业等领域开展创新应用场景，完成28家企业应用场景的建设，平台已接入企业324家，完成标识注册600万个，标识解析量192万次。搭建产销双方合作交流平台，组织区外特色产品经销商和区内生产加工企业入驻平台70家，入驻经销商50家，实现平台交易额5052万元。建设实施吴忠市“易办·吴优”一窗受理政务服务平台，并于3月1日上线运行。率先在全区应用RPA机器人。4月上线试运行吴忠市政务公开智能分析监管平台项目，共采集各类数据资源105420条，率先在全区政务公开领域实现了数字化监管和可视化智能分析。自主研发吴忠市公共机构能耗监测监督平台，对市直941个机构的能耗数据进行监管和分析，归集水电数据183580条。自主研发吴忠市燃气管理平台，实时对全市各类商业用气场所的燃气泄漏进行预警监测。打造宁夏农特产品产业大厦，布局建设了5个县（市、区）及金积工业园区6个特色产品馆，引入全区1000余种产品，集中展示推广滩羊、枸杞、葡萄酒等特色农产品和绿色食品，举办暖冬暖心文化沙龙、开仓大集、年货节等促销活动10余场次，成功举办2021年大西北早茶美食文化节，累计吸引接待各地游客5万余人次前来参观购物。借助抖音、快手等新媒体平台，构建宁夏农特产品宣传销售矩阵，打造宁夏特产宁优汇旗舰店等直播间，组建直播电商团队，与米庄科技、为爱农业公司合作，全方位量身定制直播农产品，开通一楼所有店铺直播间，提升直播电商运营能力、挖掘和培养职业主播20名，为推动电商与传统产业深度融合探索了新路子。持续加大农特产品产业大厦招商力度，积极引入羊绒、电影、健身、商品贸易、广告传媒等时尚业态，先后与米庄科技、昭洋文化传媒、诚一文化创意、喜纳影业、巾冈广州科技等公司签约入驻，入驻面积达15000多平方米。年内创投公司资产总额累计2336万元，增加220万元，同比增长10%；营业收入累计实现1630万元，增加655万元，同比增长67%；净利润累计实现182万元，扭亏增盈315万元，同比增长237%。

【吴忠市交通投资开发有限公司】

2021年，公司实施国企改革三年行动，完善中国特色现代企业制度，深化混合所有制改革，推动国有经济布局优化调整，健全市场化运营机制。年内平均投入运营车辆221辆，运营里程1352.92万公里，其中公交线路29条，运营车辆185辆，客流量2145万人次。公务用车公司运营36辆。全年营业收入4427万元，同比增加17.42%。年内收购利通区民营公交车辆114辆，购置电动公交车19辆，建成扁担

沟客运服务站充电桩、沿线站点等，开通9条农村公交线路，其中3条设置为客货邮商专线。公司以参股的形式与宁夏动感飞扬公司组建合资公司——吴忠交投传媒有限公司，扩充公共交通业务板块。

应急管理

【概　况】　2021年，吴忠市应急管理局坚持以习近平新时代中国特色社会主义思想为指导，深入学习贯彻习近平总书记关于应急管理工作的重要论述精神，统筹发展和安全两件大事，全力攻坚安全生产专项整治三年行动，扎实推进防灾减灾救灾工作，安全生产形势总体平稳，应急管理能力稳步提升。年内，全市共发生生产安全事故19起，同比减少2起，下降9.52%；死亡21人，同比增加1人，上升5%；共开展安全生产行政执法检查1200余次，行政处罚100起。未发生因自然灾害导致亡人事件。

【高危行业安全监管】　2021年，吴忠市应急管理局查处安全隐患7166条，整改率82%（其中重大隐患56条，整改45条）。查封“小化工”4家，责令停止试生产3家，停产停业整顿6家，注销安全生产许可证2家。按照“三包一”原则，全市41家危化企业118个重大危险源全部落实包保责任制，并接入国家风险监测预警信息系统，实现在线远程监控。严格落实《吴忠市危险化学品“禁、限、控”目录》，严禁硝化工艺和具有爆炸性原料的精细化工项目入园，严控光气、液氯、氟化氢等涉及剧毒化学品建设项目数量，消减园区重大安全风险，全市5个化工园区（集中区）安全风险等级均由B级降为C级。推行化工园区通过设置实体（电子）围栏或周界入侵报警系统等方式，实行分区封闭化管理，切实把好入园入企关口。对市级监管且正常生产的金凤、金家渠、宋新庄3家煤矿开展安全生产大排查和重大灾害超前治理评估，查治问题隐患143条，行政处罚67万元。编制《煤矿重大灾害防治评估报告》，精准评估研判煤矿重大灾害类型和防范措施，为企业切实做好防范工作奠定了坚实基础。严格落实停产停建煤矿巡查制度，对6处长期停工停产煤矿巡查42矿次。持续对10家正常生产的非煤矿山和4家油气开采企业开展安全生产专家“会诊”和技术诊断，从矿山安全管理、教育培训、工艺技术等18个方面55个具体内容，查处安全隐患261条，下达执法文书19份，并形成“会诊”报告。全市非煤矿山企业连续10年未发生生产安全事故。继续开展冶金、建材、食品加工企业粉尘涉爆、铝加工、有限空间作业、高空作业等专项整治行动，检查企业46家，立案9起，行政处罚56万元，冶金等工贸企业安全生产水平不断提升。

【重点行业综合监管】　2021年，吴忠市应急管理局印发《关于开展安全生产专项整治三年行动集中攻坚的通知》，明确94项攻坚任务。制定出台《吴忠市安全风险防控和隐患排查双重治理办法》，推进企业落实安全生产全员责任制。瞄准“两个清单”，梳理突出问题140项、重大隐患129项，修订、制定《吴忠市应急管理专家管理办法》《城市地下综合管廊管理办法》《吴忠市安全生产领域隐患事故举报奖励办法》等制度措施138项，专项整治攻坚行动取得明显效果。牢固树立安全生产“党政同责、一岗双责、齐抓共管”工作理念，按照“三个必须”原则，梳理制定《市委各常委、政府各副市长安全生产责任清单》，做到责任到人、任务到岗。聚焦重点行业领域、重大节庆活动期间安全防范，各领导带队督导安全生产工作50余次。按照刑法修正案和安全生产法新要求，督促470余家危化、矿山以及规上工贸企业全部落实企业实际控制人为安全生产第一责任人，从根本上消除企业主体责任不清、履职不到位等问题。修订《吴忠市安全生产领域隐患事故举报奖励办法》，动员全社会争做安全生产宣传员、监督员。成立安全生产行政执法案件审查委员会，进一步规范执法流程。围绕庆祝建党100周年、早茶文化节等各类大型活动，对活动现场开展全方位隐患排查，查处安全隐患1324项（全部整改）。对10起工矿商贸企业安全事故开展调查，对3起事故依法从严查处，对8家责任单位和19名责任人进行责任追究，1名责任人移交司法机关追究刑事责任。针对宁夏兄弟包装材料有限公司“4·01”车辆伤害事故、吴忠光耀府工程项目“9·10”中毒事故等，召开现场警示会4场次，制作安全生产事故警示片，在全市开展警示教育。

【防灾减灾救灾】 2021年，吴忠市应急管理局按照国务院办公厅《关于开展第一次全国自然灾害综合风险普查的通知》要求，制定印发吴忠市普查工作方案，成立普查工作领导小组，组建技术团队，争取补助资金530万元，积极开展宣传、培训、行政区划核准、承灾体、减灾资源能力、重点隐患等调查，全力保障综合风险普查工作顺利进行。截至12月底，完成普查行政区划和灾害普查等应急系统年度调查任务，并全部录入灾害普查系统。及时部署重点时段森林草原防灭火和防汛救灾工作，实行“市、县领导包片，乡镇干部包村，村干部包点，护林员包地块，林权权利人和经营单位包山头”的森林草原防火分级责任包干制度。重点乡镇组建30～50人不等的扑火队伍，全力做好森林草原火灾初期灭火准备。汛期组织召开全市防汛工作会商会议7场次，联合水务、自然资源等部门开展督导检查，下发履职预警、督查通报14份，责令各级、各部门限期整改防汛隐患，全力保障安全度汛。发布灾害预报192期、橙色预警21条。各县（市、区）争取项目资金1.8亿元，实施防洪治理工程，购置防汛抢险物资。发放冬春救助、旱灾等自然灾害救助资金1800万元，切实保障受灾群众基本生活。疫情防控期间，累计向利通区、青铜峡市和市级各部门调拨帐篷、棉大衣、折叠床、炉具等应急物资3636件，为疫情防控的顺利开展奠定了基础。全面完成全市安全生产、自然灾害类总体预案和21个专项预案编制工作。依托大型骨干企业，新组建机械吊装、天然气管道抢修、电力抢修等9支专业应急救援队伍和18支应急值班救援队伍，开展联合拉动演练5次。围绕森林草原防灭火、地震应急救援、军地联动等主题，开展跨县区、多部门大型综合应急演练3场次，全面检验和提升全市应急救援指挥调度、应急响应、协同作战的能力，时刻做好准备应对处置突发事件。

【应急管理宣传培训】 2021年，吴忠市应急管理局组织开展“第20个安全生产月”和“5·12”防灾减灾宣传周等活动，实现市、县、乡三级党委、政府及行业部门观看《生命重于泰山》专题片全覆盖。录制“安全生产大家谈”电视访谈节目，组织政府领导和部门、企业负责人带头谈安全，分享安全管理的好经验、好做法，切实营造比学赶超的浓厚氛围。组织各部门开展应急管理宣传“五进”活动300余场次，惠及12万余人次。深入实施基层应急管理人员、高危企业主要负责人、企业安管员、特种作业人员、煤矿班组长“五类人员”应急能力提升工程，累计培训19期1830人次。严把“三项岗位人员”考试发证关，组织考试21期5400余人。行业监管部门、企业从业人员、广大人民群众安全意识和风险防控能力进一步增强。

农牧水利

农　业

·综　述·

【概　况】　2021年，吴忠市全年实现农林牧渔业总产值215.7亿元，同比增长6.1%，增速全区第一；农村居民人均可支配收入16138.7元，同比增长9.8%。自治区实施乡村振兴战略综合考评位列五市第一名，自治区农田水利基本建设“黄河杯”竞赛获组织奖，各县（市、区）在自治区实施乡村振兴战略综合考评和农田水利基本建设“黄河杯”竞赛中均获奖。共计获奖3120万元，占自治区奖励资金总额的41.5%；奖励建设用地指标1000亩，占自治区总指标的41.7%。

【种植业】　2021年，全市粮食种植面积304万亩，较上年增长7.5%；总产量100.8万吨，较上年增长1.2%。其中，小麦29.1万亩，较上年减少7.1%；产量2.6万吨，较上年增加6.2%。水稻10.2万亩，较上年减少35.4%；产量6.2万吨，较上年减少35%。玉米165.3万亩，较上年增加16.6%；产量86.3万吨，较上年增加6.8%。马铃薯17.8万亩，较上年增加34.3%；产量2.8万吨，较上年增加12%。杂粮81.6万亩，较上年增加1.3%；产量3万吨，较上年减少31.6%。全市瓜菜种植面积稳定在56.34万亩，

盐池县城西滩灌区

其中蔬菜及食用菌46.80万亩，瓜果9.54万亩。黄花菜种植面积稳定在16万亩，鲜菜产量18万吨，干菜产量2.5万吨。

【养殖业】 2021年，全市奶牛存栏29.2万头，较上年增加1.9万头，同比增长7.0%；肉牛饲养量50.9万头，较上年增加5.7万头，增长12.6%。其中存栏31.7万头，较上年增加5.4万头，同比增长20.8%；出栏19.3万头，较上年增加0.2万头，同比增长1.2%。滩羊饲养量623.6万只，较上年增加37万只，较上年增长6.3%。其中存栏305.7万只，较上年增加34万只，同比增长12.6%；出栏317.9万只，较上年增加2.7万只，同比增长0.9%。生猪饲养量37.4万头，较上年增加1.8万头，同比增长9.6%，其中存栏18.0453万头，较上年增加0.9万头，同比增长5.3%；出栏19.3万头，较上年增加0.9万头，同比增长5.1%；家禽饲养量743.3万羽，较上年增加7.8万羽，同比增长1%。

【蔬菜产业】 2021年，全市通过扩基地、育龙头、拓市场，推进了标准化、规模化、集约化发展水平，实现了设施蔬菜与露地蔬菜同步发展，促进了农业增效和农民增收，保障了“市长菜篮子”有效供给。瓜菜播种面积56.34万亩，其中设施蔬菜7.75万亩，露地蔬菜32.47万亩，黄花菜16.12万亩。蔬菜总产量141.35万吨。新建设施蔬菜面积1.6万亩，集中连片300亩以上种植基地99个，示范推广滴灌水肥一体化技术，引进示范番茄、辣椒、茄子、黄瓜等蔬菜新品种100余个，集约化育苗、设施农业物联网、蚯蚓生物技术、绿色防控、水肥一体化、机械化应用等新技术新装备得到推广和应用。不断培育和壮大蔬菜产业新型经营主体，蔬菜企业、合作社、家庭农场达到161家，组织蔬菜种植企业、合作社参加了自治区组织的“蔬菜产销对接会和全国知名蔬菜销售商走进宁夏活动”，9个生产基地荣获粤港澳大湾区“菜篮子”生产基地认证，推动了全市蔬菜销往北京、上海、广州、深圳、重庆等大中城市，进一步拓展了销售市场。

【奶产业】 2021年，全市奶牛存栏达到29.2万头，增长2.6%；日产生鲜乳3400吨，全年总产量达到120万吨，增长14.6%。新建30家规模化养殖场，新增2条金典（230吨）和新投1条生产线（30吨），乳品日加工能力达到6000吨，生鲜乳质量安全抽检100%合格。组织乳企积极参加宁夏品质中国行活动，宣传推介高端乳制品，签约金额1.3亿元。实施年产60万吨饲料加工项目，协调奶业协会与甘肃、内蒙古等牧草公司签订苜蓿、燕麦等优质饲草供销协议，饲草供给能力不断提高。

【黄花菜】 2021年，吴忠市黄花菜种植面积稳定在16万亩，行情好于往年。实施万亩优质高效示范基地和黄花菜产业园建设项目，打造绿色标准化种植基地9个、绿色高产示范方点10个、良种繁育基地2个。协调黄花菜产业联盟和金融部门，确定500万元意向性贷款，为产业发展注入动能。积极开展品牌打造，申报认证“红寺堡黄花菜”和“盐池黄花菜”地理标志商标。

【葡萄酒产业】 2021年，全市酿酒葡萄种植面积达到27.6万亩，改造低产园2.8万亩。新建红寺堡森兰和隆汇源酒庄、青铜峡紫玉甘城、天河通夏和宁夏麓下酒庄5家。酒庄积极参与重大

红寺堡区西门达尔肉牛养殖基地

科技研发项目，维加妮酒庄和皇蔻酒庄分别获得乡村振兴成果引进示范推广项目30万元资金支持。发展“葡萄酒+文旅融合”产业经济，培育2家旅游酒庄，开辟1条精品酒庄旅游线路，将酒庄资料编入《吴忠休闲农业掠影》，1家酒庄积极创建4A级旅游景区，3家酒庄积极创建3A级旅游景区。青铜峡葡萄酒产区成功入驻湖南步步高商业连锁股份有限公司22家商场专柜，是全国唯一一个以产区入驻京东的自营店。组织酒庄参加首届中国（宁夏）国际葡萄酒文化旅游博览会等，现场签约29家，总金额5815.3万元。在江苏南京、福建厦门和泉州举办3场专场品鉴推介会，与云南昆明花易宝科技有限公司合作建立葡萄酒与鲜花线上营销模式，营销渠道不断拓宽。

【肉牛滩羊产业】　2021年，全市肉牛和滩羊饲养量分别达到50.9万头、623万只，较上年增长5.4万头、38万只。五里坡肉牛养殖基地新增9家入驻企业，投入运营15家，存栏肉牛6800头；晓鸣农牧股份有限公司投资10亿元发展家禽产业；青铜峡市牧泉肉食品有限公司年屠宰牛1万头，滩羊3万只项目迁建完成；青铜峡市天地兴农生猪养殖场、盐池县宁夏万瑞源农业发展有限公司等5家万头规模生猪养殖场加快建设，养猪重点县和潜力县产能不断稳固。

【中草药种植】　截至2021年，全市中药材累计种植面积达38.7万亩，其中甘草6万亩（人工），枸杞11.3万亩，黄花16万亩，柴胡、板蓝根等其他中药材5.4万亩。

【饲　草】　2021年，吴忠市大力推广黑麦草、苜蓿、青贮玉米等优质饲草种植，全市优质饲草种植面积达77.8万亩，青贮玉米基本实现了自给自足。天康生物、伊康元二期饲料加工项目开工建设。与甘肃亚盛田园牧歌草业集团有限公司开展合作，为全市提供大量的苜蓿、燕麦等优质饲草。

【绿色食品】　2021年，吴忠市聚焦优质粮油、瓜果蔬菜、豆制品、小杂粮、调味品五大类，落实13个绿色食品产业重点项目，召开全市绿色食品产业观摩推进会。品牌影响力不断扩大，组织全市60多家绿色食品企业参加招商推介会，现场签约近4亿元；培育壮大区级农业产业化龙头企业6家，落实绿色食品招商引资项目5个。组织绿色食品企业分线上和线下形式参加第五届中国—阿拉伯国家博览会，为企业搭建有效宣传平台。

【农业重点项目】　2021年，红寺堡区滩羊产业良种繁育基地建设、盐池县万瑞源万头生猪养殖建设等11个自治区级重大项目完成投资10.81亿元，吴忠国家农业科技园区鸽堂沟标准化奶牛养殖示范区牧场建设项目、宁夏新希望塞上牧业万头奶牛标准化牧场建设等51个市级项目全部开工，完成投资12.31亿元。

·农业产业化·

【农业品牌建设】　2021年末，吴忠市培育各类产品品牌33个，“盐池滩羊”品牌价值达88.17亿元，较去年提升17亿元，成功创建盐池县滩羊全产业链典型县，获批筹建“盐池滩羊”国家地理标志产品保护示范区。新认证“两品一标”农产品24个，其中绿色食品13个，有机农产品11个。累计“两品一标”认证155个产品，绿色、有机、地理标志农产品比重为74%，其中绿色食品56个，有机农产品73个，地理标志产品26个，农产品地理标志数量位居全区首位，“两品一标”经营主体效益从市场角度得以显现。培育“青铜峡连湖西红柿”“盐池荞麦面”“青铜峡酿酒葡萄”“青铜峡鸡蛋”4个农产品入选全国名特优新农产品名录，全市累计培育全国名特优新农产品16个。积极开展良好农业规范（GAP）认证，全市获得良好农业规范认证企业共16家，畜禽产品认证13家，种植业产品认证3家。其中盐池县6家，吴忠国家农业科技园区4家，利通区3家，青铜峡市2家，同心县1家。推广农产品全程质量控制技术体系试点，全市获得农产品全程质量控制技术体系试点生产经营主体单位8家，畜禽产品5家，种植业产品3家。其中盐池县5家，同心县2家，青铜峡市1家。上争专项资金用于品牌培育、培训宣传、制定标准、产品检验等，其中下达220万元专项资金用于推动“吴忠牛乳”产业高质量发展，提升地理标志农产品市场竞争力。

同心县下马关麒麟瓜种植基地

【产业化龙头企业】 2021年，宁夏伊利成为全球最大的液态奶单体加工厂，新希望启动夏进“产值倍增计划”，塞外香成功申报国家级农业龙头企业。利通区入选首批全国休闲农业重点县和全国农业科技现代化先进县，青铜峡市入选首批国家级农业现代化示范区创建名单和国家农产品产地冷藏保鲜整县推进试点县。利通区牛家坊村入选2021年全国乡村特色产业十亿元镇和亿元村名单，红寺堡区杨柳村入选第十一批全国“一村一品”示范村镇，青铜峡市韦桥村进入第三批全国乡村旅游重点村行列，青铜峡市余桥村进入中国美丽休闲村行列。

【新型农业经营主体】 2021年，全市新型经营主体累计达3274个，其中龙头企业203个，家庭农场1164个，休闲经营主体110个和农民专业合作社1797个。被农业主管部门认定的国家级示范社64个、自治区级示范社151个、市级示范社212个。全市依法在市场监管部门登记且在农经部门备案的家庭农场达1164家，四星（自治区）级示范场96家，三星（市）级示范场108家。全市开展农业社会化服务的农民合作社、农业企业、协会等各类社会化服务组织有334个，服务小农户25万户，营业收入达2.1亿元。

【农村产权交易】 2021年，吴忠农村产权交易中心累计完成各类农村产权交易323宗，交易面积233449亩，交易金额9.75亿元；完成农村产权抵押登记1814宗，贷款金额1.89亿元；完成农村小型工程招投标79宗，交易金额5954.8万元；完成社会中介服务（村级集体资金采购、农产品推介推销、农业托管服务）28宗，交易金额3897.2万元。合计交易2244宗，交易金额约12.63亿元。

【土地流转】 2021年，全市农村家庭承包耕地经营权流转总面积895517.03亩，流转出的农户115543户。流转入企业429065.6

亩，占流转总面积的 47.9%；流转入农民合作社 237994.41 亩，占流转总面积的 26.6%；流转入家庭农场 29048.74 亩，占流转总面积的 3.2%；流转入农户 193281.08 亩，占流转总面积的 21.6%；流入其他经营主体 6127.2 亩，占流转总面积的 0.7%。

·农产品质量安全体系建设·

【概　况】　2021 年，吴忠市农产品质量安全检测中心坚决贯彻落实市委、市政府决策部署，围绕农业高质量发展，大力推进质量兴农、绿色兴农、品牌强农，扎实做好各项农业质量工作，绿色农业标准化水平明显提高，全面加强农产品质量安全监管力度，稳步推进“两品一标”、名特优新农产品、GAP 认证，农产品质量安全水平稳中向好，未发生农产品质量安全事件。

【农产品抽检】　2021 年，全市农业部门积极配合完成农业农村部、自治区农业农村厅对重点产品农药残留抽检工作，在元旦、春节、中秋、国庆等农产品流通高峰期进行产品质量抽查和农残检测，保证让群众吃上放心菜。完成农业农村部第一、第四季度监督抽检，共抽检各类蔬菜、食用菌和水果 85 批次，抽检合格率为 100%；配合自治区农业农村厅开展 3 次例行抽检，共抽样 75 批次，抽检合格率 100%；协助配合石嘴山、银川、中卫在吴忠市开展监督抽样，共抽样 122 批次，抽检合格率 98.3%；按照自治区农业农村厅安排，完成 3 次种植业产品质量安全监督交叉抽样任务，共抽样 150 批次，其中银川 60 批次，固原 40 批次，中卫 50 批次；开展市级产地检测，全年共抽检样品 400 批次，其中种植业农产品 300 批次，畜禽产品 80 批次，水产品 20 批次，检测合格率 100%。

【检测中心建设】　至 2021 年末，吴忠市建成投入使用市县级检测实验室 6 个，均已通过检验检测机构资质认定考核，其中市级检测中心可检测参数 47 项，利通区、青铜峡市、盐池县、同心县、红寺堡区检测中心可检测数量分别是 20 项、19 项、21 项、15 项、21 项，这标志着全市的农产品监管检测能力上了一个新台阶，弥补了全市农产品质量安全定量检测的空白，为进一步确保全市农产品质量安全奠定坚实的基础。人员培训上，积极指导各县（市、区）检测机构参加全区检测能力验证考核，全市 4 家检测机构均顺利通过 2021 年全区农产品检测能力验证考核。择优选拔组建战队，在自治区农业农村厅主办的第三届宁夏农产品质量安全监测专业技能大比武中成绩优异，取得团体第三名、水产品专项第一名、畜禽产品专项第五名、种植业专项第九名的好成绩。

【农产品合格证制度】　2021 年，吴忠市积极推广基层试行食用农产品合格证制度推广试点和“合格证＋追溯码＋检测”推广试点，通过安装农药残留速测仪器，鼓励实施主体自检合格后开具食用农产品合格证。全市建设基层试行食用农产品合格证制度推广试点 5 家、“合格证＋追溯码＋检测”推广试点 20 家，并对实施主体技术人员进行专门培训，累计培训 100 余人次。全市合格证开具企业及合作社 78 家，累计开具 7.7 万余张，附带合格证上市农产品 18573 吨。

【绿色食品标准化建设】　2021 年，吴忠市续建全国绿色食品（水稻、玉米、荞麦）原料标准化生产基地 3 个，占地总面积 35.4 万亩，可提供原料 13.2 万吨，为 18 家企业 30 个绿色食品提供原料，促进加工企业与原料基地对接，扩大绿色食品发展。培育全区首个国家级有机芦笋标准化生产基地，利通区和青铜峡水稻、盐池玉米、红寺堡枸杞、利通区奶牛 5 个自治区级绿色食品标准化生产基地及青铜峡有机水稻标准化生产基地，对基地实施监督检查，确保基地合规。创建国家绿色农产品标准化集成示范基地（瓜菜集成基地）1 家、自治区全域绿色食品标准化原料基地（特色瓜菜原料基地）1 家、自治区绿色优质农产品标准化基地 6 家。标准化基地的建设，为绿色食品产业发展奠定坚实基础。

·农田水利建设·

【高标准农田】　2021 年，吴忠市大力实施高标准农田建设，建成高标准农田 13.16 万亩，其中高效节水灌溉面积 5.38 万亩，全市共落实 25 个项目，投入资金

21757.04万元。其中中央财政资金12855.47万元，地方财政资金8502.49万元，受益主体自筹399.08万元。积极参加农田水利基本建设“黄河杯”竞赛。制定了《吴忠市2021年秋冬农田水利基本建设实施方案》，各县（市、区）依托重点工程项目，组织群众投工投劳，积极开展秋冬农田水利基本建设，争取“黄河杯”竞赛奖项，2021年全市农田水利基本建设“黄河杯”竞赛成绩辉煌，青铜峡市和红寺堡区获得一等奖，盐池县和同心县获得二等奖，利通区获得三等奖，市本级获得组织奖。

【农业节水】 2021年，吴忠市积极申报高效节水自动化信息化试点示范项目。按照自治区决策部署，市本级、红寺堡区、盐池县、同心县申报了共4个高效节水自动化信息化试点示范项目，取得自治区农业农村厅的审查批复，项目总建设规模4.27万亩，预算总投资5567.51万元。

【农发项目】 2021年，全力推进国际农发基金贷款项目有序实施。组织完成了2020年度石家窑养殖圈棚工程、吴家沟养殖圈棚工程、赵家沟灌排工程竣工验收，完成投资758万元；开展生物有机肥招标采购、发放工作，实际采购1470吨，投资金额107.37万元，涉及扁担沟镇3个行政村9183亩农田土壤改良；完成了拟扶持的2家农民专业合作社的遴选工作，编制了扶持方案。

吴忠国家农业科技园区

【概　况】 2021年，园区党工委、管委会坚持以习近平新时代中国特色社会主义思想为指导，认真贯彻落实上级党委、政府决策部署，抢抓黄河流域生态保护和高质量发展先行区建设有利契机，以高质量发展为目标，以“三区联创”为抓手，全力抓好重大项目建设和产业转型升级，强化基层治理能力建设，认真抓好党史学习教育，全面提升党的建设伟大工程，较好地完成了市委、市政府确定的各项目标任务。实现农业总产值21.03亿元，同比增长13.68%。畜牧业产值19.04亿元，同比增长14.08%，占园区农业总产值的90.5%。种植业产值1.37亿元，其中瓜菜958万元、玉米（含青贮）1.16亿元、苜蓿1138万元，林果业产值0.62亿元。奶牛存栏达到8.5万头，鲜奶总产量43.6万吨，奶产业实现产值17.13亿元，占园区总产值的81.5%，肉牛（含公犊）实现产值1.4亿元，肉羊实现产值4060万元，禽蛋产值1027万元。

【项目建设】 2021年，国家农业科技园区全年共引进招商项目15个，开工新扩建养殖场13家，完成投资4.78亿元。鸽堂沟奶牛标准养殖示范区10家牧场全面开工建设，累计完成投资4.5亿元，其中勇祥、荣海、欣泽源、吉兴燊、鑫强兴、鼎牛等6家牧场基本建成，订购或引进奶牛5000头。金堂奶牛养殖合作社新建2000头标准化牧场1座，完成投资1800万元，引进奶牛200头。靖宇牧业完成三期扩建项目，引进奶牛360头；新希望牧场公司万头奶牛养殖基地完成了环评、水保、设施用地及招投标等手续，场区平整工程已完工。统筹鸽堂沟标准化奶牛养殖示范区项目建设，完成供电工程、道路绿化工程等工作。引进规模牧场11家，开工10家。统筹加快产业发展项目建设，下沉式大斜面智能温室建设项目总投资401万元，已完成钢结构、钢化玻璃安装。设施蔬菜三产融合项目总投资380万元，目前完成一、四标段建设任务，二、三标段正在推进。实施了甜水河水库除险加固项目，迎接了水利部甜水河水库安全督导检查，对督导组反馈的问题进行了全面深入整改。实施白驿子环境卫生整治项目、奶业大道养护维修工程和4500亩高效节水灌溉项目。

【农业科技】 2021年，国家农业科技园区奶业研究院、奶业教授工作站运行步入正轨，“吴忠牛乳”地理标志农产品保护教授工作站挂牌成立；营养监测室、DHI测定中心投入运行，3个奶业科技项目被列入自治区重点研发计划。组织专家团队开展现场指导服务6批次，举办培训班3期220人次。种植业方面，引进示范瓜菜新品种35个，示范应用高品质番茄栽培、彩椒限根栽培技术、补光灯在蔬菜上应用等重点技术7项；引进示范温室专用起垄机、温室专用移栽机、悬挂式自走一体机3套新型农艺装备，光照培养箱、高压灭菌锅等组培育苗设备20套。配合区内外高校及科研院所实施了番茄东西向适宜栽培群体结构的研究、秸秆还田对番茄根系生长及土壤环境的影响等实验项目7项。截至12月底，申报专利2项，鉴定登记科技成果2项，2人分别入选“宁夏吴忠优秀人才”“宁夏青年托举工程人选”。参与实施的特色瓜菜产业关键技术创新示范、设施环境优化与栽培模式研究示范项目，分别荣获自治区科技进步奖一等奖和三等奖。

【农业高新技术园区创建】 2021年，国家农业科技园区落实自治区农高区奖励资金1000万元，围绕奶牛良种繁育、农业物联网、设施高效栽培、院地合作等重点，通过产学研用新模式申报实施了8个重大项目；组织企业与科研院所合作，申报自治区2021年农业农村领域重点研发项目5项，其中3项立项实施。积极组织企业申报农业高新技术企业，1家被认定为自治区农业高新技术企业，2家被认定为自治区科技型中小企业。根据休闲农业发展规划，以吴忠市天禾农牧开发服务有限公司为主，努力打造休闲农业示范点。申报实施了设施农业基地三产融合项目，景观打造积极推进，54个老旧温棚完成改造提升。建立各部门支持园区发展工作机制，举全市之力加快吴忠农高区建设。制定产业发展政策，鼓励企业申报有机农产品认证和生产基地认定。邀请南京国环、宁夏农广校专家举办有机产业发展、有机生产等培训2期180人次，现场指导有机生产企业2家。完成通达果业苹果基地有机认定1个，申报夏进牧业紫花苜蓿、鑫源祥公司苹果基地认证申报。目前，园区有机农产品认证14个、基地认定11个，总面积3000亩；获得绿色农产品认证2个、富硒农产品认证2个。

【园区管理】 2021年，国家农业科技园区扎实推进土地综合治理，制定园区土地管理综合治理工作方案，对园区所有已开发土地进行核查，因类施策，逐步推进。完成辖区44家养殖企业、34家种植企业土地核查，累计核查面积69500多亩；全面对养殖企业开展摸底调查、综合整治，骏源、锦辉、塞玉叶等3家不具备粪污处理的奶牛养殖场已限期搬离，新辰康益、乐牧等4家养殖场新建并运行了粪污处理设施。积极开展安全生产宣传教育“六进”活动，对园区各牧场、砂场等生产经营单位开展安全生产检查6次，检查企业98家次，常态化抓好森林防火宣传和巡查工作，未发生林草火灾事故。全面加强自然资源管理，核查自然资源执法图斑共计290个，核查耕地“非农化”图斑377个；制止违法开垦、破坏植被行为8起，移交自然资源盗采2起、违法建设线索1起，涉及5宗土地；建立封山禁牧常态化巡查机制，建立永久性禁牧标志30处，清理私搭乱建羊圈19座；深入开展政府投资项目专项治理，针对工程建设政府采购领域自查的11个项目，共查出问题34个（其中自查问题4个，专治办检查反馈问题30个），制定整改措施70条，34个问题已全部完成整改。

水 利

·综 述·

【概 况】 吴忠市水务局设4个行政科室：办公室、规划建设管理科、法规与水资源管理科、农村水利与水保科；7个事业科室：水利工程质量监督站、水土保持工作站、水政监察支队、苦水河管理所、黄河管理所（加挂水旱灾害防御中心）、新宁河管理所、河湖管理中心（河湖长办），承担保障水资源的合理开发利用，组织实施最严格水资源管理制度、重大水利工程建设与运行管理，负责全市水土保持工作、农村水利工作、水利工程移民管理工作、重大涉水违法事件的查处，落实综合防灾减灾规划相关要求，对各县（市、区）、市直各部门履行河长制、湖长制相关工作进行指导、协调、监督、考核等多项职能。2021年，在吴忠市委、市政府年度效能考核中获得二等奖，在自治区最严格水资源管理和节水型社会建设工作考核中，被评为优秀等次（全区五市第一），获评全区脱贫攻坚先进集体。

【水利项目建设】 2021年，市水务局抢抓中央黄河大保护大治理历史机遇，科学谋划编制市本级水安全保障“十四五”规划，谋划储备水利项目217个，概算总投资312亿元，其中市本级谋划项目16个，估算投资69亿元。

2021年，全市开工水利项目46个，计划投资6.51亿元。截至12月底，完成投资2.2亿元，其中市本级开工建设5个，完成投资0.05亿元。城乡东线供水工程已完成年度建设任务，利通区已实现通水试运行。

【水权改革】 2021年，吴忠市委专题研究“四权”改革推进工作后，市水务局牵头起草用水权改革实施方案，经征求意见，报自治区水利厅审查，进一步修改完善后，完成实施方案送审稿，经市政府常务会和市委常委会审议通过后印发全市。目前，各县（市、区）已召开动员部署会，建立了工作台账和责任清单，用水权改革工作全面推开。

【农业水价综合改革】 2021年，全市各县（市、区）开始执行新批复水价，并制定了节水奖励办法和精准补贴办法，完成农业水价综合改革面积63万亩。盐池县将7700万立方米扬黄水指标按照每年亩均215立方米的定额确权到村、到组、到户，确权面积35.8万亩。基本完成机井灌区地下水用水权确权工作，水权分配到村、到组、到户，确权水量1988万立方米，确权面积14.2万亩，颁发确权证和使用权证39本，同时完成机井灌区19个采样点水质化验工作。青铜峡市核查实际农业灌溉面积72.97万亩，已将自治区“四水四定”农业确权控制指标4.5236亿立方米细化分配到84个行政村421条直开口。利通区完成灌溉面积摸底调查汇总，年底完成农业和工业企业用水量复核工作。红寺堡区完成64个行政村基础信息摸底调查。同心县完成了水权确权方案编制，同步开展用水户摸底调查，建立台账，开展灌溉面积核查登记。

【水权交易】 2021年，利通区全年实现节水4000万立方米，青铜峡市全年农业实际用水5.1亿立方米，节水5600万立方米。青铜峡市用水权二级市场交易平台已经搭建，制定《青铜峡市水权交易方案》，促使市内水权交易有章可循。利通区在吴忠市产权交易平台完成交易量110万立方米。红寺堡区积极搭建二级水权交易平台。同心县依据自治区相关制度完善《同心县水权交易管理办法》。吴忠市农村产权交易中心已在县政务服务中心设立水权交易窗口，并与自治区公共资源交易中心对接衔接水权交易平台，已具备水权交易条件。2021年，利通区、红寺堡区和青铜峡市共开展交易水量2111万立方米，交易金额1.29亿元。青铜峡市第一单采取协议转让的方式进行，水权交易期限为10年，每年起始价格为1.08元/立方米，年可转化利用地表水869万立方米。第二单在宁夏公共资源交易平台顺利成交，由宁夏宝瑞隆石化有限公司等3家企业成功竞得青铜峡市293.09万立方米/年农业节水收储水权指标，转让期限为10年，总价3165万元，3宗交易均为区域水权交易。礤商西干渠灌域村组间农业灌溉水权转让4笔227万立方米。利通区在吴忠农村产权交易中心完成首笔线上平台水权交易，交易水量64.26万立方米，交易价格为0.21元/立方米，交易金额13.49万元，实现了宁夏水权交易二级市场平台交易首单，激发了用水权交易市场活力。红寺堡区开展水权交易水量571万立方米，交易金额341万元。

【水资源管理】 2021年，全市水利系统坚持水利改革发展总基调，加快推进县域节水型社会达标建设。年内，利通区、青铜峡市、盐池县创建成功，投资143.1万元对市水务局办公楼进行了节水改造。严格地下水取用管理，全市取水许可证办证率达100%，共核发取水许可证171本，许可水量2702.23万立方米。对区市自备水源井进行再清查再核实，共关闭工业及绿化自备水源井6户（8眼），核减取水总量105万立方米。全面摸排用水“黑户企业”，建立“黑户企业”台账，全市已摸排取用水户679家，已核发企业取水许可证71本。强化水资源强监管工作，全面推进吴忠市取水工程核查登记整改提升工作，针对发现的问题，依法、依规规范取用水行为。全市共录入核查登记系统取水工程（设施）2465个项目，取水工程数量3914个，确定符合取水许可管理予以保留46个，依法退出707个，完成整改622个。确定依法申请办理取水许可手续、纳入水资源税管理、完善计划用水管理和安装在线监测的共计1712个，已完成整改49个。

【黄河堤防标准化建设】 2021

湖泊湿地补水

年，市水务局按照市委、市政府部署，全力推进堤防建设、河道控导工程前期工作。年初启动了《黄河宁夏吴忠段综合治理项目可行性研究报告》的编制工作。截至12月底编制完成项目建设方案。及时启动黄河唐滩段水毁和古城湾堤防根石下沉工程抢险维修工作，对堤防水毁段落实施抢险，防止水毁险情扩大，保证了标准化堤防安全。

【水污染防治】 2021年，全市水利系统扎实推进中央、自治区关于河湖长制工作各项决策部署，不断健全河湖管理长效机制。根据自治区关于黄河河道及滩地被占等问题专题会议精神，扎实推进黄河吴忠段滩地专项整治，完成自治区下达的27项整改任务，共收回河滩地8573亩。圆满完成宝丰能源水权交易整改任务，黄河母亲塑像已完成平移，黄河文化园已全面完成清理整治，完成了黄河吴忠市区段柳溪湖防洪应急度汛工程。宝丰能源水权交易整改有序推进。市河湖长制办公室对黄河滩区、重点入黄排水河（沟）的干支流、排污口以及周边影响水环境状况开展4次专项检查和暗访，并形成工作督查通报，对发现问题提出整改要求。其中，自治区生态环境保护督察反馈河湖长上热下冷问题整改情况，截至目前市级河湖长巡河32次，巡河率达到160%，县、乡、村级河湖长分别巡河6245次、13534次、26721次，巡河率均超过100%。

【水土保持】 2021年，全市共批复7个小流域治理项目，完成水土流失治理面积330平方千米。年内重点开展了黄河流域生产建设项目水土保持专项整治行动，对存在“未批先建、未批先变、未实施防治措施、未开展监测、未验先投、未缴纳补偿费”等违法违规行为的生产建设项目进行集中整治。全市专项整治项目共198个，完成整治198个，整改率100%。先后对112个生产建设项目的水土保持方案进行了审批和许可；对31个生产建设项目水土保持设施自主验收材料进行了报备复函；监督检查了45个在建生产建设项目水土保持方案落实情况，征收水土保持补偿费1170.72万元。

【水利扶贫】 2021年，市水务局严格落实“四个不摘”要求，持续加大脱贫地区水利支持力度，为全面推进乡村振兴作出新的水利贡献。督促指导各县（市、区）加快推进“互联网+城乡供水”工程，目前利通区、红寺堡区、同心县完成项目可行性研究报告批复，其他县区正在加快项目前期工作进度。全力支持红寺堡区创建全国易地搬迁移民致富提升示范区，完成了太阳山镇巴庄村高效节水灌溉引水工程，积极协调完成宁夏清水河综合治理工程红寺堡段治理项目初设批复。

【水旱灾害防御】 2021年，市水务局严格落实水库安全度汛行政责任人、抢险技术责任人、值守巡查责任人“三个责任人”制度，建立了防汛应急抢险分队，严格实行全天24小时值班和领导带班制度。结合汛前检查，督促各县（市、区）水务部门落实责任，限期整改到位。强化措施，全力以赴抗旱灾、保民生、促增收。积极协调自治区水利厅增加供水，最大限度满足农业灌溉用水需求。尤其是协调固海扬水管理处、红寺堡扬水管理处，充分利用马塘水库、金庄子两大调蓄水库蓄水，在6月底至7月初将蓄水就近调入干渠进行补水，实现了库渠联调，发挥了良好的调蓄作用。保障农业生产用水和城乡生活用水，最大限度减轻了灾害损失。

·秦汉渠管理处·

【概　况】　2021年，秦汉渠管理处紧紧围绕“十四五”水利现代化发展目标任务，全年安全运行201天（含分洪19天），创历史新高，累计引水10.19亿立方米（含盐环1.36亿立方米），实际供水8.96亿立方米，商品率87%，节水0.58亿立方米。水联网级联调联动全渠道控制算法软件首先在第一农场渠试运行成功。灌溉管理平台提档升级，246套测控闸门落地应用，9所25段视频监控安防全覆盖。灌区标准化规范化建设试点工作初见成效。创建2个标准化管理所、5个标准化管理段、11个标准化水闸。全年投资780万元，完成维修养护工程6批381项，保障灌区及水库工程安全运行，改善基层生产生活设施条件，为大力推进标准化建设和新技术应用推广奠定基础。农业水价综合改革稳步推进。积极支持配合利通区农业水价综合改革，率先推行水费收缴新模式，全年实收水费2590万元。东干渠提前15天放水解决利通区18万头奶牛饮水问题，《宁夏日报》和《吴忠日报》相继宣传报道。

【供水保障】　2021年，秦汉渠管理处实行干渠编组轮灌和上下游轮灌，有效应对极端干旱天气、土地面积扩增、种植结构调整、灌溉用水集中等难题。东干渠“破例”提前15天开闸放水，解决利通区18万头奶牛饮水问题；秦渠提前7天放水，有效缓解灵武农场1.5万亩冬牧草旱情。东干渠满负荷持续运行50天，有效化解60年一遇极端旱情。通过提前开灌、错峰补灌等措施，保障湖泊湿地生态和水库补水。夏秋灌东干渠延长供水7天，重点解决中部干旱带人畜饮水问题。积极承担黄河洪峰分洪任务，河东总干渠、秦渠、汉渠和马莲渠连续运行20天，完成黄河分洪任务。联合宁夏水科院编制《农田灌溉水利用系数测算标准》，已通过自治区水利厅审查。积极推

测控一体化闸门

进测控闸门计量收费，充分应用遥感面积核查成果，强化用水过程管控，建立预警告知机制，全面提高灌溉效率，全年节水0.58亿立方米，有力支撑地方水权改革和经济社会发展。

【落实安全生产责任】 2021年，秦汉渠管理处落实全员全过程安全生产责任，签订安全责任书251份、承诺书242份。以问题隐患和制度措施“两个清单”为抓手，认真开展危险源辨识评价和隐患排查治理，全年排查26次，治理隐患67项，整改率100%。年内制作安全警示标识标牌462个，维修安全护栏3071米，喷绘警示标语284处。积极协调对4座水库、2座水闸进行安全鉴定。荣获“水安将军”安全知识网络竞赛获水利部优秀集体奖，安监系统应用受到自治区水利厅业务主管部门好评。

【供水基础保障】 2021年，秦汉渠管理处投资780万元，完成维修养护工程6批381项。积极推进灌区标准化规范化建设，打造农场渠所、沙窝段等2所、5段、11闸标准化规范化管理示范点。农场渠管理所凭借全渠道控制软件平台，实现水资源高效科学配置。开展水利工程建设政府采购领域突出问题整改整治工作，制定整改措施21条，全部整改完成。严格按照备案、审查、监管流程，规范管理涉外工程16项。

【水利信息化应用】 2021年，秦汉渠管理处水联网级联调联动全渠道控制软件首先在农场渠完成全渠道控制阶段试运行任务。投资121.87万元，实现9所25段视频监控安防全覆盖。优化整合升级灌溉管理平台，将水文局、渠首平台大断面测流、雨量、视频数据迁移整合到管理处业务系统，使得平台不断完善，初步实现“看得见、控得住、测得准、管得好、用得顺”的目标。充分利用“巡渠通”移动终端，完成日常巡护巡检工单1.08万条，设备利用率99%。

【依法治水】 2021年，秦汉渠管理处推进法治宣传教育，举办民法典专题讲座，开展水法等法律法规宣传活动21场次。联合地方检察院探索建立“渠长＋警长＋检察长”行政公益诉讼机制，开展渠道环境“清四乱”综合治理，拆除违法建筑6处，清理垃圾46处，整治渠道18公里，营造灌区良好水法治环境。

【自身建设】 2021年，秦汉渠管理处坚持不懈用习近平新时代中国特色社会主义思想武装思想，扎实开展党史学习教育，不折不扣贯彻落实自治区水利厅党委各项决策部署，严格落实民主集中制、“三重一大”事项集体研究，深入开展模范机关创建和基层党建全面提升年活动，严格落实党组织星级评定，扎实推进党支部品牌建设，广泛开展“结对共建”“党员进灌区延伸服务”等活动，推动党建工作与水利业务深度融合，强化党风廉政建设责任制及“两个责任”落实，重视对党员干部职工的廉政警示教育和法纪教育，开展“十廉”活动，筑牢思想防线。加大人才培养选拔力度，提拔科级干部4名，调整交流3名，举办各类培训班15期。组织党员到涝河桥烈士陵园等开展党性教育，邀请人民楷模、全国劳动模范王有德现场讲党课，引导干部职工在水利工作中守初心、担使命、作表率。

· 盐环定扬水管理处 ·

【概　况】 2021年，盐环定扬水管理处深入贯彻习近平总书记治黄兴水重要讲话精神和视察宁夏重要讲话精神，全面践行“十六字”治水方针，以“学党史、悟思想、办实事、开新局”为总要求，围绕黄河流域生态保护和高质量发展先行区建设涉水任务，抓重点、解难点、创亮点，圆满完成各项工作任务。2021年，盐环定扬水工程引水1.358亿立方米，系统安全运行156天，满负荷运行126天，渠道商品水率91.01%，全力保障了灌区42.47万亩农田灌溉、61.2万名群众人饮用水安全。管理处荣获第二批全国水效领跑者称号，获评自治区2020年度安全生产工作成绩突出先进集体、2021年全区水利系统文明单位、水利厅“七五”普法先进集体、管理处党委荣获区直机关先进基层党组织称号。

【供水服务】 2021年，盐环定扬水管理处以“供水服务提升年”活动为契机，合理编制水量分配方案，强化调度管理，优化供水服务，各级领导多次深入盐池、环县、定边等地开展专项调研，年内召开上水生产例会20次，适国第十三名、全区水利系统第二名，56 人获全国个人奖。

盐环定扬水管理处压力管道

时研究解决系统安全和供水突出问题。春灌前为甘肃环县、陕西定边应急调水 67 万立方米，解决两县人饮告急问题。通过错峰供水，优先保障人饮用水 1210 万立方米，缓解了高峰期用水需求叠加压力。面对 60 年未遇的特大旱情，管理处密切关注旱情，每 3 日动态更新旱情台账，指导灌区实施编组轮灌，耐心接访灌区群众，积极化解供用水矛盾，答复吴忠市市民热线回访 1 次。夏秋灌期间，系统满负荷、超大流量运行 35 天，延期供水 9 天，日均引水 100 万立方米，创工程投运以来新纪录，工程系统、人员设备经受住了考验，完成了保人饮、保灌溉、夺丰收的任务。督导开展干渠风险点定期排查，完成水质监测 12 次，妥善处置了“4·26”黄河水质污染事件，确保了水质安全。依托水慧通信息化平台，及时通报系统工况、水情、雨情等动态信息 301 条。推行阳光水务，对 10 座测控一体化直开口进行计量精度率定，坚持水指标、水量、水价、水费“四公开”，灌区用水井然有序。

【安全生产】 2021 年，管理处逐级压实各级安全责任，进一步健全完善处、站、班组三级安全网络体系，持续推进“双控”机制建设和安全生产标准化建设，以安全生产专项整治三年行动和百日专项行动为契机，以“两个清单”为抓手，深入开展安全风险辨识、管控和隐患排查治理，全年组织安全大检查 13 次，完成隐患填报治理 42 项，实现了线上线下风险动态管控和隐患“闭环”管理。安全生产月活动期间，开展“一把手”谈安全 13 场次，观看警示教育片 35 场，配发宣传材料 2200 份，全员安全意识不断增强。修订了防汛应急抢险预案，开展各类应急演练 7 场次，有效处置“11·6”寒流大风席卷杂草入渠堵塞导致系统减停机等突发险情，实现了全年安全生产无事故。在全国“水安将军”知识竞赛中，管理处全员参与，获全

【工程管理】 2021 年，盐环定扬水管理处维修渠道砼板 1913 平方米、生产道路 1857 米，改造闸门通信及视频 23 套、分水闸测控闸门 2 台，实施李家坝渡槽聚脲防渗涂覆 1332 平方米、五泵站绿化节水改造 4400 米。大修机电设备 6 台，小修维护机变电设备 2526 台（套），维护供电线路 47 公里，夯实了工程发展根基。按照涉外工程管理办法，完成 5 项涉外工程的审批、监管及验收工作。开展水生态综合治理，推进园林式泵站建设，修剪干渠树木 75000 多株，新增绿化面积 1330 平方米。投资 308 万元，实施了检修队、机关办公楼外墙保温工程，对一泵站生活区进行全面改造，打通了基层办公生活环境升级换代的“最后一公里”。

【依法治水】 2021 年，盐环定扬水管理处全面启动“八五”普法工作，以习近平法治思想和民法典为学习重点，分类完善学法清单，线上线下联动宣传，开展各类学法普法活动 52 场次。深化“法律八进”，以“世界水日”“中国水周”为平台，广泛开展水情水法宣传。加大水政执法力度，依法制止 2 起在水工程管理范围内乱挖沟槽、取土开垦行为，联合属地生态环境部门加大对工程沿线管理区域倾倒垃圾、污染水质等的执法力度，依法保护水资源、水工程、水生态。深化平安单位建设，实施平安站所、平安班组、平安家庭细胞工程，1 人

入选“平安卫士”候选人，1人获评全区“七五”普法工作先进个人，2人获评自治区水利厅“七五”普法工作先进个人。

【内部管理】 2021年，盐环定扬水管理处健全完善内控体系，实现资金生命周期线上监管。规范国有资产管理，完成处置报废资产995万元，收缴水费2351万元、土地房屋出租等收入113.5万元，全部上缴国库。完成工程公司脱钩移交工作。为280名职工补缴2002—2006年医疗保险95万元，彻底解决了历史欠账。落实疫情防控措施，年内组织干部职工接种新冠疫苗350人次，对居家隔离、黄码人员进行动态跟踪管理，紧急组织一线干部职工提前到岗就位，主动联系驻地村镇进行全员核酸检测，确保了特殊时期冬灌上水和疫情防控同进行、两促进。管理处党委为社区一线防控人员送上慰问品，为基层单位送去米面油、蔬菜等生活必需品。成立党员先锋队，出动党员干部25人下沉社区开展防疫工作，守护了一方平安。防控工作得到利通区政府肯定，管理处获“结对共建勇担当、同舟共济战疫情”锦旗。强化职工教育和培训，发挥技能大师工作室培训主阵地作用，举办各类培训班16期，培训710人次。沈俊江技能大师工作室正式申报为国家级工作室。

【信息化建设】 2021年，盐环定扬水管理处完成23套视频监控画面的调试、31套测控一体化闸门的信号传输以及电磁流量计的电源接入，完成信息化系统数据补录、设备设施档案修订完善，巡渠通软件应用率达100%。“智慧盐环定”建设加快推进，实现了运行数据信息化系统的集成展示和线上应用管理，基本实现8级泵站远程控制和水工程、水资源智能精准调控。

【泵站标准化规范化管理建设】

2021年，盐环定扬水管理处试点推进泵站标准化建设，编制印发《机变电设备运行规程》《泵站标准化规范化管理日常操作手册》等，明确职责定位，绘制业务流程图，形成操作规范和约束机制。安排专项资金82万余元，对试点泵站进行统一规划，开展环境整治，设立各类厂站标识

盐池县隰宁堡水库

牌，建立设备设施二维码标识化管理，实现设备设施身份识别和现场可视化管理，“让标准成为习惯，让习惯合乎标准”逐步养成。8 月 23 日，水利部在盐池县召开全国农业水价综合改革工作现场会。会议期间，与会代表现场观摩了盐环定扬水工程，对管理处泵站标准化规范化管理创建工作给予肯定。

【现代化生态灌区建设】 2021 年，盐环定扬水管理处深入践行国家节水行动，广泛开展水法水情宣传，节水设施改造向基层延伸，11 个基层单位节水工作全部达标，实现了节水型单位建设机关基层全覆盖。总结推广高效节水“盐池经验”，配合指导灌区大力推广高效节水技术，发展节水灌溉面积达 38.45 万亩，占灌区总面积的 90.5%，灌区高效集约节约用水方式加速全覆盖。联合清华大学实施的现代化生态示范灌区建设和关键技术研究全面启动。

【自身建设】 2021 年，盐环定扬水管理处扎实推进党史学习教育常态化制度化，开展党史集中学习活动 272 场次，组织“党史专家话党史”等主题宣讲活动 6 场次、“传颂党的光辉史、奋进水利新征程”主题党日 16 场次，严格执行民主集中制、“三重一大”集体决策、“五不直接分管”、“末位表态”等制度，推进星级党组织创建和支部品牌建设，6 个党支部成功晋升星级，16 个党支部打造了特色鲜明的支部党建品牌。发展预备党员 6 名，2 名预备党员按期转正。聚焦自治区水利厅政治巡察反馈问题，保质保量完成 22 项问题的整改落实。扎实开展违规吃喝隐形变异、群众身边腐败问题、工程领域政府采购专项整治活动，开展酒驾醉驾警示教育 42 场次，签订承诺书 291 份，党员干部述职述廉 55 人。党委班子成员深入基层、灌区走访调研，梳理解决灌区群众抗旱保灌、基层职工生产生活急难愁盼问题 34 项，扎实推动学习教育走深走实。优化人才队伍结构，新招录大学生 4 人，完成 54 名专业技术人员、73 名工勤岗位人员和 7 名非领导职责职员推荐申报晋级聘用工作。

工业和园区建设

工　业

【概　况】　2021年，全市工业系统深入学习贯彻党的十九届五中全会精神和习近平总书记视察宁夏重要讲话精神，认真贯彻执行市委、市政府部署要求，坚持以工业高质量发展为主题，以深化供给侧结构性改革为主线，深入实施工业“四大改造”，不断加强能耗“双控”，全力保障工业经济平稳健康运行，推动工业经济实现提质扩量发展。截至2021年底，全市共有工业企业1800余家，其中规模以上工业企业346家，列入自治区60户工业龙头企业16家，年产值过50亿元、10亿元、1亿元企业数分别达2家、22家、125家。全市规上工业完成产值1130.8亿元，同比增长25.2%；完成增加值312.1亿元，同比增长7.1%。规上工业增加值占全区比重为20.4%，总量居全区五市第二；工业增加值占全市地区生产总值的比重为42.2%。规上工业涵盖三大门类增加值占比：制造业54.5%，采矿业22.2%，电力热力燃气及水的生产供应业23.3%。轻重工业比为14.3 ∶ 85.7。市工信局被宁夏制造强区建设领导小组评为2021年度全区工业稳增长突出贡献单位。

【现代化工企业】　2021年，吴忠市依托太阳山开发区、青铜峡工业园区、盐池工业园区化工产业发展优势，围绕煤化工、油气化工、精细化工等重点领域，加快推动现代化工产业高端化、精细化发展，产业发展质量和效益得到明显提升。截至2021年末，全市共有规模以上现代化工企业45家，其中年产值70亿元以上企业1家、30亿元以上企业1家、20亿元以上企业5家。2021年，全市规上现代化工产业完成工业产值282亿元，占全部规上工业产值比重达到25%。

吴忠仪表生产车间

【新型材料产业】 截至2021年，全市共有规模以上新型材料企业31家，其中化工材料企业10家、高性能金属材料企业10家、碳基材料企业4家、新型建筑材料企业6家、电池负极材料企业1家。2021年，全市规上新型材料产业完成工业产值149.3亿元，同比增长20%。多家企业生产规模居于国内前列，其中，宁夏和兴碳基材料有限公司居国内碳化硅行业十强第三位，年生产不同规格粉体碳化硅达7万吨，市场占有率7%；宁夏东吴农化股份有限公司年生产3万吨硝酸胍、1.8万吨甲基硝基胍、0.8万吨咪唑烷等产品，国内市场占有率达40%；宁夏京成天宝科技有限公司年产饲料添加剂硫酸锌、氧化锌及纳米氧化锌6万吨，成为全国最大的锌基矿物饲料添加剂生产基地；中电投宁夏能源铝业青鑫炭素有限公司年产铝用阴极炭素3万吨，是国内规模最大、品种最全的专业生产和研发铝电解用阴极炭素制品企业之一。

【电子信息产业】 截至2021年，全市共有年产值或营业收入100万元以上数字信息企业22家，其中产值1000万元以上规上企业11家。2021年，累计完成产值19亿元，同比增长21%。近年来，全市积极抢抓国家“新基建”战略和宁夏建设黄河流域生态保护和高质量发展先行区等重大机遇，大规模开展智能改造提升和5G等新基建设施建设，推动互联网、大数据、人工智能（AI）和实体经济深度融合，逐步形成以金积工业园区（中国自动化产业园）、吴忠新经济产业发展中心为主体的数字信息产业集聚区。

【装备制造产业】 2021年，吴忠市坚持把装备制造作为主导产业，围绕高端控制阀、精密铸锻件、专用精密轴承、特色农机装备、新能源装备等重点领域，加快推进装备制造产业集群化发展，构建形成了布局合理、优势

2021年9月22日，宁夏“5G+工业互联网”现场工作会在吴忠市大数据运营有限公司召开

明显、特色突出的产业发展新格局。培育了吴忠仪表、朗盛铸造、智源农机、塞上阳光、运达风电等一批骨干企业，智能仪器仪表、农业机械、电焊机制造等领域逐步向数字化、智能化、网络化转型升级，超大口径调压装置关键用阀、高精度逆变等离子弧切割机、可再生能源利用烘干设备等高端制造产品获得国家多项成果奖。装备制造业高质量发展效益显现，已成为吴忠市工业创新发展的重要标杆。2021 年，全市规模以上装备制造业实现产值 56.8 亿元，同比增长 25.2%，是 2015 年的 1.6 倍，占全市规模以上工业增加值比重由 2015 年的 3.6% 提高到 4.2%。

【现代纺织产业】 2021 年，以金积工业园区、同心工业园区为主体，通过恒丰纺织、伊兴羊绒制品等龙头企业带动，发展形成了集羊绒分梳、绒条、制衫、面料等于一体的羊绒纺织产业体系和拥有纺纱、织布、成衣制造、服装生产的现代纺织产业基地。金积工业园区先后被评为全国纺织产业“十大产业园区”“中国纺织行业十大产业园”，荣获“纺织结构调整突出贡献奖”；同心县建成国际山羊绒集散中心。截至 2021 年，全市共有规模以上现代纺织企业 38 家，占规上工业企业总数的 10.5%，完成工业产值 29.6 亿元。

【食品加工产业】 截至 2021 年，全市共有规模以上食品工业企业 63 家，完成工业产值 140.4 亿元，同比增长 19.5%，占全市规上工业总产值的 12.4%。培育了宁夏伊利乳业、西鸽酒庄、红山河、君星坊、润德生物等一批优势骨干企业。吴忠市成为全国重要的黄金奶源基地，宁夏伊利乳业公司成为全球最大单体液态奶生产企业。

【服务企业发展】 2021 年，制定出台《2021 年度吴忠市工业企业困难问题清单台账销号工作方案》，深化落实工信干部挂钩包联精准服务企业闭环管理机制，每名工信干部包联服务 15 ~ 20 家规上企业，共收集并协调办理企业招工、通信电缆迁移等方面困难问题 22 件。

【工业创新驱动】 2021 年，吴忠市严格落实自治区“创新驱动 30 条”等政策措施，鼓励引导企业主动对照国家政策标准，对标行业先进，加快实施对标升级。累计争取国家、自治区各类工业奖补资金 1.74 亿元。宁夏京成天宝饲料添加剂有限公司氧化锌产品被评为 2021 年制造业行业领先示范产品，新大众机械等 4 家企

纺织车间

业被认定为自治区服务型制造示范企业（项目），众虎农机获评国家级服务型制造示范企业，和兴碳基等13家企业被认定为自治区新材料企业，青铜峡铝业股份有限公司锻压轮毂用高端铝合金圆铸锭的研究及产业化应用项目被认定为新材料领域关键技术和自治区产业创新重点任务揭榜攻关项目，君星坊食品科技获评自治区级企业技术中心。制定出台《吴忠市“专精特新”中小企业培育三年行动计划》，大力培育“生产专业化、管理精细化、产品或服务特色化、发展方式新颖化”的“专精特新”企业群体，全年共新增自治区级“专精特新”中小企业30家、示范企业13家、小巨人企业1家、国家级“小巨人”企业2家。

【重点工业项目建设】 2021年，市工信局梳理编制《2021年重点工业项目册》，制定实施项目清单管理制度，定期召开全市重点工业项目推进会，每月分析调度重点工业项目建设情况，全力加快项目建设进度。2021年，全市建设实施坤正生物科技年产5000吨氟苯医药产品等固定资产投资5000万元以上重点工业项目99个，完成投资119.6亿元。工业投资同比增长8.6%，高于全市固定资产投资增速0.6个百分点。

【重点工业技术改造】 2021年，市工信局建立技术改造项目入库管理机制，充分发挥自治区奖补政策撬动作用，鼓励支持企业采用低碳环保高效新技术、新设备、新工艺对现有生产线实施改造提升，全市建设实施重点工业技术改造项目30个，完成投资25亿元。伊利乳业液态奶升级改造等22个项目建成投产。市工信局荣获2021年度全区工业技术改造突出贡献单位称号。

【工业绿色发展】 2021年，吴忠市加强高能耗行业管控，严格执行电解铝、水泥、铁合金、电石等高耗能项目产能等量或减量置换，认真落实节能审查制度，坚决遏制“两高”项目盲目发展。2021年，全市规上工业单位增加值能耗同比下降2.3%。扎实开展工业领域节能监察，对全市14家工业企业和11个“两高”项目实施节能监察。制定实施《吴忠市依法依规退出落后产能工作实施方案》，鼓励行业低端低效产能主动退出，共淘汰冰铜等落后产能5.15万吨，减少能源消耗6.6万吨标准煤。制定印发《推动工业绿色改造三年行动计划（2021—2023年）》《绿色工厂（绿色设计示范企业、绿色园区）培育计划》，广泛支持企业实施绿色改造、推行绿色设计、开发绿色产品，组织实施青铜峡铝业分公司一车间焙烧系统清洁生产提升改造等绿色改造项目8个；排查处置“僵尸企业”8家，金裕海、和兴碳基等4家企业创建为自治区级绿色工厂。

【降低企业成本】 2021年，吴忠市认真落实自治区“稳增长24条”等政策措施，一对一指导企业争取惠企政策资金支持，最大程度降低企业运行成本。2021年，帮助宝众帮、天利丰公司争取自治区非上市民营企业政策性纾困基金贷款3400万元；帮助宁鲁石化、吴忠卷烟厂、夏进乳业等企业争取自治区稳增长奖补资金890万元，帮助宁夏伊利乳业和金昱元化工集团争取自治区大企业奖励资金80万元，帮助太阳镁业等53家企业纳入自治区2021年优势产业电价补贴支持范围；帮助仁和纺织等26家企业申报自治区电力需求侧项目资金141.5万元。

红寺堡风电场升压站

【工业“两化”融合】 2021年，吴忠市制定出台《吴忠市智能制造、创新驱动、工业互联网示范创建三年培育计划（2021—2023年）》，支持企业向“互联网+智能制造”方向发展。持续加快工业互联网标识解析二级节点建设，接入企业近310家，遴选其乐食品、红山河等7家企业开展标识应用场景开发建设，支持金昱元化工、恒丰纺织等企业参与应用场景开发建设探索。引导企业实施智能制造，亿洁炭业煤质及生物质活性炭等4家企业认定为自治区级数字化车间。组织全市346家规上工业企业参与自治区“企业上云”“两化融合”“智能制造”线上评估诊断，完成率100%。菲麦森基于标识解析的产品质量追溯等12个项目被认定为自治区工业互联网建设和应用项目，宁夏聚安星信息服务有限公司基于物联网的数智交通安全监测AI风控综合服务平台项目被认定为大数据产业试点示范项目。天利丰能源、宝瑞隆化工等5家企业进入第二批工业互联网建设和应用项目公示名单。制定印发《2021年5G通信网络建设计划》，全力加快5G通信网络建设，全市累计建成5G基站1038个，全区“5G+工业互联网”现场会在吴忠市召开。

工业园区

·太阳山开发区·

【概　况】 截至12月30日，园区120家生产企业（其中工业企业98家，商贸物流企业22家），在厂职工共计15657人。2021年，太阳山开发区坚持干在实处、走在前列，全力抓好稳增长、调结构、提质量、促改革各项工作，推动经济高质量发展。全年完成工业总产值178.7亿元，同比增长22.56%，其中：40家规模以上工业企业全年完成工业总产值165.3亿元，同比增长18.99%；27家规下企业，其中停产9家、注销5家，13家正常生产企业1—12月完成营业收入20.8亿元，同比增长1664%。完成固定资产投资40.9亿元，同比增长9.53%。一般公共预算收入1.27亿元。

【园区党建工作】 2021年，园区党工委始终把党的政治建设作为首要任务，建立健全工作责任制，持续推进机关党建“三强九严”工程和非公党建“五强五促”行动，建立党工委书记和班子成员党支部工作联系点，选派党建工作指导员16名，评星定级非公企业党组织39家，新成立党组织1家，按期换届党组织7家，新发展党员28人，培育入党积极分子38人，党的组织覆盖达到79.5%，党建工作覆盖达到100%。充分发挥党工委理论学习中心组模范带头作用，累计召开党工委理论学习中心组暨党史学习教育集中学习13次、专题研讨7次，邀请市委宣讲团讲师专题辅导3次，组织干部例会学习60余次。走访慰问“两优”人员和生活困难党员28人，慰问资金2.05万元。组织升国旗仪式、重温入党誓词、集中观看庆祝大会等活动，扎实开展学习“七一”重要讲话精神深入企业宣讲活动，主要领导讲党课5场次，各部门负责人讲“微党课”6场次，组成宣讲团宣讲26场次。

【服务企业】 2021年，太阳山开发区管委会加强经济调度，强化运行监测，确保规上企业稳定生产，力促亿洁炭业、鹏旭环保等5家2020年新入规企业满负荷生产。完善27家规下企业统计台账，重点培育规上企业，及时指导企业入规入统，形成新的增长点。深入组织开展工业对标提升转型发展行动，建立规上企业对标工作台账，促使企业重点在能耗、质量、技术、创新等各个环节进行对标提升。加大企业技术改造，积极落实减税降费、供电、贴息等惠企政策，1—12月，20个工业技改项目完成投资14.9亿元，同比增长34.9%，累计减免税费1.33亿元。

【项目建设】 2021年，太阳山开发区计划实施项目60个，总投资232亿元。其中，工业项目42个，基础设施及其他项目18个；续建项目19个，新建项目41个。截至目前，所有项目已开工建设。围绕重点项目及企业，加大土地、水、电、汽等要素保障，确保计划实施的60个项目按计划推进。按月组织召开项目推进会，有效发挥规划土地、环评安评、金融等8个工作专班作用，加大各类事项快速办理力度。谋实项目储备、做实项目前期、抓实项目建设，不断充实项目库，努力形成“储备一批、签约一批、开工一批、投产一批”的产业发展良性循环。谋划储备2022年各类项目83个（工业项目53个，基础设施及其他项目30个），总投资237.9亿元。其中，续建17个，总投资65亿元；新建66个，总投资172.9亿元。

【招商引资】　2021年，太阳山开发区管委会围绕开发区“四大主导”产业，制定《吴忠太阳山开发区招商引资实施办法》，从税收、上市、科研、奖励等方面激发投资热情，增强园区吸引力。先后赴京津冀、长三角地区等地考察13批次，对接企业50余家，参加区内外各类推介活动2次，接待来访企业65家300余人次。对接洽谈项目65个，签约项目29个，协议总投资69.5亿元。共实施招商引资项目29个，实际到位资金51.37亿元，高新技术企业项目翻倍增长后确认到位资金91.26亿元。

【安全生产管理】　2021年，太阳山开发区管委会针对自治区危险化学品专家指导服务组反馈的333项问题，自主检查企业86家次，排查隐患411项，立案8起。持续推进企业安全标准化创建工作。开发区8家危险化学品企业标准化三级达标，2家标准化二级达标，非煤矿山企业3家标准化二级达标。聘请相关行业专家16人次，对辖区重点行业领域30余家企业开展隐患排查及指导服务工作，共梳理重大隐患4项、突出问题5项。重大隐患及突出问题已全部整改到位。

【节能减排】　2021年，太阳山开发区管委会以管理节能、技术节能和重点领域节能为重点，坚决落实重点能耗企业管控和错峰生产工作要求，对庆华、青铜峡水泥、太阳镁业、亿洁炭业等企业实施停产和错峰生产管控。坚决落实“两高”项目排查整改。对现有存量“两高”项目4个（庆华、太阳镁业、通达煤化、青铜峡水泥太阳山分厂）完成项目排查；在建“两高”项目2个（庆华二期、通达二期），目前均已停建整改。开发区重点用能单位6家，重点用能单位能耗在线监测系统均已接入自治区及国家能耗监测平台。1—12月，开发区综合能耗57.18万吨标准煤，同比增长7.4%；工业总产值能耗强度0.346吨标准煤/万元，同比下降2.6%；增加值能耗强度1.105吨标准煤/万元，同比下降2.6%，单位工业增加值能耗增速5.3%。

·金积工业园区·

【概　况】　截至2021年，金积工业园区入驻企业153家，规模以上企业有68家，其中金积核心区入驻企业101家，规模以上企业家36家；牛首山产业区入驻企业33家，规模以上企业22家；纺织服装产业区入驻19家纺织服装企业，规模以上企业10家。国家高新技术企业22家、自治区农高新企业2家、科技小巨人企业21家、国家科技型中小企业31家、自治区科技型中小企业82家，挂牌上市企业5家，建成院士工作站1个、博士后科研工作站1个、自治区科技研发平台23个、专家服务基地3个。2021年，园区实现工业总产值232.7亿元，同比增长36.4%；上缴税金3.56亿元，同比增长94.53%，在全区2021年度工业园区综合考评中荣获一等奖，并获得自治区奖补资金1600万元。

【项目建设】　2021年，金积工业园区确定实施项目34个，计划总投资74亿元（其中新建项目18个，续建项目6个，技改项目6个，基础设施项目4个）。截至目前，恒久源配方奶粉、天康生

2021年9月14日，金积工业园区召开中国电建项目投资洽谈会

物30万吨饲料生产基地、金世纪包装效能提升改造、夏进制箱高宝生产线等15个项目已投产达效，伊利液态奶升级改造、伊瓶香食用油等4个项目进入设备安装调试后期；苏润粮油等4个项目正在进行土方工程；长燃智慧物流园项目正在加紧办理产权过户手续；恒通塑料包装、成峰中高档包装箱、红山石新能源转换中心等4个项目正在进行土地报批；牛首山产业区君德路、育德路、润德路等4个道路工程项目已完成可研批复、规划选址，正在办理土地预审、规划选址工作。新增绿化面积271亩，总绿化面积达到3000亩。

【招商引资】　2021年，金积工业园区依托园区发展定位和主导产业，按照“抓大不放小、抓外不舍内、抓新不弃旧、抓硬不失软”的“四抓四不”招商思路，积极采取以商招商、产业链招商等精准措施，不断加大招商引资和“僵尸企业”盘活力度。积极邀请浙江上方生物公司、江苏悦达集团、南京雨润集团等20多家大中型企业入园投资考察，园区管委会主要领导亲自带队先后8次赴上海、江苏、河南等地开展招商推介，对接洽谈徐州凯舜乳业奶粉、江苏昆山新莱集团洁净智能装备、义马宁盈新型防火材料等项目15个，达成投资意向企业3家，意向投资金额25亿元。促成投资10亿元的上海北连生物食品添加剂项目和投资6亿元的广东汇伟食品级塑料制品生产项目签约落地。全年共引进签约项目17个，签约金额33.6亿元，盘活闲置土地430亩、资产2亿元、厂房10万平方米。

【科技创新】　2021年，金积工业园区加快推进国家高新区创建升级工作，深入实施“大中小企业融通型”特色载体项目，组织伊利乳业、吴忠仪表、恒丰纺织开展17家上下游企业技术攻关、共建创新平台，提升产业发展水平，指导企业挖掘申报各类专利60多项，培育科技小巨人企业6家、自治区科技型中小企业10家，研发新产品6项。柔性引进渤海大学刘贺博士、上海华东理工大学王泽建教授等26名高层次人才，组建了辣椒色素提取研发、中药生物替代品技术人才等研发团队，全面开展复合调味料、冬虫夏草等生物发酵产品的攻关研发。全年新增国家高新技术企业5家、国家科技型中小企业10家、自治区科技型中小企业23家、“专精特新”企业7家，新获专利187项，战略性新兴产业增加值占比达到17%，科技型企业数量占全市的65%。

方圆食品有限公司党建工作室

【安全生产管理】　2021年，金积工业园区深入开展安全生产和灾害防御百日专项整治行动、重大危险源专项检查、冶金建材企业专项检查执法行动等工作，持续加强安全生产工作。聘请安全专家6人次督查检查企业68家，排查一般安全隐患问题532条，并要求企业限期整改落实。年内，已整改隐患问题392条，警示约谈企业5家，责令停产整顿企业2家，立案查处企业3家，罚款7.8万元，园区安全生产形势总体稳定。

【党群建设】　2021年，金积工业园区以庆祝建党100周年和开展党史学习教育为契机，全面加强园区党的建设、党风廉政建设和精神文明建设。修订完善了园区党工委会议议事规则、管委会会议议事制度，研究制定了党史学习教育实施方案，成立了5个党史学习教育指导组，梳理确定“我为群众办实事”实践活动项目清单23项，制定具体措施23项，各非公企业党组织确定“我为群众办实事”实践活动项目清单42

项，制定具体措施47项，通过解决实际问题推动党史学习教育不断走深走实。组织开展理论学习中心组学习15次、干部集中学习40次、学习研讨19次、党员轮训2期。组织召开庆祝中国共产党成立100周年暨“七一”表彰大会，对园区非公企业5个先进基层党组织、15名优秀党员、5名优秀党务工作者进行表彰，对5名贫困党员进行慰问，为贫困党员送去党的温暖和关怀，增强广大党员的荣誉感和归属感。

【宁夏伊利乳业有限责任公司】

宁夏伊利乳业有限责任公司是伊利集团在宁夏唯一一家子公司，坐落于吴忠市金积工业园区伊利路121号。公司于2010年6月注册成立，总投资41.7亿元，总占地720亩，规划生产线53条，日均收奶量4500吨，日产能4300吨，有员工2137人。生产品项包括伊利集团百亿级产品金典系列、安慕希系列、伊利牛奶系列，以及舒化奶系列、儿童奶系列、学生奶系列、黄油、淡奶油等九大系列40余个品项。2021年，实现工业总产值85.8亿元，同比增长36%；收奶量突破157万吨，同比增长21%；发放奶款突破67亿元，同比增长31%。2021年12月18日，工厂年度产量历史性突破100万吨，被中国乳协认定为全国最大单体液态奶生产基地。通过“以商引商”模式，吸引9家配套物流供应商及厦门吉宏、广东汇伟等优秀企业落户吴忠，带动金世纪包装、嘉信吸管等企业规模、产值及利润实现翻番，形成直接带动6万余人就业的产业规模。

【吴忠仪表公司】 吴忠仪表有限责任公司始建于1959年，是中国控制阀行业的龙头企业，先后开发了控制阀新产品60多项，其中有24项被评为国家级重点新产品。先后获得国家及省部级科技进步奖16项，取得300多项发明专利和实用新型专利。2021年，公司技术带头人马玉山当选中国工程院院士。公司位于吴忠市金积工业园区开元大道西侧秦渠路北侧，占地面积1429亩，在职职工958人，主要生产产品为调节阀、球阀、蝶阀、高端阀、执行器、定位器等工业自动控制系统装置，主要服务于化工、冶金、电站、油气储运、轻工、船舶、水系统等流程工业自动控制。2021年，共生产940台控制阀，日最高产能50台。现有铸造部（精铸部、砂铸部）、调节阀、球阀、蝶阀、衬塑阀、高端阀、执行器公司、智能装备公司等生产单元。2021年，公司订货上涨49.6%，销售收入较上年上涨44%。

吴忠仪表智能控制阀

【夏进乳业集团】 宁夏夏进乳业集团股份有限公司成立于1992年，位于吴忠市金积工业园区，占地144亩，总资产7.8亿元。曾先后荣获“农业产业化国家重点龙头企业”“中国名牌”“最具市场竞争力品牌”“中国优秀乳品加工企业”“中国奶业协会最具影响力品牌”“中国学生营养改善贡献企业”“中国乳业精神模范企业”“宁夏企业100强”“宁夏十佳企业”“自治区纳税贡献突出民营企业奖”“优秀公益慈善组织奖”“自治区、吴忠市人民政府和谐企业奖”等国家级、自治区级荣誉及资质。2020年，公司变更为新希望乳业旗下公司。公司拥有瑞典利乐、法国百利、德国海思亚、康美及荷兰施托克等以及国内生产线48条，年生产能力30万吨。2021年，集团公司实现全年总产量26.4万吨，全年收购原奶21.43万吨，有员工1600多人。产品达80余种，涵盖灭菌乳、巴氏杀菌乳、调制乳、风味发酵乳、含乳饮料、乳味饮料、乳粉七大类。公司产品销售主市场为陕甘宁及周边城市。夏进产品在宁夏市场占有率达70%，区内外销售量各占50%。

【宁夏运达风电有限公司】 宁夏运达风电有限公司是浙江省国资委隶属的省机电集团控股，由浙江运达风电股份有限公司出资成立的一家专门从事风力发电机组生产、销售的全资子公司，于2010年投产。公司位于吴忠市金积工业园区，占地100亩，现有员工200人。通过对装配生产线进行技术改造升级，采用先进的自动化设备和数字化技术应用，年设计产能由100万千瓦增加到300万千瓦风电机组生产能力。主要销售区域为山西、河南、云南、贵州、四川、陕西、甘肃、青海、内蒙古、新疆等省区。宁夏运达风电有限公司的母公司浙江运达风电股份有限公司于2019年4月26日在深圳证券交易所首次公开发行A股。运达股份目前也是全球领先的智慧能源技术解决方案提供商，主要提供覆盖风电项目全生命周期的系统服务，同时将业务链延伸至风电场的投资运营。公司是国家高新技术企业、国家创新型试点企业，拥有院士专家、博士后科研工作站等一系列研发创新平台，成立至今共获得26个省部级科技进步奖奖项，研发能力和技术水平已处于全球领先地位，目前在风电机组国内市场份额、吊装容量排名行业第三位。公司总部及研发中心位于杭州，在全国设有4个生产基地，分布在华东、华北、东北、西北区域，并在英国设有欧洲风电研究院。目前，累计全球装机达12000多台。

【宁夏红山河食品股份有限公司】

宁夏红山河食品股份有限公司成立于2007年4月，位于吴忠金积工业园区，占地面积87亩，注册资本10860万元，现有员工165人，是一家集复合调味料研发、生产、加工于一体的股份制民营企业。2014年11月，公司股票在全国中小企业股份转让系统（新三板）挂牌并上市交易，是西北地区领先的复合调味料制造高新技术企业。企业现拥有3家全资子公司（宁夏汇好食品有限公司、宁夏红川农业科技有限公司、宁夏伊味源餐饮有限公司）和1家控股子公司（宁夏春发食品研发有限公司）。企业主要产品包括火锅调料、中餐烹饪调料、辣椒酱、干辣椒制品、精炼牛油、豆瓣酱及其他复合调味料等七大系列70多个品种。企业目前拥有11个自主品牌，其中“红山河”商标被评为“宁夏著名商标”，“红山河”老火锅系列产品、“红山河”辣椒制品被自治区评定为“宁夏名牌产品”。截至2021年年底，生产线数量14条、日产能35吨、年产量10500吨，已形成了总资产达3.2亿元、年产值2亿元的规模和生产能力。

·青铜峡工业园区·

【概　况】 2021年，青铜峡工业园区全面落实中央、区市统筹推进疫情防控和经济社会发展各项决策部署，扎实践行新发展理念，抢抓先行区建设机遇，履职尽责，实干担当，精准施策，靶向攻坚，统筹推进经济运行、项目建设、招商引资、环境保护等重点工作，用足用好中央、区市各项惠企政策，最大限度释放政策红利。2021年，园区完成工业总产值170.4亿元，同比增长26.8%。其中，规模以上企业累计实现工业产值160.46亿元，同比增长25.1%。工业增加值同比增长8%以上。三大主导产业实现工业总产值119.47亿元，占园区总产值的70.1%，占全市工业总产值的66.5%。2021年，园区用电总量 90 亿千瓦时。完成固定资产投资 27 亿元，同比增加 6.9 亿元；完成上争资金 6500 万元；培育规上企业 11 家。万元工业总产值能耗为 1.31 吨标煤，万元产值用水量 2.69 立方米，园区经济运行总体呈现稳中有进、稳中向好态势。

【入园企业】 截至 2021 年，园区入园生产工业企业 112 家，包括规上企业 52 家、规下企业 60 家。生产企业按行业分为有色金属企业 11 家、精细化工企业 9 家、装备制造企业 22 家、电力企业 2 家、冶金企业 11 家、建材企业 20 家、农副产品及食品加工企业 17 家、包装印刷企业 19 家、纺织企业 1 家。园区国家高新技术企业 15 家、自治区农业高新技术企业 2 家、自治区科技小巨人企业 20 家、科技型中小企业 36 家。园区企业 R&D 投入达到 2.6%。科技对园区经济贡献率达到 38%。青铜峡工业园区是唯一一个代表全区 23 家工业园区参加全区县域科技创新工作交流会的县级工业园区。园区企业现有技能人才 1850 人，包括国家职业资格等级的中级工（四级）730 人、高级工（三级）630 人、技师（二级）379 人、高级技师（一级）111 人。专业技术人才 485 人，包括国家技术职称资格等级的初级职称 216 人、中级职称 178 人、副高级职称 82 人、正高级职称 9 人。

【科技创新】 2021 年，园区全面实施科技创新驱动发展战略，坚持政府引导、企业主导，有效激发企业自主创新意识，加速科技成果转化应用，切实增强企业核心竞争力。创建国家高新技术企业 5 家（累计 18 家）、自治区科技型中小企业 8 家（累计 36 家）、科技小巨人企业 5 家（累计 20 家），设立博士、院士工作站 5 个，拥有各类复合型技能型人才 1825 人，拥有各种专利 300 余项、转化科技成果 25 项。园区科技创新工作被《宁夏日报》等媒体多次报道，经验做法代表 23 家工业园区在全区县域科技创新工作大会上交流发言。科技创新对园区经济发展的贡献率超过 39%。

【项目建设】 2021 年，青铜峡工业园区健全落实园区领导、干部包抓项目建设责任制，积极协调解决项目建设土地审批、贷款融资等问题、难题 40 余个，推动天泽化工新材料、万向新元、青铝股份铝合金材料分公司高品质铝合金圆铸锭、中泰新能锂电池负极材料、鼎辉科技三期等全年实施的 45 个项目快建设快投产快达效，高标准完成全区黄河流域生态保护和高质量发展先行

青铜峡工业园区

区建设第五次推进会现场观摩筹备工作，盘活“僵尸企业”及停产半停产企业 14 家、闲置厂房 7.18 万平方米，消化批而未供土地 325 亩，有力夯实了园区高质量发展基础。

【招商引资】 2021 年，青铜峡工业园区聚焦打造铝产业、精细化工“两大百亿元”产业板块目标，紧盯京津冀、长三角、粤港澳大湾区等东中部产业转移地区，积极推行以商招商、产业链招商、小分队招商、聘任招商专员等方式，精准对接洽谈湖南海利、南通东港含氟新材料系列产品、天津津和铝杆铝丝等 55 个符合园区产业发展定位和安全环保政策要求的项目，着力延链补链强链，增强产业发展动力。年内，海鸿智能制造、元储科技新型储能电站等 34 个项目已落地建设，全年完成招商引资任务 25 亿元，有力夯实了产业转型发展基础。

【安全环保工作】 2021 年，严格落实安全环保“党政同责、一岗双责”，按照“属地管理、分级负责、全面覆盖、责任到人”的原则，压紧压实企业主体责任，扎实组织开展安全生产专项整治三年行动，深化蓝天、碧水、净土保卫战，强化抽查检查，从严执法监管，确保安全隐患和环保问题及时发现、及时解决、及时销号，各类隐患整改率为 94.6%。园区未发生较大以上安全事故，未发生重大及以上突发环境事件，成功创建国家级绿色园区，鼎辉科技、和兴碳基公司进入绿色工厂行列。

【园区基础设施建设】 2021 年，青铜峡工业园区围绕污水处理、蒸汽管网、热力岛、道路提升等领域跑项目、争资金，补短板、强弱项。全面完成污水处理厂尾水水质提升及回用、嘉宝片区污水处理厂、园区排污管网改扩建及宏达路、纬二路延伸段路灯绿化等低成本化项目，并已投入运行，切实为企业降低运行成本 7000 余万元。实施智慧园区项目，着力打造县级智慧化管理示范工业园区。扎实开展“小散乱污”企业综合治理和环境综合整治，园区服务功能不断增强、承载能力不断提升、发展环境不断优化，“筑巢引凤”的基础更加牢靠。

2021 年 6 月 2 日，青铜峡市政府与古峡重工、腾辉轴承科技公司举行项目签约仪式

【园区管理】 2021 年，青铜峡工业园区积极探索“管委会 + 公司”运营管理模式，强化多元化投融资机制建设，积极引导产业投资资金等各类金融产品服务园区发展。全面实施科技创新驱动发展战略，认真宣传落实自治区创新驱动 30 条等政策措施，协助园区企业量体裁衣积极申报各项扶持资金，指导 9 家企业争创园区高新技术企业、12 家企业争创科技型中小企业，协助众虎科技等 5 家企业柔性引进人才 30 余人。目前，鼎辉科技等 3 家企业进入国家高新技术企业行列，苏锡铜业等 5 家企业获得自治区科技型小巨人企业称号，人禹新材料等 4 家企业获得自治区科技型中小企业称号。园区科技创新经验做法代表区内 23 家工业园区在全区县域科技创新工作大会上作交流发言，科技创新引领园区高质量发展的氛围日趋浓厚。

【非公企业党建】 2021 年，园区非公党组织以党史学习教育为契机，以非公党建工作为抓手，每月下发党建工作清单，指导各基层党支部严格落实“三会一课”、评星定级、换届选举等工作制度，促进园区党建工作全面提升、全面过硬。完成“我为群众办实事”实践活动任务39项，组建疫情防控党员先锋队3个，成功创建吴忠市级党建示范点1个，打造四星级党支部4个、三星级党支部8个，非公企业党组织覆盖率从年初的79%提升至96%，党建引领园区高质量发展的方向更加明确、势头更加强劲。

【宁夏东吴农化股份有限公司】 宁夏东吴农化股份有限公司成立于2012年6月，注册资本金4000万元，固定资产投资总额3.04亿元，主要经营硝酸胍、硝基胍、咪唑烷、甲基硝基胍、氰基乙酯、硫酸钙等化工产品（不含危险化学品）的生产和销售，现有员工420余人。公司设立了企业技术中心、博士后流动工作站及院士专家工作站等创新载体，先后荣获国家高新技术企业、自治区级企业技术中心、智能工厂、科技小巨人企业、知识产权试点单位、农药行业优秀中间体供应商等多项荣誉称号。产品通过ISO9001质量管理体系、ISO14001环境管理体、OHSAS18001职业健康安全管理体系认证。2021年，实现工业产值6.6亿元，实现销售收入5.7亿元，上缴各类税金3200万元。

【宁夏和兴碳基材料有限公司】 宁夏和兴碳基材料有限公司成立于2012年5月，注册资金4000万元，占地180亩，是国内首家获批的碳化硅冶炼制造企业，主要从事碳化硅耐火耐磨材料的生产和销售。目前已发展为国内碳化硅行业领先企业，位列国内碳化硅行业十强（第三位），先后荣获自治区工业企业行业对标标杆奖、制造业行业领先示范企业、企业技术中心及国家高新技术企业等荣誉。2021年完成工业产值3.3亿元。

【国电投宁夏青铜峡新材料有限公司】 国电投宁夏青铜峡新材料有限公司成立于2021年10月22日，前身为青铜峡铝业股份有限公司铝合金材料分公司。新材料公司从事铝合金材料研发及相关产品制造，新材料公司现已通过了IS09001质量管理体系认证、IS014001环境管理体系认证、OHSAS18001职业健康安全管理体系认证，2020年8月取得IATF16949质量体系认证。新材料有限公司坚持“客户至上、品质一流”的经营理念，建立市场化管理模式，与高校、优秀企业合作，成为集产、研、销一体化的国际国内铝及铝合金基材、深加工生产基地。新材料公司年产能16.83万吨，拥有2条竖井气滑圆铸锭生产线、4条16千克合金锭生产线、2条1600毫米和4条1900毫米铝铸轧生产线、2条冷轧生产线，均配有美国霍尼韦尔测厚系统和IAS公司的AGC、AFC系统及配套的精整设备。

【宁夏津和双金属线材有限公司】 天津市津和双金属有限公司始建于1993年，是国内第一家生产高端专用铝杆的企业，生产的铝杆主要用于电子、焊接、通信、电池、电器类产品的生产材料。公司拥有完全自主知识产权发明专利12项和36项实用新型技术专利，不断推进技术研发工作，为生产质量好、产品性能稳定的铝杆提供技术支撑。目前已经完成了精铝杆丝的批量生产、5系铝镁合金杆生产基础研究及生产、4系铝合金焊丝的生产、8系合金杆生产基础研究及生产、耐热铝合金杆等所有系列铝合金生产，是国内特殊专用铝杆和铜包铝专用铝杆的主要供应商，占国内70%左右的市场份额，且与格力电工、格兰仕电工、海尔、华为、忠旺等国内外大型企业建立了长期友好的合作关系。同时，该公司在内蒙古霍林郭勒的通辽市津和双金属线材有限公司，年产能20万吨各类铝杆及合金产品，与中电投霍煤鸿骏有着长期友好的业务关系。宁夏津和双金属线材有限公司是该公司2021年在青铜峡市注册成立的全资子公司，租用青铜峡铝厂闲置厂房7500平方米及设备，计划总投资1.6亿元，建设年产10万吨铝杆铝丝项目。项目分两期建设，一期项目计划投资7500万元，主要改造2条铝杆生产线、新建铝丝生产线4条，并配套安装相关热处理设备，年产量5万吨。一期项目于2021年8月投产，10月进入规上企业。二期项目计划投资8500万元，主要改造一条连轧生产线及一条合金棒生产线，生产太阳能棒及光伏铝型材，年产量5万吨。

电力供应

【概　况】　2021 年，国网吴忠供电公司深入贯彻落实习近平总书记“七一”重要讲话和党的十九届六中全会精神，积极服务黄河流域生态保护和高质量发展先行区建设，以推进“九大重点产业”“十大工程项目”“四大提升行动”为重点，大力践行“人民电业为人民”的企业宗旨，全力服务吴忠市“六稳”“六保”工作，充分发挥国有企业“六个力量”重要作用，实现了“十四五”良好开局。吴忠市全社会用电量 86.16 亿千瓦时，同比增长 31.2%。分产业看，一、二、三产业及居民生活用电分别同比增长 16.15%、37.59%、16.39% 和 37.69%。全市工业用电量 65.54 亿千瓦时，同比增长 37.69%。吴忠电网新能源装机容量达到 1006 万千瓦，创历史新高，位居宁夏第一，成为宁夏首个新能源装机规模超过 1000 万千瓦的地市级电网。

【骨干电网建设】　2021 年，国网吴忠供电公司充分发挥属地优势，助推宁夏电网第九个 750 千伏输变电工程——妙岭输变电工程投运。积极协调天都山—妙岭 750 千伏输电线路规划通道保护事宜，助力自治区“十大工程项目”之一的宁夏至华中特高压直流输电及配套新能源工程早日开工建设。持续加大新能源配套电网建设，启明 330 千伏变电站近区新能源送出能力由 75 万千瓦提升至 115 万千瓦，新能源送出受限问题显著缓解。苏家梁—焦家畔风电 110 千伏送出工程、中核汇能同心风电 110 千伏送出工程按期建成投运，满足了风电项目电能送出需要。

【新能源建设】　2021 年，国网吴忠供电公司围绕服务“双碳”大局，主动对接新能源企业与用电客户，大力推动实施电能替代，顺利完成金昱元集团燃煤自备电厂 150 兆瓦机组关停及相关网架调整，促进地方产业节能减排与清洁能源就地消纳“双收益”。深挖电网负荷侧调峰潜能，强化负荷侧需求响应，组织高载能企业参与电网调峰 34 次，调峰总时长 80 小时，增加新能源消纳电量 453 万千瓦时，促进新能源高效利用。新能源发电量达到 130 亿千瓦时，相当于节约标准煤 455 万吨，减少二氧化碳排放量约 1133.6 万吨，生态效益和社会效益显著。

【电力保障】　2021 年，国网吴忠供电公司将守住大电网安全生命线和民生用电底线作为压倒一切的政治任务，全面落实自治区能源保供“18 条”，全力以赴保安全、保供电、保民生、保重点，第一时间成立应急保供工作领导小组和工作专班，通过错避峰用电、驻厂督办、联合政府督导、扩大错避峰政策执行企业范围等一系列举措，切实保障了居民、公共服务和重要用户用电。全面落实安全工作主体责任，成功承办国家电网公司首届服务黄河流域生态保护和高质量发展电力应急救援基干队伍互训互练，圆满完成庆祝中国共产党成立 100 周年、吴忠市第六次党代会、宁夏吴忠早茶美食文化旅游节等重大保电任务。11 月 30 日，中央电视台《正点财经》《今日环球》栏目专门报道了国网吴忠供电公司落实电力保供的措施和成效，彰显了国有企业“顶梁柱”“顶得住”的责任担当。

国网吴忠供电公司员工实地调研企业用电情况

【助推产业发展】 2021年，国网吴忠供电公司投资建设供电专线到用户红线，主动对接重要用户，开辟绿色通道，加快供电工程建设，助推吴忠市产业转型升级。宝瑞隆石化、通达煤化工、银山能源化工等4项用户工程顺利投运，充分满足工业园区新增负荷接入需求，减少入驻企业办电成本。绿洲、孙家滩、长乐等3项电网工程按期建成投运，有力支撑了五里坡奶牛养殖基地的建设，满足了同心县周边负荷接入需求，提高县城供电可靠性。提前1个月完成了吴忠市高铁站站前广场输电线路迁改工程，助力高铁站片区学校建设等各类项目顺利开展。

【落实电力优惠政策】 2021年，国网吴忠供电公司严格执行电价调整，1—11月减少工商业及其他用电客户用电成本近2亿元。不折不扣落实自治区电价补贴政策，为4.58万户用户补贴电费约8147万元。持续扩大用户直接交易规模，1—11月累计完成大用户直接交易电量43亿千瓦时，为企业让利193万元。开展转供电加价行为清理工作，梳理转供电主体231家，为自治区制定转供电清理政策提供数据支撑。深入推进增量配电业务实体化运营，吴忠市新联配售电有限公司成功与吴忠市通达煤化工有限公司签署市场化交易代理协议，完成代理电量8208万千瓦时，预计年内可代理交易电量8000万千瓦时。

【优化电力营商环境】 2021年，国网吴忠供电公司紧紧围绕吴忠市产业布局，固化“三省”“三零”服务举措，构建环节少、时间短、造价低、服务优的办电服务新模式，投资业扩配套资金1424万元，惠及0.7万客户。全力服务吴忠市清洁能源配套产业发展，尽力为重点项目制定最优用电方案。全面做好吴忠市59项重点用电项目供电服务，保障早接快送。积极倡导绿色低碳生活，34所学校“全电厨房”改造项目落地实施，成功促成国网宁夏电动汽车公司与吴忠市城投公司、红寺堡住建局签订战略合作协议。持续提升金花园社区深度“网格”贴心服务，研制并安装孤寡老人用电监测终端便民装置。

【服务乡村振兴】 2021年，国网吴忠供电公司全面完成定点帮扶村扶贫档案归档，真实完整记录了国网吴忠供电公司6年来的脱贫攻坚工作。落实“脱贫不脱政策”工作要求，选派新一轮驻村工作人员9人，继续开展驻村工作。探索构建基于大数据的整县变压器光伏接入应用场景，试点完成45户1100千瓦低压光伏并网，有效防范用户设备提前老化、电网设备安全隐患等问题。立足农业用电需求，在红寺堡区大河乡麻黄沟村打造“扫码用电”示范点，即扫即用、实时结算，极大满足农村动力电的用电需求。实施“回汉一家亲”“塞上好江南”乡村振兴工程，对10个乡村振兴项目开辟园区办电绿色通道，为乡村振兴战略落地实施作出贡献。

国网吴忠供电公司营业厅

财 政

【概　况】　2021年，吴忠市各级财政部门认真落实“积极的财政政策要提质增效、更可持续”工作要求，稳步推进财税改革和财政管理各项工作2021年，全市地方一般公共预算收入完成374710万元，同比增长5%。其中税收收入234003万元，同比增长11%；非税收入140707万元，同比下降3.5%。市本级一般公共预算收入完成116754万元，同比增长4.6%，为预算的101.8%。全市一般公共预算支出完成2265834万元，同比下降2.7%。市本级一般公共预算支出完成428270万元，为变动预算的88.6%，增长2.3%。

【财政政策落实】　2021年，全市各级财政部门坚持普惠减税与结构性减税相结合，吴忠市新增减税降费6.6亿元，助推经营主体“轻装上阵”。推进财税部门减税降费信息共享，依法依规征收税费，坚决不收过头税费。开展财政收入虚假问题专项整治，持续加大各类违规收费整治力度。全年投入资金48.4亿元，重点保障扶贫、乡村振兴、优势农业等项目，支持农业提档增效。投入资金6.1亿元，重点保障工业园区建设、企业技术改革等项目，支持工业提质扩量。投入资金1.5亿元，重点保障全域旅游、早茶文化品牌、现代物流等项目，支持服务业快速发展。市区税收收入首次突破10亿元大关。落实金融发展专项资金3亿元，全力扶持企业发展。充分发挥奶产业、小微企业、助保贷等8支担保基金作用，在保金额6.7亿元，累计撬动担保贷款52亿元。吴忠市金融机构探索性开展奶牛活体、新三板股权、收费权、林权、企业流转承包土地经营权等多种抵质押贷款，贷款金额达40亿元。

【财力统筹】　2021年，吴忠市获得上级补助资金182亿元（其中一般转移支付147亿元，专项转移支付35亿元）。北方地区冬季清洁取暖项目获得奖补资金9亿元。吴忠市争取新增地方政府债券26.9亿元，有力支持乡村振兴、黄河流域生态保护和高质量发展先行区建设、生态环保、公共卫生、教育基础设施建设等重大项目实施。严格落实直达要求，第一时间拨付中央直达资金32亿元，拨付率超过96%，助推教育、就业、社保和住房等基本民生领域政策落实落地。盘活存量资金3.2亿元，市级财政依规调整使用超收收入2亿元，预算平衡能力进一步增强，盘活存量资金长效机制有力落实，腾挪更多资金保障重点项目和民生领域资金需要。严格落实“过紧日子”要求，在年初预算压减一般性支出10%的基础上，继续加大力度，年度执行中对部门非急需、非刚性支出再压减，全年压减资金1.5亿元，统筹用于支持“六稳”“六保”等工作。

【民生事业保障】　2021年，全

市各级财政部门落实援企稳岗政策，支持企业发展，投入818万元，返还846家企业失业保险，惠及职工2.9万人。做好兜底安置，拨付公益性岗位补贴资金4840万元，有效保障1739名城乡困难人员就业。落实支持灵活就业社保补贴政策，全年发放补贴资金3270万元，减轻了8827名灵活就业人员社保缴费压力。全市投入资金38亿元，确保教育“两个只增不减”落实到位。重点支持普惠性学前教育资源供给，新建幼儿园19所。支持基础教育办学条件改善，改扩建校舍及新建学校32所，逐步消除城镇学校“大校额”“大班额”。全面落实教师待遇提升工作，推动优质资源纵横扩延；加大“互联网＋教育”信息化建设投入，补齐教育信息化短板。年内居民医保、基本公共卫生服务经费人均补助标准分别提高到每人每年580元、79元，城乡居民基础养老金补助标准提高到210元。统筹资金8.2亿元，确保机关事业人员养老金按时足额发放；统筹资金5亿元落实优抚对象等人员抚恤和生活补助发放；建成养老机构22家，促进卫生和养老服务融合发展；保障1800户公共租赁住房租赁补贴发放，支持改造1660套棚户区住房，补助79个老旧小区改造项目建设。投入资金4.4亿元，支持15家博物馆、图书馆等公共文化场馆免费开放；支持非物质文化遗产保护，送戏下乡；落实全民健身计划，完善足球场地维修等公共体育设施；支持全域旅游示范区建设，加快红军西征纪念馆改建。

【财政保障】　2021年，市财政局着眼高质量发展，完善创新驱动投入稳定增长机制，财政科技研发投入年均增长30%。充分发挥科技后补助资金撬动作用，引导企业和社会资本投入，带动全社会R&D投入快速增长。投入资金17亿元，巩固拓展脱贫攻坚成果同乡村振兴有效衔接。加大土地出让收入用于农业农村支出比例，加快推进乡村人才振兴，扶持壮大村级集体经济，加强村级组织运转经费保障。围绕厕所革命、农村黑臭水体整治等重点，持续推进农村人居环境整治提升行动。投入5.9亿元支持做好大气、水、土壤等污染防治工作，持续打好蓝天、碧水、净土保卫战；投入2.5亿元加大对牛首山、罗山等地生态保护和修复治理，统筹推进山水林田湖草沙综合治理；投入2760万元加强林业草原生态保护修复；投入1100万元保障清水沟、南干沟等入黄水质提升，确保黄河吴忠段Ⅱ类进Ⅱ类出。

【财政监管】　2021年，市财政局全面深化财政管理改革。全面上线预算管理一体化系统，规范预算管理要素、控制规则，以信息化推进财政治理现代化。稳步推进基本公共服务、医疗卫生、教育、科技、交通运输等领域财政事权和支出责任划分改革。继续深化政府采购制度、行政事业性国有资产等管理改革。认真履行财政监管职能，扎实开展工程建设和政府采购领域、粮食购销领域腐败问题及违规建设楼堂馆所等专项整治工作。认真落实“双随机、一公开”要求，积极开展就业、扶贫、科技奖补等16项专项资金专项检查的财政监督工作。加强中央直达资金、财政涉农资金及“三保”资金执行动态监控，确保不发生财政运行风险。持续完善项目库管理，加强定额标准体系建设，预算编制精准度和科学化水平显著提高。完成2020年度国有资产管理情况综合报告，进一步完善国有资产管理制度，扩大行政事业单位资产处置权限，压实部门主体管理责任。

税　务

【概　况】　2021年，国家税务总局吴忠市税务局（以下简称“吴忠市税务局”）以习近平新时代中国特色社会主义思想为指导，坚持和加强党对税收工作的全面领导，站在“两个维护”的政治高度坚决贯彻落实中央决策部署，在宁夏区税务局党委和市委、市政府的坚强领导下，全年各项工作有力有序推进，取得了较好的成绩。全年累计组织税费收入125.97亿元，同比增长15.2%，其中税收收入73.74亿元，增长9.9%。市本级收入首次突破10亿元大关；社保费收入42.25亿元，非税收入5.03亿元，全市经济总量与税收总量跃居全区五市第二。

【减税降费工作】　2021年，吴忠市税务局把落实好减税降费政策作为一项重要的政治任务，在贯彻税务总局“短平快优九个一”工作法的基础上，创新建立了收

工作人员走进药店面对面为纳税人讲解税收优惠政策

集问题的“问诊”机制、分析问题“会诊”机制和解决问题“出诊”机制，有效解决了基层在政策执行中的疑点难点盲点问题。全市减税规模从 2016 年的 14.3 亿元，快速增长到 2021 年的 28.9 亿元，减税规模占到税收总额接近四成。吴忠市税务局被自治区就业工作领导小组评为“全区就业创业工作先进集体”。

【纳税服务】 2021 年，吴忠市税务局细化落实“我为纳税人缴费人办实事暨便民办税春风行动”任务，试点推进个性化服务，以积极对接服务自治区“九大重点产业”为突破，指导 6 个县级局发挥各自特长，做优做精做强纳税服务品牌，实现市县两级品牌共创、效应叠加。全年网报率超过 99%，非接触办税率超过 83.5%，在全区排名前列。电子税务局受理事项同比增长 65%。在服务营商环境第三方评价中，吴忠市税务局税收营商环境排名全区第二。同心局办税大厅荣获“全国青年文明号”，利通区局、太阳山局办税大厅被评为全区税务系统“巾帼文明岗”。

【征收管理】 2021 年，吴忠市税务局聚焦《关于进一步深化税收征管改革的意见》各项任务，持续完善税收征管质量 5C 监控管理机制，征管数据质量管理工作质效位居全区前列。以增值税专用发票电子化改革为突破口，扎实推进“一户式”管理机制，推行网格化服务，累计为 476 户纳税人开具电子专用发票 4493 份，电子发票普及率达到 85%。顺利完成 4 项非税收入征管职责划转，征收工作平稳推进。

【税务稽查】 2021 年，吴忠市税务局完成各级推送的风险任务 644 个，风险识别命中率 100%，风险应对入库税款 9629 万元。严格落实“双随机、一公开”和检查预案报备制度，稳妥有序开展重点行业重点领域税收秩序整治工作，持续推进“双打”工作，全年共随机抽查企业 76 户，稽查立案 26 户，入库税款 3760 万元。

【税收法治】 2021 年，吴忠市税务局落实落细“首违不罚”清单，全年对 451 户作出“首违不罚”处理，让执法既有力度又有温度。深入推进行政执法“三项制度”，全年累计公示执法信息 40 项 6000 余条，录制执法音像信息 165 条，开展法制审核 61 户

2021 年 1 月 14 日，吴忠市税务局干部到红寺堡第二小学宣传普及税法知识

次，重大案件审理4户，执法质量与透明度实现双提升。吴忠市税务局在参加吴忠市第一届国家机关“谁执法谁普法”履职报告评议活动中获得优秀等次，被评为全区“七五”普法先进单位。

【自身建设】 2021年，吴忠市税务局始终把政治建设放在首位，坚持和加强党对税收工作的全面领导，依托“纵合横通强党建”机制制度体系，强化条块联动、融合共抓，完善“下抓两级、抓深一层”党建工作机制，对标“基层党建全面提升年”任务要求，细化制定34项任务清单，以部门为单位把支部建在“链”上，在全系统建立了62个基层党支部，实施党建、行政一肩挑。市局机关三星级以上党支部达到100%，2021年，全市税务系统有21个党组织被评为先进基层党组织。扎实开展党史学习教育，组织局领导班子深入基层调研20次，为基层办理实事17件。积极与住建、不动产登记局等部门协调，共解决了1500户群众办证问题，相关治理经验被自治区住建厅采纳推广。探索创建“马菊劳模工作室”工匠团队，以“劳模引领+团队创新”模式，开展业务攻关、业务创新、业务培训，努力将其打造为优秀业务骨干的“聚集地”、先进工作经验的“共享地”、创先争优的“示范地”，先后涌现出1名全区最美税务人、1名全区扫黑除恶先进个人等。

2021年3月18日，吴忠市税务局青年干部开展党史学习教育

中国人民银行吴忠市中心支行

【概　况】 2021年，人民银行吴忠市中心支行坚持精准施策，全力支持地方经济高质量发展，牢牢守住不发生区域性金融风险底线，持续深化金融管理与服务，碳账户试点工作取得阶段性成效，“融信通”平台建设经验代表宁夏在全国中小微企业融资服务平台建设观摩会上参评交流，出台全区首个《假币犯罪举报奖励办法》，各项贷款增速居全区第一，高风险机构实现“清零”目标，连续4年荣获吴忠市效能目标考核金融系统第一名，履职取得显著成效。

【支持地方经济发展】 2021年，人行吴忠市中心支行坚持灵活精准、合理适度，着力疏通货币政策传导渠道，准确传达政策意图，引导金融机构加大对实体经济信贷投放。12月末，全市再贷款余额11.3亿元，同比增长8.4%；各项存款余额830.8亿元，同比增长4.4%；各项贷款余额744.7亿元，同比增长11.2%。落实两次降低存款准备金率政策释放法人机构可贷资金1.4亿元，为实体经济发展提供了稳定的流动性支持。精准落实两项直达实体经济政策工具，累计发放信用贷款支持计划1.2亿元，延期激励资金1025.7万元，引导地方法人机构累计发放延期普惠小微贷款16.5亿元、信用贷款11.4亿元。深入开展中小微企业金融服务能力提升工程和金融支持个体工商户发展专项行动，助力353户小微企业获得首次贷款17.4亿元，普惠小微企业贷款利率下降0.26个百分点。通过“融信通”平台促成285家企业融资47.3亿元，较年初增加26.6亿元，通过应收账款融资平台促成融资14.5亿元，千方百计缓解小微企业融资难题，助力小微企业等经营主体渡过难关。出台《金融支持红寺堡区推进乡村振兴创建移民致富提升示范区实施方案》，12月末，全市乡村振兴重点帮扶县贷款余额256.8亿元，同比增长12.3%，高于全市贷款增速1.1个百分点。

【推进绿色金融发展】 2021年，人民银行吴忠市中心支行制定《吴忠市中心支行推进绿色金融发展专项行动实施方案（2021—2023）》，推动地方政府出台《吴忠市绿色金融助推地方实体经济高质量发展实施方案》，强化对绿色金融发展的正向引导和激励。全力落实银川中支碳账户试点工作安排，在四地市中率先探索建立企业碳账户。积极统筹协调地方政府统计、工信等部门和重点能耗企业，推动280家企业完成碳排放数据填报，核算碳排放强度，建立企业碳账户，引导金融机构加大绿色信贷投放。12月末，全市绿色贷款余额54.6亿元，同比增长54.8%。认真落实房地产贷款集中度管理政策，1家超限机构房地产贷款集中度由17.8%降至14.5%。

【风险防控】 2021年，人行吴忠市中心支行加强重点领域和关键环节风险监测，对2家全区重点监测企业和涉及全市九大行业的11家重点企业进行风险跟踪监测。强化存款保险早期纠正职能，及时下发风险警示函，提示投保机构纠正风险隐患。按季对地方法人机构一对一开展现场督导，跟踪不良贷款清收处置进度，推动风险化解处置。指导高风险机构稳妥化解不良贷款，完善公司治理，提升风险管理水平，辖区高风险机构实现“清零”目标。制定4家观察类机构风险防范化解方案，严防风险反弹。完成对29家非法人机构分类评级、2家机构发现问题整改落实情况“回头看”、8家义务机构监管走访、2家银行机构风险评估，反洗钱监管的针对性和有效性不断提升。与市检察院、纪委监委、公安局、人民法院建立《吴忠市反洗钱工作协作机制》，增强工作合力，初步形成集打击、预防、监测、监管、协查于一体的反洗钱监管工作新格局。

【打击违法违规金融活动】 2021年，人行吴忠市中心支行与公安、市场监管、税务、银保监部门建立防范电信诈骗合作备忘录，成立联合核查工作组，对涉案银行账户开展倒查和现场核查，冻结止付银行账户8117户2.7亿元。配合银川中支对3240个出租、出借、出售、买卖银行账户的单位和个人实施联合惩戒，成功堵截电信诈骗15起，挽回群众损失48万元。协助公安机关调查1起非法经营外汇案件，以涉黑洗钱罪批捕1人，对1起涉毒品洗钱案件提起公诉，违法违规金融活动得到有效整治。

【金融服务】 2021年，人行吴忠市中心支行严格落实金融统计制度，统计数据连续29个月零差错。积极推进金融业综合统计，26家地方金融组织纳入统一金融信息采集，金融统计数据完整性不断提升。年内，83%的商业银行完成适老化改造，100%的银行网点开通老年客户服务绿色通道。认真落实减费让利政策，为3357户小微企业和个体工商户减免支付手续费用144.8万元。大力整治拒收现金、使用假币现象及非法使用人民币图样，处理5起群众举报拒收现金投诉事件，收缴假币2917张、金额25万元。联合市公安局、财政局出台《吴忠市假币犯罪举报奖励办法》。不断提高国库会计核算质量，1—12月办理减税降费业务5.6万笔4.8亿元。建立“农村金融综合服务站+国债承销网点”的国债下乡服务体系，全市发行储蓄国债1.8亿元，提醒兑付到期国债863.2万元。深入开展外汇“便企惠民、精准服务”专项行动，指导4家企业境外融资3亿元，平均融资利率3.5%。16项外汇行政审批许可实现网上办理。

【征信体系建设】 2021年，人行吴忠市中心支行试点实施乡村个人信用报告线上查询整村推进工程，形成的“信用报告线上查询+三信评定+信用贷款+线上还款”同心模式在全区推广。个人信用报告自助查询点增至13个，全年查询信用报告16.82万笔。与公安、市场监管部门签署《吴忠市征信市场乱象联合治理机制合作备忘录》，强化征信合规与信息安全管理。

【法治建设】 2021年，人行吴忠市中心支行进一步加强执法过程管理，行政执法案卷被银川中支选中参加总行条法司2021年度行政执法评议。加强合同法律审核，出具法律意见200余条。推动盐池县建立金融纠纷多元化解机制，处理金融消费投诉9起，满意率100%。广泛开展金融知识宣传，全年宣传600余场次，解答群众咨询10万余人次，制作电子图文、短视频新媒体平台播放16.3万余次。拍摄微党课视频《奋力书写人民满意的金融消保答卷》被总行金融消保局采用，上报2篇案例信息被总行出版的《中国普惠金融典型案例》收录。

【内部管理】　2021年，人行吴忠市中心支行严格落实“过紧日子”要求，年度预算支出压减12%。开展领导干部经济责任、预算管理、依法行政等内部审计，发现问题32个，提出改进建议28条，内部审计保障作用充分发挥。从严从紧加强疫情防控、保密、机房、发行库、枪支弹药等重点领域安全风险防控，全行运转安全稳定。

银行业监管

【概　况】　2021年，吴忠银保监分局以习近平新时代中国特色社会主义思想为指导，坚持“守底线、保平安、创亮点、有进步，稳中有为、稳中求进”工作总要求，持续引领银行保险机构提升金融服务效能，助力新发展格局，统筹推动管党治党、金融服务、风险防控、深化改革等工作取得新进步新成效。截至2021年末，辖区银行业各项贷款余额744.74亿元，较年初增加75.10亿元，同比增长11.21%，增速位居全区五市第一，高于全区平均水平5.06个百分点。投向自治区“九大产业”和吴忠地区黄花菜、装备制造、现代纺织、餐饮等重点产业贷款195.77亿元，较年初增加53.16亿元；制造业贷款余额89.13亿元，煤电行业贷款余额87.18亿元，有力支持了重点产业和行业发展。

【纾困帮扶】　截至2021年末，辖内银行普惠型小微企业贷款38338户、126.88亿元，较年初增加3135户、11.93亿元；小微企业“首贷户”贷款350户、12.2亿元，较年初增加4.09亿元。加大减费让利力度，辖区普惠型小微企业贷款平均利率6.67%，同比下降0.19个百分点，降低贷款利息2411万元，减免各类费用790万元。纵深推进“银税互动”，辖内银行机构共向2405户A、B、M级纳税客户发放贷款255.13亿元，较年初增加233户、41.43亿元。加强信用信息共享，加大对守信主体的融资支持力度，推动吴忠26家银行机构入驻全国“信易贷”平台，实现企业融资授信2.37亿元。

【惠农助农】　2021年，全市新增乡村金融服务站64个，设立信贷助农金融服务点97个。截至2021年末，盐池、同心、红寺堡等3个乡村振兴重点帮扶地区贷款余额281.77亿元，同比增长13.48%，高于各项贷款增速2.27个百分点。辖内银行机构发放脱贫人口小额信贷34014户、16.12亿元，较年初增加492户、1.18亿元。保险公司为24.21万次农户提供“防贫保”家庭意外伤害保险保障116.31亿元，理赔163.5万元。推出“铁杆庄稼保”项目，向全市20.08万余名农村劳动力转移就业人员提供488.4亿元的保险保障，为稳就业、保民生提供有力保障。

【金融监管】　2021年，吴忠银保监分局引导银行业机构审慎制定不良贷款“双控”计划，年中结合法人银行风险情况与处置能力动态调整目标，全辖银行业不良贷款余额低于全区平均水平1.32个百分点，为近5年最低值。按季开展流动性压力测试，辖内法人机构流动性比例58.8%，高于监管要求25个百分点。督导主发起行落实风险处置兜底责任，严防风险外溢。坚决落实“房住不炒”原则，全面整治信贷资金违规流入房地产，建立区域特色报表按月监测分析，组织开展经营贷违规流入房地产领域排查，通过风险提示、监管意见和监管通报等，督促机构整改房地产贷款集中度超标、经营性贷款违规流入房地产等问题。严格落实银保监会和宁夏银保监局涉刑案件管理规定，建立吴忠市银行业金融机构安全防范建设专家库，开展银行业机构2021年元旦和春节期间安全大检查、第七轮安全评估、非法集资常态化排查、枪弹管理、案件清理专项行动。将非现场监管和现场检查融入“内控合规管理建设年”活动各环节，实地督导调研、监管约谈重点机构，紧盯屡查屡犯顽疾。2021年，银行机构、保险公司屡查屡犯问题发生率分别为0.87%、0.35%，同比下降3.23、0.02个百分点，“内控合规管理建设年”活动和“屡查屡犯”集中整治取得积极成效。

【公司治理监管】　2021年，吴忠银保监分局坚持把党的领导贯穿公司治理全过程，辖内农村银行全部将坚持党的领导写入公司章程，明确了党组织在公司治理中的地位。指导2家村镇银行组建监事会，吴忠农商行、滨河村镇银行整改董事长缺位问题，开展10家机构董事和监事履职评价，履职质量显著提升。开展股东股权和关联交易专项整治，建立问题台账，三年整治发现问题整改率达90%以上。做实治理评估，按时完成辖内农商行公司治理监管评估工作，年末问题整改率85.19%，C级（合格）以上机构占比100%。实现股东股权信息线上全录入，股权托管工作全面完成，确权比例达95.98%。

【银行机构改革】 2021年，吴忠银保监分局指导大型银行下沉服务重心，交通银行吴忠分行、建设银行红寺堡支行和工商银行红寺堡支行相继开业，农业银行3家网点完成升格。稳妥有序推动青铜峡联社改制农商行工作，督促优化股权和信贷结构，清理失信、散小股东1608户1275万股，坚守定位指标全部达标，青铜峡农村商业银行于2021年内正式开业，吴忠市5个县（市、区）农信社改制任务圆满完成。

【保险领域改革】 吴忠银保监分局扩大保险保障范围，指导国寿财险在盐池、同心、红寺堡设立分支机构，通过基础服务网点、流动服务站、商业银行代理保险业务等方式推动农村基础保险服务实现全覆盖。优化车险指标监测体系，承保车辆32.71万辆，原保险保费收入同比下降12.21%，赔付支出同比增长17.62%。稳步推进“警保联动”“小额快处”“两站两员”，联合交管部门新设交通安全劝导站和管理站44家。积极推动新型农险业务办理逐渐向规模化发展，开办新型农业保险险种6种，承保规模427.78万亩（只），同比增长364.76%，保障额度44.67亿元，理赔金额2349.39万元，惠及农户1.11万户。

商业银行

【工商银行吴忠支行】 2021年，工商银行吴忠支行有序推进普惠贷款，深入金积工业园区，逐户走访摸排园区客户，加快线下客户的营销对接力度。紧抓线下“网贷通”业务不放松，成功发放小企业网络循环贷款近4000万元。聚焦银政合作，出台《吴忠支行对公存款业务考核办法》等营销考核办法，做深做细营销服务工作。联动吴忠市3家公立医院和红寺堡区2家公立医院在支行开立对公账户，共同推动上线就医一件事。加强对吴忠市、红寺堡区两级政府的关系协调，积极汇报支行信贷支持当地经济发展状况，争取政府资源。以银担合作金融服务模式，推动农业信贷担保体系建设与金融支持“三农”有效结合，向涉及葡萄酒产业、肉牛养殖产业、滩羊养殖产业、黄花菜种植产业、枸杞种植产业的小微企业、合作社、农户发放“兴农贷”场景担保贷款，在对担保公司进行准入后，由担保公司按比例或全额承担代偿风险责任，用于支持红寺堡区特色产业的持续发展。结合总分行及与云闪付开展的各类线上活动，发挥网点主阵地作用，向到店客户推介绑卡有礼、中石油加油满减等活动，做好信用卡拓户、维户工作。持续加大个人住房按揭业务营销力度。盯紧政府城市建设规划部门开发信息，对市区内楼盘进行网格化管理，逐一上门对接营销，及时跟进服务，争得市场先机。加大对重点按揭资源贷款营销，积极推动量、价、质协同发展，提高贷款资金配置效率，实现个人住房贷款定价水平稳步提升。加强与重点房地产公司的合作，强化与重点房产公司的主动对接，积极推进房屋预售账户监管应用，将资金监管无缝嵌入房产交易及贷款办理场景，实现住房交易资金闭环管理。2021年，实现拨备前利润8799万元，净利润5793万元，中间业务收入2680万元。全部存款日均余额29.19亿元，较年初增加1.12亿元。全部贷款余额34.55亿元，较年初增加4.63亿元。

【中国农业银行吴忠分行】 2021年，中国农业银行吴忠分行依托网点网络优势、资金优势，以小额贷款、零售金融服务为抓手，突出做好乡村振兴领域中农户、新型经营主体、中小企业、建档立卡贫困户等小微普惠领域的金融服务，突出重点支持领域。截至2021年12月31日，涉农贷款5007户、7.07亿元，其中农户贷款2543户、2.63亿元。2021年第四季度，累计投放涉农贷款1042户、0.66亿元，其中累计投放农户经营贷款565户、0.47亿元。认真落实国家普惠金融各项工作要求，聚焦重点领域和薄弱环节，持续加大信贷投放力度，着力发挥国有商业银行在地方经济发展中的“国家队”和“主力军”作用。截至2021年12月末，监管口径普惠贷款余额34666万元，较年初增加3278万元；贷款客户数1496户，较年初增加179户，全面完成普惠型小微企业贷款“两增一控”目标。以纳税e贷、账户e贷、首户e贷等线上产品为抓手，积极对接金融工作局、税务局、市场监管局等政府部门，第一时间取得全辖纳税等级客户清单、优质科技企业及新开户企业名单，实施精准营销。截至2021年末，累计发放小微线上e贷140笔5996万元，较年初净增1300万元。

【中国银行吴忠市分行】 2021年，中国银行吴忠市分行加大对公普惠金融发展力度。大力拓展原奶供应贷、中银企E贷、银税贷、宁科贷等产品，实现批量拓客，线上线下协同发展。召开专题指导会、每日汇报项目储备及进展情况，组织业务骨干前往五里坡养殖基地、孙家滩养殖园区、金积工业园区、创业园区等地，筛选优质客户进行上门拜访，超额完成普惠金融任务。截至2021年12月末，“两增两控”口径下，中国银行吴忠分行对公普惠金融贷款余额30366万元，较上年末新增6357万元，户数76户，新增28户。对公线上普惠金融贷款较上年末余额新增1225万元，户数新增17户。在奶牛养殖贷的基础上先后开发了涉农经营贷、鑫鲜市场商户贷、保证保险等业务，改变了普惠业务发展产品单一的局面。尤其在奶牛养殖贷业务发展中，分行在沿用三户联保模式的基础上，逐步向追加专业担保公司转化，保证业务顺利开展，有效支持奶牛养殖贷客群。截至2021年12月末，“两增两控”口径下，分行对私普惠金融贷款余额15247万元，较上年末新增1808万元，户数228户，新增49户。严格落实总行、分行八大金融部署，依托当地经济发展环境，积极与地方政府相关部门对接，获取当地绿色清洁能源和节能环保企业客户名单，全力推进绿色金融发展进程。2021年，分行累计新增投放7.31亿元绿色信贷。配合医保部门在各医疗机构以及各疫苗接种点开展医保电子凭证激活宣传，对253家单位开展清单式营销，吴忠市成为全区首个医保电子凭证激活率超过70%的地区。

2021年5月，中国银行吴忠市分行职工参观涝河桥烈士陵园

【宁夏银行吴忠分行】 2021年，宁夏银行吴忠分行按照总行“稳中求进、强化管理、改革创新、推进转型”的目标，围绕“夯基、提质、增效”工作主线，践

2021年4月23日，金积工业园区与宁夏银行签订战略合作协议

行分行"服务、支撑、监督、管理"的职能定位，将普惠小微营销和"三进"工作联动，以个体工商户和私营业主板块为主体，将宁商贷、宁税贷搭配营销，深入商品交易活跃、结算需求旺盛的专业市场、重点区域，线上线下联动共同发力。关注地区住房消费信贷政策走势，做好现有按揭项目的维护和服务工作，增强项目客户对分行的依存度，助力个人消费贷款有效增长。探索涉农贷款新模式，以吴忠市利通区金银滩镇为整村授信示范乡，成功发放整村授信贷款111笔。积极探索涉农贷款发展方向，扎实推进乡村振兴战略。成立9个产业专班，以"一行一特色"为目标，丰富抵押方式、盘活企业资产、解决融资难题。着力扶持清洁能源、新型材料、奶产业、绿色食品、肉牛和滩羊等区域特色优势产业。截至12月31日，各项存款时点余额102.7亿元，较年初增长4.75亿元。各项贷款余额70.64亿元，较年初新增10.51亿元。不良贷款余额18345万元。实现账面利润8141万元、拨备前利润18781万元。

【滨河村镇银行】 2021年末，全行资产总额19.22亿元，其中，民营及小微企业贷款余额7.03亿元，较年初增加1.97亿元，增长38.91%；涉农贷款余额7.74亿元，占比68.29%，较年初增加2.78亿元，增长55.94%。各项存款余额17.29亿元，较年初减少0.37亿元。其中定期存款16.84亿元，占比97%；活期存款余额0.45亿元，占比3%。

保险业

【中国人寿保险吴忠分公司】

中国人寿保险吴忠分公司辖5个机构（含所辖4个营销服务部），4个营销服务部（分别是九公里营销服务部、高闸营销服务部、郭家桥营销服务部、金积营销服务部）。在编员工30人（含内退2人），劳务派遣员工3人。经理室4人，综合部4人，客户服务中心6人，团险部4人，银保部2人，营销发展部4人（含代理制1人），收展发展部4人（含代理制1人），培训部2人。2021年末，吴忠分公司在册人力366人，其中营销发展部217人，分设4个营业部、1个营业点；发展部88人，分设3个营业部；银保部10人（其中高级渠道经理2人，特级1人，中级1人，初级6人）；团险部51人（其中政保专员32人，拓展人员19人）。2021年，公司深入贯彻落实集团公司、总分公司年度工作会议精神，持续推进重振国寿战略部署，坚持"重价值、强队伍、稳增长、兴科技、优服务、防风险"经营方针，吴忠分公司总保费完成2.02亿元，其中，首年期交完成2975万元，短险完成1691万元，续期保费完成1.55亿元。

【中国平安人寿吴忠中心支公司】

2021年，平安人寿吴忠中支充分发挥保险是经济助推器、社会稳定器的作用，从解决社会就业、承担风险保额、产品改革促服务等方面开展公司经营活动。截至年末，平安人寿吴忠中支持证上岗的保险代理人666人。年内，平安人寿吴忠中支持续推行重大事故应急机制，快速响应理赔服务，积极开展排查工作，上门安抚并协助客户申请理赔。在持续开展全国通赔服务、亲办客户理赔免填单服务、结案短信平台通知服务、特案预赔/重疾先赔服务的同时，公司顺应"产品+""科技+"的趋势，进一步升级"安e赔"服务，持续推进"闪赔"服务，使理赔服务进入"分"时代。截至2021年底，96%以上的理赔客户通过手机端申请理赔，平均处

平安人寿同心支公司宣传活动

理时间11分钟。2021年，平安人寿吴忠中支空中门店接待客户接通率98.55%，空中客服满意度98.95%。在做好经营和服务的同时，紧跟保险监管政策，不断完善合规管理体系，搭建合规管理组织架构，通过健全合规管理体系、法律合规文化体系、风险排查管理体系等3个方面，全面构建“不能违规、不想违规、不敢违规”的合规氛围，以高度的政治意识、法律意识和责任意识扎实做好合规经营和合规管理。2021年，全面按照中国银保监会、吴忠银保监分局要求以及总分公司年度自查自纠排查工作规划，组织开展各类排查，全面推动保险业市场乱象治理，以非法集资、非法经营商业保险等外部传递风险及销售误导、费用真实性等保险业内市场乱象等为主要内容，组织相关职能部门及各分支机构全面开展相关风险和乱象的排查整治工作。

交通和邮电通信

交通运输

·综　述·

【概　况】　2021年，吴忠市交通运输部门推进交通强国建设，以助力脱贫攻坚、完善区域路网结构、利青一体融入银川都市圈为重点，凝心聚力，大干快上，在交通设施总量、运输能力供给以及运输质量提升等方面取得明显成效，为区域经济社会高质量发展提供了坚实交通运输保障。

【交通基础设施建设】　2021年，全市完成太阳山至红寺堡公路、罗山大道石家窑至石沟驿段公路建设，完成秦渠桥、固海灌渠危桥等20座危桥改造。实施生命安防工程及灾害防治工程，整治隐患140.146公里。吴灵青路至机场高速连接线道路改造工程11月底完工。年内，全市完成交通固定投资59544万元。稳步推进S20吴灵青北环高速项目、滨河大道改造提升工程项目、航运二期工程。着力优化农村公路路网结构，完善农村公路管理体制，建立健全“四好农村路”建设长效机制，推动“四好农村路”建设向高质量发展，助推乡村振兴发展。2021年，新（改）建农村公路91公里。印发《吴忠市推进“四好农村路”建设实施方案》，指导各县（市、区）积极开展创建“四好农村路”示范县工作。

【交通运输服务】　2021年，吴忠市交通运输部门强力推动城乡公交一体化建设，切实提升城乡公共交通服务水平。完善四纵九横线路规划布局和民营公交车收购，补充购置19辆新能源公交车投入运营，解决了利通区乡镇和建制村通公交问题，实现利通区乡镇和建制村公交公营和全覆盖。红寺堡区建成第二批全国城乡公交一体化项目示范县。推动农村客货邮商融合发展，打造农村客货邮商样板。以客货邮商融合推进“农产品进城、工业品下乡”为目的，构建“一点多能、一网多用、功能集约、便利高效”的农村运输服务发展新模式。结合农村产业分布，创新“客运＋快递”模式，全市开通农村客货邮商融合发展线路21条，实现线路资源共享，一体发展。加快建设农村三级物流体系，引导支持农村客运、邮政快递、电商、便利店等业态进驻乡镇客货邮商综合便民服务站。正在打造2个客货邮商融合发展样板县、8个农村客货邮商融合发展服务示范站、23个村级客货邮商综合便民服务点。

【出租车行业改革】　2021年，吴忠市加快出租汽车行业改革进程，有序规范发展网约车。积极推进网络预约出租车政策落地实施，明确网络预约出租汽车经营许可证、网络预约出租汽车运输证、网络预约出租车驾驶员证办理流程，加强对网约车平台公司、车辆和驾驶员的监督管理。年内按照行政审批程序许可了8家网约车平台公司，开通了吴忠至盐池、吴忠至红寺堡、红寺堡至银川3条客运定制班线。

·公路养护·

【概　况】　2021年，吴忠市公路管理段根据辖养公路路况实际，完成慈善大道、金五公路、候余公路等部分路段路基路面、排水设施、交安设施及部分桥梁涵洞问题处置。年内组织全段职工对管养公路部分路段路面纵横裂缝进行灌缝，共计133169延米。共抢修处置公路沉陷、坑槽等病害21464.5平方米。完成了滨河大道梅家河湾桥下部结构桥墩及桩基、锥护坡加固维修工程和慈善大道石油管线桥、地金路胜利桥、白黄路沙沟桥桥梁伸缩缝更换工程。投入资金1824.35万元，积极组织实施吴灵青路至机场高速连接线道路改造工程和滚孙路、立弘慈善大道病害修复养护工程。

【美丽农村路】　2021年，吴忠市公路管理段在吴高公路实施"美丽农村路"创建活动。创建工作中共计整修路肩边坡24公里，修建路树280棵，补栽百米桩50个，打造了优美的路域环境。

【道路隐患治理】　2021年，吴忠市公路管理段认真贯彻"安全第一，预防为主"的方针和"管生产必须管安全"的原则，定期组织人员排查辖养路段安全隐患，根据排查内容建立台账，制定方案，限期治理。共计在金五公路、慈善大道安装波形护栏60米；在吴高路、S307线等22公里路段，修剪影响行车安全的路树2102棵；在扁担沟学校门口、东塔二小学校门口及部分标线不清路段，重新施划斑马线、震荡标线210平方米，及时消除安全隐患，为群众出行提供安全畅通的行车环境。实施生命安全防护工程，在慈善大道、滨河大道两条专用公路上共在沿线90个道口安装道口标柱360根、减速带318米；实施"千灯万带"工程，在农村公路主要路口安装减速带236米、爆闪灯26套。

道路修护

【公路管理养护体制改革】

2021年，吴忠市公路管理段根据《自治区人民政府办公厅关于印发自治区深化农村公路管理养护体制改革实施方案和自治区推进"四好农村路"高质量发展实施意见的通知》精神，结合本市实际，起草了《吴忠市深化农村公路管理养护体制改革实施方案（征求意见稿）》，分别向各县（市、区）人民政府及相关单位征求了意见建议，进一步完善了改革方案，形成最终送审稿，上报至市人民政府，并通过市人民政府第77次常务会审议，现已正式出台。

【落实"路长制"】　2021年，全市各县（市、区）结合各自实际，研究制定相关政策，逐步建立农村公路"路长制"。盐池县和红寺堡区已制定"路长制"实施方案，设置了农村公路"路长制"管养机构，全面建立了农村公路"路长制；"同心县已制定出台"路长制"实施方案，现已全面开始实施；青铜峡市已制定出台"路长制"实施方案，现已全面开始实施；利通区已出台《吴忠市利通区农村公路路长制工作方案》，现已全面开始实施。

·综合执法·

【概　况】　2021年，吴忠市交通运输综合执法支队共查处客运车辆违法违规经营行为95起，办理行政执法案件168起。治理非法营运方面，出动执法人员1799人次，执法车辆404台次，联合公安、交警等多部门开展打非治违专项活动80次，共计查处非法营运车辆80辆。依法严查违法超限超载运输车辆。截至目前，共出动执法人员905人次，开展路面联合治超133次，检测车辆16879辆，其中超限车辆329辆、“百吨王”64辆，监督卸载货物11477吨。巡查源头企业142次，下发整改通知书22起，处罚货运源头企业21家。协调吴忠市公共交通公司购置新能源公交车19辆，完成“全年购置35辆新能源公交车目标任务”的54%。推动城乡公交一体化和公交同城化。购置19辆新能源公交车，开通运营农村公交线路13条，包括4条主线、9条支线，覆盖金银滩、高闸、扁担沟、孙家滩、沟台、党家河等村镇，完成了农村公交线路候车亭和简易站牌等配套设施建设工作。完成了国道344至灵武段公路交通安全设施项目工程交工质量核验工作。

【客运海事管理】 2021年，市交通运输综合执法支队加强客运企业安全检查力度，共检查企业102家次，下发整改通知书2份，问题已全部整改到位。加强包车客运管理，共网上办理审批区内包车451辆次、省际包车186辆次。有序规范发展网约车，满足群众个性化出行需求，年内对交通运输局审批许可的8家网约车平台公司、21辆网络预约出租车进行事后监管。积极推动定制客运发展，审批备案吴忠至盐池、吴忠至红寺堡等10条定制客运线路，有4条线路正常运行。顺利完成春运、两会期间，“五一”“十一”等重大节点运输保障任务，组织6家出租企业500余辆出租汽车、172辆公交车完成“爱心送考”任务。

【货物运输管理】 2021年，市交通运输综合执法支队加强货物运输企业安全检查力度，督促落实企业安全主体责任，成立安全集中整治检查组，对全市120家道路危险货物运输企业开展监督检查。紧盯落实，切实督导整改，做到安全隐患消零。截至目前，共出动执法人员726人次，出动执法车辆167辆次；共督导检查运输企业226家次，督办各级部门涉及辖区各运输企业、车辆违法违规抄告治理90件次，约谈企业19家；督办未按期审验车辆道路运输证938辆，督导营运车辆车载终端不及时上线110辆次，注销报废车辆道路运输证166辆，依法公告注销主体责任不落实、资质不达标等7家危货企业。推动危险化学品企业建立完善风险管控和隐患排查治理双重预防机制。加强危货运输车辆管理，对新增的742辆危货车辆，全部安装了智能预警报警装置。积极推进使用货运电子运单工作，解决了部分企业反映强烈的异地从业人员无法备案的问题。督促29家危货企业安装了电子运单系统，对电子运单使用不规范的57家企业进行通报。全市危货企业基本上都达到三级以上标准，进一步提高了企业的标准化建设工作水平。

【机动车维修管理】 2021年，市交通运输综合执法支队加强机动车维修行业执法检查力度，共开展维修行业安全执法检查8次，检查维修企业156家。全面落实自治区交通运输厅关于开展机动车排放污染维修治理站（M站）建设工作，引导建成机动车污染排放维修治理站（M站）3家，共维修排放不达标车辆52辆。积极做好机动车维修质量纠纷调解工作和机动车维修行业专项整治，严厉打击非法改装、拼装等行为。截至年底，共取缔无证机动车维修经营业户4家。

【驾驶员培训管理】 2021年，市交通运输综合执法支队加强对从业人员资格证考试管理，年内共组织客运资格证考试12场，培训合格1065人次；危货运输资格证及押运员考试22场，培训合格1505人次，危货押运员培训合格6845人次。规范各驾驶员培训机构科目二、科目三学时卡审核工作，共审核科目二11124人次，审核科目三11948人次。及时受理驾培行业各类投诉，加大驾培行业违法违规行为查处力度，共查处2起不在核定教学场地进行培训以及使用非教学车辆从事驾驶员培训业务的违规经营行为。认真落实收费事项和收费标准公开制度，接受服务对象监督。积极做好普通货物从业资格证考核制度改革工作，简化办理程序、缩短拿证时间，方便道路货物运输驾驶员从业、就业、择业。截至年底，共核发普通货物运输资格证 10980 张。

【路政管理】 2021 年，市交通运输综合执法支队加强对辖区县、乡道及专用公路巡查力度，及时查处公路摆摊设点、占道经营、乱搭建、乱堆放、乱设非标等公路违法行为，年内共开展路政巡查 218 次，巡查公路里程 20660 公里，清除公路摆摊设点 80 处，对 3 家擅自加宽平交道口的货运源头单位进行立案处罚。开展形式多样的法律法规宣传活动，不断增强广大群众爱路护路意识。共发布路政工作动态 7 条，悬挂宣传标语 6 条，举办法律法规知识讲座 4 次，发放宣传资料 12000 余份，为开展路域环境治理营造了良好的舆论氛围。

【道路运输安全与质量监管】

2021 年，市交通运输综合执法支队结合行业安全生产工作实际与季度安全生产规律特点，共起草印发季度安全生产工作要点 4 份，组织开展安全工作督查 3 次。筹备召开全市交通运输行业安全生产例会 2 次，配合市交通运输局安委办迎接国务院安全督查巡查 1 次、自治区安委办专项整治督查 2 次。加强动态监控运营服务企业管理，组织全市 6 家“两客一危”运输车辆的动态运营服务企业完成所服务营运车辆车载终端排查，对 110 余家道路运输企业的 141 名动态监控人员开展为期一周的轮训。持续推动“两类人员”考核，共计安排考核 80 场次，累计参加考试 1539 次（含补考），考核通过 557 人。

【邮政业安全管理】 2021 年，市交通运输综合执法支队严把寄递安全关口，督促邮政寄递企业严格落实寄递安全“三项制度”，全面推进寄递行业反恐、禁毒、涉枪涉爆、“扫黄打非”等重点难点工作。做好邮政寄递行业法律法规、安全生产方面的宣传和教育，开展快件处理场所安全管理规范化提升行动，督促企业落实安全生产主体责任，强化风险隐患排查，及时整改分拣场所不合规行为，与每个分拣场所企业签订承诺书，力争在要求时限内整改完毕，提升全市邮件快件分拣场所安全运行水平。

【执法稽查】 2021 年，市交通运输综合执法支队大力开展“打非治违”宣传，在社区、汽车站、高铁站等市区重点区域悬挂“非法营运我不坐，文明出行保安全”“珍爱生命、拒乘黑车”等横幅、标语，发放宣传彩页 8000 余份。全力开展“普拉危”查处，采取高压态势，设置固定检查点、流动检查组，严查危货运输各类违法违规行为。特别是在整治普货车辆拉运危险货物上路行驶时，联合公安交管严格执法，对 1 家电石生产企业进行了现场检查并抄告相关部门，对群众举报危货车在农村居民点停靠行为进行制止并通报车籍地，做到从源头制止违法行为的发生。配合环保部门做好大气污染专项治理工作，配合劳动就业部门对吴忠市劳务市场周边环境进行为期 1 个月的专项整治。

邮政通信

·邮政管理·

【概　况】 2021 年，吴忠市邮政管理局党组在国家局、区局党组的正确领导下，深入贯彻落实习近平新时代中国特色社会主义思想和党的十九大及十九届二中、三中、四中、五中、六中

盐池县“邮快合作”协议签订仪式

全会精神，紧紧围绕习近平总书记对邮政业的重要指示批示精神，推进全面从严治党向纵深发展，全面加强行业监管能力，确保全市邮政业健康平稳发展。截至2021年12月，吴忠市共有邮政普遍服务网点53处、邮件处理（投递）场所5处、邮政车辆109辆，其中机动车46辆、电动三轮快递车60辆、新能源车辆3辆。快递企业共有快递品牌10个、法人快递企业28家、快递分支机构41家、快递末端网点101家。邮政业从业人员1171人，其中快递从业人员963人；快递车辆共有834辆，其中机动车193辆，新能源车辆5辆，电动三轮快递车636辆。

【邮政普遍服务】 2021年，市邮政管理局组织邮政企业召开座谈会，研究部署邮政普遍服务重点工作。按照自治区管理局相关工作要求，在全市开展了普遍服务达标检查，农村地区邮政普遍服务专项检查，县级党报党刊投递情况、邮政普遍服务消费者满意度、高校录取通知书寄递保障服务调查工作，机要通信保密安全检查、扫黄打非、仿印邮票及纪特邮票专项监督检查等专项检查，共检查邮政营业场所55个、检查131人次。为进一步促进社会监督工作，年度引进党员、本科学历高素质监督员4名，突出检查方式、检查重点、反馈问题流程、专项检查等内容组织现场培训、线上培训共4次，指导开展社会监督374次、367个网点，走访647人，重点督导了普遍服务质量、“三项制度”落实、“扫黄打非”和各网点疫情防控落实等情况。

【行业监管】 2021年，市邮政管理局全面督促落实疫情防控措施。明确各企业的疫情防控责任，确保有力落实常态化疫情防控措施，组织从业人员接种疫苗、定期核酸检测。开展疫情防控工作专项检查108人次。严格督查寄递安全“三项制度”执行情况。全力做好春节、两会等重要节点寄递安全服务保障工作；对乡镇、村级等快递基层网点执行“三项制度”情况进行重点检查。认真开展专项治理工作。开展冷光烟花和“钢丝棉烟花”专项治理、“安全百日会战”、邮件快件包装物重金属超标专项整治、邮件快件过度包装和随意包装整治等专项治理工作。多次联合消防部门开展邮政、快递仓储分拣处理场所消防安全专项检查。强化安全生产宣传和培训教育。每季度组织全市寄递企业负责人、安全员开展安全生产教育培训。邀请市禁毒委、市检察院举办禁毒专题知识讲座。组织从业人员观看《生命重于泰山——习近平总书记关于安全生产重要论述》《决不要带血的件量，决不要含泪的营收》等安全教育片。广泛开展“6·26”禁毒日、“10·9”邮政日、“12·4”宪法宣传日等宣传活动。做好邮政行业“扫黄打非”工作。要求各企业严格落实“三项制度”，并要求与一线收寄人员签订“扫黄打非”责任书。加强机要通信监督管理。对5个县（市、区）的邮政机要通信营业场所进行了两轮全覆盖专项检查。开展寄递行业生态环保专项检查，对邮件快件包装物特定物质和重金属超标、邮件快件随意包装和过度包装、不向协议用户告知包装物要求等问题进行检查。全年配合区局完成法人企业实地核查15家，完成分支机构备案登记16家、快递末端网点备案登记46家。做好邮政业申诉工作和统计工作。本年度共处理申诉案件28起，群众满意度为100%；举办统计专题培训班4次。配合国家局、区局做好“绿盾”工程相关的安装调试以及配置等工作，为开展信息化执法工作奠定坚实基础。

【邮政行业发展】 2021年，市邮政管理局印发了《2021年“快递进村”实施方案》，明确了年度推进目标。截至12月中旬，全市497个建制村，邮快件直接投递覆盖461个村，快递进村直投率达到92.8%。共建成“快递进村”网点374个，占全市497个建制村的75.25%，圆满完成2021年工作目标。快递行业工会及快递企业党支部组织建设取得突破。在自治区邮政管理局、市总工会及市直机关工委的指导和帮助下，全市成立快递行业工会组织10个（包括品牌单独成立）。成立了利通区、红寺堡区、青铜峡市3个区域快递行业联合党组织，指导符合单独组建条件的中通快递公司成立单独党支部。建立市邮政管理局工会和快递行业联合工会共同参与的工资集体协商工作机制。设置邮政快递业“爱心驿站”阵地5个，为快递从业人员免费提供饮水、充电、休息、应急药品等服务。积极与市社保局对接，全力指导快递企业与员工签订合同、缴纳社保等事宜。目前，全市快递企业与员工签订劳动合同比例达 91.63%，社保缴纳率达 55%。年内市政府将邮政快递业发展纳入“十四五”规划，为邮政快递企业争取了 193.68 万元的专项资金支持。

【自身建设】 2021 年，吴忠市邮政管理局扎实开展党史学习教育，深入开展“我为群众办实事”实践活动，积极探索快递园区建设、快递企业抱团发展等重难点问题，青铜峡快递园区已正常运转，盐池县快递企业抱团发展经验在其他县区推广效果良好。严格落实“三会一课”制度，建立党组织书记抓党建“四个清单”责任制。结合在职党员到社区开展“双报到、双服务”活动，组织机关党员干部深入基层开展“我与群众心连心、我为群众办实事”等活动。认真落实国家局、区局关于“过紧日子”的要求，先后制定完善了公务用车管理、国有资产管理办法、费用支出管理细则等方面 10 余项规章制度。积极参与疫情防控工作，深入共建社区配合开展核酸检测、居民出入登记等工作。

·中国邮政吴忠市分公司·

【概　况】 2021 年，中国邮政吴忠市分公司坚持新发展理念，加大对标力度，通过不断创新、夯实发展基础，推进板块协同、专业融合，有效推动了全市邮政业务高质量发展，取得了较好的工作业绩。全年实现收入 6589.5 万元，增幅 18.87%，收入增幅位列全区第二。5 个县（市、区）分公司均实现两位数增长。

【寄递业务】 2021 年，中国邮政吴忠市分公司深入推动特快业务发展，坚持对标立标达标，持续补短板、强弱项、固优势，寄递业务实现高速增长。截至 9 月末，实现收入 1658.2 万元，增幅 39.34%；完成区分公司卓越目标 2279 万元的 72.76%，收入增幅和进度均全区排名第一。其中特快专递增幅 100.03%，收入增幅和进度均全区排名第一；快递包裹增幅 5.78%。截至 9 月末，寄递业务收入市场占有率 13.05%。

【金融业务】 2021 年，中国邮政吴忠市分公司持续推进储蓄余额、保险等高效业务发展，深入开展“全面学山东”发展理念，金融业务发展稳中有进。截至 9 月末，实现业务收入 3370.2 万元，增幅 33.6%；完成区分公司目标的 86.67%，增幅 33.28%；代理保险累计完成收入 1163.77 万元，增幅 111.51%；全市金融总资产累计新增 4.6 亿元。其中储蓄余额年累计新增 2.0 亿元，理财日均保有量年累计新增 1.2 亿元，基金销量 3064 万元，代理保险年累计新增 1.1 亿元（期交 3001 万元）。4 个县（市、区）分公司收入增幅超过全区平均水平（29.82%），在 2020—2021 年全区邮政代理金融跨年度旺季营销活动中，吴忠市分公司综合评分 97.9 分，位列全区第三名，其中盐池综合评分 99.7 分，位列全区第三名，荣获“跨赛探花县”；红寺堡综合评分 95.0 分，位列全区第五名，荣获“跨赛贡献县”。

【普遍服务】 2021 年，中国邮政吴忠市分公司紧抓普服指标全面达标，提升各网点普遍服务能力。营业服务达标率完成 100%，乡镇网点覆盖率达到 100%，邮

邮政快件分拣

件报刊妥投率100%，建制村直接通邮率达到100%，《人民日报》县以上城市当日见报率100%，用户申诉满意率达到98%；杜绝普遍服务两条红线，未被邮政监管机构处罚。全年未出现重大通信服务质量事故和重大违规经营案件。

【文传业务】 2021年，中国邮政吴忠市分公司实现业务收入933.62万元。其中函件业务实现收入78.82万元，完成区公司预算进度的71.65%；集邮业务实现收入474.28万元，完成区分公司预算进度的82.34%；集邮线上营销活动共实现收入156.82万元，完成全年计划的42.38%，同比增长56.24%，全市线上新增客户1900户，线上下单7556单，同比增长59.85%；报刊业务实现收入380.52万元，完成区分公司预算进度的77.34%。

【渠道平台建设】 2021年，中国邮政吴忠市分公司全力推进县乡村三级农村电商物流体系建设，在全市推广“邮快合作”实现优势互补、合作共赢，切实突破邮政农村电商发展困境。截至年底，全市邮快合作范围达到4个县、17个乡镇、124个村，累计代投社会快递38万多件。开展邮快合作的邮政营业网点17个，利用邮乐购站点、村邮站等建设的“邮快驿站”有103个，打造数字化邮乐购站点404个，开办代收自提站点225处，真正完善“最后一公里”网点和网格布局，构建助力工业品下乡、农产品进城双向通道，切实让老百姓享受到了寄递服务带来的生活便利。丰富线上平台商品，邮乐网地方馆累计入驻品牌商家37个，累计上线单品150种，实现销售订单17879笔，累计实现销售额21.28万元；网络零售实现交易订单9554笔，实现交易额60.25万元。积极参与区分公司组织的“双品购物节”，市县联合打造区域万单产品，充分利用“5·20”网购节，助力同心扶贫馆成功销售“鸿翔古坊”火锅底料10256单，实现销售额7.5万元。通过邮乐网助力利通区黄沙窝番茄滞销，实现销售订单4908单，实现销售额4.86万元。

【重点项目】 2021年，中国邮政吴忠市分公司以惠农合作项目为抓手，发展惠农会员16599个，发放融资E放款89笔1936万元。狠抓协同合作，全面提升协同项目发展质效。截至9月末，全市共计举办微车展5场，完成区分公司下达计划目标任务的125%；根据政务服务项目实施方案，加强与公安、交管、税务、法院等部门沟通合作，利用邮政网络优势，成立了“吴忠市集约送达”中心，促进业务发展，全市二代证累计实现寄递量2万件，实现收入39.15万元；车驾管业务累计收寄1.11万件，收入21.84万元；全市累计办理代征税款1.17万笔，代征税款金额257.8万元；税邮云累计注册用户0.58万户，代开税额1.8万元。全市法院专递累计完成82.85万元。严格落实区分公司医药市场项目安排，通过走访市场、研究论证，分别在利通区、同心县进行中邮大药房建设。截至年底，同心县1处、利通区2处中邮大药房已建成投入营业。各县分公司分别组织对市区内医院、药店走访，通过走访、洽谈，截至9月末共计寄递506件，实现寄递收入0.63万元。

·网络通信·

【中国移动吴忠分公司】 2021年，吴忠分公司坚持以人民为中心的发展思想，围绕“推进数智化转型、实现高质量发展”的主线，深化网格经营体系改革，持续改进工作作风，着力提升分公司运营效益，深挖行业目标客户需求，积极探索智慧工业园区及5G行业应用发展模式。积极对接青铜峡、金积工业园区，经过一年多的勘查、调研、汇报、论证，先后成功落地2个智慧园区项目，实现宁夏智慧工业园区项目从“0”到“1”的跨越，打造了智慧工业园区领域优秀品牌形象。携手青铝公司建设“5G+无人驾驶”天车远程操控项目，实现全区工业制造行业第一家天车5G智能改造的标杆项目，获得工信部“绽放杯”优秀奖，为数智化建设注智赋能。以乡治云平台为基础，聚焦“数字治理，视频监控、应急广播”三大应用场景固化“政府签约、示范标杆、复制推广、属地服务”四步标准化拓展动作，扎实推进数字乡村工作。累计建设12个数字乡村试点，其中盐池大水坑宋堡子村于2021年9月实现项目落单突破，先后被中央电视台、宁夏电视台、宁夏新闻网、《吴忠日报》等权威媒体报道，项目成果获得广泛宣

移动营业厅严格做好疫情防控

传。2021年度5G无线网工程共立项5项，414个站点，5G网络现已基本实现吴忠市县城区连续覆盖、乡镇良好覆盖、农村热点区域有效覆盖，网络能力显著提高。持续开展宽带攻坚，宽带客户规模稳步增长。针对家宽网络质量短板区域，以同心县为试点，成立服务一体化支撑团队，解决焦点问题21个，提升弱项指标9个。落地家宽“五心”服务举措，加强客户关怀，针对吴忠市52个家宽高投诉小区实施投诉攻坚项目，整体投诉量下降63.5%，投诉压降效果明显。

【中国联通吴忠分公司】 2021年，中国联通吴忠分公司推进数字化转型，持续深化体制机制改革，疫情防控形势稳定，推进整体经营态势持续向好，持续加快营销模式转型，细化营销方式，实施差异化经营，开展公客经理争霸赛、春节引流交付等10余次营销活动。借助金融工具打开“业务+金融+异业商品”的包装新思路，实现联通业务与商家商品强捆绑，以“项目+人+店面”模式带动宽带小区包干营销，以BOT合作模式带动合作商发展积极性，打造“数字乡村”示范点，全年“数字乡村”平台共开通57个村，“智慧社区”共开通9个，坚持以“云+网+X”为抓手，持续深耕政企要客市场和商企市场，在政务外网、教育行业等实现了新突破。深耕OMO新型渠道体系建设，聚焦中国联通APP“三票一购”平台，并在生态拉新专项调度会、集团调度会中作为标杆案例在全国分享。着力推进5G共建共享和重点场景布局，基本实现城区连片覆盖。坚持把纪律和规矩挺在前面，严格遵守政治纪律和政治规矩，坚决执行“三重一大”决策制度，扎实开展党史学习教育，积极落实网络强国战略、三大攻坚战、提速降费、网络安全、行业竞合、碳达峰碳中和等工作，圆满完成青铜峡市庆祝建党100周年革命歌曲大合唱、同心妙岭750千伏输变电工程投运等重大活动的重保任务，贯彻落实中央八项规定精神，坚决反对“四风”。大力开展企业文化建设，围绕“我为群众办实事”实践活动，深入践行职工“20条”，精准聚焦员工的急难愁盼问题。

·无线电管理·

【概 况】 自治区无线电管理委员会吴忠市管理处，建有无线电监测B级网控制中心1个、遥测遥控监测测向站3个、小型监测站4个、网格化监测站12个。配备移动监测测向车3辆，移动管制车1辆，以及搬移式监测设备、电磁环境测试设备、搬移式压制设备、防考试作弊设备、便携式监测测向设备等。主要负责本行政区域内无线电台（站）管理，根据审批权限审批无线电台（站）的建设布局和台（站）址，指配无线电台（站）频率，核发电台执照。组织实施本行政区域内无线电监测，及时处置无线电干扰，依法查处擅自设台（站）、擅用频率的违法行为，保障重大活动、重大节会、重要考试，配合军队进行有关国防建设的无线电安全保障，维护空中电波秩序。

【行政许可】 2021年，吴忠市管理处落实2个主项、28个子项行政许可事项全部进驻吴忠市政务大厅，完成行政审批事项44起。首次为公众移动通信5G基站办理行政许可，累计核发电子执照1114份。

【频率台站管理】 2021年，吴忠市新增无线电台站869个，批复无线电频率4个，回收无线电频率7个，注销无线电台站55个。核查设台单位30余家，核验无线电台站2000多个，收取频率占用费116376元，收缴率100%。组织开展A类业余无线电台操作能力考试，完成业余无线电设备检测43台，积极引导吴忠业余无线电开展应急通信演练。完成盐池机场甚高频电台、银西高铁吴忠段GSM-R基站、城际高铁吴忠段GSM-R基站频率台站核查测试工作，核查台站83个。

【无线电监测】 2021年，吴忠市管理处完成专项监测任务6起，查处各类不明信号13起，受理干扰申诉7起，其中查处5G干扰2起；净化高铁沿线电磁环境，排查铁路通信干扰2起；保障汛期气象监测，查处气象雷达干扰1起。在盐池县查处宁夏首例新型“黑广播”设备，及时阻断群众财产受到损失。下发责令改正通知书7次，完成行政执法3起。

【无线电安全保障】 2021年，吴忠市管理处加强春运、两会及各类节假日期间无线电安全保障监测值班，完成教育、人事、司法等各类考试无线电安全保障任务22次，出动车辆37车次、人员133人次。完成建党100周年庆祝活动期间无线电安全保障值班值守工作及“西部·联合-2021”军事演习、第五届中阿博览会机场区域无线电安全保障任务。

【无线电销售市场监管】 2021年，吴忠市管理处联合吴忠市市场监管部门开展无线电销售市场检查3次，共检查商户85家，签订不经销无型号核准无线电发射设备承诺书80份，指导商户利用微信小程序自助办理销售备案手续，发放各类无线电宣传资料300余册。

【无线电管理宣传】 2021年，吴忠市管理处以“2·13”世界无线电日、“5·17”世界电信日、无线电管理宣传月为契机，借助《吴忠日报》、吴忠法治、吴忠新闻传媒中心“看吴忠”等官方微信平台、电视台、APP客户端，以及在吴忠市有影响力的今日头条、微信公众平台开展线上无线电管理宣传。联合吴忠市新闻传媒中心、清宁河社区、吴忠市公安局反诈中心、宁夏民族职业技术学院、吴忠移动分公司等单位，进学校、进机关、进社区、进广场、进设台单位、进营业厅，线上线下，多方联动，开展形式多样的无线电管理宣传活动。积极参与防范治理电信网络新型违法犯罪暨“全民反诈”宣传活动，切实提高群众防骗意识。

商贸物流

商贸服务

【概　况】　2021年，市商务和投资促进局坚决贯彻落实中央和区、市党委、政府统筹推进疫情防控和经济社会发展的一系列决策部署，积极建立常态化疫情防控和经济运行秩序，全力保供应、积极促消费、大力抓招商、多方稳外贸，整体工作保持平稳向好的发展态势。

【消费市场】　2021年，市商务和投资促进局积极引导批、零、住、餐行业等市场主体充分抓住元旦、春节等黄金消费节点，开展“居家嗨购、网上过年——2021吴忠市网上年货节”、全市消费促进月等促消费活动，通过线上线下发放购物券、打折、直播带货等方式，推动消费品市场加快恢复。全年实现社会消费品零售总额182.4亿元，同比增长3%。以“吴忠早茶”品牌为突破口，大力实施餐饮业质量提升、品牌培育等“五大工程”，全力打造“游在宁夏、吃在吴忠”城市品牌。出台《吴忠市餐饮业高质量发展实施方案》，制定《吴忠早茶标准化体系》，培育打造吴忠早茶示范店25家。成功举办了2021大西北吴忠早茶美食文化节，通过开展全国地域特色美食创意大赛、早餐产业发展论坛、绿色食品产业推介招商会、美食暨特色商品展、“传承黄河文化，弘扬时代精神”媒体采风暨融合创新研讨、吴忠早茶标准发布等活动，切实将早茶文化节办成了一次展示地方特色、展望餐饮业前景、促进互鉴交流、推动项目合作的经贸盛会。吴忠市被中国烹饪协会授予“早茶文化地标城市”。早茶文化节期间，相关媒

2021年5月1日，吴忠市举办消费促进月启动仪式

体宣传点击量达 5000 多万人次，共签约绿色食品产业项目 29 个，签约金额 37.9 亿元。

【招商引资】 2021 年，市商务和投资促进局紧紧围绕全市重点特色产业延链补链强链，紧抓京津冀、长三角、珠三角等经济发达地区产业转移的有利时机，大力开展特色产业专班招商、“百企”大走访招商等招商引资“八大行动”，编制了招商引资项目册，建立了项目库，会同各县（市、区）、工（农）业园区统筹资源、共同发力，分行业、分区域灵活组建招商小分队，开展“点对点”招商 107 次，市委、市政府主要领导外出招商 7 次，先后引进北连生物添加剂项目、上能电器 10GW 逆变器生产线建设项目等高新技术企业 10 家。同时，会同市委组织部从全市选派 30 名处级领导干部，“一对一”联系服务 30 个投资 5000 万元以上的重点招商引资项目，建立完善项目管家服务机制，深入企业帮助解决工商注册、土地环保等问题，确保企业放心投资、安心发展。2021 年，共实施招商引资项目 273 个，申报到位资金 397 亿元（含外资 2.6 亿元）。

【市场保供】 2021 年疫情期间，吴忠市紧急启动市场保供应急预案及吴忠市生活必需品监测日报制度，对全市 20 家超市、2 家市场（批发市场 1 家、农贸市场 1 家）的 13 大类 70 种生活必需品和应急商品的销量、存量及价格走势实行实时监测和日报告制度，为领导决策提供科学依据。积极开展蔬菜储备，储备白菜、土豆、萝卜等 6 类常用蔬菜 1000 吨，牛羊肉 100 多吨，猪肉 80 吨，在紧急情况下投放市场，满足供应、稳定物价。成立督察组，每天对市场保供情况进行督查，并配合市场监管局对恶意涨价的小商户进行严厉打击，确保生活必需品市场价格相对稳定。督查农贸市场、大型超市、宾馆（酒店）等企业 60 余家，现场督促整改问题 21 个，协调利通区发改部门为新华百货、人人超市、北京华联、永辉超市、鑫鲜批发市场和物流冷链配送企业工作人员办理通行证 1300 余张，协调宁夏安食六和餐饮服务有限公司为中华社区、民生社区、富荣社区捐赠盒装拉面 120 箱。

2021 年 5 月 7 日，参加海南国际消费品博览会

【外资外贸】 2021 年，市商务和投资促进局采取送政策上门等办法，引导外贸企业积极适应国内外市场变化，推动出口产品创新、营销方式创新，促进外贸进出口持续增长。全年实现外贸进出口总值 4.8 亿元，同比增长 69.6%。

【优质特色产品展示展销中心】

截至 2021 年底，吴忠市建成运营展示展销中心 11 个，先后在南京、厦门、泉州等地举办了宁夏贺兰山东麓葡萄酒吴忠产区品鉴推介活动，组团参加了“宁夏优品全国行”、首届中国国际消费品博览会、第五届丝绸之路国际博览会暨中国东西部合作与投资贸易洽谈会等会展活动，持续提升吴忠特色产品知名度和影响力。2021 年，各展示展销中心实现销售额 5.31 亿元，同比增长 22%。

【重点项目】 2021 年，吴忠市大力实施市场标准化智能化改造、现代物流、电子商务、品牌连锁便利店、城乡便民服务中心、家政龙头企业培育等项目建设，鼓励支持盐池县滩羊产业融合发展冷链物流项目、中国邮政集团有限公司吴忠市分公司（同心县）县级物流配送中心等冷链物流基础设施改造项目5个，实施鑫鲜农副产品批发市场信息化改造和兴农专区等市场体系建设项目4个，进一步提升城乡市场功能，夯实发展基础。

【行业监管】 2021年，市商务和投资促进局持续对全市二手车市场进行专项督查，进一步规范了全市二手车交易市场经营秩序，促进了二手车市场的健康发展。聚焦安全生产专项整治三年行动目标任务，先后开展专项整治行动8次，排查商贸企业520余家，查找安全隐患680余处，已整改623处，确保全市商贸流通领域人员密集场所持续安全稳定。

粮食和物资储备

【概　况】 截至2021年底，建成优质粮食种植基地17万亩，打造“中国好粮油”品牌1个、“宁夏好粮油”品牌25个，占全区产品品牌的42%；建成粮食产后服务中心18家，覆盖23个乡镇10万农户。

【粮食安全】 2021年，吴忠市严格落实粮食安全省长责任制，代表自治区顺利通过国家粮食安全省长责任制考核抽查。完成地方粮食储备9300吨、临时储备1万吨，完成3000吨市级原粮（小麦）储备轮换，及时拨付承储企业各类储备费用补贴。积极完善救灾物资储备库基础设备设施，将物资储备运输通道调整为南向。深入节粮爱粮宣传，承办了自治区“2021年世界粮食日和粮食安全宣传周”主会场活动，推动粮食安全宣传进校园、进企业、进社区、进餐厅，提升全社会爱粮节粮意识。制作展板5块，发放资料1万余份，悬挂横幅12条。打造塞外香食品有限公司粮食安全宣传教育基地，成为宁夏唯一入选的国家级粮食安全宣传教育基地。

【粮食流通市场监管】 2021年，市粮食和物资储备局严格落实法律顾问制度，出台《吴忠市应急成品粮油管理暂行办法》《吴忠市储备粮管理暂行办法》《吴忠市粮食产业化发展专项资金管理办法》等。积极开展《粮食流通管理条例》等相关法规学习教育，举办依法行政培训班2期87人次，全局10名执法人员通过考试获得执法证件。开展政策性粮食库存检查、“亮剑2021”专项行动、节日期间安全储粮等各类检查108次，出动人员246人次，检查企业290家次，抽检样品48份，办理12325平台转办案件2起。建立和完善市县级监测网络，全市价格监测直报点增至18个，上报、发布市场价格信息40期。完成国家局粮食供需平衡调查40户。形成粮油加工业分析报告1篇、粮食流通统计分析报告2篇。加强粮食质量安全监管，建立企业入库粮食检测月调度机制，抽样检测470份。

【粮油产业发展】 2021年，吴忠市大力实施“优质粮食工程”，扎实推进“中国好粮油”行动计划，中桦雪面粉荣获“中国好粮油”产品称号，法福莱、塞外香等7个粮油产品被纳入2021年度“宁夏好粮油”产品名录，全市“好粮油”产品品牌达到25个，占全区的41%。围绕打响“亚麻籽油之乡”品牌，帮助国海粮油等6家企业落实项目补助资金493.27万元，协调将君星坊亚麻籽高值化综合利用等5个项目列入自治区粮食产业化发展项目计划，助推亚麻籽油产业高质量发展。组织5家企业参加第十七届粮食产销协作福建洽谈会，达成合作意向4家2090万元。抓牢粮食订单收购，落实订单任务24.9万吨。

【粮食市场保障】 2021年，市粮食和物资储备局完善和启动《吴忠市粮食和物资储备局新型冠状病毒感染肺炎疫情防控工作应急方案》，下设粮油供应应急保障、应急物资保障等7个工作组，为疫情防控工作提供强有力的组织保障。实行粮油市场日监测日报告制，全面摸排粮油加工企业、大型超市粮油库存、加工、销售和经营情况，为市委、市政府科学决策提供准确数据。启动粮食应急供应保障应急预案，全面激活粮食应急供应网络节点，全市33家粮食应急加工企业、25家粮食应急储运企业、55个粮食应急供应网点均运转正常。全力保障疫情防控应急物资供应，简化应急物资调拨流程，紧急向自治区粮食和物资储备库申请区级救灾物资2种1600件。向利通区、青铜峡市和市直各有关单位调拨帐篷、棉被褥、棉大衣、折叠床等 6 类救灾物资共计 3587 件。

【粮食购销领域专项整治】 2021 年，市粮食和物资储备局严格按照自治区发改委、粮食和物资储备局和市纪委监委工作部署，制定《专项整治工作方案》，成立工作领导小组，召开全市粮食和物资储备系统专项整治工作动员会和自查自纠工作会，切实推动专项整治工作向纵深推进，做到层层动员部署、层层压实责任。全市现有国有粮食购销企业 5 家、国有粮库 22 个、承担过各级政策性粮食储备任务的国有粮食购销企业 5 家。同时，严格按照巡察组要求，撰写工作汇报，整理上交近年来涉粮领域相关政策和相关工作档案资料，全力配合、保障市委专项巡察组开展工作。围绕履行主体责任、政策性粮食储备管理和法规制度政策执行等情况，对局党组落实主管监管责任情况深入开展自查自纠。

城乡建设

·综　述·

【建筑业】　2021年，吴忠市住建部门贯彻落实党中央、国务院关于深化“放管服”改革和优化营商环境的部署要求，持续推进行政审批制度改革，着力打造科学、便捷、高效的“全流程、全覆盖”工程建设项目审批管理体系，加强政策指导和培育引导，不断提升企业核心竞争力，切实推动建筑业高质量发展。全市完成建筑业产值83.6亿元，同比增长13.2%，完成建筑业增加值53.9亿元，增速6.4%，在第二产业中占比14%，在全市GDP中占比7%。全市荣获国家“三A”标化工地6个、“建安杯”优质工程76项，市黄河奥体中心项目荣获全国第十三届中国钢结构金奖，市人民医院迁建项目荣获中国建设工程“鲁班奖”，吴忠市建筑行业首次荣获中国建筑行业工程质量最高荣誉奖，实现了“零”的突破。全年引导培育建筑施工总承包一级资质建筑企业2家，改写了吴忠市无高等级资质建筑企业的历史。

【城乡建设项目】　2021年，全市共实施城乡建设项目186个，累计完成投资56.01亿元。其中，市区实施建设项目29项，年度计划完成投资14.1亿元。

【建筑市场监管】　2021年，市住建局通过持续推进综合执法检查、实施标准化管理、推进智慧工地建设、实名制管理等措施，不断加大市场违法违规行为整治，未批先建、违法发包、分包、挂靠现象得到有效遏制，建筑行业环境不断净化，建筑市场秩序明显规范，建筑质量安全显著提升。全年举办建筑从业人员培训3期，开展“安全生产月”和“工程质量月”活动，开展标准化工地观摩、应急救援演练、安全文化微视频竞赛、建设领域安全知识竞赛和安全生产演讲比赛各1次，强化从业人员技能素质提升。推进“双随机、一公开”“四不两直”执法模式，全年进行综合检查3次、专项检查8次，累计检查全市在建项目86项，先后通报典型案例9例，扣除67家企业诚信分值，并对148名履职不到位的建造师、总监理工程师及关键岗位人员给予记分处罚，对29个存在违法违规行为的建设项目予以行政处罚162.72万元，清理建筑从业挂证人员192人。

【城镇化改革】　2021年，城镇化改革专项小组以“推进老旧小区改造、加快完善保障性住房建设制度，建立多主体供给、多渠道保障机制”为契机，建立整改台账，确保责任主体明确、明确工作要求和完成时限，加大工作措施力度，加强城镇化改革，推进城乡一体化建设，落实服务民生，并加强跟踪问效，积极争取厅局支持，确保各项整改工作高效落实。

【老旧小区改造】 2021年，自治区下达吴忠市老旧小区改造任务79个，涉及户数9377户、楼栋360栋，建筑面积76.25万平方米，计划总投资1.67亿元。截至11月底，全市79个老旧小区已基本全部完工，累计完成投资1.67亿元。

【清洁取暖项目】 2021年4月17日，吴忠市成功入围全国北方地区冬季清洁取暖项目，获得中央专项补助资金9亿元，分3年拨付到位。这是吴忠市财政史上单个环保项目上争资金规模最大的中央专项补助项目，更是全区唯一入围城市。项目力争通过3年时间，新增清洁能源取暖面积2898.9万平方米，完成建筑节能改造232.25万平方米。

【建设工程鲁班奖】 2021年12月14日，中国建筑业协会公布了2020—2021年度第一批中国建设工程鲁班奖（国家优质工程）入选名单，由吴忠市住房和城乡建设局工程项目代理建设管理办公室负责建设的“吴忠市人民医院迁建项目（一期）门诊医技楼、住院楼工程”榜上有名。这是吴忠市首次获得中国建筑行业工程质量的最高荣誉奖，同时也是宁夏回族自治区内除首府银川市外地级市首次获得该荣誉。

· 美丽村镇建设 ·

【概　况】 2021年，全市重点镇实施项目92个，完成投资34.94亿元。美丽村庄实施项目90个，完成投资4.05亿元。金积镇、高沙窝镇、预旺镇及大河乡4个乡镇被列入2021年全区重点小城镇建设项目。利通区上桥镇牛家坊村等13个村庄（利通区上桥镇牛家坊村、东塔寺白寺滩村、高闸镇李桥村，青铜峡邵岗镇下桥村、邵岗镇沙湖村、叶盛镇五星村，红寺堡红寺堡镇弘德村、柳泉乡永新村、新庄集乡杨柳村，盐池县花马池镇北塘新村、麻黄山乡李塬畔村，同心县王团镇北村、丁塘镇团结村）被列入美丽村庄建设项目。全市重点镇（全区共12个）和美丽村庄（全区共50个）项目数均居全区五市第一，重点镇自治区财政每年奖补资金1600万元，美丽村庄每年奖补200万元，重点镇、美丽村庄3年实补资金共2.7亿元。

【危窑危房改造】 2021年，全市住建部门扎实推进农村危房危窑改造，全市农村低收入群体危房改造任务439户，已开工实施改造464户。对达不到抗震设防

利通区东塔寺乡白寺滩村

要求、现居住房屋为唯一住房的农房实施抗震宜居农房改造，计划改造1843户，共完成改造4137户，超额完成年度目标任务。按照属地负责、部门指导，谁拥有谁负责、谁使用谁负责、谁主管谁负责的原则，以县（市、区）为落实主体，全面开展农村房屋安全隐患排查整治，及时消除农村房屋安全隐患。全市农村房屋安全隐患排查228914户，鉴定为C、D级共2533户，符合危房及抗震宜居农房改造条件的纳入改造计划，其中，用作经营的农村自建房通过拆除翻建、关停搬迁、维修加固等方式于6月底完成整治改造共118户。

【移民致富提升示范区建设】

2021年，市住建部局支持红寺堡区美丽乡村建设，实施大河乡重点小城镇项目，提高城镇承载能力和辐射带动能力，投资3.27亿元，实施产业培育、基础设施建设、住房改造等项目，逐步提高城镇承载能力和辐射带动能力。建设永新村、杨柳村、弘德村等高质量美丽村庄，不断完善乡村水、电、路、通信、物流等基础设施，目前杨柳村完成投资2560万元，弘德村完成投资1.08亿元，永新村完成投资3200万元，切实保证了美丽村庄建设成效。实施462户抗震宜居农房改造。

·房地产业·

【概　况】　2021年，吴忠市住建部门不断深化房地产市场供给侧结构性改革，着力调整住房用地供应结构和市场供需关系，加快建立多主体供给、多渠道保障、租购并举的住房制度，长效机制建设稳步推进，有力促进全市房地产业平稳健康发展。全市完成房地产投资71.28亿元，同比增长34.2%；完成商品房销售面积152.06万平方米，同比增长4.8%，实现销售额80.8亿元，同比增长18.2%；商品住宅销售均价5352元/平方米，同比增长12.7%。截至年末，全市库存商品房面积158.58万平方米，同比增长22.3%，其中库存住宅面积54.06万平方米，同比增长6.1%，全市库存商品房消化周期控制在11个月以内。

【房地产调控】　2021年，全市住建部门严格落实调控政策，坚持“房住不炒”定位，按照吴忠市房地产市场“一城一策”方案要求，对商品房销售价格、土地价格、二手房销售价格等16项指标进行监测，定期召开房地产联席会议，分析研判房地产形势，研究处置化解措施，确保全市房地产市场平稳健康发展。同时，通过约谈市区房屋涨幅过高的开发企业负责人、邀请第三方评估机构对开发项目进行成本测算、“一房一价”备案制度等方式，确保房地产市场稳健发展。年内，已完成紫宸园、林溪赋、中房锦里、祥云湖畔、海天阁、上桥雅居、润翔东苑二期等7个房地产开发项目成本核算及“一房一价”备案工作。商品房销售价格、二手房销售价格等指标均保持在合理区间。截至9月底，新建商品住宅销售价格为5364元，同比增长11.3%，环比增长1.9%，其中市区新建商品住宅销售价格为6640元，同比增长19.6%，环比增长2.5%。

【房地产行业监管】　2021年，全市住建部门重点围绕逾期交房、虚假宣传、附属配套设施等矛盾多发点开展综合执法检查工作，通过预警、约谈开发企业负责人等方式，提前介入化解矛盾，全年共下发限期整改通知书11份、预警通知书2份。积极组织开展中介机构综合执法检查工作，严厉打击发布虚假房源、违规收取房款等行为，累计检查房地产中介机构68家，下发限期整改通知书3份。制定印发《吴忠市新建商品房预售资金监管实施细则》，全面实施新建房地产开发项目预售资金监管工作。同时，积极组织开展房地产开发企业信用等级评定工作，对不参与信用等级评定的开发企业不予办理商品房预售许可证，切实营造诚信经营的浓厚氛围。截至目前，市区共评定AA级房地产开发企业2家、A级房地开发企业22家、B级7家，共对7个项目实行预售资金监管，监管金额约3亿元。

【物业行业监管】　2021年，吴忠市进一步健全市、县、乡镇、社区4级物业纠纷投诉处理机制和由社区“两委”、物业与业主委员会共同参与的党群联席会议制度。将物业管理纳入社区治理体系，把物业企业管理权、监督权、考核建议权充分下放至街道社区，构建完善了党建引领下的共商共建共治共享的基层社会治

市区北片区

理新格局。成立由 60 家物业企业组成的吴忠市物业服务行业协会，健全物业企业准入退出、信用评级、失信惩戒等制度。联合市委组织部制定印发《关于在全市开展“红色物业”建设行动提升城市基层治理水平的实施方案》，全面启动实施“红色物业”建设行动，进一步扩大物业服务企业党组织覆盖率。推行“社区党委 + 网格党支部 + 物业党小组”“1123 红色物业工作法”“双报到双服务”等工作模式，积极推进物业党建联建、居民自治、多元参与的社会治理，打造了以春园小区、康乐一区、紫薇小区、华府盛世等 4 个小区为试点的“红色物业”示范小区和物业服务标杆企业。

【保障性住房建设】 2021 年，吴忠市推进全国公租房信息系统联通上线，完成房源信息录入 13676 套。受理新增公租房（廉租）申请资料及信息录入 559 户，纳入保障 469 户。完成租赁补贴发放 300 户 10.6 万元。累计纳入公共租赁住房保障 25190 户，发放租赁补贴资金 3233.94 万元，馆藏档案累计 17190 件。开通公租房租金银行转账、微信、支付宝等多种缴费方式，全年收费 1905.05 万元，收缴率达到 90.85%。对《吴忠市公共租赁住房管理办法》开展三轮征求意见和修改完善。同时，开展公租房转借、转租等违规行为治理，起诉 64 户，清退 20 户。全年开展公租房物业管理考核 2 次，考核公租房小区 12 个、物业公司 8 个，核拨以奖代补资金 23 万元。对集中建设公租房小区进行绿化美化，实施沐春苑、金积四期公租房等 4 个小区双车道改造，集中维修收回拆迁过渡房 165 套，对 9 套年久失修的直管公房进行改造装修，维修屋面 6000 多平方米。截至 10 月底，接到报修 641 宗，投入维修资金 450 多万元。2021 年，自治区住建厅下达吴忠市棚户区改造任务 1660 套，其中市本级 160 套，同心县 1500 套，全部采取货币化安置方式实施。截至 12 月底，全市 1600 套任务全部完成，累计完成投资 3.2 亿元。

【住房保障】 2021 年，吴忠市对市区 14 个乡镇、103 个社区及各企事业单位申请 559 户公租房进行审核，纳入保障 469 户，通过联审累计处理疑点问题 2401 户，新核查出疑点住户 1840 户。通过综合评分、电脑摇号和集中分配（针对企业）的公租房累计达 700 套。发放租赁补贴 300 户、10.6 万元，收缴公租房租金 2512.57 万元。累计纳入保障 25190 户，累计发放补贴资金

3233.94万元。开展保障性住房拖欠租金行为专项整治工作，全面推进落实“三个一批”措施，落实动态审核追缴一批、加大力度催缴一批、起诉执行收缴一批。本着宣传教育为主、惩戒为辅，联合多部门开展公租房领域专项清退工作，清退过程中向违规租户及家属、现场群众进行政策宣讲，同时为群众答疑解惑。通过法院起诉清退64户，公证清退38户。进一步完善公租房管理制度措施，推行“三员管理制”，即房管员、网格员、协管员共同参与小区管理。公租房小区均实现了公租房管理法规、志愿者服务、社会主义核心价值观“三进小区”。结合创城、疫情防控等重点工作调整物业企业考核方式和内容，使考核更加贴近日常管理，助力公租房小区物业管理上水平，开展公租房物业考核3次，核拨以奖代补资金44.3万元。共投入维修资金450多万元，解决700宗住户报修。完成沐春苑、金积四期、洼路沟C区和D区公租房等4个小区双车道改造工程，维修拆迁过渡房165套，直管公房进行装修改造9套，维修屋面超6000多平方米。市区公租房小区达到环境优美、品质宜居、传统文化氛围浓厚，软硬件设施优于安置小区，新建公租房小区品质不次于同期商品房的良好环境品质，居民幸福感大幅度提升。

·市政设施建设·

【市政项目建设】 2021年，市住建局围绕市政项目建设，多方争取资金8600余万元，完成项目投资9800余万元。组织实施了次干路一和次干道三、四等市政项目9个，完成市政道路建设5.4公里、管网改造8.62公里、人行道海绵型化改造2.8万平方米，完成吴忠中学校园内部道路改造9700平方米，超额完成年初市政府下达的4公里市政道路建设任务。

【城市基础设施管理】 2021年，市住建局更换维修各类井盖100余处，完成更换路灯4000余盏，维修路灯箱变135台，及时处理故障电缆及高压线路问题58起，完成市区街道建筑物立面亮化灯具及线路维修工作。同时，按照道路挖掘审批流程办理道路挖掘审批手续38起，收取道路挖掘费2200余万元。通过不间断巡查维修养护，确保了市区道路完好率达98%以上、路灯亮灯率达99%以上。结合“我为群众办实事”实践活动，立足业务工作践行初心担使命，切实为民办实事，完成锦绣华府东门巷、友谊路、育才巷、畜牧局家属路、日报社路、锦绣华府东巷等8条背街小巷基础设施改造，完成沥青油面铺筑3300余平方米，人行道面包砖5500平方米及3座排水井盖维修改造任务，为友谊西路梁湾中石化加油站门口新加装路灯5套，消除该处照明盲区。

【城市防汛排涝】 2021年，市住建局完成市区7座泵站35台运行机泵及24套闸门的检修任务。完成金积泵站、花卉市场泵站配套出水管道改造任务；完善升级改造泵站网络专线，解决了机泵运行数据传输卡滞问题。购置管道机器人和管道闭路电视检测系统，完成市区金星巷、民乐巷、新村街等2.8公里街巷污水管网检测，完成利通街等破损管网修复280余米。结合海绵型城市道路改造项目的实施，清宁街蓄水池及海绵设施现已投入使用，防涝减灾效果明显提升。2021年，防汛备汛工作在9月防洪排涝调研工作中得到了自治区政府及国家减灾委的一致肯定。

城市管理

【市容市貌综合整治】 2021年，吴忠市城市管理局牵头六部门联合印发《关于持续开展爱国卫生运动、市容环境治理和志愿服务活动的通知》《吴忠市2021年创建全国文明城市市容市貌工作组实施方案》，开展“门前三包”责任制落实、乱象治理及包抓街道志愿者服务等城市管理工作制度化、规范化、常态化建设。市区新增停车泊位2121个，完成全年任务率的106%。其中新建设开放龙河金帝西侧院内和花园街北2个停车场，共292个固定停车泊位，在利通街、吴灵路等32条街路巷共计新增停车泊位1829个，其中潮汐停车泊位699个。同时施划大巴车位42个、无障碍停车泊位103个，重新施划和补划非机动车停车泊位29915延米。在市区开元大道、迎宾街等9条主要街道两侧商户按照统一标准安装4661套国旗设施，完成目标任务的117%。

【市区城市园林绿化】 2021年，

市城市管理局组织职工修剪草坪

市城市管理局建成区绿地率、绿化覆盖率、人均公园绿地面积分别达到41.4%、42.7%、22平方米。在吴忠市区设置公共林荫停车位197个，实施了利宁街、福宁东路南侧、文卫街与谦南巷节点、世纪大道等4处裸露空地整治工程。结合庆祝中国共产党成立100周年活动，培育摆放立体绿化造型1处、立体花坛2处，摆放草花8.7万余盆。引入2家企业将开元大道南侧（人社局至检察院段）道路宽幅绿化带、秦渠公园利通街至新村街段南侧绿化带（江禾酒店周边绿化段）改造成两处小微公园，改造面积近1万平方米，投资150余万元。打造红寺堡区弘德移民村环境整治样板示范户2户；审查市区新建小区绿化方案6个，指导验收小区绿化工程11家；实施市区园林绿化在建工程补植补造5项。加强市区城市园林绿地养护管理。根据全国文明城市创建工作的总体要求，参照《吴忠市城市管理局绿化养护管理检查考核工作方案》，将考核情况形成通报下发给市城市绿化队、广场服务中心、公园管理所，月度考核结果和经费划拨挂钩，并按照比例扣罚养护经费。2021年，市城市管理局共组织定期检查10次，书面通报10次。

【垃圾分类】 2021年，市政府办印发《吴忠市城市生活垃圾分类实施方案》《吴忠市农村生活垃圾分类治理方案》，首次从市级层面对全市生活垃圾分类治理工作作出安排部署。2021年，共开展生活垃圾分类治理工作督导

小区生活垃圾分类回收站

检查3次。完成自治区环保督察反馈问题第二十项问题的整改及验收销号。城市生活垃圾无害化处置率达99.79%，生活垃圾得到治理的行政村比例达99.55%，非正规垃圾堆放点整治率达100%，无新增非正规垃圾堆放点。

住房公积金管理

【概　况】　吴忠市住房公积金管理中心为吴忠市人民政府直属正处级事业单位，设办公室、住房信贷科、归集管理科、资金核算科、监察审计科，4个分中心分别为青铜峡分中心、盐池分中心、红寺堡分中心、同心分中心。2021年末，全市实缴单位1436家，实缴职工71408人，缴存额13.32亿元，同比分别增长5.43%、5.44%、10.54%。缴存总额118.82亿元，比上年末增加12.63%；缴存余额43.31亿元，同比增长6.54%，受委托办理住房公积金缴存业务的银行6家。新开户单位124家，净增单位74家；新开户职工8172人，净增职工数3687人。全市共有3.52万名缴存职工提取住房公积金，提取额10.65亿元，同比增长10.25%；提取额占当年缴存额的79.96%，比上年减少0.2个百分点。2021年末，提取总额75.51亿元，比上年末增加16.42%。

【归集扩面】　2021年，市住房公积金管理中心扩大制度受益群体范围，吴忠市住房公积金管理委员会修订审议通过了《吴忠市个体工商户和灵活就业人员住房公积金缴存及使用管理办法（试行）》，把更多的非公有制企业职工、新市民及其他灵活就业人员群体纳入重点扩面范围。灵活就业人员、个体工商户建缴人数416人。把村支部书记纳入缴存范围，全辖共为511个行政村、467名村支部书记开户建缴。加强政策宣传，通过活动现场宣传、上门政策宣传、开展民意调查、直接与企业负责人沟通等形式，向企业职工普及住房公积金政策优势，提高缴存单位和缴存人自觉建缴意识，以点带面促进全市群众对住房公积金归集扩面工作的认识。2021年，新开户单位124家，净增单位74家；新开户职工8172人，净增职工人数3687人；实缴单位1436家，实缴职工71408人，缴存额13.32亿元，同比分别增长5.43%、5.44%、10.54%。

【跨省通办】　2021年，市住房公积金管理中心根据自治区人民政府办公厅政务服务办《关于加快推进政务服务“跨省通办”“区内通办”落地落实的通知》要求，切实做好跨省通办工作，推出跨省通办服务窗口，“全程网办、两地联办、代收代办”3种办理形式同时启动，为企业和群众提供线上线下多样化办事渠道，有效解决企业和缴存职工异地办事“往返跑”等实际问题。区内通办6项业务中5项已实现全程网办，职工租赁住房实现两地联办。全国一体化政务服务跨省通办8项工作落地见效，当前除异地购房提取需要“两地联办”外，其他跨省通办业务已全部实现全程网办。

【优化服务】　2021年，市住房公积金管理中心大力发展数字公积金，充分发挥“互联网＋住房公积金”的服务优势，依托住房公积金综合服务平台新网厅的建立，实现了多项住房公积金线上业务的办理。线上线下互为补充的服务新模式，让缴存企业经办人实现了从“脚尖”到“指尖”的转变，有效解决了职工异地办事“多地跑”“折返跑”等堵点难点问题。9月1日起综合服务平台正式上线，实现了全区统一政策、统一平台。新版单位网上业务大厅上线后，缴存职工可以通过注册登录个人网厅办理查询、提取、还款、打印业务；缴存单位可以通过注册登录单位网厅办理查询、单位、职工、缴存、打印业务。当前共办理托收、网上缴存单位575个，占单位总数的98%。中心被住建部确定为微信小程序试点城市中心，小程序的“异地转移接续”功能已上线，广大缴存职工可实现住房公积金账户、资金跨城市转移“一键办”。进一步扩大公积金合作范围，增加交通银行服务网点。红寺堡、盐池、同心分中心在当地政务大厅设立服务窗口。

【住房贷款】　2021年，全市发放个人住房贷款1743笔7.27亿元，同比分别下降19.83%、15.17%。2021年末，累计发放个人住房贷款5.04万笔81.28亿元，贷款余额26.54亿元，分别比上年末增加3.70%、9.81%、3.55%。受委托办理住房公积金个人住房贷款业务的银行5家。2021年，发放异地贷款300笔11634.10万元。市住房公积金管理中心根据中央、自治区政策调整规定创新思路，中心重点在“用”和“活”字上下功夫，打好政策使用“组合拳”，深挖住房公积金内生潜力，将贷款业务与提取业务有机结合、合理匹配。年内发放的个人住房贷款笔数中，中低收入群体占98.2%，首套住房贷款占74.1%，住房公积金贷款重点支持中低收入职工购买首套普通住房，实实在在为中低收入群体购房提供了保障和支持。加大住房消费力度，共与全辖区34个楼盘签订按揭贷款合作协议，签约住宅建筑面积达176.6万平方米。认真听取职工关于住房公积金管理与服务工作的意见和建议，进一步发挥好住房公积金在帮助职工贷款购房、提取用于住房保障等方面的作用。

【住房公积金存款】 2021年末，住房公积金存款17.11亿元。其中，活期0.72亿元，1年（含）以下定期10.52亿元，1年以上定期5.87亿元。

卫 生 》》》

卫生健康

·综 述·

【概 况】 2021年，全市卫生健康系统以五项基本医疗卫生制度为重点，统筹推进相关领域改革。实施吴忠市“互联网＋卫生监管”一体化平台项目，实现从业人员健康证电子化管理和医疗废弃物全流程监管。突出“统、防、控、治、保”，推进全民健康水平提升行动深入开展。全面开展“优质服务基层行”活动，2021年全市共有12家基层医疗卫生机构通过国家基本标准、4家通过国家推荐标准。不断完善公共卫生服务体系科学统筹常态化疫情防控和突发疫情应急处置，稳步推进吴忠市人民医院三级甲等医院创建、同心县人民医院三级乙等医院创建，认真落实积极应对人口老龄化国家战略，实施三孩生育政策及配套支持措施，以“一老一小”为重点完善人口服务体系，统筹推进养老托育服务与生育全程服务健康发展，卫生健康行业治理水平不断提高。

【疫情防控】 2021年，全市卫生健康系统科学统筹常态化疫情防控和突发疫情应急处置，严把外防输入、内防反弹关，落实“人物同防”和“四早”措施，建成核酸检测基地1个、核酸检测实验室12个，达到2.45万单管/日的检测能力。利通区“10·18”、青铜峡市“10·20”新冠疫情发生以后，围绕“医疗救治、流调溯源、集中隔离、管控服务、核酸检测、信息发布”关键环节，建立公卫、公安、工信联动，线上、线下协同工作模式，提升流调能力水平，实现核酸检测全流程信息化；科学果断处置11例新冠确诊病例，未发生社区传播、未发生死亡病例。顺利完成了利通区、青铜峡市三轮199万人次大规模核酸检测工作。全市累计接种新冠病毒疫苗256万剂次。

【公立医院改革】 截至2021年底，全市公立医院药占比24.59%，医疗服务收入占比31.03%。2021年度参加全区公立医院绩效考核中，吴忠市人民医院排名全区三级乙等医院第一名，盐池县人民医院、同心县人民医院、红寺堡区人民医院分别排名全区22家二级综合医院前三名。加快推动县域医共体建设，各县（市、区）均已组建以县（区）级公立综合医院牵头、辖区相关医疗卫生机构为成员的健康总院，并挂牌运营。2021年5月19日，盐池县代表自治区迎接了国务院综合医改现场评估，获国家评估组肯定。

【“互联网＋医疗健康”】 2021年，全市各级医疗卫生机构医保专网、电子政务外网覆盖率达100%，市级已建成影像、检验、心电、病理、超声“五大远程诊断中心”，县（市、区）已建成影像、心电等远程诊断平台。2021年，全市累计开展远程会诊、远程影像诊断、远程心电诊断等9.76万次。实施吴忠市“互联网+医疗”信息化建设项目，上线运行血液透析及重症监护管理、卒中胸痛中心管理等系统，有效提升医院整体信息化建设水平。实施吴忠市“互联网+卫生监管”一体化平台项目建设，实现从业人员健康证电子化管理和医疗废弃物全流程监管。完成全市基层人工智能辅助诊疗系统部署应用全覆盖，全市累计规范门诊病历108.53万份，病历规范率96.8%。各级公立医疗机构不断深化便民惠民服务，通过微信公众号、APP、自助机等提供预约挂号、缴费、检查检验报告单查询等服务，全市累计申领健康码375.11万人次。

【居民健康】 2021年，全市卫生健康系统深入开展全民健康水平提升行动，全市人均预期寿命达到76.5岁，居民健康素养水平提高到21.28%；全市孕产妇死亡率、婴儿死亡率和5岁以下儿童死亡率得到有效控制，分别为14.16/10万、3.82‰和5.95‰。爱国卫生工作成效明显，城乡环境卫生整治深入开展，顺利通过国家卫生城市复审。全市各类医疗机构、学校实现全面禁烟、无烟，自治区级及以下无烟党政机关建设率达到97.1%，有38个健康细胞示范点获自治区命名。巩固拓展健康扶贫和乡村振兴有效衔接，常态化开展“四查四补”工作，及时对脱贫不稳定户、边缘易致贫人口大病、重病救治情况进行监测。

【基层卫生体系建设】 2021年，全市共有12家基层医疗卫生机构通过国家基本标准、4家通过国家推荐标准。继续实施“千名医师下基层”对口支援基层医疗卫生机构活动，选派211名专业技术人员对口支援基层医疗卫生机构开展培训、巡诊、带教、坐诊等。扎实推进基本公共卫生服务项目落地见效，全市电子健康档案建档率达92.14%，健康档案使用率达61.59%。推广家庭医生网上签约、手机签约、手机服务工作，建立完善了家庭医生签约服务绩效评价机制，全市常住人口签约率达56.88%、续约率达92%，重点人群签约率超过85%，计划生育特殊困难家庭人数、建档立卡贫困人口实现了应签尽签。认真落实妇幼健康项目，完成了14367名新生儿遗传代谢病筛查、14426名新生儿听力筛查和1666名新生儿耳聋基因筛查工作。

开展健康科普知识“六进”巡讲活动

【公共卫生服务体系建设】 2021年，吴忠市推进实施吴忠市传染病医院项目建设，改造传染病房120间，改造感染性疾病楼面积3850平方米；推进吴忠市疾控中心实验室能力提升工程实施，项目总建筑面积3999.31平方米。全市40所基层医疗机构完成了发热哨点诊室设置建设、9所基层医疗机构完成了发热门诊建设。重点传染病和地方病防控扎实推进，全市法定传染病报告发病率为337.30/10万，报告死亡率为0.70/10万，手足口病、流感、不明原因肺炎等重点传染病监测敏感有效，结核病发病率保持在40/10万以下，艾滋病疫情保持低流行态势，以乡镇为单位疫苗报告接种率保持在90%以上。广覆盖、全时段抓好医疗机构慢性病机会性筛查和干预工作，共计完成脑卒中初筛11234人、心脑血管病初筛15950人，完成率均超过100%。

【医疗卫生服务】 2021年，吴忠市稳步推进吴忠市人民医院三级甲等医院创建、同心县人民医院三级乙等医院创建，完成全市22个市级临床重点专科建设评审工作，吴忠市人民医院心血管内科等16个专科被确认为吴忠市级临床重点专科，同心县人民医院新生儿科等13个专科被确认为自治区级县级重点专科。深入开展“合理检查、合理用药、合理治疗”专项整治行动、民营医院管理年活动，规范诊疗行为，加强日常管理。落实医院感染防控“八项工作机制”，全市一级以上医疗机构共配备感控人员72名。开展了医疗废弃物、医疗污水处置专项整治，全市共完成107家医疗废物暂存间在线监控视频安装、16家医疗污水在线监测设备安装、44家乡镇卫生院污水规范化处置装置安装，累计收集4.7万次，处置医疗废物75.3吨。

【全程服务】 2021年，吴忠市实施三孩生育政策及配套支持措施，以“一老一小”为重点完善人口服务体系，统筹推进养老托育服务与生育全程服务健康发展。结合实际制定了《关于积极应对人口老龄化的实施意见》，并将老年服务支撑体系纳入《吴忠市卫生健康事业发展规划（2021—2025年）》《吴忠市医疗卫生服务体系建设“十四五”规划》，确保“十四五”期间全市老龄健康工作有序推进。不断加强二级及以上综合性医院、中医医院老年医学科、康复医学科建设，全市90%以上的养老服务机构和老年人日间照料中心均与就近医疗卫生机构签订了合作服务，利通区金星镇开元社区、青铜峡市裕民街道南苑社区被国家卫生健康委和全国老龄办命名为2021年全国示范性老年友好型社区。积极促进婴幼儿照护服务发展，通过亲子活动、孕妇学校、集中宣传及微信公众号等线上线下方式，及时宣传婴幼儿照护服务的政策要求及科学照护知识，全市备案托育机构12家，备案托位数590个，每千人3岁以下婴幼儿托位数为0.427个。

【卫生健康行业管理】 2021年，全市卫生健康系统持续推进“放管服”改革，进一步完善“一网通办”“多证合一”“证照分离”“一证准营”“简易注销”“电子证照”等。不断完善“双随机、一公开”监督抽查、飞行检查等精准监管机制，国家下达随机监督抽检任务完结率达100%。组织开展全市医疗废物和医疗污水处置专项整治，持续开展打击非法行医、非法医疗美容、人类辅助生殖等专项治理，全年共开展卫生健康监督检查7366户次，覆盖率99.82%；立案查处261件，收缴罚没款67.15万元。吴忠卫生监督综合信息平台“1+5+N”初具规模，信息指挥中心建设完成，市级平台建成投入使用。印发了《吴忠市关于对严重危害正常医疗秩序的失信行为责任人实施联合惩戒的工作方案》，卫生健康领域失信联合惩戒机制日趋完善。积极开展整治医疗乱象和纠正医药购销医疗服务中不正之风专项行动，医务人员主动上交红包、回扣共计21人次、9700元。

【重点专科建设】 2021年，为了进一步加大市级临床重点专科建设力度，充分发挥临床重点专科在人才队伍建设、重大疾病防治和疑难疾病诊治水平等方面的引领作用，根据《吴忠市临床重点专科建设方案（2020—2022年）》要求，吴忠市2020年度市级临床重点专科评审工作经过资料初审、集中答辩、现场评估、公示等环节，对吴忠市2020年度市级临床重点专科建设中成绩显著的吴忠市人民医院心血管内科等16个专科予以命名。

【无偿献血】 2021年，全市共招募献血者采集血液6253人次，其中采集全血6405人次2314700毫升，采集单采血小板148人次171个治疗量。向医疗机构提供红细胞制剂11121U、血浆制剂4784.5U、冷沉淀凝血因子346U，单采血小板198个治疗量。累计开展团体招募活动30余次，采集全血948人1734U。开展无偿献血知识宣传。先后开展了无偿献血知识进医疗机构、金花园社区、宁夏民族职业技术学院、红寺堡区平安人寿保险公司、万达广场等活动30余场次。开展无偿献血、造血干细胞、人体器官捐献、禁毒、艾滋病防治、妇女儿童健康等知识宣传共计10余次。推动无偿献血者临床用血费用直接减免工作。在全市综合医疗机构建设献血者临床用血直免信息化平台，落实献血者及其直系亲属住院用血费用直接减免措施。全市已有4家综合医疗机构完成了献血者临床用血费用直接减免信息化平台建设，通过直免平台为献血者报销血费 5 万余元，年内发放献血者满意度调查表 200 份，统计满意度为 96.0%，对广大献血者反馈的问题进行梳理、分析、回访，通过提升献血服务能力、方便献血者就近参与献血、明确献血者回告事项等措施，力争把好事办实、把实事办好，着力解决广大献血者反映的最普遍、最急切的问题。

【健康宁夏建设】 2021 年，全市卫生健康系统开展了“全国爱国卫生月”等宣传活动、“六进”巡讲及系列科普实践活动 100 余场次。全市各类医疗机构、学校实现全面禁烟、无烟，自治区级及以下无烟党政机关建设率达到 97.1%，有 38 个健康细胞示范点获自治区命名，并开展青少年近视防控健康教育核心知识讲座。学生体质稳步提升，儿童青少年视力健康电子档案建档率为 100%，报告完成率 68.79%。学校健康教育课本拥有率、开课率均达到 100%，学生健康行为形成率超过 85%，心理健康教师开展“阳光成长”心理健康教育线上线下活动 260 余场次，近 4 万名学生从中受益，咨询满意度达 94.1%。群众性体育运动蓬勃开展，完成巴浪湖社区多功能运动场等建设任务，实施了吴忠市滨河体育运动公园 2 块 11 人制足球场维修改造项目，承办群众性体育赛事活动 40 场次，参与体育行业协会 26 家，累计参与群众和健身爱好者 2 万余人次。全市城乡居民达到国民体质测定标准合格以上人数比例为 90.6%，经常性参加体育锻炼人数比例为 37.2%，人均体育场地面积 2.43 平方米。公共卫生管理能力持续增强。全面开展 12 类 52 项基本公共卫生服务项目和重大公共卫生服务项目，截至 6 月 30 日，高血压、糖尿病患者规范管理率分别达到 93.18%、91.61%。法定传染病报告发病率 100%，结核病报告发病率 27.07/10 万，儿童免疫规划疫苗报告接种率 99.56%。截至 10 月底，全市免费开展农村适龄妇女宫颈癌筛查 36362 人、乳腺癌筛查 36585 人、产前筛查 9762 人，免费开展新生儿遗传代谢性疾病 11807 人。截至 11 月 30 日，全市共注册托育机构 31 家，备案信息系统注册 19 家，完成备案 12 家。“互联网 + 医疗健康”建设工作成效明显，截至 10 月底，全市累计开展远程医疗服务 8.13 万人次。基层电子病历规范率达 96.26%。城市健康环境持续改善，1 月 1 日至 11 月 30 日，全市环境空气质量优良天数 270 天，优良天数比例为 80.8%。

【健康干预】 2021 年，不断提高农村妇女“两癌”早诊早治率，对确诊病人全部实施救治或转诊救助。广覆盖、全时段抓好医疗机构慢性病（特别是脑卒中、心脑血管病）机会性筛查和干预工作，共计完成脑卒中初筛 11234 人、心脑血管病初筛 15950 人，完成率均超过 100%。全面落实“两癌”筛查、新生儿疾病筛查和听力筛查等项目。

【中医药服务】 2021 年，全市着力实施 2021 年中医药文化传播行动重点任务，推广中医药服务技术的使用，二级以上公立综合医院全部设立中医科，44 家乡镇卫生院、4 家社区卫生服务中心全部建成中医馆，31 家社区卫生服务站有 11 家、527 家村卫生室中有 410 家能够提供中医非药物疗法。全市社区卫生服务中心、乡镇卫生院中医馆实现全覆盖，全市乡镇卫生院（社区卫生服务中心）、村卫生室（社区卫生服务站）提供中医非药物疗法的比例分别达到 100% 和 89.12%。

【基层基础重点】 2021 年，全市共有 12 家基层医疗卫生机构通过国家基本标准、4 家通过国家推荐标准。年内市卫健委对接解放军 307 医院、宁夏人民医院、福建泉州市第一医院等对口帮扶医院进行精准帮扶。从自治区级、市级、县级三级医疗机构选派 211 名专业技术人员，对口支援基层医疗卫生机构，全面提升了基层的医疗卫生服务能力。

【改革创新举措】 2021 年，吴忠市推进县域紧密型医共体建设，组建了医疗健康总院，承担医疗健康总院“五统一”管理职责。建立分级诊疗制度，采取“基层检查 + 上级诊断 + 区域共认”服务机制，让患者在基层就能享受县级医院优质的诊疗服务，有效解决了基层医师短缺、患者就医负担重等难题。并加快推进吴忠市“互联网 + 医疗健康”示范区建设工作，截至 2021 年 12 月底，累计开展各项远程服务 9.76 万次，全市已完成人工智能辅助诊疗系统部署应用全覆盖。

·应对人口老龄化工作·

【实施“三孩”生育政策】 2021年，吴忠市严格执行《中华人民共和国人口与计划生育法》《宁夏回族自治区人口与计划生育条例》，按照国家卫健委统一答复口径，及时妥善回应群众关切问题。积极开展“三孩”生育政策宣传，提倡适龄婚育、优生优育，营造了良好的社会氛围。全市申报计划生育家庭奖励扶助1753人（户），兑现奖励扶助金399.22万元；申报计划生育特殊家庭老年人护理补助89人，兑现护理补助金40.05万元，各项政策落实率均达100%。“三个全覆盖”落实率均达到100%。深入开展“暖心行动”，及时为计划生育特殊家庭排忧解难。

【婴幼儿照护服务】 2021年，市卫健委以“一老一小”为重点完善人口服务体系，推动婴幼儿照护各项政策措施落实落地。制定了《吴忠市促进3岁以下婴幼儿照护服务发展实施方案》，为促进婴幼儿照护服务健康发展提供政策支持和管理规范。及时宣传婴幼儿照护服务的政策要求及科学照护知识，提高了全社会科学育儿能力。加强与有关部门沟通协调，配合做好普惠托育项目申报工作。全市备案托育机构12家，备案托位数590个，每千人3岁以下婴幼儿托位数达到0.427个。

【应对人口老龄化】 2021年，吴忠市制定了《关于积极应对人口老龄化的实施意见》，明确了工作内容，细化了任务分工，理顺了工作机制，并将老年服务支撑体系纳入《吴忠市卫生健康事业发展规划（2021—2025年）》《吴忠市医疗卫生服务体系建设“十四五”规划》，确保“十四五”期间全市老龄健康工作有序推进。积极开展示范性老年友好型社区创建，利通区金星镇开元社区、青铜峡市裕民街道南苑社区被国家卫生健康委和全国老龄办命名为2021年全国示范性老年友好型社区。积极推进老年友善医疗机构创建，印发了《吴忠市进一步加强老年友善医疗机构建设工作的方案》，全市共有12家机构开展了创建工作。全面推进“智慧助老”行动，安排工作人员值守自助预约设备，为老年患者及时提供服务。

【医养结合】 2021年，吴忠市认真落实《宁夏回族自治区老年人权益保障条例》，主动将设置老年人就诊绿色通道、免收就诊挂号费等相关老年人权益保障工作纳入老年友善医疗机构建设工作当中，全年免去老年人挂号费43万余元。为60岁以上失独和65岁以上老年人免费提供1次健康管理服务，全市90%以上的养老服务机构和老年人日间照料中心均与附近医疗卫生机构签订了合作服务，50%以上的养老服务机构以不同形式为入住老年人提供健康养老服务。在利通区胜利镇社区卫生服务中心和青铜峡市大坝镇卫生院试点实施“三中心合一”和“两院融合”项目，现已试运行。

·妇幼保健·

【高危孕妇服务】 2021年，市妇幼保健院建立吴忠市高危孕产妇管理群，及时在群里发布需转诊、转归及加强管理高危孕产妇信息，确保管理、救治到位，发挥市县危重孕产妇救治中心作用，各保健机构做好追踪随访，确保每一名危重孕产妇得到规范有效的管理。年内共管理高危孕产妇8797人，其中红色6人、橙色1536人、黄色7006人、紫色496人。

【“两癌”筛查】 2021年，全市妇幼保健机构扎实开展妇幼健康民生实事。免费为36362名适龄农村妇女检查宫颈癌，为36585名适龄农村妇女检查乳腺癌，对确诊患者及时转诊，并转妇联救助。完成了14367名新生儿遗传代谢病筛查、14426名新生儿听力筛查和1666名新生儿耳聋基因筛查任务。认真落实妇幼健康项目，全市婚检率90.79%，叶酸服用率99.51%，产前筛查率86.24%，营养包发放率98.70%。

【婴幼儿照护】 2021年，市卫生健康委积极促进婴幼儿照护服务发展，深入贯彻落实“十四五”规划要求，以“一老一小”为重点完善人口服务体系，推动婴幼儿照护各项政策措施落实落地。制定了《吴忠市促进3岁以下婴幼儿照护服务发展实施方案》，为促进婴幼儿照护服务健康发展提供政策支持和管理规范。不断强化宣传引导，通过亲子活动、孕妇学校、集中宣传及微信公众号等线上线下方式，及时宣传婴幼儿照护服务的政策要求及科学照护知识，提高了全社会科学育儿能力。加强与有关部门沟通协调，配合做好普惠托育项目申报工作，力促在有条件的幼儿园开设2～3岁托班。全市备案托育机构12家，备案托位数590个，每千人3岁以下婴幼儿托位数达到0.427个。

医疗保障服务

・疫情防控及重大疾病防治・

【疫情防控】 2021年，全市卫生健康系统坚持外防输入、内防反弹策略，全面落实常态化新冠疫情防控措施，建立公卫、公安、工信联动，线上、线下协同工作模式，积极开展应急演练，提升疫情防控能力，强化疫情防控扁平化指挥调度，科学有效处置利通区“8・12”“10・18”新冠疫情和涉疫货物，未发生社区传播、未发生死亡病例。确定市级定点救治医院5家、发热门诊11家，建成核酸检测基地1个、核酸检测实验室12个，实现核酸检测全流程信息化，达到单检2.45万人/日的检测能力，完成3轮200万余人次全员核酸检测，应检尽检重点人群、重点环境和冷链食品等19.9万余份。有序推进新冠病毒疫苗接种工作，设置88个接种点、235个接种台，累计完成接种256万剂次。

【重点传染病地方病防控】 2021年，全市法定传染病报告发病率337.30/10万，报告死亡率为0.70/10万。鼠疫疫源地监测任务完成率100%，布病筛查任务完成率105.87%，结核病发病率始终持续保持在40/10万以下，艾滋病疫情保持低流行态势。以乡镇为单位疫苗报告接种率持续保持在90%以上。碘缺乏病、饮水型氟中毒，饮水型砷中毒、包虫病等重点地方病防治更加巩固。

【重大慢性病防治】 2021年，吴忠市建立医院内部重大慢性病筛查干预机制，筛查高危人群和患者2万余例，在全区卫生健康工作会议上交流工作经验。健全死因监测、肿瘤登记制度，指导落实死亡信息的核实订正，死因监测粗死亡率6.01‰，达到自治区6.00‰的要求。精神卫生工作稳步推进，部分患者得到免费药物治疗，严重精神障碍患者报告患病率4.29‰，规范管理率91.48%。组织开展“三减三健”“全民营养周”系列宣传活动，认真落实基本公共卫生服务指导工作，获2019—2021年度上消化道癌早诊早治项目国家先进单位称号。

【公共卫生工作】 2021年，全市卫生健康系统认真开展近视、脊柱弯曲等常见病和健康影响因素监测与干预工作，推进儿童青少年视力健康电子档案建设，实现以县为单位全覆盖。全面落实食品安全风险监测工作，饮用水水质卫生监测、空气污染对人群健康影响监测、农村环境卫生监测、公共场所健康危害因素监测、农村义务教育学生营养健康监测均完成目标任务。全力做好各项重大活动应急保障，处置上报突发公共事件应急信息53期，卫生应急处置高效有序。

・卫生监督・

【综合监管】 2021年，吴忠市组织开展全市医疗废物和医疗污水处置专项整治，持续开展打击非法行医、非法医疗美容、人类辅助生殖等专项督查，联合市人民检察院对农村饮水安全情况进行调研检查，以点带面对农村集中供水单位进行监督检查，下达限期整改意见书3份。国家下达随机监督抽检任务542个，抽检任务关闭27个，完成536个，完结率100%，卫生健康监督检查7366户次，覆盖率99.82%，全年共立案查处261件，累计罚款67.15万元，没收3.24万元。全市共发放卫生许可证1005件，其中新发533件，变更55件，延续401件，注销16件。

【机构规范化建设】 2021年，全市卫生健康系统按照卫生监督机构规范化建设标准，因地制宜，突出业务用房实用性，建设完成“四室合一”，吴忠市、盐池县2个建设任务全面完成。“互联网+卫生监督”成效显著，吴忠卫生监督综合信息一体化平台“1+5+N”初具规模，信息指挥中心建设完成，市级平台建成投入使用，全市110家各级医疗机构完成了医废处置在线监控设备和数据接入，44家医疗机构完成疫情防控在线监控设备安装，9家医疗机构放射卫生在线监控接入平台，“一户一档”系统认证 600 余家。

【职业病防治】 2021 年，全市卫生健康系统完成了全市职业病防治能力提升项目建设、工作场所职业病危害因素监测工作，组织开展职业健康体检、职业病诊断机构专项督查。认真落实建设项目职业病防护设施“三同时”制度，加强了对新、扩、建项目的审查、管理，严把准入关。出动卫生监督执法人员 1000 余人次、车辆 200 余台次，对 207 家用人单位职业健康工作开展督导检查，共立案 15 件，其中简易程序 12 件，一般程序 3 件。积极开展了争做职业健康达人活动，全市共评选出自治区级“职业健康达人”16 名。举办职业病防治知识培训和职业病防治宣传周活动，开展各类活动 6 场次，参加宣传培训受众人员共计 5200 余人次。认真开展职业健康体检、诊断、鉴定工作，发现并报告疑似职业病人 17 例，报告确诊病例 10 人，鉴定尘肺病 1 例。

·基层卫生健康·

【基层卫生改革】 2021 年，全市卫生健康系统稳步推进县域紧密型医共体建设稳步推进，各县（市、区）分别组建了以公立综合医院为龙头、相关医疗卫生机构为成员的县域医共体，并成立了健康总院。全面落实医共体总院人事自主权，将乡镇卫生院作为医共体总院的分院，分院院长（卫生院院长）由医共体总院任免，支持总院科室主任或技术骨干到分院担任主要负责人。制定出台了《公立医院人事薪酬制度改革工作实施方案》等。严格执行宁夏医疗机构基本药物使用目录，全市 44 家乡镇卫生院和 5 所社区卫生服务中心均配备使用中标基本药物并实行零差率销售。村卫生室、社区卫生服务站药品均由乡镇卫生院、社区卫生服务中心统一网上采购、药品公司统一配送。基层医疗机构根据服务慢性病患者人数和用药情况配备了非基本药品和二级及以上医疗机构的药物，基本能够满足慢性病患者的日常用药。持续开展“优质服务基层行”活动，2021 年，全市共有 12 家基层医疗卫生机构达到基本标准、4 家已经达到国家推荐标准。

【基本卫生服务能力】 2021 年，吴忠市统筹推进基层基本医疗和基本公共卫生有机融合，实现“双轮驱动”，相辅相成。扎实推进基本公共卫生服务项目落地见效，全市电子健康档案建档率达 92.14%，健康档案使用率达到 61.59%，儿童预防接种证建证率 100%，儿童预防接种接种率 98% 以上，儿童健康管理率 96.44%，孕产妇早孕建册率 97.94%，产后访视率 98.47%，65 岁及以上老年人健康管理率 70.65%，高血压患者规范管理率 89.98%，2 型糖尿病患者规范管理率 90.04%，严重精神障碍患者报告患病率 4.37‰。积极开展项目“六进”活动，切实做到“签约一个，管好一个，满意一个”。全市共组建家庭医生签约团队 378 个，常住人口签约率达到 56.88%，续约率达到 92%，重点人群签约率超过 85%，计划生育特殊困难家庭人数、建档立卡贫困人口实现了应签尽签。

【基层人才队伍建设】 2021 年，吴忠市制定印发《2021 年吴忠市基层卫生人才能力提升培训班项目实施方案》，选派 700 余名专业技术人员分别参加了乡镇卫生院、社区卫生服务中心骨干人员、全科医师和慢病规范诊疗及管理等培训班。继续实施“千名医师下基层”对口支援基层医疗卫生机构活动，从市级、县级等医疗机构选派 211 名专业技术人员对口支援基层医疗卫生机构。完成了 2020 年对口支援活动评价工作。建立了严格的乡村医生准入、退出、注册、考核和绩效管理制度，积极组织在岗村医开展岗位培训，鼓励在岗村医参加全科执业助理医师资格考试，全面提升乡村医生执业能力。

【基层卫生应急能力】 2021 年，全市 35 所乡镇卫生院和 5 所社区卫生服务中心均完成了发热哨点诊室的建设，9 所乡镇卫生院完成了发热门诊的建设，全面完成了自治区下达的各项工作任务，实现了全覆盖。通过线上线下结合的培训方式，对基层医疗卫生机构工作人员进行了应急服务能力培训，重点加强对核酸采样、新冠疫苗接种、预检分诊和发热病人的鉴别、转诊等方面的培训，进一步提升了基层卫生专业技术人员的应急处置能力。

【医政药政管理】 2021年，市卫健委加强医疗机构设置审批管理，完成全市36家民营医院校验管理工作。持续开展解决群众反映看病就医突出问题专项整治、“合理检查、合理治疗、合理用药”专项整治行动等，各级各类医疗机构共举办“合理检查、合理用药、合理治疗”培训班12期，参加培训520人次，上报简报11篇，开展宣传活动11期。强化医废处置。在全市开展了为期4个月的医疗废物和医疗污水专项整治攻坚行动，完成自治区党委第二生态环境保护督察组两轮督查整改销号工作，以及107家医疗废物暂存间在线监控视频设备、16家医疗污水在线监测设备、44家乡镇卫生院污水规范化处置装置安装任务。推进预约诊疗，远程专家门诊、疑难重症会诊、复诊及“互联网+护理服务”试点，延伸护理服务链条。三级医院全面推开日间手术，大力推进多学科联合诊疗。推进检查检验结果互认，提升互认质量。落实《医疗质量安全核心制度要点》要求，进一步完善了医疗机构内部质量管理和控制制度。

【医疗质量】 2021年，吴忠市开展“医疗质量提升年”活动。落实18项核心制度，2021年新成立市急诊医学、呼吸与危重症医学、心血管内科及心血管介入诊疗技术、康复医学科、病案管理、耳鼻咽喉头颈外科等6个质量控制中心，累计成立18个市级医疗质量控制中心，组织院感、产科医疗纠纷、药事、护理等专题培训6场次。深化对口合作交流，借助闽宁、京宁等合作帮扶，全市二级及以上公立医院开展新技术新业务共计74项。加强市级、县级重点专科建设，完成全市22个市级临床重点专科建设评审工作，吴忠市人民医院心血管内科等16个专科被评为2020年度市级临床重点专科。同心县人民医院新生儿科等13个专科被评为自治区县级重点专科。全市一级以上医疗机构共配备感控人员72名。

【就医环境】 2021年，吴忠市建立健全联防联控长效机制和医疗机构安防体系建设，联合市委政法委对全市“平安细胞”年度创建工作开展考核验收。共受理12345便民服务平台转办件176件，来信、来访、电话投诉件84件，网络舆情15件，信访平台转办件1件。

【中医药服务能力】 2021年，全市共备案中医诊所4家、中医类别执业医师人员959名，10家医疗机构接受中药饮片使用管理专项督查。选派12名中医执业(助理)医师参加中医全科医生转岗培训、50名医务人员参加中医馆骨干人才培训、54名医务人员参加基层中医药卫生专业技术人员能力提升培训班。年内65名人员通过2021年中医（专长）医师资格考核复审工作，1名人员参加传统医学师承出师考核，62名符合开具中成药条件的非中医类别执业医师通过审核、复审工作。

自然资源管理

【草原资源】 吴忠市天然草原面积1264.96万亩，其中利通区64.79万亩，红寺堡区230.83万亩，青铜峡市132.48万亩，盐池县570.03万亩，同心县266.83万亩，天然草原综合植被盖度达54.69%。主要有短花针茅、红砂、刺旋花、猫头刺、老瓜头、牛枝子、甘草、苦豆子、荒漠锦鸡儿、柠条、中亚白草、赖草、芨芨草、黑沙蒿等草原植物。

【生态保护与修复】 2021年，吴忠市加强草原保护修复和管理工作。先后实施退牧还草、退化草原补播改良等重大草原生态建设项目。持续推进禁牧封育，开展全市禁牧封育“百日清零”专项行动，依法严厉打击偷牧、放牧、私搭乱建羊圈等破坏草原生态环境的违法违规行为，加强草原资源保护管理，草原生态明显改善，草群平均高度增高到30厘米。2021年，完成退化草原生态修复10万亩，改良草原14万亩，禁牧督查80余次，下发通报6期，进一步巩固草原生态保护成果。

【城乡建设规划编制】 2021年加快编制国土空间规划。组织开展深入调研，统筹预测“十四五”期间全市重点产业用地需求，优化国土空间布局，探索规划“留白”机制，为长远发展预留弹性空间。完成土地利用总体规划实施评估、城镇开发边界规模预测等6个专题研究，划足划优永久基本农田，划定落实生态保护红线，4次施划完善城镇开发边界，市区及各县（市、区）国土空间总体规划初步成果经区厅组织的专家第一轮评审论证并修改完善后，已形成阶段性文本、图集和说明书。

【耕地保护】 2021年，吴忠市超额完成自治区人民政府下达的耕地保有量459.55万亩、永久基本农田保护面积368.21万亩目标任务，全面实施耕地“占补平衡”项目，统筹完成全市永久基本农田清理划定任务，已上报区厅审核。按照区厅下达新增耕地任务，完成全市8.26万亩新增耕地目标，做好耕地后备资源、田长制前期摸底、地块矢量数据调查工作，以“长牙齿”硬措施层层压实全市党委和政府保护耕地的责任，坚决遏制耕地“非农化”、基本农田“非粮化”，确保国家粮食安全。吴忠市耕地保护连续7年获得自治区政府耕地保护一等奖。

【建设用地供应】 2021年，全市供应土地3298.06亩，其中以出让方式供应土地2171.83亩，以划拨方式供应土地1126.26亩。收缴土地出让价款13.5221亿元，其中挂牌出让收缴价款11.0935亿元，改变用途补缴价款2.4286亿元。

【重点项目用地】 2021年，市土储中心严格落实土地征收“三公告”制度；做实做细土地现状调查、社会稳定风险评估；做到征地信息公开透明，主动接受群众监督，切实维护被征地群众的知情权、参与权和监督权，从源头上预防和减少了征地矛盾的发生。按照土地征收预公告公示期10个工作日和安置公告公示期30天的最低时间要求，土储中心自我加压，推行45天办结制，将土地征收工作时间压缩到最小。2021年共完成城市东片区二期、211国道灵武新杜路口至白土岗段公路改扩建、其他市政及城市建设等10个项目的土地征收任务，征地总面积1502.49亩，签订补偿费总金额7389.23万元。

【土地及矿产执法检查执行】

2021年，全市共开展土地、矿产动态巡查1119次，全年发现自然资源违法行为178起（土地110起，矿产68起），其中立案查处土地违法行为56起，收缴罚款531.99万元，拆除违法建筑2.3281万平方米，退还土地1298.84亩；立案查处矿产违法行为48起，共收缴罚没款287.011万元；向其他部门移交违法案件61起（土地48起，矿产13起）。

【造林绿化】 2021年，市自然资源局认真践行绿水青山就是金山银山理念，按照山水林田湖草沙系统治理要求，以“改善生态、培植资源、促进发展”为目的，重点实施三北防护林、天然林保护等重点工程，稳步推进国土绿化和草原生态修复，大力发展绿色富民产业。2021年，全市完成造林绿化36.61万亩，其中人工造林16.05万亩，未成林抚育提升及退化林改造17.53万亩，生态经济林3.03万亩，全市森林覆盖率达到18%。完成退化草原生态修复治理面积10万亩；全市草原综合植被盖度达到54.3%。

【防护林建设工程】 2021年，吴忠市以利通区和青铜峡市为主，主要采取新建、改造提升等措施，在黄河干流沿岸、入黄排水沟、交通道路、沟渠水系、城镇农田周边建设绿色高质量防护林体系，铸造全市北部绿色防护林生态安全屏障。2021年，完成北部绿色发展区防护林建设工程2.51万亩，其中人工造林1.13万亩，未成林抚育提升及退化林改造面积1.38万亩。

【中部防沙治沙建设工程】 2021年，吴忠市结合盐池、同心全国防沙治沙示范县建设，按照“防沙、绿沙”的原则，坚持“草为主、灌为护、零星栽植乔木，封为主、造为辅、重点抓修复”的方针，统筹盐同红区域特点，大力开展防沙治沙建设工程，全力构筑全市南部防沙带。2021年，完成中部防沙治沙工程建设27.97万亩，其中人工造林11.82万亩，未成林抚育提升及退化林改造16.15万亩，完成封山育林2万亩。

【村庄绿化】 2021年，吴忠市围绕乡村振兴战略，以村庄规划为引领，充分利用村道、巷道、房前屋后等空闲地，按照美丽乡村标准进行绿化美化，鼓励引导农户在自家房前屋后空地种植经果林，打造环境优美、农民富裕、民风和顺的生态宜居乡村，有效提升人民生活质量。2021年，全市完成村庄绿化和庭院经济林建设面积1.63万亩。

市直机关干部参加植树活动

【生态经济林建设】 2021年，吴忠市以枸杞、苹果、文冠果、红梅杏等特色经济林为主，积极推进经济林生态产业化和产业生态化，努力发展优良生态产品，大力发展生态经济林建设。2021年，全市完成生态经济林建设面积4.5万亩，其中枸杞0.44万亩，其他经济林4.06万亩。

环境保护

·综　述·

【概　况】 2021年，吴忠市坚持以习近平新时代中国特色社会主义思想为指导，全面落实习近平生态文明思想，认真贯彻自治区、吴忠市关于生态环境保护决策部署，以建设黄河流域生态保护和高质量发展先行区为主线，以改善生态环境质量为核心，以有效治理生态环境问题为关键，守好改善生态环境生命线，深入打好蓝天、碧水、净土保卫战，全面推动经济高质量发展。

【水环境综合整治】 2021年，建成苦水河太阳山段人工湿地等人工湿地项目3个。组织实施牛家坊等尾水人工湿地项目4个，完成全市26个“千吨万人”农村集中式饮用水水源地规范化建设，实施苦水河氟化物本底值调查研究。建立黄河干流及重点入黄排水沟排污口清单，配合生态环境部完成黄河干流542个排污口点位现场核查。

【农业面源污染防治】 2021年，开展危险废物专项整治三年行动，率先在全区完成医疗废物运输处置全过程信息化监管，全市工业危险废物及医疗废物安全处置率达到100%。强化农业面源污染治理，规模化奶牛养殖场粪污处理设施装备配套率达100%、畜禽粪污资源化利用率达95%。实施农村生活污水治理项目18个，社会化运维机制逐步建立。完成哈巴湖、罗山自然保护区152个疑似问题点位现场核查。开展40家土壤环境污染重点监管单位和6家重点地块生产企业土壤污染隐患排查工作，土壤环境质量总体稳定。

【环境监测执法工作开展情况】

2021年，全面落实重大执法决定法制审核制度，对于行政处罚案件均召开局务会议集体讨论决定，确保行政处罚案件执法程序合法、执法行为规范、处罚金额适当，杜绝滥用职权、执法违法、行政不作为或乱作为等行为发生。严格落实污染源“双随机、一公示”制度，每季度公开“双随机”环境执法检查情况，将环保行政许可、行政处罚、企业信用评价信息纳入全市信用信息共享平台信息数据库，接受社会监督。坚持依法行政，严格落实行政执法“三项制度”，严肃查处各类环境违法行为，累计实施行政处罚111件，罚款1490.5万元，移送司法机关查处环境污染犯罪案件2件。完成自治区下达的环境质量、农村环境质量、声环境质量、降尘、降雨（雪）监测工作，上报各类监测数据19878个。开展污染源执法监测221家次。其中重点污染源73家次，一般污染源执法监测企业148家次。审核完成了2020年度环境统计和季度统计工作并上报，涉及排污单位231家（重点调查工业企业204家，集中式污染治理设施企业27家）。

【水污染治理】 2021年，大力实施流域污染治理重点项目，建成同心县人工湿地扩建、罗家河人工湿地二期、苦水河太阳山段人工湿地项目，组织实施牛家坊、新华桥、清水沟上段、红寺堡第二污水处理厂等尾水人工湿地项目4个，新入库同心精细化工产业园污水处理厂人工湿地、峡口镇南干沟皮草产业园人工湿地项目2个；对全市26个“千吨万人”农村集中式饮用水水源地开展规范化建设，共建设围网1万余米、界碑80个、界标207个、警示牌128个、界桩1185个。实施苦水河氟化物本底值调查研究，对苦水河流域干支流地表水、地下水、土壤全面监测，科学掌握本底超标情况，提升流域水环境质量。严格排污口监管，建立黄河干流及重点入黄排水沟排污口清单，对全市20个排污口进行登记，依法对峡口镇南干沟治理污水处理厂、同心县韦州镇污水处理站等11个入河排污口进行审批，取缔南干沟入河排污口4个，对清水沟城区段17个雨水口开展规范化建设，进一步从源头减少水污染物排放。

【大气污染治理方面】 2021年，吴忠市淘汰燃煤锅炉2台、“煤改电”“煤改气”项目5台，完成大气污染治理项目共29个。完成散煤双替代项目4个，涉及同心县共4户25300平方米供热区域改造；完成宁夏青铜峡铝业分公司160焙烧系统除尘改造、脱硫改造治理项目2个；完成红寺堡宁夏弘德包装材料有限公司、宁夏金裕海化工有限公司挥发性有机物治理项目4个；完成宁夏岩鑫冶炼有限公司封闭式料场、青铜峡铝业发电有限公司封闭式煤场、红寺堡区和同心县洁净煤配送中心等堆场治理项目8个；完成青铜峡水泥厂太阳山分厂等3家水泥企业水泥生产线烟气超低排放改造项目3个；完成太阳镁业有限公司工业炉窑深度治理项目1个，完成宁夏金昱元资源再生有限公司等6家高架大气污染源安装在线监控设施项目6个。

【农村生活污水治理】 2021年，吴忠市共争取实施农村生活污水治理项目18个，落实项目资金约3.15亿元。项目区覆盖24594户，受益97294人，新建农村污水处理站12个、提标改造污水处理站3个、管网工程污水处理站3个。

【环境治理】 2021年，坚持"四尘"协同治理，深入推进冬春季大气污染防治攻坚行动，累计排查各类工业炉窑335台，完成青铜峡水泥厂太阳山分厂4号生产线超低排放改造等治理项目25个，完成挥发性有机物"一企一策"治理方案编制。实施"煤改气""煤改电"项目7个，成功入选国家北方地区冬季清洁取暖试点城市，争取资金9亿元。新建洁净煤配送中心5个，抽检煤质80批次，合格率达到100%。建立机动车排放检测与维修制度，全年共淘汰老旧车辆8792辆，检测机动车尾气16.78万辆，合格率为93.05%。强化裸露土地及非煤矿山扬尘管控，市区建筑工地规范化达标率达到100%。修订完善《重污染天气应急预案》，科学应对重污染天气。水污染防治方面，建成苦水河太阳山段人工湿地等人工湿地项目3个。组织实施牛家坊等尾水人工湿地项目4个，完成全市26个"千吨万人"农村集中式饮用水水源地规范化建设，实施苦水河氟化物本底值调查研究。建立黄河干流及重点入黄排水沟排污口清单，配合生态环境部完成黄河干流542个排污口点位现场核查。土壤污染防治方面，开展危险废物专项整治三年行动，率先在全区完成医疗废物运输处置全过程信息化监管，全市工业危险废物及医疗废物安全处置率达到100%。强化农业面源污染治理，规模化奶牛养殖场粪污处理设施装备配套率达100%、畜禽粪污资源化利用率达95%。实施农村生活污水治理项目18个，社会化运维机制逐步建立。完成哈巴湖、罗山自然保护区152个疑似问题点位现场核查。开展40家土壤环境污染重点监管单位和6家重点地块生产企业土壤污染隐患排查工作，土壤环境质量总体稳定。

·库区湿地保护·

【概　况】 青铜峡水库湿地自然保护区是宁夏最大的一片库区滩涂湿地，青铜峡水库湿地自然保护区卫星图规划保护区总面积19572公顷，其中核心区面积5150公顷，占总面积的26.3%；缓冲区面积6023公顷，占总面积的30.8%；实验区面积8399公顷，占总面积的42.9%。青铜峡水库湿地自然保护区核心部分是鸟岛，根据2007年数据，鸟岛南北长19.8公里，东西宽约3公里，总面积127000亩，其中包括林地14600亩，沼泽地25000亩，湖泊3600亩，河滩地56300亩，河流水面27500亩。

库区候鸟

【湿地保护宣传】 2021年，库区管理局全年共计开展各类湿地宣传活动5场次，网络知识答题参与者1000余人，共征集各类作文、绘画等作品200余份，各级各类媒体报道40余次。全年共计接待来访团体、调研活动9次，累计400余人次。配合自治区鸟类专家对库区湿地野生鸟类种类进行准确统计，编修《青铜峡库区湿地自然保护区鸟类图谱》。

【湿地管理】 2021年，库区管理局将保护区沿线重点部位实行网格化管理，加大黄河、湖泊、河道水情监测频次，确保防汛安全。扎实开展“清风行动”，处置30余起野生动物违规活动，劝退违钓人员20余人次，清理偷牧羊只1500余只，向周边种植户、养殖户发放通告、禁牧告知书2500余份。开展保护区人类活动整治工作。开展黄河流域滩地治理和“绿盾”专项行动，全年共制止保护区内侵占湿地违法行为3起，杜绝违法耕种湿地500余亩，排查整治问题点位30个，拆除违建设施6处。

【湿地修复】 2021年，库区管理局加强湿地水质监测。联合青铜峡市生态环境局水质监测站开展水质检测，及时采取生态补水措施确保水质达标。建设鸟类食源地，在水鸟栖息主要水域投放水稻500余斤，在保护区防火隔离带尝试性播种小麦、葵花等鸟类易食种子，缓解鸟类迁徙期食物短缺问题。开展疫源疫病监测，全年累计开展监测活动210余次，联合区、市业务部门采集野鸟咽肛拭子110余份，准确掌握野生动物疫情情况。对现有实验室进行改造升级，新建野生动物诊疗室1间，新增试验台1组，提高疫源疫病监测能力。

【消防安全】 2021年8月15日，库区湿地火情发生后，根据市委、市政府要求，立刻开展后续整改，细化各项防灭火措施，坚决杜绝此类问题再次发生。建立联防联控机制，压紧压实保护区各有关单位防火主体责任，严格落实领导干部“分区包片包抓”防灭火责任制，进一步提高干部职工和辖区群众森林草原防火安全意识。针对春季农事活动频繁和清明期间祭祀活动增多的现象，严格管控保护区外围500米范围内村民生产生活用火行为。对保护区内14处坟地的祭祀活动实行登记管理，引导群众文明祭祀，确保祭祀活动不引发火灾事故。

【项目建设】 2021年，库区管理局贯彻区、市党委、政府关于建设黄河流域生态保护和高质量发展先行区的战略，编制《青铜峡库区湿地自然保护区2021年中央财政林业补助资金——珍稀濒危野生动物保护项目》《2021年中央财政湿地补助资金——青铜峡库区国家重要湿地项目》《宁夏青铜峡库区湿地自然保护区2021年度湿地保护恢复建设项目》。青铜峡库区湿地自然保护区范围及功能区调整得到自治区人民政府批复，为牛首山抽水蓄能项目顺利实施提供必要条件。投资454万元，完成青铜峡库区自然保护区综合监控及监测中心建设项目；实施了2020年中央财政第二批湿地保护补助资金——宁夏青铜峡鸟岛国家湿地公园湿地保护恢复项目、青铜峡库区湿地自然保护区2021年中央财政林业补助资金——珍稀濒危野生动物保护项目和保护区防火应急救援通道及中心湖东岸塌陷湖堤抢修工程，生态保护修复项目的实施为保护区高质量发展创造了必要条件。

教育与科技

教　育

·综　述·

【概　况】　截至2021年底，全市共有各级各类学校616所。其中幼儿园277所，完全小学267所，九年一贯制学校15所，初级中学36所，高级中学12所，中等职业院校5所，高等院校1所，特殊教育学校3所。在校学生29.75万人（少数民族学生19.61万人，约占学生总数的65.92%），教职工2.08万人。2021年，全市教育系统以办好人民满意的教育为目标，突出党史学习教育、“双减”、基础教育质量提升、教育综合改革、校园治理等重点工作，坚持疫情防控与教育教学“两手抓、两不误”，主要发展指标达到或超过全区平均水平，教育高质量发展根基更加厚实，总体实现了与全区教育事业同步发展。五县（市、区）全部实现县域义务教育基本均衡发展目标、县域高中阶段教育普及目标，学前教育“5080”、提高义务教育学校教师待遇任务如期完成，教育信息化走在全区前列。市教育局被评为“全国基础教育质量监测先进单位”，利通区、红寺堡区被评为“全国规范化家长学校实践活动实验区”，利通区先后被评为“全国中小学责任督学挂牌督导创新县”“全国中小学劳动教育实验区”等。

【党史学习教育】　2021年，全市教育系统把党史学习教育作为砥砺初心使命的“磨刀石”，成立党史学习教育领导小组，组建教育系统宣讲团，组织巡回宣讲500余场次。开展庆祝中国共产党成立100周年“十个一”系列活动，举办全市教育系统庆祝建党100周年表彰大会。参加全区教育系统文艺展演合唱、集体舞比赛，均获一等奖。落实“我

“互联网＋教育”蓬勃发展，为吴忠市教育发展插上翅膀

为群众办实事”实践活动，秦宁中学、吴忠十中等如期建成并开始招生，大班额、择校热等群众反映强烈的问题得到一定程度缓解。百年党史浸润心灵、建党精神入脑入心、红色基因融入血脉，焕发出广大师生“强国有我”的信念担当和听党话、感党恩、跟党走的巨大激情。市委教育工委党史学习教育工作在自治区党委评估工作会议上作了经验交流。

【学前教育普及普惠发展】 2021年，制定县域“十四五”中小学幼儿园建设规划，进一步规范和扶持普惠性幼儿园发展，不断提高公办幼儿园和普惠性幼儿园覆盖率。实施科学保教，坚决克服和纠正小学化；持续推进小区配套幼儿园治理工作，巩固城镇小区配套幼儿园治理成果。加强对幼儿园保育教育课程资源的选用和监管。全市学前三年毛入园率达89.14%。公办幼儿园在园幼儿占比为51.90%；公办园和普惠性民办园在园幼儿占比90.73%。

【义务教育优质均衡发展】 2021年，市政府办公室出台《关于印发推进县域义务教育优质均衡发展实施方案的通知》，全面启动义务教育优质均衡发展工作，各县（市、区）相应出台了《推进义务教育优质均衡发展的实施方案》，积极推进义务教育优质均衡发展工作。按照评估体系，建立问题台账、任务清单、推进计划，分年度破解难题，逐一销号。加强对盐池县推进义务教育优质均衡发展指导督导工作，对盐池县推进义务教育优质均衡发展工作进行过程性督查。2021年，共新增学位20800个，其中新建义务教育阶段中小学9所，增加学位19000个；新增普通高中1所，新增学位1800个。高铁片区新建学校秦宁高级中学、第十中学、第二十小学等3所学校，共计增加学位5400余个，2021年秋季开学，招录高一新生645人、七年级新生595人、一年级新生103人，为市区基础教育补充了优质资源。全市义务教育阶段超大班额为零，全面落实基本消除超大班额目标，2021年共有大班额14个，大班额占比0.3%，较上年降低0.7个百分点。

【学籍管理】 2021年，全市教育系统严格按照《吴忠市中小学生学籍管理办法》，进一步规范学籍管理，完成了2021年秋季中小学生招生、转学、休复学学籍操作，对有问题学籍申报自治区教育厅进行处理，对各学校大班额、辍学学生进行监控，确保学生人籍一致。着力推进义务教育阶段控辍保学工作，全面实施自治区控辍保学动态清零行动，摸排全市中小学生辍学情况，分类施策安排复学学生，将辍学消除在萌芽状态。2021年，全市九年义务教育巩固率为97.79%。

【高考工作】 2021年，普通高考吴忠市共计有15337人报考（文科4942人、理科7958人，中职分类2437人），比上年增加1415人。因高职分类考试和自主招生前期已进行结束，参加考试实际人数为12396人，比上年增加878人。全市以各县（市、区）为单位共设置考区5个、考点11个、考场419个（文科161个、理科258个）。及时升级巡查系统。保证考试期间网上巡查系统、防范无线电信号作弊系统和视频会议（指挥）系统正常进行，确保安全考试。切实加强保密工作，按照新标准改造了试卷保密室，在普通高中学校开展“备考教育周”活动，就加强考风考纪教育，文明应考、诚信应考、强化应考培训，杜绝通信工具作弊，加强考试期间安全以及疫情防控等内容进行了专项教育。坚持防疫工作“关口前移”，周密制定和严格落实防疫方案，防疫培训做到全覆盖。

【中考工作】 2021年，全市九年级共有23432人报考，比上年增加774人；八年级共有22988人报名，比上年减少867人。组织编写了考试组织机构使用的《考务工作手册》及考试工作人员使用的《考务工作指南》，全市统一使用；同时，印制了包含考试时间、禁止标志、考试说明、考生须知、处罚规定等内容的喷绘图，全市各考点一张，规范操作规程，统一工作步调。统一使用“条形码”，开展“中考备考教育周”活动，加强考风考纪教育，做到文明应考、诚信应考，用心组考、耐心服务，确保考试顺利有序进行。

【教师资格证考试】 2021年1月9—10日，组织了2020年下半年全国中小学教师资格考试面试，参加考生总人数为1939人，其中幼儿园 475 人，小学 968 人，初中 221 人，高中 160 人，中职 115 人，共设置 47 个考场，涉及 19 个学科组。2021 年 3 月 11—13 日，在吴忠中学、吴忠回民中学组织 4746 名考生参加 2021 年上半年教师资格证考试笔试。5 月 15—16 日，组织 1638 人参加 2021 年上半年全国中小学教师资格考试面试，其中幼儿园 393 人，小学 560 人，初中 322 人，高中 255 人，中职 108 人，共设置 45 个考场、17 个学科组。因为新冠疫情原因，2021 年下半年教师资格证考试的笔试没有如期举行。

【特殊教育】 2021 年，吴忠市印发《关于做好 2021—2022 学年残疾儿童少年入学安置工作的通知》，按照随班就读、送教上门等方式对 15 名适龄残疾少年安置入学。报送吴忠市区送教上门工作典型案例，得到自治区教育厅充分肯定，分别在《宁夏日报》、学习强国宁夏学习平台等媒体宣传报道，形成了特殊教育良好的工作氛围。充分调研，向上级部门申请特殊教育专项补助，进一步保障落实送教上门教师工作补贴。

【教育改革】 2021 年，全市教育系统扎实推进“双减”“五项管理”工作，作业总量和时长得到有效控制，作业批改、手机布置作业等乱象得到有效遏制，学生的过重作业负担问题得到了初步解决。课后服务成效初显，“两个全覆盖”全面落实，辅导学生有效完成书面作业，开展丰富多彩的科普、体育等兴趣小组和社团活动，惠及学生约 17 万人。实行起始年级“零起点”教学，严格规范考试管理，2021 年秋季学期末，小学一、二年级开展无纸化测试，典型做法在《光明日报》等媒体宣传刊发，得到社会各方认可。校外培训机构治理效果显著，义务教育阶段学科类校外培训机构 198 家，经过集中整治，截至目前压减到 17 家，压减率为 91.41%，全面完成目标任务。

【教育帮扶】 2021 年，市教育局认真开展脱贫攻坚“四查四补”有关任务，如期完成反馈问题的排查整改；选派市直属 30 名骨干教师及师范类大学生去盐同红集中连片贫困地区进行支教，推进城区各结对帮扶学校定期开展送教下乡及研讨课、观摩课、联片教研、家校合作等活动，有效激活贫困地区薄弱学校的活力。2021 年，继续在盐池县高沙窝镇南梁村派驻工作人员 3 人，同时全面落实主管领导和分管领导的驻村帮扶制度。坚持干部结对帮扶。选派 40 名干部对红寺堡区大河乡麻黄沟、石炭沟两个村 100 户贫困户开展结对帮扶工作。每月如期完成入户帮扶等相关任务。

【义务教育招生】 2021 年，市教育局联合利通区启动“利通区县域招生转学服务平台”，实行网络招生，对市直属中小学招生、转学、登记、审核、录取等过程进一步优化。采取系统初审、教育局面审相结合办法，着力将过程透明化。6—8 月，完成小学、初中应入学学生信息审核、底数清查招生录取等工作。2021 年秋季，共完成市直属小学招生 1350 人、初中招生 6055 人，其中，随迁子女全额纳入公办学校招生，和本地学生享有同城待遇。按照自治区普通高中招生办法，共完成 4 所普通高中招生 4002 人。2021 年秋季招生工作平稳推进，有序完成。推进利青同城教育发展工作。继续深化利青同城教育，3 组教育发展共同体（分校）和 10 组教育发展合作体定期开展教师交流、教学教研、家校合作、主题教育、公开课教学等相关活动。双方共选派戚劼等 4 名校长、王德功等 39 名教师进行交流，有效促进了两地多校教育教学的交流。

【两规划指标监测】 2021 年，市教育局报送两规划 2020 年教育事业妇女儿童监测表，确保全市教育系统各项两规划指标全部达标。起草编制了《吴忠市妇女儿童发展规划（2021—2030 年）》“妇女与教育”“儿童与教育”部分，并报送市妇儿工委。做好自治区两规划先进集体的报送工作，积极参与完成市妇儿工委新两规划的专家评审工作。

【互联网 + 教育】 2021 年，市教育局制定了《吴忠市中小学“三个课堂”应用实施方案》，推动建立“专递课堂”“名师课堂”“名校网络课堂”在全市中小学校的常态化应用。召开了全市智慧课堂信息化应用案例展示交流活动，来自全市 200 余名学科骨干教师进行了教学应用交流，进一步推进吴忠市“互联网 + 教育”

深层次应用。举办了全区“互联网＋教育”大讲坛第七期活动，全市近2万名教师远程参与活动。制定《吴忠市加快推进“互联网＋教育”实施方案（2021—2023年）》，做好进一步推进“互联网＋教育”工作的准备。市、县两级名师创建网络工作室70个，教师平台注册率达到100%。截至年底，教学活动教育资源利用率达到80%，全市学校教育云“智慧校园”应用开通率100%，利用教育云智慧校园整合教育管理数据、优化教育管理流程，宁夏教育云平台应用水平走在全区前列。

【区域教研共同体】 2021年，市教育局发挥市直属学校教育教学优势，以教研共同体为载体，推动五县（市、区）各学段教学教研发展。10月全市学前教育中心教研组成立，填补了幼儿教育有管无研的空白，以大市幼儿园为核心，组建了6个幼儿园教研共同体，整合力量，推动幼儿园教、研、学发展。小学以第十、第十一、第十二小学教研共同体为核心，5月举办了“党史学习教育与学科教学有效融合”主题研讨活动，1000多名教师参与分享。3月和6月市直属3所高中和5所初中，分别以教研共同体为载体举办了高考和中考模拟联考工作，推动了教学高质量发展。

【教研室教学视导】 2021年，市教育局每学期开学初，所有教研员全部下沉学校、下沉课堂，进行教学视导工作。教研员分别就各自所包学科、所包学校的课堂教学，从听、说、评、讲4个方面进行专业指导，将对各校课堂教学总体评价、存在问题以及教学改进措施及时反馈给主管教学的校领导，并配合学校教务处积极解决教师在课堂教学中存在的问题。

【教研成果】 2021年，市教育局组织参加全区自制教具大赛，13件作品获一等奖，3人获全区自制教具能手称号，总成绩名列全区第一；组织参加全区“第三届中小学青年教师教学竞赛”，5人获一等奖，吴忠市直属学校3人获中小学8门学科的第一名，总成绩名列全区第一。参加全区中小学劳动技术教育精品课竞赛，有63节优质课获奖，总成绩名列全区第二。参加第一届全国精品课大赛，总成绩名列全区第二；参加全区高中数学、体育等学科优质课竞赛，分别获得全区第一、第二名的好成绩。

【教材教辅工作】 2021年，市教育局组织参加并积极开展对《习近平新时代中国特色社会主义思想学生读本》的教材培训工作。通过国家教育资源公共服务平台、宁夏教育资源公共服务平台等组织教师观看、学习《习近平新时代中国特色社会主义思想学生读本》各学段示范课，进一步把握教材主要内容、编写意图及教学理念。

【教师队伍建设】 2021年，吴忠市教育系统深入学习贯彻习近平总书记关于师德师风的重要论述，在自治区教育工委、教育厅及吴忠市委、市政府坚强领导下，以加强师德师风建设、提升师资专业素养、优化师资配置为突破口，努力建成一支师德高尚、业务精湛、结构合理、充满活力的中小学教师队伍。通过开展师德专题教育、中小学教师有偿补课和违规收受礼金问题专项整治等活动，狠抓教师队伍政治建设及师德警示督导，彰显初心使命担当。充分利用周转池编制，自主招聘540名教师，师资不足、结构性短缺等问题得到有效缓解。盐池县积极开展“县管校聘”改革试点工作，制定“1+7”中小学教师“县管校聘”改革方案，建立健全人岗相适的教师管理体制，有效均衡城乡间、校际、区域间师资配置。全市现有正高级职称教师17名、各级各类骨干教师3531名，胡锋等39人被自治区教育厅命名为2021年基础教育教师“年度人物”。

【五育并举】 2021年，全市教育系统深入推进习近平新时代中国特色社会主义思想进教材、进课堂、进头脑，率先在宁夏教育云平台建立“三进”思政精品课教学案例库、备课资料库，成立22个思政课名师工作室，思想政治教学工作开创新局面。加强理想信念教育，开展“红色家书诵读”“红色主题百米绘画”等20项活动，为党育人旗帜高高飘扬。全面推进创新素养教育，加强教育教学研究和语言文字工作，各项重点任务如期完成。强化体育美育工作，印发《新时代学校体育美育工作方案》，学会、勤练、常赛步入常态化，创建全国篮球学校、足球学校等国字号特色学校133所。加强劳动教育，利通区入选“全国中小学劳动教育实验区”，利通一小成为全区唯一入选全国中小学劳动教育48个典型案例的学校。深化家校协同，利通区、红寺堡区率先创建“全国规范化家长学校实践活动实验区”。

【校园治理】 2021年，全市教育系统实施校园治理“五大行动”，县县达标、校校达标全面实现，封闭化管理、专职保安配备、一键报警视频监控、护学岗设置4个100%已经实现。校园矛盾纠纷调解机制持续完善，依法治教、依法治校深入推进。严格落实意识形态工作责任制，教育系统意识形态领域向上向好态势持续巩固。全力抓好疫情防控，有序完成各级各类学校复课评估验收，3～11岁第二剂疫苗接种率达到98.18%，教育系统无一人感染。

·宁夏民族职业技术学院·

【抓思政课】 2021年，学院结合开展党史学习教育，推动习近平新时代中国特色社会主义思想全面嵌入各类教材、高效走进课堂社团、深刻融入师生头脑。建立党政主要负责人抓思政课制度，深入开展“七进一交友”活动，开展46场宣讲活动，新挂牌4个校外思政课实践基地，及时更新、充实教学资源，思政课教学能力进一步提升，刘瑜老师在全国高校思政课教学展示暨优秀课程观摩活动中荣获二等奖。出台《深化新时代课程思政建设实施方案》，举办“课程思政”教学比赛，建成13项“课程思政”示范课，评选34个“课程思政”优秀案例，思政育人功能全面凸显。分层次签订意识形态工作责任书，及时分析研判风险点，守好课堂教学、网络媒体、学生社团、校园文化4个重要阵地，组织领导干部和辅导员（班主任）分别进入各班级、社团等微信群，严守网络安全，持续保持意识形态“零事故”。围绕“传承党的百年光辉史基因、铸牢中华民族共同体意识”主题教育，分层分级举办专题讲座，开展班团会、征文等主题教育活动，全方位、立体式开展宣传，强化民族团结进步创建，中华民族共同体建设全面加强。

【学生服务】 2021年，学院修订《学生综合素质评价办法》，设立了劳动教育实践基地，开设劳动专题教育必修课，加强学生体育锻炼，促进学生德智体美劳全面发展。幼儿教育系周沛英同学获评第十六届“全区大学生年度人物”。健全管理制度，开展爱国主义等主题教育活动13次，举

2021年9月27日，宁夏民族职业技术学院与宁夏农垦签署奶产业校企合作协议

2021年3月9日，宁夏民族职业技术学院召开党史学习教育动员大会

办安全知识等专题讲座30多场。拓宽服务渠道，依托宿舍楼，设立“青年之家”。图书馆藏总量达到53.39万册，生均达到85.18册，超过教育部馆藏生均指标。开展辅导员（班主任）能力提升培训，创建培育辅导员工作室4个，鼓励辅导员开展学科研究，服务学生的能力和水平得到大幅提升，李慧老师获得全国学生思想政治工作征文二等奖。完善心理辅导站布局，构建起“院、系、班、学生”四级网络育人模式，心理疏导覆盖全体学生，心理健康教育“暖人心、育人心、聚人心、强人心”作用进一步彰显。

【社会服务】 2021年，学院主动承担宁夏奶业现代产业学院建设任务，聚焦自治区、吴忠市重点特色产业和乡村振兴战略，深入“政、校、行、企”调研，牵头成立奶产业行业职业教育教学指导委员会，被自治区授予“宁夏奶业现代产业学院”牌匾，开展奶牛养殖技术培训，开启了学院服务宁夏奶产业发展的新征程。充分发挥教育教学资源优势，申报了宁夏退役军人创业园地、吴忠市继续教育基地、利通区退役军人职业技能培训定点机构，面向村“两委”、企业管理人员、在校学生等群体，完成6300余人培训认定和学历提升，职业培训认定质量得到新提升。立项自治区教育厅教育政策研究课题1项、“互联网+教育”示范区建设专项研究课题1项、高职院校教育教学质量工程项目10项、院级科研项目21项，科研服务地方经济发展实现了新突破。

【教学改革】 2021年，学院出台《“双师型”教师认定办法》《课堂教学管理办法》等教学管理制度，建成教改实验课26门，确定院级教师教学创新团队6个，教学能力有效提升。新建康复治疗技术、云计算技术应用、摄影与摄像艺术、广告艺术设计、婴幼儿托育服务与管理5个专业，新增母婴护理等16个“1+X”证书项目，专业链对接产业链更加紧密，护理和机电一体化专业群被确定为自治区高水平专业群。承办全区职业院校技能大赛开幕式，师生获得全区职业技能大赛一、二、三等奖153项，有10个团队、项目参加了国赛，获得三等奖3项，被自治区教育厅授予全区职业技能大赛突出贡献奖和成绩突出奖。获得全区学生创新创业大赛金、银、铜奖14项，4名学生创业历程入选“全国大学生就业创业人物事迹”。健全完善招生形式和考试评价方式，完成高职招生2680人。积极对接市场岗位需求，帮助毕业生高质量就业，年终就业率达到96%。

【教师队伍建设】 2021年，学院打造“园丁筑梦”“天使之翼”等特色鲜明的党建服务品牌14个，拓宽人才引进渠道，招录58名编外教师，聘用13名兼职教师，聘任5名院级教学名师、18名专业带头人、32名骨干教师，申报7个人才项目。面对新一轮疫情冲击，全院300多名党员干部、教职员工、后勤人员封闭在校28天，进班级、入宿舍、做访谈、搞排查、稳秩序，为保障学院安全稳定和师生身体健康贡献了力量、奉献了爱心。任课教师采取线上线下混合式教学模式，对6000多名学生完成240余门课程的教学和辅导，实现了“线上线下同时教、校内校外同步学”，保障了教育教学正常运转。

科　技

【概　况】 2021年，吴忠市科

技局认真学习贯彻习近平新时代中国特色社会主义思想，大力推进创新驱动发展战略。吴忠仪表有限责任公司董事长马玉山被评为中国工程院院士，公司被认定为自治区首批创新型示范企业。科技型中小微企业风险补偿专项资金工作实现一市、五县（区）全覆盖。首批自治区重点研发计划后支持项目顺利验收，攻克一批产业关键技术，通过食品级藻蓝蛋白提取技术研究，蛋白提取率达到 66.7%。打破传统常规天然气重烃分离方法，首次引入低温冷凝预分离相关工艺及设备技术，工艺节能降耗综合利用率实现大幅提升。发挥科技创新对红寺堡区创建全国易地搬迁移民致富提升示范区的支撑作用，引进宁夏大学、农科院及水科院等专家团队技术力量，围绕葡萄酒、肉牛等重点产业，组织实施葡萄保护仓"双防多效"稳产优质省工栽培技术等重点产业提质增效集成示范项目 4 个，为特色产业高质量发展提供一批可复制、可推广的技术和模式。

【研发经费投入】 2021 年，全市争取项目 100 余个、争取支持资金 6500 万元。开展企业家创新精神培训 2 场次，240 人参加，分行业分领域参加自治区组织的企业创新培训 3 场次，参加企业 15 家。市科技局指导红寺堡区、同心县纳入自治区科技型中小微企业风险补偿专项资金试点，共计安排 450 万元科技型中小微企业风险补偿专项资金，为中小微企业融资提供风险补偿。组织专业服务团队深入企业逐一开展现场指导，帮助企业辅导研发经费投入归集，2020 年度全市全社会 R&D 经费支出 7.87 亿元，比上年增加 0.5 亿元。

【科技型企业培育】 2021 年，吴忠市通过项目、服务和政策的扶持奖励，着力培育以国家高新技术企业、自治区科技型小巨人企业、自治区科技型中小企业为骨干的创新梯队，建立科技型企业培育库。通过"一对一""面对面"服务，指导企业规范财务管理、归集研发费用、挖掘申报专利和成果等，同时多频次、高质量举办科技型企业培训班，不断提高企业科研人员项目执行的水平和能力。全市科技型企业培育成果显著，认定备案聚安星信息服务公司等国家高新型技术企业 18 家（复审 6 家）、宏民生物公司等自治区科技小巨人企业 19 家、金谷丰种业公司等自治区科技型中小企业 95 家（复审 24 家）、西鸽酒庄等自治区农业高新技术企业 6 家。

【科技成果转化】 2021 年，吴忠市通过"引进来"的方式邀请上海交通大学、西北农林科技大学、南京农业大学、宁夏大学等高校、科研院所的专家团队，就肉牛养殖、西甜瓜培育、葡萄酒工艺提升、辣椒和番茄新品种培育、日光温棚等领域的最新科研成果，开展多次技术成果交流会。全市 31 家企业在大会上发布技术需求，12 所高校、研究院的 20 多项科研成果在对接会上推介和路演，10 家企业现场签订意向合作协议。截至年底，全年科技成果登记 50 余项，全市技术合同成交额 3.03 亿元。全面围绕巩固拓展脱贫攻坚成果同乡村振兴有效衔接的决策部署，提升县域科技能力，加快先进实用科技成果向县域转移转化。在同心县王团镇李家庄村、张家塬乡范堡子村

2021 年 5 月 19 日，市科技局在同心县王团镇李家庄村开展科技"三下乡送温暖"活动

分别引进山西果树所新选育的杂交新品种玉露香梨，开展波浪式覆膜精量穴播谷子技术示范与推广，支持资金30万元。通过技术服务指导，项目成效显著，达到了提高农民收入、助力乡村振兴的效果。

【园区创新示范带动】 2021年，市科技局抓好农业科技园区建设，专门从山东寿光聘请5名专业技术人员，连续多年驻点农业科技园区，围绕园区主导产业关键技术、瓶颈环节、制约因素开展科技创新与试验示范，引进示范瓜菜新品种，示范应用了常绿油桃袋式栽培、高品质番茄栽培等多项实用技术。在4个县（区）抓好农业示范展示区建设，集中示范展示了农机农艺与信息化综合的瓜菜高效种植、中药材高效种植等实用技术。抓好工业园区建设，指导金积工业园区被认定为自治区高新技术产业开发区，建设并运营科技企业孵化器和技术市场。目前，正在积极申报国家高新技术产业开发区，并被列入了科技部重点考察名单。

气象服务

【概　况】 2021年，吴忠市气象局全面落实习近平总书记关于黄河流域生态保护和高质量发展的重要指示精神，贯彻落实《中共宁夏回族自治区委员会关于建设黄河流域生态保护和高质量发展先行区的实施意见》，推动吴忠市经济社会实现更高质量、更有效率、更可持续发展，充分发挥气象防灾减灾第一道防线作用，为建设黄河流域生态保护和高质量发展先行区提供强有力的气象服务保障。

【重大气象灾害预报预警服务】

2021年，吴忠市气象局针对持续高温、暴雨、沙尘暴、连阴雨等天气过程，提前预警，严格按照暴雨、大风、暴雪电话叫应服务规定，开展应急、水务、自然资源等部门叫应服务。吴忠市各级气象部门通过短信、微信、微博等多种渠道共对外发布预警信号880条，联合自然资源、水利部门发布山洪、地质灾害等气象风险预警，各类气象预报预警共计服务60余万人次。8月18日遭遇暴雨天气，值班人员密切监视天气变化，主动与自治区气象台电话会商，直接发布暴雨黄色预警信号。

【公共气象保障服务】 2021年，吴忠市气象局作为应对新型冠状病毒感染肺炎疫情工作指挥部主要成员单位之一，全力做好新冠疫情防控气象服务保障，精心策划气象专题服务，累计报送“2021年新冠疫情未来10天天气预报”专题材料40期、专题气象信息专报1期。

【农业气象服务】 2021年，吴忠市气象局基于重点实验室科学技术项目，采用边研究边服务的方式，开展设施农业、黄花菜全生育期生长状况观测，并开展黄花菜直通式气象服务。重点围绕盐池黄花菜、同心银柴胡、贺兰山东麓酿酒葡萄等，制定周年服务方案。充分发挥农田小气候观测站网的作用，结合关键农事期，加强酿酒葡萄放条期霜冻、大风天气监测，做好适宜出土期预测，多渠道向农业部门、种植大户及合作社等提供服务。采取“局校合作”的方式，初步研发了奶牛气象服务功能模块，在金宇浩兴奶牛养殖基地建立气象服务试点，开展“奶牛热应激反应”气象调研，撰写调研报告1篇。

【生态气象保障服务】 2021年，吴忠市气象局聚焦黄河流域生态保护，充分利用MODIS、风云四号卫星遥感监测数据，结合气象观测信息，建设生态气象服务一体化平台，开展吴忠市及分县域的植被覆盖度、植被覆盖度变化趋势、温度植被干旱指数、水体变化监测，制作市级及所属分县（市、区）图文并茂的生态气象服务产品，为政府及相关部门开展生态文明建设提供决策依据，多次获政府表扬。

【气象站点建设】 2021年，吴忠市气象局优化地面气象观测站网，在韦州、麻黄山建设冻土自动观测仪，开展冻土对比观测。组织完成青铜峡市26个自动气象站通信系统升级改造，全部升级改造为4G通信系统；组织完成宁夏城乡生态环境保护气象服务工程站点升级工作，在全市升级站点33套；继续开展青铜峡市、红寺堡区气象站酿酒葡萄，同心县玉米和枸杞的特色作物发育期人工对比观测并定期上传数据。

【安全生产管理】 2021年，吴忠市气象局严格落实安全生产

"一岗双责"制度，层层签订安全生产目标责任书。深化与市审批服务管理局和政务服务中心协作，"关口前移、无缝对接"，开展规范雷电防护装置设计审核与竣工验收许可工作。全年共受理升放气球行政审批10件、防雷装置设计审核许可15件、防雷竣工验收许可1件。联合全区专项整治行动第二督查组，对6家危化企业开展防雷安全督查工作。对全市244家防雷单位进行安全检查，下发整改通知书8份。

【气象标准化建设】 2021年，吴忠市气象局加强气象监测能力建设，完成32个国家气象观测站探测环境评估，开展新一代天气雷达标校站和国家基本观测站对比观测工作，并通过业务验收。向地方政府争取专项经费，对59个自动气象站进行通信系统升级改造。和市发展和改革委员会联合印发《吴忠市气象事业发展"十四五"规划》。

【队伍建设】 2021年，吴忠市气象局针对市、县局业务人员在短时临近预报技术方面的短板，组织培训7次，并进行系统操作现场培训，开展重大天气过程复盘总结4次。科学制定"大学习大练兵"实施方案，年内获全区气象行业技能竞赛团体一等奖、个人全能奖和单项奖9人次。成立特色农业及生态气象服务创新团队，组织开展科研项目申报和论文撰写技巧培训班。自筹资金，批准立项科研项目14项，集中解决业务急需技术问题。发挥气象部门独特的技术和资源优势，向驻村干部及时发布预报预警信息，根据天气实际指导帮扶村开展春耕春播、夏收夏种、秋收秋种等农事活动，为贫困村农业产业发展提供有效气象保障。继续开展消费帮扶工作，通过扶贫"832"平台购买5500元扶贫产品。2人入选2021年度新时代宁夏气象高层次科技创新人才计划名单。入选自治区青年拔尖人才2021年中期考核优秀等次，追加科研奖励经费6万元。

文化事业

文化

【概　况】　2021年，吴忠市文化旅游体育广电局认真学习贯彻习近平新时代中国特色社会主义思想和习近平总书记视察宁夏重要讲话精神，自觉承担起举旗帜、聚民心、育新人、兴文化、展形象的使命任务，突出庆祝中国共产党成立100周年主题，统筹疫情防控和经济社会发展，狠抓黄河文化传承彰显区建设、全域旅游示范区创建和文化惠民工程、全民健身活动，市局荣获全国群众体育先进单位称号，盐池县获评自治区级全域旅游示范县，光耀旅游休闲街区被评选为首批自治区级旅游休闲街区，市文化馆获评第五届国家一级馆。

【群众文化】　2021年，全市文化旅游广电部门把满足群众对文化生活的新需求作为工作的出发点和落脚点，紧扣地方文化特色，推进公共事业高质量发展。围绕庆祝中国共产党成立100周年主题，创排舞蹈《东方红》《红船向未来》《吴忠美》等一批精品文艺作品，话剧《高沙窝脱贫记》，入选文化和旅游部“庆祝中国共产党成立100周年舞台艺术精品创作工程”“百年百部”创作计划重点扶持作品。话剧《兰花芬芳》、秦腔《焚香记》、实景剧《盐州胡璇》等多部精品文艺作品获得自治区重点舞台艺术发展推广项目扶持。成功举办庆祝中国共产党成立100周年文艺晚会、全区广场舞大赛暨集中展演、文化和自然遗产日宁夏主会场系列活动、“非遗进万家·文旅展风采”宁夏黄河流域非遗美食大赛，荣获自治区庆祝中国共产党成立100周年“永远跟党走　幸福生

2021年4月27日，“滨河百姓大舞台”广场文化活动启动

活舞起来”全区广场舞大赛优秀组织奖。开展2021年“非遗迎新春、欢乐过大年”、清明诗会、“五一”文化雅集、“5·18”国际博物馆日等广场文化活动115场次，全年完成“送戏下乡”“戏曲进校园”“戏曲进乡村”文化惠民演出589场次，受益群众近百万人次。贯彻《自治区非物质文化遗产保护条例》，惠安堡羊羔肉、盐池羊肝凉皮、刘三朵八宝茶等13个项目入选自治区第六批非物质文化遗产代表性项目名单，宁夏手抓羊肉制作技艺、吴忠老醋酿制技艺、马氏济慈堂生育药剂制作技艺3个项目入选国家级非物质文化遗产代表性项目名录。非遗传承人李夏音、田彦兰剪纸《黄河母亲》、精益裘皮——二毛皮制作技艺产品荣获宁夏黄河流域非遗作品创意大赛、“两晒一促”优品大赛一等奖。落实《吴忠市红色文化遗址保护条例》，加强全市红色文化遗址保护利用工作，统筹推出盐池革命烈士纪念园、陕甘宁省豫海县回民自治政府成立大会旧址等9个自治区党史学习教育参观学习点，长城国家文化公园盐池长城关遗址保护利用项目等10个重点项目入选国家“十四五”时期文化保护传承利用工程项目储备库。吴忠市文化馆、红寺堡区文化馆、青铜峡市文化馆、盐池县文化馆被命名为国家一级文化馆，利通区文化馆、同心县文化馆被命名为国家二级文化馆。

【全域旅游】 2021年，吴忠市启动文化旅游惠民消费季活动，推荐弘德村、韦桥村成功申报全国乡村旅游重点村，白寺滩村、永新村等9个自然村被评为宁夏特色旅游村，围绕黄河、美食、红色、乡村、葡萄酒、自驾游等主题，推出17条精品线路，利通区、青铜峡市乡村休闲游线路被纳入文旅部、国家发改委“体验脱贫成就·助力乡村振兴”300条线路之中。推荐盐池县申报首批省级全域旅游示范区，推荐盐池革命烈士纪念园、宁夏移民博物馆申报国家4A级旅游景区，推荐牛家坊旅游度假区、哈巴湖度假区申报省级旅游度假区。牛家坊民俗文化旅游区、强家老醋文化养生园被评定为3A级景区。成功举办乡村休闲赏花节、百家旅行社媒体走进吴忠大型采风踩线活动和2021黄河金岸文化旅游节暨“5·19”中国旅游日开幕式、“5·19”中国旅游日宁夏分会场（盐池）、文化和非遗日宁夏主会场、2021非遗美食节、2021大西北吴忠早茶美食文化节等系列活动，进一步增强城市吸引力。深化友好城市合作，力促吴忠市与宁波市签订合作框架协议，新增为宁波职工疗休养目的地之一。联动各县（市、区）发布“吃在吴忠”“多彩吴忠”“两晒一促”、“一见‘忠’情”系列城市品牌宣传视频，吸引数百万流量点赞吴忠。统筹常态化疫情防控，力促文旅产业高质量发展，扣除同期基数影响，主要指标增势明显。2021年1—9月，吴忠市接待游客646.28万人次，实现旅游综合收入39.72亿元，与2020年同期相比分别增长56.65%和104.32%，与2019年同期相比分别增长13.93%和23.24%。“游在宁夏·吃在吴忠”品牌影响更加突出，各早茶体验店生意火爆，接待游客约50万人次。

【体育事业】 2021年，吴忠市印发《吴忠市贯彻落实体育强国建设纲要实施方案》，聚焦“滨河体育名城”目标，深化体育文化旅游融合发展，坚持“体育搭台、文旅唱戏”，搭建“一景区一项目”“一节会一比赛”体旅融合发展平台，依托黄河大峡谷、牛首山风景区、贺兰山东麓酿酒葡萄种植区、盐州古城、明长城沿线和黄谷川冰雪旅游基地等景区景点，在元旦、“5·19”中国旅游日、端午节、国庆节等重要节点组织开展登山、山地自行车挑战赛、徒步大赛等体育赛事活动，将体育运动融入景区和重要文化活动，提升景区吸引力和人群聚集效应。结合疫情防控常态化工作要求，承办2021年全国田径分区邀请赛、全国ACAC2021赛季（吴忠站）室外射箭公开赛和2021年自治区五市门球邀请赛，举办自治区“我要上全运”吴忠市选拔赛。制定印发《关于构建全市体育赛事体系工作方案》，完成2021年全市体育联赛青少年组市直属学校比赛，举办以迎新春健身大拜年、庆祝建党100周年和庆祝北京冬奥会倒计时100天等为主题的自行车、乒乓球、门球、毽球等项目的群众性体育赛事活动40场次，累计吸引2万余人次参加。加快完善全民健身公共服务体系建设，举办2021社会体育指导员、裁判员和教练员培训班，举办全市第九套广播体操领操员培训班，深入基层社区开展体育健身服务。抓好2022年自治区十六运会备战工作，在市二中等学校新增摔跤、举重训练点3个，组织8名举重运动员赴浙江开展40天封闭式训练，进一步提高竞技水平。大力实施全民健身基础设施提升工程，全市体育部门争取资金1000万元新建健身步道18.6公里和多功能运动场4个，续建完成上桥、东塔等五个全民健身中心。为吴忠市滨河体育运动公园配置20个室外乒乓球台，在乃光湖多功能运动场更换篮球架4副，为群众日常健身提供坚实保障，努力提升城市社区“10分钟健身圈”覆盖率。

【公共文化服务】　截至2021年，市、县建成并运行的文化馆、图书馆，覆盖率达100%，其中83.3%达到部颁二级标准以上。全市建成市级文化馆、图书馆、博物馆、美术馆、非遗展示馆各1个，建有县（市、区）文化馆5个、图书馆5个、博物馆9个。市文化馆、市图书馆、青铜峡市文化馆、青铜峡图书馆、盐池县文化馆、同心县图书馆等6个馆所达到部颁一级标准，全市全年接待参观人数超190万人次。全市按照《乡镇综合文化站建设标准》建成47个乡镇综合文化站，覆盖率100%。建成43个乡镇综合文化站单独设置，均达到部颁《乡镇综合文化站建设标准》，96%的乡镇（街道）文化站达到部颁三级以上标准。全市基本按照“七个一”标准已建成集党员教育、宣传文化、教育科技、体育健身、民政卫生于一体的村（社区）综合文化服务中心556个，达标率90%以上。扶持了127个文化大院，打造了64个市级示范性大院、508个文化书屋，全部免费开放。全市基层乡村文化人才637人，其中具有文艺技能人员106人。指导培育民间文艺团队188个，招募注册文化志愿者2919名。全年文化进万家、“文艺轻骑兵”下基层、送戏下乡、戏曲进校园、戏曲进乡村等文化惠民演出完成350场次，组织广场群众文化活动161场次。先后举办以“开启新征程、喜迎建党100周年”为主题的2021年“非遗迎新春、欢乐过大年”文化惠民活动、“铭记光荣历史、传承红色基因”2021年吴忠市“我们的节日”清明诗会、“5·18”国际博物馆日系列活动、“人民的非遗、人民共享”2021年文化和自然遗产日宁夏主会场系列活动及“非遗进万家·文旅展风采”宁夏黄河流域非遗美食大赛等活动10余场次，丰富了群众文化生活。

【文化惠民工程】　2021年，吴忠市文化旅游体育广电局自觉承担起举旗帜、聚民心、育新人、兴文化、展形象的使命任务，突出庆祝中国共产党成立100周年主题，以建设黄河文化传承彰显区为核心，以提升公共文化服务效能、创排精品文艺、弘扬传统优秀文化为重点，组织开展吴忠市庆祝建党100周年“送戏下乡”“戏曲进校园”“戏曲进乡村”文化惠民演出，举办“滨河百姓大舞台”等广场文化活动115场次。举办“铭记光荣历史、传承红色基因”2021年吴忠市“我们的节日”清明诗会、“百年董府、古琴今声”庆“五一”创建文明景区文化雅集活动、“博物馆的未来——恢复与重塑”“5·18”国际博物馆日系列活动等活动10余场次，群众参与近百万人次。强化措施，细化任务，狠抓落实，有力推进文化和旅游高质量发展。

【旅游产业】　2021来，吴忠市委、市政府将文旅产业列为全市“9+1”重点特色产业，编制印发《吴忠市推动全域旅游发展三年行动计划（2021—2023）》等文件，着力优化发展环境，完善基础接待设施，加强整体形象推广。年内，吴忠市被列为第二批国家文化和旅游消费试点城市，盐池县成功创建首批自治区级全域旅游示范区，盐池革命烈士纪念园被评为4A级旅游景区，弘德村、韦桥村成功入选全国乡村旅游重点村，“黄河、长城、长征”三大国家文化公园项目建设有序推进，青铜峡黄河铁桥抢险加固项目、张家边壕至兴武营风景廊道道路项目、张家场北京大学考古实习基地项目、同心县固原内边长城围栏建设项目、红军西征纪念园A级景区提升工程等重点项目建成投入使用。成功举办2021黄河金岸文化旅游节暨“5·19”中国旅游日开幕式、“5·19”中国旅游日宁夏分会场（盐池）等系列节会赛事活动，“吃在吴忠”“多彩吴忠”“一见‘忠’情”系列城市品牌宣传视频吸引数百万流量点赞吴忠，吴忠文化旅游产业蓬勃发展。

【旅游基础设施建设】 2021年，吴忠市启动“三大”（黄河、长城、长征）国家文化公园工作，争取三大国家文化公园项目中央预算内资金（含地方配套资金）1.25亿元。青铜峡黄河铁桥抢险加固项目、张家边壕至兴武营风景廊道道路项目、张家场北京大学考古实习基地项目、同心县固原内边长城围栏建设项目、红军西征纪念园A级景区提升工程等重点项目建成投入使用，完成投资4230万元。打通景区、乡村断头路、断头桥，建设完成盐池毛卜喇古城至灵武水洞沟连接线项目、青铜峡北岔口旅游道庙山湖至柳木皋公路项目，打造文化旅游廊道道路21公里。推动银川至吴忠旅游直通车开通，利通区至黄河大峡谷公交线路投入运营，沿途增设多个旅游客运停靠点。配套完善高速公路出口、主要国省干线关键节点旅游标识导览系统、停车场、旅游厕所等，实施旅游标识标牌建设项目、吴忠智慧旅游平台建设项目，新建改建旅游厕所23座，建成游客服务中心3个，新增景区停车位300个，重点涉旅场所Wi-Fi信号实现全覆盖，盐池古城景区等重点景区完成5G基站部署，旅游公共服务智慧化、信息化水平明显提升。

【“扫黄打非”专项行动】 2021年，全市文化市场综合执法部门有序推进“扫黄打非”五大专项行动，深入开展印刷品、出版物市场、宗教场所周边商铺的排查工作，着力清除危害未成年人身心健康的有害出版物，严查破坏民族团结、危害社会稳定的非法出版物。积极开展联合执法检查，联合吴忠市和利通区新闻出版、检察、公安等部门，针对市辖区出版物市场、校园周边文化环境、私人影院等开展检查行动，共开展各类联合执法检查16次，检查经营场所52家次，出动执法人员298人次。

【文化市场监管】 2021年，全市文化市场综合执法部门严厉打击违法违规经营行为，开展歌舞娱乐行业专项整治行动，严查接纳未成年人消费、超时限经营、未在显著位置悬挂警示禁止标志等违法违规行为。要求所有网吧统一悬挂“禁止未成年人进入”“禁止吸烟”“社会主义核心价值观”等标识牌和公益广告宣传牌。加强旅游市场集中整治，重点对未经许可经营旅行社业务、不合理低价游、未按规定签订旅游合同等违法违规行为进行整治，加大全面摸排检查力度，理清了旅行总社、分社、营业网点底数。开展未经许可经营旅行社业务、旅行社购买社会责任情况等专项检查3次，公布未经许可经营旅行社业务专项整治行动举报电话。安排执法人员赴云南、贵州、长沙参加以案施训和案件分析研判培训会，不断提升执法办案能力。专项整治期间，共出动执法人员2万余人次，检查经营单位7000多家次，办理案件18起，集中销毁近年来查获、罚没的各类非法出版物共计3590余册。

【校园周边场所专项治理】 2021年，全市文化市场综合执法部门深入开展净化校园及周边社会文化环境工作，对校园周边KTV、商店、文具店、打字复印店等场所开展全面整治。通过发放校园周边文化场所经营行为告知书、微信群发布信息等形式，向经营业主广泛宣传相关法律法规，线上线下开展预防未成年人沉迷网络游戏宣传活动，发布各类宣传信息100余条，累计发放宣传品1600余份，开展联合检查20余次，收缴各类非法出版、印刷物品2500余份。

【农村文化市场管理】 2021年，全市文化市场综合执法部门对市区周边乡镇农村文化市场常态化疫情防控、安全生产、行业规范经营秩序等进行专项检查。检查书店、广告公司、网吧、娱乐场所等100余家次。结合检查开展普法宣传教育引导，进一步规范农村文化市场经营秩序，促进农村文化市场安全有序发展。

【文保工作】 2021年，市文物管理所完成董府可移动文物登记、建档和中路后院家具展陈工作。对董府可移动文物和藏品进行拍照、登记，建立文物档案，与市文旅投公司签订了2021年文物、藏品借展协议，完善文物登记、出库和借展手续。将50余件古家具在董府展示陈列，保证董府景区正常开放运营。完成马月坡寨子修缮和青铜峡岩画调研和现场勘查工作。对全市岩画保护工作情况进行调查摸排，重点查看青铜峡市岩画存在环境、损毁原因及保护措施等，完成《关于吴忠市青铜峡岩画保护工作报告》。6月12日，文管所联合青铜峡市印象黄河旅游服务有限公司在董府景区开展2021年“文化和自然遗产日”暨“我们的节日·端午节”系列活动。市文管所先后指派专业技术人员对利通区扁担沟镇五里坡村、关马湖东干渠桥等3处光伏项目和一处基建项目施工区域进行文物勘查，勘查面积4.3万亩，出具勘查报告4份。认真落实《吴忠市红色文化遗址保护条例》，对红色文化遗址保护利用情况、红色文化遗址保护执法检查情况等开展专项督查。完成马月坡寨子修缮和消防安防设施设备安装及水暖电改造工程。

【吴忠博物馆】 2021年，吴忠博物馆围绕党史学习教育，重点对红色展厅进行了改造提升，精心挑选30余件革命文物扩充到红色吴忠厅，丰富红色展厅展陈内容。积极对接机关、社区、学校、企业等153余家单位到馆接受红色教育，受众达1.1万余人次。全年共开展文博知识专题讲座11次，参加授课人员约1200人次。持续强化“限流、预约、错峰”疫情防控要求，进一步完善细化博物馆疫情防控对外免费开放方案及疫情防控突发事件应急预案，加强博物馆清洁消杀和干部职工健康监测管理，认真查摆、整改风险漏洞，共检测参观人员33168余人次。结合喜迎建党100周年和党史学习教育，紧扣“博物馆的未来：恢复与重塑”这一主题，深入挖掘黄河文化蕴含的时代价值，讲好“黄河故事”，延续历史文脉，坚定文化自信。严格按照“十四五”文化保护传承利用工程项目储备库编制工作和文物保护项目储备计划要求，积极申报储备吴忠博物馆文物数字化保护与展示提升建设项目，争取到中央财政补助地方公共文化服务体系建设专项资金140万元、地方财政配套资金60万元，全部用于博物馆数字化建设项目。

【吴忠市图书馆】 吴忠市图书馆馆内专用存储设备容量为30TB，已存储数字资源30TB。自建数字资源总量660GB。“新语听书”“博看朗读”“云图有声”等移动端数字阅读平台已建成，读者通过手机登录图书馆微信公众号，即可在线免费体验丰富的数字资源。每天对外开放10.5小时，每周对外开放时间保持70个

2021年2月26日，在市图书馆四楼开展元宵节谜语竞猜活动

小时。2021年，在疫情常态化防控情况下，到馆读者量依旧达到225255人次，借还图书65303人次，借还图书136905册次，新办借书卡1346张。一楼多功能厅免费接待各类会议45场次。先后开展“元宵节”线上谜语竞猜、“赏春意、品书香、暖万家”春节主题活动、“阅读打卡”、“征集年味”、中国木版年画精品线上展览、疫情防控有奖知识竞答等阅读活动15场次，吸引3430余名读者参与。通过“吴忠市图书馆”微信公众号向读者推送各类线上巡展、阅读推文59期、101篇。以“我们的节日”为主题，先后组织开展了“我们的节日——清明节”少儿诗歌朗诵、“全民阅读、书香吴忠——行走的图书”、“吴忠讲堂”、吴忠市图书馆馆藏文献展等活动34场次，组织开展了“我们的节日——清明”线下诗朗诵、六一儿童节活动——棒棒糖手工花束制作“共度团圆佳节、品味中秋文化”等活动16场，参与760人次，继续深化“2+X”流动图书车公交化服务，开展流动图书车“五进”活动150辆次，调换图书22431册次。扩大流动图书点建设，分别在第三中学、洼渠幼儿园、太阳山九年一贯制学校、青铜峡混成旅坦克团、市总工会等设立图书借阅流通点7个，配送涵盖党史、文学、历史、科技、少儿等类别图书4000余册。

2021年4月27日，吴忠市2021年“滨河百姓大舞台”广场文化活动启动

【吴忠市文化馆】 2021年，吴忠市文化馆有工作人员23名，其中群文研究馆员1名，群文副研究馆员2名，群文馆员9名，助理馆员5名。内设馆办公室、非物质文化遗保护中心办公室、公共文化活动部、培训工作部、群文辅导部、美影书部。馆内各艺术辅导培训门类齐全，有吴忠市群星合唱团、少儿艺术团、民族乐团、夕阳红中老年艺术团、阳光艺术团等12支业余文艺团队。承办庆祝建党100周年文艺晚会、2021年文化和自然遗产日宁夏主会场系列活动、“永远跟党走、幸福生活舞起来”全区广场舞大赛决赛暨集中展演活动。市文化馆和利通区文化馆联合创排的原创广场舞《吴忠美》荣获一等奖。举办“滨河百姓大舞台”广场文化活动34场次、“送戏下乡”演出70场次、“戏曲进校园”演出10场次、“文艺轻骑兵”演出20场次。积极组织参与2021年“欢乐宁夏”全区群众文艺会演线上评选活动，报送的20个音乐类、舞蹈类、戏剧小品类、曲艺类文艺作品全部获奖。文化馆剧场及多功能厅全年累计承接市直各机关单位、社会、团队组织的演出、演讲比赛等61余场次；美术馆及一楼展厅全年承接各类大型展览展示活动14余场、线上展览8期，参与群众达1万余人次。组织开展各类公益性培训班5期、1200余人次。组队赴江苏南通、青海西宁开展文化交流活动，积极参加“大河之韵”黄河流域九省区文化线上艺术展、文化和旅游部全国公共文化发展中心组织的“舞出中国红”全国广场舞展演、西北五省区乡村文化大联动等线上展演活动。文化馆选送的《幸福花儿唱起来》《幸福花儿赞》《幸福拍拍手》《塞上花儿，我心中的歌》等节目在“日出东方、花开海上”2021第九届全国文化馆“地市级百馆联动”文旅嘉年华活动中，荣获优秀展演奖。原创广场舞作品《幸福花儿唱起来》入选2021年第三届“戴爱莲杯”人人跳广场舞群众舞蹈展演活动。

新闻传媒

·综　述·

【概　况】　吴忠市新闻传媒中心是吴忠市委直属的正处级公益二类事业单位，包括吴忠日报社和吴忠市广播电视台，市委宣传部对新闻传媒中心履行主管职责。市文化旅游体育广电局对新闻传媒中心的文化传播、安全播出、广告业务履行业务指导和行业监管职责。内设办公室、党群工作部（纪检监察室）、人力资源部3个正科级管理机构和总编室、新闻采集部、报纸编辑部等12个正科级业务机构。2021年，中心有工作人员215人，其中财政全额预算103人、自收自支6人、聘用人员106人。

【新闻宣传】　2021年，吴忠市新闻传媒中心围绕中心工作，先后策划推出“奋斗百年路　启航新征程”、“十大产业看发展”、“四权”改革、地方换届、“传承党的百年光辉史基因、铸牢中华民族共同体意识”等重大主题宣传报道，先后推出快闪《唱支山歌给党听》等10部作品，顺利承办全区第五届社会主义核心价值观主题微电影（微视频）大赛、清明诗会、全市学习强国达人赛、全市“学党史、感党恩、跟党走”演讲比赛等，精心承办“传承黄河文化、弘扬时代精神”全国省地（市）媒体融合创新论坛暨采风活动，助力2021大西北吴忠早茶美食文化节取得圆满成功，快手“吴忠早茶美气得很”短视频总播放量达2741万人次，抖音话题“吴忠美食DOU起来”点击量达3163.7万人次，《原来吴忠早茶这么硬核》《游在宁夏·吃在吴忠”——吴忠早茶打造养生社交文化符号》等一批优秀稿件通过中央及地方各类媒体广泛传播。加快推进传统媒体与新兴媒体融合发展，以传统主流媒体的内容优势赢得新媒体条件下的传播优势，选送的本地原创作品在宁夏电视台发稿数量居全区五市前列，《黄河岸边的故事》等6件作品分获宁夏好新闻奖二、三等奖，75篇新闻稿件、短视频被中央电视台、《光明日报》及人民网客户端等央媒采用，78件原创作品被学习强国宁夏平台采用转发、1件被全国平台转发，《春天还会来》获全区第五届核心价值观微电影大赛一等奖，《教育风景线》栏目一期节目获宁夏广播电视奖电视社教类二等奖，“八旬老人为美好生活放声高唱——第二届最美吴忠人濮传勇”短片获宁夏广播电视奖电视社教类三等奖。

【基础设施建设】　2021年，市新闻传媒中心实现吴忠电视台节目全数字自动化高清播出并上线IPTV传输，解决了广大群众网上不能收看本地电视节目的问题。升级改造报纸、电视制播系统，高质量完成了各级重大活动安全播出及技术保障任务，吴忠中波发射台和新广播电视发射塔双电源项目建设顺利推进。高质量完成“七一”及全区重大项目开工吴忠分会场现场直播等安全播出技术保障任务。对广播电视制播网络系统开展网络系统安全等级保护第三级测评并逐项彻底整改。顺利完成全区“护网2021”网络安全攻防演练任务。顺应高清化、智能化传播趋势，对电视新闻制作系统进行硬件升级，融媒体采编平台实现平稳对接，进一步提升技术服务新闻出版、刊播保障能力。中国报业（延安）新闻培训学员吴忠基地落地吴忠市，成为中国报业协会全国教育培训基地之一。

【媒体融合】　2021年，市新闻传媒中心适应融媒体生产传播需要，建立了全媒体编委会和调度指挥机制，实行领导带班制和各发布平台主任、值班编委每天调度值班制度，修改完善新闻采编制播等制度46项。市融媒体中心的建成，加快了报台网端等平台资源共享、融合传播，强化流程再造，实现了“一次采集、二次加工、多平台传播发布”的格局。搭建形成以“看吴忠”APP为主干，其他新媒体平台为分支的新媒体矩阵，每天推送新闻达100条以上。“看吴忠”APP全年实名关注用户突破6万人，直播吴忠抖音、快手粉丝量达90万人，新媒体产品到达量、阅读量、点赞量稳步提升。组织实施重大项目开工、精准扶贫等网络直播百余场次，原创短视频单条最高播放量达8000万次。积极探索“新闻+政务服务商务”的媒体功能定位，推动便民服务融入融媒体技术平台。

【公益宣传】　2021年，市新闻传媒中心在《吴忠日报》刊登文明健康、绿色环保等各类公益广告合计73个版面，刊发全市各级党员干部撰写的理论文章、专题理论学习发言摘登，以及转载新华社中国共产党人精神谱系稿件总计15个整版、70余篇稿件，用先进的理论研究成果和精神凝聚人心、指导实践、推动发展。

【大型主题宣传】 2021年，市新闻传媒中心对接五县（市、区），策划推出“十大产业看发展”、“四权”改革、地方换届、“传承党的百年光辉史基因、铸牢中华民族共同体意识”等一系列意义重大、特色鲜明的主题宣传报道。围绕庆祝中国共产党成立100周年、习近平总书记“七一”重要讲话，统一开设“奋斗百年路 启航新征程”等专题专栏及系列子栏目，并及时转载央媒、区媒等重点报道。围绕党史学习教育，联合市委学教办组织线上党史知识答题竞赛，参与3万余人次。精心策划摄制推出18集反映本地红色历史的党史学习教育专题纪录片《红色记忆》，系统拉升全平台密切协作、融合传播能力，已播出内容被自治区党委组织部等推送，并作为全市党史学习教育重要内容，同时，该纪录片荣获中国电视艺术家协会城市电视台工作委员会“百年征程、波澜壮阔”及“千年运河、浩荡新生”主题原创视频作品征集推优活动纪录片类好作品奖。整理上报“记录小康工程”资料1080条、“扶贫印记”887条。自全市抗击新冠疫情战斗打响后，立即组织报纸、广播、电视发布疫情防控原创稿件319篇、原创短视频522条、疫情防控公益广告16期。发挥新媒体“短平快”作用，发布疫情防控稿件1231篇、视频176条，总播放量超过5000万次，有力发挥回应群众关切、坚定抗疫信心的重要作用。

【重大新闻转载】 2021年，市新闻传媒中心坚持党管媒体原则，认真落实上级各项宣传指令，充分发挥舆论主阵地引导作用。2021年，在《吴忠日报》、吴忠日报微信公众号、“看吴忠”APP、吴忠网等媒体先后转载《星火，在这里初燃》《承此一诺必守一生——我在南湖守红船》《一床棉絮·古田会议·党建密码》《宁夏盐池：“白的羊”“黄的花”富了农民家》《民族区域自治：开启民族和谐新纪元》等《人民日报》、新华社、《宁夏日报》重点稿件千余篇。

【安全刊播】 2021年，市新闻传媒中心强化技术引领，推进融媒体中心技术平台、IPTV分控平台和“看吴忠”APP技术开发及拓展，积极构建“媒体＋政务服务商务”格局。融媒体系统安全等级保护达到二级要求广播电视制播网络系统与信息系统安全等级保护达到三级要求，顺利完成全区“护网2021”网络安全攻防演练任务。建立健全各项制度，先后出台《吴忠市新闻传媒中心网络安全管理办法》《吴忠市新闻传媒中心综合演播室管理制度》《吴忠市新闻传媒中心节目制作室、录音室管理规定》等，加强各终端设备管理，严格制作、播出、存储各环节的规范操作，对非编等终端设备U口、光盘驱动器进行屏蔽，顺应高清化、智能化传播趋势，对报纸编排系统、电视新闻制作系统进行硬件升级，各融媒体采编平台实现平稳对接，进一步提升技术服务新闻出版、刊播保障能力。组织广播电视安全播出应急演练4次。

【对外推介】 2021年，市新闻传媒中心《多才多艺的宁夏吴忠市志愿者提醒市民在家多锻炼》《致敬！吴忠核酸检测这些“瞬间”值得永远铭记》等75篇（条）原创新闻稿件、短视频被中央电视台、《光明日报》及人民网客户端等央媒采用，其中《宁夏吴忠，不一样的24小时》短视频被人民日报客户端宁夏频道采用发布，浏览量近20万。《吴忠早茶：吃出创新滋味》等86件原创作品被学习强国宁夏平台采用转发、1件被全国平台转发，上百件被《宁夏日报》、宁夏新闻联播、宁夏新闻网等区级媒体采用。

【《吴忠日报》】 2021年，《吴忠日报》发行量1.33万份。品牌栏目《吴忠政评》是《吴忠日报》要闻版的一事一议微型言论专栏。此专栏的评论篇幅短，切口较小，文字精练，常常以小见大，善于以微言表达大意。主要刊发当前政治热点、社会问题、本地重点工作等评论文章，具有鲜明的政治性和思想性。通过评论社会关注的焦点等，宣传科学真理，阐述党和国家的各项方针政策，以帮助读者树立正确的政治观点，提高政治思想水平，增强新闻舆论引导力、影响力，深得读者喜爱。

【吴忠日报微信公众号】 品牌栏目："吴忠一周"，2021年3月1日起每周日推送，共发布38期。以专栏的形式记录一周内吴忠本地发生的大事，通过多种新媒体平台渠道宣传，让更多的吴忠人、外地人对吴忠有更深一步的认识和了解。同时，"吴忠一周"还下设"媒体看吴忠"栏目，分享人民日报客户端、央视新闻、新华网、《宁夏日报》等中央和自治区媒体本周内关于吴忠的新闻报道。目前收到的反响较好。市民普遍反映，通过"吴忠一周"可以更加便捷、一次性了解吴忠本周发生的事情。

【吴忠广播电视台综合新闻频率FM91.6】 品牌栏目："你好吴忠"，时长1小时，每周一至周五8:00—9:00播出。"你好吴忠"以轻松的节奏带领听众快速浏览国内、区内新闻消息，同时穿插轻松音乐，以求伴随听众轻松愉悦的早间出行。用自己独特的方式打造品牌栏目，在播报资讯的同时，根据不同的宣传重点，加入不同的子栏目穿插其中，包括吴忠新闻早餐、"奋斗百年路 启航新征程"，以及联合吴忠市公安局开展的防诈骗访谈等，受到广大听众的一致好评。栏目创办8年时间，受众包括吴忠市区及青铜峡、灵武等地。作为电台全天的第一档直播节目，深受听众喜欢。

·广播网络·

【概　况】 截至2021年12月，广电网络吴忠市分公司实现收入1433.6万元，完成目标任务的106.68%，其中主营收入794万元，完成目标任务的99.25%；政企及多元化业务收入639.6万元，完成目标任务的118.44%。截至12月31日，完成收入1440万元，完成目标任务的107.46%，实现利润160万元。

【营销业务】 2021年，吴忠市分公司壮大营销队伍，对原有的绩效工资分配方式进行大幅度改革，使绩效收入向经营一线倾斜，将主营收入、新增用户、回流用户等数据与网格人员月度绩效工资挂钩。积极做好市场营销工作，采用有节庆节、无节造节的营销方式，先后联合游泳馆、摄影楼、房屋中介、电动车商等，结合五一、暑期等重大节点开展大型营销活动。疫情期间，紧抓"空中课堂"契机，主动与当地教育局、学校等联系对接，在六盘云吴忠分平台中收录本市相关教程，做好各种方式的线上营销工作。年内先后成功中标吴忠市交管局市区46处电子监控设备三年期的运维服务及光纤链路采购项目、利通区教育局"互联网+教育"项目、吴忠市广播电视发射塔建设工程（工艺技术部分）节目传送及台站自动化设备采购项目。与吴忠市新闻传媒中心签订了工作区新增安防设备合同和中波发射台设备采购合同，积极对接吴忠市利通区住房城乡建设和交通局，签订了利通区老旧小区通信和有线电视设施改造工程合同。网络配套建设费方面，签订了和府三期等6个新建小区网络配套建设协议，覆盖用户1903户。

【安全传输保障】 2021年，吴忠分公司坚持以"安播零事故、传输高质量"为目标，切实保障广播电视和网络视听安全，对安全播出制度的执行情况和机房设备、线路巡检等工作情况定期召开工作会议进行研判，确保日常直播转播传输任务万无一失，无任何光缆阻断事件发生。

【客户服务】 2021年，吴忠市分公司严格监督安装、维修、业务办理的速度和质量，以优质高效的服务赢得用户的信赖。通过规范服务，提高工作人员的服务态度、服务技能。实施严格的服务承诺和限时办结制度（故障报修在3小时内解决、安装服务在48小时之内完成），对投诉报修实行回访，回访率达100%，实现了用户问题事事有着落、件件有落实。用户多次以表扬信或通过全区客服平台对分公司的维修服务工作予以肯定和表扬。

【网络建设】 2021年，吴忠市分公司共向区公司报请工程立项17项、自建类项目12项，覆盖4204户，批复总费用123.1万元。年内完成长河湾二期、紫御府等8个小区（覆盖3234户）的结算，审核结算费用91.7万元。当年还完成博雅南园、碧桂园等7个小区（覆盖4690户）的FTTH建设工作。

档案管理

【概　况】　2021年，吴忠市档案馆不断提高档案信息化水平，做好数字档案室电子批量档案挂接及电子档案入馆藏系统工作。截至2021年底，批量校对、挂接数字档案室电子档案49个全宗，总计47414条，移交进馆档案数据导入新增20个全宗，总计34416条。共完成13个全宗2676卷41263件档案的鉴定，开放到期档案19223件。

【档案资源归集】　2021年，市档案馆聚焦疫情防控、庆祝建党100周年系列活动、脱贫攻坚等重要工作，做好档案收集整理工作。征集党史学习教育有关活动照片2288张、信息132条、视频48个，反映全市重大活动及重大会议照片1010张、资料241本、视频7个，收集脱贫攻坚照片档案1000余张。征集反映吴忠市经济社会发展照片4232张、各类图书资料96本，接收进馆17个全宗，纸质档案1442卷27437件、图书资料入库351册、专题资料入库825册，接收光盘47张。围绕脱贫攻坚、疫情防控及全市重大项目建设联合市档案局、利通区档案局对47个重大项目档案进行验收。截至2021年底，已完成脱贫攻坚档案接收进馆756盒，其中精准类1020卷、综合类3257件，接收电子档案光盘58张，脱贫攻坚专题资料454册。

【档案安全管理】　2021年，市档案馆积极构建人防、物防、技防相结合的安全防控体系，对馆库内有安全隐患的地方及时进行维修，组织全馆人员参加消防培训2次，更换库区灭火器60个，及时充装馆库内干粉灭火器并购买消防设施设备，确保馆库安全。提升档案数字资源安全管理能力，购置网络边界防病毒网关和防火墙等硬件设施，进一步提高档案管理信息系统防御攻击能力；购买日志审计设备，以实现对信息系统的实时监控及问题追溯；定期更新杀毒软件病毒库，对已发现的系统漏洞进行修补，确保档案信息系统安全。

【档案服务工作】　2021年，吴忠市档案馆与自治区档案馆签订《宁夏回族自治区综合档案馆馆际共享协议书》，签订黄河流域城市档案馆民生档案跨馆利用服务工作协议书。与青岛市档案馆签订跨馆查档协议，积极开展“异地查档、跨馆服务”工作，实现馆际共享线上数字档案馆查档功能，提高查档效率。通过线上线下多种方式，积极满足群众及各单位档案业务需求。截至2021年底，共接待群众1508人，其中查阅婚姻档案1184人、文书档案294人，浏览档案84400件，复印档案9745页，刻录光盘6张。发挥档案工作存史资政育人作用，夯实档案资源基础，更新展厅照片47张。

市民在市档案馆查阅档案

党史和地方志工作

【概　况】　2021年，市委党史和地方志研究室紧扣“两全目标”，全面贯彻落实中央、自治区和吴忠市关于党史和地方志工作的部署要求，围绕服从、服务吴忠经济建设和社会发展主旋律，扎实开展党史学习教育，稳步推进修志、编鉴和地情资料收集等工作，加强对各县（市、区）地方志工作的指导，党史部门取得了近年来最高的社会赞誉和认可。

【《吴忠市志》编修】 2021年，市委党史和地方志研究室针对部分初稿质量不高、资料不全等问题，及时调整工作方案。成立了由5人组成的验收评估工作小组，对提交的市志初稿进行审读和验收评估，提出修改意见和建议。并及时与撰稿人进行沟通，有意愿并且能够继续进行初稿编纂的，限定完成时限；不能继续撰写的，终止合同。年底前已完成交通邮电、自然环境、商贸旅游等14篇志稿的审读，对其中的6篇终止了合作协议。依托档案资料和办公室现有《宁夏通志》等相关地情资料，对基础较好、达到或基本达到验收标准的初稿进行补充完善和分纂。年内完成人大、卫生、民政、政区等分纂。加大资料收集整理力度，选聘人员有针对性地提出指导意见或上门协助收集整理，年底前市志资料收集整理工作已完成总任务量的85%，志稿编纂已完成总任务量的60%。

【年鉴编辑出版工作】 2021年，市委党史和地方志研究室坚持“时间服从质量”的工作原则，紧扣打造精品年鉴目标，严把年鉴编辑各环节的质量关，于4月底前完成了《吴忠年鉴（2020）》的印刷出版任务。5月初，及时启动了《吴忠年鉴（2021）》编辑工作，以市委办公室、市政府办公室名义印发了《关于征集〈吴忠年鉴（2021）〉相关资料及开展地情资料年报工作的通知》，集中力量开展资料收集整理工作。结合市委、市政府年度中心工作，对年鉴的框架结构进行微调，增加了展示吴忠市抗击新冠疫情工作风采的专栏。11月底前，《吴忠年鉴（2021）》已完成初稿编辑任务，进入排版设计和“三审三校”阶段。各县区也加快年鉴编辑出版工作进度，红寺堡区、青铜峡市、盐池县、同心县年鉴编辑工作进展顺利。

【业务指导】 2021年，市委党史和地方志研究室加强对各县（市、区）和市直部门的业务指导，先后参与了《新修青铜峡市志》《同心县志》《吴忠市公安志》的评审，组织和指导市税务局及各县（市、区）积极开展行业志、部门志、村志的编修工作。各县（市、区）地方志工作机构也积极作为，加快推进县（市、区）志及部门志、村志的编写工作。年底前，青铜峡市完成《新修青铜峡市志》《宁夏青铜峡灌区渠首志》出版发行，启动了《青铜峡市脱贫攻坚口述史》的编写任务，完成了《青铜峡抗疫纪实》初稿；红寺堡区完成了《杨柳村志》出版任务，启动了《红寺堡区教育志》《弘德村志》《红寺堡区一中校志》《红寺堡区税务志》的编写任务并完成初稿；盐池县完成了《盐池县四套班子领导名录》《盐池县红色革命故事100篇》《中国脱贫攻坚·盐池故事》编辑出版任务，启动了《盐池县土地志》《盐池县供销社志》《盐池县环境保护和林业志》《曾记畔村志》的编修工作并完成初稿；同心县完成了《教育志》《民政志》《医院志》的初稿，启动了《张家塬村志》编写任务。

【地情资料收集整理】 2021年，吴忠市、县（区）两级地方志工作机构紧扣市委、市政府中心工作，加大地情资料的收集和开发利用工作。市本级把地情资料年报工作作为一项常规性工作抓实抓细，制定实施方案，结合市委年度目标责任制，采取点题式征稿的方式，拓展资料收集的深度和广度。完成《吴忠大事记（2021）》出版任务。盐池县志办深入挖掘整理本县域红色资源和脱贫攻坚成果，编写《红色革命故事》《脱贫攻坚盐池故事》等地情资料，积极参与当地革命历史文化展陈馆建设，为促进当地红色旅游和对外宣传作出了贡献；红寺堡区编辑刊印《美丽红寺堡》，积极开展市志成果“六进六赠”活动，大力宣传当地历史文化。截至11月，吴忠市志办完成《吴忠大事记（2021）》出版，整理《大事月报》12期，整理年度地情资料120余万字、图片资料1000余份。红寺堡区编辑刊印《美丽红寺堡》3期，青铜峡市编辑刊印《七彩古峡》3期，同心县编辑刊印《同心大事记》12期。

【建党100周年党史文献展】

2021年7月，市委党史和地方志研究室举办吴忠市党史文献展，展览内容由中共党史、吴忠地方史、红色文献等部分组成。通过42块展板、200余册红色文献，向广大党员干部介绍了中国共产党历次全国代表大会、党在吴忠地区的早期活动、红军西征、吴忠市可移动革命文物、吴忠变迁档案等内容。先后有 169 个单位近 6000 人次观展。

【党史题材精品】 2021 年，市委党史和地方志研究室精心设计推出既反映党百年历史整体风貌又展现本地区历史人物光辉形象的党史题材精品，在《吴忠日报》推出红色吴忠、史话吴忠、风情吴忠专栏。开发的《红军西征在吴忠》《陕甘宁边区盐池县》精品党课，被列为全市党员教育培训专题课。利用吴忠电视台、吴忠党建网、吴忠文明网等媒介，加大党史宣传教育和党史知识普及力度，弘扬主旋律，聚集正能量。拍摄 15 集《红色记忆》纪录片，吴忠广播电台制作播出《红色吴忠》15 集，成为党员学习本地党史的最佳教材。

县（市、区）概况

利通区

【概　况】　利通区地处宁夏回族自治区中部，依偎黄河东岸，是宁夏引黄灌区的精华之地，吴忠市政治、经济、文化中心，全区总面积1384平方公里，辖8个镇、4个乡、106个行政村、3个农场办、21个社区。截至2021年末，常住人口46.3万人，其中城镇人口32.9万人，占常住人口总人口的71.06%。户籍人口41.70万人，人口出生率10.61%，自然增长率3.90‰。2021年，利通区委、区政府紧扣争当建设黄河流域生态保护和高质量发展先行区“排头兵”目标，坚持稳中求进工作总基调，统筹推进常态化疫情防控和经济社会发展，加快推进“十大重点产业”“八大工程”和“四大提升行动”，经济发展质量稳步提升。实现地区生产总值236.3亿元，一般公共预算收入3.8亿元，城镇和农村居民人均可支配收入分别达到36626.4元和19159.9元，分别增长7.8%、9.4%。全年固定资产投资同比增长0.6%，其中房地产开发投资增长59.6%。实现社会消费品零售总额87.5亿元，同比增长2.5%。先后获得“全国民族团结进步示范县”“国家现代农业示范区”“国土资源节约集约模范县（市）”“国家农产品质量安全县”“全国休闲农业与乡村旅游示范县”“全国农村人居环境整治激励县”等多项国家级荣誉。

【招商引资】　2021年，利通区共实施各类项目111个，完成投资57.95亿元，占年度计划投资的62.31%。落实上争项目180个，争取中央和自治区政策资金13.36亿元，完成全年目标任务的80.96%。区级领导带队外出招商8批次，开展“云招商”1批次，签约项目11个，签约金额13.95亿元。招商引资项目开工建设40个，到位资金32.93亿元，同比增长44.62%。

【现代农业】　2021年，利通区持续推进国家现代农业产业园建设，全力打造绿色农业示范区。

五里坡奶牛养殖园区

耕地保有量41.93万亩，永久基本农田33.58万亩，累计建设高标准农田58万亩。全年粮食播种面积24.91万亩，较上年减少0.54万亩；粮食总产量15万吨，较上年减少0.13万吨。蔬菜种植面积9.15万亩，蔬菜产量26.5万吨。持续优化农业种植结构，优质粮食、优质牧草、蔬菜、经果林分别达27.4万亩、25.69万亩、6.25万亩、4.81万亩。实施五里坡奶牛生态养殖基地四期、孙家滩鸽堂沟标准化奶牛养殖示范园区建设，新建奶牛规模养殖场24家，奶牛存栏达18.8万头，同比增长12%；鲜奶产量82万吨，增长17.3%，规模养殖化率超过98%。实施五里坡肉牛养殖基地、扁担沟移民肉牛养殖园区项目，新建肉牛规模养殖场18家，肉牛、肉羊存栏分别达到9.8万头、26.2万只，同比分别增长10.1%、2.3%。屠宰检疫率达到100%。农业机械化率达到92.6%。完成农林牧渔业总产值61.9亿元，同增长6.9%；实现农林牧渔业增加值31.5亿元，同比增长6.3%。

【工业经济】 2021年，利通区大力实施工业对标提升“十大行动”，发展现代纺织、装备制造、清洁能源、绿色食品等优势产业，提升企业技术创新能力，淘汰落后产能，严控能耗增长强度，全力打造低碳经济样板区。争取自治区科技项目资金3100万元、工业对标提升转型发展资金2614万元。新增自治区“专精特新”示范企业5家，新增规上企业10家，认定2021年国家高新技术企业4家，打造宏民生物等规上研发企业7家，企业技术合同登记交易额达8600万元。实施中核200MW光伏、西麒麟研发中心等工业项目12个，完成投资10亿元。研究与试验发展经费（R&D）投入强度达到0.96%。完成5G基站建设101个，基本实现市区重点区域5G网络全覆盖。加快推进绿色低碳发展，整治“散乱污”企业43家，工业绿色化、智能化改造投资率增长7%。年内，全部工业增加值同比增长16.5%，94家规模以上工业企业实现增加值同比增长15.4%。工业增加值总量位居前五的行业分别是烟草制品、食品加工、电力热力企业和供应业、电气机械和器材制造业，占比分别为32.1%、21.5%、11.6%、7.5% 和 5.2%。全年建筑业完成总产值43.1亿元，同比增长5.6%，实现增加值18.3亿元。建筑企业施工面积187.9万平方米，同比增长15%；房屋竣工面积50.7万平方米，同比下降35.5%，其中住宅竣工面积42.4万平方米。

【第三产业】 2021年，利通区积极打造牛家坊民俗文化村、健康养老产业园2个自治区级现代服务业集聚区，培育利通区现代物流产业、吴忠新经济产业等3个吴忠市级服务业集聚区。成功举办了“吴忠早茶·味你而来”2021大西北吴忠早茶美食文化节，中国烹饪协会授予吴忠市早茶文化地标城市称号，评出吴忠早茶示范店22家。实施微创医院搬迁、嘉豪丽致酒店等服务业项目17个。先后举办各类刺激市场消费活力的促销活动28场次，带动消费1.5亿元。做大做强宁优汇、刘三朵等电商品牌，发展大中型电商平台21家。积极创建全国特色景观旅游名镇名村，牛家坊村、石佛寺村被列入“全国乡村旅游重点村”，持续打造伊利乳业、强家老醋文化养生园、红山河餐饮体验等工业旅游品牌，培育星级农家乐14家，创建3A级景区4家、2A级景区3家，成功举办“第二届宁夏美丽乡村休闲旅游精品线路推介会”。1—9月，接待游客153万人次，实现旅游收入6920万元。全年实现社会消费品零售总额87.5亿元，同比增长2.5%。

【城乡一体化】 2021年，利通区实施美丽村庄整治、老旧小区改造等项目，改造抗震宜居农房837户，拆除“空心房”300户，建设美丽乡村6个，改造城镇老旧小区20个。实施2021年农村公路建设项目，新建农村公路67.93公里。农村公路总里程达1572公里，行政村通达率100%。全年公路旅客营运（载客汽车）车辆161辆，客运班线70条。出租车运营1042辆、公交车220辆。持续推进“厕所革命”，农村厕改达4.74万户，农村卫生厕所普及率达92.5%。新建城市公厕47座，改造城市公厕35座。持续推进畜禽粪污资源化利用，规模养殖场畜禽粪污处理设施配套率保持在100%。农村生活垃圾资源化利用率达到25%，城乡生活垃圾无害化处理率保持在100%。扎实推进自治区级3个人居环境综合整治示范乡、10个示范村创建工作。成功创建为“全

利通区白寺滩村

国农村生活垃圾分类示范县”。实施高效节水工程，建设水量计量监测设施800余套，节水灌溉达0.6万亩，治理沟道8.9公里。

【生态建设】　2021年，利通区实施10个乡镇18个村生活污水集中收集处理工程，治理水土流失18平方公里，苦水河、清宁河、南干沟、清水沟水质稳定在Ⅳ类标准以上，黄河利通断面水质稳定保持在Ⅱ类。实施农村取暖“双替代”工程，严禁农村秸秆焚烧。1—9月，全区环境空气质量优良天数占比77.7%。

【民生事业】　2021年，利通区实施义务教育薄弱环节改造和能力提升项目，投资2.57亿元，新建幼儿园及中小学8所，改扩建学校2所。截至年末，利通区共有幼儿园60所、小学40所、初中16所、普通高中3所、高等学校1所，学前毛入园率、九年义务教育巩固率等指标均达到自治区标准。扎实推进“健康利通”建设，11个乡镇卫生院、105所卫生室标准化率达到100%；门诊大病救助12.54万人次，救助金额269万元；住院救助1787人次，救助金额286万元。医疗机构共计316个，实有床位2570张。强化就业优先政策，新增发放创业担保贷款4171万元，全民创业带动就业3554人。举办各类职业培训班102期，培训人员5075人，新增城乡公益性岗位195个，农村劳动力转移就业2.2万人，城镇新增就业3506人，城镇登记失业率控制在3.8%以内，争创市级创业孵化基地4家。全力抓好巩固拓展脱贫攻坚成果同乡村振兴有效衔接，实施百万移民致富提升行动，发放城乡低保、特困供养人员供养资金、孤儿养育津贴等救助资金5127.11万元。城乡居民基本养老保险和基本医疗保险参保率分别达到95%、100%。退役军人事务工作扎实推进，退役军人稳定就业35人。

【社会治理】　2021年，利通区纵深推进全国乡村治理体系建设试点县创建，“三官一顾问”实现全覆盖，荣获全国信访工作“三无县区”称号。常态化开展扫黑除恶斗争，严厉打击各类违法犯罪，全力打造社会治理创新区。常态化开展“社区邻居节”等民族团结进步创建活动，入选全国乡村治理体系建设首批试点县区、全国新时代文明实践中心建设试点县区。安全生产形势总体稳定，亿元GDP安全生产事故死亡率控制在吴忠市下达指标以内。扎实推进质量强区战略，检查各类经营主体2.5万余次，未发生食品药品安全事故。全力打造民族团结进步示范区，持续深化民族团结进步创建工作，创建国家、自治区级民族团结进步示范单位47个，荣获第八批全国民族团结进步示范区称号。培育“兰花芬芳”“吉财”等志愿服务品牌，王兰花同志被授予“七一勋章”、荣获“第八届全国道德模范”称号，创建国家、自治区级文明单位26个，社会主义核心价值观广泛弘扬。

【深化改革】　2021年，利通区持续开展全国数字乡村试点县、自治区乡村振兴示范区创建工作。全面完成金积发达镇行政管理体制改革年度任务。深入推进“四权”改革，农业水价改革工作取得重大成效，灌区农业灌溉用水量节约10%，群众亩均水费支出下降10%。深化农村集体产权制度改革，股份量化经营性净资产达8.1亿元。深入推进“放管服”改革、优化营商环境工作，891个事项实现可不见面办理，可不见面办理事项达83.3%，申请材料、办理环节、办理时限分别压缩24.67%、29.8%、82.7%，即办件比率达到 58.5%，“12345”便民服务热线受理诉求 7333 件，办结率 93.78%，满意率 98.51%。

红寺堡区

【概　况】　红寺堡区地处宁夏回族自治区中部，地跨东经 105° 43′ 45" ~ 106° 42′ 50"、北纬 37 ° 28 ′ 08" ~ 37 ° 37 ′ 23"。北临吴忠市利通区和青铜峡市、灵武市，南至同心县，东至盐池县，西北与中宁县接壤。北距首府银川市 127 千米，南距固原市 220 千米，西距甘肃省兰州市 360 千米。区政府驻地红寺堡镇，是红寺堡区政治、经济、文化中心。红寺堡区总面积 2767 平方千米，辖红寺堡镇、太阳山镇、大河乡、柳泉乡、新庄集乡 2 个镇、3 个乡和新民街道办事处，行政村 65 个，城镇社区 8 个。2021 年，本级一般公共预算收入完成 18985 万元，为年度预算的 105.03%，较上年增长 12.38%。其中税收收入完成 10964 万元，非税收入完成 8021 万元。全年一般公共预算支出 302948 万元。全年政府性基金收入 30226 万元，完成年初预算的 100.75%，较上年增长 39.38%；全年政府性基金支出 24473 万元，较上年下降 31.85%。

【人　口】　2021 年末，红寺堡区常住人口 20 万人，总户数 6 万户，平均家庭人口数 3.31 人 / 户。其中男性 10.2 万人，女性 9.8 万人；城镇人口 8.1 万人，乡村人口 11.9 万人，城镇化率 40.5%；汉族人口 7.03 万人，比重 35.17%；回族人口 12.94 万人，比重 64.68%；其他少数民族人口 0.03 万人，比重 0.15%；人口出生率 15.58‰，人口死亡率 6.53‰，人口自然增长率 9.05‰。

【经济总量】　2021 年，红寺堡区完成地区生产总值（含太阳山开发区）85.8 亿元，较上年增长 9.2%；第一产业实现增加值 10.7 亿元，较上年增长 1.3%；第二产业实现增加值 44.7 亿元，较上年增长 10.9%；第三产业实现增加值 30.4 亿元，较上年增长 9.5%。地方一般公共预算收入完成 1.9 亿元，较上年增长 12.4%；一般公共预算支出 30.3 亿元，较上年下降 1.2%；城镇居民人均可支配收入达到 27250.8 元，较上年增长 7.0%；农村居民人均可支配收入达到 11996.0 元，较上年增长 9.8%。

【巩固脱贫成果】　2021 年，红寺堡区新建 2 条年产 3000 吨枸杞原浆生产线、黄花菜大数据交易中心、百万只滩羊产业生态智慧园区等项目，高效种养业产值占农业总产值比重 60% 以上，经营性收入占农民收入的 35.3%。抢抓“宁电入湘”重大机遇，引进中车株洲所、五凌电力、湘投集团等企业，打造新能源装备制造示范基地和光伏产业园，红寺堡区被国家能源局纳入全国整县（市、区）屋顶分布式光伏开发试点名单。以全域旅游示范区创建为抓手，建成永新民宿、西川特色产业示范村；柳泉乡永新村入选文化和旅游部全国乡村旅游扶贫典型案例，被农业农村部确定为 2021 年中国美丽休闲乡村。落实培训补贴资金 189.34 万元，举办培训班 80 余期 3559 人次，培育劳务经纪人 80 人、创业实体 131 个，开发公益性岗位 1985 名；全民创业带动就业 2108 人，新增城镇就业 772 人，农村劳动力转移就业 4.1 万人。完成“雨露计划”造册打卡 1329 人，落实帮扶资金 199.35 万元。创建健康场所 25 个，建立重点人群及重点疾病分类管理电子健康档案 20.53 万份。稳步推进县域医共体建设，成立红寺堡区医疗健康总院，筹资 1000 万元建设信息化平台。稳步实施医疗卫生人才培养工程，引进区内三甲医院人才及团队 10 人，招聘高层次人才 5 名，选派 13 名业务骨干外出进修学习，20 余名宁医大总院专家支援辖区各医疗机构。建立脱贫户和“三类人口”医保缴费、就医报销台账，脱贫人口 12767 户 50825 人医保实现全覆盖。累计发放小额信贷 3.4 万户次、27.5 亿元，农户贷款覆盖率 70% 以上。调整完善“扶贫保”政策，建立“防贫保”新机制，并争取推进资金 813 万元，引导脱贫户和监测对象购买优化后的保险产品。整合资金 300 万元对在省外建店、销售及物流等方面给予政策扶持，实现线上销售农特产品 1800 余万元。

【现代农业】　2021 年，红寺堡区粮食播种面积 31.4 万亩，总产量 15 万吨。黄花菜种植面积 8.02 万亩，产值达到 6 亿元；葡萄种植面积 10.8 万亩，品种数量 13 个，年加工能力 3.5 万吨，产出成品酒 800 万瓶，实现产值 4 亿

柳泉乡黄花菜产业

元。肉牛滩羊饲养量分别达14.7万头、103.7万只，实现产值7.1亿元，规模养殖占比46%。先后打造“红漠”“千红裕”等40多个葡萄酒品牌，培育“滩羊坊”“兴茗萱”等13个黄花菜品牌，认证“三品一标”农产品29个，8家葡萄酒企业获得国家农产品有机认证。获得“西部天然富硒黄花菜示范基地”“中国最具有发展潜力葡萄酒产区”等荣誉称号。建成黄花菜产业示范村14个、绿色高产培育示范点8个、种质资源库30亩；建成以滩羊产业生态智慧园区、中烟飞地养殖园区为示范的万只滩羊以上规模养殖园区12家、千头肉牛以上规模养殖园区9家，万只滩羊养殖示范村23个、千头肉牛养殖示范村25个，发展滩羊家庭经营“50”模式92户、“300”模式245户。培育龙头企业17家，截至2021年底，在农业农村部门备案的农民专业合作社367家、家庭农场129家，发展致富带头人430名、新型职业农民1890人。完成高标准农田建设8100亩。

【工业经济】 2021年，红寺堡区规上工业增加值下降1.4%，其中红寺堡本区增长34.4%，太阳山开发区下降4.8%，增速分别低于全区、全市9.4个、8.5个百分点，位列吴忠市第五位、宁南山区第八位。两年平均增长8.4%，高于全区2.3个百分点，低于吴忠市0.9个百分点，位列吴忠市第四位、宁南山区第六位。实施重点工业项目4个（其中自治区级重点项目2个），开工率100%。红寺堡区规上工业综合能源消费量70.5万吨标准煤（其中红寺堡本区14.2万吨），同比增长14.7%。

【物　流】 2021年，红寺堡区建成了1个区级电商服务中心、4个乡镇级电商服务站点、54个村级电商服务站点，实现区、乡、村三级物流体系运营，依托各级电商公共服务中心，实现“工业品下行一公里，农产品上行一公里”目标。2021年，9家快递公司（18个网点）全年实现营业额2529.55万元，寄件量67.8万件，收件量769.58万件。

【招商引资】 2021年，红寺堡区成功引进湘投产业园、现代农业产业园、晓鸣股份农业产业园等招商引资项目16个，计划投资60.5亿元，实际到位资金39.8亿元，其中新建15个项目，总投资52.1亿元，实际到位资金31.4亿元；续建项目1个，总投资8.4亿元，实际到位资金8.4亿元，圆满完成自治区、吴忠市下达的37亿元以上目标任务，同比增长8.12%。2021年，辖区共达成意向性项目33个，签约项目25个，计划投资56.43亿元，收集有效投资信息70余条。聘请第三方机构谋划包装招商引资项目82个，预计投资达120亿元。推进实施三峡50MW风电项目、上海机电100MW光伏发电项目、腾晖100MW光伏项目、卧龙150MW风电续建项目4个新能源项目，总投资14亿元，稳步扩大新能源发电装机规模，进一步壮大新能源产业。截至目前，新能源装机规模容量458万千瓦，占宁夏近六分之一。引进投资8亿元建设上海机电、江苏腾晖200MW光伏电站。同时，抢抓“宁电入湘”重大机遇，与中车株洲所、五凌电力、嘉寓集团、湘投集团签订8个装备制造及光伏项目协议，项目资金252.3亿元，引进“低碳循环”智能装备产业项目、2GW储能集成系统智能生产基地和5GW储能产线、双真空全玻璃太阳能集热管、宁湘产业园等项目，并迅速推动项目开工建设。

【城市建设】 2021年，红寺堡区新建改造市政道路11公里，改造人行道3.3万平方米，开工建设第二污水厂二期，改造更新污水管网6.3公里、雨水管网5.9公里、供水管网4.4公里、供热管网49.6公里，完成老旧小区改造、第八幼儿园、金水广场改造、城西人防休闲公园等品质工程建设，城市基础设施更加完善。改造人才公寓100套，完成柳泉乡政府办公楼及永新村16户农户清洁供暖改造7300平方米，建成交付铭门雅居、海龙湾、金水名都C区等4个住宅项目，新增住房面积25万平方米。

【美丽乡村建设】 2021年，红寺堡区新改建农村公路42公里，开工建设大河乡高标准重点小城镇项目，完成3个高质量美丽宜居村庄建设，即增即改危房28户，改造抗震宜居房462户。实施农村垃圾收集分拣项目，采购环卫设施，对农村环卫市场化服务进行改革，构建了权责清晰、职责明确的农村生活垃圾治理体系。打造集客运、邮政快递、物流、农资配送、养护等于一体的乡镇综合服务站4个、农村客货邮商融合发展线路10条，探索邮政快递与26条农村客运线路融合发展，农村快递网点乡镇覆盖率达100%。

【环境治理】 2021年，红寺堡区开展农村人居环境整治工程，农村生活垃圾无害化处理率达到90%，农村生活污水治理率10.94%。柳泉乡永新村污水管网工程、红寺堡区沙泉水源地污水管网工程已建设完工并投入使用。红寺堡区第二污水处理厂尾水水质提升工程、红寺堡区乡镇级及以下集中式饮用水水源地（暨千吨万人农村水源地）保护区规范化建设项目现已完成主体工程。红寺堡区柳泉乡污水处理站提标改造工程已开工建设，红寺堡区新庄集乡污水处理站工程正在办理土地规划手续。安装22家酒庄污水处理设施系统，淘汰燃煤锅炉12台、62蒸吨。

【民生保障】 2021年，红寺堡区实现城镇新增就业1141人，完成年度目标任务的163%；失业人员再就业422人，完成年度目标任务的105.5%；就业困难人员再就业87人，完成年度目标任务的108.75%，全年城镇登记失业率为3.73%。全年农村劳动力转移就业4.155万人，完成年度目标任务的118.57%，实现劳务收入6.81亿元。全年发放失业金2071人次294.84万元，发放失业补助金1736人次181.43万元。共开发公益性岗位2162人，其中城镇公益性岗位649人，乡村公益性岗位1513人，帮助各类就业困难群体实现收入近3200万元。

【社会事业】 2021年，新建平岭子、红崖湾、第六、第七、第八等幼儿园8所，建筑面积达19913.72平方米，对六幼、同源幼儿园等7所城乡幼儿园教学玩具进行补充，投放17辆校车。新建第五中学、第六小学、弘德希望小学，实施第五中学、第六小学等4个学校运动场建设，改造40所学校营养改善计划后厨，维修改造85所中小学校校舍、厕所、运动场及外廊封闭。新建高级中学综合楼、餐厅教学楼等18489.1平方米。新建“互联网+智慧”实施农业产教融合实训中心，建筑面积1152平方米。高考成绩比上年持续提升，一本上线237人，二本（含一本）上线873人，本科上线率为45.59%。自主招聘教师202名（研究生学历65名）、特岗教师25名、“三支一扶”教师114名、公费师范生15名。建设弘德村综合文化站，实施白塔水村、兴民村文化广场，龙泉村文化室、创业社区多功能文化活动广场项目建设，建设太阳山全民健身活动中心室外基础设施、紫光湖健身步道项目，铺设彩色沥青路面3公里，完成罗山航空飞行营地塔台项目，建设红寺堡区罗山飞行营地项目。续建红寺堡区葡萄小镇（紫光湖）游客中心项目、红寺堡区大河旅游服务中心项目，修复红寺堡区移民文化遗址公园。

青铜峡市

【概　况】　青铜峡市位于东经105°37′～106°21′，北纬37°16′～38°15′，地处黄河中上游、宁夏平原中部，东隔黄河，与吴忠市利通区相望，南以牛首山为界，和中卫市中宁县接壤，西至明边墙（明长城），毗邻内蒙古自治区阿拉善左旗，北连银川市永宁县，行政区域面积2324.7平方千米。市府驻地裕民街道，东距吴忠市利通区14千米，北距自治区首府银川市59千米。下辖峡口镇、青铜峡镇、大坝镇、小坝镇、瞿靖镇、邵岗镇、陈袁滩镇、叶盛镇8个镇和裕民街道，有城镇社区22个、行政村84个。2021年，青铜峡市委、市政府坚决贯彻新发展理念，奋力推进先行区建设，聚焦“三个重点”，坚持不懈调结构、转方式、增动能、促融合，“5+5”十大产业强劲发展，实现“十四五”良好开局。全年完成地区生产总值155.8亿元，较上年增长6.8%；完成一般公共预算收入8.2亿元，较上年增长10.7%；实现社会消费品零售总额23.7亿元，较上年增长3.7%；城乡居民人均可支配收入分别达到33610.2元、18798.2元，较上年增长7.7%和11.1%。荣获全国农村创业创新典型县、全国农业现代化示范区等国字号荣誉23项。

【工业经济】　2021年，青铜峡市围绕工业产业规划布局，实施四大改造提升行动，打造精细化工、铝产业两大主导产业，引进亚辰新材料、古峡重工等延链补链企业21家，津和铝深加工一期、银丰新材料、北京洁源风电等重点项目建成投产，新增规模以上工业企业12家。实施青铜峡水泥4000吨/天二代新型干法节能环保绿色智能示范、金昱元电石炉清洁生产升级改造等技术改造项目41个，排查整治“两高”项目11个，累计完成工业固定资产投资31.02亿元，同比增长11%。通过淘汰退出、破产清算、兼并重组、改造提升、倒逼退出等手段，盘活“僵尸企业”2家。协调金融机构累计为企业融资贷款6.7亿元，落实企业贷款贴息、技改等各类奖补资金1.4亿元。全市工业增加值比2020年增长5.1%。规模以上工业增加值增长3.9%。在规模以上工业中，分轻重工业看，轻工业增加值增长10.2%，重工业增加值增长3.6%。分经济类型看，公有企业增加值增长7%，非公企业增加值下降1.9%。分门类看，采矿业增加值增长31.9%，制造业增加值下降2.8%，电力、热力、燃气及水的生产和供应业增加值增长11.5%。全市规模以上工业综合能源消耗量（等价值，下同）394.7万吨标准煤，较上年增长1.6%。单位工业增加值能耗下降2.2%。全市规模以上工业企业累计消耗电力103.7亿千瓦时，较上年增长1.8%。

【高效农业】　2021年，青铜峡市聚焦优质粮食产业和优质葡萄酒两大主导产业，着力打造国家粮食绿色高质高效行动示范市、中国葡萄酒产业融合发展集聚区。全市粮食种植面积达到43.81万亩，粮食总产量达到28.2万吨，实现“十八连丰”。建成规模化制种基地3.5万亩，农作物制种面积达到7.7万亩，产量达到3280万公斤，青铜峡市被评为国家级玉米制种超级大县，是全区唯一一个入围的县。瓜菜种植面积稳定在22万亩，总产量达到66.6万吨。新建日光温室450亩，大中拱棚6410亩，设施瓜菜种植面积3.22万亩，占瓜菜总面积的14.6%，设施瓜菜总产量达到15万吨，实现产值3.2亿元。培育发展千亩以上瓜菜示范基地8个、绿色水稻示范基地12个，创建国家绿色农产品标准化示范基地2个、自治区全域绿色食品标准化原料基地6个。主要粮食作物全程机械化率达95%，农机总动力达54.65万千瓦。组织认定国家级农业产业化重点龙头企业1家，培育农副产品加工龙头企业2家，创建绿色大米产业化联合体1家，建成豆制品类绿色食品加工产业区1个，农产品加工转化率达82%。葡萄总面积达到13.7万亩，其中酿酒葡萄面积13.1万亩，新增酿酒葡萄种植2万亩，葡萄酒销售实现利税754万元，较上年增长27%。通过实施粮食与重要农产品产能提升、优势特色产业标准化基地升级、农业科技创新能力提升、乡村产业融合升级、农业绿色发展引领、数字农业建设、农业现代化主体扶优、基础设施提升等七大工程，成功入选国家农业现代化示范区创建名单。

【畜牧养殖】 2021年，青铜峡市巩固生猪养殖大县地位，稳步推进生猪养殖扩群增量，建成大坝榆树湾养殖园区，续（扩）建新兴农牧、天地兴农等生猪规模养殖场6家（其中规模达到10万头以上的2家），规模养殖场（户）达到42家，规模化养殖比重达45%，落实中小养殖户改造提升6家，生猪饲养量达22.4万头，增长17%；打造奶产业百亿级产业集群，抢抓伊利集团扩产机遇，新扩建奶牛养殖场6家，奶牛规模养殖场达到45家，全市奶牛存栏达到9万头，1000头以上奶牛养殖场30家，规模化养殖率达98%，综合产值达92亿元。羊存栏15.7万只，出栏15.5万只，分别比2020年增长8.3%和19.7%。家禽存栏295万只，出栏193.4万只，同比分别增长14.1%和19.7%。全年肉类总产量2万吨，增长7.8%；禽蛋总产量3万吨，增长2.6%；奶类总产量35.8万吨，增长15.1%。渔业养殖面积2.5万亩，水产品总产量1.2万吨，渔业总产值达1.56亿元。

【农田水利建设】 2021年，青铜峡市坚持把农田水利基本建设与产业发展、生态保护相结合，发挥农田水利建设综合叠加效应，实施高标准农田建设项目4个，新建高标准农田4万亩，其中高效节水灌溉项目1万亩，高效节水灌溉面积占全市耕地面积35%，农业灌溉水有效利用系数达到0.535。围绕优质大米、酿酒葡萄、瓜果蔬菜等优势特色产业，推广激光平地、测控一体闸、水肥一体化等节水灌溉新技术3万亩，示范应用“农业种植+机械化耕作+水肥一体化”模式，累计建设高标准农田50万亩。

【旅游服务】 2021年，青铜峡市完成青铜古镇萌宠乐园、精品酒店、商业街等改造运营项目，后期将继续对青铜古镇原河源组团、渠城组团、水城组团3个功能建筑组团进行改造，建设温泉街、自由式餐饮、特色商铺、SPA理疗馆、中小型商务会议厅等。依托贺兰山东麓葡萄酒黄金产区，整合鸽子山葡萄酒产区周边酒庄、鸽子山遗址、北岔口明长城、庙山湖等文化旅游资源，以葡萄酒文化旅游融合发展为目标，发展青铜峡市鸽子山葡萄酒文化旅游小镇项目，通过“葡萄酒庄+文化体验+乡村民宿”的发展模式，发挥度假、康养、休闲、游憩等旅游体验功能，打造宁夏乃至全国第一家以葡萄酒文化为主题的国家级旅游度假区。黄河大峡谷列入国家5A级旅游景区创建名单，叶盛镇地三村、大坝镇韦桥村入选“全国乡村旅游重点村”，青铜峡镇余桥村入选“全区首批特色旅游村镇”，黄河大峡谷景区被自治区教育厅命名为“首批宁夏中小学生研学实践教育基地”，黄河坛景区、西鸽酒庄、青铜峡市大坝镇韦桥村古渠首、青铜峡市福汇龙门农庄被吴忠市教育局、吴忠市文化旅游体育广电局命名为“吴忠市中小学生研学实践教育基（营）地”。新建宁夏青铜峡农特产品文创产业基地、青铜峡市中新云智文化旅游农创发展有限公司等文创产品、旅游商品研发、销售企业，牛仔八宝茶获得“2021中国旅游商品大赛”银奖。全年各景区、农家乐接待游客282.65万人次，同比增长90.98%；实现旅游综合收入15.55亿元，同比增长90.98%。推进“互联网+农产品”出村进城，建设数字农业信息中心1个，建成镇村电商服务站55家、益农信息社84家，电子商务实现线上交易额达3亿元，增长10%。全年实现社会消费品零售总额24.7亿元，增长3.7%。按经营地统计，城镇市场实现社会消费品零售额19.6亿元，增长4.4%；农村市场实现社会消费品零售额5.1亿元，增长0.8%。

【城市建设】 2021年，青铜峡市以迎接国家卫生城市复审、创建全国文明城市、自治区文明城市复检为契机，投资8300万元实施老旧小区改造项目，涉及青铜峡镇4个社区、裕民街道1个社区，共20个小区198栋楼4827户，进行楼体立面和单元间维修及排水改造，小区排水主管、供暖供水分户改造，小区绿化、门禁监控、道路及铺装、亮化、社区管理和物业服务等设施的完善改造等，改造经验被中央政研室《学习与研究》刊登。同时，实施老旧小区（宏远小区、建民小区、光明小区）沿街周边建筑立面综合整治改造项目、影剧院周边老旧小区建筑立面综合整治改造项目、青铜峡市2020年老旧小区照明项目、青铜峡市2021年城区街道及商网综合改造项目。持续开展城市“双修”工程，实施道路交通、公共绿化等基础设施工程，新建停车位和充电桩、城市公共休闲绿地和小微游园，完成建民巷子一期改造，打造葡萄酒展示巷，完成11个主题公园环保问题整改工作及黄河母亲像平移工程，完成全区县域经济观摩天河通夏观景平台酒庄建设项目，实施青逸湖等生态修复项目5个，连通水系7万平方米。城市新增绿地面积75亩，建成区绿化覆盖率、绿地率、人均公共绿地分别达到38.93%、36.37%、10.48平方米，争创国家森林城市示范市。开工建设“城市记忆·建民印巷”，开发灞上御景等房地产项目4个，全市房地产完成投资3.1亿元，同比下降10.67%；商品房销售面积完成6.57万平方米，同比增长27.34%，实现销售收入2.55亿元，同比增长51.87%；商品住房销售均价3888.7元/平方米，同比增长19.26%，二手房成交均价2408.89元/平方米，下降0.58%。

【乡村建设】 2021年，青铜峡市全面实施巩固拓展脱贫攻坚成果同乡村振兴有效衔接“五大提升工程”，完成18.6公里农村污水管网提标提升、1457户农村集中供热扩面提升、3242户农房建设质量提升任务；完成农村污水处理站第三方运营、34座农村污水处理站的修缮，建成5座农村污水处理站和3个提升泵站项目；在邵岗镇打造“四大提升行动”示范村，完成甘城子村、大沟村、玉西村、同乐村人居环境综合整治工程，代表吴忠市接受自治区观摩。全面推进乡村建设行动“五大工程”（庄点清洁整治、污水管网扩面、供热燃煤替代、农房质量提升、庄点庭院绿化工程），其中庄点清洁整治工程累计投入人力24万人次、机械2.1万台次，清理农村垃圾5.1万吨，绿化美化庄点136个。以党员带头、全域网格积分制鼓励引导群众争当勤劳致富、美丽庭院、睦邻和谐、崇文重教、遵纪守法、移风易俗6个先锋示范户。9个乡村振兴示范村、11个重点移民村、30个重点提升整治村村容村貌全面提升，新建农村卫生厕所500户，农村卫生厕所普及率达93%，农村生活垃圾、生活污水处理率分别达到95%、44%，农村安全饮水覆盖率达96%，被评为国家村庄清洁行动示范县、自治区农村人居环境整治示范县。

【交通运输】 2021年，青铜峡市编制完成《青铜峡市“十四五”综合交通运输发展规划》，以“综合交通、绿色交通、智慧交通、平安交通”为主线，全面建设“结构合理、布局优化、功能完善、衔接顺畅”的综合交通网络体系。投资7333.87万元实施青黄公路改建项目、国道110至大青公路连接线项目、马青公路改建项目及鸽子山酿酒葡萄文化旅游小镇道路建设项目等36.65公里；改建大坝镇王老滩村泰民渠桥和峡口镇赵渠村南干沟桥、小大路中干沟桥3座。加强客运基础设施建设和农村客货邮融合发展，建成二级汽车客运站1个、乡镇简易客运站和综合运输服务站5个、农村客运招呼站98个。截至年末，全市公路通车里程1633公里，其中高速公路通车里程89.7公里、国道105.9公里、省道80.2公里、县道43.2公里、乡道388.6公里、村道790.1公里。全市共有危货运车辆177辆、普货车辆3433辆、牵引车1608辆。班线车辆86辆，公交运营车辆66辆，吴忠经营公交车辆44辆，出租车337辆。全市共有一类维修企业2家，二类维修企业9家，三类维修企业385家，检测中心2家，驾驶员培训企业2家。

【脱贫攻坚成果巩固】 2021年，青铜峡市制定《青铜峡市实施百万移民加大产业扶持力度提升行动工作方案》，出台奶牛托管代养、发展种植养殖业扶持奖励等产业帮扶措施8项，新建养殖圈棚162栋，累计建成450栋，鼓励零散养殖集中入园，户均年收入1.2万元以上。深化“企业+农户”利益联结机制，托管企业集中养殖奶牛4835头，移民每户年稳定收益2800元。新建温棚32栋，累计建成1947栋，每棚年收入2.5万元以上，推出“山海情拍摄基地+连湖西红柿采摘”线路，吸引游客3万余人次，带动销售连湖西红柿45吨左右，移民增收约50万元。实施农村劳动力就业能力提升工程，加大劳务输出组织建设力度，提升移民就业组织化程度，完善“土地流

转 + 优先雇佣 + 返租倒包”机制，将移民群众土地集中流转发展酿酒葡萄产业，采取农户承包全程田间管理、经纪人组织务工等方式，带动移民务工就业 5067 人，人均年收入超过 1.8 万元。认定消费扶贫产品供应商 19 家，消费扶贫产品达到 32 种，商品价值达到 48537.2 万元。采取线上销售、“农超对接”、生鲜流动直通车进社区等方式，累计销售 26045.88 元，带动脱贫人口 2488 人。

【先行区建设】 2021 年，青铜峡市聚焦“五区”建设，9070 亩河滩地全部收回，1945 亩确权耕地全部禁种高秆作物，黄河行洪安全保障有力。国土整治修复 1.8 万亩，完成营造林 3.3 万亩，是自治区下达目标任务的 124%，生态修复卓有成效。第二污水处理厂尾水处理、罗家河人工湿地二期投入运行，在全区率先与宁夏国有资本集团运营公司签署先行区基金合作项目协议，污染防治迈出关键一步。列入自治区“十大工程项目”的牛首山抽水蓄能电站前期道路项目 9 月开工建设，单位 GDP 能耗下降 2.5%，降幅居吴忠市第一。启动古渠首遗址公园项目，《黄河谣》实现常态化演出，黄河文化在展示中彰显传承。

【固定资产投资】 2021 年，青铜峡市坚持重大项目带动，全年开工建设万向新元、酿酒葡萄基地等项目 139 个，完成固定资产投资 78 亿元，产业类项目数量占比达 90%，民间投资占比达到 67%，分别增长 20.3% 和 10%，全社会固定资产投资增长 9.9%。推行亿元以上项目市级领导专班负责制，落地建设招商引资项目 75 个，其中投资 10 亿元以上项目 1 个、5 亿元以上项目 2 个、亿元以上项目 5 个，落实到位资金 57.1 亿元。上争项目 300 个，落实资金 30 亿元。

【深化改革】 2021 年，青铜峡市优化营商环境，全面开展“一网、一门、一次、一窗、一号”改革，“一件事一次办”事项由原来的法定时限 4325 个工作日减少为 303 个工作日，压缩率 93%；政务服务“好差评”群众满意度 100%；1226 项政务服务事项实现“网上办理”，最多跑一次事项率 92% 以上，清理取消事项证明 107 项，实现 44 证合一。新增国家高新技术企业 4 家、自治区小巨人企业 6 家、科技型中小企业 4 家，全社会 R&D 经费投入强度达 2.61%，位居全区第四、吴忠第一。深化农村集体产权制度改革，注册成立股份经济合作社 67 个、经济合作社 17 个，率先在全国完成土地确权改革，确权登记颁证 5.1 万余户，确权面积 43 万余亩，农村承包地确权登记颁证工作荣获自治区一等奖。稳步推进“四权”改革，被确定为全区用水权改革重点县，在全区率先建成二级市场交易平台，年内交易水权指标 1500 万立方米、实现收益 1.6 亿元，土地权改革落实土地指标跨省交易 2472 亩、实现收益 9888 万元，排污权改革首批 40 家重点企业初始排污权完成核算上报，山林权改革清理林权证 275 本 328 宗地，林权抵押融资贷款 370 万元。

【社会保障】 2021 年，青铜峡市做好高校毕业生、农民工、退役军人等重点群体就业工作，落实灵活就业社保补贴、公益性岗位安置就业等政策，开展各类技能培训 4641 人次，新增就业岗位 4347 个，实现城镇新增就业 3224 人，农村劳动力转移就业 20821 人，城镇登记失业率控制在 3.7% 以内。改善甘城子中心学校等 12 所中小学办学条件，加快推进“互联网 + 教育”建设，对 6 所学校（园）实行联盟化、集团化办学，推动义务教育优质均衡发展。落实“五项管理”和“双减”政策，注销学科类培训机构 27 所，稳步提升教育教学质量，高考上线率达 64.5%，进入全区首批学校治理达标县行列。实施市医院救治能力提升、中医院医街建设等 7 个项目，挂牌成立青铜峡市医疗健康总院，加快“互联网 + 医疗健康”建设，辖区内远程医疗废弃物在线视频实现监控覆盖。加大社会保障力度，财政支出 80% 以上用于保障和改善民生，做好社会救助工作，失业保险、工伤保险、城乡居民基本养老保险参保率均达 100%，居民养老保险、医疗保险实现全覆盖。成立青铜峡市退役军人法律维权服务站，做好退役士兵安置和权益保障工作。怡园老年养护院、怡园社区日间照料中心等 8 个养老服务设施建成并投入运行，4 家养老院推行“公建民营”运营模式，促进养老服务提质增效。

【社会治理】 2021年，青铜峡市全面落实“1+6”基层社会治理方案，创新实施“党建+网格+积分”全域网格积分制管理模式，全市网格管理村（社区）覆盖率突破73%，陈袁滩镇袁滩村入选全国乡村治理示范村。坚持和发展新时代“枫桥经验”，加强基层信访工作网络建设，成立矛盾纠纷调解中心（室），开展信访工作“四无”村（社区）创建活动，矛盾纠纷调解成功率达98%以上。同时，开展政法队伍教育整顿，举办政治轮训班15期，培训干警1700余人次，排查出顽疾372条，核查认定129条，全部完成整改。围绕“五类矛盾”和“六类人员”组织专项行动，防止“民转刑”“刑转命”发生，排查各类矛盾纠纷1056起，化解1045起，化解率99%，八类刑事案件下降61.5%，命案实现“零发生”，荣获自治区法治政府建设示范县称号，第七次获评全国双拥模范城。严格落实安全生产责任制，全面排查整治各领域安全生产风险隐患，年内未发生较大及以上安全生产事故。常态化开展扫黑除恶斗争，工程建设、自然资源等13个行业领域乱点乱象实现标本兼治。制定《青铜峡市2021年民族团结进步创建工作方案》等文件，开展“传承党的百年光辉史基因、铸牢中华民族共同体意识”等主题宣讲160余次，发放“五观”口袋书、促进民族团结进步工作条例等资料1200余本，组织举办朗诵、知识竞赛、征文、手抄报活动122场次，上线“云宣传”课堂、“社会主义核心价值观”主题微电影等内容114条。

【换届选举工作】 2021年，青铜峡市坚持把纪律规矩挺在前面，严明换届纪律，严肃换届风气，广泛宣传换届“十严禁”纪律要求，加强换届期间纪律监督，建立信访举报“快查快结”机制，专人负责“12380”举报平台24小时运行，择优选聘换届风气监督员20人，组建换届巡回督导组参与换届风气监督，纪委监委跟进监督市、镇、村（社区）“两委”换届，受理并办结问题线索13个，完成对2228名候选人初步人选的资格审查。坚持在疫情防控、乡村振兴、项目建设、招商引资、巡视巡察“一线战场”检验和识别干部，全年提拔重用干部8批94人，晋升职级117人，其中“五个一线”提拔重用58人。紧扣“五个好”换届目标，坚决贯彻落实中央、自治区党委和吴忠市委部署要求，制定市镇换届人事安排方案，为乡镇领导班子配备35岁以下干部23人，乡镇领导干部平均年龄从47.1岁下降至42.3岁。

【党风廉政建设】 2021年，青铜峡市强化政治监督，加大对“三不为”干部及形式主义、官僚主义问题整治力度，查处“两个责任”落实不力问题11件，问责领导干部13人、4个单位（党组织）。成立工程建设和政府采购领域等突出问题专项整治工作专班，自查发现问题1353个，完成整改1299个，整改率达96%。坚持巡察与纪律、监察、派驻监督“四位一体”监督体系，开展第14轮巡察，发现问题1319个，移交问题线索109件，下发巡察建议书17份，组织巡察107个村级党组，发现问题663个。对腐败问题始终坚持“无禁区、全覆盖、零容忍”，全年处置问题线索228件，立案60件79人，给予党纪政务处分63人。落实《纪律处分条例》，先后“两个责任”落实不力问题11起。

盐池县

【概　况】 2021年，盐池县坚持以习近平新时代中国特色社会主义思想为指导，坚决执行党中央和区市党委决策部署，以政治忠诚诠释责任担当，以紧密团结凝聚发展合力，以真抓实干提升工作质效，推动各项事业取得新的重大进展。全年实现地区生产总值1629790万元，同比增长8.8%（按可比价格计算，下同），增速较上年同期下降1.7个百分点。分产业看，第一产业实现增加值119676万元，增长8.3%，增速较上年同期提高3.9个百分点；第二产业实现增加值1036305万元，增长8.7%，增速较上年同期下降6.8个百分点；第三产业实现增加值473808万元，增长9.1%，增速较上年同期提高4.2个百分点。从三次产业的构成看，三次产业增加值结构为7.3 ∶ 63.6 ∶ 29.1，与上年同期相比，第一产业比重下降0.4个百分点，第二产业比重上升3.3个百分点，第三产业比重下降2.9个百分点。从三次产业对经济增长的贡献来看，一、二、三产业对经济增长的贡献率为7.3%、

59.6% 和 33.1%；一产拉动经济增长 0.6 个百分点，二产拉动经济增长 5.3 个百分点，三产拉动经济增长 2.9 个百分点。按常住人口计算，全县人均地区生产总值 101862 元，同比增长 7.9%。

【生态环境】 盐池县日照长、温差大，属典型的大陆性季风气候，干旱少雨，光能丰富，日照充足，年平均气温 7.8℃，冬夏两季平均温差 28℃左右。2021 年最高气温 37.4℃，最低气温 -27.1℃，年平均气温 10.2℃，全年降水量 227.9 毫米，日照 2681.5 小时，无霜期 158 天，扬沙 16 次。2021 年，"散乱污"企业和建成区 35 蒸吨以下燃煤锅炉实现动态清零，环境空气质量优良天数比例达到 88.6% 以上，工业园区污水实现全收集、全处置、达标排放，智慧河长信息平台建成投运，刘家沟、骆驼井水源地水质稳定达到Ⅲ类水质标准，医疗机构和化工企业危险废物安全规范处置率达 100%，农残回收率超过 90%，中央及自治区生态环境保护督察反馈问题整改有力有序推进。

【农业经济】 2021 年，盐池县全年粮食播种面积 80.6 万亩，同比增长 32.1%；夏粮播种面积 2.0 万亩，同比增长 11.1%；秋粮播种面积 78.6 万亩，同比增长 32.8%；玉米播种面积 29 万亩，同比增长 59.3%；马铃薯播种面积 4.7 万亩，同比增长 56.7%。全年粮食总产量 10.51 万吨，同比增长 32.4%，其中夏粮产量 0.12 万吨，同比增长 657.6%，秋粮产量 10.39 万吨，同比增长 31.1%；玉米产量 8.7 万吨，同比增长 32.6%；马铃薯产量 0.75 万吨，同比增长 25.3%。2021 年生猪出栏 5.98 万头，同比增长 3.8%；羊只出栏 133.35 万只，同比增长 2.9%；牛出栏 5983 头，增长 61.9%；家禽出栏 9.79 万羽，同比增长 39.9%；实现肉类总产量 2.91 万吨，增长 3.4%，其中羊肉产量 2.33 万吨，同比增长 2.4%；牛奶产量 5.75 万吨，增长 57.6%；牧业产值占农林牧渔业总产值的比重达 64.6%，对农林牧渔业的贡献率达 50.4%。全年实现农林牧渔业总产值 274897 万元，同比增长 9.0%，增速较上年同期提高 4.3 个百分点，其中，农业产值 73556 万元，同比增长

刘家沟水库

盐池县大型喷灌节水灌溉

15.5%；林业产值4524万元，同比下降6.9%；牧业产值177643万元，同比增长8.0%；渔业产值4244万元，农林牧渔服务业产值10023万元，同比增长4.2%。

【工业和建筑业】　2021年，盐池县全年实现全部工业增加值910751万元，同比增长9.6%，工业增加值占GDP的比重为55.9%，对经济增长的贡献率为56.8%，拉动经济增长5.0个百分点。全县规模以上工业增加值增长8.6%，增速较上年同期下降13.6个百分点，两年平均增长13.8%。全县监测的16个行业大类呈“十增六降”态势。增长的行业有：煤炭开采和洗选业增长8.4%，农副食品加工业增长22.2%，石油、煤炭及其他燃料加工业增长41.3%，化学原料和化学制品制造业增长4.9%，橡胶和塑料制品业增长19.1%，非金属矿物制品业增长11.4%，通用设备制造业增长1.6%，电气机械和器材制造业增长55.4%，废弃资源综合利用业增长1.0%，电力、热力生产和供应业增长11.0%。产品产量增长的有：水泥增长27.3%，硅酸盐水泥熟料增长2.6%，鲜、冷藏肉增长17.4%，冷冻蔬菜增长23.1%，自来水生产量增长13.1%，塑料制品增长23.9%，电力电缆增长66.7%，原煤增长49.1%，汽油增长184.5%，柴油增长215.1%，液化石油气增长61.0%，风力发电增长28.7%。全县实现建筑业增加值126663万元，同比增长3.4%，占地区生产总值的7.8%，占比较上年同期下降0.8个百分点。

【滩羊产业】　2021年，盐池县借助创建滩羊标准化养殖示范县有利时机，持续推进“良种化繁育、规模化养殖、标准化生产、产业化经营、品牌化发展”5个体系建设，着力打造盐池滩羊全产业链。新建自治区级滩羊养殖示范村3个、巩固提升县级示范村34个，累计培育标准化滩羊养殖示范村91个、标准化养殖示范场56个。全县新建、改建生态牧场60个，累计培育70个。建成标准化舍饲棚圈3.3万座，建成规模养殖园区326个，建设青贮池30万平方米。新增“300”模式家庭牧场45个，发展存栏100只以上规模养殖户5369户，规模化养殖比例达到66%。组建滩羊基础母羊核心群32万只，年内投放优质滩羊种公羊3000只，累计投放滩羊种公羊2.33万只。新建2个滩羊节本增效示范点，主推滩羊本品种选育、青贮制作、饲养管理等5项综合配套技术，积极引导滩羊集团等龙头企业和滩羊协会发挥作用，已与全县2353户养殖户签订26.3万只订单合同，与标准化示范村、示范场、生态牧场签订5万只盐池滩羊订单收购合同，累计协调屠宰收购羊27万只。

【黄花菜产业】　2021年，全县黄花菜种植面积8.1万亩，实现总产鲜花2万吨，鲜菜较其他产区每公斤高出0.5元，干菜高出4元，分别达到6.4元和45元，实现总产值2.8亿元，带动全县3000余户黄花菜种植户实现户均增收4.5万元。标准化生产水平不断提升，组织实施国家第十批（黄花菜）绿色生产标准化示范区建设项目，成功打造1.4万亩黄花菜绿色标准化种植基地。制定《宁夏黄花菜生产技术规程》《黄花菜系列产品绿色标准化生产加工标准》等宁夏地方标准，同时与农业农村部食物与营养发展研究所合作，研究构建盐池黄花菜高质量团体标准体系，提升黄花菜产业发展水平。完成融盐公司黄花菜速冻冰鲜生产线及冷链等附属设施项目建设并投入运行，加工冰鲜菜33.6吨。指导盈德黄花菜加工厂进行黄花菜冻干技术研发，正在进行设备招标工作。累计建成混凝土晾晒场40万平方米，冷藏保鲜库库容达到1.6万吨，新增黄花菜种植、加工和销售企业、合作社6家，累计登记注册达42家。年内完成印制“盐池黄花菜”专业包装箱15万个，有5家经营主体获食品生产许可证。创新“线上+线下”销售模式，与25家区内外企业签订销售合同，产品覆盖全国24个省份。成功举办第四届吴忠黄花菜产业发展论坛暨产销对接大会，与京东集团、北京一亩田等3家企业签订合作协议，进一步拓宽黄花菜销售渠道，为农民增收打下坚实基础。

【小杂粮及其他产业】　2021年，盐池县成功申报国家荞麦绿色高质高效示范县创建项目，争取项目资金450万元。完成建设荞麦“三品一标”示范基地3万亩，带动全县荞麦绿色高质高效种植20万亩。全县共完成小杂粮（荞麦）43万亩。成功申报国家杂粮杂豆示范基地建设项目，获取批复建设资金450万元。培育发展荞麦产业链企业、合作社21家，其中省级以上龙头企业7家。指导对了杂粮、山野香苦荞研发的荞麦新产品3种，已进入生产阶段。四川环太引进的国家级“杂粮产业链一体化示范”项目已通过欧盟有机标准认证。

【牧草产业】　2021年，盐池县种植青贮或粮饲兼用玉米38.4万亩、一年生优质牧草12.7万亩、苜蓿0.35万亩，柠条平茬45万亩，玉米秸秆机械化捡拾打捆4.2万亩2.1万吨。利用青山乡旺四滩村和冯记沟乡平台村已流转土地建设3万亩优质牧草种植区，新增耕地1.68万亩，提质改造原有耕地2137亩。盐池滩羊“种养+”一体化示范项目（一期），待水资源论证及草原征占用审批手续完善后即可筹备开工。肉牛、奶牛及其他畜禽产业稳步推进。依托社会化服务组织完成全县110户肉牛养殖户技术培训任务。推广优质奶牛性控冻精3500支，性控胚胎2000枚。制定了《盐池县现代畜牧业发展“十四五”规划》，以惠安堡镇、冯记沟乡为主规划布局肉牛、奶牛产业区，以高沙镇、王乐井乡为主规划布局百万头生态生猪养殖区，配套完善相关基础设施，推进肉牛、奶牛和生猪规模化、标准化养殖。

【交通服务业】　2021年，盐池县全年实现服务业增加值473808万元，增长9.1%，增速较上年同期提高4.2个百分点，两年平均增长6.7%。截至2021年底，全县公路通车总里程为3635.5公里，其中国道8条588公里，省道6条280公里，县道1条6公里，乡道20条386公里，村道273条2375.5公里；高速公路282.3公里，一级公路48公里，二级公路378公里，三级公路570.2公里，四级公路2357公里，分别占总里程的7.8%、1.3%、10.4%、15.7%、64.8%；沥青（水泥、机砖）路面公路3158.5公里，沙砾路面公路477公里，分别占总里程的86.9%、13.1%，等级公路密度为42.66公里/百平方公里。全县境内普通铁路总里程为137.6公里，其中正线60.9公里，联络线76.7公里。全县境内高速铁路60.78公里。建成以县城为中心，4条高速公路为骨架，10条国省干线公路为依托，县乡公路为支脉，南通北畅、东进西出、外通内连的公路“四纵八横”、覆盖城乡的交通网络。2021年，邮政电信业务总量1.74亿元，增长25.2%。年末固定电话用户数7100部，移动电话用户数19.51万户，宽带用户7.34万户。

【固定资产投资】　2021年，盐池县全年全县固定资产投资同比增长15.3%，增速较上年同期提高14.2个百分点，分别高于全区、全市增速13.1个百分点和7.3个百分点。从产业结构来看，一、二、三产业呈现“两降一升”。一产投资同比下降54.5%，下拉投资增速1.9个百分点；二产投资同比上升60.7%，上拉投资增速31.3个百分点；三产投资同比下降31.4%，下拉投资增速14.1个百分点。从项目地域来看，区属中央项目投资大幅下降。全年县属地方项目投资同比上升44.7%，上拉投资增速29.3个百分点，占全县固定资产投资总量的82.3%；房地产项目完成投资同比上升19.7%，上拉投资增速1.1个百分点；区属中央项目投资同比下降52.9%，下拉投资增速15.1个百分点，占全县固定资产投资总量的11.7%。从投资主体看，社会投资持续减弱。全年国有经济投资同比上升56.6%，占全县固定资产投资总量的65.7%，国有经济投资上拉投资增速27.4个百分点；民间投资同比下降23.3%，占全县固定资产投资总量的34.3%，民间投资下拉投资增速12.1个百分点。

【财政金融】 2021年，全年财政总收入完成240638万元，同比增长6.0%，其中中央级收入完成59310万元，同比增长18.1%；自治区级收入完成82532万元，同比增长29.4%；县级财政收入完成98795万元，同比下降12.6%。年末全县金融机构各项存款余额1203362万元，较上年末增加8821万元，同比增长0.7%，环比增长1.3%。其中，住户存款余额842898万元，较上年末增加45433万元，同比增长5.7%；非金融企业存款余额149311万元，较上年末减少15746万元，同比下降9.5%；机关团体存款余额178080万元，较上年末减少29763万元，同比下降14.3%；财政性存款余额33072万元，较上年末增加8897万元。金融机构各项贷款余额983156万元，较上年末增加98336万元，同比增长11.1%，环比增长3.1%。其中，住户贷款余额619517万元，较上年末增加14984万元，同比增长2.5%；企事业单位贷款余额363640万元，较上年末增加83352万元，同比增长29.7%。

【教　育】 2021年，盐池县有各级各类学校68所，其中普通高中1所，中等职业学校1所，初级中学5所，完全小学20所，教学点15所，幼儿园25所，特殊教育中心1所。全县共有在校生26849人，其中幼儿园在园幼儿5352人，小学在校生12008人，初中在校生5369人，普通高中在校生3056人，中等职业学校在校生979人，特殊教育中心在校生85人。小学毕业生1953人，初中毕业生2002人，普通高中毕业生872人，中等职业学校毕业生361人。小学招生数1951人，初中招生数1825人，普通高中招生数1034人，中等职业学校招生数316人。学龄儿童入学率100%，初中净入学率100%，初中升学率96.3%，高中升学率93.3%。全县共有各级各类学校教职工2272人、专任教师数2056人，其中幼儿园教职工数662人、专任教师数511人，小学教职工数847人、专任教师824人，初中教职工数443人、专任教师428人，普通高中教职工数243人、专任教师222人，中等职业学校教职工数64人、专任教师64人，特殊教育中心教职工数13人、专任教师7人。

【文化旅游广电】 至2021年末，全县健身活动站共计18个，乡镇文化体育活动中心共8个，全年举办各类大型文艺和广场文化演出场次313场，观众16.2万人次。全县有线电视用户数1.2万户，广播电视综合人口覆盖率为100%。全年共接待区内游客172万人次，旅游综合收入5.6亿元。成功创建首批宁夏特色旅游村4个、星级乡村旅游示范点12个，创建三星级、四星级饭店各1家。北大考古文博学院盐池基地、宁夏文物考古研究所盐池工作站挂牌成立，全域旅游总体布局初步形成。

【卫生健康】 截至2021年末，全县共有医疗机构数150个，其中县级医疗机构5个，乡镇卫生院8个。年末全县执业医师（助理）398人，卫生机构实有病床673张，医生1334人，每千人拥有执业（助理）医师数、床位数分别为2.5人、4.2张。

【社会保障】 2021年，盐池县城镇职工基本养老保险参保26368人，其中参加企业职工养老保险19401人，参加机关事业单位养老保险6967人；失业保险、工伤保险分别参保7986人和21305人；统筹城乡居民基本养老保险参保81260人，政策覆盖率达到100%。全县城乡居民基础养老金由205元调增至210元。企业退休人员养老金实现“十七连调”，人均月增资154元。机关事业单位退休人员养老金连续第六次与企业退休基本养老同步调整，人均月增资193元。2021年，全县医疗保险总参保人165545人，完成目标任务的103.1%，其中城镇职工基本医疗保险参保20906人，完成目标任务的121.6%；城乡居民基本医疗保险参保144639人，完成目标任务的100.9%；特困供养、低保、边缘易致贫、已脱贫人口等12类特殊人群参保率100%。全县城镇实有登记失业人员1090人（其中女性631人），失业人员就业人数1216人，城镇登记失业率2.17%。2021年末，城镇居民最低生活保障人数1759

人，农村居民最低生活保障人数7671人。全县现有公办养老服务机构4所、民办养老机构3家、农村互助养老院6个，共设养老床位数1306张，每千名老人拥有机构养老床位52张以上。2021年末，共收养各类老人192人。

【人　口】　公安年报资料显示，2021年末全县户籍人口总户数68614户，比上年增加105户，总人口172387人，比上年减少437人。分性别构成看，男性88149人，占总人口的51.13%；女性84238人，占总人口的48.87%，人口性别比为104.6∶100（以女性为100，男性对女性的比例）。分城乡情况看，城镇人口26815人，占全县总人口的15.56%；乡村人口145572人，占全县总人口的84.44%。

【乡村振兴】　2021年，盐池全年投入各类资金8.83亿元，统筹推进乡村建设、产业发展、金融服务等巩固拓展脱贫攻坚成果重点项目。坚持产业兴农、质量兴农，进一步完善以滩羊为主导，黄花菜、小杂粮、牧草和中药材为辅助，黑毛猪、滩鸡等乡镇多种经营为补充的“1+4+X”特色优势产业发展体系，保障农民收入持续增长。建立了“滩羊集团+协会+专业合作社+养殖户”的利益联结模式，滩羊集团以优惠价累计订单收购滩羊207万只，全县羊只饲养量322.3万只，规模化养殖比例达到66%；黄花菜产业融合示范园建成投运，入驻企业6家，黄花菜留床面积达到8.1万亩；小杂粮、牧草、中药材等特色产业蓬勃发展，目前种植荞麦和糜谷等杂粮46.6万亩、苜蓿等其他优质牧草13.05万亩，肉牛饲养量1.36万头、存栏1.19万头，奶牛存栏1.21万头，家禽饲养量51.8万羽。全县以滩羊为主导的特色优势产业对农民增收贡献率达80%以上。同时，全面推进乡村振兴示范村建设，制定了《盐池县2021年乡村振兴示范村建设实施方案》，投入资金1.58亿元，全面推进25个乡村振兴示范村建设；积极争取中央专项彩票公益金项目，涉及3个乡镇12个行政村，建成滩羊生态牧场7个，完成12个村的村庄人居环境整治及基础设施改善。紧盯已脱贫和边缘易致贫劳动力家庭，组织乡村两级通过入户、微信群等多种形式及时广泛宣传有关扶持政策、劳动就业岗位等，同时及时跟踪核实外出务工劳动力的岗位落实情况，建立专门台账，“一对一”跟踪服务，加强脱贫劳动力转移就业和后续服务。全县脱贫劳动力和边缘户已外出务工人数为1.3万余人。制定了《盐池县2021年巩固拓展脱贫攻坚成果同乡村振兴有效衔接做好稳岗就业培训工作实施方案》，瞄准新型职业农民，特别是已脱贫人口（含政策性移民、低收入人口），持续开展订单式、定向式、定岗式技能培训，全面提升已脱贫劳动力技能素质。

【党的建设】　2021年，盐池县把党史学习教育贯穿全年，举办学习班、研讨会等6000余场，召开全县庆祝建党100周年座谈会、“两优一先”表彰大会，举办庆祝盐池县解放85周年和建党100周年大型文艺晚会，全县上下在学思践悟中鼓舞了斗志、凝聚了力量。用心用情开展“我为群众办实事”实践活动，创新“1+3”服务模式和“3411”办实事机制，解决群众急难愁盼问题近两千个，实施“群众点单、政府买单”民生微实事项目41个，进一步坚定了人民立场、增进了群众感情、密切了党群关系、巩固了执政基础。政治本色不断彰显。深化常委会第一议题制度，对习近平总书记重要讲话及指示批示，及时传达学习，认真研究落实，举办党的十九届六中全会精神等培训班14期，教育引导广大党员干部深刻领悟“两个确立”的决定性意义，坚决做到“两个维护”。政治意识不断加强。常委会定期听取县人大常委会、政府、政协、法检“两院”党组、纪委监委工作汇报，常态化指导9个县委议事机构开展工作，定期召开会议推进党管武装、群团工作，确保把党的领导落实到各领域各方面。政治能力不断提升。党中央和区市党委决策部署在盐池县落地生根、开花结果，一年来获得各类国家、省部级奖项24个，数量达到近五年总和的三分之一，多项工作得到区市党委、政府主要领导的批示肯定。高标准召开了县第十五次党代会，谋定了实施“三高战略”、推进“四大任务”的发展路径，描绘了建设“强美富优”现代化新盐池的奋斗目标，激励全县上下在紧密团结、真抓实干中续写新的辉煌。

【全域旅游】　2021年，全县累计接待游客173万人次，实现旅游综合收入5.7亿元，同比分别增长21%和21.3%。高标准编制《文化旅游产业“十四五”发展规划》《宁夏长城国家文化公园（盐池段）建设实施方案》《盐池县再生水资源综合利用暨城北生态文化旅游区规划》《革命烈士纪念园创建国家4A级旅游景区提升规划》《王乐井乡乡村旅游发展规划》等一批专项规划。以“一核两畔一带”的规划思路，制定印发了《关于用好红色资源赓续红色血脉、做好红色资源保护传承管理利用工作实施方案》，印发了《2021年文化旅游产业高质量发展实施方案》。成功创建首批宁夏全域旅游示范区。根据《宁夏全域旅游示范区认定管理办法（试行）》相关标准和要求，打好“红老区、古长城、绿盐池”三张牌，已经初步形成了“1314”全域旅游总体布局，哈巴湖景区、曹泥洼、何家大院等乡村旅游点旅游公交专线开通运营，蔡家梁高速公路服务区提升改造工作全面完成。革命烈士纪念园成功创建国家4A级旅游景区，春雪文化产业园、盐池滩羊产业融合示范基地创建为2A级景区，李塬畔红色美丽村庄建设基本完工。引入实时舆情监测服务，增加盐池旅游攻略、电子旅游导览图等功能服务板块，智慧旅游大数据中心服务功能进一步提升，智慧文旅技术应用力度持续加大。加大推进重点项目建设进度。加大上争项目争资金力度，加快推进重点项目的落地实施。张家边壕至兴武营风景廊道道路项目和张家场北京大学考古实习基地项目建成并投入使用，雷记沟四区政府、唐平庄宁夏工委保护修缮项目已完成。高平堡、毛卜喇旅游服务区基础设施配套项目开工建设，盐池县长城国家文化公园文化旅游复合廊道基础设施和公共服务设施配套项目完成招投标。

【平安盐池建设】　2021年，盐池县持续开展平安细胞建设工作。盐池县制定印发了《平安细胞工程创建活动实施方案》，充分发挥各单位（部门）、乡镇（街道）作用，广泛动员组织社会各方面力量和广大人民群众，在学校、医院、市场等行业以及辖区单位广泛开展平安创建活动，着力化解社会矛盾，全面加强治安防范，不断完善盐池县社会治安防控体系建设。坚决捍卫政治安全。坚决扛起国家安全责任，共排查政治、经济、网络等重点领域风险16项，均及时防范化解。以庆祝建党100周年等重大活动安保维稳工作为主线，扎实开展全国两会、庆祝建党100周年活动安保维稳工作，完成重点安保工作任务3次。持续净化社会治安环境。破获刑事案件418起，八类案件立3起破3起，打掉恶势力团伙1个，成功侦破公安部“2019-239”毒品目标案件、区厅挂牌督办“5·19”系列跨区域盗窃案等一批重点案件。针对多发性案件的高发区域、时段，定点、定时、定岗巡逻，将容易引发聚众斗殴、寻衅滋事的餐饮夜市、娱乐场所等作为重点防控区域，不断加大对易发案重点路段巡逻密度和频率，提高街面见警率。出动警力3000余人次、警车2000余辆次，下发重防区域热力图1057次，盘查可疑车辆3927辆、人员2126人，有效挤压了发案空间和时间，营造了安定和谐的社会环境。坚持发展新时代“枫桥经验”。建立健全人民调解组织，着力构建横向到边、纵向到底的调解体系，共设立人民调解组织148个，实现镇村组三级调解组织网络全覆盖。整合基层政法力量参与基层治理，按照“两排查一分析”（村每周一排查，乡镇每半月一排查，县每月一分析）工作机制，定期召开“两所一庭”联席会议，对纠纷苗头进行预警预测，积极开展矛盾纠纷排查调处，有效防止“小事拖大，大事拖炸”和“民转刑”案件发生，当年4月，惠安堡法庭被自治区高级人民法院评为自治区“塞上枫桥”法庭。扎实开展矛盾纠纷排查化解专项行动，县委政法委制定印发了《盐池县矛盾纠纷排查化解专项行动方案》，组织全县54个单位（部门）开展为期3个月的矛盾纠纷排查化解专项行动。对全县矛盾纠纷进行全面深入排查，共排查梳理各类不稳定因素和涉稳纠纷710件，化解700件，化解率99%。

同心县

【概　况】　2021年，同心县委、县政府高举习近平新时代中国特色社会主义思想伟大旗帜，团结带领全县人民深入学习贯彻习近平总书记视察宁夏重要讲话精神，坚决落实党中央、国务院及区、市各项决策部署，坚持稳中求进工作总基调，立足新发展阶段、贯彻新发展理念、融入新发展格局，统筹推进常态化疫情防控和经济社会发展，科学统筹、精准施策，扎实做好“六稳”工作，全面落实“六保”任务，全县社会和谐稳定、市场繁荣，经济运行呈现出行进平稳、稳中有进的发展态势。初步核算，全县实现地区生产总值1216032万元，同比增长8.5%，比全区、全市平均水平分别高1.8个和0.2个百分点。其中第一产业实现增加值209153万元，同比增长4.2%，第一产业对全县经济增长的贡献率8.2%，拉动经济增长0.7个百分点；第二产业实现增加值464696万元，同比增长11.9%，第二产业对全县经济增长的贡献率48.8%，拉动经济增长4.1个百分点；第三产业实现增加值542184万元，同比增长7.4%，比全区平均水平高0.3个百分点，与全市增速同步，第三产业对全县经济增长的贡献率43%，拉动经济增长3.7个百分点。三次产业结构比17∶38∶45。

【气候特点】 同心县北部属中温带干旱大陆性气候，南部属中温带半干旱大陆性气候，县之北部地区降雨量较多。全县气候特征是干旱少雨、蒸发量大，冷暖干湿、四季分明，日照长、辐射强，夏秋短、冬春长。近30年气象资料分析表明：全年最热月份为7月，极端最高温度39°C；最冷月份为1月，极端最低气温度-28.3°C。境内年降水量平均为260毫米，降雨量稀少并且主要集中在5—9月。年平均日照1601.0小时，年平均蒸发量2212.10毫米，年平均风速3.0米/秒。气象灾害主要有大风、沙尘暴、干旱、热干风、霜冻、冰雹、雷暴等。其中干旱出现频率最高，危害性最大，俗有“十年九旱”的说法。2021年，全县环境空气质量有效监测天数361天，优良天数317天，优良天数比例87.8%，同比上升0.1%。

【农业经济】 2021年，全县实现农林牧业总产值458858万元，同比增长4.2%。其中农业产值279062万元，同比增长4.1%；林业产值4439万元，同比增长191.7%；牧业产值166681万元，同比增长7.7%；农林牧服务业产值8676万元，同比增长4.2%。农林牧业增加值214650万元，同比增长4.2%。新增枸杞3000亩、葡萄7300亩。新建村集体养殖场地39个，累计达到65个。创建成2个国家绿色农产品标准化示范基地、8个自治区农业标准化生产基地，认证芦笋等13个绿色食品，同心红葱入选全国名特优新农产品名录。

【畜牧业生产】 2021年，全县生猪存栏0.76万头，同比下降16.5%，出栏0.6万头，同比增长27.5%；牛存栏7.7万头，同比增长11.8%，出栏5.31万头，同比增长2.2%；羊存栏108.23万只，同比增长31.2%，出栏117.1万只，同比增长5.6%。肉类总产量30899吨，同比增长9.1%，其中猪肉产量475吨，同比增长15.6%；牛肉产量8830吨，同比增长4.4%；羊肉产量20755吨，同比增长13.2%。

【工业经济】 2021年，县域工业生产持续发展，全年实现工业增加值402867万元，比上年增长14.8%。其中，规模以上工业产值85.72亿元，同比增长16.9%；规模以上工业产销率为89.1%，比上半年提高13.9个百分点，较上年加快24.6个百分点。规模以上工业能耗5.9万吨标准煤，同比增长90.8%，比上半年回落60.2个百分点，单位工业增加值能耗同比增长70.6%，比上半年回落21.9个百分点。实施中核汇能风电、桃山物流园等重点项目122个，完成投资90亿元，落实上争项目资金36亿元、招商引资到位资金48亿元。

【第三产业】 2021年，全年全县实现增加值542184万元，同比增长7.4%。分行业看，批发和零售业73366万元，同比增长9.7%；交通运输、仓储和邮政业34057万元，同比增长13.6%；住宿餐饮业10441万元，同比增长12.3%；金融业49027万元，同比下降1.1%；房地产业50481万元，同比增长3.9%；营利性服务业93753万元，同比增长11.9%；非营利性服务业225513万元，同比增长6.7%。

【城乡建设】 2021年，县境域固定资产投资保持增长，全年全县全社会固定资产投资完成79.7亿元，同比增长12.4%。从隶属关系看，区属投资完成27.8亿元，增长67.8%，占全县固定资产投资34.9%；县属投资完成

51.9 亿元，同比下降 5.5%，占全县固定资产投资 65.1%。从建设性质看，全县基本建设项目投资完成 23 亿元，同比下降 23%，占县属投资比重 44.2%；扩建、改建和技术改造项目投资完成 12.6 亿元，同比增长 69.3%，占县属投资比重 24.3%，房地产项目投资完成 16.3 亿元，下降 7.4%，占县属投资比重 31.5%。从产业分布看，全县第一产业完成投资 0.53 亿元，同比下降 57.9%，占县属投资 1%；第二产业完成投资 24.8 亿元，同比增长 6.8%，占县属投资 47.1%；第三产业完成投资 26.9 亿元，同比下降 12.5%，占县属投资 51.9%。从重点行业分类看，制造业完成投资 6.7 亿元，下降 43.9%；电力、热力、燃气及水的生产和供应业完成投资 16.6 亿元，增长 50.1%；交通运输、仓储和邮政业完成投资 4.8 亿元，下降 15.2%。

【城乡发展】 2021 年，县域消费市场恢复增长，全年社会消费品零售总额完成 285867 万元，同比增长 3.5%，比全区、全市平均水平分别高 0.9 个和 0.5 个百分点。从销售单位所在地看，城镇实现零售额 225598 万元，同比增长 5.4%，乡村实现零售额 60270 万元，同比下降 2.8%；从行业看：批发和零售业零售额 245835 万元，同比增长 3.6%；住宿和餐饮业零售额 40032 万元，同比增长 3.4%。9 家限额以上企业中电器类商品零售额同比增长 21.1%，燃气类零售额同比增长 2.4 倍。5 家较大个体中住宿业实现营业额同比增长 1.1%，餐饮业实现营业额同比下降 14.5%，批发零售额同比增长 70.4%。

【财政金融】 2021 年，全县一般公共预算收入 35608 万元，同比增长 8.2%。其中税收收入 25463 万元，同比增长 1.7%；一般公共预算支出 576630 万元，同比下降 5.2%。截至 12 月底，全县金融机构各项存款余额 134.95 亿元，同比下降 3.7%；各项贷款余额 136.49 亿元，同比增长 10.1%；居民储蓄存款期末余额 77.57 亿元，同比增长 3.9%。当年，县域财政金融稳步增长。

【人民生活】 2021 年，全县城镇居民人均可支配收入 29037 元，同比增长 7%；农村居民人均可支配收入 12656 元，同比增长 11.6%，比 2019 年增长 23.1%，两年平均增长 10.9%。城乡居民人均可支配收入比值 2.29，比上年同期缩小 0.1，县域城乡居民收入同步增长。

【社会事业】 2021 年实施 9 件民生实事。完成清水河流域城乡供水工程。农村劳动力转移就业 9 万人，城镇新增就业 1627 人。县城第八幼儿园等 5 所幼儿园和第十小学建成投运，完成下马关中学扩建等 17 个薄改项目。挂牌成立医疗健康总院。累计接种新冠疫苗 43.4 万人次。动态调整低保对象 3683 人，实现应保尽保。接受了自治区文明城市创建测评验收，顺利通过了全国民族团结进步示范县创建复查复验。同心县籍运动员在全国第十一届残运会上摘得 1 金、1 银、1 铜奖牌。“尕娃娃”少儿艺术团登上央视舞台。启动 22 处红色文化遗迹保护开发利用工作，举办庆祝中国共产党成立 100 周年系列活动 20 余场次，干部群众爱国情怀持续厚植。

【改革创新】 2021 年，持续深化“放管服”改革，网上可办事项超过 86%，“进一扇门、办成一揽子事”基本实现。基层整合审批服务执法力量改革、“四权”改革、医药卫生体制改革等 33 项重点改革任务有序推进。企业融资 25 亿元，减免各项税金 3.06 亿元。县境域有自治区认定“专精特新”示范企业 17 家，大斌家纺成为全县首个科技“小巨人”，经济活力日益彰显。

【县域旅游】 2021 年，实施韦州古城修复、张家塬折腰沟村、满春村等 15 个旅游基础项目建设，启动 22 处红色文化遗迹保护开发利用工作。折腰沟村挖掘“一山一沟一村一路”特色优势，全力打造万象亭、红军小道、四史教育馆等景点，创建美丽村庄。石狮满春村获评宁夏特色旅游村镇，全年接待游客 40 万人次，旅游综合收入达到 0.7 亿元。

荣誉

先进个人

【全国三八红旗手】　吉芬，吴忠市女企业家协会会长。2017年，汇丰陶瓷有限公司总经理吉芬被推荐为吴忠市女企家协会会长，并当选为吴忠市妇联执委、兼职副主席。经过两年多的努力，女企协会会员单位从2017年的31家增加至2019年的67家。她注重在女企业家中培树巾帼先进典型，先后培树“全国巾帼建功标兵”丁秀琴、“全国道德模范提名奖”杨晶岚、全国“最美家政人”丁国琴；培树了自治区“巾帼建功标兵”高鑫，第四届“宁夏巾帼创业之星”张鹂、宋玉娟，自治区“最美家庭”岳茹家庭。2019年，在她的带领下，走访会员企业45家，为9家会员单位牵线搭桥、穿线联姻，帮助会员单位解决实际问题16件。动员协会会员捐资3.5万元，救助35户困难家庭，开展了“志愿敬老行、关爱传真情”“九九重阳节”等扶贫关爱公益行动。在她的带领下，协会积极参加助残日、高考日助学送水志愿服务24场次，开展家家幸福安康工程暨家庭教育进企业巡回宣讲18场。2020年，新冠肺炎疫情发生后，她向自治区妇联儿童发展基金会、吴忠市疫情防控一线捐款捐物达15万元。通过吴忠市妇联、工商联、企业及企业家联合会发起援助湖北食品物资的筹备活动。在她的号召下，吴忠市女企业家协会会员还累计向吴忠市社会各界和湖北等地抗疫一线捐赠款项物资达31万元。2021年，她被评为全国三八红旗手。

【全国三八红旗手标兵】　王兰花，吴忠市利通区金星镇王兰花热心小组党支部书记。自2005年成立热心小组以来，王兰花带着小组成员致力于帮困扶贫，积极动员志愿者、慈善人士，募集爱心慈善资金近98万元，先后帮扶1449人次，为居民解决生活中各类大小事情7000多件；她们坚持“接待群众热心、调查了解细心、教育疏导有诚心、调解纠纷有耐心、处理问题有公心”的“五心服务”理念，调解各类民事纠纷案件600起；她们广泛开展文明劝导、清扫卫生、治安巡逻、政策宣传等公益活动7000多次；她们致力于拥军优属，主动联系15家拥军服务点，发放拥军优惠卡2000多张，每年为战士送慰问品、文艺节目，缝补清洗衣服、床单被褥不计其数。在兰花志愿服务品牌的带动引领下，先后涌现了吴忠市女企协巾帼志愿服务队、青铜峡陈袁滩镇唐滩村巾帼服务队、红寺堡鹏胜社区“梦之鸽”巾帼文艺宣传队、盐池县芙蓉社区阳光8号巾帼服务队等特色巾帼服务队伍。2021年2月，全国妇联授予王兰花2020年度全国三八红旗手标兵称号。

【中国工程院院士】　马玉山，吴忠仪表有限责任公司党委书记、董事长。1991年马玉山进入吴忠仪表，通过20多年的不懈努力，逐步走上企业领导岗位。在他的带领下，吴忠仪表成为中国控制阀领域龙头企业。2015年，公司新建中国自动化（吴忠）产业园区，全力打造数字化加工、装配、物流和检测平台。马玉山引进国内外高端人才30多人。通过聘请外籍专家，研发尖端阀门产品，先后破解了制约中国生产油气类及特殊工矿用的高精尖阀门的技术瓶颈，生产出设计水平为1500米的水下闸阀和调节天然气压力的安全切断阀等产品。他长期从事控制阀产品设计和理论研究，先后取得50多项发明和实用新型专利，制定国家标准3项，自主开发了APTS煤化工用温压调节装置等36项新产品，其中有23项国家级重点新产品。他主持完成的国家科技支撑计划、国家重大科技专项、国家863计划项目等多项国家科研课题，获省部级科技进步奖一、二、三等奖10多项。其中，高端控制阀关键技术自主创新和产业化课题获国家科技进步奖二等奖。通过科技创新驱动，他带领公司员工生产的产品技术具备国际竞争力，带动中国控制阀行业整体技术水平进步了约20年。他自主开发了“泛ERP”企业资源计划系统，使得“两化”融合取得成功，实现了制造业企业信息化，出版专著《泛ERP——“两化”融合的成功之道》，企业被工信部认定为“全国智能制造试点示范企业”。2021年11月18日，在两院院士增选中，马玉山当选中国工程院院士，所在学部为机械与运载工程学部。

【全国脱贫攻坚先进个人】

蒋文军	吴忠市扶贫开发办公室党组书记、主任
杨　锋	盐池县惠安堡镇狼布掌村党支部书记
郭　状	盐池县扶贫开发办公室村级互助资金管理中心干部
丁建华	同心县河西镇旱天岭村党总支书记
吕振中	红寺堡扶贫开发办公室党组书记、主任
白占玉	红寺堡区红寺堡镇党委副书记、镇长
金晓萍	利通区扶贫开发办公室副主任（挂职）；利通区民政局党组成员、副局长
赵忠宏	青铜峡市青铜峡镇同进村驻村工作队队长（青铜峡市青铜峡镇党委委员、武装部部长）
丁海燕	同心县豫旺镇贺塬村驻村第一书记（吴忠市水务局工会主席）

【自治区劳动模范】

马桂芹	宁夏弘德包装材料有限公司党总支书记、总经理
杨国雄	宁夏水投吴忠水务有限公司党委书记、执行董事、总经理
宫　波	宁夏丰源纺织有限公司董事长
王国涛	宁夏夏进昊尔乳品有限公司生产部百利包车间主任
马春霞	宁夏红山河食品股份有限公司火锅底料车间操作工
马剑钊	宁夏青铜峡水泥股份有限公司二分厂包装班班长
马莉焘	宁夏吴忠市精艺裘皮制品有限公司裁制车间主任
王立云	宁夏庆华煤化集团有限公司甲醇车间主任
牛　军	宁夏吴忠市好运电焊机有限公司技术中心副主任
李海峰	吴忠市利通区祥瑞汽修部维修工
吴立军	宁夏伊利乳业有限责任公司技术部质量工程师
妥玉英	宁夏金昱元化工集团有限公司分析岗班组长
陈　兵	宁夏天利丰能源利用有限公司副总经理、设备技术研发中心主任
范丽萍	吴忠市供热有限责任公司客服主管
姜贺彬	中铁三局集团电务工程有限公司银西铁路甘宁段ZHSD联合体项目部项目经理
徐明秀	宁夏塞外香食品有限公司大米车间主任
王北平	宁夏银星吴忠仪表流体控制股份有限公司技术总监
杨文龙	宁夏赛马水泥有限公司兰山分厂工段长
金学军	中国联通有限公司同心县分公司总经理
焦文东	华能宁夏大坝发电有限责任公司燃料运输部铁运三班班长
丁秀琴	吴忠市秀琴奶牛养殖专业合作社理事长
丁建华	同心县河西镇旱天岭村党总支书记
马昌云	青铜峡市峡口镇谭桥村党支部书记
王文元	吴忠市红寺堡区新庄集乡杨柳村党支部书记、村委会主任
叶小云	青铜峡市叶盛镇龙门林果协会理事长
白云江	盐池县花马池镇皖记沟村党支部书记

赵建浦　宁夏建浦文冠果种植有限公司总经理
翟云玲　盐池县花马池镇裕兴村村民

【自治区先进工作者】

王生全　同心县疾病预防控制中心主任
王季春　吴忠市人民医院党委书记
刘银良　吴忠市吴忠中学副校长
常海强　吴忠市人民医院呼吸与危重症医学科主任
蒯淑霞　吴忠市动物疾病预防控制中心副主任

【全区脱贫攻坚先进个人】

马　晔　吴忠市利通区就业创业和人才服务中心主任
丁剑峰　吴忠市利通区农业农村局（扶贫办）副局长（主任）
马　萍　吴忠市利通区金银滩镇副镇长
王晓梅　吴忠市利通区扁担沟镇民政办主任
白雪燕　吴忠市利通扁担沟镇五里坡村工作队队员，利通区纪委监委派驻第二纪检监察组组长
王忠强　吴忠市红寺堡区委副书记、代区长
陈雪松　吴忠市红寺堡区委常委、组织部部长
张致强　吴忠市红寺堡区副区长
马宗成　吴忠市红寺堡区民政局党组成员、副局长
赵文伯　吴忠市红寺堡区财政局副局长
张　涛　吴忠市红寺堡区卫生健康局办公室主任
冶长斌　吴忠市红寺堡区扶贫开发办公室党组成员、副主任
李　勇　吴忠市红寺堡区红寺堡镇同原村第一书记，吴忠市市场监督管理局一级科员
张　鑫　生前为吴忠市红寺堡区红寺堡镇红关村第一书记，中国农业发展银行吴忠市分行办公室秘书
田进明　吴忠市红寺堡区太阳山镇党委委员、副镇长
惠文仓　吴忠市红寺堡区太阳山镇田原村第一书记，自治区人大常委会《宁夏人大》编辑部副主任
王立琴　吴忠市红寺堡区大河乡乡长助理
单　亮　吴忠市红寺堡区新庄集乡新台村第一书记，自治区党委机要局商用密码管理处处长
马金贵　吴忠市红寺堡区柳泉乡人大主席
杨文福　青铜峡市委常委、统战部部长
马云东　青铜峡市农业农村局（扶贫办）副局长（副主任）
陈　飞　青铜峡市青铜峡镇扶贫专干
黎晓园　青铜峡镇同兴村驻村工作队队员，青铜峡市劳动保障监察执法局一级科员
白永德　青铜峡市邵岗镇同富村党支部书记
吴　科　盐池县人大常委会党组书记、主任
李自仙　盐池县委组织部常务副部长
刘彦龙　盐池县人力资源和社会保障局党组成员、副局长
韩啟纯　盐池县住房和城乡建设局村镇办副主任
冯菊梅　盐池县水务局农水站副站长
冯彦东　盐池县农业农村局党组成员、副局长
张志麟　盐池县医疗保障局医疗保险服务中心主任
李玉龙　盐池县大水坑镇党委书记
崔雪峰　盐池县惠安堡镇党委副书记、镇长
张　华　盐池县王乐井乡曾记畔村第一书记，自治区信访局来访接待处四处调研员
呼延保卫　盐池县冯记沟乡暴记春村第一书记，中国电信股份有限公司盐池县分公司线路维护部主任
叶舒华　盐池县麻黄山乡人民政府扶贫干事
叶　盛　中国人民财产保险股份有限公司盐池支公司总经理
张　伟　同心县韦州镇甘沟村党支部书记、村委会主任
马俊文　同心县副县长
杨　林　同心县教育局党工委书记、局长
马佐明　同心县水务局副局长
康　娟　同心县田老庄乡文化体育服务中心主任
金　哲　同心县扶贫开发办公室副主任
李宗仁　同心县石狮开发区黄石村第一书记，同心县人民检察院一级检察官助理
丁生福　同心县豫海镇副镇长
苏维平　同心县下马关镇平远村第一书记，宁夏工人文化宫副主任
丁自云　同心县下马关镇池家塬村第一书记，吴忠市政协办公室干部
王新海　同心县王团镇党委书记

马占文　同心县丁塘镇副镇长
陈连吉　同心县马高庄乡党委书记
马崇博　同心县张家塬乡党委副书记、乡长
王睿智　吴忠市纪委监委办公室副主任
马久麟　吴忠市委组织部副部长
刘飞林　吴忠市发展和改革委员会办公室主任
马海宏　吴忠市农业农村局农业产业化服务中心副主任
郭　辉　吴忠市卫健委爱国卫生与健康指导科科长

【2021 年享受自治区政府特殊津贴人员】

周晓玲　吴忠市利通街第一小学高级教师
贾　华　吴忠仪表有限责任公司正高级工程师
曹勖成　吴忠仪表有限责任公司高级技师

【2021 年事业单位专业技术二级岗位人员】

饶　锐　盐池县疾病预防控制中心主任医师

【2021 年自治区青年拔尖人才】

王粉琴　红寺堡区畜牧兽医技术推广服务中心副主任，高级畜牧师
李　红　吴忠市人民医院主任医师
吴巧梅　吴忠仪表有限责任公司高级工程师

【2021 年度记二等功人员】

赖有为　福建省泉州市德化县副县长，2018 年 12 月挂职红寺堡区委常委、副区长
陈煌林　福建省泉州市德化县三班镇人大主席，2018 年 12 月挂职红寺堡区政府党组成员、区长助理
明智安　中国航空油料集团有限公司华北公司第二航空加油站党总支副书记，2018 年 8 月挂职盐池县委常委、副县长
李奉恒　福建省泉州市洛江区副区长，2018 年 12 月挂职盐池县委常委、副县长
朱德华　福建省泉州市洛江区委编办主任，2018 年 12 月挂职盐池县政府党组成员、县长助理
薄怀涛　中国核工业集团有限公司党组管理干部（副局级），2018 年 4 月挂职同心县委常委、副县长
马建国　中国核工业集团有限公司兰铀公司扶贫专干（副处级），2017 年 5 月挂职同心县河西镇镇长助理、旱天岭村第一书记
郑永璘　福建省泉州市永春县副县长，2018 年 12 月挂职同心县委常委、副县长
林生根　福建省泉州市永春县呈祥乡人大主席，2018 年 12 月挂职同心县政府党组成员、县长助理

【2021 年度全市优秀共产党员】

马维国　吴忠市利通区税务局党委书记、局长
唐新军　吴忠市利通区上桥镇党委委员、人大主席提名人选
马克凤　吴忠市利通区扁担沟镇副镇长，西沟沿村党支部书记
王　燕　吴忠市利通区国库支付中心主任
王　颖　吴忠市利通区东塔寺乡党委组织委员
杨惠菲　吴忠市利通区上桥卫生院党支部书记
纪海军　吴忠市利通区水务局五里坡扬水管理站站长
李竹庭　吴忠市利通区胜利镇新华社区景苑网格党支部委员
马海燕　吴忠市利通区开元小学副校长
刘永强　吴忠市利通区住房城乡建设和交通局派驻扁担沟镇渔光湖村第一书记
贾文俊　吴忠市利通区胜利镇朝阳社区吴仪离退休党支部副书记
王建国　吴忠市利通区金星镇春园小区党小组组长、楼委会副主任
郑　举　吴忠市利通区高闸镇高闸村党员
田　飞　吴忠市利通区城乡环境卫生管理中心街道清扫队副队长
王亚鹏　宁夏亚兴达建筑工程有限公司党支部书记、总经理
马克云　吴忠市富农奶牛养殖专业合作社党支部书记
王双喜　吴忠市利通区农业服务中心高级农艺师
王立平　吴忠市利通区金积镇马家桥村党支部书记
王　辉　吴忠市利通区金星镇开元社区党委书记、居委会主任
马自琴　吴忠市利通区胜利镇正源社区党委书记、居委会主任

段立栓　吴忠市红寺堡区委办公室主任
郑慧玲　吴忠市红寺堡区红寺堡镇党委书记
马金平　吴忠市红寺堡区新民街道党工委副书记、办事处主任
董永红　吴忠市红寺堡区妇幼保健计划生育服务中心党支部书记兼残疾人康复中心主任
王绍东　吴忠市红寺堡区农业农村局副局长
伏聚鹏　吴忠市红寺堡区大河乡大河村党支部书记
马文瑞　吴忠市公安局红寺堡区分局政工监督室指导员
李　虎　吴忠市红寺堡区太阳山镇农业综合服务中心主任
李克伟　吴忠市红寺堡区新庄集乡民生服务中心干部
魏留红　吴忠市红寺堡区教育局基础教育办公室主任
卜兴泰　青铜峡市人大常委会原副调研员
张立军　青铜峡市委办公室主任、机要局局长
丁洪军　青铜峡市税务局副局长
虎一冰　青铜峡市邵岗镇二旗村党员
周学明　青铜峡市政协秘书长、办公室主任
余广生　青铜峡市政府办公室干部
刘亚军　青铜峡市职业教育中心教师
哈凤侠　青铜峡市瞿靖镇瞿靖村村委会副主任
徐　金　青铜峡市瞿靖镇友谊村党员
马绍楠　青铜峡市瞿靖镇中心卫生院院长
陈开春　青铜峡市叶盛镇龙门村村委会主任
马忠和　青铜峡市小坝镇新林村党员
李　明　青铜峡市青运客运出租有限责任公司职工
周建国　青铜峡市城市公用事业服务（中心）有限公司职工
张　军　青铜峡市裕民街道东街社区党委委员、派胜水岸世家党支部书记
杨玉梅　青铜峡市北方众康医院护士长
聂振华　青铜峡市市场监督管理局四级主办
吴　军　青铜峡市人民检察院第一检察部主任
闫少祥　青铜峡市大坝镇王老滩村党支部委员、村委会委员
朱静宁　青铜峡市树新林场工会主席
王　保　青铜峡市陈袁滩镇副镇长
单新强　盐池县原县委常委、副县长、扬黄指挥部总指挥
郑文瑗　盐池县王乐井乡原粮库主任
赵福义　盐池县高沙窝镇大圪垯村党支部书记、村委会主任
黎仲彪　盐池县花马池镇郭记沟村党支部书记、村委会主任
郑文林　盐池县盐州路街道党工委书记
冒万鹏　盐池县委办公室副主任
牛　娜　盐池县麻黄山乡党委组织委员
石珠山　盐池县青山乡旺四滩村党支部书记
郝峰蓉　盐池县市场监督管理局副局长
陈艳宁　盐池县人民政府办公室副主任
王凤玲　盐池县教育体育局干部
王学云　盐池县花马池镇冒寨子村党支部书记
赵淑英　盐池县大水坑镇裕民社区党支部副书记
牛玖民　盐池县大水坑镇马坊村党支部副书记
范玉成　盐池汇发村镇银行党支部书记、董事长
张　芳　同心县政协提案委退休干部
马希伟　同心县原国土局局长、老干部宣讲团成员
马进新　同心县委统战部副部长
丁　军　同心县委政法委副书记
卓　东　同心县乡村振兴局干部
张　炜　同心县自然资源局林技中心主任
丁　玲　同心县市场监督管理局四级主办
周　洋　同心县王团镇副镇长
丁　鹏　同心县石狮开发区党工委副书记、纪工委书记
马　慧　同心县丁塘镇妇联副主席
马自军　同心县韦州镇项目办主任、肉牛养殖园区党支部书记
马　力　同心县卫生健康局派驻石狮开发区城一村第一书记
苏润军　同心县第二小学教育集团党总支书记、校长
李　霞　同心县王团镇党委组织委员
张治飞　同心县双月养殖家庭农场负责人
苏宗林　宁夏伊兴羊绒制品有限公司财务主管
杨学明　同心县人社局劳动仲裁院四级主任科员
潘席珍　原银南地区民政处处长
冯学成　吴忠市利通区原农业局党委副书记
王彦红　吴忠市人民医院中医科护士长

麦昌虎　吴忠中学文科党支部书记、办公室副主任
朱　涛　吴忠市新闻传媒中心综艺影视部、专题部主任
王　萍　吴忠市总工会权益保障部副部长
杨宝园　吴忠市政府办公室秘书一科科长
蒲永文　吴忠市司法局社区矫正管理科科长
杨虎军　吴忠市住房和城乡建设局政策法规科副科长
周　彬　吴忠市委统战部办公室主任
马银凤　吴忠市委编办综合科科长
孙　娟　国家统计局吴忠调查队党支部专职副书记
吴兴耀　吴忠市城市管理局副局长
尹训刚　吴忠市市场监督管理局副局长
李金荣　中国电信吴忠分公司党委书记、总经理
景　龙　吴忠金积工业园区安全生产监督部部长
朱　英　吴忠国家农业科技园区干部

【全市优秀党务工作者】

王　萍　吴忠市利通区马莲渠乡党委副书记
杨　苗　吴忠市利通区委组织部四级主任科员
马荔枝　吴忠市利通区胜利镇党委组织委员
马　丽　吴忠市利通区胜利镇民生社区党委书记、居委会主任
薛　海　吴忠市利通街第二小学党支部书记、校长
马小龙　吴忠市红寺堡区发展和改革局副局长
卢佳旭　吴忠市红寺堡区新民街道紫苑社区党支部副书记
赵世城　吴忠市红寺堡区医疗健康总院党委委员、办公室主任（人民医院党支部副书记）
齐增辉　吴忠市红寺堡区教育系统退休干部联合党支部专职副书记
武　聃　青铜峡市裕民街道唐源社区党总支书记、居委会主任
曹　琦　青铜峡市第一中学党总支书记
丁宝明　青铜峡市青铜峡镇沃沙村党支部书记、村委会主任
王立军　宁夏金昱元化工集团股份有限公司党委副书记、工会主席
王佳园　青铜峡市小坝镇党委宣传干事
杨吉林　盐池县高沙窝镇党委书记
杨　威　盐池县惠安堡镇党委书记
张丽萍　盐池县纪委监委宣教室（政策法规研究室）主任
汪　婷　盐池县青山乡副乡长
王岩峰　盐池县税务局机关党委副书记
马少伟　同心县人大常委会机关党组书记、办公室主任
马瑞祥　同心县张家塬乡党委副书记
石俊雄　同心县中医医院党委书记、副院长
马麒贵　同心县王团镇圆枣村党支部书记、村委会主任
马金贵　同心县下马关镇人大主席
刘学琴　吴忠市退役军人事务局副局长
王亚军　吴忠市文化旅游体育广电局办公室副主任
陈　洁　吴忠市清宁河管理所助理工程师、市水务局机关党务干部
卫方挺　吴忠市教育工委离退休党支部书记
周　磊　吴忠市畜牧水产技术推广服务中心党支部书记、主任
田　超　宁夏世仑律师事务所联合党支部书记、主任

先进集体

【全国五一劳动奖状获得者】

吴忠仪表有限责任公司

【全国脱贫攻坚先进集体】

中共盐池县委员会
中共同心县下马关镇委员会
同心县扶贫开发办公室
红寺堡区住房城乡建设和交通局
中共利通区扁担沟镇委员会
中共青铜峡市邵刚镇委员会
吴忠市委组织部组织一科

【全区脱贫攻坚先进集体】

中共吴忠市利通区委组织部
吴忠市利通区水务局
中共吴忠市红寺堡区委宣传部
吴忠市红寺堡区教育局
吴忠市红寺堡区水务局

吴忠市红寺堡区农业农村局
吴忠市红寺堡区红寺堡镇政府
吴忠市红寺堡区新庄集乡政府
吴忠市红寺堡区公安分局
青铜峡市农业农村局
中共青铜峡市青铜峡镇委员会
盐池县教育体育局
盐池县扶贫开发办公室
国家税务总局盐池县税务局
中共盐池县花马池镇委员会
中共盐池县高沙窝镇委员会
中共盐池县青山乡委员会
中共盐池县王乐井乡委员会
中共盐池县冯记沟乡马儿庄村支部委员会
中共同心县委办公室
中共同心县委组织部
同心县卫生健康局
同心县农业农村局
中共同心县预旺镇委员会
中共同心县兴隆乡委员会
中核（宁夏）同心防护科技有限公司
同心县石狮开发区麻圪塔村
吴忠市政府办公室
吴忠市水务局
吴忠市扶贫开发办公室
中国电信股份有限公司吴忠分公司
吴忠市审计局驻利通区扁担沟镇赵家沟村工作队
自治区民政厅驻红寺堡区大河乡石炭沟村工作队
自治区自然资源厅驻红寺堡区柳泉乡羊坊滩村工作队
青铜峡市邵岗镇同乐村驻村工作队
盐池农村商业银行股份有限公司
吴忠仪表有限责任公司
宁夏盐池县鑫海食品有限公司
吴忠市红寺堡区人民武装部

【全国根治拖欠农民工工资工作先进集体】

吴忠市劳动保障监察执法局

【2021 年度全市先进基层党组织】

吴忠市利通区上桥镇党委
吴忠市利通区人力资源和社会保障局党支部
吴忠市利通区扁担沟镇石家窑村党支部
吴忠市利通区古城镇秦桥村党总支部
吴忠市利通区金积镇田桥村党支部
吴忠市利通区马莲渠乡马莲渠村党支部
吴忠市利通区上桥镇牛家坊村党支部
吴忠市利通区金星镇明珠社区党委
吴忠市裕民小学党总支部
吴忠市红寺堡区纪律检查委员会党支部
吴忠市红寺堡区柳泉乡豹子滩村党支部
吴忠市红寺堡区残疾人综合服务中心党支部
吴忠市红寺堡区新庄集乡东川村党支部
吴忠市红寺堡区新民街道创业社区党支部
吴忠市红寺堡区委政法委党支部
吴忠市红寺堡区红寺堡镇中心学校党支部
青铜峡市裕民街道党工委
青铜峡市大坝镇党委
青铜峡市市场监督管理局机关党委
青铜峡市委组织部党支部
青铜峡市小坝镇先锋村党支部
青铜峡市铝业学校党支部
青铜峡市青铜峡镇中心卫生院党支部
青铜峡市广武林果协会党支部
青铜峡市陈袁滩镇黄河楼社区党总支部
盐池县花马池镇党委
盐池县麻黄山乡李塬畔村党支部
盐池县退役军人事务局党支部
盐池县住房和城乡建设局机关党支部
盐池县盐州路街道振兴社区党委
盐池县中医医院党支部
盐池县第一幼儿园党支部
盐池县大水坑镇东风村党支部
同心县纪委监委机关党支部
同心县张家塬乡党委
同心县第一小学党总支部
同心县韦州镇中心卫生院党支部
同心县河西镇同德村党总支部
同心县下马关镇申家滩村党支部
同心县兴隆乡黄谷村党支部
同心县豫海镇永春社区党总支部
同心县田老庄乡党委
吴忠市纪委监委机关党委

吴忠市乡村振兴局党支部
吴忠市工业和信息化局党支部
吴忠市公安局出入境管理处党支部
吴忠市委政策研究室党支部
吴忠市交通运输系统非公有制企业党委
吴忠现代农业扶贫开发投资有限公司党总支部
宁夏吴忠市方圆食品科技有限责任公司党支部

吴忠市2021年国民经济和社会发展统计公报

（2022年4月11日）

吴忠市统计局　国家统计局吴忠调查队

2021年是党和国家历史上具有里程碑意义的一年。全市坚持以习近平新时代中国特色社会主义思想为指导，深入贯彻党的十九大和十九届历次全会精神，全面落实习近平总书记视察宁夏重要讲话精神，面对严峻复杂的外部环境和经济恢复发展中多重矛盾问题，坚持稳中求进工作总基调，统筹推进疫情防控和经济社会发展，扎实做好“六稳”工作，全面落实“六保”任务，经济发展稳中加固，稳中提高，完成了全年经济和社会发展目标，建设现代化美丽新吴忠迈出坚实一步，实现了“十四五”良好开局。

一、综　合

经自治区统计局统一核算初步结果，2021年全市实现地区生产总值762.47亿元，按可比价格计算，比上年增长8.3%，两年平均增长7.3%。分产业看，第一产业实现增加值103.81亿元，增长6.2%；第二产业实现增加值374.98亿元，增长9.6%；第三产业实现增加值283.68亿元，增长7.4%。三次产业对经济增长的贡献率分别为10.0%、53.3%、36.7%。三次产业结构为13.6 ∶ 49.2 ∶ 37.2。按常住人口计算，全市人均地区生产总值54933元，比上年增长7.9%。

图1　2017—2021年全市地区生产总值及增长速度

分县（市、区）看，利通区实现地区生产总值236.30亿元，比上年增长8.5%；红寺堡区实现地区生产总值85.79亿元，增长9.2%；青铜峡市实现地区生产总值155.79亿元，增长6.8%；盐池县实现地区生产总值162.98亿元，增长8.8%；同心县实现地区生产总值121.61亿元，增长8.5%。

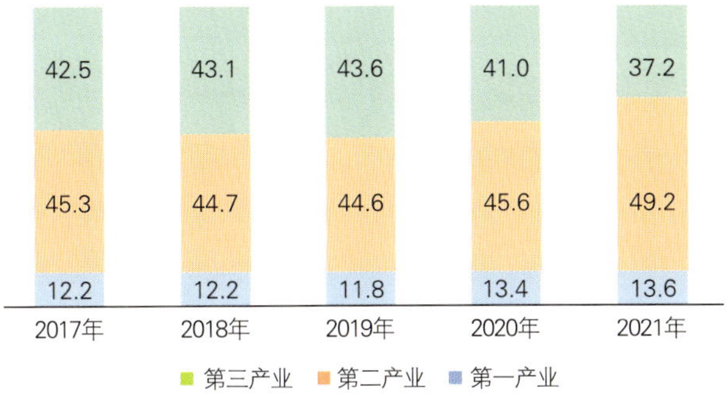

图2　2017—2021年三次产业增加值占地区生产总值比重（%）

表1　2021年全市居民消费价格指数

指标名称	累计比（%）
居民消费价格指数	101.6
其中：食品烟酒	101.1
衣着	101.2
居住	101.0
生活用品及服务	100.8
交通和通信	105.0
教育文化和娱乐	100.6
医疗保健	101.5
其他用品和服务	98.5

全年居民消费价格比上年上涨1.6%。工业生产者出厂价格同比上涨14.3%，工业生产者购进价格同比上涨15.9%。

2021年，吴忠市获得自治区效能目标管理考核优秀等次，被命名为第九批全国民族团结进步示范市，被评为首批“全国禁毒示范城市”。获得2020年度自治区污染防治攻坚战成效考核优秀等次，被评为2020年度自治区安全生产工作成绩突出先进集体。

二、人口

2021年末全市常住人口139.2万人，比上年末增加0.8万人，其中城镇常住人口78.9万人。全年出生人口1.7万人，出生率为12.25‰；死亡人口0.93万人，死亡率为6.7‰；自然增长人口0.77万人，自然增长率为5.55‰。常住人口城镇化率为56.68%，比上年增长0.91个百分点。

表2　2021年末全市常住人口数及其构成

指标名称	年末数（万人）	比重（%）
总人口	139.2	—
其中：城镇人口	78.9	56.7
乡村人口	60.3	43.3
其中：男性	70.8	50.9
女性	68.4	49.1
其中：汉族	62.2	44.7
回族	76.1	54.7
其他少数民族	0.9	0.6

据公安年报，年末全市户籍总人口143.7万人，其中，城镇人口48.8万人，户籍人口城镇化率33.9%。

表3　2021年末全市户籍人口数及其构成

指标名称	年末数（人）	比重（%）
总人口	1437281	—
其中：城镇人口	487576	33.9
乡村人口	949705	66.1
其中：男性	729740	50.8
女性	707541	49.2
其中：0～17岁	364669	25.4
18～34岁	376449	26.2
35～59岁	513344	35.7
60岁及以上	182819	12.7

三、农业

2021年，全市农林牧渔业总产值215.7亿元，比上年增长6.1%。其中，农业产值99.7亿元，增长5.1%；林业产值1.5亿元，增长2.7%；牧业产值105.7亿元，增长8.4%；渔业产值2.6亿元，增长25.4%；农林牧渔服务业产值6.3亿元，增长4.2%。

全年粮食种植面积304.03万亩，比上年增加21.18万亩。其中，小麦种植面积29.15万亩，减少2.22万亩；水稻种植面积10.15万亩，减少5.56万亩；玉米种植面积165.32万亩，增加23.49万亩；薯类种植面积17.77万亩，增加4.54万亩。

全年粮食总产量100.81万吨，比上年增加1.23万吨，增长1.2%。其中，夏粮产量2.59万吨，增长6.2%；秋粮产量98.23万吨，增长1.1%。全市小麦产量2.56万吨，增长6.2%；水稻产量6.23万吨，下降35.0%；玉米产量86.25万吨，增长6.8%。

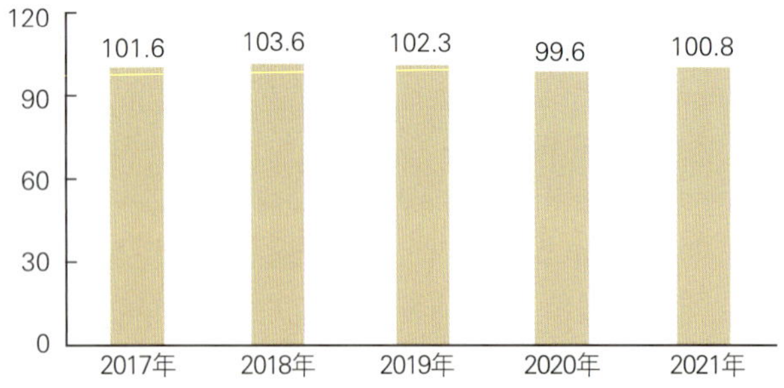

图3　2017—2021年全市粮食总产量（万吨）

全年肉类总产量11.09万吨，比上年增长2.7%，其中，牛肉产量3.14万吨，增长4.4%；羊肉产量5.61万吨，增长2.8%；猪肉产量1.63万吨，增长5.4%；禽肉产量0.71万吨，下降9.4%。禽蛋产量3.65万吨，增长2.5%；牛奶产量124.12万吨，增长18.6%。

年末牛存栏60.88万头，比上年增长13.7%，其中，奶牛存栏29.19万头，增长7.0%；肉牛存栏31.69万头，增长20.8%。羊存栏305.68万只，增长12.6%；生猪存栏18.05万头，增长5.3%；活禽存栏392.79万只，增长17.0%。

全年新增高效节水灌溉面积3586.7公顷。

四、工业和建筑业

2021年，全市全部工业增加值321.8亿元，比上年增长10.3%，其中规模以上工业增加值比上年增长7.1%。

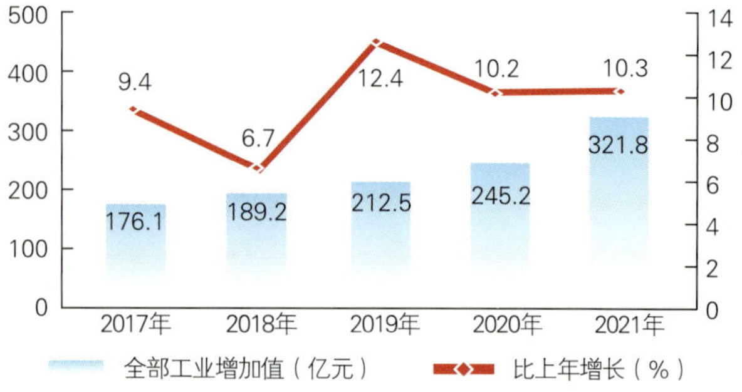

图4　2017—2021年全市全部工业增加值及增长速度

在规模以上工业中，分轻重工业看，规模以上轻工业增加值增长7.7%，重工业增长7.0%。

分经济类型看，国有控股企业增长8.7%，股份制企业增长8.0%，外商及港澳台商投资企业增长9.0%，私营企业增长6.0%。

分门类看，采矿业增长13.4%，制造业增长3.1%，电力、热力、燃气及水的生产和供应业增长11.7%。

全市规模以上工业中，石油、煤炭及其他燃料加工业增加值比上年下降0.5%，有色金属冶炼和压延加工业下降6.0%，化学原料和化学制品制造业下降1.0%，烟草制品业增长5.0%，电力、热力生产和供应业增长15.0%，食品制造业增长21.0%，农副食品加工业增长1.2%。

从主要产品产量看，乳制品比上年增长24.9%，发电量增长11.8%，纱增长6.7%、十种有色金属增长1.6%、水泥增长11.7%、电石增长2.8%、工业自动调节仪表与控制系统增长36.2%。

全年规模以上工业企业实现利润93.1亿元，比上年增长93.2%。分企业类型看，国有控股企业实现利润38.0亿元，增长31.7%；股份制企业77.0亿元，增长106.1%；私营企业36.6亿元，增长104.9%。

全市规模以上工业企业实现销售产值1118.8亿元，比上年增长28.9%，工业企业产品销售率为98.9%。

表4　2021年全市规模以上工业主要产品产量及其增长速度

指标名称	单位	产量	比上年增长（%）
乳制品	万吨	134.7	24.9
发电量	亿千瓦时	472.8	11.8
纱	万吨	5.1	6.7
十种有色金属	万吨	47.0	1.6
水泥	万吨	645.1	11.7
电石（折300升/千克）	万吨	67.0	2.8
工业自动调节仪表与控制系统	万台（套）	11.4	36.2

全年完成建筑业增加值53.87亿元，比上年增长6.4%。全市具有资质等级的总承包和专业承包建筑业企业有126个，完成建筑业总产值83.6亿元，比上年增长13.2%。全市房屋建筑施工面积262.8万平方米，比上年下降16.0%，其中，本年新开工面积125.6万平方米，下降28.3%；房屋竣工面积94.7万平方米，下降8.2%。

五、服务业

2021年，全市实现服务业增加值283.7亿元，比上年增长7.4%。

全年批发和零售业实现增加值36.5亿元，比上年增长8.9%；交通运输、仓储和邮政业增加值27.1亿元，增长13.5%；住宿和餐饮业增加值9.1亿元，增长10.5%；金融业增加值32.6亿元，增长1.0%；房地产业增加值20.7亿元，增长4.2%；信息传输、软件和信息技术服务业增加值15.8亿元，增长25.9%；租赁和商务服务业增加值9.9亿元，增长2.1%。全年规模以上服务业企业营业收入比上年增长7.6%，利润总额下降2.7%。

年末全市各种民用汽车保有量31.39万辆，私人汽车保有量25.13万辆，公共汽车运营车辆537辆，公交标准运营车辆568标台。

全年完成邮电业营业收入总量14.28亿元，比上年增长32.0%，其中，邮政业营业收入2.26亿元，电信业营业收入12.02亿元。快递业务营业收入总

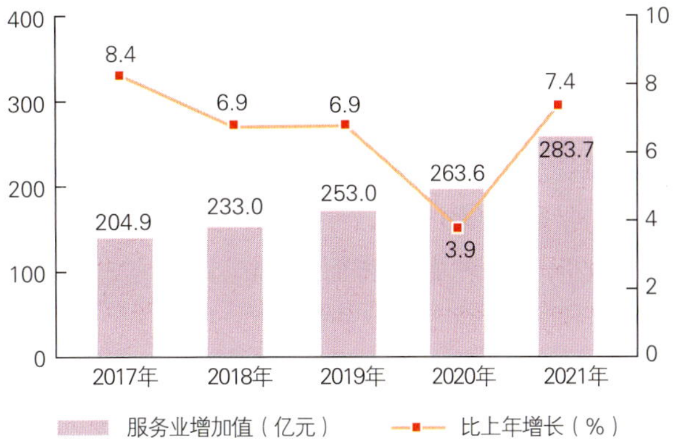

图5　2017—2021年全市服务业增加值及增长速度

量1.55亿元。全年订销报刊1122.29万份，下降14.1%；完成邮政函件业务2.73万件，下降93.7%。年末本地固定电话用户7.6万户，下降3.3%；移动电话用户156.7万户，增长3.5%；计算机互联网用户46.31万户，增长14.0%。

六、固定资产投资

2021年，全社会固定资产投资比上年增长8.0%。地方固定资产投资（不含农户）中，第一产业投资比上年下降6.4%，第二产业投资增长8.6%，

表5　2021年全市分行业固定资产投资（不含农户）增长速度（%）

行业	比上年增长	行业	比上年增长
全社会固定资产投资	8.0	金融业	—
农、林、牧、渔业	-6.4	房地产业	-42.5
采矿业	-36.6	租赁和商务服务业	-33.6
制造业	-2.1	科学研究和技术服务业	-44.8
电力、热力、燃气及水的生产和供应业	-19.0	水利、环境和公共设施管理业	55.5
建筑业	—	居民服务、修理和其他服务业	—
批发和零售业	-34.1	教育	84.8
交通运输、仓储和邮政业	28.2	卫生和社会工作	34.8
住宿和餐饮业	-61.4	文化、体育和娱乐业	-64.7
信息传输、软件和信息技术服务业	-62.9	公共管理、社会保障和社会组织	-44.8

第三产业投资增长 32.4%。民间固定资产投资增长 5.0%。

全年完成房地产开发投资 71.3 亿元，比上年增长 34.2%，其中，住宅投资 56.7 亿元，增长 50.9%。商品房销售面积 152.1 万平方米，比上年增加 77 万平方米；商品住宅待售面积 54.1 万平方米，增加 30.5 万平方米。

表6　2021年全市房地产开发和销售主要指标完成情况及其增长速度

指标名称	单位	绝对量	比上年增长（%）
本年完成投资	万元	712894	34.2
其中：住宅	万元	567258	50.9
土地购置费	万元	150743	198.0
商品房销售面积	平方米	1520641	4.8
其中：住宅	平方米	1363287	6.0
商品房销售额	万元	808017	18.2
其中：住宅	万元	729653	21.1
房屋施工面积	平方米	8100222	9.2
其中：住宅	平方米	5758321	16.5
新开工面积	平方米	2162462	54.6
其中：住宅	平方米	1692150	46.6
房屋竣工面积	平方米	2974778	140.9
其中：住宅	平方米	1883783	170.8
房屋竣工价值	万元	886077	141.3
其中：住宅	万元	528282	153.6
房屋竣工造价	元/平方米	2979	0.2
其中：住宅	元/平方米	2804	-6.3
待售面积	平方米	1585803	22.3
其中：住宅	平方米	540626	6.1

七、国内贸易和对外经济

2021 年，全市实现社会消费品零售总额 182.4 亿元，比上年增长 3.0%。

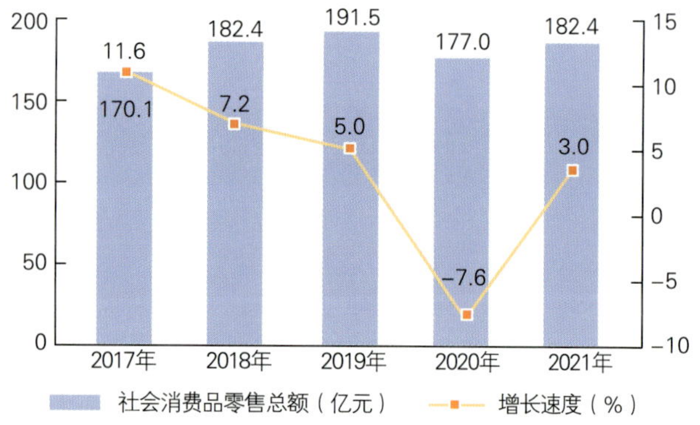

图 6　2017—2021 年全市社会消费品零售总额及增长速度

按经营地分，城镇消费品零售额 153.6 亿元，增长 3.9%；乡村消费品零售额 28.8 亿元，下降 1.4%。按消费类型统计，商品零售额 155.3 亿元，增长 2.7%；餐饮收入额 27.1 亿元，增长 4.8%。

从限额以上企业商品零售额看，粮油、食品类下降 15.4%，服装鞋帽针纺织品类下降 76.5%，家用电器和音像器材类增长 3.6%，金银珠宝类下降 70.1%，化妆品类下降 61.4%，石油及制品类增长 55.2%，通信器材类下降 23.6%，体育娱乐用品类下降 80.0%，中西药品类下降 4.5%。

全力打造“游在宁夏·吃在吴忠”城市品牌。培育打造吴忠早茶示范店 25 家。成功举办了 2021 大西北吴忠早茶美食文化节，签约绿色食品产业项目 29 个，签约金额 37.9 亿元，当年建成宁夏（吴忠）优质产品展示展销中心 11 个，实现全部销售收入 5.31 亿元，同比增长 22.0%。

全年对外经济实现进出口总额 4.76 亿元，比上年增长 68.4%，其中，出口总额 4.56 亿元，增长 80.4%。

八、财政、金融和保险

2021 年，全市完成地方财政收入 58.68 亿元，比上年增长 7.8%，其中一般公共预算收入 37.47 亿元，增长 5.2%。全年完成地方财政支出 246.97 亿元，比上年下降 6.0%，其中一般公共预算支出 226.58 亿元，下降 2.7%。

年末全市金融机构本外币各项存款余额 831.85 亿元，比上年增长 4.5%，比年初增加 35.60 亿元，其中人民币各项存款余额 830.81 亿元，同比增长 4.4%，比年初增加 35.21 亿元。金融机构本外币各

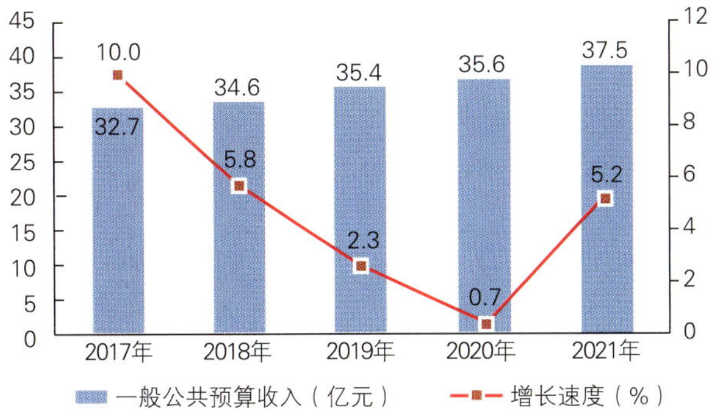

图 7　2017—2021 年全市一般公共预算收入及其增长速度

项贷款 744.75 亿元，比上年增长 11.2%，比年初增加 75.11 亿元，其中人民币各项贷款余额 744.74 亿元，同比增长 11.2%，比年初增加 75.11 亿元。

全年保险公司实现保费收入 32.33 亿元，比上年下降 1.7%，其中，财产险保费收入 12.99 亿元，下降 2.6%；寿险保费收入 14.15 亿元，增长 0.8%；健康险收入 4.71 亿元，下降 6.8%；意外伤害险收入 0.48 亿元，增长 0.3%。全年支付各项赔款及给付额 12.18 亿元，比上年增长 17.4%，其中，财产险赔款 9.39 亿元，增长 24.7%；寿险业务给付 1.76 亿元，下降 5.4%；健康险给付 0.87 亿元，上升 4.2%；意外伤害险赔款 0.16 亿元，上升 7.4%。

九、教育和科学技术

至 2021 年末，全市有高等职业教育学校 1 所，招生 2535 人，在校生 7179 人，毕业生 1545 人；中等职业学校 5 所，招生 3566 人，在校生 9606 人，毕业生 2958 人；普通高中 12 所，招生 11672 人，在校生 34057 人，毕业生 9953 人；初级中学 51 所（其中普通初中 36 所，九年一贯制学校 15 所），招生 21694 人，在校生 65769 人，毕业生 23901 人；普通小学 267 所，招生 23032 人，在校生 132354 人，毕业生 21723 人；特殊教育学校 3 所，在校生 453 人；幼儿园 277 所，在园幼儿 48063 人。

积极培育壮大科技型企业。认定备案聚安星信息服务公司等国家高新技术企业 18 家、宏民生物公司等自治区科技小巨人企业 19 家、金谷丰种业公司等自治区科技型中小企业 95 家、西鸽酒庄等自治区农业高新技术企业 6 家。全年科技成果登记 58 项，技术合同成交额 3.03 亿元。全市全社会 R&D 经费

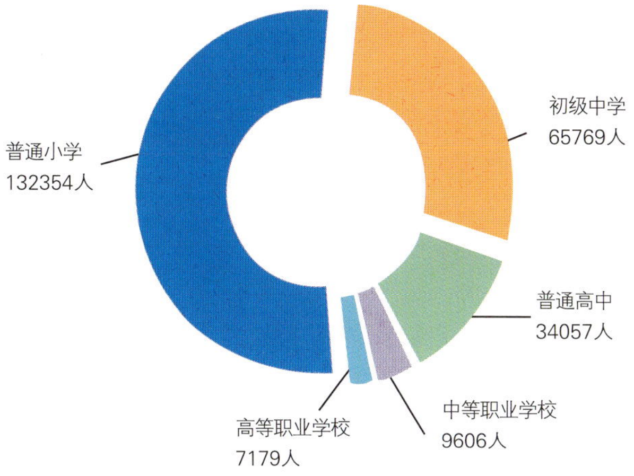

图 8　全市职业学校、中小学在校生情况

支出 7.87 亿元，比上年度增加 0.5 亿元。中国自动化集团吴忠仪表有限责任公司董事长马玉山被评为中国工程院院士。

全市注册商标量达到 9648 件，每万人有效发明专利拥有量达 3.29 件。专利授权量 1899 件，其中发明专利授权量 161 件。

十、文化旅游和体育

2021 年，全市拥有艺术表演团体 41 个，文化馆 6 个（国家一级馆 4 个），公共图书馆 6 个（国家一级馆 3 个），博物馆 11 个，全国重点文物保护单位 9 处。广播电台 5 座，电视台 5 座，广播人口综合覆盖率达到 99.9%，电视人口综合覆盖率达到 99.9%。

全市共有 47 家旅行社（分社、营业部），其中国内社 5 家。全市共有 13 家星级旅游饭店，其中四星级 4 家、三星级 9 家。

承办 2021 年全国田径分区邀请赛、全国 ACAC2021 赛季（吴忠站）室外射箭公开赛和 2021 年自治区五市门球邀请赛，开展自治区“我要上全运”吴忠市选拔赛。在全国第十一届残运会暨第八届特奥会上获得 8 金、7 银、4 铜优异成绩。

十一、城乡建设、乡村振兴、生态环境和气候

2021 年，完成 22.76 万户农村房屋安全隐患排查整治，开工改造危房 358 户、抗震宜居农房 3873

户，实施棚户区改造160套，改造老旧街区、背街小巷15条8.5公里。建成市区路灯地理信息系统，实现路灯全时段智能化管理，市区道路完好率达98%以上，路灯亮灯率达99%以上。提升改造老城区排水管网15条8.5公里，建成再生水管网30.21公里。大力实施乡村建设行动，落地美丽宜居村庄建设项目13个、重点镇建设项目4个。深入推进农村人居环境整治提升5年行动，新建农村卫生厕所1.05万座，打造农村垃圾分类治理示范村庄51个，实施农村生活污水治理项目18个，绿化美化美丽村庄60个。创建全国文明村镇14个、自治区文明村镇38个。农业绿色发展持续深化，畜禽粪污资源化利用率、农作物秸秆综合利用率、农药化肥利用率分别达到95%、90%、40%以上。

全年完成营造林36.61万亩，水土流失治理44.6万亩，保护修复湿地10.12万亩，完成退化草原修复10万亩，森林覆盖率达到18%，草原综合植被盖度达54.5%。

全年城市空气环境质量优良天数300天，占总天数的82.2%。细微颗粒（$PM_{2.5}$）平均浓度为27微克/立方米，同比下降20.6%；可吸入颗粒物（PM_{10}）平均浓度为62微克/立方米，同比下降7.5%。区域环境噪声昼间等效升级值56.3分贝，交通干线噪声昼间平均等效升级值65.6分贝。黄河吴忠段水质达到II类。全市工业危险废物及医疗废物安全处置率达到100%。

全年全市平均降水量231.8毫米，平均气温11.1度，平均风速2.2米/秒。

十二、能源和应急管理

初步核算，全年规模以上工业能源消费总量651.2万吨标准煤，比上年增长4.6%。煤炭消费量（当量值，下同）增长8.3%，占能源消费总量的48.7%，比上年下降0.3个百分点；天然气消费量增长16.2%；电力消费量增长4.4%；水电、风电、太阳能发电等清洁能源消费量占能源消费总量的25.2%，上升0.8个百分点。全年规模以上工业原煤生产量971.1万吨，比上年增长49.0%；天然气产量2094万立方米，增长14.7%；累计发电量472.8亿千瓦时，增长11.8%，两年平均增长10.6%。

全年发生各类生产安全事故23起，比上年下降4.2%；死亡24人，与上年持平；受伤8人，比上年下降69.2%。工矿商贸企业生产安全事故死亡16人，煤矿百万吨死亡人数0.125人。道路交通事故万车死亡人数2.58人，直接经济损失1619.39万元。亿元GDP生产安全事故死亡人数为0.031人。

十三、人民生活和社会保障

2021年，全市全体居民人均可支配收入22462.7元，比上年增长9.0%。按常住地分，城镇常住居民人均可支配收入33589.9元，增长7.8%，其中，人均工资性收入21913.1元，增长4.5%；人均经营净收入5311.9元，增长16.8%；人均财产净收入1145.9元，增长10.0%；人均转移净收入5219元，增长13.4%。农村居民人均可支配收入16138.7元，增长9.8%，其中，人均工资性收入7805元，增长17.9%；人均经营净收入6631.9元，增长2.6%；人均财产净收入113.5元，下降6.5%；人均转移净收入1588.3元，增长6.3%。城乡居民人均可支配收

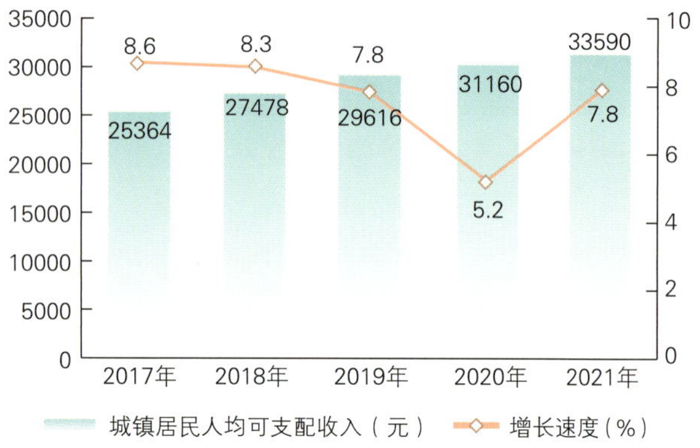

图9　2017—2021年全市城镇居民人均可支配收入及增长速度

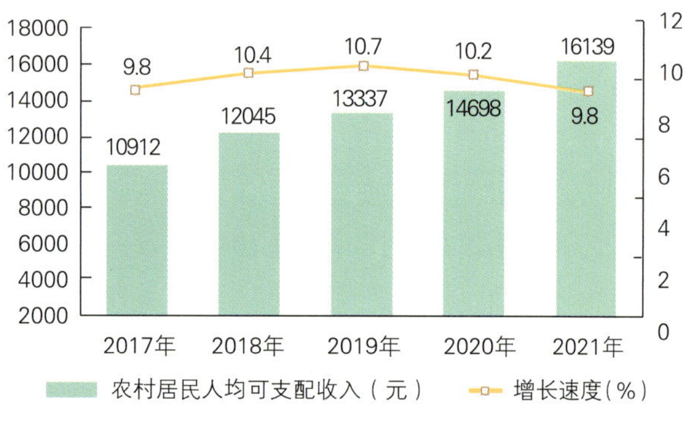

图10　2017—2021年全市农村居民人均可支配收入及增长速度

入比值为 2.08，比上年缩小 0.04。

按常住地分，全年全市城镇居民人均消费支出 18956.7 元，增长 8.4%；农村居民人均消费支出 12423.1 元，增长 12.7%。

全年全市城镇居民食品烟酒类支出 5582.3 元，增长 9.9%；衣着类支出 1799.6 元，增长 6.6%；居住类支出 3353.8 元，增长 3.5%；教育文化娱乐类支出 2314 元，增长 16.5%；交通通信类支出 2489.6 元，下降 4.3%；医疗保健类支出 1637.4 元，增长 15.8%；生活用品及服务支出 1346.5 元，增长 23.0%；其他用品和服务支出 433.4 元，增长 11.2%。农村居民食品烟酒类支出 3849.9 元，增长 9.9%；衣着类支出 881.9 元，增长 9.8%；居住类支出 2540.5 元，增长 17.0%；教育、文化、娱乐类支出 1210.3 元，增长 17.2%；交通通信类支出 1790.6 元，增长 5.1%；医疗保健类支出 1178.7 元，增长 20.3%；生活用品及服务支出 719.6 元，增长 13.9%；其他用品和服务支出 251.7 元，增长 24.6%。

全市落实“创业培训 + 担保贷款 + 创新服务”帮扶机制带就业，发放创业担保贷款 4.53 亿元，建成自治区级创业孵化示范基地 2 家、国家级创业孵化示范基地 1 家。全年城镇新增就业人员 11982 人，困难人员实现就业 1324 人。年末全市城镇登记失业率为 3.28%。

年末全市参加城镇职工基本养老保险 23.62 万人，其中，参加机关事业制度职工养老保险 5.06 万人，参加城乡居民社会养老保险 62.76 万人。全市参加基本医疗保险人数 137.07 万人，其中，参加城镇职工基本医疗保险 18.86 万人，参加城乡居民基本医疗保险 118.21 万人。参加生育保险 13.41 万人。年末全市共有各类提供住宿的社会服务机构 42 个，其中养老服务机构 41 个，养老服务机构床位数 6891 张。城乡低保和社会救助管理中心 6 个。年末全市共有 12746 人享受城市最低生活保障，88830 人享受农村最低生活保障。集中供养特困人员 467 人，分散供养特困人员 1412 人。全年临时救助 36521 人次。全年享受国家定期抚恤补助待遇的优抚对象 3179 人。

注释：

1. 本公报中数据均为初步统计数，正式数据以《吴忠统计年鉴 2022》为准。部分数据因四舍五入的原因，存在总计与分项合计不等的情况。

2. 地区生产总值、各产业增加值和人均地区生产总值绝对数按现价计算，增长速度按不变价计算。

资料来源：

本公报中：城镇新增就业、登记失业率、养老保险、医疗保险等数据来自市人力资源和社会保障局、医保局，财政数据来自市财政局，户籍人口、民用汽车数据来自市公安局，公共汽车、公交车等数据来自市道路运输局，邮电业务数据来自市邮政管理局、移动公司、电信公司、联通公司，对外经济数据来自市商务和投资促进局，金融数据来自人民银行吴忠中心支行，保险数据来自吴忠银保监分局，教育数据来自市教育局，全市博物馆、文化馆、公共图书馆、广播电台、电视台、电视综合人口覆盖率、旅行社、体育比赛事项等数据来自市文化体育旅游广电局，粮食播种面积及产量、畜禽产量、价格指数、居民人均可支配收入和消费支出等数据来自国家统计局吴忠调查队，科学技术数据来自市科技局，专利、注册商标数据来自市市场监管局，城乡低保、社会供养、临时救助、社会服务数据来自市民政局，优抚对象数据来自市退役军人事务局，降水量数据来自市气象局，环境监测数据来自市生态环境局，安全生产数据来自市应急管理局，水资源数据来自市水务局，林业数据来自市自然资源局，城市建设、乡村振兴数据集来自市住房和城乡建设局、乡村振兴局和农业农村局，其他数据均来自市统计局。

吴忠市国民经济和社会发展第十四个五年规划和二〇三五年远景目标纲要

“十四五”时期，是我国开启全面建设社会主义现代化新征程、向第二个百年奋斗目标进军的第一个五年，是吴忠市坚持以习近平新时代中国特色社会主义思想为指导，深入贯彻落实习近平总书记视察宁夏重要讲话精神，奋力争当建设黄河流域生态保护和高质量发展先行区排头兵的关键时期。根据党的十九届五中全会精神、《中共宁夏回族自治区委员会关于制定国民经济和社会发展第十四个五年规划和二〇三五年远景目标的建议》和《中共吴忠市委员会关于制定国民经济和社会发展第十四个五年规划和二〇三五年远景目标的建议》，编制《吴忠市国民经济和社会发展第十四个五年规划和二〇三五年远景目标纲要》(以下简称《纲要》)，主要阐明吴忠市委、市政府战略意图，明确未来五年全市经济社会发展宏伟目标、主要任务和重大举措，展望2035年远景目标。《纲要》是市场主体的行为导向，是政府履行职责的重要依据，是全市各族人民共同奋斗的行动纲领。

第一章 全面建成小康社会
准确把握新形势、明确新方位

站在新的历史起点，开启吴忠全面建设社会主义现代化新征程，必须坚持以习近平新时代中国特色社会主义思想为指导，以习近平总书记视察宁夏重要讲话精神为根本遵循，全面贯彻落实自治区党委、市政府决策部署，立足新发展阶段，坚定贯彻新发展理念，主动融入新发展格局，积极应对各种风险挑战，坚持不懈推动高质量发展，确保吴忠在全面建设社会主义现代化新征程中开好局起好步。

第一节 决胜全面建成小康社会取得决定性成就

“十三五”时期是吴忠决胜全面小康、决战脱贫攻坚的五年。面对错综复杂的风险挑战和艰巨繁重的改革发展稳定任务，在以习近平同志为核心的党中央坚强领导下，贯彻落实习近平总书记两次视察宁夏重要讲话精神，坚持稳中求进总基调，坚持践行新发展理念，坚持供给侧结构性改革，坚决打好三大攻坚战，积极做好调、转、增、融“四篇文章”，全力抓好稳增长、促改革、调结构、惠民生、防风险、保稳定工作，团结奋进、攻坚克难，推进各项事业发展取得重大成效。“十三五”规划圆满收官，全面建成小康社会胜利在望，吴忠经济社会高质量发展迈出新步伐。

一、综合实力稳步提升，脱贫攻坚全面完成

经济实力跃上新台阶。2020年，全市地区生产总值达到621.8亿元，年均增长7.4%，是“十二五”末的1.5倍，经济总量跃升至全区第二。人均地区生产总值达到43700元，是“十二五”末的1.5倍。全市完成财政一般公共预算收入35.63亿元，年均增长2.3%。社会消费品零售总额达177.05亿元，是“十二五”末的1.3倍，年均增长4.9%。

脱贫攻坚取得决定性成就。高质量打赢脱贫攻坚战，全市18.9万农村贫困人口全部脱贫，217个

贫困村全部出列，盐池县、同心县、红寺堡区全部摘帽，金融扶贫“盐池模式”等经验在全国推广，盐同红集中连片区贫困面貌得到根本性改变，区域性绝对贫困问题历史性地得到解决。经济发展、民主法治、文化建设、人民生活、资源环境五大指标全面提升，实现了地区生产总值和城乡居民人均可支配收入较2010年翻一番目标，与全国全区同步全面建成小康社会。

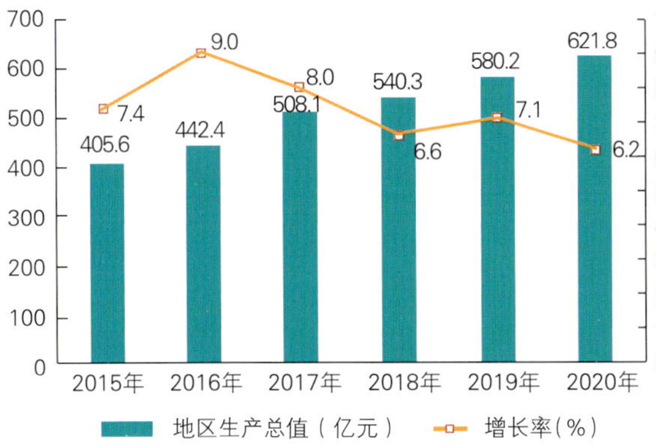

图1　2015—2020年全市地区生产总值及增速

二、创新引领提质转型，产业结构持续优化

加快传统产业转型升级，形成支撑吴忠高质量发展的现代产业体系，三次产业比例由2015年的13.5 ∶ 56 ∶ 30.5优化为13.7 ∶ 43.9 ∶ 42.4。自主创新步伐加快。坚持创新驱动发展战略，研究与试验发展（R&D）经费投入强度达到1.27%，全市新增国家级高新技术企业40家，获批国家知识产权试点城市，盐池县获全国首批创新型县（市）建设单位。工业经济提质扩量。2020年，规模以上工业增加值增速居全区五市第一，年均增速10.5%，占全区比重由15.6%提升至20.8%。初步构建以高端装备、现代纺织、健康食品为主导的“3+X”产业体系，产值过亿元企业数量达到116家。绿色成为转型发展新底色，累计淘汰落后产能355万吨，单位工业增加值能耗降幅居全区前列，金积工业园区获评国家级绿色园区。建成全区唯一的工业互联网标识解析二级节点并与国家顶级节点对接，上云工业企业比例达到30%。太阳山开发区、金积工业园区、青铜峡工业园区产值均超百亿元，产业信息化和集聚化水平明显提升。现代农业提档增效。2020年，全市完成农林牧渔业总产值178.1亿元，年均增长4.2%，产值、增速均居全区第一。坚决守住粮食安全底线，粮食产量99.6万吨，实现“十七连丰”，青铜峡市获评国家制种大县。奶牛养殖规模化率达到98%，建成全球最大液态奶单体工厂，肉牛、肉羊出栏量较“十二五”末增加35%、14%，特色优势产业产值占农业总产值达90%以上。培育农业产业化龙头企业214家，新型经营主体不断壮大。累计认证“两品一标”产品158个，获评“中国塞上硒都”“中国亚麻籽油之乡”，盐池滩羊肉四上国宴，品牌兴农、质量兴农、绿色兴农成为全市农业发展主旋律。服务业提速升级。2020年，全市第三产业增加值达到263.6亿元，较“十二五”末翻一番，服务业就业人员占全社会就业人数比重突破50%。全市各项存贷款余额分别较“十二五”末增长51.3%和46.7%，嘉泽新能源公司在上海主板成功上市。建成宁夏德昌铁路物流中心、青铜峡煤炭物流园等项目，物流营业收入突破百亿元。消费活力明显增强，吴忠万达广场等一批大型商贸综合体投入运营，牛家坊创建“自治区级特色美食集聚区”，“游在宁夏·吃在吴忠”成为服务业发展的金字招牌。新增国家4A级旅游景区5处、全国乡村旅游重点村5个，五县（市、区）全部列入全域旅游创建试点，青铜峡市率先创建为国家全域旅游示范区。电商零售、信息技术、健康养老等新业态亮点纷呈。

三、山川统筹协调发展，城乡面貌焕然一新

持续推动利青一体化发展，举全市之力推进盐同红集中连片贫困区区域发展与脱贫富民攻坚工程，城乡山川发展展现新面貌。城乡宜居品质提升。城市建成区扩展到125平方公里，常住人口城镇化率提升至52%。建成市人民医院、吴忠高铁站等一批重大民生工程。建成保障性住房29898套，完成老旧小区改造398个，惠及住户6.2万户。金积镇被列为全区首批经济发达镇改革试点，培育了金银滩镇、大水坑镇、韦州镇3个特色小镇，累计建设美丽小城镇28个、美丽村庄示范点208个。成功创建国家卫生城市，再获全国双拥模范城殊荣，全国文明城市创建扎实推进。基础设施日臻完善。银西高铁、吴忠至中卫城际铁路建成通车，圆了吴忠人民的“高铁梦”，京藏高速（吴忠段）改扩建工程全线通车，行政村通硬化道路实现全覆盖。高标准完成“城市

双修”，实施“四横五纵”“一渠一河”改造。吴忠东线供水工程顺利推进，建成下马关水库、隰宁堡水库等调蓄水工程。城乡市政设施建设取得重大进展，互联网普及率达到 90%。

四、生态优先绿色发展，环境质量明显改善

生态文明建设不断加强。创成全区首个全国生态文明建设示范市、全国绿化模范城市、中国十佳绿色城市。实施三北防护林五期、引黄灌区平原绿网提升等重大工程，累计完成营造林 150 万亩以上，森林覆盖率达到 17.5%。城市建成区绿地率、绿化覆盖率、人均公园绿地面积分别达到 41%、42% 和 22 平方米。湿地保护率达到 55% 以上，成功申报青铜峡鸟岛等 3 个国家级湿地公园。累计治理荒漠化土地 642 万亩，盐池、同心两县被评为全国防沙治沙先进集体，青铜峡市荣获全国生态建设突出贡献奖。环境污染防治深入开展。全力打好蓝天、碧水、净土三大保卫战，完成火电、水泥等重点行业环保设施改造，划定全区首个城市禁煤区，2020 年全市空气质量优良天数比例达到 83.9%。严格落实河（湖）长制，统筹推进“五水同治”，城市生活污水全部达到一级 A 排放标准，黄河吴忠出境断面水质保持Ⅱ类，黄河清“四乱”取得明显成效，成功创建全国城市黑臭水体治理示范市。耕地保护连续 5 年获自治区目标责任考核一等奖。

五、改革开放深入推进，发展活力不断释放

重点改革纵深推进。在全区率先推行个体工商户登记制度改革，探索“一照通”等审批改革，营商环境持续优化，全市市场主体总量突破 10 万户。农村集体产权制度改革成效显著，全市 323 个集体经济“空壳村”全部清除，农村产权交易中心累计交易额 2.42 亿元。全面推进国资国企改革，组建成立 8 家投资运营公司，国资监管效能不断提升。教育、文化、医疗、社会治理等改革深入推进，工商注册制度便利化和盐池县公立医院综合改革受到国务院通报表扬，综合执法改革、农业水价综合改革等走在全区前列。对外开放水平不断提升。对外贸易便利化水平明显提高，“宁贸通”为全市外经贸企业提供一站式供应链服务。成功举办 2019 西部制造业高质量发展论坛、中科院留学人员第三届“一带一路”科技论坛—技术交流合作。“挺进大中城市”战略成果丰硕，建成特色产品展示展销中心 42 个，累计实现销售额 11.3 亿元。

六、以人为本共享发展，民生福祉全面增强

不断优化民生支出结构，每年 80% 以上财政支出用于保障改善民生，确保人民群众的幸福感、获得感更加充实、更可持续。就业形势保持稳定。搭建各类就业创业园、孵化基地 13 个，累计新增城镇就业 6.88 万人，城镇登记失业率控制在 3.05%。城镇、农村居民人均可支配收入分别达到 31159.5 元、14698.3 元，年均分别增长 7.8%、9.6%。教育教学质量显著提高。基本消除“超大班额”，普惠性幼儿园占比达到 80%。推进集团化办学，组建利青教育发展共同体、银吴校际教学教研共同体等 74 个。各县（市、区）顺利通过国家义务教育均衡发展评估验收，“互联网 + 教育”的建设和应用水平不断提升。卫生健康服务能力持续提升。新冠肺炎疫情防控取得阶段性胜利，医疗卫生服务体系不断完善，全市乡镇卫生院标准化建设实现全覆盖。“互联网 + 医疗健康”建设初见成效，健康吴忠建设扎实推进，居民健康素养显著提升。文化体育事业蓬勃发展。广泛开展社会主义核心价值观宣传教育。创建为国家公共文化服务体系示范区，6 个公共文化场馆被评为国家一级馆，成功申报国家级非物质文化遗产 6 项，引黄古灌区成功入选世界灌溉工程遗产名录。公共体育设施不断完善，行政村农民体育健身工程实现全覆盖。成功承办自治区第十五届运动会，黄河金岸（吴忠）国际马拉松等赛事成为享誉区内外的品牌赛事。社会保障体系更加完善。全市养老保险、基本医疗保险参保率均达到 95% 以上，80 岁以上老年人实现“零缴费”参保。城乡低保提标扩面，覆盖率分别为 3.14% 和 9.57%，建成 35 所养老服务机构，每千名老人拥有养老床位数达到 35 张以上，妇女儿童、残疾人、红十字、慈善等事业健康发展。社会治理成效显著。重大风险防控扎实有力，食品药品安全监管水平全面提升，地震气象监测预警、应急救援、防灾减灾工作不断加强。扫黑除恶专项斗争战果明显，基层社会治理创新推进，平安吴忠、法治吴忠建设全面深化，成为全区首批安全发展示范创建城市。民族团结进步事业再上台阶，

宗教治理法治化水平明显提升。全面从严治党纵深推进。"两学一做"学习教育持续深化，"不忘初心、牢记使命"主题教育成效明显，党的建设全面加强。正风肃纪持续加力，反腐败斗争保持高压态势，党风政风持续好转，全面从严治党向纵深发展、向基层延伸。

尤为重要的是，习近平总书记两次视察宁夏，亲临吴忠调研脱贫攻坚、黄河流域生态保护和高质量发展、民族团结等工作，作出重要指示，为吴忠当前和今后一个时期的经济社会高质量发展指明了前进方向，提供了根本遵循，注入了强大动力。全市上下深入学习、全面贯彻，凝聚了共识，振奋了精神，鼓足了干劲，各方面工作迈出坚实步伐。

第二节 "十四五"发展环境

深入认识和把握中华民族伟大复兴战略全局和世界百年未有之大变局"两个大局"，科学研判国际国内大势，吴忠迈向社会主义现代化建设新征程，必须紧抓机遇、应对挑战。

从国际看，发展环境日趋复杂。新冠肺炎疫情影响下世界经济不断衰退，对全球产业链、供应链造成巨大冲击。经济全球化遭遇逆流，国际经贸规则面临重构，国际分工格局和经济治理体系变革加速推进。和平与发展仍然是时代主题，新一轮科技革命和产业革命正在深入推进，绿色低碳和包容增长成为共识，全球能源供需格局深刻调整，围绕市场、科技、资源、文化、人才和国际规则影响力的竞争更趋激烈。

从国内看，发展进入新阶段。我国已转向高质量发展阶段，经济稳中向好、长期向好的基本趋势没有变，韧性好、潜力足、回旋空间大的基本特质没有变。雄厚的物质技术基础，超大的市场规模和内需潜力，庞大的人力资本和人才资源，特别是制度优势和治理效能协同推进，让我们完全有能力应对来自各方面的挑战。同时，发展不平衡不充分问题仍然突出，结构性、体制性、周期性问题相互交织，经济运行面临较大压力，社会主要矛盾变化带来一系列新特征新要求，统筹推进经济与社会、发展与安全、开发与保护需要付出长期艰苦努力。

从区域看，发展面临新机遇新挑战。党中央作出了构建以国内大循环为主体、国内国际双循环相互促进新发展格局的战略部署，加快建立区域协调发展新机制，推进西部大开发形成新格局，在西部地区脱贫县集中支持建设一批乡村振兴重点帮扶县，必将对欠发达地区带来诸多政策利好、项目利好、投资利好，为吴忠市加快经济转型升级、承接东部产业转移、强化对外开放合作、全面推进乡村振兴等带来重大机遇。特别是习近平总书记赋予宁夏建设黄河流域生态保护和高质量发展先行区的历史使命，自治区实施黄河黑山峡段开发、陕甘宁革命老区供水、太中银铁路扩能改造等重大项目，以及银西高铁的开通运营，为吴忠发展提供了千载难逢的重大机遇。吴忠处在宁夏沿黄经济带重要节点，产业特色比较鲜明，经济发展态势良好，具有一定的区位优势、比较优势和后发优势。

同时必须清醒地认识到，发展不足仍是吴忠最大的实际，经济社会发展还存在深层次的问题与挑战：经济结构不优、产业层次较低与高质量发展要求不适应；新旧动能转化不到位，传统产业拉动力量逐渐减弱，新兴产业的主导作用还不突出；高层次人才缺乏，科技创新对经济增长的贡献较弱；生态保护和流域治理提出更高要求，生态文明建设和环境保护工作任重道远；区域发展不平衡问题依然突出，城乡基础设施承载能力和公共服务供给水平与人民群众新期盼还有较大差距。

从整体看，当前和今后一个时期，吴忠发展仍然处于重要战略机遇期，但机遇和挑战都有新的发展变化。全市上下要坚定信心、振奋精神，坚持发展第一要务，深刻认识新发展阶段带来的新特征新要求，增强机遇意识和风险意识，保持战略定力，准确识变、科学应变、主动求变，善于化危为机，在危机中育先机、于变局中开新局，全面完成"十四五"规划目标任务，奋力开启社会主义现代化建设新征程。

第三节 二〇三五年远景目标

紧扣"两个一百年"奋斗目标，深入贯彻落实习近平总书记视察宁夏重要讲话精神，紧紧围绕继续建设经济繁荣民族团结环境优美人民富裕的美丽新宁夏的宏伟目标，最大限度调动广大人民群众追求美好生活的积极性、主动性、创造性，砥砺前行15年，努力建成转型发展先行市、民族团结模范市、生态建设样板市、宜居宜业示范市，全面建设现代化美丽新吴忠，与全国全区同步基本实现社会主义现代化。经济繁荣实现大跨越。到2035年，全市经济总量比2020年翻一番以上，人均GDP接近全区平均水平，基本建成新时代宁夏经济强市。区域协调发展水平、城乡融合发展水平显著提升，创新能力、经济实力、科技实力大幅跃升，企业竞争力明显增强，基本实现新型工业化、信息化、城镇化、农业现代化，初步构建起富有吴忠特色的市域现代化经济体系。民族团结实现大进步。中华民族共同体意识深深扎根于全市各族人民心中，各民族交往交流交融更加深入，民族关系更加团结和谐，民族团结进步创建走在全国前列，创成全国民族团结进步模范市。宗教与社会主义社会相适应，宗教关系更加和顺健康。环境优美实现大突破。生态文明建设取得重大成效，黄河流域生态保护和高质量发展先行区建设走在全区前列，主要污染物排放、能耗水耗大幅下降，广泛形成绿色生产生活方式，生态环境根本转变、持续向好，生态系统功能完善、稳定高效，生态文明制度体系健全完善、保障水平有力，基本建成天蓝地绿水秀的美丽吴忠。人民富裕实现大提升。城乡居民人均可支配收入比2020年翻一番以上，达到全区平均水平。社会事业全面进步，基本公共服务实现均等化，公民素质和社会文明程度达到新高度，基本建成文化强市、教育强市、健康吴忠，人民生活更加美好，人的全面发展、全体人民共同富裕取得新成效。依法治市全面纵深推进，基本实现市域社会治理现代化，建成更高水平的法治吴忠、平安吴忠。

第二章　务实奋进谋划新篇 站在新起点全面开启新征程

第一节　指导思想

坚持以习近平新时代中国特色社会主义思想为指导，深入贯彻落实党的十九大和十九届二中、三中、四中、五中全会精神，习近平总书记视察宁夏重要讲话精神，增强“四个意识”、坚定“四个自信”、做到“两个维护”，全面落实自治区党委和政府的部署要求，坚定不移贯彻新发展理念，统筹推进“五位一体”总体布局，协调推进“四个全面”战略布局，以推动高质量发展为主题，以深化供给侧结构性改革为主线，以改革创新为根本动力，以满足人民日益增长的美好生活需要为根本目的，主动融入新发展格局，坚决守好促进民族团结、维护政治安全、改善生态环境“三条生命线”，走出一条高质量发展新路子，做好调、转、增、融“四篇文章”，干在实处、走在前列，努力打造转型发展先行市、民族团结模范市、生态建设样板市、宜居宜业示范市，为建设现代化美丽新吴忠奠定扎实基础，为继续建设经济繁荣民族团结环境优美人民富裕的美丽新宁夏作出吴忠贡献。

第二节　基本原则

——坚持党的全面领导。充分发挥党的政治优势和组织优势，全面落实党领导经济社会发展的体制机制，加强党对各领域各方面工作的领导，不断提高贯彻新发展理念、构建新发展格局能力和水平，为建设现代化美丽新吴忠提供根本保证。

——坚持以人民为中心。践行全心全意为人民服务的根本宗旨，始终做到发展为了人民、发展依靠人民、发展成果由人民共享，尊重人民主体地位，维护人民根本利益，充分调动人民群众的积极性，办好民生实事，增进民生福祉，不断增强人民群众获得感、幸福感、安全感。

——坚持新发展理念。把新发展理念贯穿经济社会发展全过程和各领域，加快转变发展方式，推动质量变革、效率变革、动力变革，不断增强发展创新力竞争力，实现更高质量、更有效率、更加公平、更可持续、更为安全的发展。

——坚持深化改革开放。深刻认识全面深化改革阶段性新特点新任务，紧盯解决突出问题，推动更深层次改革和更高水平开放，提高改革开放的战略性、前瞻性、针对性，建设更高水平开放型经济新体制，推动改革和开放深度融合、高效联动，为构建新发展格局提供强大动力。

——坚持全面系统发展。立足吴忠发展实际，积极推进市域社会治理体系和治理能力现代化，围绕发展和安全两件大事，坚持各项工作系统谋划、整体推进，着力固根基、扬优势、补短板、强弱项，着重防范化解重大风险挑战，实现发展规模、速度、质量、结构、效益、安全相统一。

第三节　发展定位

以争当黄河流域生态保护和高质量发展先行区排头兵为统领，打造转型发展先行市、民族团结模范市、生态建设样板市、宜居宜业示范市，全面建设现代化美丽新吴忠。

打造转型发展先行市。以创新求突破，促进高端化、智能化、绿色化、融合化转型发展，建立以奶产业为代表的现代农业产业体系、生产体系、经营体系，建设西部绿色食品生产基地；加快以高端控制阀为核心的智能制造提质扩量，打造西部精密高端制造基地，培育研发设计、柔性定制、共享生产等新兴业态，推动服务业与制造业深度融合；弘扬黄河文化、传承历史文脉，推动文旅康养融合发展，打造“文旅康养打卡地”新名片。

打造民族团结模范市。全面贯彻落实党的民族政策，守好促进民族团结生命线，深入开展中华民族共同体教育，不断夯实民族团结进步的物质基础，促进实现公共服务同质、法治保障同权、精神家园同建、社会和谐同创，建设民族团结进步模范市，推动吴忠民族团结进步工作走在全国前列。

打造生态建设样板市。深入贯彻习近平生态文明思想，坚持山水林田湖草沙系统治理，以贺兰山东麓、罗山、哈巴湖自然保护区及黄河、清水河绿色生态走廊为重点，着力提升生态系统质量和稳定性，构建全域生态保护体系。优化提升资源利用效率，推动低碳循环发展，不断完善生态文明保障机制，提升绿色发展效益，打造环境优美生态建设样板市。

打造宜居宜业示范市。坚持全市一盘棋，立足发挥区域比较优势和缩小城乡发展差距，全面推进乡村振兴和新型城镇化战略，科学布局生产生活生态空间，提高资源要素配置效率，优化产业布局和合理分工，构建基础设施网络体系，促进公共服务普惠共享，加强和创新社会治理体系，打造宜居宜业示范市。

第四节　发展目标

“十四五”时期，锚定2035年远景目标，经济社会发展努力实现以下主要目标：

——经济发展实现新跨越。经济保持量的合理增长和质的稳步提升，地区生产总值年均增速高于全区平均水平0.5个百分点，规模以上工业增加值年均增速保持在10%以上，城乡居民收入年均增速达到全区平均水平。创新能力明显增强，研究与试验发展（R&D）经费投入强度达到2.2%。经济结构持续优化，新产业新业态新模式逐步壮大，产业高端化、绿色化、智能化、融合化发展水平显著提高。新型城镇化和乡村振兴协同发展取得明显成效，全域高质量发展新格局初步形成。

——改革开放迈出新步伐。各项改革的系统性协同性整体性进一步增强，市场化改革、农业农村、生态建设、市域社会治理等领域改革取得明显成效，持续深化“放管服”改革，营商环境建设走在全区前列，市场机制作用明显，市场主体充满活力。开放型经济体制机制不断完善，新优势不断显现，新动能不断增强。

——社会文明取得新进步。社会主义核心价值观深入人心，精神文明建设水平稳步提升，全民思想道德素质、科学文化素质和身心健康素质明显提高，公共文化服务体系和文化产业体系更加健全，人民精神文化生活日益丰富，黄河文化传承彰显区魅力显现，文化自信进一步增强，创建成为全国文明城市、全域旅游示范区，全市人民共有精神家园根基更加牢固。

——生态文明得到新改善。国土空间开发保护格局基本形成，生态文明体制机制更加健全，绿色生产生活方式加快形成，黄河吴忠段生态环境持续向好，贺兰山东麓、罗山生态保护和修复明显加快，黄河干流吴忠出境段水质保持Ⅱ类，环境空气质量稳定达到国家二级标准，污染物排放总量明显降低，水环境承载能力明显提高，资源能源利用效率大幅提升，生态系统建设取得显著成效，城乡人居环境持续改善。

——民生福祉达到新水平。实现更加充分更高质量的就业，全民受教育程度明显提升，基础教育实现优质均衡发展，基本公共服务均等化水平不断提高，多层次社会保障体系更加健全，"互联网+教育""互联网+医疗健康"建设走在全区前列，脱贫攻坚成果巩固提升，乡村振兴全面推进，人民生活品质进一步提升。

——治理效能得到新提升。依法治市全面推进，法治吴忠、法治政府、法治社会建设迈上新台阶，平安吴忠深入推进，基层基础更加稳固，重大突发公共事件应急能力和防灾减灾抗灾救灾能力明显增强，防范化解重大风险和安全发展体制机制不断完

表1　"十四五"期间经济社会发展主要目标

类别	指标	2020年	2025年	年均增速①	属性
经济发展	地区生产总值（亿元）	621.8	851.9	6.5%	预期性
	全员劳动生产率（万元/人）	7.56	9.23	—	预期性
	常住人口城镇化率（%）	52	60	—	预期性
创新驱动	研发支出与GDP之比（%）	1.27	2.2	12%	预期性
	每万人口高价值发明专利拥有量（件）	—	完成自治区下达目标任务		预期性
	战略性新兴产业增加值占GDP比重（%）	4.3	5.5	—	预期性
民生福祉	居民人均可支配收入（元）	20608	28910	7%以上	预期性
	城镇常住居民人均可支配收入（元）	31159.5	41700	7%左右	预期性
	农村常住居民人均可支配收入（元）	14698.3	21600	8%左右	预期性
	城镇调查失业率（%）	—	<5.5	—	预期性
	劳动年龄人口平均受教育年限（年）	9.87	13.5	—	约束性
	每千人口拥有执业（助理）医师数（人）	—	2.81	—	预期性
	基本养老保险参保率（%）	91	95	—	预期性
	每千人口拥有3岁以下婴幼儿托位数（个）	0.06	1.5	—	预期性
	人均预期寿命（岁）	—	77	—	预期性
环境优美	非化石能源占能源消费总量比重（%）	—	12	—	预期性
	单位GDP能源消耗降低（%）	—	完成自治区下达目标任务		约束性
	单位GDP二氧化碳排放降低（%）	—	完成自治区下达目标任务		约束性
	单位GDP用水量降低（%）	—		—	约束性
	地级及以上城市空气质量优良天数比率（%）	83.9	完成自治区下达目标任务		约束性
	地表水国考断面达到或优于Ⅲ类水体比例（%）	—	完成自治区下达目标任务		约束性
	森林覆盖率（%）	17.5	20	—	约束性
	湿地保护率（%）	55	58	—	预期性
	水土保持率（%）	—	80	—	预期性
安全保障	粮食综合生产能力（万吨）	99.6	〉100	—	约束性
	能源综合生产能力②（万吨标准煤）	1640	2220	—	约束性

注：①为5年累计数；②能源综合生产能力是指煤炭、石油、天然气、非化石能源生产力之和。

善，民族团结进步、宗教和顺健康、社会和谐稳定的局面持续巩固发展，治理能力和治理水平走在全区前列，持续创建全国社会治安综合治理优秀市，创建全国市域治理现代化示范市。

第三章　肩负时代重任 争当建设黄河流域生态保护和高质量发展先行区排头兵

着眼黄河流域生态保护修复，共同抓好大保护，协同推进大治理，围绕“五个区”战略定位，率先在生产发展、生活富裕、生态良好等经济社会发展全领域实现新突破。

第一节　加快河段堤防安全标准区建设

把保障黄河长治久安作为重中之重的任务，以黄河干流为主轴，实施河道堤防、河道控导、滩区治理、城市防洪等重点工程，打造百年防堤，有效提升防洪防凌能力，实现防洪保障线、抢险交通线、生态景观线、生态旅游线有机统一。按照一般河段50年一遇、城市河段100年一遇防洪标准，提标改造青铜峡市、利通区两岸堤防，构筑稳固防线，全市境内水患堤防隐患基本消除。对黄河综合治理工程进行补强加固，强化河势控制、归顺河道主槽、消除险情隐患，确保黄河行洪畅通，河道河槽河床排洪输沙功能基本稳定。对罗家湖、古城等河滩滩涂进行植被恢复，防治滩地沙化。通过退耕还湿、封滩育林、人工辅助自然恢复植被、湿地生态系统保护与恢复等措施，对黄河湿地进行提标改造，增加黄河生态系统功能结构的稳定性，建成黄河干流滩区治理示范区。把城市建设与沿岸湿地、河湖建设结合起来，加快完善城市防洪工程体系，建设现代化防灾体系，确保城市安全。

第二节　加快生态保护修复示范区建设

坚持自然恢复为主、人工修复为辅，以中南部生态脆弱地区为重点，实施空间规划、水源涵养、水土保持、生态修复等重点工程，编制黄河吴忠段生态保护治理、贺兰山东麓、罗山、哈巴湖、牛首山生态保护等专项规划，统筹推进森林、草原、湿地、流域、农田、城市、沙漠“七大生态系统”建设，增强生态系统的安全性、稳定性，确保生态环境质量持续好转。加快探索生态保护和修复新模式，持续落实河湖长制，全面推行林长制，探索建立山长制，推动利用市场化方式推进河道河段治理、国土综合整治。严控总量，消减存量，增加“绿”量，完善禁采、禁伐、禁垦、禁牧“四禁”措施，实现保持河道不断流、保持湖泊不干涸、保持水土不流失、保持农田不污染“四保”目标，筑牢黄河流域生态安全屏障。

第三节　加快环境污染防治率先区建设

持续打好蓝天、碧水、净土保卫战，建立健全污染防治长效机制，加快推进排污权、碳排放权市场化交易，探索建立污水垃圾处理服务按量按效付费机制，实施环境强制污染保险制度，开展煤炭、火电、化工等行业强制性清洁生产，持续推进农村人居环境整治和农业面源污染治理，建立畜禽粪污、农作物秸秆农业废弃物综合利用和无害化处理体系，实施化肥农药“减量增效”行动。深化垃圾分类管理，发展绿色交通，严格管控道路运输、采矿区和建筑工地扬尘，协同控制温室气体排放，推进碳排放早日达峰。全面推行跨部门联合交叉执法，落实环境保护、节能减排约束性指标管理，力争在黄河流域率先解决环境污染问题。

第四节　加快经济转型发展创新区建设

坚持创新在现代化建设全局中的核心地位，大力实施科教兴市战略、人才强市战略，提升科技创新支撑力，培育新产业、新业态、新模式，推动经济发展质量变革、效率变革、动力变革，打造转型发展先行市。加快新旧动能转换，深入实施创新驱动发展战略，围绕产业链布局创新链，加快推进科技创新，突出企业主体地位，鼓励支持企业联合开展技术攻关、共建创新平台、建立创新联盟。加快推进业态创新、模式创新，推动经济发展从要素驱动向创新驱动深刻转变。大力实施结构改造、绿色改造、技术改造、智能改造，推动产业结构、产能结构、产品结构调整。重点抓好产业融合、产城融合、产网融合，大力推进智能装备制造、绿色食品、清洁能源、奶产业、葡萄酒、肉牛和滩羊等十大特色优势产业高质量发展，构建布局合理、集约高效、联动融合的现代化经济体系，实现经济发展量的合理增长和质的稳步提升。

第五节　加快黄河文化传承彰显区建设

把黄河文化遗产作为重要资源，保护传承弘扬黄河文化，讲好“黄河故事”，使吴忠成为彰显黄河文化、展示黄河文明的重要窗口。实施黄河文化传承创新工程，加强对黄河文化吴忠段历史文化遗产的研究和利用，统筹推进长城、长征国家文化公园和引黄古灌区世界灌溉工程遗址公园建设，打造以黄河大峡谷等景区为核心的黄河文化公园，以红军西征纪念园、盐池革命烈士纪念园等红色文化景区为核心的长征文化公园，以盐池头道边、青铜峡北岔口、同心韦州下马关长城遗址为核心的长城文化公园。实施黄河文化遗产保护系统工程，开展黄河流域文化资源普查，建立黄河文化遗产资源库。用社会主义核心价值观阐释黄河文化精神内涵，传承黄河文化基因，延续中华历史文脉。

第四章　创新驱动转型升级　加快构建现代产业新体系

坚持把发展经济的着力点放在实体经济上，强化创新驱动战略引领作用，构建以全市十大产业为重点，数字经济智慧产业融合提升的现代产业新体系，主动融入新发展格局，推进制造强市、质量强市。

第一节　强化创新驱动战略引领作用

坚持创新核心地位，实施人才强市战略，推进全方位开放式创新，构建充满活力的创新生态体系，全面提升创新能力，增强高质量发展内生动力。

一、全面提升自主创新能力

推进创新平台建设。实施园区创新发展能力提升行动，宁夏吴忠金积工业园区升级为国家高新技术产业开发区，青铜峡工业园区创成自治区高新技术产业开发区。整合优化科技创新平台资源，在利通区、青铜峡市围绕装备制造、精细化工、食品加工，盐池县、同心县、红寺堡区围绕新材料、现代纺织、中药材等特色产业布局创新平台。发挥中国（宁夏）奶业研究院作用，加强技术中心建设，助推奶产业提质升级。到2025年，推动规模以上高新技术企业创新平台全覆盖，各级各类科技创新平台超过50家。

积极培育科技型企业。强化企业创新主体地位，鼓励企业加大研发投入，促进各类创新要素向企业集聚。聚焦国家重点支持的高新技术领域和高新技术企业认定标准，围绕研发组织管理、知识产权创造等方面补短板、强弱项。根据“引导入库一批、精准培育一批、申报认定一批”的培育机制，每年选择10家以上创新型示范企业、自治区科技型中小企业、科技小巨人企业、农业高新技术企业纳入国家、自治区高新技术企业培育库。到2025年，全市拥有国家级高新技术企业70家、科技型中小企业250家。

广泛开展科技合作。聚焦关键环节、核心技术，形成科技合作专项支持制度，鼓励吴忠仪表、伊利乳业等龙头企业承担国家重大科技项目，打造重点领域领军型创新企业。充分利用东西部科技合作长效机制，吸引大院大所来吴设立分院分所，支持企业与外地高新技术企业开展联合研发。积极参与“一带一路”科技创新行动计划，开展能源化工、葡萄酒、防沙治沙、医疗卫生等领域国际技术交流合作。

加快科技成果转移转化应用。加强技术市场体系和知识产权服务体系建设，推进吴忠技术市场与全国技术交易网络的全面接通，提升“一站式”技术交易平台服务能力。落实好自治区科技成果转移转化优惠政策，鼓励企业引进和应用先进成熟技术及关键设备，促进与全国先进企业的产业上下游企业合作。加强知识产权运用保护，形成优势互补、成果共享、风险共担的开放合作机制。

二、打造创新人才集聚高地

聚焦创新驱动柔性引才。坚持“不求所有、但求所用”，通过顾问指导、挂职兼职、候鸟服务等人才柔性引进方式，引进重点行业、重点领域急需紧缺人才或团队，实施“人才＋产业”计划，实现人才与产业对接、智力与项目对接。鼓励各企事业单位建立院士（博士）工作站、人才小高地、专家服务基地等平台，集聚各类人才开展技术攻关，打通产学研合作通道。拓宽吴忠籍在外人才回流渠道，支持高校毕业生到吴就业，鼓励返乡人才创新创业等政策措施，吸引更多优秀本土人才感情回家、人才回乡、资金回流，助力家乡建设。

加大本土人才培养力度。突出企业经营管理、专业技术、高技能、农村实用、社会工作等五大人才领域，选拔一批业绩突出、成果显著、示范带动作用明显的本土人才进行重点培养，到2025年，培育在自治区、吴忠市、县（市、区）、乡镇有影响力的人才50名、200名、1000名、5000名，以及活跃在基层一线的新秀和后备人才10000名以上。推动职业技术学校面向重点产业急需行业调整优化专业设置，加强应用型、技能型人才培养，建设高素质产业工人队伍和服务管理人才队伍。

提高人才服务管理水平。坚持党管人才原则，建立健全人才引进、培养、评价、激励等制度，着力构建政府引导服务、市场有效配置、企事业单位自主用人、人才自主择业的人才服务管理机制，推动形成具有吸引力和竞争力的人才政策体系。完善人才补贴补助、住房保障、子女入学、医疗保健、休假疗养、职称评定等跟踪服务保障措施，为各类人才提供“一站式”服务。深化国有企业负责人、工业园区薪酬制度改革和事业单位工资制度改革，激发创新创业活力。

三、着力构建创新生态体系

完善创新链条。围绕产业链部署创新链，实施“关键核心技术—产品—企业—产业链—产业集群”和“关键核心技术—材料—零部件—整机—系统集成”的全链条培育路径，促进产业链上下游创新活动高效整合，形成创新共同体。建立基于知识分享的网络化创新组织，促进大数据、人工智能、区块链等新兴技术在信息产生和交换上的应用，提升创新效率。

鼓励金融创新。推动科技与金融深度融合，健全创新投融资支持与服务体系，积极争取自治区创投基金扶持，扩大吴忠创投基金引导作用，撬动金融资本和社会资本向创新和实体经济流动，引导天使投资和创业投资支持创业企业，构建多元金融模式支持创新发展新格局。

优化创新环境。完善市域科技治理体系，优化科技运行机制，推动重点科技项目、基地、人才、资金一体化配置。开展科研经费“包干制”改革试点，建立完善以需求为导向的科技项目形成机制和财政科技投入稳定增长机制。改进科技项目组织管理方式，实行“揭榜挂帅”等制度。加快“互联网＋”与科技创新服务融合发展，大力培育引进科技中介服务机构、科技创新服务联盟、技术经纪人队伍，为企业提供全方位服务。完善科技评价机制，优化科技奖励项目。

加强科普工作。把科学普及放在与科技创新同等重要的位置，建设完善科技馆、“科普＋旅游”示范基地等科普阵地，开展形式多样的科普活动，提升群众科学素养。加强科技人才表彰、举荐和宣传，弘扬科学精神，传播科学思想，营造崇尚创新的社会氛围

专栏1　创新引领重点工程项目

1. 科技创新平台建设项目： 争取建设1～2家高端控制阀领域、新材料领域国家、自治区重点实验室，建设5～8个突破型、引领型、平台型的支撑特色产业发展的自治区工程技术研究中心或成果转化基地，重点建设吴忠市科技服务中心、金积工业园区科技创新公共服务平台、吴忠市技术转移服务中心等科技创新服务平台、太阳山开发区医药研发中心和中试基地。

2. 重点科技研发计划项目： 严苛工况高端控制阀关键技术研究项目、特色食品共性关键技术研究项目、微谱分析和生物强化协同技术在精细化工废水处理中的研究项目、BOG高纯氦气提取工艺及设备的研发项目、优质高产奶牛繁殖健康关键技术研究与示范项目、规模化奶牛养殖牧场污水生态消纳与资源化关键技术集成示范项目、太阳镁业盾镁电热法项目。

3. 人才引进培育项目： 高新区3D打印创新中心项目、人才合作培养联盟项目、科技兴粮人才队伍建设、科技人才队伍建设、红寺堡区水利业务能力建设项目。

第二节　培育壮大先进制造业

加快实施结构改造、绿色改造、技术改造、智能改造，推动产业体系升级和基础能力再造，到2025年，工业总产值达到1250亿元，规模以上工业增加值突破300亿元，年均增长10%以上。

一、重点推进“四大改造”

实施结构改造。围绕高端化智能化绿色化发展方向，优化产业结构，加快出清落后产能、“僵尸企业”，为先进、优质产能腾出空间，大力推进装备制造、绿色食品、现代纺织三大主导产业攻坚突破、转型升级，推动新一代信息技术产业、新能源、新材料和节能环保等新兴产业扩容倍增、加速崛起。

实施绿色改造。严把项目核准，严控高耗能、高污染、低产出行业发展。强化行业间横向耦合、生态链接、原料互供、资源共享，打造一批循环经济产业园和循环经济示范企业。支持企业开发绿色产品，建设绿色工厂、绿色园区，打造绿色供应链，全面推进绿色制造体系建设。大力发展环保产业，建设固废危废协同处置环保示范园、开发利用盐碱地科技生物示范园。到2025年，培育绿色园区3个、绿色工厂12家。

实施技术改造。对标行业先进标准，运用新技术、新工艺、新设备，完善支持企业技术改造的长效机制，围绕重点行业开展技术揭榜攻关，支持领军企业联合行业上下游、产学研力量，对产业链中的关键领域、薄弱环节和共性问题等进行整体技术改造，工业绿色化、智能化改造投资年均增长5%以上。

实施智能改造。制定吴忠市工业企业智能改造实施方案，以提高装备智能化率、成果转化率、劳动生产率等为主攻方向，加快旧生产设备计量技术改造，建设智能工厂。推动运用数字化、网络化技术升级改造优势传统产业，实现生产装备数字化，为产业发展赋智赋能，到2025年，实现规模以上工业企业智能改造诊断服务全覆盖。

二、做大做强三大主导产业

装备制造产业。推动现有装备产品向智能化、成套化和系统化转型升级，到2025年，装备制造业实现产值100亿元。

——智能高端控制阀。围绕高端控制阀市场需求，重点发展石油化工、煤化工、火电及船舶等流程工业高端控制阀，加快智能控制阀、智能传感器等产品的推广应用与持续研发，提高产品寿命和控制精度，提升进口产品替代力度。发挥吴忠仪表高端控制阀等智能制造试点项目示范作用，落实重点企业制造过程智能化进度计划。

——精密铸锻。依托朗盛精密等企业，重点发展高端装备承压合金材料、深海用阀铸件及高铁轮毂、风力发电机铸锻件等关键部件。加快推进精密铸锻产业园建设，进一步完善智能控制阀上游产业链配套项目。

——专用精密轴承。依托青铜峡汽车零部件及智能制造产业，重点发展汽车轴承及轴承单元，家用电器低噪声电机轴承等，鼓励发展风力发电机组轴承，数控机床轴承及各种主机专用轴承等。提高设备运行效能和产品创新能力，实现产品模块化设计、零部件智能化生产、装备及检测智能化，努力打造具有一定影响力的现代化轴承生产基地。

——智能农机装备。成立技术研发中心和现代化农业装备技术研发服务平台，重点加快田间作业机械、葡萄藤条压埋机械等智能化农业主机的研制和生产，培育引进一批农业机器人、植保无人机等整机制造企业以及相关配套项目，打造集设计研发制造服务于一体的智能化农机装备制造产业链。

——智能焊接装备。推进自动化焊接设备的模块化设计和生产管理，推动焊接自动化专机向标准化、模块化发展。鼓励支持黄河电焊机、好运电焊机等智能焊接设备重点企业联合科研院所加大研发生产能力。继续扩大生产能力，对民用级设备进行智能化管控，不断提高民用设备附加值。

绿色食品产业。聚焦高端乳制品、名优葡萄酒、高端营养品三大领域，深挖资源优势，延长产业链条，打造三产融合、品牌效益双优的地方主导产业。到2025年，绿色食品产业达到200亿元。

——高端乳制品。支持伊利、新希望（夏进）、雪泉等乳制品加工企业提质扩量，深入挖掘乳制品科技价值和加工优势，鼓励开展乳制品创新研发，优化加工工艺和产品结构，发展低温乳、发酵乳、婴幼儿（老年）配方粉及奶酪等高附加值产品，开发乳蛋白、益生元、乳糖、乳清等功能性乳品基料。完善冷链储运硬件设施设备，严管冷链流程，确保终端乳制品的安全与品质。

——名优葡萄酒。充分发挥产区优势，支持葡萄酒骨干企业扩大规模、升级技术工艺、丰富产品品类。实施酒庄对标行动，引导酒庄规范技术标准、管理标准、工作标准，支持开展绿色、有机认证和追溯体系建设。引进机械装备、酵母、酒瓶等加工企业，延长产业链条。开展葡萄籽油、皮渣精深加工，创新开发医药、保健、环保等领域功能性产品，提升产业附加值。

——高端营养品。重点发展富硒大米、枸杞、黄花菜等特色富硒农产品，全面提升“中国塞上硒都”影响力。加快推进枸杞氨基酸靶向营养食品、鹿胎素、亚麻籽膳食纤维素、螺旋藻等高端健康产品生产。积极培育食品配料、颗粒果蔬等食品要素产业。依托吴忠牛羊肉加工业发展生产咸味香料、增鲜剂、火锅底料等，做优调味品产业。

现代纺织产业。集中资源打造现代纺织产业集群，加快开发新型纺纱、织造等技术，研究和发展棉混纺针织面料以及其他纤维的混纺针织面料，不断拓展合成纤维及纺织面料的应用范围和市场占有率；着力提升羊绒制品研发能力，促进羊绒纺织向价值链高端延伸，积极培育羊绒纺织、棉纺、麻纺、化纤、服装等生态纺织产业集群，打造精品纺织产业体系。到2025年，现代纺织产业突破100亿元。

三、优化提升三大传统产业

能源化工产业。依托太阳山开发区、盐池工业园区，促进全市煤炭、石油、天然气等资源综合高效利用，到2025年，能源化工产业突破500亿元。

——加大煤油气资源勘探开发。加快既有煤矿达标建设和改造升级，建成韦二煤矿、宋新庄煤矿等现代化矿井。推进新乔、永安、月儿湾等煤矿开工建设，有效增加煤炭供应。推动中石油青石峁气田、中石化定北气田合作开发，提升油气供应能力。到2025年，全市煤炭年产能达到1160万吨，原油年产能突破200万吨、天然气年产能达到80亿方。

——加强能源高效转化与利用。推进煤化工和油气化工贯通融合强基延链，重点发展煤制油气、煤基多联产、天然气制氢等各种化工产品，积极发展生物医药、绿色农药。引导鼓励瑞丰煤化工、宁鲁石化、金裕海化工等重点企业改造提升，支持通达煤化、宝瑞隆石化等企业在产业链延伸发展上寻求转型途径，每年至少实施延链补链项目5个，加快能源化工产业高效环保、集群集聚和链式发展。

冶金产业。限制新建、扩建铁合金、电解铝等高耗能、低附加值产能，推广原料预处理等工艺实现精料入炉，实现余热、余气发电机原料预处理。支持青铝股份、太阳镁业等重点企业延伸冶金产业链，重点发展轨道交通用大型铝合金型材、高性能铝合金板锭、汽车车身铝板高纯高压电子铝箔等高端材料，新型轻量化镁合金产品，加快向高强高韧铝合金、高端精深铝合金加工、高性能变形镁合金板材和型材延伸，改造提升技术装备水平，企业技术装备达到国际先进水平。

建材产业。支持绿色石膏产业发展，加强与清华大学、北新建材集团等机构合作，依托巨拓、盛华龙等龙头企业，加快推进盐池县青山—大水坑石膏园建设，打造石膏精深加工产品。依托现有水泥产能重点发展混凝土部品部件、外围护部品等水泥基建筑部品部件，推广应用绿色建筑、装配式建筑，推动建筑业转型升级。鼓励企业对工业固体废物进行资源化综合利用。到2025年，一般工业固体废物综合利用率达到55%。

四、培育壮大三大新兴产业

电子信息产业。推动电子仪器仪表与云计算、大数据、嵌入式软件等融合发展，依托骨干企业提升工业仪表、智能电表、燃气仪表、热力仪表等领域研发和自主创新能力，逐步形成电子仪器仪表特色优势。推进锂离子电池、石墨烯材料等领域新型关键元器件及材料研发和产业化，促进电子元器件产业集成化、高端化发展。到2025年，电子信息制造业产值突破10亿元。

新材料产业。依托太阳山开发区、青铜峡工业园区、盐池工业园区，扩大基础优势，推动新材料产品向高纯度、高强度、高精度、高性能方向延伸。以青铜峡铝业、太阳镁业为核心，重点发展高性能金属材料；以东吴农化、领航生物为核心，重点发展化工新材料产业；以和兴碳基为核心，重点发展先进无机非金属材料；支持重点企业提高自主创新能力，积极培育发展前沿新材料。到2025年，重点培育新材料骨干企业10家左右，产值超10亿元的2家，过亿元的10家。

清洁能源产业。推动清洁能源产业由高速度向高比例、高质量发展转移，着力实现提质扩容、本地消纳、清洁转型、融合发展四个新突破，审慎发展水力发电，重点开工建设青铜峡抽水蓄能电站。优化风光电开发布局，建设利通区、红寺堡、盐池、同心等百万千瓦级光伏基地和麻黄山平价风电基地，因地制宜推广分布式光电项目，推进盐同红新能源一体化发展。加快建设同心县清洁能源新材料产业园，完善光伏制造产业链，提升风电制造配套能力，大力发展清洁能源生产性服务业。引导有条件发电企业利用富余电能电解制氢储能，推进青铜峡工业园区、太阳山开发区、盐池县工业园区氢能源建设。到2025年，清洁能源及配套产业链实现产值160亿元。

专栏2 制造业重点工程项目

1.装备制造项目：汇高科技年产3000万件汽车刹车盘项目，新能源装备制造及研究应用一体化综合示范基地项目，东风汽车零部件集团公司年产400万只轮毂加工项目，宁夏联汽汽车部件汽车零部件及9万吨精密铸造项目，新能源电动车制造项目，铝型材深加工及制氢车间生产项目，宁夏奇力城年产5000万高精尖精密轴承制造项目，宁夏立晟达年产25万件锻造件产品项目，吴忠机器人组装厂建设项目，中集安瑞科清洁能源设备制造项目，农机制造项目，年产5万吨高端装备承压合金材料项目，年产5000吨全硅溶胶精密铸件项目，年产5000吨低温蜡精密铸件项目，深海用阀铸件生产线、核电用阀铸件、核岛一级泵专用铸件生产线及配套实验室等项目。

2.绿色食品项目：春升源年产2万吨调味品建设项目、中桦雪面粉及面熟制品生产项目、肽生产加工项目、羊肠衣加工项目、梦幻包装高端液态奶生产项目、环太健康产业园项目、回春年产10万吨葡萄籽深加工产业化项目、塞外香绿色食品产业园二期建设项目、盐池县怡健生物螺旋藻项目。

3.现代纺织项目：兴民纺织科技红寺堡区现代纺织扶贫项目（二期、三期）、德悦纺织技术中心建设项目、恒丰纺织4号车间建设项目、10锭纺纱生产项目、年产5000吨无纺布生产加工项目、海丝新梦园年产200万件工装加工项目、江苏悦达家纺产业转移项目。

4.能源化工项目：宝瑞隆石化300万吨/年煤粉制氢联产100万吨/年焦油轻质化综合利用项目、通达煤化工年产10万吨焦炉煤气甲烷化制LNG及配套项目、甲醇制丙烯（MTP）项目及聚丙烯项目、尼龙66生产项目、瑞峰能源焦炉煤气制品40万吨LNG项目、庆华煤化工产业链延伸项目、海利集团氨基甲酸酯类精细化学品项目、高沙窝集中区热电联产项目、申能热电联产项目。

5.生物医药项目：港兴新材料年产10万吨有机酸及衍生产品项目；坤正生物年产5000吨氟苯医药产品项目；星岛药业年产5000吨邻氨基苯甲酸等医药项目；太阳山伟朋生物年产200吨2-丙硫基-4,6-二氯-5-氨基嘧啶、500吨/年敏乐啶等医药项目；建鹏新材料年产1200吨2,4-二苯磺酰基苯酚、1，4-二羟基蒽醌及联产10万吨/年硫酸镁医药项目；天泽化工年产3.32万吨精细化学品项目。

6.建材项目：盛华龙矿业石膏深加工项目、西夏天杰有限公司水泥窑协同处置固危废升级改造项目、青山石膏开采加工项目。

7.电子信息项目：吴忠仪表电动执行机构产业化、智能定位研发及产业化、自动调节阀产业化项目，众虎科技年产5万套本质安全型防爆智能视频监控分析系统研发项目。

8.新材料项目：中镁（宁夏）镁业科技有限公司新能源汽车配套及镁合金材料深加工项目、宁夏大禹新材料科技有限公司年产3万吨抗皱防缩树脂（硬挺剂）建设项目、宁夏银丰新材料科技有限公司年产5000吨化学助剂吨高纯助剂项目、宁夏中泰兴能科技有限公司年产10000吨锂电池负极材料项目、青铜峡铝业科技工程有限公司年产2.5万吨铝型材生产线项目、河北立中集团铝深加工项目、同心县同芯光电材料有限公司年产5000吨电子特种气体项目。

9.清洁能源项目：青铜峡抽水蓄能项目、定北区块天然气综合转化利用项目、盐池县青石峁区域天然气综合转化利用项目、唐山海泰光伏制造项目、利通区新能源平价基地项目、红寺堡区清洁能源产业一体化配套发展项目、中核清洁能源新材料产业园建设项目、同心县500兆瓦光伏发电项目、同心县50万千瓦风力发电项目、同心县清洁能源新材料产业园项目、王乐井光伏产业园项目。

五、打造区域化工业集群

深化园区体制机制改革。坚持引进与培育相结合，增强自我研发配套能力，形成错位互补、分工协作的发展格局。鼓励市场主体参与园区运营建设，采取设立工业园区国有运营公司、对现有国有开发建设公司进行资产重组、引进外部园区建设运营企业等多种改革方式，全面推广“管委会＋公司”运营模式。进一步健全完善园区财税管理体制，落实人事薪酬制度改革实施方案，推进工业园区“区域评”改革成果共享、部门互认，降低企业要素成本。

加快园区低成本化改造。围绕工业园区发展需要，有针对性地支持一批集中供汽、供热、微电网、中水回用、余热利用、固废利用等低成本化改造项目，提高生产要素市场化配置水平，着力破除生产基础资源要素瓶颈，提升园区承载能力和服务效能。

推动园区联动协同发展。围绕工业园区发展定位，推动产业间横向耦合、园区间协调联动。加快太阳山开发区、高沙窝工业集中区与宁东能源化工基地一体化发展，青铜峡工业园区与金积工业园区联动发展。支持盐池、同心发展石膏精深加工和特种水泥，打造国内具有较强影响力的天然石膏制品基地和高端石膏建材集散地。聚力打造以金积工业园区为核心的绿色食品产业基地，以盐池、太阳山、青铜峡为主体的能源化工产业基地，以利通区、青铜峡为重点的装备制造产业基地，以利通区、同心为重点的现代纺织产业基地，以盐池、同心、红寺堡为重点的清洁能源产业基地，以太阳山、青铜峡为主体的铝镁新材料产业基地，形成一批龙头企业带动、骨干企业支撑、中小微企业配套的产业集群，力争建成金积、太阳山、青铜峡三个300亿元园区。

第三节　提质发展高效农业

抓住自治区建设国家农业绿色发展先行区机遇，坚持以龙头为依托、以产业园区为支撑、以特色发展为目标，立足资源禀赋和产业基础优势，健全产业体系、生产体系、经营体系，调优结构、提高品质、打造品牌，让宁夏更多农产品走向市场。到2025年，农业总产值达到180亿元以上，年均增长3.5%。

表2　吴忠市工业园区发展指导

序号	园　区	发展定位	主导产业
1	宁夏吴忠金积工业园区	宁夏纺织服务及农副产品加工、装备制造示范区	纺织服装、装备制造、农副产品加工（重点发展奶产业、牛羊肉加工等产业）
2	吴忠太阳山开发区	煤化工和镁合金材料产业基地、轻工及农副产品加工区	装备制造、煤化工、生物医药、轻工及农副产品加工（重点发展葡萄酒、黄花菜加工等产业）
3	宁夏青铜峡工业园区	宁夏新材料产业示范基地、西部轴承产业基地、宁夏智能制造设备产业园	精细化工、铝及新材料产业、汽车零部件及智能制造
4	宁夏盐池工业园区	特色农副产品加工园区、煤化工后备发展基地	油气化工下游产业、煤化工下游产业、特色农副产品加工（重点发展黄花菜加工、滩羊肉加工等产业）
5	宁夏同心工业园区	羊绒纺织、特色农副产品加工基地	精细化工、纺织、轻工制造业（重点发展枸杞深加工、牛羊肉加工等产业）

一、构建现代农业产业体系

优化农业区域布局和产业结构，集中精力建设“一园引领，两区统筹，三带集聚，特色支撑，产业融合”，推动吴忠现代特色农业布局区域化、生产标准化、经营品牌化、发展融合化。

加强吴忠国家农业科技园区建设。重点攻克现代农业技术研发示范、产业链延伸、产品营销、人才培养、科技创新等主要内容，突出发展草畜一体、优质瓜菜、精品林果三大主导产业，培育壮大休闲观光农业和生态循环农业等新兴产业。强化企业研发投入、高新技术产品开发，提升生产机械化、信息化、智能化水平，推动产业链向中高端攀升。

全力打造两个示范区。

——引黄灌区现代高效生态农业集聚区。以利通区、青铜峡为核心区域，重点发展优质粮食、奶牛养殖、精品瓜菜、酿酒葡萄、饲草种植等产业，结合国家“米袋子”“菜篮子”工程，加快推动绿色蔬菜示范基地、优质粮食示范基地、种养循环农业示范区、渔业健康养殖示范场建设，打造引黄灌区现代高效生态农业集聚区。

——中部干旱带节水现代农业示范区。以盐池、同心、红寺堡等地为核心区域，聚焦肉牛、滩羊、酿酒葡萄、黄花菜、枸杞、小杂粮、亚麻籽、中药材、文冠果等产业，适当发展奶牛养殖，加大饲草种植面积，合理优化粮经饲产业结构，推广高效节水灌溉、水肥一体化等现代农业节水技术，深入实施耕地质量提升、旱作良种攻关、农技集成创新、农机配套融合等工程，构建具有地方特色的有机旱作技术体系。

积极发展三大产业带。

——黄金奶源产业带。稳步壮大利通区、青铜峡和吴忠国家农业科技园区奶源基地，支持拓展盐池和同心发展奶牛养殖。加强规模养殖场基础设施建设，推广使用性控冻精、DHI测定等技术，配套建设奶牛养殖信息化管理平台，配套完善全混合日粮（TMR）饲喂、自动发情监测、机械化挤奶等设备。创建国家级、自治区级标准化规模养殖场，加快奶产业胚胎生产中心建设，带动吴忠奶产业品质化、高端化发展，建设集中连片优质牧草基地，全产业链打造高端奶之乡。到2025年，全市奶牛饲养量达到43万头，鲜奶总产量达到215万吨，奶产业综合产值达到400亿元。

——贺兰山东麓葡萄酒产业带。沿贺兰山东麓的青铜峡、红寺堡、同心，按照“大产区、大产业、酒庄酒”发展思路，构建集酿酒葡萄种植、酿造加工、文化旅游、生态治理等为一体的一二三产业高度融合发展新格局，加大引种试验、栽培试验等相关研究工作力度，增强优质原料保障能力。不断提升吴忠产区葡萄酒品牌知名度，推广以葡萄酒为主题的会所经营、酒庄式直销及仓储消费方式，带动葡萄酒产业整体个性化发展，打造贺兰山东麓葡萄酒产业带。到2025年，新增酿酒葡萄种植面积24.7万亩，达到49.6万亩；新建酒庄24家，达到89家，年产优质葡萄酒12万吨，实现综合产值达到500亿元。

——优质粮食产业带。加强粮食生产功能区建设，利通区、青铜峡重点发展小麦、水稻、玉米等作物；盐池、同心和红寺堡重点发展小杂粮、玉米、马铃薯等作物，推进区域化合理布局。支持青铜峡制种大县建设，依托塞外香等龙头企业，通过品种选育、品质提升、技术规范，全面提高标准化生产水平，打造优质粮食产业带，保障重要农产品供给安全。到2025年，全市粮食播种面积稳定在300万亩以上、产量稳定在100万吨以上。

提升壮大七大特色产业。

——滩羊产业。提升盐同红滩羊核心区发展优势，优化利通区滩羊改良区布局。推广家庭经营“300”模式，壮大新型经营主体，引进更多知名企业落地，提升联企带农能力，建设滩羊示范村、示范乡。严格生产技术和规范，全面推广种养结合技术，建立研、选、育、推一体化生产体系。加强“盐池滩羊”品牌宣传与保护，强化品牌带动效应，促进品牌优势向产区优势、生产优势、市场优势转化。到2025年，滩羊饲养量达到745万只。

——肉牛产业。优化产区布局，推进肉牛品种改良，培育良种繁育龙头企业，推进良种繁育基地建设。推广家庭经营“50”模式，推进种养结合、自繁自育，集中连片打造示范村、示范乡镇。引进龙头企业，支持提升屠宰和精深加工能力，推进肉牛产业精品化、高端化发展。发展品牌营销，拓展销售渠道，唱响“吴忠牛肉”品牌，打造全国优质肉牛繁育基地和优质牛肉生产基地。到2025年，肉牛饲养量达到58.7万头。

——黄花菜产业。推进黄花菜良种繁育，打造绿色黄花菜标准化种植基地；积极引入大型龙头企业，鼓励加强精深加工技术，延伸产业链，提升产品附加值；健全销售网络，通过线上线下销售和实体销售店建设，畅通销售渠道，加大品牌宣传和扶持力度，提升盐池黄花菜区域公用品牌知名度。2025年，建成万亩标准化种植示范基地7个、千亩标准化示范基地20个。

——枸杞产业。支持企业开展与国内外著名饮料、食品、制药加工集团的合作，引进新工艺、新设备、新技术，进一步开发新产品，扩大加工能力，提高枸杞加工率。培育3～5家经济实力强、销售网络完善、经营规模大、信誉好的营销龙头企业，推动形成产加销一条龙、农工贸一体化的格局。到2025年，枸杞种植面积17万亩，枸杞干果年产量达到1.8万吨。

——瓜菜产业。持续推进“菜篮子”工程，发展番茄、辣椒、芹菜、茄子等优势特色蔬菜，选择产量高、品质优的品种，以销定产，培育利通区、青铜峡宁夏菜心，红寺堡、盐池黄花菜，同心红葱产业，建设蔬菜集配中心。建立出口导向型的现代果蔬产业示范园，推动更多种植企业与销售商共建基地、订单销售。到2025年，全市瓜菜种植面积达到60万亩，产量达到150万吨，设施瓜菜面积达到7万亩，打造宁夏最大的菜篮子基地、西部绿色蔬菜生产基地和交易中心。

——中药材产业。坚持“生态保护优先，突出道地特色”，以盐池、同心、红寺堡为重点区域发展甘草、银柴胡、黄芪、板蓝根等中药材种植，推行“企业+合作社+基地+农户”产业化模式发展，建设中药材种苗、标准化种植、林药间作、野生资源修复利用基地和中药材初加工基地，建设中药材科技文化产业园和中药材交易市场。到2025年，全市中药材栽培面积达到40万亩。

——小杂粮产业。以良种化种植、标准化生产、产业化开发为途径，在盐池、同心、红寺堡重点发展荞麦、谷子、糜子等作物，推动小杂粮产业适度规模发展，提高小杂粮质量效益，打造绿色、生态、有机、富硒的小杂粮品牌。到2025年，全市小杂粮种植面积达到100万亩。

二、构建现代农业生产体系

大力发展标准化农业。建立健全农产品标准体系，加强农业标准化试验示范。结合“农业标准化示范基地”创建，在蔬菜、畜牧、饲草、枸杞等重点领域先行推进。与中国农科院合作推进奶产业全产业链标准化生产研究及推广应用。不断完善农产品质量安全体系、信用管理，从源头保障农产品质量安全。到2025年，全市绿色、有机、地理标志、良好农业规范农产品的认证登记数量年均增长5%以上。

强化农业设施装备支撑。建设现代化节水型农业，发展引扬黄灌区规模化高效节水灌溉，完成自流灌区节水改造和现代化建设，实施盐环定、红寺堡扬水工程更新改造和病险水库除险加固、库坝连通工程。到2025年，全市高标准农田建设比例达到55%以上，农田灌溉水有效利用系数达到0.6，高效节水灌溉面积超过150万亩。加大新型农业机械推广力度，构建全程机械化技术体系。到2025年，全市主要农作物耕种收综合机械化水平达到83%。

加快推动农业绿色发展。加强农业绿色发展先行区建设，持续推进农业面源污染治理，实施化肥农药“减量增效”行动，加强畜禽粪污、农作物秸秆和农残膜资源化利用、病死畜禽无害化处理。完善动物防疫体系，健全病死畜禽无害化收集处理机制，保障畜牧业健康发展。到2025年，农药化肥利用率超过43%，畜禽粪污资源综合处理利用率超过95%，秸秆综合利用率、农膜回收利用率均超过90%。

三、构建现代农业经营体系

壮大新型农业经营主体。围绕特色优势产业引进培育龙头企业，充分发挥伊利乳业、西鸽酒庄示范带动作用，落实龙头企业扶持政策，推进集群集聚发展。坚持家庭经营的基础性地位，鼓励发展龙头企业带动，农民合作社、家庭农场、专业大户等新型经营主体分工协作、利益联结的产业联合体。到2025年，培育市级以上农业产业化龙头企业260家，合作社202家，农业产业化联合体（联盟）30个，规模化社会服务组织达到40个。

提升特色农产品竞争力。实施特色优质农产品品牌工程，创建奶牛、葡萄酒、黄花菜等特色农产品优势区。组织龙头企业、合作社参加区内外各类展示展销会，支持特色农产品入驻宁夏优质农产品展示展销中心销售，鼓励农产品生产企业、农资批发市场电商交易，推进线上线下融合，让吴忠更多特色农产品走出去。

健全农业社会化服务体系。推进政府购买农业公益性服务机制创新，鼓励科研机构、行业协会、龙头企业和具有资质的经营性服务组织从事农业公益性服务。支持经营性服务组织为农民提供土地托管、代耕代种、代销代购、储藏保鲜等全程产前、产中、产后社会化服务。提升农业保险服务能力，扩大保险覆盖面。加大重点区域、重要农事季节的抗旱、防雹作业力度，强化动态监测和区域联防，减轻灾害损失。

专栏3　现代农业重点工程项目

1. 农业设施装备强化项目：高标准农田建设项目、青铜峡市调整结构高效农业建设项目、青铜峡市规模化养殖场物联网项目、盐池县旱作节水技术示范推广项目、同心县扬黄灌区节水改造工程项目。

2. 特色产业提升项目

奶产业：吴忠国家农业科技园区鸽堂沟奶牛养殖区建设项目，奶牛繁育中心建设项目，奶牛养殖场布病、结核病净化试点，性控冻精、胚胎移植、良种繁育项目，吴忠市利通区五里坡奶牛生态养殖基地四期建设项目，青铜峡市牛首山北麓奶牛核心养殖区建设项目。

滩羊肉牛产业：西北农林科技大学宁夏滩羊试验示范场建设项目，伊赛集团10万头肉牛、100万只滩羊屠宰加工项目，肉牛、滩羊示范村建设项目，五里坡肉牛养殖基地项目，红寺堡区肉牛、滩羊规模化养殖园区建设项目，同心县、红寺堡区肉牛养殖场建设项目，盐池县滩羊保种与扩繁基地项目，盐池县滩羊产业融合发展项目。

酿酒葡萄产业：贺兰山东麓酿酒葡萄黄金产区提质增效项目，红寺堡区环罗山酿酒葡萄基地建设项目，青铜峡市葡萄酒庄建设项目，鸽子山中法葡萄酒庄集群示范区基地建设项目，同心县罗山东麓葡萄产业园项目。

黄花菜产业：红寺堡区黄花菜高标准示范基地建设项目、盐池县黄花菜绿色标准化体系建设项目。

枸杞产业：同心县、红寺堡区枸杞标准化基地项目，同心县枸杞绿色防控工程。

3. 现代农业园区建设项目：利通区五里坡奶牛养殖现代农业产业园项目、红寺堡区现代农业产业园项目、青铜峡市马长滩现代农业示范园项目、盐池县国家现代农业产业园项目。

4. 一二三产业融合项目：利通区绿色食品产业融合发展示范项目、五里坡肉牛养殖基地产业融合发展项目、红寺堡区一二三产业融合发展项目、红寺堡区葡萄生态小镇项目、青铜峡市鸽子山葡萄酒文化小镇项目、同心县休闲农业与乡村旅游示范基地建设项目。

第四节　提速升级现代服务业

创新服务业新供给，推动生产性服务业向专业化和价值链高端延伸、生活性服务业向高品质和多样化升级。到2025年，服务业增加值400亿元左右，年均增长7%。

一、大力发展生产性服务业

现代物流。完善联运功能，鼓励发展公铁联运、陆空联运。优化“基地型物流园区＋专业化物流中心”现代物流体系。建设完善利通区商贸物流园、金积通用集散型物流园区、吴忠市运通物流园区、青铜峡盛隆达西部煤炭物流园、捷安公铁智慧物流园区、盐池德昌铁路物流园区、同心桃山综合物流园及太阳山综合物流园等物流基地。发展冷链物流、供应链物流和专业物流等物流业务，构建与制造业、农业和商贸流通业深度融合的现代供应链体系，持续降低物流成本，提升物流配送质效。创新城市配送模式和农村配送体系建设，实现城乡配送一体化。推进城市绿色配送示范市创建。提高物流信息的搜集、处理和服务能力，构筑现代化全程物流网络。到2025年，物流业营业收入达到140亿元。

电子商务。持续深化国家级电子商务示范城市创建。推进电子商务深度融入实体经济，强化供应链管理服务。提升发展电子商务载体平台，大力支持中阿淘电子商务创业孵化示范基地、红寺堡区电商扶贫创业孵化园等本土平台企业整合资源，培育电商龙头企业。鼓励发展行业类专业性平台，着力培育网上商圈、区域性服务、名优特产品销售类特色化平台。优化升级农村电子商务，深入开展电子商务进农村综合示范，实施“互联网+”农产品出村进城工程，推动形成“电商企业+基地+专业合作社+农户”一体化发展模式。到2025年，电子商务交易额突破160亿元。

现代金融。提升金融服务能力，引导新型金融机构提供融资服务，积极发展债券市场，推动股权投资基金发展，支持和引导具备条件的企业挂牌上市。培育金融专业中介机构，加快构建与金融市场发展相适应的第三方中介服务体系，积极推进小微企业金融服务中心、金融科技服务中心等服务平台建设，鼓励银行等金融机构设立科技支行、科技金融专营机构，开发科技成果转化融资产品。鼓励发展“不见面”金融，依法防范处置非法集资，提高地方金融监管水平，引导金融机构强化线上服务能力和数字风控技术，提升网点服务线上化水平。完善金融风险防控机制，有效控制和化解重要领域金融风险，保障区域金融体系稳健运行。

二、完善提升生活性服务业

现代商贸流通业。优化网络布局、力促业态升级，发展大商贸、建设大市场、搞活大流通，建设沿黄城市群重要商贸节点城市。

——加快培育特色餐饮品牌。以提升吴忠美食文化层次、带动餐饮业提质增效为着力点，制定行业规范和服务标准体系，支持成立菜品研发推广中心，持续提升“吃在吴忠”品质，依托牛家坊等特色美食集聚街区、夜经济街区，形成集聚效应。按照“政府引导、企业办会、市场运作”方式，争取中国烹饪协会支持，策划举办各项赛事、展会论坛等活动，创新宣传手段，持续扩大“吴忠早茶”“吴忠名宴”“吴忠名菜”“吴忠名点”等餐饮品牌市场影响力。

——加快升级批发零售业。优化中心城区、县城区商圈及乡镇商业布局，差异化引导零售商业网点多层级发展，打造等级分明、功能互补的城乡消费中心，突出吴忠万达、新华百货示范引领，加大品牌连锁店覆盖度，促进商圈业态转型升级，积极开展体验式消费，打造一刻钟便民生活服务圈，实现“时尚消费全覆盖、区域商业有中心、街区商业显特色、便民利民社区行”，提升吴忠商业形象。规范管理各类专业市场、综合市场，提升配套服务能力。促进内外贸一体化，提升外贸企业对市域经济贡献率。

文化旅游业。持续开展全域旅游创建，实施文旅提质增效行动，努力把旅游业培育为促进吴忠市经济社会发展的新兴战略性支柱产业。

——构建“一核三带”全域旅游发展格局。围绕美食、康养、乡村、工业四大板块，打造利青同城核心区，重点建设黄河金岸文化旅游带、贺兰山东麓葡萄酒文化旅游带、盐同红历史文化景观旅游带。积极推进黄河大峡谷、盐州古城等争创国家5A级旅游景区，带动A级景区增量提质，到2025年，力争每个县（市、区）有1～2个4A级景区、1家四星级饭店，创成国家全域旅游示范区。

——推进文化旅游融合发展。提升景区、度假区、乡村旅游点等旅游载体文化内涵，鼓励精品文艺节目进景区，促进旅游从“观景色”向“品文化·享生活”发展。引导旅游与特色餐饮、工业观光、体育赛事等业态融合，发展夜间旅游和冬季旅游，加大文创和特色旅游商品开发，推出一批“吴忠好礼”。

——提升旅游服务质量。积极开展与国内主要旅游投资集团合作，提高景区整体运营能力，拓展景区二次消费项目。提升乡村旅游发展水平，每个县（市、区）培养2～3个乡村旅游示范点。加强文明旅游宣传引导，提升导游讲解、星级饭店、农家乐等服务水平。持续加大全媒体宣传力度，积极开展各类文化旅游推介活动，加强区域文化旅游交流合作。提升黄河金岸文化旅游节、特色美食文化旅游节和盐池航空嘉年华等特色节会活动影响力，积极申办世界航空航天模型锦标赛、动力伞锦标赛等国际性赛事。

康养服务业。鼓励医疗机构将护理服务延伸至居民家庭，推动发展日常护理、康复护理、中医保健等领域服务。加强智慧健康养老服务平台建设，引导颐嘉祥老年公寓、镇海养老服务中心等专业机构应用先进的信息管理技术，鼓励开展养老服务教育培训、研究交流、咨询评估和第三方认证等服务，积极开发老龄人力资源，发展银发经济，打造康养示范基地。

社区和家政服务业。搭建智慧社区服务平台，打造集生活服务和社区治理于一体的社区生活管家。合理布局便民服务设施，丰富社区医疗、保洁、母婴护理等便民服务内容，提升物业管理、安保、快递配送等规范化、标准化水平。促进家政服务业企业专业化、职业化发展，发展员工制家政企业。加强家政服务价格规范化，开展质量认证评价，建设信用体系，推动成立行业协会，逐步建立行业标准体系。

房地产业。坚持房子是用来住的、不是用来炒的定位，落实城市主体责任，坚持“一城一策”监测，实行市场供需双向调节，规范发展中介行业，提升物业服务水平，促进房地产市场平稳健康发展。加快培育和发展住房租赁市场，有效增加保障性住房供应，完善住房市场体系和住房保障体系，满足各类群众住房需求。

三、积极拓展新兴服务业

信息服务业。推进颐高吴忠新经济产业发展中心建设，丰富企业办公、休闲服务、商业配套等服务内容。加强与相关通信企业合作，紧盯第五代移动通信商用机遇，推动5G网络连续覆盖和室内场景深度覆盖，加快电网、气网等智能化改造，积极推动5G在教育、医疗、农业等领域的应用。在公共区域推广免费高速无线局域网。部署下一代广播电视网，推进有线电视网络智能化升级改造，推动数字电视与互联网融合创新。

人力资源服务业。设立人力资源服务产业基金，鼓励社会资本投资人力资源服务业。采取税费减免、房租补贴、小微企业扶持等政策措施，帮助人力资源服务企业做大做强。通过政府购买人力资源服务的方式助力小微企业发展，提升小微企业人力资源管理水平。到2025年，全市人力资源服务业从业人员达到2500人，产业规模超过3亿元。

其他新兴服务业。面向制造业企业发展需求，大力发展研发设计、商务咨询、风光电设备运营维护等服务业新业态，延伸发展监测认证、知识产权、技术成果转移等制造业配套服务业，建立一批产品检测、测试及认证中心，培育第三方服务业企业。加快吴忠新经济产业发展中心等新兴产业基地建设。发展柔性化个性化定制，支持龙头企业加快建设网络化开放式个性化定制平台。

专栏4 现代服务业重点工程项目

1. 生产性服务业项目：德昌铁路物流中心二期项目、盛隆达公司西部煤炭物流综合贸易中心项目、利通区金积镇智慧“三农”冷链物流园建设项目、吴忠市综合批发市场改造项目、宁夏辰川（红寺堡）公铁联运智能港项目、青铜峡市电子商务进农村示范提升项目、青铜峡市物流数据中心建设项目、盐池汪水塘物流项目、中国西部(红寺堡)物流园项目、同心县冷链物流中心建设项目、同心县电子商务仓储物流集散中心项目、桃山物流集散基地建设项目。

2. 生活性服务业项目：吴忠黄河文化主题公园项目，长城国家文化主题公园项目，吴忠长征国家文化公园保护开发项目，黄河大峡谷旅游区、盐州古城创建国家5A级旅游景区改造提升项目，引黄古灌区世界灌溉工程遗址公园项目，牛首山旅游开发基础设施项目，哈巴湖景区升级改造项目，盐湖小镇项目，黄谷川健康运动特色小镇项目，吴忠高铁站旅游集散中心项目，吴忠自驾风景道项目，黎明商业综合体建设项目，红星美凯龙商业大卖场项目，吴忠高铁片区房地产开发项目，利通区牛家坊民俗文化村现代服务业集聚区建设项目，金积镇“金康苑”智慧社区建设项目，红寺堡区鹏胜时代广场特色街区（美食街、步行街）项目，红寺堡区房地产项目，东方园林盐池县全域旅游和国家康养区项目，同心新区商城项目。

3. 新兴服务业项目：吴忠新经济产业发展中心建设项目，利通区、青铜峡市、红寺堡区、盐池县、同心县5G通信设施建设项目，县城、乡镇管网信息化及智慧管理项目。

第五节　加快推进数字化发展

实施数字经济战略，推进数字产业化和产业数字化，加快经济社会数字化转型，建设数字吴忠。

一、推动产业数字化转型

加大制造业智能化改造。深入推进“互联网+制造业”工程，推动装备制造、生物医药、精细化工等重点行业实施智能改造，引导企业开展设备换芯、生产换线、机器换人，实现生产状态可视化、装置操作系统化、管理控制自动化、应急指挥实时化、基础设施集成化。到2025年，培育新增自治区智能工厂10家、数字化车间15个，高新技术产业开发区争创国家数字化示范园区，建设吴忠市工业园区一张图和工业园区数据分析平台。

加快智慧农业建设。加快物联网、大数据、智能装备等现代信息技术与农业优势特色产业深度融合应用，争取农业产业园、龙头企业、新型经营主体大数据应用试点。围绕设施农业、农机作业、节水灌溉、测土配方施肥、病虫害监测等领域，重点在奶产业、葡萄酒产业推行物联网应用，开展产业发展预警监测和行业经济分析，提升农业作业和服务智能化水平。加快推进数字乡村试点建设。到2025年，建成1个数字农业示范县（区），50个大数据标准园（场）示范区。

促进服务业数字化提升。拓展数字技术与生产性服务业融合应用，加快仓储物流、现代金融、科技咨询等领域数字化建设，推动信息技术与全域旅游、健康养老、文体娱乐、商业贸易、家政服务等融合发展，促进服务产品数字化、个性化、多样化。依托新经济产业发展中心、宁优汇和展示展销中心，推广“区域产业集群+电子商务”模式，促进线上线下资源的有效整合和利用。到2025年，力争实现网络零售额60亿元以上，提高服务便利化、智能化水平。

二、推进数字产业化发展

加快发展工业互联网。加快宁夏工业互联网标识解析体系二级节点和应用平台建设，制定标识解析编码规则，推进工业互联网标识解析产业化创新应用。发挥自治区工业App补贴券引导作用，鼓励企业将信息基础设施、生产设备和应用系统等向云平台迁移，开展智能排产、供应链优化和设备远程运维等应用，降低企业数字化、智能化改造成本。拓展宁夏工业互联网安全态势感知平台应用领域，提升工业互联网安全保障能力。到2025年，接入二级节点企业数量突破400家。

创新发展大数据产业。依托吴忠市城市数据运营中心探索建设区域级大数据交易平台，引导企业开发利用城市数据资源，加快城市数据商业化运营。推动数据资源与税收、土地、信用体系等要素资源相结合，探索以数据资源为核心要素的招商引资、引才聚才新模式。完善城市基础信息资源库，加强在城市治理与民生服务领域的广泛应用，提升社会资源配置率。到2025年，培育和引进大数据、互联网相关企业35家以上，基本实现数据资源集聚共享和流通交易。

三、提升数字化治理水平提高数字政府服务效能

深入推进“互联网+政务服务”，建设政务数据开放标准体系，构建便捷智能的“易办·吴优”政务服务信息化平台。依托宁夏政务云和吴忠市数据共享交换平台，完善市县乡村四级互联互通的政务信息资源共享交换系统，实现各级政府及其部门全覆盖。广泛应用数字证书、电子签章等技术，推广全程无纸化政务服务。强化市场监管、生态环保、食品安全、公共安全等领域数字化应用和安全风险防控。

推进新型智慧城市建设。完善城市感知网络部署，构建方便快捷、公平普惠、优质高效的数字化公共服务体系。实施场景应用“十百千”工程，推进应用项目持续运维和迭代升级，深化安全管控、交通治理及城市管理。强化关键信息基础设施防护，全面提高网络治理能力。

专栏5 数字经济智慧产业重点工程项目

1. 制造业智能改造项目：众虎科技年产5万套本质安全型防爆智能视频监控分析系统研发、申威信息安全产业化项目、红寺堡区新能源集维中心建设项目、青铜峡市职业教育中心工业机器人应用智能焊接技术产教融合实训基地项目。

2.“互联网+现代农业”产业链数据建设项目：智慧农业建设项目、宁夏新大众机械智能全混合日粮机数字化生产线项目、利通区五里坡奶牛基地数字牧场建设项目、红寺堡区“互联网+现代农业”产业链数据建设项目、青铜峡市设施农业智能物联网系统应用推广、青铜峡酿酒葡萄智能化管理项目。

3. 智慧园区工业物联网云平台建设项目：吴忠太阳山开发区智慧园区建设项目、高新区智慧园区项目、高新区科技信息综合服务平台、金积工业园区智能型柔性制造单元项目、青铜峡智慧园区项目。

4. 智慧文旅项目：吴忠市智慧文旅项目、“吴忠记忆”黄河文化数字非遗展示传承项目、吴忠市博物馆数字化建设项目、吴忠市新闻传媒中心智慧媒

体项目、利通区图书馆数字馆建设项目、红寺堡区文化馆数字化总分馆制项目、青铜峡旅游集散中心数字化建设项目、盐池智慧旅游二期建设项目、同心县博物馆数字化建设项目。

5. 数字政府建设项目：宁夏互联网标识解析二级节点赋能平台建设项目、宁夏工业互联网标识解析应用创新中心建设项目、吴忠高新区5G应用产业链项目、盐池县公安局信息化建设项目、盐池县公安局社会治安防控建设项目（一期）、同心县智慧化警务室建设项目。

6. 智慧城市建设项目：城市三维GIS项目，市区城市地下管线普查与信息系统建设工程，城市安全物联网管理平台建设项目，城市物联网智能仪表井系列产品项目，利通区智慧旅游数据中心建设项目，智慧利通、智慧同心建设工程，红寺堡城区管网漏损控制信息化建设项目，盐池县“互联网＋城乡供水”工程。

第六节　主动融入新发展格局

把实施扩大内需战略同深化供给侧结构性改革有机结合起来，增强产业链供应链稳定性和竞争力，着力打造新增长极，释放内需潜能，积极用好“两个市场、两种资源”，主动融入以国内大循环为主体、国内国际双循环相互促进的新发展格局。

一、深度融入全国统一市场

发挥吴忠比较优势，优化提升供给结构，促进特色农业、制造业、服务业、能源资源等产业协调发展，实施“引资强链”“引资补链”“引资扩链”，打通生产、分配、流通、消费各环节，推动产业链、创新链、价值链与全国大市场全方位对接，提升供给体系对国内需求的适配性。提高产品和服务竞争力，建立健全产品全生命周期质量追溯机制，引导企业加强生产全过程质量控制。实施品牌培育工程，加强“宁夏老字号”“吴忠老字号”品牌传承保护，强化盐池滩羊等区域公用品牌，中国亚麻籽油之乡等地理标志品牌管理，鼓励行业协会、龙头企业加强品牌建设，开展“吴忠优质特色产品全国行”等推广活动，发展“宁优汇”等平台，提高吴忠产品市场知名度。

二、全面促进消费扩容升级

强化消费对经济发展的基础性作用，推进新型消费加快发展，鼓励发展定制消费、体验消费、共享消费，支持实体企业通过“直播带货”“云逛街”等模式扩大消费量，推动线上线下融合消费双向提速。落实鼓励消费的各项政策，开展消费惠民行动，建设特色化消费城市，加强城乡消费网络布局，鼓励超市进镇、快速下乡、配送到村，畅通城乡消费循环。探索实行绿色产品消费积分制度，逐步建立老旧家用汽车、家电、公交车回收循环利用体系。发挥公共消费对居民的带动作用，合理增加教育、养老、育幼等领域公共支出，促进基本公共服务质量明显提升。落实带薪休假制度，扩大节日消费。畅通消费者维权渠道，完善个人信息保护制度和消费后评价制度，健全消费信用体系，开展“放心消费在吴忠”创建活动，营造安全放心的消费环境。

三、积极扩大精准有效投资

紧扣国家政策导向和社会资本流向，合理安排政府资金投入规模和结构，引导资金投向生态环保、特色产业、基础设施、公共服务、农业农村等关键领域和薄弱环节，保障重大工程项目建设。扩大保障性租赁住房供给，加快完善多主体供应、多渠道保障的住房保障体系，满足各类群体住房需求。加强经济发达镇建设，加快新型城镇化步伐，提升城镇服务带动能力。发挥政府投资、专项债券的撬动作用，鼓励民间资本采取混合所有制、设立基金、组建联合体等多种方式参与重大项目建设，稳妥推进基础设施REITs（信托投资基金）合作模式，盘活优质存量资产，形成良性投资循环。

第五章　深入推进改革开放
充分释放新活力、开拓新局面

坚持社会主义市场经济改革方向，推动有效市场和有为政府更好结合，不断激发市场活力。实施开放带动战略，构建高水平开放新体制和全方位开放新格局。

第一节　全面深化改革

坚持和完善社会主义基本经济制度，充分发挥市场在资源配置中的决定性作用，更好发挥政府作用，加快构建充满活力的市场经济体制机制。

一、充分激发市场主体活力

深入实施国企改革三年行动，加强国资监管体制和企业内部管理机制改革，提升国有企业服务城市建设、助力产业发展、保障民生需求能力。健全市场化经营机制，增强企业发展活力和竞争力，提高国有企业发展质量和效益，推动国有资本和国有企业不断做强做优。推进混合所有制改革，支持混合所有制企业开展员工持股试点改革，强化与各类资本合资合作。完善民营经济发展政策体系，支持民营经济进入能源资源、基础设施、服务业等领域，优化促进中小微企业和个体工商户发展制度环境，积极为企业融资提供支持和便利，引导企业完善公司治理结构，激发和保护企业家精神，构建亲清政商关系。

二、建设高标准市场体系

健全公平竞争的市场机制。落实物权、债券、股权等各类产权相关法律法规制度，推进国有资产、自然资源资产、农村集体产权、知识产权等重点领域改革。深入实施市场准入负面清单制度，推动“非禁即入”普遍落实。落实市场主体平等保护机制，在要素获取、准入许可、经营运行、政府采购和招投标等方面对各类市场主体平等对待。全面落实公平竞争审查制度，建立健全第三方公平竞争评估机制，提升市场综合监管能力。

深化要素市场化配置改革。推进要素市场改革和制度建设，促进要素流动自主有序、配置高效公平。建立城乡统一用地市场，深化产业用地市场化配置改革，稳妥推进农村宅基地“三权分置”、农村集体建设用地改革。健全人力资源市场体系，加强就业援助，保障城乡劳动者享有平等就业权利。深化金融改革，优化金融资源配置，推进绿色金融创新，建立县域银行业金融机构服务“三农”的激励约束机制。深化资源性产品等要素价格形成机制改革，推进增量配电业务改革，促进清洁能源消纳。建设要素市场化平台，畅通各类要素流通渠道。

三、持续推进政府职能转变

提高政府治理效能。建设职责明确、依法行政的政府治理体系，贯彻落实党中央和自治区重大决策部署、国家宏观政策机制，健全强有力的行政执行系统，提高政府执行力和公信力。健全重大政策事前评估和事后评价制度，畅通参与政策制定的渠道，提高决策科学化、民主化、法治化水平。加强经济安全保障制度建设，健全粮食安全和应急物资保障体系。加强综合治税信息共享，推进环境保护税、水资源税改革。加强事中事后监督，对新产业新业态实行包容审慎监管。深化行业协会、商会和中介机构改革。

打造一流营商环境。全面落实《优化营商环境条例》，加强跨地区、跨部门、跨层级业务协同和信息共享，深化行政审批制度改革，优化投资项目前期审批流程，提高工程建设项目审批效率。提升政务服务标准化、便利化水平，深化“互联网 + 政务服务”，全面实施“一窗受理”“一网通办”。推进商事制度改革，简化企业注册和注销手续，提高涉企服务便利化水平。实施涉企经营许可事项清单管理，加强事中事后监管，对新产业新业态实行包容审慎监管。

建立健全社会信用体系。加快征信市场建设，培育有良好信誉的信用服务机构，鼓励研发适合吴忠的征信产品，丰富信用服务产品供给，加强信用服务市场监管，规范信用服务机构运作。完善守信激励和失信惩戒机制，建立守信奖励和激励制度，实施社会信用奖惩联动，强化对守信主体的奖励和激励。普及诚信教育，弘扬诚信文化。

四、深化财税金融体制改革

推动财税改革助力经济发展。认真贯彻落实《中华人民共和国预算法》，确保预算的编制、执行、监督“三到位”，实现财政资金支持地方经济发展的精准化、高效化。不断完善全口径预算编制管理机制，聚焦重大项目实施、实体经济发展、产业融合推进、为民办理实事等方面，强化财政资金统筹能力，助推政府集中财力办大事、办实事。积极争取中央、自治区对革命老区、民族地区、贫困地区的财力补助，为全市经济社会高质量发展提供财力保障。进一步深化相关领域财政事权和支出责任划分改革，持续加大财政投入力度，优化财政投入结构，提升财政资金使用效益，更好地体现财政稳定经济的撬动作用。

完善财政与金融市场合作互动新机制。发挥政府产业引导基金作用，支持优质企业做大做强，促进产融深度融合，构建财政资金与金融资源、社会资本之间的联动机制。建立健全风险补偿机制，加大政府融资担保机构支持“三农”和小微企业的力度，扩大担保覆盖面。做好自发自还政府一般债券和专项债券，审慎扩大发债规模，推动融资平台建设，加大对外财经合作，利用更多政策性贷款，放大资金倍增效应。

第二节　持续扩大开放

坚持对内开放和对外开放相结合，在“一带一路”框架内，积极融入黄河流域生态保护和高质量发展国家战略，深化区域务实合作，切实推进更大范围、更宽领域、更深层次的全面开放。

一、加快开放合作步伐

加强沿黄区域协同合作。拓展与陕甘蒙等毗邻省区的合作，依托沿黄城市群加强与黄河“几”字弯城市的互动发展，推动在装备制造、文化旅游、资源开发利用、教育医疗等领域务实合作，加强产业分工和城市功能互补，促进产城一体化协同发展。

深化与东中部地区务实合作。主动承接东中部地区产业转移，推动市场对接、园区共建、营商环境等方面合作，吸引集聚大企业、大项目和上下游配套产业。进一步完善东西部合作对口帮扶机制，深化泉州对口帮扶合作。提高开放发展水平，加强与京津冀、长三角、粤港澳大湾区等地区的交流合作，积极参与西部陆海新通道建设。

二、完善开放通道体系

优化陆上开放通道。充分利用宁夏中欧班列重要支点优势，推进公铁联运、铁海联运模式。加强优质特色产品、产业的市场扩散能力和出口力度，借助银川综保区，拓展与外部市场的联系，打通通商道路，建设区域性原料保税区。发挥好银西高铁、银中高铁快速铁路作用，超前谋划高铁经济蓝图。

构建空中开放通道。发挥吴忠临近银川河东国际机场优势，强化盐池通用机场作用，规划建设红寺堡、同心通用机场，探索建立境内通用机场与国际机场、支线机场联系机制，借力发展通航产业和临空经济。

畅通网上开放通道。积极接入国家“数字丝绸之路”，拓展国际网络和区域信息通道，扩大与“一带一路”沿线国家的医疗健康、文化旅游等服务贸易。引入电商要素，畅通农产品上行与工业品下乡双向流通渠道，探索发展跨境电子商务，让更多产品通过网络走向全球。

三、培育发展开放型经济

构建全面开放平台。借助中阿博览会和内陆开放型经济试验区平台，聚焦经贸务实合作，促进展会平台与开放经济深度结合。坚持把园区作为对外开放主平台，强化功能定位和产业导向。支持吴忠高新技术产业开发区、吴忠国家级农业科技园区等各类园区开放创新，吸引外向型企业入驻，建立完善配套服务体系。探索“两地”新模式，建设“飞地”工业园区和虚拟产业园，促进企业非转移式入驻，开展项目精准对接。

提升利用外资水平。提高先进制造业和服务业利用外资比重，加强新型招商队伍建设，积极吸引跨国公司、国内行业龙头企业来吴投资，吸引更高技术水平、更高附加值的加工制造环节和产品向吴忠市转移。促进民企与外企互动发展，引进境内外各类投资基金，鼓励外资参与企业改制与重组，鼓励企业通过境外上市、国际融资等方式加大对国际金融资本的利用。

构建开放型经济新体制。加大进出口企业培育力度，积极研究出口市场，灵活运用好国家出台的一系列外贸政策，降低企业生产成本，培育一批面向“一带一路”沿线国家的出口型企业。积极调整优化进出口结构，巩固港澳台、欧美等传统出口市场，积极开拓非洲、中东等新兴市场，重点开拓东盟市场，扩大富硒农业、畜牧业、奶产业出口，增加先进设备和短缺资源的进口，鼓励吴忠优势、特色企业到境外投资兴业。

专栏 6 对外开放重点工程项目

1. 对外开放大通道工程： 青银高速高沙窝西至宁陕界公路扩建项目、青嘉铁路建设项目、祥跃通用航空红寺堡罗山通用机场项目、京藏高速红寺堡北至城区连接线改造工程。

2. 区域交流合作工程： 中石化定北区块气田合作勘探开发项目，焊接与切割机器人工作站配套数字化焊割电源研发项目，中石油边缘残次油井代管合作开发项目，加强与浙江、福建对口帮扶地区以及陕甘青蒙毗邻地区等城市的友好协作项目。

第六章 全面推进乡村振兴 谱写农业农村现代化新篇章

坚持农业农村优先发展，全面实施乡村振兴战略，强化以工补农、以城带乡，推动农业全面升级，农村全面进步，农民全面发展，加快实现农业强农村美农民富。

第一节 夯实农业发展基础

健全农业支持保护制度，进一步完善惠农强农政策，巩固和加强农业基础地位。

落实国家粮食安全战略。落实最严格的耕地保护制度，坚持藏粮于地、藏粮于技，保持粮食播种面积和产量稳定。建设良种繁育基地，推广和扩大优质良种。实施高标准农田建设、盐碱地综合改良等项目，改善农业基础设施条件，加强粮食生产功能区、重要农产品生产保护区和特色农产品优势区建设，开展粮食节约活动，保障重要农产品供给安全。

大力发展乡村富民产业。全面实施产业强县和产业强镇工程，引导农业企业与农民合作社、农户联合建设生产基地、加工车间，培育精深加工强镇和特色产业强镇。推动现代农业产业园区、农业科技园、农产品加工园三园同建，集聚融合发展关联产业，培育农事体验、绿色康养等新业态，打造现代化农业全产业链，引领带动农村一二三产业融合发展。到2025年，培育20个自治区级融合示范企业，新增国家级产业融合发展示范园5个。

第二节 实施乡村建设行动

突出乡村建设在现代化建设中的重要位置，加快补齐乡村建设发展短板，推进美丽乡村宜居建设。

推进乡村规划建设。落实《吴忠市村庄规划条例》，优化乡村空间发展，按照城乡融合、聚集提升、特色保护、搬迁撤并、整治改善5类，分类施策，加强规划引导，协调永久基本农田保护与乡村振兴发展，腾退空心村，推动村庄向中心村、乡镇科学聚集，合理确定村庄布点和建设规模，因地制宜布局建设基础设施和公共服务网络，维护农村居住、生产、生态、文化等多种功能，形成分类递进、适度集聚、生产便捷、生活舒适的村庄分布格局。

改善农村人居环境。实施农村人居环境整治提升行动，因地制宜推进农村改厕、生活垃圾无害化处理和污水处理，加快推进村内绿化、围村片林和农田林网建设，积极整治公共空间和庭院环境，开展农村“美丽庭院”创建工作。到2025年，全市基本农田林网控制率达到92%以上，市级“美丽庭院”占比达到60%，80%以上村庄建成生态宜居美丽村庄。

提升农村基础设施。实施县乡道升级改造、自然村通畅、农村公路延伸及联网等工程，强化农村公路与干线公路、村内道路衔接，推进“四好农村路”建设，实现所有村庄主干道、自然村内主巷道全部硬化。提升农村客运服务水平，深入开展城乡交通运输一体化示范县创建。加快城乡供水工程建设，推进城乡供水同源、同质、同价，实现城乡水务一体化。完善区域电网结构，重点镇和一般镇完善建设35kV小变电站，110kV变电站全部实现双电源、双回路供电，县城中低压配电网线路全部达到“手拉手”环网供电要求，提升乡村居民用电保障能力。推进农村天然气建设，将有条件的镇办和村（社区）纳入天然气使用范围。

推进乡村人才振兴。深入实施“两个带头人”工程，选优配强村“两委”班子，实现行政村第一书记选派全覆盖。实施高素质农民培养工程和农村劳动力就业能力提升行动，培养一支懂农业、爱农村、爱农民的“三农”工作队伍。鼓励支持科技特派员携带科技、信息、资金、管理等现代生产要素，深入到农村基层开展创新创业服务，实现科技特派员服务全覆盖。实施返乡下乡创业行动，完善对返乡下乡人员创业补贴、融资、场地、培训等扶持政策。建立健全乡村人才储备库，组建乡村人才党组织或企业家等协会，发挥党组织引领作用，凝聚乡村振兴人才合力。

第三节　巩固脱贫攻坚成果

保持脱贫攻坚政策总体稳定，严格落实“四个不摘”要求，创新接续发展支持政策，巩固脱贫攻坚成果，推动全面脱贫与乡村振兴有效衔接。

构建稳定脱贫长效机制。深化拓展盐同红集中连片区脱贫致富的经验做法，打破区域层级界限，继续加大政策、项目、资金支持力度，打造盐同红集中连片区脱贫攻坚与乡村振兴衔接示范区域。健全完善防止返贫监测和帮扶机制，强化对边缘易致贫人口和脱贫不稳定人口的动态监测和预警，加强动态帮扶防止返贫，及时排查解决返贫致贫风险。持续加大产业扶持、金融支持、素质提升、社会帮扶工作力度，大力发展富农增收产业。争取将红寺堡区、盐池县、同心县列入国家集中支持西部地区乡村振兴重点帮扶县。加强扶贫资金资产管理，健全完善管理制度，确保资金资产安全并发挥效益。继续发挥闽宁对口协作、定点帮扶和社会力量帮扶作用，推动脱贫地区经济社会可持续高质量发展。

加大移民搬迁后续扶持力度。围绕产业、就业和社会融入三个重点，加强政策引导和投入力度，推动移民区特色种养业提质增效，完善带贫减贫机制，稳定增加移民生产经营性收入；加强就业服务和技能培训，多措并举扩大移民就业，持续稳定增加工资性收入。扎实推动移民村基层治理，通过加强社会管理等措施，推动移民尽快融入当地生活，增强获得感和融入感。深入开展盐同红移民社会融入等九项示范工程，重点打造红寺堡区全国易地搬迁移民致富提升示范区。

加强农村低收入人口分类帮扶。建立农村低收入人口监测和精准帮扶机制，有针对性地制定落实分类帮扶措施。完善最低生活保障制度和农村特困人员救助供养制度，逐步提升农村最低生活保障范围和标准，进一步夯实医疗保障救助托底基础，完善养老保障和儿童关爱服务。

第四节　持续深化农村改革

全面深化新时代农村改革，进一步激活农村资源要素、激发农业内生动力。

深入推进农村土地制度改革。完善农村承包地“三权分置”制度，落实好第二轮土地承包到期后再延长30年的政策，让农民吃上长效“定心丸”。落实所有权、稳定承包权、放活经营权，依托市、县、乡三级农村产权交易平台，坚持依法自愿有偿，稳妥推进农村土地经营权流转交易。积极探索实施农村集体经营性建设用地入市制度，加快建立城乡统一的建设用地市场，形成公平合理的增值收益分配机制。稳慎推进农村宅基地制度改革，支持农村集体经济组织及其成员采取自营、出租、入股、合作等多种方式盘活利用农村闲置宅基地和闲置住宅，重点用于支持乡村新产业新业态发展和返乡下乡创业。

深化农村集体产权制度改革。明确农村集体资产所有权，加强集体资产监督管理，建立“归属清晰、权责明确、利益共享、保护严格、流转规范、监管有力”的农村集体经济组织产权制度。深化集体经营性资产股份合作制改革、集体林权改革、水权改革，加快推进农村产权交易改革试点，盘活农村资产资源，发展壮大新型农村集体经济。

健全完善农村金融服务体系。加大金融服务“三农”力度，稳妥有序推进宅基地等抵押融资，探索开展奶牛、肉牛等活体抵押和葡萄酒等农产品质押贷款，支持发展乡村普惠金融。建立健全多层次农业保险体系，积极争取开展主粮作物完全成本保险和收入保险试点。

专栏7　乡村振兴重点工程项目

1.良种繁育能力提升工程：马铃薯种薯繁育及主食化专用品种示范推广项目、盐池县国家级小杂粮繁育基地建设项目。

2.美丽宜居乡村建设工程：传统村落保护，森林乡村、美丽乡村建设项目、村庄绿化项目、庭院经济林建设项目、抗震宜居农房建设改造项目、村庄公共空间整治项目。

3. 农村基础设施提升工程：“四好农村路”建设项目、农村公路及自然村道路硬化改造升级项目、城乡公交一体化项目、农村饮水安全巩固提升工程、农村供水管网改造提升工程、水源工程建设项目、农村信息化服务项目。

4. 农村人居环境整治工程：城乡垃圾收集转运工程、标准化垃圾填埋场建设项目、村庄垃圾分类治理项目、农村生活垃圾处理设施建设项目、农村污水处理设施和配套管网完善工程、农村火炕改造项目、村容村貌提升工程、农村厕所改造项目。

第七章　优化国土空间布局　构建城乡一体化发展新格局

大力实施以人为核心的新型城镇化战略，统筹推进城乡融合、区域协调发展，促进资源要素聚集、优势互补，围绕打造黄河金岸亮丽生态城市，加快推进利青同城发展，建设先进制造业、特色食品和健康休闲城市。

第一节　优化国土空间开发保护格局

坚持人口资源环境相均衡，经济社会生态发展相统一，整体推进国土空间开发保护，划准划优划实生态保护红线、永久基本农田、城镇开发边界“三条红线”，全面开展国土空间总体规划、相关专项规划和详细规划编制，构建“三级三类”吴忠国土空间规划体系，用规划管活动、保自然、促修复，增强市县规划的实施性，强化城镇详细规划和村庄规划的可操作性，实现区市县三级有效贯通，总详专三类规划有效衔接。以资源环境承载能力、国土空间适宜性评价为基础，统筹布局生态、生产、生活功能空间，统筹各类空间内部用地安排。建立国土空间规划数据库，形成国土空间“一张图”。

第二节　推动城乡融合和区域协调发展

立足产业发展基础和资源环境容量，健全市场一体化发展、区域合作互助等机制，增强发展协同性、联动性和整体性，构建区域错位发展、协调发展新体系。

一、加快推进利青同城发展

扎实推动利通区和青铜峡市“一河两岸、双城一体”同城化发展，推动公交同城、设施相连、生态共保、服务共享和文化旅游共建，实施S20线吴灵青北环高速等项目建设，推动快速干道联通，逐步完善黄河两岸基础设施，建设黄河西岸商贸、休闲、文旅为一体的商业带。强化社区、学校、医院等公共服务设施建设，提升城市建设质量和综合服务功能。做大做强中心城区，以推进重大项目、重大平台、重大产业为抓手，建设商贸物流、文化旅游、餐饮娱乐、商务会展、休闲养生中心，创建“商贸物流、文化旅游、休闲购物、科技会展”名城，提升城市综合承载能力和辐射带动能力。

二、推进盐同红连片区一体化发展

依托各县（区）特色资源和优势，促进盐同红集中连片区差异化协同、可持续融合发展。在连片区开展脱贫攻坚与乡村振兴战略有效衔接试点，增强区域发展内生动力、加快补齐发展短板。产业发展统一规划、整体布局，打造区域公用品牌。加强交通互联互通，完善水电、供热等配套基础设施，推动教育、医疗等优质资源下沉、服务中心下移。在财政投入上优先保障，在公共服务上优先安排，在要素配置上优先满足，实现连片区振兴发展。

三、创新城镇群协同融合发展

按照集聚协调、主业突出、特色鲜明原则，加快金积—峡口—青铜峡镇、太阳山—惠安堡—韦州—下马关两个区域中心城镇群一体化规划、组团式发展、协同性建设。共同抓好基础设施建设、特色产业发展、生态环境保护和公共服务提升，促进资源、人口等要素集聚流动，打造城乡融合、产城融合双轮驱动下高质量城镇群新引擎。

第三节　推进以人为核心的新型城镇化

坚持以人为本，更加关注人的需求，合理确定城镇规模、人口密度和功能定位，优化以利青同城为主体、县城为支撑、小城镇为节点的城镇体系，切实提高城镇化质量。

一、提升中心城区功能品质

综合提升城区服务功能。贯彻落实绿色发展理念，开展绿地织补、交通改善、公共空间、幸福安居等重点工作，出台《城市更新条例》，力争创建城市更新城区试点。修复城市自然环境、空间环境、景观风貌，逐步提升城市生态系统自我调节功能；完善城市功能设施和服务设施，改善人居环境质量，加强交通、施工、社会生活等重点领域环境噪声污染防治，建立健全全市声环境质量及噪声污染排放集中监测监控管理模式，切实解决噪声扰民突出问题，提高声环境质量水平，建设安静城市，全面提升城市宜居环境和品质活力。

推动城市东片区综合开发。坚持高起点规划、高标准建设、高强度投入，重点发展高端服务、旅游集散、先进教育产业和商贸物流基地，做大枢纽经济，不断提升设施服务、产业发展、人口集聚、政策配套等支撑能力。促进城市东片区空间合理布局，加快路网建设，完善水、电、气、暖基础设施，推动高铁片区与主城区协同开发、良性互动，精心打造成吴忠综合交通枢纽、高端产业平台、城市东部门户和宜居生活社区。

深入推进社区品质提升。加大老旧小区改造力度，切实改善老旧小区居民居住环境。建立多渠道资金筹措机制，逐年分步改造，在“十四五”期间基本完成2000年以前待改造小区，启动2005年以前老旧小区改造任务。利用“互联网+共建共治”，创新城镇老旧小区治理和长效管理机制，确保老旧小区常维常新、长效运行。加快完善小区配套设施，提升社区养老、托育、医疗等公共服务水平，提高街道、业委会、物业管理水平，改善人居环境质量，提升居民幸福指数。

二、加快建设活力县城

突出盐同红引领清水河产业带和中部干旱带节点城镇发展，优化县城空间格局，加快推进县城城镇化补短板强弱项，大力提升县城公共设施和服务能力，增强辐射带动能力，吸引更多农村人口向县城集聚。

红寺堡区。红寺堡区以生态农业、文化旅游为主，建设以移民文化为特征的生态农业强县。强化基础设施建设投入，加快建设宁夏中部宜居宜业宜游的美丽新区，建成贺兰山东麓优质葡萄酒明星产区。

盐池县。发挥盐池在定边、鄂托克前旗与银川连接的门户和枢纽作用，强化与周边地区的产业链带动功能，提升产业集聚能力和发展水平，建设面向陕甘蒙区域协作发展的桥头堡，打造宁夏工业转型高质量发展示范区。

同心县。加强与沿清水河城镇产业发展带的城市协作，以羊绒加工、特色农产品加工为主，大力发展商贸物流、文化旅游产业，加快建设区域重要节点城市，建成宁夏县域经济高质量发展样板县和宁夏生态宜居宜业县城。

三、推进重点城镇建设

发挥小城镇衔接城乡、联动工农作用，按照控制数量、提高质量、节约用地、体现特色的要求，有序推进重点镇培育建设。加强金积经济发达镇、太阳山能源化工新城建设，推动工业园区与镇区一二三产业融合发展，打造宁夏产城融合示范镇。重点发展中心镇，兼顾一般镇，加快建设一批工业重镇、商贸大镇、农业强镇、文化旅游名镇，实现城镇产业特而强、功能聚而合、形态小而美、机制新而活。

四、推动城乡一体化发展

跨越城乡界限、工农界限、产业界限，鼓励城市工业如轻纺、日化、农机、食品等部分转移到乡村，为农民提供就近就业的机会，提高乡村综合生产力。建立国有资本进入乡村的激励机制，加快资源要素在城乡间流动，形成工农互促、城乡互补、全面融合、共同繁荣的新型工农城乡关系，加快乡村振兴进程。深化户籍制度改革，落实财政转移支付和城镇新增建设用地规模与农业转移人口市民化挂钩政策，统筹职住平衡、基础配套、公共服务，加快农业转移人口市民化。

第四节　提升基础设施承载力

坚持统筹城乡、强化功能、服务发展，加快构建系统完备、高效实用、智能绿色、安全可靠的现代化基础设施体系。

构建便捷畅通综合交通体系。围绕现有和在建高速公路、高速铁路，进一步完善市域路网布局，加强干线公路改造提升和快速通道建设，开展太中银铁路复线工程建设，抓好乌玛高速、银昆高速吴忠连接线改扩建，推动高铁片区开发、利青快速通道、109国道小坝过境段改建等重点项目建设，完善盐池通用机场各项配套设施，加快同心红寺堡通用机场建设，形成市域顺通、周边畅通、全国连通的综合交通体系。

构建现代水网体系建设。统筹治水、兴水、用水、节水，衔接做好陕甘宁革命老区供水工程前期工作。实施吴忠东线供水工程、苦水河综合治理工程、利通区和同心县城乡供水工程等，建设"互联网+城乡供水"示范区和国家级节水型城市，加快推进现代化生态灌区试点建设及红寺堡、盐环定扬水续建配套与现代化改造，探索"投建管服"一体化新模式，统筹水资源调节使用，推进城乡用水向集约型、高效型、生态型转变。同步谋划黄河黑山峡水利枢纽地方配套工程和灌溉体系。到2025年，基本实现从源头到水龙头全过程智能化控制。

加强城市排涝工程。收集、贮存、处理、使用雨洪水，建设海绵城市，推进城市内部河网治理，完善城市地下排水管网布局，做好排水管网与河道的衔接。探索推进"韧性城市"建设，加强灾情预警、应急救援、物资储备等防灾减灾公共设施建设，提高城市抵御灾害能力。到2025年，海绵城市建成区面积占比达到40%。

构建低碳高效能源支撑体系。统筹煤炭、电力、油气生产开发，提升多元能源供应保障能力。完善能源基础设施网络，实施既有煤炭通道扩能改造，建设青铜峡等煤炭储运中心，推进太阳山开发区热电联产。依托青石峁、定北气田建设，实施天然气管网互联互通工程，强化能源安全保障能力，将盐池县打造成全区天然气加工保障基地和国内氦气产业基地。推动电动汽车充电设施建设，支持工商业建筑、居民建设独立光伏发电和光伏采暖，优化能源消费结构。

加快完善信息基础设施。打造宽带化、融合化、泛在化和安全可信的信息通信网络基础设施。加快推进高速光纤网络、互联网协议第六版（IPv6）规模部署，推进光纤入园区入企业，实现城镇千兆光纤和农村百兆光纤全覆盖。推进5G、大数据、人工智能等信息技术设施与传统基础设施融合发展。到2025年，5G基站数达到1500个，实现重点区域覆盖。

专栏8　优化提升城市品质重点工程项目

1. 城市老旧小区改造项目：利通区老旧小区改造项目、青铜峡镇老旧小区改造项目、盐池县南苑社区老旧小区改造配套基础设施项目。

2. 城市道路改造提升项目：高速路网完善工程：重点建设银昆高速（G85）吴忠段、乌玛高速（G1816）吴忠段、青银高速（G20）盐池（陕宁界）至高沙窝段改扩建工程，定武高速（G2012）盐池至中卫段改扩建工程，吴灵青北环高速公路（S20）等项目；普通国省干线公路提升工程：重点实施国道109线、344线、338线吴忠过境段升级改造，省道103线、310线、201线、202线、204线、307线、308线、309线吴忠过境段升级改造项目；跨河通道贯通工程：重点建设吴灵青北环高速新华桥黄河大桥项目、快速通道畅通工程、重点建设银昆高速吴忠连接线改扩建工程，滨河大道吴忠段改造提升工程，宁东至太阳山公路工程等项目。

3. 市政公用设施建设工程：吴忠市城区集中供热系统第二热源输送管网建设项目、广西天降燃气公司农村煤改气建设项目、吴忠市集中供热应急调峰热源项目、道路排水改造项目、盐池县城市公共停车场建设项目、同心县城乡天然气综合利用管道工程、同心县城乡330千伏输变电工程、同心县城乡天然气利用工程、同心县城区综合管沟建设项目、同心县城区生活垃圾减量化资源化处理工程。

4. 城市品质提升工程：城市绿化项目、城市基础设施提标改造项目、巴浪湖社区商网楼建设项目、红寺堡区损坏道路及配套基础设施维修工程、盐池县（城区）绿化景观建设项目、同心县同心大道桥下绿化工程。

5. 重点小城镇建设工程：滩羊小镇项目、冯记沟乡美丽小城镇项目、预旺特色小城镇项目、红寺堡区新庄集富硒农业小镇旅游开发建设项目、翼扬航空小镇项目。

第八章 加强生态环境保护 绘就绿色山水美丽吴忠新画卷

坚持绿水青山就是金山银山理念，坚持尊重自然、顺应自然、保护自然，守好改善生态环境生命线，共同抓好大保护，协同推进大治理，推动山水林田湖草沙综合治理，切实担负起维护西北乃至全国生态安全的重要使命。

第一节 提升生态系统质量和稳定性

坚持自然恢复为主、人工修复为辅，突出规划引领，分区分类施策，重点推进水源涵养、水土保持、生态修复工程项目建设，增强生态系统的安全性、稳定性，给自然生态留下休养生息的时间和空间。

一、构筑重要生态安全屏障

打造沿黄绿色生态廊道。把黄河生态系统作为一个有机整体，统筹河道水域、岸线和滩区生态建设。积极开展青铜峡库区淤积和泥沙综合利用项目，创新泥沙综合处理技术，探索泥沙资源化利用新模式。建设蓄洪提标工程，优化蓄滞洪区、防洪水库、排涝泵站等建设布局，提升重点滞洪工程的调蓄能力。完善河道两岸生态系统，建设多域贯通、人水和谐的沿黄绿色生态廊道。引领全市生态经济和绿色创新发展，建设绿色产业和科技创新走廊，共建共享沿黄现代基础设施网络，形成吴忠引黄灌溉示范区、"黄河金岸"旅游带、宜居康养打卡地，成为吴忠经济高质量跨越式发展的重要廊道，维护好黄河吴忠段河畅水净岸绿，让黄河成为造福吴忠人民的幸福河。

加强罗山等重要生态功能区保护修复。突出抓好罗山生态功能区、牛首山东麓等山水林田湖草沙生态保护修复工程，重点开展天然林保护、荒漠化植被自然演替修复和人工灌木林改造提升，加大主要沟道及周边区域退化土地生态修复力度。加强湿地生态系统建设，严格保护太阳山湿地、哈巴湖国家级自然保护区和青铜峡库区湿地，有序开展生物栖息地恢复和重建工作，确保湿地生物多样性不降低，生态服务功能逐年增加。加大人工影响天气作业覆盖面，支持生态保护与修复，开展人工增雨（雪）、防雹、防霜等作业。继续实施禁牧封育，加强沙化土地封禁保护区建设和管理。

二、加强生态保护修复力度

加强水土流失综合治理。优化布局河谷沟道水库、水保骨干坝、淤地坝，持续开展清水河、苦水河等中小河流域综合治理，完善水土流失综合防护体系，保护流域水土资源和生态环境，减少入黄泥沙量。严格保护耕地，加大退化、污染、损毁农田改良和修复力度，推行耕地轮作休耕，实施坡耕地水土流失综合治理，提高耕地质量和农田生态功能。实施移民迁出区生态修复工程，加强迁出区封育管护和自然修复，实现迁出一片，生态恢复一片。到2025年，新增治理水土流失面积969平方公里，全市治理率达到66%以上。

加强荒漠草原防沙治沙建设。加大草原生态保护与修复治理，严格落实草原禁牧和草畜平衡制度，深入推进退耕还草、草原有害生物防控等工程，防止草原退化和土地沙化，严禁违法开垦草原，乱征滥占草原。实施锁边防风固沙工程，推广盐池草方格治沙经验，大力治理流动沙丘，织起绿网、建设绿带、形成绿洲。合理利用沙区自然资源，积极发展治沙先进技术和产业，合理开发沙漠种植、沙漠公园、沙漠文化，实现沙漠生态功能的转化增值，促进人沙和谐。到2025年，完成草原生态修复63万亩，草原综合植被覆盖度达到55.3%。

加强矿山生态修复力度。加强对露天采矿场进行植被恢复和复垦，加强采空区的生态修复与治理；深化矿山"三废"污染治理，开展矿山综合整治，重点加大废水和废渣整治力度，推进绿色矿山建设。实施黄河沿线矿山修复治理，通过拆除乱搭乱建、清理乱堆乱放、清运垃圾、采坑回填、陡坡拉坡、播撒草籽、植树造林等综合治理措施，恢复山体生态功能。

三、深入推进城乡绿化建设

持续开展国土绿化行动，实施城乡绿化美化、森林资源保护、林业产业提升工程，完善黄河沿岸、苦水河、清水沟、红柳沟、南干沟、罗家河、中沟及第一排水沟等沿岸的防护林体系，重点开展北部绿色发展区防护林建设、黄河两岸环境保护生态修复等项目，推进高标准农田防护林网建设，推广乡土树种造林，加大植树造林力度，创建国家森林城市，不断提升城乡绿色宜居品位。继续开展宜林荒山荒地造林、封山育林以及重点生态脆弱区的坡耕地和严重沙化耕地的退耕地造林。加快速生丰产林和优质经济林基地建设，推动森林抚育和低效林改造，提高森林资源质量，增加森林碳汇。到2025年，新增营造林和草原修复面积206万亩，森林覆盖率达到20%。

专栏9　生态保护修复重点工程项目

1. 堤防建设： 黄河吴忠段排水沟道入河口堤防加固工程、滨河大道提升改建工程、黄河两岸环境保护生态修复项目、灌区防洪工程、同心县白石头沟治理工程。

2. 河道控导： 京藏高速大桥至叶盛黄河大桥9.8公里航道疏浚工程，滨河体育公园、铁路桥码头建设项目，黄河吴忠段河道整治工程，吴忠市重点河湖监测及河湖长制信息平台建设项目，利通区拦蓄洪水利用工程，红寺堡区石炭沟片区沟道治理工程，盐池县泾河流域水土保持小流域综合治理工程，同心县洪泉沟水系综合治理工程。

3. 滩区治理： 黄河吴忠段河道生态保护和修复工程，黄河吴忠城区段景观提升改造工程，袁滩、唐滩、叶盛黄河大桥上滩3个滩区整治工程，黄河利通区段河道和滩区综合提升治理项目，黄河青铜峡段滩涂生态经济林修复项目。

4. 城市防洪： 吴忠市城市排水防涝设施建设工程，吴忠市污水提质增效排水管网改造修复工程，防洪体系建设项目，黄河吴忠段河道整治工程，牛首山北麓防洪工程，清水河流域综合治理工程，苦水河防洪及综合治理项目，红寺堡区罗山防洪工程，红寺堡区弘德及乌沙塘园区防洪工程，盐池县城防洪提升改造项目，同心县小洪沟除险加固工程，同心县李沿、白府等调蓄水库工程，同心县下马关排涝及防洪工程改造提升项目。

5. 水源涵养： 吴忠市牛首山区域水土保持综合治理项目，吴忠黄河国家湿地公园湿地保护与恢复项目，青铜峡工业园区地下水综合治理项目，盐池县退化草原生态修复及牧草基地建设项目，盐池县大规模国土绿化、生态经济林建设及防沙治沙建设项目，盐池县苦水河流域水土保持小流域综合治理项目，陈袁滩镇沿黄河流域水土流失治理项目。

6. 水土保持： 吴忠黄河国家湿地公园湿地保护与恢复项目，吴忠市清水河、苦水河干流流域水生态修复治理项目，红柳沟水土保持综合治理项目，利通区孙家滩、五里坡小流域治理项目，青铜峡市长流水及滑石沟生态修复治理项目，同心县洪泉沟和北沟治理项目。

7. 生态修复： 黄河吴忠段干流综合治理工程、宁夏吴忠黄河保护与生态治理项目（森林湿地公园）、牛首山生态保护修复工程项目、罗山生态功能区生态保护修复项目、利通区退耕还湿项目、宁夏盐池县城北水系生态修复工程、同心县生态经济林建设项目、同心县沙化土地防沙治沙项目、同心县北沟环境综合治理及生态修复项目、同心县洞子沟水生态修复综合治理工程。

第二节　持续改善环境质量

增强全社会生态环保意识，深入打好蓝天、碧水、净土保卫战，巩固污染治理成果，建立统筹城乡的环境保护机制以及环境治理体系，有效防范化解环境风险，实现生态环境质量持续改善。

一、稳定大气治理成果

推进空气“四尘同治”，完善联控联治联防机制，有效应对重污染天气。控制煤炭消费总量，实施清洁能源代替工程，全面推进煤炭清洁高效利用，开展无集中供热区域清洁取暖试点示范，推进清洁取暖县级城市全覆盖，淘汰关停不符合国家规定的燃煤锅炉和燃煤机组，不断降低煤炭在能源消费中的比重。加强工业污染治理，依法淘汰落后产能，推进火电、化工、水泥等重点行业的排放提标改造。严格落实新建项目重点污染物排放置换政策，深化工业挥发性有机物污染治理，持续开展“小散乱污”企业整治，对不能稳定达标排放的污染治理设施进行升级改造。工业园区推动余（废）热回收利用，实现集中供热（汽）和热电联产。集中整治城市扬尘污染，推进智慧工地建设，严格控制秸秆焚烧和餐饮业油烟排放。建设机动车尾气监管平台，规范机动车排污管理，全面完成老旧车辆淘汰任务，开展柴油货车污染治理攻坚行动，强化移动污染源防治。

二、全面加强水污染治理

加强工业废水治理，严格落实“三线一单”，推动重点行业强制性清洁生产审核，严禁在黄河干流及主要支流1公里范围内建设“两高一资”项目。全面排查入河排污口，坚决取缔工业直排口和“散乱污”非法排污口，综合整治入黄排水沟，确保入黄水质稳定Ⅳ类以上，黄河吴忠段断面水质保持在Ⅱ类。加强农业退水处置，实施农田退水污染综合治理，加强农田退水循环利用。加强城乡污水管控，推进污水处置设施提标改造工程。开展污水处理设施运营管理，大幅提升污水处理设施规范化运行管理水平。深化农村污染防治，大力推进农村生活污水处理设施和收集管网建设，推广分散式小型污水处理设施。加强污泥无害化处理处置设施建设，建立污泥从产生、运输、储存、处置全过程监管体系。

三、有效防控土壤污染

做好土壤污染状况详查工作，构建土壤环境基础数据库，建立土壤环境质量监测网络。坚持“六废联治”，严格建设用地准入管理，强化工业污染源监管，防范建设用地新增污染，提高土壤污染防治和安全利用水平。持续推进土壤污染防治综合先行区建设和土壤污染治理与修复技术应用试点项目。深化“清废行动”，提升工业园区一般固废处置能力。加强涉重金属行业污染防治，严格执行重金属总量控制指标和排放标准，确保重金属排放量逐年下降。深入开展固体废物非法贮存、倾倒、填埋专项排查，全程监管重点工业企业危险废弃物处置，确保危险废物100%安全处置。加强农业面源污染治理，推进畜禽粪污资源化利用、秸秆综合利用和农残膜回收利用。

四、加强生态环境风险防控

全面落实环评审批“正面清单”，坚持重典治乱、铁拳铁规治污，以打击恶意违法排污和造假行为、督促工业污染源达标排放为重点，保持严厉打击环境违法行为的高压态势。充分利用遥感、无人机巡查等科技手段开展非现场检查，提升执法效能，监督企业正常运行污染防治设施，确保污染物稳定达标排放。坚持“有减有加”，对偷排偷放、恶意排污、监测数据弄虚作假等环境违法犯罪行为加大执法处罚力度，坚决依法查处。

专栏10 环境保护治理重点工程项目

1. 大气治理：工业炉窑治理项目，机动车污染治理项目，农作物秸秆综合利用及生物反应堆技术推广项目，宁夏大唐国际大坝发电有限责任公司封闭式煤场建设项目，华能宁夏大坝发电责任公司封闭式煤场建设项目，利通区乡镇、村部、卫生院清洁取暖项目（二期），青铜峡铝业发电有限责任公司封闭式煤场建设项目，盐池县燃煤锅炉淘汰及锅炉提标改造项目。

2. 水污染治理：黄河吴忠段生态保护和水环境治理工程，吴忠市清宁河水生态修复治理项目，城镇污水处理提质增效项目，清水沟上段（昊盛）、新华桥、牛家坊人工湿地项目，利通区农村生活污水集中处理项目，红寺堡区中小河流治理项目，贺兰山东麓青铜峡市西部水系生态治理工程。

3. 土壤污染防控：宁夏金塔有色环保科技工业固体废弃物综合处置项目，吴忠太阳山开发区一般固体废弃物处置项目，宁夏吴忠环保静脉产业园(危险废物集中处置中心）建设项目，吴忠市金积工业园区年处置100万吨一般固体废物填埋场项目，红寺堡区农药包装废弃物回收处理项目，同心县废旧农膜及废弃农药包装物资循环利用示范、餐厨污泥协同垃圾处理项目。

第三节　优化提升资源利用效率

牢固树立节约集约循环利用的资源观，落实水资源和能源消耗、建设用地总量和强度“双控”管理，不断提高资源利用效率，加快推动生产方式、生活方式绿色化转型。

一、促进资源能源集约利用

推动全面节水。坚持以水定城、以水定地、以水定人、以水定产，实行水资源消耗总量和强度“双控”行动，落实最严格水资源管理制度，建立水资源承载力分类分区管控体系，持续优化用水结构。大力发展节水型生态农业、涵水性生态林业、保水性生态牧业，支持红寺堡扬黄灌区改造提升，争取开发建设青铜峡抽水蓄能工程，推进现代化生态灌区、旱作节水农业示范区、生态农业示范区建设。深入推进农业水价综合改革，积极开展水权交易。深挖工业节水潜力，加快传统高需水企业节水增效，推动水资源向利用强度低、效率高、效益好的项目、产业、区域倾斜配置。加快建设节水型社会和城乡水务一体化，增强全民水忧患意识和节水意识，提高再生水、雨洪水利用率，促进水资源循环利用。

推进节能降耗。实施全面节能行动计划，深入开展工业、建筑、交通等重点领域节能。严格能耗准入门槛，加快煤炭、电力、冶金、化工、建材等传统高耗能行业节能改造，降低重点行业和企业能耗。

坚持节约用地。严守永久基本农田，严管城镇开发边界，严格落实耕地占补平衡，鼓励工矿区土地复垦复用，严控新增建设用地规模，持续推进城镇园区低效土地再利用，全面清理处置闲置土地，提高土地集约节约利用水平。

二、发展绿色低碳循环经济

坚持绿色发展理念，积极发展循环经济，大力开展秸秆还田和秸秆肥料化、饲料化、基料化、原料化和能源化利用，推进规模养殖场（小区）开展畜禽粪污综合利用，建立健全农用残膜回收利用机制，推广残膜回收利用技术，推动有机肥替代化肥的比例不断提高。推动园区循环发展，不断延伸和完善煤炭、化工、冶金、建材等深加工产业链，打造产业集群，加强“三废”和余热余压等循环再利用，提高园区就地消纳和转化废物能力。

三、共建绿色生产生活空间

推动开发节能减排、清洁能源等绿色金融产品向实体经济聚集。建设节约型机关，加大政府绿色采购力度，推行绿色办公，使用循环再生办公用品。推动绿色出行，优化城市路网配置，推进城市绿道和社区绿道的建设，加强城市公共交通和慢行交通系统建设管理，加快充电基础设施建设，推广节能和新能源车辆，依法淘汰高耗能、高排放车辆。推动绿色商场建设，积极引导消费者优先采购绿色产品，简化商品包装。推进高能耗建筑绿色改造，降低传统建筑能耗。推动绿色家庭、绿色学校和绿色社区创建活动。

专栏 11　优化资源利用重点工程项目

1. 节水节能项目：利通区高效节水灌溉项目，利通区现代化灌区田间改造项目，青铜峡市高标准农田建设项目，青铜峡市现代化生态灌区建设项目，青铜峡镇养殖区保水型生态牧业建设项目，盐池县高效节水灌溉工程提升改造工程，盐池县水库及高效节水灌溉水源连通工程，盐池县城西滩、王乐井现代化生态灌区项目，同心县高效节水灌溉工程。

2. 综合利用资源：吴忠市区再生水管道改造工程，吴忠市城市西区生活（第三）污水处理厂再生水厂利用工程，吴忠市区开元大道、金积大道、清宁街、明珠路 4 条市政道路人行道海绵化改造工程，太阳山开发区热电联产项目，万向新元年产 20 万吨废旧轮胎资源化循环再利用项目，利通区甜水河水库微咸水处理综合利用项目，利通区双吉沟流域洪水资源利用项目，红寺堡城区净化水厂扩建工程，青铜峡市西部供水项目，青铜峡市罗家河下段水量综合利用供水工程，同心县水源工程建设项目，同心县中西部水源连通工程。

第九章　丰富精神文化生活
推动文化繁荣发展达到新高度

坚持马克思主义在意识形态领域的指导地位，围绕举旗帜、聚民心、育新人、兴文化、展形象的使命任务，以社会主义核心价值观引领文化繁荣发展、推进精神文明建设，不断提升人民思想觉悟、道德水准、文明素质和全社会文明程度。

第一节　不断提高社会文明程度

大力弘扬社会主义核心价值观，推动形成适应新时代要求的思想观念、精神面貌、文明风尚、行为规范，引导人们坚定道路自信、理论自信、制度自信、文化自信。

实施创新理论铸魂工程。健全完善党的创新理论学习教育机制，深入开展习近平新时代中国特色社会主义思想学习教育，推动理想信念教育常态化制度化，落实意识形态工作责任制。加强党史、新中国史、改革开放史、社会主义发展史宣传教育，深化爱国主义、集体主义、社会主义教育，大力弘扬党和人民在各个历史时期奋斗中形成的伟大精神。

实施道德建设引领工程。深入推进公民道德建设，拓展新时代文明实践中心（站、所）建设。选树宣传道德模范、劳动模范等先进典型，以先进模范引领道德风尚。推进移风易俗制度化、常态化，培育文明乡风、良好家风、淳朴民风。加强政务诚信、商务诚信、社会诚信和司法公信建设，弘扬诚信文化，建设诚信吴忠。

实施文明创建升华工程。继续推进全国文明城市创建，构建长效常态创建机制。推动文明村镇、文明单位、文明家庭、文明校园扩面提质，持续推进家庭家教家风建设，全面提升城乡文明程度。加快“志愿之城”创建，培育一批“国字号”志愿服务品牌。设立兰花志愿服务专项基金，建设兰花芬芳志愿服务展馆。推进网络精神文明建设，发展积极健康的网络文化。

第二节　提升文化产品供给质量

巩固提升国家公共文化服务体系示范区成果，不断完善公共文化网络体系，提供优质文化服务和产品，推进基本公共文化服务扩面增效。

完善公共文化设施网络。优化公共文化资源配置，着力提升公共文化服务效能。推进市、县（区）文化馆、图书馆、博物馆和乡镇（街道）综合文化站达标升级、发挥作用，提升村（社区）综合文化服务中心服务功能。完善县级公共图书馆、文化馆总分馆制建设，到2025年，国家一级馆数量达到9个，实现县级三馆、村综合文化服务中心全覆盖。建强用好市县融媒体中心，支持市新闻传媒中心深化改革，推进有线、无线、卫星协调发展，构建三网融合全业务体系。

提供优质公共文化服务。深化文化体制改革，健全文化事业财政投入正常增长机制，积极培育文化非营利组织，引导鼓励社会力量、社会资本参与公共文化服务建设。加强公共文化产品的创作与生产，推出一批唱响新时代、迈向新征程的文艺精品。大力实施文化惠民工程，推进公共文化场馆免费开放和错时开放，健全基本公共文化服务项目，打造特色公共文化服务惠民品牌。

弘扬优秀传统文化。实施传统文化浸润工程，深入挖掘传统文化蕴含的时代价值。深入推进全民阅读，基本形成覆盖城乡的全民阅读推广服务体系，打造“书香吴忠”。实施乡村传统工艺振兴计划，加强传统村落、传统建筑、农业遗迹等物质文化遗产保护性开发，创意开发传统民间艺术、戏曲艺术、手工技艺、民俗活动等非物质文化遗产。深化文学艺术、新闻出版、影视等领域对外交流合作，推动文化交流互鉴。

加快发展文化产业。落实文化产业发展扶持政策，发挥自治区文化产业发展专项资金引导作用，提升发展新闻出版、广播影视、文学艺术等传统文化产业，加快培育创意设计、数字会展、电竞赛事、演艺娱乐等新兴文化业态和消费模式。积极推进文化产业园区建设，加大文化企业招商引资力度，引进培育一批主业突出的文化企业。加快传统媒体与新兴媒体深度融合，打造吴忠新闻传媒中心报、台、网、端融媒体传播矩阵，提升平台经营价值，开展跨界服务，增强自身造血能力。

第三节　推进体育事业蓬勃发展

以完善公共体育服务体系为重点，提高竞技体育水平，促进体育产业发展，实施全民健身计划，推广各类民族、民间、民俗传统运动。

提升体育健身设施配置。加强贴近社区、方便可达的体育公园、多功能运动场、健身步道、健身中心、游泳馆等场地设施建设，完善“15分钟健身圈”。推动全民健身设施向基层倾斜，补齐乡村体育设施短板弱项，形成城乡互补、配置均衡、规模适当的体育设施格局。

广泛开展全民健身活动。培育挖掘群众喜闻乐见、富有地域特色的各类群众体育运动项目，实现“一地一品”全覆盖。探索多元主体办赛制，争取全国或国际大型体育赛事落户吴忠，依托冰雪资源优势，搭建冰雪运动平台，提升全国航空航天模型锦标赛、贺兰山东麓山地旅游自行车赛等赛事规模品质，培育集运动休闲、度假旅游于一体的品牌体育赛事。

增强竞技体育综合实力。科学谋划竞技体育项目布局，积极备战自治区“十六运”，高标准举办全市第五届运动会；持续推动体教融合，建立全市以青少年“三大球”为主的联赛机制，创新体育人才培养、选拔、输送和激励保障机制，确保全市注册运动员和等级运动员人数逐年递增。

专栏 12 文化体育重点工程项目

1. 市区文体重点项目：吴忠市长城资源普查及长城精神文化发掘工程项目、吴忠科技馆（二期）改造项目、马月坡寨子文物保护修缮工程、话剧《兰花芬芳》项目、黄河文化综艺《长河圩歌》项目、贺兰山东麓(鸽子山)自行车户外运动骑行公园项目、吴忠市滨河体育运动公园场地设施改造项目、吴忠市档案馆新馆建设项目。

2. 利通区：苦水河沿线景观及传统村落保护与开发建设项目、苦水河沿线健身步道项目、县级公共体育场田径跑道和足球场项目、红色文化教育实践基地项目、光耀美食街游客接待中心改建项目、金积发达镇体育公园建设项目、石佛寺村八组国家级传统村落游客接待中心暨公共文化服务中心提升改造项目。

3. 红寺堡区：非遗传习中心暨文化广场项目，弘德红色文化（研学）教育基地项目，滑雪场建设项目；游泳馆建设项目，柳泉、大河乡全民健身活动中心项目。

4. 青铜峡市：文旅融合演艺进景区项目、柳木皋至双河子沟段房车及长城徒步园区项目、明长城文化展示园项目、图书馆总分馆建设项目、博物馆建设项目、电影院提升改造项目、非物质文化展示园项目、青铜峡镇全民健身中心建设项目、牛首山登山步道建设项目、贺兰山东麓葡萄园区自行车骑行道建设项目。

5. 盐池县：长城国家文化公园毛泽民纪念馆改扩建项目、窨子梁唐墓基础设施及本体修缮项目、盐州古城历史文化旅游区文旅提升建设项目、曹泥洼民俗村配套设施项目、全民健身中心项目、冰雪馆项目、体育公园项目、航空飞行营地项目。

6. 同心县：明王陵旅游观光建设项目、明代长城（固原内边）文物保护基础设施建设项目、清水河文化交流中心建设项目、同心县文化馆新建项目、羊绒博物馆建设项目、文化艺术园建设项目、村级综合文化服务中心提升改造项目、乡镇图书馆建设项目、豫海体育健身中心项目、游泳馆建设项目。

第十章　持续增进民生福祉
满足人民对美好生活新期待

坚持以人民为中心的发展思想，实施好移民致富提升、城乡居民收入提升、基础教育优质均衡提升、公共卫生优质服务提升“四大提升行动”，不断增进人民福祉，促进共同富裕。

第一节　提高居民就业和收入水平

坚持经济发展就业导向，强化就业优先政策，扩大就业容量、优化就业结构、提升就业质量，提高城乡居民收入水平的协同性、可持续性。到 2025 年，城镇调查失业率控制在 5.5% 以内，确保经济增长与居民收入同步增长。

一、促进更加充分更高质量就业

推进创业带动就业。建立健全促进创业带动就业、多渠道灵活就业机制，完善收入稳定可预期增长机制，通过创新创业不断扩大中等收入群体。聚焦“互联网平台 + 创业单元”等新模式，围绕家政服务、养老托育、乡村旅游、快递物流等就业潜力大的服务领域，加大就业创业补贴政策落实力度，集中培育一批“双创”带动就业示范项目。到 2025 年，创建自治区级创业孵化基地 3 个。

强化职业技能培训。坚持市场需求为导向，建立健全终身职业技能培训制度。开展职业技能培训提升行动，加大对失业人员、农民工、家政服务人员等培训力度，提升劳动者职业技能水平和就业创新能力。加强公共技能实训基地、产教融合实训基地和农村创业创新实训基地建设，鼓励高中毕业生、退役军人、下岗人员和新型职业农民接受高等职业教育。落实好职业技能提升培训补贴政策，激发企业在岗职工提升技能的积极性和主动性，不断提升企业职工职业技能水平。

提升公共就业服务能力。推进吴忠市公共就业服务体系建设，建立全市统一的人力资源市场供求信息系统，完善就业实名制登记信息库，健全乡镇（街道）、村（社区）专职就业服务网格员队伍。完善劳动关系协调机制，扩大开发公益性岗位，加大就业困难群体的帮扶。拓宽高校毕业生就业渠道，开发适合大学生就业的公共服务岗位。健全就业需求调查和失业预警监测机制，促进供求双方即时匹配、智能匹配，有效防范和应对规模性失业。

二、增强城乡居民持续增收能力

提高城镇居民收入。健全科学的工资水平决定机制和正常增长机制，逐步规范企业薪酬调查和信息发布制度，深化国有企业负责人薪酬制度改革，规范国有企业收入分配秩序，加大非公有制企业工资集体协商力度，缩小工资水平差距。落实事业单位工资制度改革方案，建立健全事业单位工资和津贴补贴政策调整机制，加大向基层一线工作人员倾斜力度。鼓励劳动者以技术、知识、管理等参与分配，提高人力资本参与初次分配比重。鼓励民间投资和创业致富，扩宽经营性收入来源。到 2025 年，城镇常住居民人均可支配收入达到 41700 元。

拓宽农民增收渠道。支持农业龙头企业、合作社发展，大力发展乡村特色产业、乡村休闲旅游业、乡村新兴服务业等，提高产业规模化、组织化程度，带动农民产业增收。落实农民工工资支付制度，鼓励农民外出务工经商和转移就业，增加农民工资性收入。认真落实耕地地力补贴、良种补贴、农机具购置补贴等支农惠农政策，加大惠民补贴力度。加快土地流转，释放财产性收入红利，拓展农民收入增长空间。到 2025 年，农村常住居民人均可支配收入达到 21600 元。

促进移民致富提升。将发展扶持产业作为移民增收关键，精准开展就业服务指导，用好扶贫车间就近就业，开发公益岗位托底就业，组织劳务输出转移就业，鼓励移民创业带动就业，稳步增加移民生产经营性收入，实现移民“稳得住、能发展、可致富”。

第二节　加快推进教育现代化

坚持教育优先发展，着力推动学前教育普及普惠发展、义务教育优质均衡发展、普通高中多样化有特色发展、职业教育产教融合发展、终身教育多元化发展、特殊教育专业化发展，努力构建网络化、数字化、个性化、服务全民终身学习的现代教育体系。

一、着力推进基础教育优质发展

继续实施学前教育三年行动计划，新（改、扩）建公办幼儿园 22 所，公办园幼儿比例达到 50% 以上，坚持落实学前教育普惠健康发展体制机制，到 2025 年，全市普惠性幼儿园占比达 90% 以上，学前三年毛入园率达到 90%。推进义务教育城乡、山川协调均衡发展，改善农村义务教育薄弱学校办学条件，推动公共教育资源重点向农村、欠发达地区倾斜。通过一体化、集团化、托管式办学和科学规划入学片区等措施，发展教育联合体，进一步扩大优质教育资源覆盖面。提升义务教育巩固水平，健全控辍保学工作责任体系。到 2025 年，小学六年巩固率达到 100%，初中三年巩固率达到 97%，全市进入全国义务教育发展优质均衡县（市、区）行列。推进普通高中和中等职业教育协调发展，努力保持普通高中和中等职业教育招生规模大体相当，到 2025 年，全市高中阶段毛入学率达到 94%，初中升学率达到 98% 以上，逐步实现普及高中阶段教育目标。实施残疾儿童少年学前至高中阶段免费教育，发展以职业教育为主的残疾人高中阶段教育，到 2025 年，全市三类残疾儿童义务教育阶段入学率达到 95% 以上，特殊教育学校、普通学校随班就读和送教上门运行保障能力全面增强。大力培养高素质专业化教师队伍，提升教师学识能力。

二、加强职业教育融合创新发展

实施职业教育“双高”计划，促进“双元”育人，推进职业教育教学改革，强化职业教育基础地位，将职业教育纳入基本公共服务体系和公共财政保障范围。建立健全现代职业教育体系，推进中高职“3+2”联合贯通培养。加强新型职业农民培养，构建面向“三农”、服务完善的现代职业农民教育网络。深化产教融合、校企合作，重点建设 2 个市级综合性公共实训基地和 1 个市级装备制造专业公共实训基地，“双师型”教师占专业课教师总数达到 50%。实施职业院校重点专业群建设工程，重点建设 7 个以上品牌专业群，打造吴忠职业教育品牌。到 2025 年，职业院校教学条件基本达到国家标准。

三、构建灵活开放的终身教育体系

强化终身学习、终身教育的理念，构建服务全民终身学习的现代教育体系，建设学习型社会。广泛发展家庭教育指导服务体系、非学历的继续教育体系、老年教育体系、社区教育体系。建立健全现代企业职工教育培训制度，充分发挥企业在职业教育中的主体作用。建立“学分银行”“市民终身学习卡”等个人学分累积与转换制度，实现中高等学历教育、非学历教育的学习成果认证、积累和转换工作，充分发挥自学考试、非学历证书考试在市民终身学习中的作用。建好用好市县各级各类党员干部教育培训机构，创建学习型社区和组织，建成覆盖城乡、贴近群众的社区教育网络。

四、积极发展“互联网 + 教育”

提高信息化应用水平，推动自治区“互联网 + 教育”大平台教学应用覆盖全体教师、学习应用覆盖全体适龄学生、数字校园建设覆盖全体学校。创建安全、可靠的网络教学环境，更新多媒体交互式教学设备，建设标准化校园网络，到 2025 年，校园网络全部实现千兆到桌面，数字监控、无线校园实现全覆盖。开展教师智能助手创新应用，实现教师智能研修全覆盖，到 2025 年，70% 的教师信息技术应用能力达到中级及以上水平。依托宁夏“教育督导管理平台”，实现督导评估效益最大化。

专栏 13 教育重点工程项目

1. 市本级：新建吴忠市高铁站片区高中、初中、小学项目，新建普通高中学校（吴忠中学分校）项目，吴忠市青少年综合实践学校二期工程，迁建吴忠市特殊教育学校项目，宁夏民族职业技术学院文化体育中心（全民体育健身中心）项目，宁夏民族职业技术学院综合实训中心建设项目。

2. 利通区：吴忠市第九中学、第七中学、第十二中学、第十一中学建设项目，金积中学建设项目，利通区第十七小学、第二十小学、第十九小学、第二十一小学、第二十二小学、第二十四小学建设项目，吴忠市滨河幼儿园建设项目，金积第二小学建设项目。

3. 红寺堡区：红寺堡区第六中学、第七小学项目，红寺堡区“互联网 + 教育”基础设施建设项目，红寺堡区中小学运动场提升项目，红寺堡区营养改善计划学校新建（改造）餐厅项目，红寺堡区中小学厕所改造项目，红寺堡区职业技能实训基地建设项目。

4. 青铜峡市：青铜峡市“互联网 + 教育”智慧校园项目，青铜峡市第七幼儿园、第八小学、第八中学建设项目，青铜峡市职教中心建设项目，青铜峡市城区中小学体育活动场地改造项目。

5. 盐池县：盐池县幼儿园、义务教育阶段中小学校舍建设（维修）及清洁能源、照明节能改造项目，盐池县学校数字化校园建设项目。

6. 同心县：同心县第七中学建设项目、义务教育薄弱环节学校改善与能力提升项目、同心县新建学校建设项目、同心县第四高级中学建设项目、同心县职业技术学校二期工程、同心县党性教育基地及书吧建设项目。

第三节 全面推进健康吴忠建设

坚持把人民健康放在优先发展战略地位，全面贯彻新时代卫生健康工作方针，深入实施健康吴忠行动，加快提高卫生健康供给质量和服务水平，全方位、全周期维护和保障人民健康。

一、深化医药卫生体制改革

全面落实分级诊疗、现代医院管理、全民基本医保、药品供应保障、综合监督管理五项综合医改制度，大力推进县域综合医改，持续提升医联体(医共体）建设成效，做实做细家庭医生签约服务。加强公立医院建设，推动医疗机构优化用药结构，积极推进卫生健康行业综合监管，规范医疗行为。推进疾病预防控制体系改革，健全以市、县级疾控中心为骨干，医疗机构为依托，基层医疗卫生机构为网底，防治结合的疾病预防控制体系，创新医防协同机制，建立适应现代化疾控体系的人才培养使用机制。深化多元复合式医保支付方式改革，全面实行基本医疗保险基金市级统收统支，扩大基本医疗保险跨省跨地区异地就医结算范围。

二、提升医疗卫生服务能力

加快医疗卫生服务体系建设。优化医疗资源布局，市人民医院创建三甲医院，建设区域医疗中心，县（市、区）二级综合医院积极创建三乙医院，建设市级临床重点专科。建立区域医疗联合体，规范医疗质量控制体系，完善城市二级及以上公立医疗卫生机构定期专业技术人员到基层服务的长效机制。保障和促进中医药事业发展，提高中医院应急和救治能力。推进“互联网＋医疗健康”建设，深化市、县、乡远程会诊合作，提升盐同红连片区医疗卫生服务水平。借助京宁、闽宁等对口合作、“千名医师下基层”等，加强卫生专业技术人才培养。深入开展妇幼健康促进行动，为妇女儿童提供生命全周期服务，加大妇女疾病防治力度，积极防治出生缺陷，做好儿童健康管理。落实生育政策，发展多元化托育服务，提高优生优育服务水平，促进人口均衡发展。

提升突发重大公共卫生事件应急处置能力。建设吴忠市传染病救治基地，健全医疗救治、科技支撑、物资保障机制，完善传染病疫情与突发公共卫生事件监测系统，改进不明原因疾病和异常健康事件监测机制，建立智慧化预警多点触发、多渠道监测预警机制。加强实验室监测网络建设，建立公共卫生机构和医疗机构协同监测机制，发挥基层哨点作用。加强突发公共卫生事件应对预案体系和重大疫情救治体系建设，分级分类组建卫生应急队伍，提高应对突发公共卫生事件能力。

三、深入实施健康吴忠行动

深入推进健康吴忠建设，实施健康吴忠行动十六项专项行动。针对影响健康的行为与生活方式、环境等因素，实施健康知识普及、合理膳食、中医养生保健、全民健身、控烟、心理、环境等 7 项健康促进行动；针对重点人群特点，实施妇幼、中小学生、职业、老年等 4 项健康促进行动；针对心血管疾病、癌症、慢性呼吸系统疾病、糖尿病四类重大慢性病以及传染病和地方病的预防控制，实施 5 项防治（防控）行动。到 2025 年，全民健康素养水平稳步提高，健康生活方式加快推广，重大慢性病发病上升趋势得到有效遏制，重点传染病、严重精神障碍、地方病、职业病得到有效防控，致残和死亡风险逐步降低，重点人群健康状况显著改善。大力开展爱国卫生运动，巩固国家卫生城市创建成果。

专栏 14　公共卫生服务能力提升工程项目

1. 市区各医疗单位：吴忠市妇幼保健院妇幼健康信息化能力提升项目、吴忠市应急医疗救治中心建设项目、吴忠市疾病预防控制中心能力提升项目、吴忠市人民医院学科能力提升项目、吴忠市血站采供血服务能力提升项目。

2. 利通区：利通区健康产业聚集区建设项目、爱尔眼科专科医院建设项目、吴忠市利通区疾病预防控制中心综合楼建设项目、吴忠市利通区胜利镇社区医院建设项目、吴忠市利通区金积镇中心卫生院提升医养结合服务能力建设项目、吴忠卫尔康精神病医院建设项目。

3. 红寺堡区：红寺堡区中医医院建设项目、红寺堡区人民医院传染病防治能力提升项目、红寺堡区妇幼保健计划生育服务中心住院部综合楼建设项目、红寺堡区康养中心综合楼建设项目、红寺堡区乡镇卫生院公共卫生防治及医疗服务能力提升项目。

4. 青铜峡市：青铜峡市人民医院救治能力提升建设项目，青铜峡市人民医院传染病综合楼建设项目，青铜峡市“互联网＋医疗健康”项目，青铜峡市疾病预防控制中心业务综合楼建设项目，青铜峡市人民医院危重孕产妇、新生儿急救中心建设项目。

5. 盐池县：盐池县永宏乐丰康复生态养生园医养结合项目、盐池县人民医院危重症救治中心项目、盐池县医疗机构公共卫生防治能力建设项目、盐池县社区卫生服务中心建设项目、盐池县中医医院县域内治未病中心建设项目。

6. 同心县：同心县生态移民区医院建设项目、宁夏吴忠市同心县中医医院门诊医技综合楼及制剂楼项目、同心县人民医院感染性疾病中心建设项目、乡镇卫生院住院部建设项目。

第四节 健全多层次社会保障体系

坚持应保尽保原则，按照兜底线、织密网、建机制基本要求，全面建成覆盖全民、城乡统筹、公平统一、可持续的多层次社会保障体系。

一、完善社会保险体系

全面实施全民参保计划，充分挖掘扩面资源，加大征缴参保宣传力度，重点覆盖中小微企业和广大农民工、灵活就业人员、新业态人员等群体。缓解困难人群重特大疾病风险，完善失业、工伤保险制度，维护失业人员和工伤人员基本权益。积极构建基本养老保险、职业（企业）年金与个人储蓄性养老保险、商业保险相衔接的养老保险体系。协同推进基本医疗保险、大病保险、补充医疗保险、商业健康保险发展，稳步建立长期护理保险制度。提升社保卡管理和综合应用水平，完善社保基金监管机制，确保基金安全可持续运行。完善社会保险关系顺畅接续政策，简化转续流程，推行网上认证办理，加快与其他省（市、区）社会保险转移接续，方便参保职工、失业和退休人员流动就业、异地生活。

二、健全社会救助福利体系

巩固提升兜底保障成果，完善分层分类、城乡统筹社会救助体系。健全城乡最低生活保障制度，稳步提升城乡最低生活保障标准，确保动态管理下应保尽保。实施特困人员供养服务设施和服务质量提升工程，保障特困人员救助供养。健全市县乡村衔接互通的社会救助网络，落实重点救助对象参保缴费资助政策、重点救助对象医疗费用救助机制，实现医疗救助“一站式”即时结算。强化急难救助功能，对遭遇突发性、紧迫性、灾难性困难家庭和人员，给予应急性、过渡性生活保障。加强“两癌”妇女、困境儿童、精神卫生福利服务体系建设。完善残疾人“两项补贴”制度，强化残疾人兜底保障，做好流浪乞讨人员救助管理。推动联合型、行业性慈善组织建设，培育发展慈善组织、慈善捐赠、慈善信托等慈善事业。

三、构建社会关爱服务体系

发挥退役军人模范作用。依法保障退役军人合法权益，建设退役军人服务体系，创建全国示范型退役军人服务中心（站）。加快全市退役军人信息化建设，实施退役军人进村（社区）“两委”后备人才培养工程，促进退役军人就业创业。加强烈士纪念设施修缮维护，实施烈士陵园提质改造工程。创新双拥工作方式，持续深入推进双拥模范城建设。

促进青年优先发展。搭建青年成长和建功立业平台，营造有利于青年发展的良好环境，激发青年创新创业活力。引导青年社会组织健康有序发展，培育青少年事务社工专业人才队伍。发展青年志愿者队伍，加强信息化建设，促进社区志愿服务纵深发展。

保护老人、妇女儿童合法权益。完善养老服务体系，加强社区养老、农村养老、特困人员供养等服务设施建设，实施城企联动普惠养老专项行动，为老年人提供便捷可及的养老服务，到2025年，养老机构护理型床位占比提高到30%。切实保障妇女儿童合法权益，保障妇女平等获得就业、就学、婚姻、财产、文化生活、参与社会事务等权利和机会，强化对未成年生存权、发展权、受保护权的依法保障，推动落实妇女、儿童发展专项规划。

专栏15 社会保障重点工程项目

1. 社会保障管理平台建设项目：吴忠市精神卫生康复中心建设项目、利通区疾病预防救治服务能力提升项目。

2. 社会服务体系提质项目：镇村服务站建设项目、农村电子商务服务站建设项目、农村光热资源综合利用项目、金积镇“金康苑”智慧社区建设项目、盐池县公共法律服务中心建设项目、盐池县城区智能快件箱建设项目。

3. “一老一小”服务体系建设项目：利通区健康产业聚集区建设项目、社区“儿童之家”建设项目、利通区居家养老及慢病智慧管理服务中心项目、红寺堡区康养中心综合楼建设项目、盐池县妇幼保健和计划生育服务中心托育项目、盐池县永宏乐丰康复生态养生园医养结合项目。

第五节　持续推进民族团结进步

以铸牢中华民族共同体意识为根本方向，以促进各民族交往交流交融为根本途径，提升民族团结进步创建工作质效，推动民族事务治理现代化。

铸牢中华民族共同体意识。坚持中国特色解决民族问题的正确道路，全面贯彻党的民族政策，教育各族干部群众牢固树立正确的祖国观、民族观、文化观、历史观、宗教观，深入开展革命历史教育、中国特色社会主义和中国梦等宣传教育，引导各族群众不断增进“五个认同”。巩固和发展平等团结互望相助的优良传统，引导各族群众自觉融入共居共学共事共乐的社会环境，形成密不可分的共同体。

促进各民族交往交流交融。打造“中华民族一家亲”系列实践教育活动平台，开展“结对子”“手拉手”等多层次多领域多样化的民族联谊活动，组织开展“三下乡”“滨河大舞台”等文艺演出活动，传承优秀区域文化风俗，凝聚社会价值共识，构筑各民族共有精神家园。

深入开展民族团结进步创建活动。找准创建活动与社会心理契合点、与民族情感共鸣点、与群众利益结合点，深入推进民族团结进步模范市建设。坚持抓基层、强基础，把单体创建工作重心下沉到社区、乡村、学校、企业等基层单位，搭建更多群众便于、乐于参与的平台。持续开展民族团结进步教育进机关、企业、社区等“十进”活动，拓展创新“创建+”模式，深入实施“细胞工程”，使创建活动更好地服务群众。

依法治理民族事务。全面贯彻落实民族区域自治法，推进民族事务治理体系和治理能力现代化，加强民族法治宣传教育，引导干部群众自觉尊法学法守法用法依法，运用法治方式，保障各民族合法权益、依法治理民族事务，让法治为民族团结保驾护航。

第十一章　筑牢发展安全底线
建设更高水平的平安吴忠

坚持总体国家安全观，落实国家安全战略，把安全发展贯穿经济社会发展各领域和全过程，有效防范和化解各类风险，加快推进社会治理体系现代化，构建共建共治共享的社会治理格局。

第一节　坚定不移维护国家安全

严格落实国家安全责任制，加强安全体系和能力建设，强化国家安全宣传教育，巩固国家安全人民防线。

坚决维护政治安全。把维护国家政治安全特别是政权安全、制度安全放在第一位，严密防范和严厉打击敌对势力渗透、破坏、颠覆、分裂活动，守好维护政治安全生命线。加强国家安全宣传教育，增强全民国家安全意识，巩固国家安全人民防线。大力支持国防和军队现代化建设，认真落实国防动员体制改革任务，扎实推进军民融合深度发展，完善国防动员机构，畅通运行机制，提升国防动员能力；加强后备力量建设，建强力量体系，加大训练场地建设、民兵军事训练、物资器材等经费保障力度，提升建设质效；强化国防教育，提高全民国防素养；加大拥军优抚力度，持续巩固军政军民团结良好局面。

加强意识形态安全。严格落实意识形态工作责任制，强化阵地建设和管理，健全重大舆情和突发事件舆论引导机制，完善意识形态领域重大风险防范化解机制，依法打击制造传播政治谣言违法犯罪活动。加强网络安全保障体系和能力建设，开展“源头净网”行动，旗帜鲜明反对和抵制错误思潮，完善网络综合治理体系，统筹推进网络舆论引导、网络生态治理和网络文化建设。

严防宗教领域政治风险。坚持我国宗教中国化方向，提高宗教工作法治化水平，坚决遏制宗教极端化倾向，完善基层宗教治理体系，提高基层宗教治理能力，巩固“三化”等宗教领域突出问题整治成果，防范和抵御宗教极端思想渗透。

全面加强经济安全。加强经济安全风险预警、防控机制和能力建设，织密织牢“天罗地网”风险监测网，强化市县协同、政银企联动，坚决守住不发生区域性经济金融风险的底线。加强产业链供应链安全保障，常态化开展断链断供风险排查。加强大宗物资战略储备，保障能源和战略性矿产资源安全。构建统一高效的粮食和重要农产品供应保障体系，确保粮食安全。加强城市安全保障，维护重要基础设施安全，维护新兴领域安全。

第二节　创新加强基层社会治理

实施市域治理体系现代化十项工程，争创市域社会治理示范市，完善市域社会治理体制，推动治理中心下移，建立人人有责、人人尽责、人人享有的社会治理共同体。

完善基层治理体系。加强社会治理制度建设，提高基层治理能力、落实“1+6”政策体系，完善党委领导、政府主导、社会协同、公众参与、法治保障的社会治理体制，提高社会治理社会化、法治化、智能化、专业化水平，实现政府治理和社会调节、居民自治良性互动。构建多元矛盾纠纷预防化解机制，推动社会治理重心下移，探索建立党组织领导的自治、法治、德治相结合的城乡基层治理体系和统一高效的网格化管理机制，逐步完善城乡基层治理的组织体系。构建清晰的责任体系，明确乡镇(街道)职能定位，推进乡镇赋权扩能、社区减负增效，依法厘清社区与街道、社区与社会组织和物业服务企业等权责边界，引导企业、社团依法履行社会治理责任。构建有力的保障体系，加强政策统筹、资源统筹、力量统筹，理顺区、市、县基层治理事权关系，建立基层治理经费多元投入机制，推动项目资金、服务供给、执法力量向基层倾斜。

提升基层治理能力。坚持和发展新时代“枫桥经验”，健全完善社会矛盾综合治理机制。优化社区规模设置，稳步推进城市“镇改街道”“村改居”工作，健全社区党组织领导下的议事协调机制，搭建便民利民综合服务平台。持续推进警务体制机制改革，巩固实施“警保联控工作机制”。加强交通综合治理能力建设，提高交通运输服务质量。充分发挥信息化作用，推广“互联网＋社会治理”，完善公众参与机制，引导社会力量参与基层治理，满足群众多层次多样化需求。

第三节　扎实推进全面依法治市

坚持法治吴忠、法治政府、法治社会一体建设，推进科学立法、严格执法、公正司法、全民守法，为建设现代化美丽新吴忠提供坚强有力的法治保障。

加强法治政府建设。依法全面履行政府职能，完善依法行政制度体系，坚决按照宪法和法律规定行使职权。健全依法决策机制，严格执行公众参与、专家论证、风险评估、合法性审查和集体讨论决定的法定程序，全面推行政府法律顾问制度，完善重大行政决策合法性审查机制。规范行政执法行为，落实行政执法责任制，全面推行行政执法公示、行政执法全过程记录、重大执法决定法制审核制度，提升行政执法效能和水平。强化行政权力监督制约，确保政府各项权力在阳光下运行。进一步理顺市、县(区)管理职能，建立与行政事权相匹配的管理体制。

推进法治社会建设。坚持和完善人民代表大会制度、中国共产党领导的多党合作和政治协商制度，发展社会主义民主政治。弘扬社会主义法治精神，确立法治宣传教育在推进全面依法治市中的长期性基础地位，全面开展“八五”普法，扎实推动民法典实施，广泛开展法治宣传教育，不断提高公民法治素养，营造人人学法用法尊法守法的良好社会氛围。均衡配置城乡基本公共法律服务资源，加快建设覆盖城乡、便捷高效、均等普惠的现代公共法律服务体系，更好保障人民权益、保障社会善治。

第四节　提高公共安全保障能力

把保护人民安全摆在首位，坚持安全发展理念，抓好重点领域安全防范，全面提高公共安全保障能力。

强化社会治安防控治理。提高对社会治安的掌控力，全面落实区、市社会治安防控体系建设各项任务，推动吴忠公安大数据中心建设，完善平安建设信息化综合平台和公共区域视频监控系统，实施“天网”“铁桶”“地网”等工程。建立视图库平台，建设智慧安防社区，实现城乡社会治安防控一体化。

加强公安基础设施建设，建设现代化装备体系。打造新型网络安全治理体系，加强关键信息基础设施安全防护。建立健全常态化扫黑除恶机制，坚决防范和打击暴力恐怖、黑恶势力、新型网络犯罪。全力打赢新时代禁毒人民战争，巩固深化禁毒示范城市创建成效。推进人民防空战备建设，聚力组织指挥、人民防护、目标防护、专业力量、支撑保障五大体系建设。

加强综合应急能力建设。加强应急救援信息化建设，畅通应急信息快速报送渠道，提升重特大突发事件现场处置能力。合理配置应急物资储备规模和结构，推动应急指挥（救援）中心升级完善，增强应急综合指挥能力。加强自然灾害救助、救灾物资应急调度和救灾应急社会动员，最大限度减少人员和财产损失。加强地震、水域、森林草原等专业应急救援队伍建设，切实提升综合应急救援能力。

提高安全生产水平。完善和落实安全生产责任和管理制度，积极防范化解重大安全风险，扎实开展安全生产三年专项整治，全面提升本质安全水平。深化应急管理综合行政执法改革，强化安全生产执法监督，有效遏制较大事故，坚决杜绝重特大事故。建立重点领域公共安全隐患排查和风险防控体系，健全重大安全风险评估机制。完善食品药品安全治理体系，创建全域“食品药品安全区”。落实属地监管责任，严格实施全过程监管，推进吴忠市食品检测中心投入运行。落实“四个最严”要求，加强安全风险监测评估预警，营造放心安全的市场消费环境。

加强城乡消防能力建设。深化消防执法改革，落实消防安全责任制，推进消防安全三年专项整治、打通“生命通道”等重点工作。修编消防专项规划，优化消防站布局，推进城乡公共消防基础设施和消防水源建设。建成城市消防大数据库、火灾监测预警预报平台。发展多种形式消防力量，完善政、企、乡、微等消防队伍常态化联勤机制。强化消防知识宣传教育，提升群众消防安全常识知晓率。

专栏 16　社会治理重点工程项目

1. 应急能力提升项目：粮食仓储物流设施提升、医疗物资储备体系建设、应急救援物资储备体系建设、消防队站及战勤保障体系建设等工程，吴忠市应急指挥（救援）中心建设项目。

2. 公共安全保障项目：公共安全技术核心工程和灾害综合风险普查、自然灾害防治能力提升、地震灾害防治和监测预警能力提升、食品药品安全保障等工程。

3. 政法基础设施建设项目：公安基础设施改造、公安装备能力提升等工程，建设多维感知前端系统、警务大数据平台、公安大数据中心，完善县区级人民法院派出法庭、乡镇司法所基础设施项目。

4. 治安防控体系建设项目：市际、县际通道防控圈建设项目，派出所建设、智慧社区建设、智慧农村建设项目。

第十二章　全力保障规划落实
顽强奋斗铸就吴忠新辉煌

实现“十四五”规划和二〇三五年远景目标，必须把党的全面领导贯穿始终，充分调动一切积极因素，广泛凝聚全社会力量，形成推动发展的强大合力。

第一节　加强政治和组织保障

加强党的全面领导。坚持党总揽全局、协调各方，发挥各级党委（党组）在经济社会发展工作中的领导核心作用，为“十四五”规划实施提供坚强政治保证。全面贯彻新时代党的建设总要求和新时代党的组织路线，全面落实党把方向、谋大局、定政策、促改革的要求，把深入学习贯彻习近平新时代中国特色社会主义思想作为重大政治任务，与学习贯彻习近平总书记视察宁夏重要讲话精神结合起来，进一步增强“四个意识”、坚定“四个自信”、做到“两个维护”。坚持以党的政治建设为统领，完善上下贯通、执行有力的组织体系，确保党中央决策部署有效落实。严明党的政治纪律和政治规矩，落实全面从严治党主体责任、监督责任，锲而不舍落实中央八项规定及其实施细则精神，持续纠治形式主义、官僚主义，切实为基层减负。完善党和国家监督体系，加强政治监督，强化对公权力运行的制约和监督，坚持无禁区、全覆盖、零容忍，一体推进不敢腐、不能腐、不想腐，营造风清气正的良好政治生态。

加强社会主义政治建设。坚持党的领导、人民当家作主、依法治国有机统一，坚定不移走中国特色社会主义政治发展道路。坚持和完善人民代表大会制度，加强人大对“一府一委两院”的监督，保障人民依法通过各种途径和形式管理地方事务、管理经济文化事业、管理社会事务。坚持和完善中国共产党领导的多党合作和政治协商制度，加强人民政协专门协商机构建设，发挥社会主义协商民主独特优势，提高建言资政和凝聚共识水平。发挥工会、共青团、妇联等人民团体作用，把各自联系的群众紧紧凝聚在党的周围。大力支持国防和军队现代化建设，扎实推进军民融合深度发展，强化国防教育和后备力量建设，巩固提升“全国双拥模范城”创建成果。

第二节　激发干部群众奋斗精神

激发奋斗之志。深入学习并运用中国共产党一百年的宝贵经验，教育引导广大党员干部坚持共产主义远大理想和中国特色社会主义共同理想，不忘初心、牢记使命，为党和人民事业不懈奋斗。注重培养党员干部的斗争精神，在重大斗争中锻炼干部、在重大任务中磨炼干部、在重大风险中淬炼干部，安排干部特别是年轻干部到基层一线、艰苦环境、吃劲负重岗位历练成长，不断强化斗争意识、增强斗争魄力、提高斗争本领。

提升素质能力。加强干部队伍建设，落实好干部标准，着力提升干部政治能力、专业能力，提高各级领导班子和干部适应新时代新要求抓改革、促发展、保稳定水平和专业化能力。严把政治标准，健全落实科学精准的选贤任能制度，重基层、重实干、重实绩，以正确用人导向引领干事创业导向。健全完善崇尚实干、带动担当、加油鼓劲的正向激励体系，坚持容错纠错，营造鼓励创新、宽容失误、关心关爱的良好干事氛围，充分调动党员干部担当作为、干事创业的积极性、主动性、创造性。

第三节　确保完成规划目标任务

健全规划落实机制。完善规划体系，强化政策引导和要素保障，制定规划年度实施方案，建立保障规划实施的长效机制。强化国民经济和社会发展总体规划的引导地位，市级专项规划和县级规划要贯彻总体规划的战略意图和主要任务，加强与国土空间规划的衔接，确保各级各类规划在总体要求上方向一致、空间布局上相互协调、时序安排上科学有序。规划提出的发展目标、重点任务和重大项目，要纳入经济社会发展年度规划，并分解到各地、各部门，确保规划目标任务有计划、按步骤得到落实。预期性指标主要依靠市场在资源配置上起决定性作用和更好地发挥政府作用，激发市场主体的积极性和创造性。约束性指标要纳入各地、各部门经济社会发展综合评价和绩效考核体系。

强化规划实施支撑。把实施项目带动作为推动规划实施的重要手段，以规划带动项目建设，以项目促进规划落实。扎实做好重点项目谋划入库，全市确定“十四五”重点建设项目 2601 个，总投资 6431 亿元。其中，工业项目 339 个，投资 2485 亿元；农业项目 435 个，投资 867 亿元；服务业项目 225 个，投资 678 亿元；基础设施项目 1118 个，投资 2107 亿元；民生和社会事业项目 484 个，投资 294 亿元。深入推进重点项目各级领导包抓制、定期通报制、半年观摩制和年终考核奖罚制等八项制度。坚持“五个一”工作机制，确保重点项目接替有序、推进持续有力，积极创造条件，确保重点项目早开工、早建成、早投产、早达效。以重点项目的要素驱动和创新驱动的双轮驱动，确保“十四五”规划蓝图顺利实现。

加强规划监督考核。各级、各部门要自觉接受人民代表大会及其常务委员会对规划实施情况的监督检查，完善政府向人大、政协的报告和沟通机制。加强规划实施的社会监督，发挥新闻媒体和群众社团的桥梁和监督作用，健全政府与企业、市民的信息沟通和反馈机制。各级政府要加强对结构优化、民生改善、资源节约、生态环境和基本公共服务等目标任务完成情况的综合评价考核。完善年度考核和中期评估制度，检查规划落实情况，分析规划实施效果。

动员全社会共同落实规划。强化宣传引导，深入宣传“十四五”规划纲要的思路、目标及重点任务，调动公众参与，进一步凝聚社会共识。探索创新公众参与形式，拓宽公众参与渠道，推进规划实施信息公开，提高规划实施的透明度，集全市之力、集各方之智共同落实规划。

实现“十四五”规划和二〇三五年远景目标，意义重大，任务艰巨，前景光明。全市各族人民要紧密团结在以习近平同志为核心的党中央周围，同心同德，顽强奋斗，为建设现代化美丽新吴忠而努力奋斗！

吴忠市人民政府工作规则

（吴政发〔2021〕19号）

第一章　总　则

第一条　根据《中华人民共和国宪法》《中华人民共和国地方各级人民代表大会和地方各级人民政府组织法》，参照《国务院工作规则》《宁夏回族自治区人民政府工作规则》，结合市人民政府工作实际，制定本规则。

第二条　市人民政府工作的指导思想是：高举中国特色社会主义伟大旗帜，以马克思列宁主义、毛泽东思想、邓小平理论、“三个代表”重要思想、科学发展观、习近平新时代中国特色社会主义思想为指导，认真贯彻党的基本理论、基本路线、基本方略，坚持和加强党的全面领导，坚决贯彻落实习近平总书记重要讲话和重要指示批示精神，坚决贯彻落实习近平总书记视察宁夏重要讲话精神，坚决贯彻落实党中央、国务院和自治区党委、政府以及市委决策部署，切实把党的领导贯穿政府工作全过程和各方面，立足新发展阶段，贯彻新发展理念，构建新发展格局，以建设黄河流域生态保护和高质量发展先行区引领经济社会发展，坚决守好促进民族团结、维护政治安全、改善生态环境“三条生命线”，走出一条高质量发展的新路子，继续建设经济繁荣、民族团结、环境优美、人民富裕的美丽新宁夏。

第三条　市人民政府坚持执政为民、依法行政、实事求是、民主公开、务实清廉工作准则，建设人民满意的法治政府、创新政府、廉洁政府和服务型政府。

第二章　组成人员职责

第四条　市人民政府由下列人员组成：市长、副市长、秘书长和各委员会（办公室）主任、各局局长。

第五条　市人民政府组成人员要旗帜鲜明讲政治，增强“四个意识”、坚定“四个自信”、做到“两个维护”，不断提高政治判断力、政治领悟力、政治执行力。模范遵守宪法和法律，认真履行职责，为民务实，严守规矩和纪律，勤勉廉洁。市人民政府工作部门必须依照法律、法规和规章行使职权，贯彻政府各项工作部署，转变政府职能，改进工作作风，创新管理方式，增强执行能力，提高行政效能。

第六条　市人民政府实行市长负责制，市长领导市人民政府的工作，副市长协助市长工作，其中负责常务工作的副市长协助市长处理政府日常工作。

第七条　副市长按照分工负责处理分管工作；受市长委托，负责其他方面的工作或专项任务，并可代表市人民政府进行外事活动。对于重要情况，要及时向市长报告；对于重大事项，要在认真调查研究和充分论证的基础上，向市长提出解决问题的建议。涉及其他副市长分管的工作，要同有关副市长沟通协商决定。

第八条　秘书长在市长领导下，协助负责常务工作的副市长处理市人民政府的日常工作，领导政府办公室的工作。

第九条　市长外出期间，受市长委托，由负责常务工作的副市长主持政府工作。如负责常务工作的副市长在此期间也不在吴忠，按任职排序确定一名副市长主持政府工作。

第十条 市人民政府各委员会（办公室）主任、各局局长负责本部门的工作，并根据法律法规和自治区、市人民政府规章、决定，在本部门职权范围内履行职责。

市人民政府各部门要各司其职，各负其责，顾全大局，协调配合，切实维护团结统一、政令畅通，坚决贯彻落实中央、自治区决策部署和市委、市政府各项工作部署。

第三章 行政职能

第十一条 市人民政府及其工作部门要坚决维护政令统一，深入贯彻落实党中央、国务院和自治区党委、政府以及市委重大决策部署，围绕推动高质量发展，建设现代化经济体系，加强和完善经济调节、市场监管、社会管理、公共服务、环境保护职能，深化简政放权、放管结合、优化服务改革，形成权界清晰、分工合理、权责一致、高效运转、法治保障的机构职能体系，创造良好发展环境，提供基本均等公共服务，维护社会公平正义，加快推进政府治理体系和治理能力现代化。

第十二条 认真履行经济调节职能，完善宏观调控体系，加强经济形势研判，科学研究调控目标和政策取向，有效实施区间调控、定向调控、相机调控、精准调控，主要运用经济、法律手段并辅之以必要的行政手段引导和调控经济运行，稳增长、促改革、调结构、惠民生、防风险、保稳定，促进国民经济持续健康发展。

第十三条 认真履行市场监管职能，加强对涉及人民生命财产安全领域的监管，推进公平准入，积极创造公平、公正、公开和正义的法治环境，完善行政执法、行业自律、舆论监督、群众参与相结合的市场监管体系。建立健全社会信用体系，完善信用监督和失信惩戒制度，整顿和规范市场秩序，促进大众创业、万众创新，激发市场活力和社会创造力，形成统一开放、竞争有序、制度完备、治理完善的高标准市场体系。

第十四条 认真履行社会管理职能，推进社会治理改革和创新，合理调节社会利益关系。加强社会管理制度和能力建设，依法管理和规范社会组织、社会事务，妥善处理社会矛盾，维护社会秩序和社会稳定，打造共建共治共享的社会治理格局。加强城乡基层群众性自治组织和社区建设，培育并引导各类民间组织健康发展。依法建立健全各种突发公共事件应急机制，提高政府应对公共危机的能力，维护社会公平正义与和谐稳定，维护国家安全。

第十五条 认真履行公共服务职能，完善公共政策，健全政府主导、社会参与、覆盖城乡、可持续的基本公共服务体系，增强公共服务能力，促进基本公共服务均等化。推进部分公共产品和服务的市场化进程，建立健全公共产品和服务的监管及绩效评估制度，简化程序，降低成本，讲求质量，提高效益，着力建设服务型政府。

第十六条 认真履行环境保护职能，坚持人与自然和谐共生的基本方略，树牢和践行绿水青山就是金山银山的理念，强化绿色发展指数导向，实行最严格的生态环境保护制度，构建政府为主导、企业为主体、社会组织和公众共同参与的环境治理体系，统筹推进山水林田湖草沙综合治理、系统治理、源头治理，打造天蓝、地绿、水净、空气清新的生态环境。

第十七条 加快转变政府职能，纵深推进“放管服”改革，建设职责明确、依法行政的政府治理体系，提高政府治理效能，构建一流营商环境。加强数字政府建设，推动公共数据开放共享，推进政务信息化共建共用，提升数字化政务服务效能，实现更多政务服务事项网上办、掌上办、一次办和跨区域通办、跨省通办。

第四章 依法行政

第十八条 市人民政府及其工作部门要带头维护宪法和法律权威，按照职能科学、权责法定、执法严明、公开公正、廉洁高效、守法诚信的目标要求，坚决履行法治政府建设主体责任，深入推进依法行政，把政府各方面工作纳入法治化轨道，不断提高依法行政的能力和水平。

第十九条 市人民政府根据需要，适时向市人民代表大会及其常务委员会提出地方性法规议案，制定政府规章和行政规范性文件，修改或者废止不相适应的政府规章、行政规范性文件和其他政策性文件、决定。政府规章实施后要进行评估，发现问题，及时修订完善。

第二十条 市人民政府工作部门制定的行政规范性文件，必须符合宪法、法律、法规和国家的方针、政策及市人民政府的规章、决定，严格遵守法定权限和程序，实行行政规范性文件“三统一”及有效期制度。涉及两个以上部门职权范围的事项，要充分听取相关部门的意见，并由市人民政府制定行政规范性文件或其他政策文件，或由有关部门联合制定行政规范性文件。其中，涉及公众利益、社会关注度高的事项及重要涉外、涉港澳台侨的事项，应事先请示市人民政府。部门制定的行政规范性文件必须依法报市人民政府备案，由司法行政部门审查并定期向政府报告。

第二十一条 提请市人民政府讨论的地方性法规草案和审议的政府规章草案，由司法行政部门审查或组织起草，政府规章的解释工作由司法行政部门提出意见，报请市人民政府批准后公布。政府规章、行政规范性文件应定期清理，确保与经济社会发展相适应，有效维护法制统一。

第二十二条 按照行政执法与经济利益脱钩、与责任挂钩的原则，理顺行政执法体制，加强行政执法队伍建设，依法科学设定行政执法机关的职责和权限，相对集中行政处罚权和行政许可权，推行综合执法，促进行政执法透明规范、合法公正。

第五章　政务公开

第二十三条 市人民政府及其工作部门要认真贯彻《中华人民共和国政府信息公开条例》，坚持以公开为常态、不公开为例外，围绕权力运行全流程、政务服务全过程，全面推进决策公开、执行公开、管理公开、服务公开、结果公开。

第二十四条 完善重大决策预公开制度，涉及群众切身利益、需要社会广泛知晓的重要改革方案、重大政策措施、重点工程项目和地方性法规、政府规章、行政规范性文件等，除依法应当保密的外，决策前应当采取便于社会公众参与的方式，广泛听取公众意见，并以适当方式公布意见收集和采纳情况。

第二十五条 完善政策解读机制，按照“谁起草、谁解读”的原则，推进政策性文件与解读方案、解读材料同步组织、同步审签、同步部署。完善政务舆情收集、研判、回应和处置机制，对涉及本地区的政务舆情、媒体关切、突发事件等热点问题，及时发布权威信息，认真回应关切，正确引导舆论。

第二十六条 建立健全利益相关方、公众代表、专家、媒体等列席市人民政府有关会议等制度，增强决策透明度。对涉及公众利益、需要社会广泛知晓的会议和事项，应通过新闻发布会、广播电视、网络和新媒体等形式向社会公开。

第六章　监督制度

第二十七条 市人民政府自觉接受市人民代表大会及其常务委员会的监督，认真负责地报告工作，接受询问和质询，依法备案政府规章和行政规范性文件。自觉接受市政协的民主监督，虚心听取意见和建议。

第二十八条 市人民政府及其工作部门要加强同市人大代表和政协委员的联系，认真办理议案、建议和提案，定期向市人民代表大会常务委员会报告和向市政协通报办理情况，主动公开办理结果。

第二十九条 市人民政府及其工作部门要严格执行行政复议法，加强行政复议指导监督，纠正违法或不当的行政行为，依法及时化解行政争议；要强化对行政执法活动的监督，严格实行行政执法责任制、评议考核制和行政执法过错责任追究制，切实做到严格、规范、公正、文明执法。

第三十条 市人民政府及其工作部门要自觉接受社会公众和新闻舆论的监督，重视群众反映和新闻媒体报道的问题，认真调查核实有关情况，及时依法处理和改进工作，重大问题要向社会公布处理结果。重视群众和其他组织通过网络等多种方式对行政行为实施的监督。

第三十一条 市人民政府及其工作部门要重视人民群众来信来访，定期召开会议研究解决信访工作中的重要问题，健全、完善和落实好督查、考核等工作制度。进一步完善信访工作制度，畅通和规范群众诉求表达、利益协调、权益保障渠道，维护信访秩序。市人民政府领导同志及各部门负责人要亲自阅批重要的群众来信和网上信访、定期接待群众来访，协调处理疑难复杂信访问题。

第三十二条 市人民政府及其工作部门公职人员要依照有关法律的规定自觉接受国家监察机关的监督。市人民政府及其工作部门要依照有关法律的规定接受人民法院依法实施的监督，做好行政应诉工作，尊重并自觉履行人民法院的生效判决、裁定，同时要自觉接受审计等部门的监督。对监督中发现的问题，要认真查处、整改并向市人民政府报告。

第三十三条 市人民政府及其工作部门要加强行政系统内部监督，严格执行政府规章、行政规范性文件备案审查制度，依法履行行政复议职责，及时发现并纠正行政机关违法或者不当的行政行为，依法及时化解行政争议。加大政府行政执法监督平台建设力度，充分发挥其监督作用。主动征询和认真听取各县（市、区）人民政府及其部门的意见和建议。

第三十四条 市人民政府及其工作部门要严格执行工作责任制，严格绩效管理，加强对重大决策部署落实、部门职责履行、重点工作推进以及自身建设等方面的考核评估，健全激励约束、容错纠错机制，严格责任追究，提高政府公信力和执行力。

第七章　决策机制

第三十五条 市人民政府及其工作部门应当坚持科学决策、民主决策和依法决策原则，完善公众参与、专家论证、风险评估、合法性审查和集体讨论决定的重大决策机制，健全重大决策的规则和程序，增强公共政策制定透明度和公众参与度。凡直接关系人民群众切身利益且对社会稳定、公共安全等方面可能造成较大影响的重大决策事项，须把社会稳定风险评估作为必经程序，决策前均应进行评估。

第三十六条 市人民政府及其工作部门在重大决策过程中，要充分发挥市决策咨询委员会等智库和专家学者的咨询参谋作用，自觉运用前期预测、效益评估、公开招标、比选择优等决策手段，确保决策理念的先进性、导向的正确性、内容的系统性、操作的可行性。

第三十七条 凡涉及国务院《重大行政决策程序暂行条例》和《宁夏回族自治区重大行政决策规定》的内容以及地方性法规草案和政府规章等，由市人民政府全体会议或常务会议讨论决定。

第三十八条 市人民政府工作部门提请政府讨论决定的重大决策建议，必须符合国家、自治区和吴忠市有关法律、法规、规章、政策规定和发展规划，进行充分调查研究，并经研究、咨询机构等进行必要性、科学性、可行性和可控性论证评估及合法性审查；涉及相关部门的，应充分协商；涉及县（市、区）的，应事先征求意见；涉及重大公共利益和公众权益、容易引发社会稳定问题的，要进行社会稳定风险评估，通过社会公示或举行听证会等多种形式听取各方面意见。

第三十九条 市人民政府作出重大决策前，要及时向市委报告。对依法应由市人民代表大会及其常务委员会讨论决定的事项，要及时提请市人民代表大会及其常务委员会审议。对全局性的工作和政协委员普遍关心的重要问题，主动与市政协协商。根据需要，通过召开座谈会等形式，听取民主党派、社会团体、专家学者、社会公众等方面的意见和建议。

第四十条 市人民政府及其工作部门应当结合实际，确定年度决策事项目录，并向社会公布；应当建立健全决策信息反馈机制和决策后评估机制，及时跟踪和反馈重大决策执行情况，为决策的不断完善和优化提供客观依据。

第八章　会议制度

第四十一条 市人民政府会议包括全体会议、党组会议、常务会议、市长办公会议和专题会议。市人民政府工作中的重大事项，必须经全体会议或常务会议讨论决定。对紧急和突发性重大事件，来不及召开会议而又必须及时处理的，分管副市长协调处理后，向市长报告。

第四十二条 市人民政府全体会议由市长、副市长、秘书长和各委员会（办公室）主任、各局局长组成。

根据需要可安排各县（市、区）人民政府主要负责人，市政府派出机构、直属事业单位、区属驻吴有关单位主要负责人列席。必要时，可邀请市委、人大常委会、政协，监察委员会，市中级人民法院、检察院，各民主党派、工商联、人民团体负责人和无党派人士列席。市人民政府全体会议一般每半年召开 1 次，由市长召集和主持。主要任务是：

（一）传达贯彻党中央、国务院，自治区党委、政府和市委的重要指示、决定和会议精神；

（二）讨论和决定市人民政府工作中的重大事项；

（三）部署市人民政府的重要工作；

（四）通报全市经济社会形势。

第四十三条　市人民政府党组会议由市人民政府党组书记或党组书记委托党组副书记召集并主持，市人民政府党组成员出席，邀请非中共党员副市长列席。会议召集人可根据需要指定有关人员列席会议。

市人民政府党组会议应有半数以上党组成员出席方能召开，一般每月召开 1 次，遇有重要情况可随时召开。主要任务是：

（一）传达贯彻习近平新时代中国特色社会主义思想、习近平总书记重要讲话和重要指示批示精神；

（二）贯彻落实党中央、国务院，自治区党委、政府和市委重大决策部署；

（三）研究部署政府工作中的发展战略、重要工作和重大事项；

（四）研究政府党组建设和政府系统党的建设重大事项；

（五）其他应当由党组会议讨论和决定的重大问题。

第四十四条　市人民政府常务会议由市长、副市长和秘书长组成，应有半数以上组成人员出席方能召开。

市人民政府副秘书长，办公室主任、副主任，市发展改革委、司法局、财政局主要负责人固定列席常务会议。可根据议题需要安排有关部门（单位）和县（市、区）人民政府主要负责人、政府法律顾问列席会议。

市人民政府常务会议一般每月召开 2 次，如有需要可临时召开。由市长或市长委托常务副市长召集并主持。主要任务是：

（一）传达贯彻党中央、国务院，自治区党委、政府和市委的重要指示、决定和会议精神；

（二）研究向自治区请示、报告的重大事项和提请市委审议的重大事项；

（三）贯彻落实市人民代表大会及其常委会的决议、决定，审议需提请市人民代表大会及其常务委员会审议的议案、地方性法规草案、重要的工作报告草案和讨论决定的重大事项，向市政协通报的重要事项；

（四）落实政府常务会议定期学法制度，审议政府规章、重要的行政规范性文件；

（五）审议吴忠市国民经济和社会发展长远规划、年度计划、财政预决算及年度审计报告等；定期分析研判全市经济运行情况，研究事关经济社会发展、风险防范、乡村振兴、环境保护、改革创新、社会管理、改善民生等方面的重大政策措施；

（六）审议政府重大投资、重大建设、重要资源配置、社会分配调节、国有资产监督管理等方面的重大事项，民生工作和关系公众切身利益或者社会关注度高的其他重大事项；

（七）审议以市人民政府名义授予的先进集体、先进个人荣誉称号和表彰决定；

（八）审议政府部门和县（市、区）人民政府的重要请示事项；

（九）审议奖惩等事项；

（十）审议其他重大事项。

第四十五条　市长办公会议由市长召集并主持，有关副市长和秘书长参加。市长办公会议不定期召开。根据需要安排有关部门、单位负责人参加会议。主要任务是：

（一）研究处理政府日常工作中的重要事项；

（二）分管副市长职权范围内难以决定、需提请市长研究决定的重要事项；

（三）涉及两位及以上副市长的分管工作范围、需提请市长研究决定的重要事项；

（四）市长认为应当由市长办公会议审议的其他事项。

第四十五条　市人民政府专题会议由市长、副市长和秘书长按照分工主持召开，可根据需要安排有关部门、单位负责人参加会议。副秘书长可以受市人民政府领导委托，主持召开市人民政府专题会议，研究、协调和处理政府日常工作中的具体问题。主要任务是：

（一）研究处理属于市人民政府既定工作安排、

需要组织实施的具体事项；

（二）研究处理属于副市长分管职责范围、需要统筹协调的工作事项；

（三）研究处理需要提交市人民政府常务会议、市长办公会议审议的行政规范性文件和重大事项等。

第四十六条 市人民政府全体会议议题由市长确定。党组会议议题由党组书记提出，或由党组副书记、政府党组成员提出建议，报党组书记确定。常务会议议题由分管副秘书长严格审核把关，报请分管副市长审签；市人民政府办公室根据分管副市长批示意见，汇总后按程序报秘书长核签，报市长、常务副市长审定；尚未协调一致的议题，原则上不提交会议审议。市长办公会议、专题会议议题由分管副秘书长审核提出，报会议召集人审定；市长主持召开的会议议题须经秘书长审核。政府专题会议原则上不研究机构编制、资金安排事宜（专项研究财政事宜的政府专题会议除外），确需研究的严格按照机构编制管理、财政资金安排等既有制度执行。

第四十七条 市人民政府全体会议、党组会议、常务会议、市长办公会议和专题会议的组织工作，由市人民政府办公室负责。

第四十八条 市人民政府组成人员应提前做好工作安排，确保按时参加会议。副市长、秘书长不能出席会议的，应在会前向市长请假；其他参会人员因故不能参加的，应在会前向主持会议的市长、副市长或秘书长请假，并委托本部门（单位）分管负责人参加，由市人民政府办公室汇总后报告。

政府党组会议、常务会议、市长办公会议、专题会议议题，如分管副市长或提请部门（单位）主要负责同志不能参加会议，原则上不予列会。

第四十九条 市人民政府全体会议、党组会议、常务会议和市长办公会议纪要，经分管副秘书长、秘书长审核后，由市长或主持会议的常务副市长签发；会议讨论决定的事项，宜于公开的，应及时报道。新闻稿须经市人民政府相关副秘书长审核，如有需要报秘书长审定。市人民政府专题会议纪要，经分管副秘书长、秘书长审核后，由主持会议的市长或副市长签发。秘书长召开的市人民政府专题会议，纪要由秘书长签发，如有需要，报市长或常务副市长签发；受政府领导委托，由副秘书长主持召开的市人民政府专题会议，纪要由委托的政府领导签发。副市长、秘书长召开的专题会议，如涉及全局的重大事项等，应在会前或会议纪要签发前报告市长同意。

第五十条 严格落实基层减负、精简会议有关要求，实行会议计划管理，严格控制以市人民政府名义召开的全市性会议，确需召开的要列入年度计划，未列入计划的严格按程序报批。市人民政府工作部门召开的全市性会议，人数不超过200人，时间不超过半天；市长出席的会议，可根据工作需要安排与会议主题密切相关的县（市、区）和政府工作部门主要负责人参加；副市长出席的会议，原则上不要求县（市、区）和政府工作部门主要负责人参加，确需参加的，报市长批准。应由部门召开的全市性会议，不以市人民政府或市人民政府办公室名义召开，不邀请县（市、区）人民政府负责同志出席，每年不超过1次，特殊情况按程序审批。可采取小范围、小规模研究问题、协调解决问题的专题会议，不开泛泛部署工作和提要求的会议；能用电话、文件等形式部署的不再开会，能召开视频会议的不召开现场会议，视频会议一般不要求利通区以外地区的同志到市主会场参会。从严把控副市长参会规格，副市长集中出席重要会议，由市人民政府办公室统一安排；一般性工作会议只安排分管副市长出席，其他副市长不陪会；副市长一般不出席政府工作部门召开的部门工作性会议（兼任部门主要负责同志的除外）。要精简会议规模、压缩参会范围，带头开短会、讲短话，在全市性会议上主讲，时间一般控制在1小时以内。除有重要审议事项的会议外，一般不安排分组讨论。

第九章　公文审批

第五十一条 各地各部门报送市人民政府的公文，应符合《党政机关公文处理工作条例》《党政机关公文格式》的规定。除市人民政府领导同志交办事项和必须直接报送的绝密事项外，一般不得直接向市人民政府领导个人报送公文。

市人民政府工作部门和各县（市、区）人民政府报送市人民政府的公文，应按上行文的要求，由该单位主要负责人签发。市人民政府部门管理机构（事业单位）、县（市、区）所辖乡镇、管委会、街道办不得直接向市人民政府报送公文。

第五十二条 各地各部门报送市人民政府审批的公文，由市人民政府办公室按照来文处理工作制度和市人民政府领导分工呈批，分管副市长可根据需要转请其他副市长核批，重大事项报市长审批。

第五十三条 市人民政府公布的规章、决定、命令（令）、提请市人民代表大会及其常务委员会审议的人事任免、地方性法规草案等议案，由市长签署。

第五十四条 以市人民政府名义制发的上行文，经秘书长、分管副市长审核后，由市长或主持工作的副市长签发，重大事项必须报市长签发。以市人民政府名义制发的平行文和下行文，经秘书长审核后，由分管副市长签发；如有需要，报市长签发。

以市人民政府办公室名义发文，一般事务性的，经副秘书长审核后，由秘书长签发；涉及重点工作、重要任务、重大事项的，由分管副市长或市长签发。

以市人民政府名义签署的合作协议，由承办部门（单位）结合工作实际草拟文本，在广泛征求相关方面意见建议和司法行政部门合法性审查的基础上，按程序由分管副市长和常务副市长审核、报市长审定后签署。

第五十五条 市人民政府及其工作部门要按有关规定，进一步精简公文和简报。部门职权范围内的事务，由部门自行发文或联合发文，不得要求市人民政府批转或政府办公室转发。凡法律、行政法规已作出明确规定的，一律不再制发文件。没有实质内容、可发可不发的文件简报，一律不发。

属市人民政府主管部门负责的事项，其他部门或各县（市、区）人民政府应当直接报送有关主管部门处理；市人民政府及政府办公室接到各单位报送此类事项，直接转送有关主管部门处理，需要时要求有关主管部门反馈处理情况和结果。

第十章 执行落实

第五十六条 市人民政府及其工作部门要加强工作的计划性、系统性和预见性，及时对年度工作进行安排部署，并根据形势和任务变化适时进行调整。

第五十七条 市人民政府及其工作部门要建立责任明确、协调有序、运行高效的工作机制。市人民政府的日常工作，属于副市长分管范围内的，由分管副市长负责处理；涉及跨分管范围的重点工作，原则上明确一位副市长牵头负责，相关副市长配合。涉及多个部门职责范围的事项，明确由一个综合部门或主管部门牵头负责，相关部门配合。

第五十八条 市人民政府对既定的工作目标、措施和确定的事项，实行目标责任考核制度，考核结果作为市效能目标管理考核的主要内容以及市人民政府奖惩和推荐使用干部的重要依据。

第五十九条 市人民政府组成人员应当带头执行政府决策，所有行政机关、公务员以及其他有关单位和人员应当认真执行政府决策。未经市人民政府同意，任何单位和个人不得擅自变更或停止执行政府决策。

第六十条 负责市人民政府决定事项落实的部门和单位，要以保证质量为前提，在规定期限内将落实情况向市人民政府报告；未能按要求落实的，必须书面递交详细的情况说明。市人民政府对有关部门和单位落实决定事项不符合要求的，要提出改进的意见和建议；对存在较大问题的，责成承办部门限期整改。同时，由政府督查室负责，对决定事项的落实情况定期或不定期进行督查和分析，及时向市人民政府报告，并视情向各县（市、区）、各部门通报。

第六十一条 市人民政府要认真贯彻落实国务院《政府督查工作条例》《宁夏回族自治区人民政府督查工作规则》，加强和规范政府督查，提高督查实效。下列事项应当纳入政府督查范围，由政府督查室全程督查、及时催办，保证按要求时限落实到位：

（一）党中央、国务院和国家各部委以及自治区党委、政府和自治区各厅局统一安排部署或者下发公文、签订责任书，要求市人民政府及各部门落实的事项；

（二）《政府工作报告》确定的工作任务和政策措施；

（三）全市重大决策和工作部署；

（四）市人民政府承诺为民办理的民生实事；

（五）市人民政府全体会、党组会、常务会、市长办公会和专题会议决定的事项；

（六）人大代表建议、政协提案落实情况；

（七）人大代表、政协委员反映的重要问题及新闻媒体对市人民政府或者有关部门突出问题的批评和建议；

（八）全市重大项目建设及重点工作落实情况；

（九）“市长信箱”、人民网地方留言板、“互联网+督查”、政府网站等网民留言办理情况；

（十）市人民政府领导交办的事项。

通过对政府重要决策的督办检查，随时了解和解决决策实施中出现的新情况、新问题，对决策实施过程中出现的重要问题及解决建议，要及时报告市人民政府。

第六十二条 分管副市长和秘书长负有督促检查有关责任单位落实政府决策的职责，应当定期过问决策执行情况，及时协调解决执行过程中出现的问题；涉及多位副市长分管且问题复杂的，可以提请市长或者常务副市长召开会议，研究解决存在的问题，完善落实决策的措施。

第六十三条 市人民政府应加强政府内部对决策执行情况的监督，对不执行或者推诿、拖延执行政府决策的单位及有关责任人给予通报。

审计部门要将政府专项资金使用等决策的执行情况纳入跟踪审计或者效益审计范围，加强经济责任审计工作，并将审计报告报市人民政府。

第六十四条 市人民政府决策及执行各环节的行为主体均应纳入过错责任追究的范围。对违反有关规定作出的错误决策或者不执行、延误执行、擅自改变政府决策，造成重大损失或者严重不良影响的，有关责任人员应当承担相应责任。

第十一章　应急管理

第六十五条 坚持底线思维，完善应急预案，加强应急演练，健全应急值守联动机制，构建统一指挥、专常兼备、反应灵敏、上下联动的应急管理体制。

第六十六条 市人民政府各部门和各县（市、区）人民政府是向市人民政府报告重要紧急情况（含突发事件信息）的责任主体。要全面落实值班值守责任，严格按照节假日值班带班分类要求，认真执行24小时专人值班和领导干部在岗带班、外出报备等制度，遇有重要紧急情况第一时间请示报告并采取应对处置措施。加强值班管理和督促检查，强化信息报告时效性和主动性，对发生迟报、谎报、瞒报、漏报行为的，严肃追究责任。

第十二章　纪律作风

第六十七条 市人民政府组成人员在调查研究、会议活动、改进文风、请示报告、公务接待、新闻报道、待遇管理等方面，严格执行《中共中央政治局贯彻落实中央八项规定实施细则》精神，自治区党委《关于深入贯彻中央八项规定精神进一步加强和改进自治区党委常委会作风建设的若干意见》，以及吴忠市委《关于深入贯彻中央八项规定精神进一步加强和改进市级领导班子作风建设的实施意见》，严守政治纪律和政治规矩，带头贯彻执行，力戒形式主义、官僚主义、享乐主义和奢靡之风，做到有令必行、有禁必止。

第六十八条 市人民政府组成人员必须坚决执行政府决定，如有不同意见可在内部提出，在政府没有重新作出决定前，个人不得有任何与政府决定相违背的言论和行为。市人民政府工作部门发布涉及政府重要工作部署、经济社会发展重要问题、与群众利益密切相关事项的信息，要经过严格审定，重大情况要事先向市人民政府请示。

第六十九条 市人民政府组成人员要严格遵守保密纪律和外事纪律，严禁泄漏国家秘密、工作秘密或者因履行职责掌握的商业秘密等，坚决维护国家的安全、荣誉和利益。

第七十条 市人民政府组成人员必须严格遵守请假报备纪律，市长与常务副市长一般不同时外出。市长出访、出差和休假，按照相关规定，须提前3天向自治区党委办公厅、政府办公厅报备；副市长和秘书长出访、出差和休假，须事先向市长或常务副市长请假。市人民政府工作部门主要负责同志出访、出差和休假，须事先按程序向市委书记、市长和分管副市长请假，并报市委办公室、政府办公室备案。

第七十一条 市人民政府组成人员要认真贯彻全面从严治党要求，严格执行领导干部廉洁从政各项规定，不得利用职权和职务影响或特定关系人谋取不正当利益，不得违反规定干预或插手市场经济活动，不断增强拒腐防变能力。加强对亲属和身边工作人员的教育和约束，决不允许搞特权。

市人民政府及其工作部门要严格执行财经纪律，艰苦奋斗、勤俭节约，坚决制止奢侈浪费，严格执行住房、办公用房、车辆配备等方面的规定，严格控制差旅、会议经费等一般性支出，严格控制因公出国（境）团组数量和规模。

第七十二条 市人民政府及其工作部门对职权范围内的事项，要按程序和时限积极主动地办理；对不符合规定的事项要坚持原则不得办理；对因推诿、拖延等官僚作风及失职、渎职造成影响和损失的，要追究责任；对越权办事、以权谋私等违规、违纪、违法行为，要严肃查处。

第十三章 附 则

第七十三条 本规则适用于市人民政府派出机构、直属事业单位、部门管理机构。

第七十四条 本规则自公布之日起执行。2018年4月12日市人民政府印发的《吴忠市人民政府工作规则》（吴政发〔2018〕12号）同时废止。以往制定的相关规则与本规则不一致的，以本规则为准。

吴忠市人民政府2021年度重大行政决策事项目录

（吴政办发〔2021〕29号）

序号	名 称	承办部门
1	宁夏盐池工业园区总体规划（2020—2035）	宁夏盐池工业园区管理委员会
2	宁夏同心工业园区总体规划（2020—2035）	宁夏同心工业园区管理委员会
3	吴忠市安全生产“十四五”规划	市应急管理局
4	吴忠市综合防灾减灾规划	市应急管理局
5	关于划定高排放非道路移动机械禁止使用区域的通告	市生态环境局
6	吴忠市水生态环境保护“十四五”规划	市生态环境局
7	吴忠市生态环境保护“十四五”规划	市生态环境局
8	吴忠市人民政府关于实施“三线一单”生态环境分区管控的意见	市生态环境局
9	吴忠市国土空间总体规划	市自然资源局
10	吴忠市森林防火规划	市自然资源局
11	吴忠市矿产资源总体规划	市自然资源局
12	吴忠市地质灾害防治规划	市自然资源局
13	吴忠市湿地保护规划	市自然资源局
14	利通区集体建设用地和农用地（耕地）定级及基准地价	市自然资源局
15	吴忠市成品油零售经营体系“十四五”发展规划	市商务和投资促进局
16	吴忠市卫生健康事业发展“十四五”规划	市卫生健康委